21世纪经济管理经典教材译丛

全球营销精要

（第2版）

[丹麦] 斯文德·郝林森 (Svend Hollensen) \著

许维扬　唐　健 \译

ESSENTIALS OF GLOBAL MARKETING
SECOND EDITION

清华大学出版社
北京

北京市版权局著作权合同登记号　图字:01-2013-051418

图书在版编目(CIP)数据

全球营销精要:第2版/(丹)郝林森(Hollensen, S.)著;许维扬,唐健译. --北京:清华大学出版社,2015
(21世纪经济管理经典教材译丛)
书名原文:Essentials of Global Marketing
ISBN 978-7-302-40887-1

Ⅰ.①全… Ⅱ.①郝… ②许… ③唐… Ⅲ.①市场营销学—教材　Ⅳ.①F713.50

中国版本图书馆 CIP 数据核字 (2015) 第 165446 号

责任编辑:朱敏悦
封面设计:汉风唐韵
责任校对:宋玉莲
责任印制:宋　林

出版发行:清华大学出版社
　　　网　　　址:http://www.tup.com.cn, http://www.wqbook.com
　　　地　　　址:北京清华大学学研大厦 A 座　　　邮　　编:100084
　　　社 总 机:010-62770175　　　邮　　购:010-62786544
　　　投稿与读者服务:010-62776969, c-service@tup.tsinghua.edu.cn
　　　质 量 反 馈:010-62772015, zhiliang@tup.tsinghua.edu.cn
印 装 者:清华大学印刷厂
经　　销:全国新华书店
开　　本:195mm×260mm　　印　张:38.75　　字　　数:939千字
版　　次:2015 年 11 月第 1 版　　印　　次:2015 年 11 月第 1 次印刷
印　　数:1~2500
定　　价:69.00 元

产品编号:051418-01

目　录

第一部分　确定国际化方向

第1章　公司的全球化营销 ················· 5

1.1　全球化简介 ················· 6

1.2　开发国际化市场计划的步骤 ················· 6

1.3　公司到底该不该进行国际化？ ················· 7

　1.3.1　产业全球化 ················· 12

　1.3.2　为全球化所做的准备 ················· 12

1.4　"全球化营销"概念的发展 ················· 13

1.5　"全球整合"和"市场反应"的力量 ················· 15

　1.5.1　"全球化协调/整合"的因素 ················· 16

　1.5.2　市场反应的因素 ················· 17

1.6　将价值链作为识别国际化竞争优势的基本框架 ················· 20

　1.6.1　价值链的概念 ················· 20

　1.6.2　价值链的国际化 ················· 26

1.7　价值商店和"服务价值链" ················· 28

1.8　信息产业和虚拟价值链 ················· 32

1.9　总结 ················· 33

讨论问题 ················· 37

参考文献 ················· 37

第2章　国际化的开始 ················· 40

2.1　简介 ················· 41

2.2　国际化的动机 ················· 41

　2.2.1　主动动机 ················· 42

　2.2.2　被动动机 ················· 45

2.3　启动出口的触发因素（促变因素） ················· 48

　2.3.1　内部触发因素 ················· 49

        2.3.2 外部触发因素 ·· 51

        2.3.3 信息搜集和转化 ·· 53

    2.4 国际化的障碍/风险 ·· 53

        2.4.1 阻碍国际化启动的障碍 ·· 54

        2.4.2 阻碍进一步国际化进程的障碍 ·· 56

    2.5 总结 ··· 57

    讨论问题 ·· 59

    参考文献 ·· 60

第 3 章 国际化理论 ··· 62

    3.1 简介 ··· 63

    3.2 乌普萨拉国际化模型（The Uppsala internationalization model） ········· 65

    3.3 交易成本分析模型（The transaction cost analysis (TCA) model） ········ 68

        3.3.1 事前成本 ··· 69

        3.3.2 事后成本 ··· 69

        3.3.3 交易成本分析框架的缺点 ·· 70

    3.4 网络模型 ·· 71

        3.4.1 基本概念 ··· 71

    3.5 天生全球化企业 ·· 73

        3.5.1 简介 ·· 73

        3.5.2 基于互联网的"天生全球化企业"正在出现 ······································ 74

        3.5.3 天生全球化企业正在挑战传统理论 ··· 75

    3.6 总结 ··· 76

    讨论问题 ·· 79

    参考文献 ·· 79

第 4 章 公司国际竞争力的发展 ··· 83

    4.1 简介 ··· 84

    4.2 对国家竞争力的分析（波特钻石） ·· 84

        4.2.1 要素条件 ··· 86

        4.2.2 需求条件 ··· 87

        4.2.3 相关和支持行业 ·· 87

        4.2.4 公司策略、结构和竞争 ·· 88

        4.2.5 政府 ·· 89

        4.2.6 机遇 ·· 89

        4.2.7 总结 ·· 90

4.3　行业竞争分析 ·· 90
　4.3.1　市场竞争者 ·· 91
　4.3.2　供应商 ·· 92
　4.3.3　买家 ·· 92
　4.3.4　替代产品 ·· 93
　4.3.5　新进入者 ·· 93
　4.3.6　战略组群 ·· 93
　4.3.7　联合"五种资源"模型 ·· 94
4.4　价值链分析 ·· 96
　4.4.1　顾客感知价值 ·· 96
　4.4.2　竞争三角 ·· 97
　4.4.3　感知价值优势 ·· 98
　4.4.4　相对成本优势 ·· 100
　4.4.5　资源 ·· 102
　4.4.6　技能 ·· 102
　4.4.7　动态标杆分析模型的发展 ·· 105
　4.4.8　策略流程 ·· 105
4.5　CSR——公司社会责任 ·· 107
4.6　价值网 ·· 108
4.7　蓝色海洋策略和价值创新 ·· 109
4.8　总结 ·· 111
　4.8.1　国家竞争力分析 ·· 112
　4.8.2　竞争分析 ·· 112
　4.8.3　价值链分析 ·· 112
讨论问题 ·· 120
参考文献 ·· 120

第二部分　确定目标市场

第5章　政治和经济环境 ·· 142
5.1　简介 ·· 143
5.2　政治/法律环境 ·· 143
　5.2.1　本土国家的环境 ·· 143
　5.2.2　东道国环境 ·· 148
　5.2.3　从本土国家到东道国的贸易壁垒 ···································· 149

　　5.2.4　总体国际环境 ··· 153

　5.3　经济环境 ··· 154

　　5.3.1　汇率如何影响商业活动 ··· 154

　　5.3.2　单一价格定律 ··· 155

　　5.3.3　收入分类 ··· 158

　　5.3.4　区域经济一体化 ··· 159

　　5.3.5　EU 的扩大 ··· 161

　5.4　欧洲经济和货币联盟以及欧元 ··· 162

　　5.4.1　欧洲债务危机 ··· 163

　　5.4.2　主要贸易区 ··· 163

　5.5　金砖（BRIC）国家——世界新的增长市场 ······································· 166

　5.6　作为市场机遇的"金字塔底层"(Bottom of pyramid,BOP) ······················· 168

　　5.6.1　穷人作为顾客 ··· 169

　　5.6.2　穷人作为产品和服务的营销者 ··· 170

　　5.6.3　建立联盟 ··· 172

　5.7　总结 ··· 172

　　5.7.1　政治环境 ··· 173

　　5.7.2　经济环境 ··· 173

　讨论问题 ··· 175

　参考文献 ··· 175

第 6 章　社会文化环境 ··· 177

　6.1　简介 ··· 178

　6.2　文化层面 ··· 180

　6.3　高语境和低语境文化 ··· 181

　6.4　文化的因素 ··· 184

　　6.4.1　语言 ··· 184

　　6.4.2　风俗习惯 ··· 187

　　6.4.3　技术和物质文化 ··· 187

　　6.4.4　社会机构 ··· 188

　　6.4.5　教育 ··· 188

　　6.4.6　价值观和态度 ··· 189

　　6.4.7　审美观 ··· 189

　　6.4.8　宗教 ··· 189

　6.5　霍夫斯泰德（Hofstede）在国家文化方面的原著（"4＋1"维度模型） ··············· 191

　6.6　管理文化差距 ··· 194

6.7　世界文化的集中或分散 ·· 195

6.8　文化维度对伦理决策的影响 ·· 196

6.9　总结 ··· 198

　6.9.1　高/低语境文化 ·· 199

　6.9.2　霍夫斯泰德（Hofstede）的模型 ·································· 199

讨论问题 ··· 201

参考文献 ··· 201

第7章　国际市场选择过程 ·· 204

7.1　简介 ··· 205

7.2　国际市场选择：中小型企业（SME）vs 大型企业（LSE） ················ 205

7.3　为国际市场选择构建模型 ·· 206

　7.3.1　展示市场筛选模型 ··· 207

　7.3.2　第1步和第2步：定义标准并设计细分市场 ························ 208

　7.3.3　第3步：筛选细分（市场/国家） ································· 212

　7.3.4　第4步：微观细分：在每个合格的国家并在不同国家研究细分市场 ····· 217

7.4　市场扩张策略 ·· 220

　7.4.1　渐进 VS 同时进入 ··· 220

　7.4.2　对中小型企业合适的扩张策略 ··································· 222

　7.4.3　集中 VS 分散 ··· 223

7.5　全球化产品/市场组合 ··· 226

7.6　总结 ··· 227

讨论问题 ··· 233

参考文献 ··· 233

第三部分　市场进入战略

第8章　选择进入模式的方法 ·· 261

8.1　简介 ··· 262

8.2　交易成本方法 ·· 262

　8.2.1　出口中间商的机会主义行为 ····································· 263

　8.2.2　生产商的机会主义行为 ··· 263

8.3　影响进入模式选择的因素 ·· 264

　8.3.1　内部因素 ··· 265

　8.3.2　外部因素 ··· 266

8.3.3 预期模式特点 ··· 269

8.3.4 交易特定因素 ··· 270

8.4 总结 ··· 270

讨论问题 ··· 275

参考文献 ··· 276

第9章 出口、中间商和分层模式 ··· 277

9.1 简介 ··· 278

9.2 出口模式 ··· 278

9.2.1 合作伙伴头脑占有率 ·· 279

9.2.2 间接出口模式 ··· 281

9.2.3 直接出口模式 ··· 285

9.2.4 合作出口模式或出口营销集团 ··· 290

9.3 中间商模式 ·· 291

9.3.1 合同制造 ·· 291

9.3.2 许可证经营 ··· 293

9.3.3 特许权经营 ··· 295

9.3.4 合资企业或战略联盟 ·· 300

9.4 层次模式 ··· 306

9.4.1 国内销售代理或电子商务渠道 ··· 307

9.4.2 驻地销售代理/国外分销处/国外销售子公司 ····································· 307

9.4.3 销售和生产子公司 ·· 309

9.4.4 跨国组织 ·· 313

9.4.5 建立全资子公司——收购或绿地投资 ··· 313

9.4.6 总部地址或迁址 ··· 314

9.4.7 国外投资：退出国外市场 ··· 315

9.5 总结 ··· 317

讨论问题 ··· 323

参考文献 ··· 324

第10章 国际买卖关系 ··· 327

10.1 简介 ·· 328

10.2 国际外包的原因 ··· 329

10.2.1 专注于内部核心竞争力 ··· 329

10.2.2 更低的产品或生产成本 ··· 329

10.2.3 一般成本效率 ··· 330

10.2.4　提高了创新潜力 ……………………………………………………… 331

10.2.5　波动需求 …………………………………………………………………… 331

10.3　次级承包的类型学 …………………………………………………………… 331

10.4　买卖双方的互动 ……………………………………………………………… 332

10.4.1　互动的过程 ………………………………………………………………… 333

10.4.2　互动的双方 ………………………………………………………………… 334

10.4.3　关系环境 …………………………………………………………………… 334

10.4.4　互动环境 …………………………………………………………………… 335

10.5　关系发展 ………………………………………………………………………… 335

10.6　反向营销：从卖方到买方的主动性 ……………………………………… 338

10.7　次级承包商的国际化 ………………………………………………………… 339

10.8　项目出口（总承包合同） …………………………………………………… 342

10.9　总结 ……………………………………………………………………………… 343

讨论问题 ………………………………………………………………………………… 350

参考文献 ………………………………………………………………………………… 350

第四部分　设计全球营销方案

第 11 章　产品和价格决策 ……………………………………………………… 376

11.1　简介 ……………………………………………………………………………… 377

11.2　有关国际产品价格的方面 …………………………………………………… 378

11.3　开发国际服务战略 …………………………………………………………… 378

11.3.1　服务的特点 ………………………………………………………………… 379

11.3.2　以服务为主导的逻辑（S-D 逻辑） …………………………………… 380

11.3.3　全球服务营销 ……………………………………………………………… 380

11.3.4　服务类别 …………………………………………………………………… 381

11.3.5　补充服务的类别 …………………………………………………………… 381

11.3.6　在企业对企业的市场中的服务 ………………………………………… 383

11.4　产品的生命周期 ……………………………………………………………… 384

11.5　产品的沟通组合 ……………………………………………………………… 387

11.5.1　直接延伸 …………………………………………………………………… 387

11.5.2　促销适应 …………………………………………………………………… 388

11.5.3　产品适应 …………………………………………………………………… 389

11.5.4　双重适应 …………………………………………………………………… 389

11.5.5　产品发明 …………………………………………………………………… 390

11.6　产品定位 ……………………………………………………………… 390

11.7　品牌资产 ……………………………………………………………… 391

11.8　品牌决策 ……………………………………………………………… 394

　　11.8.1　品牌 VS 没有品牌 ……………………………………………… 397

　　11.8.2　私人标签 VS 联合品牌 VS 制造商自己的品牌 ………………… 397

　　11.8.3　单一品牌与多重品牌（单一市场） …………………………… 401

　　11.8.4　地方品牌与全球品牌（多重市场） …………………………… 401

11.9　顾客与互联网关于产品合作的含义 ………………………………… 402

　　11.9.1　用户化和更紧密的关系 ………………………………………… 403

　　11.9.2　产品和服务的动态定制 ………………………………………… 405

　　11.9.3　如何将互联网与未来的产品创新相结合 ……………………… 405

　　11.9.4　在互联网上发展品牌 …………………………………………… 407

11.10　绿色营销战略 ………………………………………………………… 408

　　11.10.1　战略性选择 …………………………………………………… 408

　　11.10.2　企业和环境组织间的绿色联盟 ……………………………… 409

11.11　影响国际定价决策的因素 …………………………………………… 410

　　11.11.1　公司层面的因素 ……………………………………………… 411

　　11.11.2　产品因素 ……………………………………………………… 411

　　11.11.3　环境因素 ……………………………………………………… 413

　　11.11.4　市场因素 ……………………………………………………… 414

11.12　国际定价战略 ………………………………………………………… 415

　　11.12.1　撇脂定价 ……………………………………………………… 415

　　11.12.2　市场定价 ……………………………………………………… 415

　　11.12.3　渗透定价 ……………………………………………………… 416

　　11.12.4　价格变化 ……………………………………………………… 416

　　11.12.5　经验曲线定价 ………………………………………………… 418

　　11.12.6　跨产品定价（产品线定价） ………………………………… 419

　　11.12.7　产品与服务捆绑定价 ………………………………………… 421

　　11.12.8　跨国定价（标准化与差异化） ……………………………… 422

　　11.12.9　国际定价分类 ………………………………………………… 422

　　11.12.10　转移定价 ……………………………………………………… 427

　　11.12.11　货币问题 ……………………………………………………… 429

11.13　将欧元用于跨国定价的含义 ………………………………………… 429

11.14　总结 …………………………………………………………………… 430

问题讨论 ……………………………………………………………………… 433

参考文献 ……………………………………………………………………… 433

第 12 章　分销和传播决策 ··· 438

12.1　引言 ··· 439
12.2　渠道决策的外部决定因素 ·············· 440
　12.2.1　消费者特点 ···················· 440
　12.2.2　产品特性 ························ 441
　12.2.3　需求性质/地理位置 ·········· 441
　12.2.4　竞争 ······························ 441
　12.2.5　法律规定/当地商业准则 ··· 441
12.3　渠道结构 ··· 442
　12.3.1　市场覆盖率 ···················· 442
　12.3.2　渠道长度 ························ 444
　12.3.3　控制/成本 ···················· 444
　12.3.4　整合程度 ························ 444
12.4　管理和控制分销渠道 ···················· 445
　12.4.1　筛选和选择中间商 ·········· 446
　12.4.2　合同（分销商协议） ········ 447
　12.4.3　激励措施 ························ 449
　12.4.4　控制 ······························ 450
12.5　网络分销决策的含义 ···················· 451
　12.5.1　电商营销与移动营销 ········ 451
　12.5.2　移动营销的好处 ·············· 452
12.6　沟通过程 ··· 455
　12.6.1　有效沟通的重要特征 ········ 455
　12.6.2　影响沟通形势的其他因素 ·· 456
12.7　沟通工具 ··· 458
　12.7.1　广告 ······························ 458
　12.7.2　信息决策（创意战略） ····· 460
　12.7.3　媒体决策 ························ 461
　12.7.4　广告代理机构的选择 ········ 464
　12.7.5　广告评价 ························ 465
　12.7.6　公共关系 ························ 465
　12.7.8　促销 ······························ 467
　12.7.9　直销 ······························ 468
　12.7.10　个人销售 ······················ 468
　12.7.11　国际销售队伍类型 ·········· 470

12.7.12 商品交易会和会展 ·· 471

12.8 实践中的国际广告策略 ·· 472

12.9 网络传播决策的含义 ·· 477

12.10 社交媒体营销 ·· 478

12.10.1 Web 2.0 ·· 478

12.10.2 社交媒体 ·· 479

12.10.3 社交媒体的6C模型 ·· 480

12.11 开展病毒式营销活动 ·· 483

12.12 众包（crowd-sourcing） ·· 487

12.13 总结 ·· 489

问题讨论 ·· 493

参考文献 ·· 494

第五部分　实施并协调全球营销计划

第13章　跨文化销售谈判 ·· 522

13.1 引言 ·· 523

13.2 跨文化谈判 ·· 525

13.2.1 跨文化谈判过程 ·· 525

13.3 跨文化的准备 ·· 534

13.3.1 一般性的跨文化准备 ·· 536

13.3.2 伙伴跨文化交流和谈判能力的具体评估 ·· 536

13.4 应对外派人员 ·· 537

13.4.1 聘用外派销售人员的策略 ·· 537

13.4.2 外派人员选择 ·· 538

13.4.3 培训 ·· 538

13.4.4 支持 ·· 539

13.4.5 归国 ·· 539

13.5 知识管理与跨境学习 ·· 539

13.5.1 显性和隐性知识 ·· 541

13.5.2 全球项目组 ·· 541

13.6 跨文化谈判中的过度行贿 ·· 543

13.7 总结 ·· 544

讨论问题 ·· 548

参考文献 ·· 548

第 14 章　实施并协调全球营销计划 ·································· 551

14.1　引言 ·· 552

14.2　全球营销活动组织 ··· 552

14.2.1　职能结构 ·· 552

14.2.2　国际分工结构 ·· 553

14.2.3　产品分工结构 ·· 553

14.2.4　地理结构 ·· 554

14.2.5　区域性管理中心 ··· 555

14.2.6　基于国家的子公司 ·· 555

14.2.7　矩阵结构 ·· 556

14.2.8　国际经理人的未来作用 ··································· 557

14.3　全球客户管理组织 ··· 557

14.3.1　全球客户管理的实施 ····································· 558

14.3.2　明确销售公司的全球客户 ······························· 558

14.3.3　分析全球客户 ·· 559

14.3.4　为全球客户选择适当的战略 ···························· 559

14.3.5　开发业务水平能力 ·· 560

14.3.6　全球客户管理的双重发展 ······························· 561

14.3.7　全球账户管理的组织结构 ······························· 565

14.4　管理全球营销计划 ··· 569

14.5　全球营销预算 ··· 576

14.6　开展全球营销计划的过程 ······································· 579

14.7　总结 ·· 579

讨论问题 ·· 585

参考文献 ·· 586

第一部分　确定国际化方向

第一部分　目录

第一部分　视频案例研究

阿珂姆（Acme）口哨有限公司：一个进行全球化口哨销售的中小型企业

第一部分简介

1 公司的全球化营销

2 国际化的开始

3 国际化理论

4 公司国际竞争力的发展

第一部分　案例研究

Ⅰ.1 曼彻斯特联队（Manchester United）：依然竭力创建国际化品牌

Ⅰ.2 全球谷物联盟（Cereal Partners Worldwide（CPW）CPW）：世界第二大竞争商正在挑战第一霸主——家乐氏（Kellogg）

第一部分
确定国际化方向第1~4章

第二部分
确定目标市场
第5~7章

第三部分
市场进入战略
第8~10章

第四部分
设计全球营销方案
第11~12章

第五部分
实施并协调全球营销计划
第13~14章

第一部分　视频案例研究

阿珂姆（Acme）口哨有限公司：一个进行全球化口哨销售的中小型企业

1883 年，一位名叫乔瑟夫·哈德逊的工具匠兼小提琴演奏者，开始制造并销售一些小器具，其中就包括口哨。在那之前，口哨被用作乐器。当他发现英国巡逻警察之间喋喋不休、交流困难之后，意识到他的口哨可以当作工具使用。

如今，阿珂姆（Acme）口哨（www.acmewhistle.co.uk）是世界上最大最有名的口哨制造商。它的专利设计成了享誉制造业的标准。阿珂姆这个名字来源于希腊语，有"顶点"的意思。这代表着口哨是一个可以制造很高分贝等级的工具。

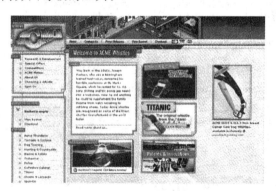

阿珂姆口哨的网站

阿珂姆为伦敦警察厅制造的第一款口哨绰号叫作"雷声"（Thunderer），时至今日，它仍然是阿珂姆最畅销的品牌，总销售量达到了两亿只。泰坦尼克口哨的制造使得阿珂姆名声大噪，这种口哨之后在电影《泰坦尼克号》中使用。结果大量订单飞来要求订购用原机器生产的这种口哨的复制品。

现在，阿珂姆拥有员工约 75 人，每年面向全世界的 120 多个国家销售大约 6 000 000 只口哨，年营业收入约合 9 000 000 英镑。阿珂姆总计销售了十亿多只口哨。现在的口哨大部分是用塑料制成的，而以前的口哨则是用折叠的铜条制作的。除了"雷声"这款口哨，阿珂姆还制造了各种各样的鸟声口哨、驯狗口哨、安全口哨、运动口哨和聚会用口哨等。

阿珂姆口哨

阿珂姆口哨既有 B2C 客户，也有 B2B 客户。它的 B2B 客户包括体育团体、安全组织和保障组织，例如北约部队、联合国、皇家救生协会、国际登山救援会、美国童子军、新加坡警方、加拿大曲棍球协会、中国香港救生员协会和全美橄榄球联盟。

请看视频并回答问题。

问题

1. 阿珂姆口哨公司的价值链中哪些部分是集中式的（标准化的），哪些部分是分散式的（改编的）？

2. 互联网（线上）是如何帮助阿珂姆口哨公司扩大其在全球的口哨销售的？

3. 公司的初步市场调查显示，生产高附加值、镶嵌珠宝的口哨（例如一个表面镶有钻石、可以戴在女孩脖子上的唤狗用口哨）会有市场。谁会成为这种产品的潜在客户？阿珂姆口哨公司在哪里能找到这些客户呢？

资料来源：附文视频 www.acmewhistles.co.uk

第一部分　简介

很多情况下，一家进行海外拓展的公司其实本来应该留守国内市场，因为它不具备开始出口的必要能力。第1章从价值链的角度讨论了能力和全球化营销战略。第2章讨论了公司国际化的主要动机。第3章侧重于解释公司国际化进程的一些中心理论。第4章从宏观层面到微观层面讨论了"国际化竞争力"的概念。

第1章 公司的全球化营销

目录

1.1 全球化简介

1.2 开发国际化市场计划的步骤

1.3 公司到底该不该进行国际化?

1.4 "全球化营销"概念的发展

1.5 "全球整合"和"市场反应"的力量

示例 1.1 麦当劳正朝着更高的市场反应度迈进

1.6 将价值链作为识别国际化竞争优势的基本框架

示例 1.2 《我是优优》(Pocoyo):关于学龄前系列动画片全球化推广的上游—下游合作

1.7 价值商店和"服务价值链"

1.8 信息产业和虚拟价值链

1.9 总结

案例研究

1.1 巴布甘虾业公司(Bubba Gump Shrimp Co):一个总部在美国的连锁店正在走向国际化

讨论问题

参考文献

学习目标

学完本章之后,你应该能做到以下几点:

- 解释这两个不同概念的区别:"世界是平的"和"世界3.0"
- 认识"全球化整合"和"市场反应"的驱动力
- 从整体角度解释公司全球化营销的作用
- 描述并理解"传统"和服务价值链的概念
- 指出并讨论利益链全球化的不同方式

1.1 全球化简介

经过了 2008 年到 2010 年的经济危机模式之后，商界的经理主管们又开始展望未来了。当他们重新投身于国际化营销战略的思考时，很多经理主管怀疑此次动荡仅仅是又一轮的商业周期，抑或是国际经济秩序的重构。事实上，虽然商品和服务的国际化在一段时期内停滞了，究其原因，是因为国际贸易随着需求的下降而减少，然而总体的国际化趋势不可能会逆转［拜恩霍克（Beinhocker）等人，2009］。

2005 年，托马斯·L. 弗里德曼（Thomas L. Friedman）出版了他的全球畅销书《世界是平的》（弗里德曼，2005）。这本书主要对 21 世纪初期的国际化进行了分析，分析表明，现在的景象与过去已经大不相同了。该书的书名是一个暗喻，它把世界看成了一个商业活动的水平竞技场，所有的运动员和竞赛者都有平等的机会。来自世界各地的公司都要进行竞争——争客户、争资源、争人才、争知识资本，并且要在世界市场的各个角落相互竞争。产品和服务将从各个地方流向它们的目的地。弗里德曼提到，很多在乌克兰、印度和中国等国的公司为跨国公司提供以人力资源为基础的原材料。这些新兴国家和发展中国家的公司正在以这种方式成为大型跨国公司复杂的全球供应链中不可或缺的一部分，这些大型跨国公司包括戴尔、思爱普、美国国际商用机器公司（IBM）和微软等。

潘卡基·格玛沃特（Pankaj Ghemawat）的理论与弗里德曼的"地球是平的"不同（格玛沃特，2008）。在他最近的书中，格玛沃特介绍了世界3.0。这个世界既不是彼此相异的民族国家（世界 1.0），也不是众多公司所信奉的"世界是平的"那种无国界的理想世界（世界 2.0）。在这样的世界 3.0（格玛沃特，2011a）中，国内市场很重要，国外市场也很重要。格玛沃特认为，当距离（地理、文化、管理/政治和经济方面）增加，跨国贸易会趋于减少（格玛沃特，2011b）。他认为，在这样一个世界中，有全球化战略和全球化组织当然是可能的。但是全球化战略决不能建立在消除人文差异和地区距离的基础上，相反应该理解这些差异。

1.2 开发国际化市场计划的步骤

本书采用完全决策导向方法，因此本书结构根据公司市场人员需要面对的国际化进程的五个主要决策进行划分。本书共划分为五部分（图 1.1）。

在本书中，全球化营销研究是图 1.1 中决策过程全部五个阶段的工具和支持系统。因此本章在此书网站 www.pearsoned.co.uk/hollenson 中作为附录。

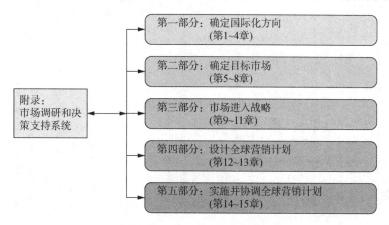

图 1.1 全球化营销的五步骤决策模型

最后，公司的全球竞争力主要取决于全球化营销步骤，即全球营销计划（参见图 1.2）的最终结果。营销计划的目标是在全球市场范围内创造可持续的竞争优势。通常情况下，公司在开发国际化营销计划时，将运用一些心理过程。在中小型企业中，这个过程通常是非正式的。大一些的组织机构则会更为系统。图 1.2 提供了开发国际化营销计划的一种系统的方法，其中的步骤由一些很重要的模式和概念阐明。对这些模式和概念的解释和讨论将贯穿全章。建议您在全书的学习过程中回顾图 1.2。

1.3 公司到底该不该进行国际化？

全球化（Globalization）：反映了公司在世界的大多数国家和地区中购买、发展生产、销售产品的趋势。

国际化（Internationalization）：在世界的很多国家做生意，但经常限于某一地区（例如欧洲）。

面对全球化进程和日益互联的世界，很多公司尝试将它们的销售扩张至国外市场。国际化扩张提供了新的并且可能更多利润的市场，能帮助增加公司的竞争力，而且能提供接触新产品、生产创新和最新技术的机会。事实上，除非公司预先做了准备，否则国际化是不会获得成功的。对于新型跨国企业来说，预先计划对成功同样很重要[奈特（Knight），2000]。

索伯格（Solberg)(1997) 讨论了在哪种情况下公司应该"待在国内"，在哪种情况下应该"巩固全球化地位"；这是两种比较极端的情况（参见图 1.3）。图 1.3 阐述的框架建立在以下两个方面上：

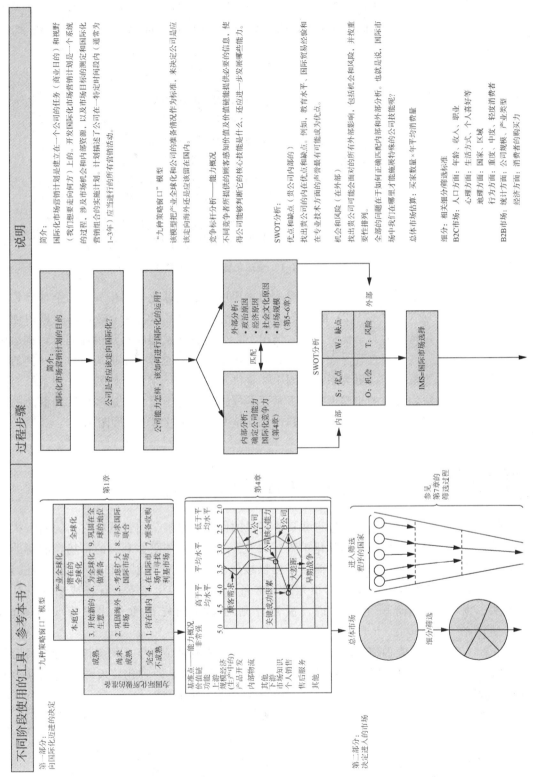

图1.2　国际化营销计划的开发

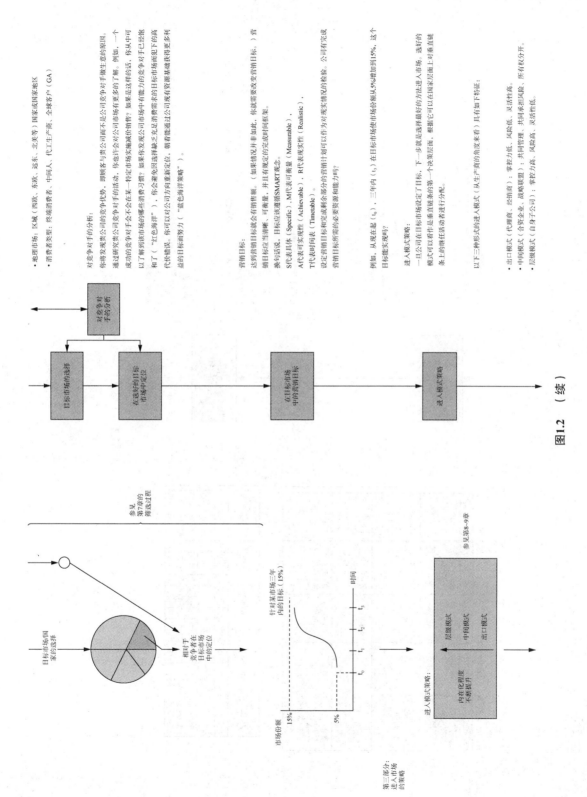

- 地理市场：区域（西欧、东欧、远东、北美等）、国家或国家地区。
- 消费者类型：终端消费者、中间人、代工生产商、全球客户（GA）。

对竞争对手的分析：

你将发现竞争对手是公司与同竞争对手做生意的原因。即顾客与竞争对手不是公司而是公司同竞争对手做生意的原因。例如，一个通过研究竞争对公司竞争对手会有更多的了解。如果你对公司市场有更多的了解，一个成功的竞争对手会不会在某一特定市场实施减价销？如果你发现该市场缺乏一定消费者需求的竞争力的竞争对手已经饱和了，你可阅读该市场的哪些消费习惯？如果你发现该选择缺乏一定消费需求的目标市场配下的高和了"红色海洋"。你会避免因选择缺乏一定消费需求的目标市场配下更多利代价的目标努力（"蓝色海洋"）。你可以对目标市场定位，明育能通过公司现有资源基础获得更多利益的目标市场需的必要资源和能力。

营销目标：

达到营销目标就会有销售额。（如果情况并非如此，你就需要修改营销目标。）营销目标应当清晰、可衡量，并且有规定的完成时间框架。

换句话说，目标应该遵循SMART观念。
S（代表具体（Specific））、M（代表可衡量（Measurable））、
A（代表可实现性（Achievable））、R（代表现实性（Realistic））、
T（代表时间表（Timetable））

设定营销目标和完成剩余部分的营销计划可以作为对现实情况的检验。公司有完成营销目标所需的必要资源和能力吗？

进入模式策略：

一旦公司在目标市场设定了目标，下一步就是选择最好的方法进入市场。选好的模式可以看是选择最好的第一个决策层面。根据它可以在国家层面上对重复查链条上的继任责任活动者进行分配。

例如，从现在起（t_0），三年内（t_3），在目标市场使市场份额从5%增加到15%。这个目标能实现吗？

以下三种形式的进入模式（从生产商的角度来看）具有如下特征：
- 出口模式（代理商、经销商）：掌控力低，风险低，灵活性高。
- 中间模式（合资企业、战略联盟）：共同管理，共同承担风险，所有权公开。
- 层级模式（自身子公司）：掌控力高，风险高，灵活性低。

目标市场的选择

在选好的目标市场中的市场定位

在目标市场中的营销目标

进入模式策略

目标市场/国家的选择

相对于竞争者在目标市场中的定位

参见第7章的筛选过程

针对某市场三年内的目标（15%）

市场份额　15% ┄ 5%

时间　t_0　t_1　t_2　t_3

进入模式策略：

内在化程度不断提升

层级模式
中间模式
出口模式

参见第8~9章

第三部分：进入市场的策略

图1.2　（续）

第四部分：设计国际化营销项目

营销综合策略计划（各个国家及整体）

综合营销策略（活动）	第一年(t₁)	第二年(t₂)	第三年(t₃)
产品 性能、品质、名字、质量保证、包装、辅助服务	新产品定体	新生产线和服务	开发新技术产品
价格 标价、附加服务收费、付款方式条件、补助	保持整指定价	降低价格	稳定价格
地点 经销商、批发商、零售商、营业地点、运输方式	选择地区	和新合作伙伴扩大地区	新的国际市场
推销 广告、直接邮件、电子邮件、宣传、公司材料、互联网	保持现有的广告媒介	开展电子邮件活动	人员推销

第五部分：执行并协调国际化营销项目

营销活动的执行（Q=季度）	第1年	第2年	第3年	负责人
广告 电子邮件 现场演示 人员销售	Q1 Q2 Q3 Q4	Q1 Q2 Q3 Q4	Q1 Q2 Q3 Q4	XX XY YX YY

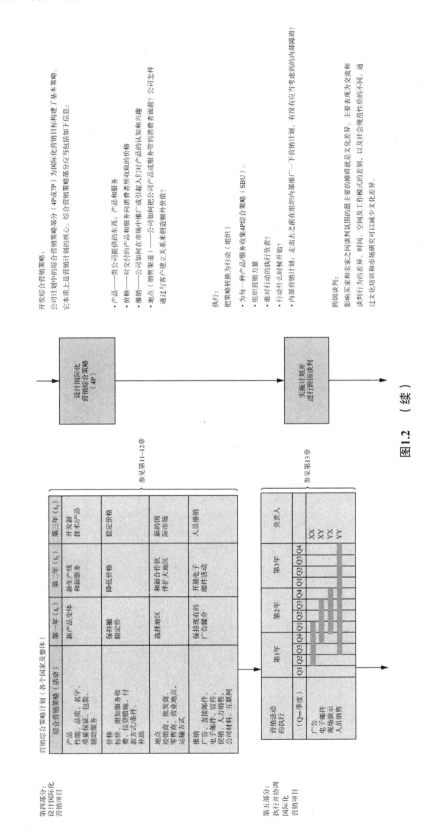

设计国际化营销综合策略（4P） 参见第11~12章

实施计划观并进行跨国谈判 参见第13章

开发综合营销策略：

公司计划中的综合营销策略部分（4P或7P）为国际化营销目标部分构建了基本策略。它本质上是营销计划的核心。综合营销策略部分应当包括如下信息：

- 产品——供公司提供的东西：产品和服务。
- 价格——对交付的产品或服务各所收取的价格。
- 推销——公司如何在市场中推广或引起人们对产品的认知和兴趣。
- 地点（销售渠道）——公司如何把公司产品或服务交付到消费者面前？公司怎样通过与客户建立关系来未来创造额外价值？

执行：

把策略转换为行动（组织）。

- 为每一种产品/服务收集4P综合策略（SBU）。
- 组织营销的力量
- 推动行动的执行付负责？
- 行动什么时候开始？
- 内部营销计划：走出去之前在组织内部推广一下营销计划。有没有应当考虑到的内部障碍？

跨国阅读：

影响买家和卖家之间谈判氛围的最主要的障碍就是文化差异。主要表现为交流和谈判行为的差异。时间、空间及工作模式的差别，以及社会规范性质的不同。通过文化培训和市场研究可以减少文化差异。

图1.2 （续）

营销预算:
一个战略型营销策略所产生的营销预算应当有足够的可分配资源来满足策略程度和市场实施的需要。在一个为期三年的策略型市场计划中,每年都需要对市场利润表现进行判断估计。

在左边的图中,国际化营销经理主管着将全世界的"营销贡献"(Σ)最大化。为了优化总体营销贡献(Σ),他有权通过和各国家经理进行合作和谈判来进行协调并将跨境转移市场资源。让各个国家的经理负责各自国家的营销贡献实现最大化。

组织实施国际化营销活动:
组织活动的不同选择有:
• 职能结构
• 国际化分支结构
• 产品结构
• 地理(顾客)结构
• 矩阵结构
• 全球客户管理(GAM)

营销控制:
计划和预算是主要的正式控制方法。预算清晰地表明了达成这些目的所需的目标和必要的营销成本。控制包括测算实际的数字来和预算数字作比较。如果差别在可以接受的范围内,通常就不会采取行动。

我们可以通过调查评估实际效果结果来评价执行状况,问题在于设定一个执行标准。这个标准是根据历史表现和某种行业平均标准确定的。

不可避免,这将出现国家与国家之间进行比较的问题。例如在预算时间内不同国家的预算情况,是如何受币值波动影响的。

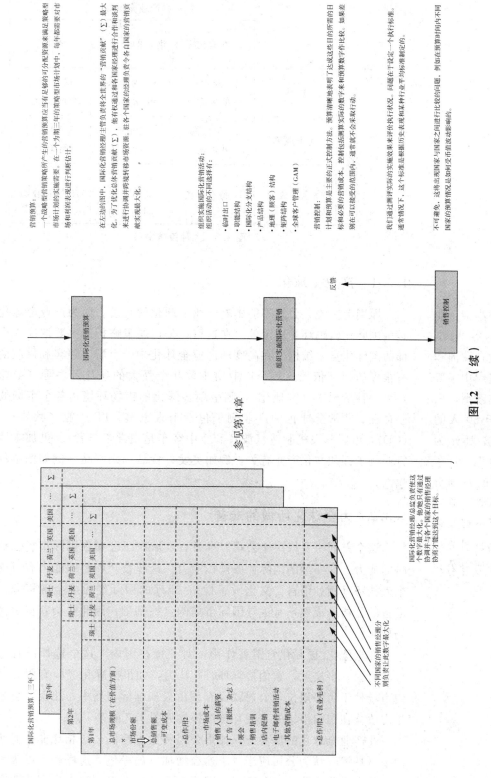

图1.2 (续)

参见第14章

国际营销预算(三年)

国际化营销经理/总监负责使这个数字最大化。他他只有通过协调并与各个国家的销售经理协商才能达到这个目标。

不同国家的销售经理分别负责让此数字最大化。

	产业全球化		
	本地化	潜在的全球化	全球化
成熟	3. 开始新的生意	6. 为全球化做准备	9. 巩固在全球的地位
尚未成熟	2. 巩固海外市场	5. 考虑扩大国际市场	8. 寻求国际联合
完全不成熟	1. 待在国内	4. 在国际市场中寻找利基市场	7. 准备收购

（左侧纵向标题：为国际化所做的准备）

图 1.3　九种策略窗口

1.3.1　产业全球化

中小型企业（SMEs）： 中小型企业在欧洲和国际组织中很普遍。在欧洲，雇员少于 50 人的公司被划分为"小型"，少于 250 人的被划分为"中型"。在欧洲，中小型企业（250 名雇员或更少）在所有公司中约占 99%。

原则上来说，公司不能影响产业全球化的程度。因为产业全球化主要是由国际化营销环境决定的。在这里，公司的策略行为主要取决于产业内部的国际化竞争结构。在高度的产业全球化中，市场、顾客和供应商之间有很多的相互依赖，整个产业由少数几个强大的参与者主导（全球化）；在另一种情况中（本地化），则呈现多国化的市场环境，各个市场彼此独立存在。非常全球化的产业例子包括个人电脑、IT 产业（微软）、唱片（CD），电影和飞机制造（波音和空中客车是主导参与者）。更加本地化的行业例子都和文化产业有关，例如美发、食品和奶制品（例如挪威的棕色奶酪）。

1.3.2　为全球化所做的准备

这个方面主要取决于公司。准备程度取决于公司在国际市场上执行策略的能力，即实际的国际业务操作能力。这些技巧和组织能力有可能包括个人技巧（例如语言、文化敏感性），经理的国际经验或金融资源。做好准备的公司（成熟）有主导国际市场的良好基础，因此它会获得更高的市场份额。

在全球化/国际化营销著作中，对"待在国内"这个选择没有进行充分的讨论。事实上，索伯格（1997）认为，如果国际化经验有限并且在国内市场处于劣势地位，公司就没有理由投入国际市场中；相反，公司应该尽力改善在国内市场的表现。该选择参见图 1.3 的第 1 点。

在产业全球化的形势下，如果公司和大型跨国公司相比非常渺小，索伯格（1997）认为公司应当寻求途径增加它的净值，这样就可以吸引合作伙伴将来进行收购。这种选择（图 1.3 中的第 7 点）和中小型企业利用全球化网络向大型产业公司出售先进的高科技部件（作为子供应商）有关。全球需求会有波动，中小型企业（金融资源有限）通常情况下很容易在金融方面受挫。如果公司已经具备了一些国际化商业操作的能力，它就可以通过与具有互补能力的公司结盟来克服它的竞争劣势（图 1.3 中的第 8点）。索伯格（1997）进一步讨论了图 1.3 中的其他各点。

1.4 "全球化营销"概念的发展

从根本上来说，全球化营销包括比竞争对手更好地寻找并满足全球客户的需求，并在全球化环境的约束下协调营销行为。公司对国际市场机遇的反应主要取决于管理部门对于在世界范围内做生意的设想和信念，包括有意识的和无意识的。一个公司的商业活动世界观可以用 EPRG 框架来描述。它的四种方向总结如下［波尔马特（Perlmutter），1969；查克拉沃斯（Chakravarthy）和波尔马特（Perlmutter），1985］：

1. 种族中心型 Ethnocentric：本土国家最优等，本土国家的需要最相关。本质上，总部把做生意的方式扩展到国外的附属机构。控制高度集中，国外实施的组织方式和科学技术在本质上和本土国家是一样的。
2. 多中心型 Polycentric（多国化）：每个国家都是独特的，所以应该用不同的方式定位。多中心型企业认识到不同地区生产和营销条件不同，尽力适应这些条件以使各个地区利润最大化。公司对附属机构的控制很分散，和附属机构之间的交流也有限。
3. 地区中心型 Regiocenric：世界是由地区组成的（例如欧洲、亚洲、中东）。公司尽力在区域范围内整合和协调营销项目，但不是跨区域进行。
4. 地球中心型 global（全球化）：世界正变得越来越小。公司可以推行全球化产品理念，但应该和地区情况相适应（"全球化思维，地区化运作"）。

地区中心型和地球中心型的公司（与种族中心性和多中心型相反）寻求在全球或地区范围内进行组织并整合生产和销售。每个国际单元都是整体多国网络中不可或缺的一部分，总部和附属机构之间的交流和控制不像种族中心型那样严密。

很多国际市场正在聚集，因为通信和物流网络正实现全球范围内的一体化。与此同时，其他国际市场正在变得多样化，因为公司管理正经历经济和文化的异质化。这就意味着公司需要在适应多样化市场顾客的需求中平息冲突。公司需要不同的技巧和资源来尝试在已有市场和这些新市场之间传输知识和能力［道格拉斯（Douglas）和克雷格（Craig），2011］。

这就引出了全球化营销的定义：

公司致力于对其营销活动进行跨国协调，从而比竞争对手更好地寻找并满足全球顾客的需要。这意味着公司能够：

- 根据各个市场之间的相同点和不同点设计一个全球化的营销策略。
- 通过世界范围内的传播（学习）和适应来挖掘总部（本土组织）的知识。
- 传输其任一市场的知识和"最佳做法"，并且在其他国际市场上运用。

以下是一些关键术语的解释：

- 对其营销活动进行协调：协调并整合营销策略并在全球市场中实行，这涉及集中、授权、标准化和本地反映。
- 寻找全球客户需要：这涉及开展全球化营销调查并分析细分市场，同时寻求获悉不同国家顾客群的相同点和不同点。
- 满足全球顾客：使产品、服务和综合营销策略的要素满足各个国家和地区顾客的不同需要。
- 比竞争对手更好：通过提供更好价值、低价、高质量、更优的销售渠道、良好的广告策略或更优等的品牌，来对国际竞争进行评估、监督并作出反应。

全球本地化（Glocalization）：开发并销售面向全球市场的产品或服务，但要与本地文化和行为相适应（全球化思维，地区化运作）。

全球化营销定义的第二部分也在图 1.4 中进行了描述，我们将继续进行讨论。

这种全球化营销策略试图通过总部和子公司之间的动态相互依赖达到"全球化思维，地区化运作"的口号（所谓的"全球本地化"框架）。实行这种策略的组织协调工作，在开发全球化融合与效率利益的同时能够保证地区的灵活性，并确保创新在全球范围内的扩散。

原则上说，价值链功能应当在具有最高能力（且最有成本效益）的地方实施，而这个地方不一定是总部办公室［贝林（Belin）和范（Pham），2007］。

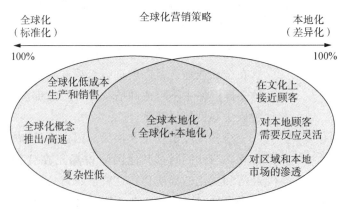

图 1.4　全球本地化框架

国际化营销的两种极端——全球化和本地化，可以结合为全球本地化，参见图1.4。

知识管理的一个核心要素是不断从经历中学习。在实践中，知识管理作为一个跨越国界以学习为重点的活动，其目标是记录在某一市场已使用并能在其他地方（在其他地理市场）运用的有价值的能力。这样公司就可以持续地更新知识。图1.5对此进行了阐述，将知识和"最佳做法"在市场之间进行传输。缺乏人际关系、信任缺失和"文化距离"都会造成跨文化知识管理的阻力、摩擦和误解。

全球化正在成为众多公司商业策略的主体。无论它们是进行产品开发还是提供服务，在如今的知识密集型经济中，管理"国际化知识引擎"以获取竞争优势的能力是可持续竞争力的关键要素之一。但在国际化营销的大环境中，知识管理实际上是一项跨文化活动，它的核心是培育并持续更新协同跨文化知识（这将在第13章中继续讨论）。当然，这种"及/或"型的知识对组织来说是策略型的，需要进行管理。因为商业环境不同，与之相关的知识的价值也不同，竞争力就会有差异。

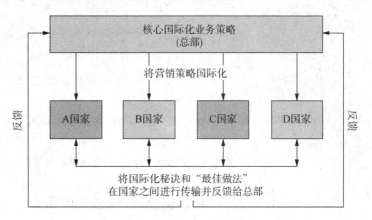

图1.5　跨国界传输知识和学问的原则

1.5　"全球整合"和"市场反应"的力量

在图1.6中，假定中小型企业和大型企业正在相互学习。

两种运动导致的结果可以称为是一种行动导向型的方法，正反两方向的能量公司都要加以运用。在接下来的部分，图1.6将讨论大型企业和中小型企业的不同起点。图1.6阐述了大型企业和中小型企业向右上角进行趋同运动的结果。

示例1.1给出了一个大型企业从左到右运动的例子。在这个例子中，麦当劳使它的菜单能够适应当地的饮食文化。中小型企业一直在"反应能力高"方面很有优势，但是它们的分散化趋势和地区化决策制定使它们在不同国家之间的协调程度变低（而这恰好是大型企业的优势）。

全球整合
（Global integration）：认识到国际市场的相同点，把它们整合成全面的全球化策略。

市场反应
（Market responsiveness）：对每个市场的需要和需求作出反应。

我们已经介绍了"全球化决策"和"全球本地化"这两个术语来反映和组合图 1.6 中的两个维度："全球化"（y 轴）和"本地化"（x 轴）。全球本地化这种策略方法反映了全球一体化策略的愿望，同时认识到了本地适应性/市场反应的重要性。通过这种方式，"全球本地化"试图使标准化和公司国际化营销的适应性之间达到最优平衡［斯文森，（Svensson）2001 和 2002］。

首先，我们在图 1.6 中解释一下影响全球化协调/全球整合和市场反应的基本因素。

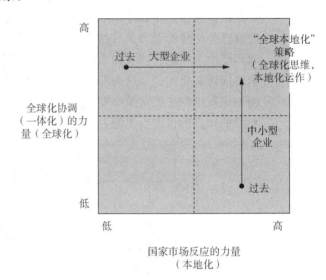

图 1.6　全球整合/市场反应表格：大型企业和中小型企业的未来方向

1.5.1　"全球化协调/整合"的因素

在向国际一体化营销的转变过程中，我们认为，不同国家目标市场的跨国相似性更加重要，而各国的差异性则在其次。主要原因如下（谢思（Sheth）和帕维提亚［Parvatiyar），2001；西格尔霍恩（SegalHorn），2002］：

- 贸易障碍的去除（解除控制）。去除历史障碍，包括关税（如进口税）和非关税（如安全法规），这些都构成了跨界贸易的障碍。解除控制可以发生在各个层面：国家的、地区的（国内贸易区内部）和国际的。因此，解除控制对全球化有影响，因为它减少了跨界贸易的时间、成本和复杂性。

- 全球客户（顾客）。由于顾客开始越来越全球化，并且采购行为趋于理性化，他们要求供应商提供全球化的服务来满足他们独特的全球化需求。通常情况下，这包括全球化发送产品、保证供应、服务系统、特征统一和价格全球化。一些大型企业，例如美国国际商业机器公司、波音、宜家家居、西门子和 ABB 公司等，对其较小的供应商，主要是中小型企业，就提出了这样的"全球化"要求。对于这些中小企业来说，与这些全球伙伴合作需要有跨职能的顾客团队在所有的功能区进行部署以保证品质一致。

- 关系管理/网络组织。当我们向全球化迈进的时候，依赖于外部组织的网络关系变得愈加重要。例如，与客户和供应商的关系可以在竞争中抢占先机。公司可能还需要与世界各地的内部单位（例如销售子公司）进行合作。商业联盟和网络关系可以帮助减少市场的不确定性，特别是在技术快速聚合和全球市场所需资源增加的情况下。事实上，网络式的组织需要更多的协调和交流。

- 世界科技标准化。早期世界市场需求的差异是因为技术先进的产品是为国防和政府部门开发的，然后才会为一小部分消费者所服务。事实上，如今获取市场规模和范围的需求极高，产品和服务在世界范围内的有效性应当随之提升。因此，我们会看到消费类电子产品的跨国使用和需求更加同质化。

- 世界化市场。从本土国家到世界其他地区"创新扩散"的概念正在被世界化市场概念所取代。世界化市场将会发展，因为有世界人口作支撑。例如，如果一个市场营销人员把他的产品或服务定位于世界范围内十几岁的青少年，就比较容易为这个阶层开发全球化策略，并制订可行计划以提供全球范围内的目标市场覆盖。这在软饮料、服装、运动鞋领域变得日趋明显，特别是在互联网经济中。

- "地球村"。"地球村"这个名词指的是世界人口共享普遍认同的文化符号的现象。由此带来的商业后果是相似的产品和相似的服务可以出售给世界上几乎任何国家的相似顾客群体。因此，文化趋同性也就意味着世界市场聚合的潜力和全球化市场的浮现，像可口可乐、耐克、利维斯这样的品牌就被人们普遍需要。

- 全球交流。新的以互联网为基础的"低成本"交流方式（电子邮件、电子商务、社会媒体等）使世界不同地区的交流和贸易变得容易。因此，国内市场的顾客能够在世界各地购买相似的产品和服务。

- 全球成本动因。这可以划分为"规模经济"和"范围经济"。

1.5.2　市场反应的因素

市场反应的因素有如下几个方面：

- 文化差异。尽管有"地球村"，显著的文化多样性仍然存在。文化差异在国际谈判和管理中仍然是主要的问题。这些文化差异反映了价值观和人们对商业活动组织形式设想的不同。每种文化都有它相反的价值标准。市场是人，而不是产品。也许会有全球化的产品，但是没有全球化的人。

去全球化 (Deglobalization)： 远离全球化趋势，把每个市场看作是特别的，有它自己的经济、文化和宗教。

- 地区主义/保护主义。地区主义是指地理上相近的国家组成地区性集群。这些地区集群（如欧盟和北美自由贸易协定）形成了地区性的贸易集团，这成了全球化的重要障碍，因为地区贸易经常被认为与国际贸易不相容。在这种情况下，单个国家去除的贸易障碍在一个地区或一组国家中又复制了。因此，所有的贸易区都既创造了局内人，又产生了局外人。所以有人会说，区域主义会使保护主义围绕区域而不是围绕单个国家重现。

- 去全球化趋势。2500 多年前，古希腊历史学家希罗多德（在观察的基础上）宣称每个人都认为他们国家的习俗和宗教是最好的。阿拉伯国家现如今的运动、达沃斯世界经济论坛伴随的大型示威或世界贸易组织（WTO）会议说明旧的价值观念有可能回归，成为全球化进一步成功的障碍。一些夸张的词汇，例如"麦当劳化"和"可口可乐化"，以一种简单的方式描述了人们对美国文化帝国主义的恐惧。

案例 2.3（在第 2 章）阐述了英国电信（BT's）在其美国和亚洲策略中进行"去国际化"的经验〔特纳（Turner）和加德纳（Gardiner），2007〕。

2001 年的"9·11"事件之后全球化会不会继续还未成定论。奎尔奇（Quelch）（2002）认为会持续，因为"9·11"事件刺激了国家政府在安全问题上直接的跨境合作，而这种合作会加强其他领域的互动。

示例 1.1 麦当劳正朝着更高的市场反应度迈进

麦当劳（www.mcdonalds.com）已经在 100 多个国家扩张了 30 000 多家餐厅。位于伊利诺伊州橡溪镇的总部高管们已经意识到尽管标准化带来固有的成本/节约，但要获取成功经常需要能够与当地环境相适应，举例如下。

日本

麦当劳在日本的第一家餐厅开设于 1971 年。那时候，这里的快餐是一碗面条或者味噌汤。

由于它是先行者，麦当劳在日本一直处于领先地位。到了 1997 年，麦当劳在日本拥有 1 000 多家店面，这些店面出售的产品比其他任何餐饮公司都多，其中包括每年 5 亿个汉堡。

麦当劳（日本）公司提供的食品包括日式炸鸡、照烧烤鸡、照烧汉堡包。汉堡里配有煎蛋。饮料包括冰镇咖啡和玉米粥。

日式甜蛋汉堡

日本的麦当劳70％的食品需求都要进口，包括美国的咸菜和澳大利亚的小馅饼。由于需求量大，麦当劳可以和供应商议价以保证低价采购。

印度

麦当劳在印度现在有7家餐厅，首家餐厅开设于1996年。它所面对的市场有40％的素食主义者，能吃肉的人则厌恶牛肉或猪肉，敌视冻肉和鱼，而且印度人普遍喜欢在每样食品中都加香料。

取代巨无霸的是用羊肉制成的麦克卢蒂基汉堡。麦当劳还提供素食主义的米饭小馅饼，用蔬菜和香料调味。

米饭汉堡

素麦咖喱

其他国家

在热带地区市场，麦当劳的生产线上增加了番石榴汁；在德国，麦当劳的啤酒和羊角面包卖得很好；香蕉水果馅饼在拉丁美洲很受欢迎；在菲律宾，麦意大利面成了人们的最爱；在泰国，麦当劳引进了带甜酱的日式猪肉汉堡。同时，新西兰的麦当劳推出了有甜菜根汁的奇异果汉堡，还有杏仁饼可供选择。

新加坡的炸薯条都有辣椒酱，KiasuBurger汉堡鸡肉早餐成为最畅销的产品。新加坡是麦当劳最早引进送餐服务的国家之一。

麦当劳通过标准化和它的包装实现了"规模经济"和成本节约。2003年，麦当劳宣布它在100多个国家的30 000家餐厅不久要对菜品实行统一的品牌包装。据公司的新闻发布会透露，新包装上将会出现真实的人在做他们喜欢的事的照片，例如人们正在听音乐、听足球、给孩子读书。麦当劳的全球化首席官员说："这是我们历史上第一次使用单一的品牌包装，有着单一的品牌信息，会在全世界同时使用。"两年之后的2005年，公司不得不撤回它的单一品牌包装，宣布了它的本地化包装计划［弗罗斯特（Frost），2006］。

资料来源：基于多种公共媒体，麦当劳公司图片。

1.6　将价值链作为识别国际化竞争优势的基本框架

1.6.1　价值链的概念

价值链
（Value chain）：
对公司进行的能
为客户提供价
值、为公司创造
利润的活动的
分类。

价值链提供了一种系统的方法对活动进行展示和分类。任何产业的公司活动都可以被划分为不同的类别（参见图1.8）。

在价值链的每一个阶段，都有机会实行一些比竞争对手更好和/或不同的活动和程序，为公司的竞争策略作出积极贡献，同时能创造独特性和优势。如果公司获得了这样持续的、可防御的、有利润并被市场重视的竞争优势，那么它就会有很高的回报率。即使产业结构不利、产业的平均利润微薄也没有关系。

在竞争方面，价值就是买家愿意为公司提供的东西付出的金额。价值链包括成本动因和价值动因。动因是解释公司活动创造所的成本/价值异于竞争对手的潜在结构因素。改变活动动力是将公司成功定位为低成本或异于竞争对手的基础［希恩（Sheehan）和福斯（Foss），2009］。从根本上来说，如果一个公司控制的价值超过创造产品所需的成本，它就能营利。为买家创造超出成本的价值是所有通用策略的目标。有时必须用价值而不是成本来分析竞争能力，因为公司经常故意通过差异化提高成本以掌握最优价格。买家感知价值这个概念将在第4章中进行讨论。

价值链展示了全部的价值，包含价值活动和利润。价值活动是公司进行的物质和技术上的明显活动。这是公司能创造对顾客有价值的产品的基石。利润是总价值（价格）和实施价值活动的总成本之间的差额。

竞争优势是一种功能，能比竞争对手更有效地为类似买家提供价值（低成本），或者是以类似的成本但用独特的方式创造比竞争对手更多的顾客价值，由此掌握最优价格（差异化）。公司能够识别价值链中低于自身成本的要素。然后对这些要素进行分类，以较低的价格在公司外部（外包）进行生产。

波特（Porter）的著作（1985）是分析公司价值链配置和其对国际竞争优势影响的重要参考文献。

在研究各种价值链活动的细节之前，将公司的价值链嵌入更大的网络式活动，即价值网中进行考虑很重要（图1.7）。价值网包括在产品或服务的生产过程中所有公司实施的活动，从基本的原材料到最终产品向最终客户的运送。

波特的价值链概念

波特（1985）把价值活动划分为两种广泛的类型——基本活动和辅助

活动。基本活动是产品的物质创造涉及的活动、销售并转给买家，以及售后支持。辅助活动支持基本活动，包括采购、技术开发、人力资源和公司基础结构。

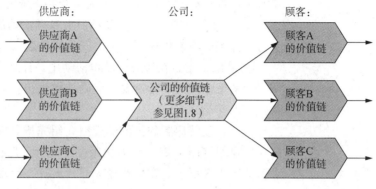

图 1.7　价值链

基础活动

组织的基础活动可划分为五个主要领域：采购物流、操作、出货物流、营销和销售、服务。

1. 采购物流。指和接受、储存、为产品/服务分配资源有关的活动。这些包括原材料处理、库存管理、运输等。

2. 操作。把各种资源变成最终产品或服务：加工、包装、装配、检测等。

3. 出货物流。采集、储存并把产品分配给客户。如果是易碎产品，还涉及仓储、原料处理、运输等；如果是在固定的地点提供服务，还可能关系到如何让客户接触到服务的问题。

4. 营销和销售。可以使顾客/用户知晓这个产品/服务并能购买，包括销售管理、广告、销售等。在公共服务行业中，能够帮助用户接触某一特殊服务的通信网络通常是很重要的。

5. 服务。这包括所有加强或保持产品/服务价值的活动。阿萨格曼（Asugman）等人（1997）把售后服务定义为"公司在出售产品之后进行的活动，能使产品使用中的潜在问题最小化，消费体验价值最大化"。售后服务包含如下内容：安装并发动所购产品，为产品提供零部件，提供维修服务，产品技术建议和提供担保支持。

基础活动的每个分组都和辅助活动有关。

辅助活动

辅助活动可以划分为四个领域。

1. 采购。这指的是获取各种资源投入基础活动（而不是资源本身）的过程。就这点论，它发生在组织的很多部分。

2. 技术开发。所有的价值活动都有"技术"，即使只是简单的"技巧"。核心技术可能直接与产品有关（即研发，产品设计），或者和处理加工有关（例如处理过程开发），或者和某一资源有关（例如原材料改进）。

3. 人力资源管理。这是超越所有基础活动的一个特别重要的领域。它关注的是组织内部招聘、培训、开发和奖励人员的活动。

4. 基础结构。在所有的基本活动中，计划、金融、质量监管系统对一个组织的策略能力非常重要。基础结构也包括公司维持自身文化的结构和常规活动。

至此，波特原版的价值链模型介绍完毕，本教程大部分使用的是一个简化版模型（图1.8）。该简化版模型的特点是它只包含公司的基础活动。

如图1.8所示，在生产导向即"上游"活动和市场导向即"下游"活动之间做了区分。

虽然价值活动是竞争优势的基石，但价值链并不是独立活动的集合，而是一个相互依赖的活动系统。价值活动通过价值链内部的水平连接相互关联。连接是指一种价值活动依赖另一种价值活动表现的关系。（图4.9）

而且，价值链中活动的时间顺序并不是总像图1.8阐述的那样。有的公司在生产最终产品之前就接到了订单（按订单生产），销售和营销功能发生在生产之前。

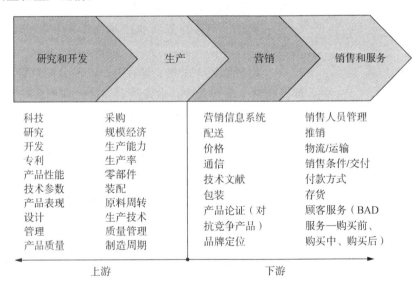

图1.8　"简化"版的价值链

为了理解组织的竞争优势，我们应当分析以下类型链接在策略上的重要性以评估它们是怎样减少成本或增加价值的。有两种类型的链接。

1. 内部链接：在同一个价值链的各种活动之间，但是可能处于公司的不同计划层面。

2. 外部链接：在不同的价值链之间，"分属于"整个价值系统不同行动者。

内部链接

基础活动之间可能存在重要的关联。尤其是，我们要在这些关系中作出选择并决定它们如何影响价值创造和策略能力。例如，如果我们决定持有大量成品，就可以缓和生产计划问题并且对顾客作出更快的反应。事实上，这可能会增加操作的整体成本。我们需要作出评估来判断"库存"增加的价值是不是大于增加的成本。我们应当避免对单个价值链活动进行次优均衡。在分析中，如果单独对营销活动和业务进行评价就很容易漏掉这一点。运行过程可能看起来很好，因为产量大、品种少、单位成本低。而事实上与此同时，营销团队所面对的客户则要求快速、灵活、多样性。把这两个可能的优点放在一起却成了缺点，因为它们不协调，而价值链要求和谐。基础活动和辅助活动之间的联系可能是竞争优势的基础。例如，一个组织可能有独特的材料采购系统。很多国际宾馆和旅游公司利用计算机系统，在世界范围内从本地接入点提供即时的"实时"报价和预定。

作为对不同活动之间链接的补充评论，我们认为在组织的所有三个计划层次也需要把价值链（图 1.8 用简化的形式阐述）作为一个完整的模型。

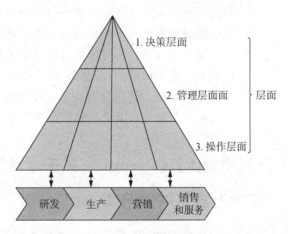

图 1.9   价值链和策略金字塔的关系

用纯粹的概念性术语来说，公司可以被描述为一个金字塔，如图 1.9 所示。它是决策和活动层面的复杂的聚合体，包含三个复杂的层面。但是所有主要的价值链活动都和公司的三个策略层面相关。

1. 策略层面对公司的宗旨、目标确定、达成目标所需的资源识别并为公司选择最合适的社团策略负责。

2. 管理层面的任务是将公司目标转换为功能/部门目标，并保证它所支配的资源有效利用于能够达成公司目标的活动。

3. 操作层面负责有效执行实现部门/功能目标所需的任务。操作目标的实现使得公司能够达成它的管理和策略目标。所有三个层面都是相互依赖的，上层的清晰目标能使公司的所有人融为一体，朝着共同的目标努力。

外部链接

很多行业的一个重要特点就是单独一个机构很少承担从产品设计到为最终顾客配送的全部价值活动。多数情况下，都有专业化的角色来承担，通常情况下，有多种机构参与到广泛的产品或服务的价值创造体系中。要理解价值是如何创造的，仅仅观察公司的内部价值链是不够的。很多价值创造是在供应和配送链条发生的，我们需要分析并理解整个过程。

供应商制造并传送公司链条（价值链的上游环节）中购买的资源，他们有自己的价值链。供应商不仅交付产品，还能以很多种其他的方式影响公司的表现。例如，贝纳通，意大利时装公司，努力维持复杂的供应商、代理商和独立零售店组成的网络，这成了它20世纪七八十年代迅速成功的国际化发展的基础。

另外，产品通过价值链渠道到达买家，通过这些渠道还能进行感染买家和影响公司自身活动的额外活动。公司的产品最终变成了买家价值链的一部分。差异化的根本基础是公司和它的产品在买家价值链中的作用，这是由买家的需求决定的。要获得并保持竞争优势，不仅要理解公司的价值链，还要理解公司是如何融入整体的价值系统的。

很多情况下，通过价值链体系中不同组织之间的协作安排可以减少整体成本（或增加价值）。在第10章中，我们将会看到这经常是下游协作安排的基本原理，例如合资企业、不同组织之间的转包和外包（举例来说，在国际汽车制造和电子行业中分享技术。）

示例1.2 《我是优优》（Pocoyo）：关于学龄前系列动画片全球化推广的上游—下游合作

作为最成功的学龄前电视系列片之一，《我是优优》是由新起亚娱乐公司（Zinkia Entertainment）创制并由格林纳达（Grenada Ventures）企业在全世界出售的。它目前是一个全球化的品牌，自从2005年年末发行以来已经销售至95个国家。鲜明的白色背景、艳丽的色彩块，显示出《我是优优》专为吸引年幼的孩子设计。

小P优优（Pocoyo）

小P优优是一个小男孩，拥有一系列能抓住孩子们想象力的特征，可以鼓励他们去看、去听并进行互动。优优是一个穿蓝色衣服的充满好奇心和热情的可爱男孩。他在每个故事中探索世界，并从他的朋友艾丽、巴托、鲁拉和瞌睡鸟那里得到帮助，有时候也可能在它们那里遇到障碍。

资料来源：我是优优 TM 及ⓒ 2005 新起亚娱乐公司，由格林纳达企业许可。

《我是优优》有一个引人入胜的核心概念——在笑声中学习。临床研究表明，笑声不仅能增加孩子在节目中的乐趣和参与度，而且能增加 15％ 的学习。在项目开发过程中，通过与行为心理学家密切合作，《我是优优》运用简单有效的视觉笑料帮助孩子们在最单纯的事物中发现魔力与幽默。它不仅仅是描绘儿童时代的理想画面，小 P 优优有时也会郁郁寡欢、吵闹、痛苦——就像一个真正的学龄前儿童一样。

《我是优优》的价值链

像《我是优优》的价值链阐述的那样（参见图 1.10），新起亚娱乐公司（Zinkia Entertainment）负责《我是优优》系列片的开发和制作（上游功能），格林纳达企业（Grenada Ventures）负责全球授权和出版权（下游功能）。

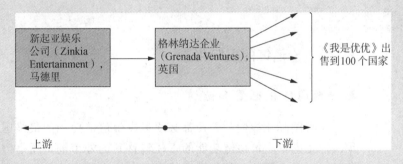

图 1.10　《我是优优》价值链

新起亚娱乐公司创建于 2001 年，位于西班牙的马德里。它的业务重心是为电台制作动画片，为移动设备和游戏平台制作游戏。这个公司有 100 多名员工，它的系列片在世界 95 个国家进行出售。它是一个富有活力的制作视听内容的公司，主要致力于动画片、影纪录片、在线团体、控制台和多人移动游戏的互动式内容等工作。自从创建以来，新起亚的主要项目包括《我是优优》（52×7 分钟）——一个 3D 版学龄前系列片以及其他作品。2006年 6 月，《我是优优》在第 30 届安纳西国际动画电影节中作为"世界最佳电视系列片"荣获克丽斯特奖。

在《我是优优》的价值链中，新起亚娱乐公司的合作伙伴是格林纳达企业，它是总部位于英国的独立电视台电视频道公共有限公司的推销、许可和出版部门。它创建于格林纳达和卡尔顿合并之后的 2003 年 10 月，公司的职权是通过许可的方式在世界范围内出售广播以外的品牌，以此为公司驱动次要收入来源。公司目前在世界范围内拥有几乎 1 000 件产品和电视、电影及体育方面的 3 000 多张 DVD 的许可和出版权。

《我是优优》全球化中的文化问题

通常，品牌全球化是全方位的，市场的文化需求很难定义。事实上，《我是优优》的核心主题——学习、温和的幽默、视觉刺激和游戏，似乎跨越了所有国家界限。

《我是优优》在西班牙进行开发，也采用很多来自英国的评论信息。在最初的工作样片中，小 P 优优嘴里经常含着一个奶嘴，这引起了英国人的警惕。马德里的团队几乎没有认为这会是争议的原因，但是由于现今在父母权力上的文化质询，而且还在世界的其他地方使用"安抚奶嘴"被认为是不恰当的问题，所以必须去掉奶嘴。

全球范围的品牌拓展

营销领域的品牌拓展对保证《我是优优》在世界上的成功和生命力同样重要。格林纳达企业能够通过荧屏之外的书、沐浴玩具和服装赋予《我是优优》生命。儿童们全天都可以和他们的父母及伙伴们一起与其中的人物做游戏，这样可以增加忠诚度和情感。2010 年 12 月,《我是优优》的玩具生产线在美国和加拿大铺开，主要授权商是美国万代（www.bandai.com/pocoyo）。

资料来源：多诺霍（Donohoe）. G（2006）"如何延伸到每个国家的孩子"，《品牌策略》，六月，第十页，(Denchoe. G. (2006) 'How to reach children in every nation'. Brand Strotegy, June, p. 10) www.zinkia.com/; www.granadventures.co.uk/; www.bandai.com/pocoyo.

1.6.2 价值链的国际化

活动的国际化配置和协调

所有国际化导向的公司都必须考虑价值链功能的最终国际化。公司必须决定是把单个价值链功能的责任转移到国外市场，还是由总公司集中处理最好。最主要的，价值链功能应当在能力最高（且最有成本效益）的地方开展，并不一定是在总部。

在图 1.8 中，被标记为下游的活动和被标记为上游的活动之间立即有了区分。那些与买家更有关联的下游活动的地点，经常固定在买家的所在地。例如，如果一个公司要在澳大利亚进行销售，那它必须通常在澳大利亚提供服务，而且必须有销售人员驻扎在澳大利亚。在某些行业，可能会让一个单独的营销人员出差到买家所在的国家然后返回；其他具体的下游活动，例如广告文案的制作，有时可以集中进行。事实上，更典型的情况是，公司必须把下游活动的地点放在它所开展业务的各个国家。与此相反的是，上游活动和辅助活动相对于买家所在的位置更加独立（图 1.11）。事实上，如果出口市场在文化上和本土市场相近，就可以在总部（本土市场）控制整个价值链。

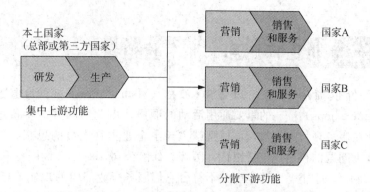

图 1.11　上游活动的集中和下游活动的分散

这个区别带来以下有趣的启示。首先，下游活动创造的竞争优势很大程度上因国家而异：公司在一个国家的名声、品牌和服务网络主要源于它的活动，造成的进入/迁移障碍也只发生在这一个国家。上游和辅助活动的竞争优势则更源于公司竞争活动所在的多个国家的整体系统，而不是它在单个国家的地位。

其次，有些行业下游活动或其他与买家有关的活动对竞争优势至关重要，这样国际竞争形式就可能更加多国化。例如，在很多服务行业，不仅是下游活动，通常上游活动也和买家地点有关，全球化策略相对就不那么普遍。在另一些行业，像技术开发和操作这样的上游和辅助活动对竞争优势非常重要，全球化竞争则很普遍。例如，公司可能很需要在世界范围内对生产功能进行集中和协调，以便创造合理的生产单位获取规模经济的效益。如今公司把生产外包到远东即中国就很流行。

最后，越来越多的顾客参加了地区合作购买组织，因此在市场上实行分化价格变的越来越困难。这会给公司带来压力，协调一个欧洲价格策略。这将在第 11 章中进一步讨论。

国际化策略的明显问题和国内策略不同，可以用公司进行国际化竞争方式的两个关键尺度进行总结。

第一个方面叫作公司的国际化活动配置，或者是说价值链的各个活动是在世界的哪个地方进行的，包括地点数量。例如，一个公司可以把它价值链的不同部分分布在不同地点——例如，工厂在中国，客服中心在印度，零售店在欧洲。IBM 就是一个例子，它把印度的员工数量从 2004 年的 9 000 多人增加到 2007 年中的 50 000 人，并且计划继续大量增加，由此利用工资差距。大部分的员工在 IBM 的全球客服部，公司的这个部分增长最快但是利润最低，使用印度员工可以通过降低（工资）成本而不是抬高价格改善这一状况［格玛沃特（Ghemawat），2007］。

第二个方面叫作协调，指的是不同国家进行的相同或有联系的活动是怎样相互协调的。

1.7 价值商店和"服务价值链"

价值商店
(Value shops)：
一种在服务环境
下解决问题的模
型，和车间类
似。通过调集资
源并进行部署解
决一个具体的客
户问题，由此创
造价值。

价值网络
(Value networks)：
把公司的若干价
值链组成一个网
络，每个公司致
力于整体的价值
链中的一小
部分。

迈克尔·波特（Michael Porter）的价值链模型声称能够确定公司进行的重要通用活动的顺序，由此为顾客产生价值。自从 1985 年模型创建之初，该模型就主导了企业主管人员的思想。然而，越来越多的服务企业，包括银行、医院、保险公司、商业咨询服务和电信公司发现，传统的价值链模型并不符合它们服务行业部门的现实。斯塔贝尔（Stabell）和佛吉尔斯戴（Fjeldstad）（1998）发现了两种新的价值创造模型——价值商店和价值网络。斯塔贝尔和佛吉尔斯戴认为价值链是制造产品的模型，而价值商店是在服务环境下解决顾客和客户问题的模型。价值网络是在顾客之间计划互动的模型。每种模型利用一系列不同的核心活动来为顾客创造并交付不同形式的价值。

表 1.1 阐述了这两种价值链之间的主要差异。

价值商店（和车间类似，不是零售店）通过调集资源（例如人力、知识和技巧）并部署资源以解决具体问题，例如治病、为乘客提供航空服务或为商业问题提供解决途径来创造价值。商店是围绕作出并执行决定进行组织的——识别并评价问题或机遇，开发可供选择的解决方案或方法，选择其中一个，进行执行并评价其结果。这个模型适用于大多数服务型的组织，例如建筑承包商、咨询公司和法律组织。事实上，它也适用于那些主要用来识别或开发具体的市场机遇的组织，例如开发新药、钻探潜在的油田或设计一款新飞机。

一个典型商业活动的不同部分可能会显示出不同的结构特点。例如，生产和配送可能和价值链类似，研究和开发可能和价值商店类似。

价值商店利用专业的知识型系统用以支持寻求问题的解决方案。事实上，其挑战在于提供一套完整的应用程序使得整个问题解决或机遇探测过程能够实现无缝执行。价值商店中出现了几个重要的技术和应用——多数以更好地利用人力和知识为重点。组合件、企业内部网、桌面视频会议和共享电子工作空间加强了人们之间的交流与合作，对于价值商店中人员和知识的流通至关重要。事实证明，把项目计划和执行进行融合很重要。例如，在医药开发行业，经过漫长复杂的批准过程，提前几个月拿出一种新药就可能意味着上百万美元的收入。类似推理引擎和神经网络的技术有助于使知晓问题和解决问题变得明确而易达到。

表 1.1 传统价值链与服务价值链的对比

传统价值链模型	服务价值链（"价值商店"）模型
通过把投入（原材料和组件）变成产品创造价值	通过顾客问题的解决创造价值。 通过调动资源和活动来解决一个特别且独一无二的问题，由此创造价值。顾客价值不在于解决方案本身而在于问题解决的价值。
按顺序处理（"首先我们开发产品，然后我们进行生产，最后进行销售"） 辅助功能：公司基础结构 人力资源管理 研发　生产　营销　销售和服务 辅助功能：技术开发 采购（购买）	周期和反复性的过程 发现并获取问题　解决问题 选择 控制评价　执行
传统的价值链包括基础活动和辅助活动。基础活动直接涉及制造并把价值带给顾客：上游（产品开发和生产）和下游活动（营销和销售与服务）。辅助活动保证并改进基础活动的实施，包括采购、技术开发、人力资源管理和公司基础结构。	价值商店的基础活动包括： 1. 发现问题：记录、评估并明确表达要解决的问题，并选择解决问题的整体方法。 2. 解决问题：生成并评估可供选择的解决方案。 3. 选择：在可供选择的问题解决方案中进行选择。 4. 执行：交流、组织并执行所选择的方案。 5. 控制评价：权衡并评估执行方案在何种程度上解决了初始声明。
举例：家具、日常食品、B2B 产品、电子产品和其他大批量产品的生产和销售。	举例：银行、医院、保险公司、商业咨询服务和电信公司。

资料来源：摘自斯塔贝尔（Stabell）和佛吉尔斯戴（Fjeldstad）（1998）

　　"价值网络"这个术语运用广泛但是定义不精准。它经常是指一组企业以一种虚拟的形式相互联系，每个公司专注于价值链中的一部分，创造并配送产品和服务。斯塔贝尔和佛吉尔斯戴（1998）对价值网络的定义不同——不是有关联的公司所构成的网络，而是一种商业模型，单独一个公司用它计划互动并向在它的顾客网中进行交换。很明显，这种模型最适用于电信公司，但也可用于保险公司和银行，它们的业务主要是在有不同金融需求的客户（例如有人要存钱，有人要借钱）之间进行调解。主要的活动包括与顾客有关基础结构操作、网络推广、合同和人际关系管理，以及提供服务。

世界上一些信息技术最密集的商家就是价值网络——例如银行、航空服务和电信公司。它们的大部分技术都为网络提供基本的基础结构，以在顾客之间协调交换。但现在竞争格局正在从自动化和高效交易流程转向对顾客行为信息的监控和探测。

它的目标是通过更好的理解使用模式、交换机会和共同利益等为顾客交换增加更多价值。例如，数据挖掘技术和可视化工具可以用来识别顾客之间的积极和消极联系。

竞争上的成功通常不仅依赖于简单的执行好基本模型。它还要求传送额外的补充价值。采用另一个价值配置模型的属性是一种有效的途径，以此来区分你的价值主题或对抗从事其他价值模型的竞争者。重要的是要以利用主要模型的方式来从事其他模型。例如，哈雷戴维森公司的主要模型是——它制造并销售产品。构建哈雷车主会（HOG）——一个顾客网络，可以通过加强品牌标识、建立忠诚度和提供有关顾客行为和喜好的信息与反馈增加主要模型的价值。亚马逊网站是一个和其他书籍经销商相似的价值链，它首先使用技术使得处理效率大大提升。现在，有了书籍推荐和特别兴趣小组，它价值网络的特性增加了。我们的调查显示：价值网络尤其能为现有的商业组织提供机会，来为它们的顾客增加更多价值，还能让新入者从为顾客提供较少价值的人那里夺取市场份额。

将"生产价值链"和"服务价值链"进行结合

布罗姆斯特莫（Blonstermo）等人（2006）区分了硬服务和软服务。硬服务是那些生产和消费可以分离的服务。例如，软件服务可以转移到一张 CD 上或其他可触媒介上，这些中间物可以被大量生产，使得标准化成为可能。软服务的生产和消费同时发生，消费者作为一个协作生产者，分离是不可能的。软服务的提供者从国外业务的第一天起就必须身处外国。图 1.12 主要是针对软服务有效，但同时我们在越来越多的行业中看到了物质产品和服务的结合。

很多产品公司提供服务来保护或加强它们的产品商业活动的价值。例如，思科公司建立了它的安装、维护和网络设计服务项目来确保高品质的产品支持并巩固与企业和电信顾客的关系。一个公司如果意识到它的竞争者们使用它的产品来提供有价值的服务，自己也会提供服务。如果它什么都不做，它就面临自己的产品被商品化的风险——这是大多数产品市场都在发生的事情，不论提供的是何种服务。除此之外，还可能失掉顾客关系。为了使现有的服务团体能够营利，或者是为了能够成功地推进一个新的嵌入服务项目，产品公司的高官们必须决定服务单元的首要中心是要支持现有的产品活动还是要作为一个新兴独立的平台成长起来。

当一个公司选择一个商业设计来为顾客提供嵌入服务时，它应当谨记其策略意图关系着交付生命周期中的哪些要素最重要。如果目标是保护或加强产品的价值，公司就应当把提供服务的系统和相关的服务进行合并，以此推动能简化服务任务的产品设计开发（例如通过使用更少的支系统或整合诊断软件）。这个方法涉及将服务提供的足迹最小化并尽可能地把支持融入产品中去。如果公司想让服务活动成为一个独立增长的平台，那么，它应当把它提供服务的努力集中在不断减少单位成本和使服务更具生产力方面上［奥古斯特（Augluste）等，2006］。

在"关键时刻"（例如在一个咨询服务的场景中），卖方展现了焦点公司的"产品"和"服务"价值链的所有功能；同时，卖方（产品和服务提供者）和买方在一个互动的过程中创造服务："服务在被生产的同时也被创造和消费了。"卖方方面的好的代表对服务品牌的成功至关重要，最终对达成卖家的承诺负责。这样一个对于服务品牌价值的共同理解需要被固定在他们的头脑和心目中来激励品牌支持行为。这个内部的品牌构筑过程变的愈发具有挑战性，因为国际化的服务品牌拓展需要利用来自全球不同地域的劳动者。

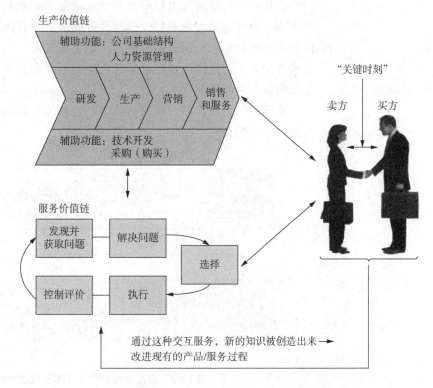

图 1.12 将"产品价值链"和"服务价值链"结合

图 1.12 阐述了服务交互（"关键时刻"）的周期性，服务价值链的后评价为可能出现的"产品价值链"再设计提供资源。图 1.12 阐述的交互过程

也可以是卖方和买方谈判过程的说明或简况：卖方代表一个品牌公司，把它的项目作为一个"硬件"（实体产品）和"软件"（服务）的组合进行销售。

图 1.12 的整体决策循环中，"学习特性"的目的之一就是从不同种类的国际买家卖家交互活动中选择"最佳做法"。这将能更好地组织以下方面：

- "服务价值链"（价值商店）；
- "产品价值链"；
- 服务和产品价值链的组合。

1.8 信息产业和虚拟价值链

大部分业务经理认为，最近我们进入了一个新时代："信息时代"，这和工业时代大不相同。这些改变的驱动力是什么呢？

这种共识已经随着时间发生了变化。一开始，人们认为是电脑和计算的自动化；然后是通过电信颠覆时空。最近，它被认为是信息的价值创造能力，一种可以进行再利用、分享、分配或交换且不带有任何不可避免的价值丢失的资源；价值有的时候确实成倍增长了。现如今，对无形资产的竞争意味着人们把知识和它与知识资本的联系看作是决定性的资源，因为它是创新和革新的基础。

要理解信息的策略性机遇和威胁，一种方式就是把虚拟价值链看作是实体价值链的补充（图 1.13）。

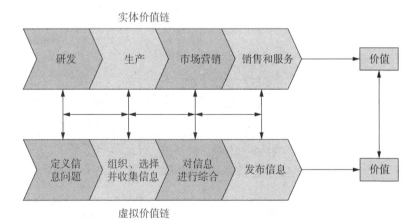

图 1.13　虚拟价值链作为实体价值链的补充

虚拟价值链（Virtual value chain）：传统价值链的延伸，在这里，信息处理本身可以为顾客创造价值。

通过引进虚拟价值链，瑞波特（Rayport）和斯维克拉（Sviokla）

（1996）为传统价值链模型做了延伸，这就动摇了信息在价值增加过程中的辅助要素地位。瑞波特和斯维克拉（1996）阐述了信息本身是如何被用来创造价值的。

从根本上来说，有四种运用信息创造商业价值的方法〔马钱德（Marchand），1999〕：

1. 管理风险。在20世纪，风险管理的演变刺激了诸如金融、会计、审计及控制等功能和行业的发展。这些信息密集型的功能成了信息资源和人们时间的主要消耗者。

2. 减少成本。这里的重心是尽可能高效地利用信息来达到商业流程和交易所要求的产出。这种信息管理的程式图与20世纪90年代的重组和持续改进运动紧密相连。普通的要素专注于消除不必要和不经济的过程与活动，尤其是文书工作和信息运动；然后进行简化；如果可能的话，使剩余的处理过程自动化。

3. 提供产品和服务。这里的重点是了解自己的顾客，与合作伙伴和供应商分享信息以增强顾客满意度。很多服务和生产公司致力于与顾客建立关系并进行需求管理，以此作为使用信息的方式。这种策略使得公司在销售点系统、账户管理、顾客概括和服务管理系统方面进行投资。

4. 发明新产品。最终，公司能够利用信息进行创新——发明新产品，使用新兴技术提供不同的服务。像英特尔和微软这样的公司正学习在"持续发现模式"中进行操作，更迅速地发明新产品并使用市场情报保持竞争优势。在这里，信息管理是要将人力和协作工作进程调动起来以在整个公司分享信息并促进发现。

每个公司都追求将以上策略进行某种组合。

关于图1.13，实体价值链中的每项活动都可以利用虚拟价值链中的一个或全部四个信息处理步骤，来为顾客创造额外的价值。这就是为什么不同的实体和虚拟价值链活动支架使用了水平的双箭头（见图1.13）。这样在实体价值链的所有阶段都可以获取信息。很明显，信息可以被用来改善实体价值链在每个阶段的表现，也可以协调价值链之间的要素。事实上，信息还可以被分析并进行重新装配来建立产品或创造新的营业范围。

一个公司可以使用它的信息接触其他公司的顾客或业务，由此重新整理一个行业的价值系统。可能带来的结果是传统的行业部分分界消失了。亚马逊的首席执行官贝索斯清楚地看到他的生意不是在书籍销售业务而是在信息经纪人业务方面。

1.9　总结

全球化营销的定义是：公司致力于对它的营销活动进行跨国协调，以比竞争对手更好地寻找并满足全球顾客的需要。这意味着公司能够：

- 根据各个市场之间的相同点和不同点设计一个全球化营销策略。
- 通过世界范围内的传播（学习）和适应来挖掘总部（本土组织）的知识。
- 传输其任一市场的知识和"最佳做法"，并且在其他国际市场上运用。

我们引进了波特原始的价值链模型作为本书主要部分的框架模型。要理解价值是如何被创造的，仅看公司的内部价值链是不够的。很多情况下，供应和配送价值链相互联系，我们需要分析并理解整个过程，然后才能考虑价值链活动的最终国际化。这也涉及关于配置并协调世界范围内的价值链活动的决定。

作为传统的（波特）价值链的补充，我们引入了服务价值链（基于所谓的"价值商店"概念）。价值商店通过调集资源（人力、知识和技巧）并把它们运用于解决具体问题来创造价值。价值商店围绕具体的与顾客服务交互情景中产生并执行决定进行组织：确定并评估服务问题或机会，获取可行的解决方案或方法，选择其中一种，执行并评估结果。这个模型适用于大部分服务型的组织。

很多产品公司想利用嵌入式服务成功：由于竞争压力使产品市场不断地商品化，服务在未来几年将会成为价值创造的主要区分者。事实上，公司需要更清楚地理解这个新游戏的策略规则，并且必须把这些规则融合到它们的经营中去，以实现这些快速增长的业务的成功。

在本章的最后，我们引入了"虚拟价值链"作为"实体价值链"的补充，以此运用信息创造更多的商业价值。

案例研究 1.1

巴布甘虾业公司（Bubba Gump Shrimp Co）：一个总部在美国的连锁店正在走向国际化

背景

最初，巴布甘虾业公司（Bubba Gump Shrimp Co）（今后我们简称为阿甘虾）开始于 1972 年，由美国加利福尼亚州的鲁斯迪鹈鹕餐厅（Rusty Pelican Restaurants）投入市场。1986 年，温斯顿·格卢姆（Winston Groom）出版了它的小说《阿甘正传》。当电影与 1994 年发行时，《阿甘正传》〔汤姆·汉克斯（Tom Hanks）饰演主角〕立即成为了票房热门电影，而后获得了六项奥斯卡奖。

1995 年，《阿甘正传》的电影制片公司，派拉蒙影业（Paramount Pictures）找到了鲁斯迪鹈鹕餐厅。这个餐厅当时正在寻求开发一个中端市场海鲜餐厅的概念。虽然在电影中没有真正的餐厅，主角阿甘和他的"最好的好朋友"巴布经营着一个叫作巴布甘虾业公司的捕虾船，巴布戴着一个代表运营标志性帽子。这成为了餐厅品牌的启动点。选择阿甘这个名称在顾客层面带来了即刻的品牌认同。

资料来源：克雷格·洛弗尔（Craig Lovell）/《鹰视野摄影》/阿拉米图片社（Alarmy）（Craig Lovell/Eagle Visions Photography/Alamy）。

1996 年，餐厅公司巴布甘虾业公司（控股公司）在圣克莱门特（San Clemente）创立，《阿甘正传》电影制片派拉蒙影业和鲁斯迪鹈鹕作为授权合作伙伴。第一家餐厅开设在加利福尼亚州蒙特尔市的罐头工厂街（Cannery Row）。

概念

阿甘虾自己的研究结果表明，这个名字能够带来即刻的认同和与电影的联想。研究显示，阿甘虾 94% 的隐性知名度是由于和电影的联想。在这个概念出炉时，《阿甘正传》一直是最卖座电影的前五名，因此致使餐厅品牌有即时的吸引力。一方面，阿甘虾从它的市场调查中获悉，从电影到餐厅有一个自然的转化。顾客认为这样一个东西存在是合理的。另一方面，餐厅连锁店也意识到如果品牌不体现着产品质量上，它在市场上就不会有很多机会。

餐厅品牌和电影产权有关。电影中，阿甘虾这个主题通过装潢和菜单体现。像巴布奇异蘸料和跑遍美国样品检查员，都和屏幕上的场景相呼应。事实上，为了确保这个品牌能够独立存在，鲁斯迪鹈鹕经营海产品餐厅的经验是至关重要的。名字可以把人们带进来，但是从长期看，能创造品牌价值的是人们在餐馆中的体验——热食、热冷食、冷食和在愉悦、干净、有趣环境中的微笑服务。

对于派拉蒙影业执行署来说，这是迄今为止从电影产权中浮现的最成功的一个餐厅品牌。它的价值建立在电影的初步成功所带来的品牌拓展上。同样值得注意的是，餐厅的成功反过来支持了电影《阿甘正传》在市场中的特许经营，包括 DVD、录像、书籍和不计其数的品牌产品的销售，例如我们熟知的"一盒巧克力"。

巴布甘虾餐厅都设在客流量很高而且很显眼的地方，例如美国最大的购物中心和旅游目的地，像纽约的时代广场。典型的餐厅面积从 6 300 到 10 000 平方英尺不等。

人力资源政策的重要性

一个餐厅最重要的成功因素之一就是人员素质。阿甘虾必须不断自问才能成为一个更好的雇主。下面是一些现行的举措［贝尔塔（Berta），2005］：

- 每周投入30个小时以上的雇员有资格获得医疗、牙科和生命保险。
- 他们一年后获得一周的假期，两年后两周。
- 成为合格培训员的时薪员工可以保留福利，即使下降到兼职状态。
- 受薪工人享有退休计划。
- 经理们每年有机会在国外会晤并进行在职培训和制订方案。
- 每位经理都和他们的直接主管进行经常性的一对一会面，来讨论发展目标和管理问题。
- 在职培训和发展发生在组织的各个层面，包括英语、西班牙语教学和自主管理与领导开发课程。
- 奖励和认可项目也是阿甘虾的标准惯例。
- 经理20%的奖励基于个人目标的达成，其余的基于店面的财政表现。
- 每个店都有"员工福利"预算，用来奖励和认可员工。

销售和国际化

公司有33家餐馆（至2012年3月止）。在美国，这些餐馆是公司所有；在国外，阿甘虾的国际化扩张主要建立在特许经营的基础上，巴布甘虾业公司（美国）是特许方，当地餐厅业主是特许经营人。

国际化进程始于日本大阪，并持续了几年，但从2007年开始国际化进程减慢了，只有几个国际化的机构。2012年3月，阿甘虾在美国以外有八家餐厅：三家在日本（一家在大阪，两家在东京）；一家在印度尼西亚（巴厘岛）；一家在菲律宾（马卡提市）；一家在中国（香港）；两家在马来西亚（吉隆坡）。

平均账单消费（每人/每家）是午餐17美元、晚餐22美元。2012年，阿甘虾总营业额达到1亿美元。

2010年12月，巴布甘虾业公司及其餐厅被兰德里斯餐厅股份有限公司以1 250万美元的现金购入。兰德里斯餐厅股份有限公司有210家餐馆（几乎全部在美国），2010年的营业额为11亿美元，2009年也一样。2009—2010年每年的净收入都有800万美元的下降。

资料来源：兰德里斯餐厅股份有限公司（Landrys Restaurants Inc.），《2010年10K报道》（10K Report for Financial Year 2010）；何希尔·M（Hosea, M.）（2007）"梦幻品牌的实检验（Fantasy brands on a reality check）"，《品牌策略》（Brand Strategy），5月，25—29页；贝尔塔·D（Berta, D.）（2005）"阿甘虾营业额低有诱因（Bubba Gump nets low turnover with incentives）"，《全国餐厅报》(Nation's Restaurant News)，9月12日，58页；休姆·S（Hume, S.）（2007）"策略性计划——最佳400连锁（Strategic Planning-Top 400 Chains）"，《餐厅和机构》（Restaurants & Institutions），7月1日，50页；www.bubbagump.com。

> **问题：**
>
> 1. 阿甘虾走向国际化的"关键成功因素"是什么？
> 2. 巴布甘虾业公司是否应当将它的概念进一步国际化？为什么？
> 3. 在接下来的 5 年，阿甘虾计划新开 35～50 家新餐馆，为这些新餐馆选择地点的主要标准应当是什么？
>
> **更多练习和案例，请登录本书的网站 www. pearsoned. co. uk/hollensen**

讨论问题

1. 在试图进入国外市场时，中小型企业如何补偿它在全球化营销中的资源和经验短缺？
2. 全球化营销和国内营销的主要区别是什么？
3. 解释上游活动集中化和下游活动分散化的主要优势。
4. "实体价值链"和"传统价值链"有何不同？

参考文献

Asugman, G. , Johnson, and McCullough, J. (1997) "The role of after-sales service in international marketing", Journal of International Marketing, 5 (4), pp. 11-28.

Auguste, B. G. , Harmon, E. P. and Pandit, V. (2006) "The right service strategies for product companies", McKinsey Quarterly, 1 March, pp. 10-15.

Beinhocker, E. , Davis, I. and Mendonca, L. (2009) "10 trends you have to watch", Harvard Business Review, July-August, pp. 55-60.

Bellin, J. B. and Pham, C. T. (2007) "Global expansion: balancing a uniform performance culture with local conditions", Strategy & Leadership, 35 (6), pp. 44-50.

Blomstermo, A. , Sharma, D. D. and Sallis, J. (2006) "Choice of foreign market entry mode in service firms", International Marketing Review, 23 (2), pp. 211-229.

Chakravarthy, B. S. and Perlmutter, H. V. (1985) "Strategic planning for a global business", Columbia Journal of World Business, 20 (2), pp. 3-10.

Douglas, S. P. and Craig, C. S. (2011) "Convergence and divergence: developing a semiglobal marketing strategy", Journal of International Marketing, 19 (1), pp. 82-101.

Friedman, T. (2005) The World is Flat, New York: Farrar, Straus and Giroux.

Frost, R. (2006) "Global packaging: What's the difference?", 16 January, www. Brandchannel. com.

Ghemawat, P. (2007) "Managing differences—the central challenge of global strategy", Harvard Business Review, March, pp. 59-68.

Ghemawat, P. (2008) "Globalization is an option not an imperative. Or, why the world is not flat", Ivey Business Journal, January-February, 72 (1), pp. 1-11.

Ghemawat, P. (2011a), World 3. 0: Global Prosperity and How to Achieve It, Boston: Harvard Business Review Press, May.

Ghemawat, P. (2011b) "The cosmopolitan corporation", Harvard Business Review, May, pp. 92-99.

Knight, G. (2000) "Entrepreneurship and marketing strategy: the SME under globalization", Journal of International Marketing, 8 (2), pp. 2-32.

Marchand, D. A. (1999) "Hard IM choices for senior managers" Part 10 of "Your guide to mastering information management", Financial Times, 5 April.

Perlmutter, H. V. (1969) "The tortuous evolution of the multinational corporation", Columbia Journal of World Business, 9 (January-February), pp. 9-18.

Porter, M. E. (1985) Competitive Advantage: Creating and Sustaining Superior Performance, New York: The Free Press.

Porter, M. E. (1986) "Competition in global industries: a conceptual framework", in Porter, M. E. (ed.), Competition in Global Industries, Boston, MA: Harvard Business School Press.

Quelch, J. A. (2002) "Does globalization have staying power?", Marketing Management, March/ April, pp. 18-23.

Rayport, J. F. and Sviokla, J. J. (1996) "Exploiting the virtual value chain", McKinsey Quarterly, 1, pp. 21-36

Segal-Horn, S. (2002) "Global firms: heroes or villains? How and why companies globalize", European Business Journal, 14 (1), pp. 8-19.

Sheehan, N. T. and Foss, N. J. (2009) "Exploring the roots of

Porter's activity-based view", Journal of Strategy and Management, 2(3), pp. 240-260.

Sheth, J. N. and Parvatiyar, A. (2001) "The antecedents and consequences of integrated global marketing", International Marketing Review, 18 (1), pp. 16-29.

Solberg, C. A. (1997) "A framework for analysis of strategy development in globalizing markets", Journal of International Marketing, 5 (1), pp. 9-30.

Stabell, C. B. and Fjeldstad, Φ. B. (1998) "Configuring value for competitive advantage: on chains, shops, and networks", Strategic Management Journal, 19, pp. 413-437.

Svensson, G. (2001) "Glocalization" of business activities: a "glocal strategy" approach, Management Decision, 39 (1), pp. 6-18.

Svensson, G. (2002) "Beyond global marketing and the globalization of marketing activities", Management Decision, 40 (6), pp. 574-583.

Turner, C. and Gardiner, P. D. (2007) "De-internationalisation and global strategy: the case of British Telecommunications (BT)", Journal of Business & Industrial Marketing, 22 (7), pp. 489-497.

第2章 国际化的开始

目录

2.1 简介

2.2 国际化的动机

　　示例 2.1 日本公司的全球化营销和规模经济

　　示例 2.2 海尔的国际化——主动和被动动机

2.3 启动出口的触发因素（促变因素）

2.4 国际化的障碍/风险

　　示例 2.3 英国电信（British Telecommunications，BT）的去国际化

2.5 总结

案例研究

2.1 埃维斯·普里斯利企业股份有限公司（Elvis Presley Enterprises Inc.）（EPE）："偶像崇拜"的国际化

　　讨论问题

　　参考文献

学习目标

学完本章之后，你应该能做到以下几点：

- 讨论公司进行国际化的原因（动机）
- 解释主动和被动动机的不同
- 分析启动出口的触发因素
- 解释启动出口的内部和外部触发因素的不同
- 描述阻碍启动出口的不同因素
- 讨论出口过程中的关键障碍

2.1 简介

当公司将它的研发、生产、销售和其他商业活动扩张至国际市场时，国际化就发生了。在很多大公司，国际化以相对持续的方式发生，在一段时间内，公司在各种国外扩张项目循序渐进的同时承担着各种国际化进程。事实上，对于中小型企业来说，国际化通常是一个相对离散的过程，也就是说，管理层把每个国际化企业看作是独特和独立的。

在前国际化阶段（pre-internationalization），中小型企业的管理者运用信息获取足够的有关国际化启动的知识［弗里曼（Freeman），2002］。图2.1展示了前国际化的不同阶段，图片所列的各个阶段在本章的其余部分也有所涉及。

2.2 国际化的动机

对大部分公司而言，出口的根本原因是为了赚钱。但是，在大部分商业活动中，很少根据单独一个因素而采取行动。通常情况下，公司要采取一定的行动，需要参考若干因素，进行综合判断。

国际化动机
（Internationaliz-ation motives）：国际化的根本原因——主动动机和被动动机。

表2.1概述了国际化的主要动机。国际化动机可以分为主动动机和被动动机。主动动机表示一种尝试政策改变所带来的刺激因素，能够基于公司兴趣开发独一无二的特殊技能（例如一个特殊的技术知识）；被动动机说明公司对它本土市场或国外市场的压力和威胁作出反应，并通过在一段时间内改变它的活动来被动地进行适应。

下面我们来对每一出口动机进行仔细观察。

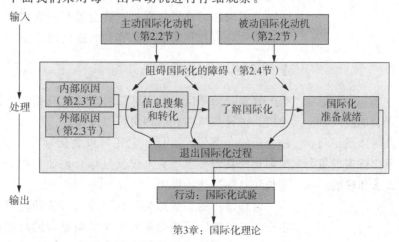

图2.1 前国际化：中小型企业国际化的开始

表 2.1 开始出口的主要动机

主动动机	被动动机
● 利润和增长目标	● 竞争压力
● 管理要求	● 国内市场：小且饱和
● 技术能力/独特的产品	● 过量生产/超额市场能力
● 国外市场机遇/市场信息	● 主动提供的国外订单
● 规模经济	● 扩大季节性产品的销售
● 赋税优惠	● 邻近国际顾客/心理距离

资料来源：改编自鲍姆，G（Albaum, G.）等人，(1994)《国际化营销和出口管理》(*International al Marketing and Export Management*)，第二版，艾迪生—韦斯利（Addison-Wesley），31 页，由培生教育有限公司（Pearson Education Ltd）许可重印。

2.2.1 主动动机

利润和增长目标

对于刚开始对出口产生兴趣的中小型企业来说，对短期利润的欲求尤为重要。增长动力对公司的出口启动也可能具有特别的重要性。

随着时间的推移，公司对增长的态度会受到以往努力所得的回馈类型影响。例如，出口的利润率会决定管理部门对它的态度。当然，计划进入国际市场时的感知利润率经常和实际获得的利润率大不相同。一开始利润率可能会很低，特别是在国际化的启动阶段。如果公司之前没有进行过国际市场的活动，感知和实际之间的差距可能会特别大。尽管有全面的计划，突然的影响经常会大幅度地改变利润情况。例如，突然的汇率变化可能会彻底改变利润预期，即使利润预期建立在仔细的市场评估之上。

公司增长的动机越强，它就会进行越大的活动，包括对新的可能性的寻找活动，以找到完成增长和利润抱负的途径。

管理要求

管理要求：管理者的投入和动力，体现了将国际化推向前进的欲求和热情。

管理要求是反映管理部门对全球化营销活动渴望、欲求和热情的一种动机。这种热情存在的理由可以很简单：因为管理者喜欢成为国际化运营的公司的一部分。而且，它还可以为国际旅行提供一个好的理由。通常，国际化的管理要求事实上仅仅是综合创业动机的一个体现——一种对持续增长和市场扩张的渴望。

管理部门的态度对决定公司的出口活动起着关键性的作用。在中小型企业，出口决定可能是某一个决策制定者的管辖范围；在大型企业，这需要一个制定决策的部门来决定。不管参加出口决定制作过程的人员数量如何，国外市场进入策略的选择仍然取决于决策制定者对国外市场的认知、对这些市场的期望和公司进入这些市场的能力。

国际化进程也经常受到管理者的文化社会化程度的鼓动。那些出生在国外或者有在国外生活旅行经历的管理者通常比其他管理者更具国际意识。之前在出口公司的职业或是作为贸易和专业协会的一员也会强化主要决策制定者对国外环境的认知和评价。

技术能力/独特的产品

一个公司生产的产品或服务可能在国际竞争者那里还没有广泛普及，或者在专业领域有技术上的领先。需要再次提出的是，应当区分真实优势和感知优势。很多公司认为它们有独特的产品或服务，而实际上国际市场上的状况并非如此。如果产品或技术独特，事实上它们当然可以提供可持续的竞争优势并在国外获取重大的商业成功。需要考虑的问题是这样的技术或产品优势能够持续多久。以往，有竞争优势的公司在未来几年都可以指望成为国外市场的唯一供应商。事实上，这种优势由于竞争性技术和经常性的国家专利保护缺乏，已经大大缩水了。

实际情况是，生产优质产品的公司更有可能得到国外市场的询盘，因为它提供的产品具备可感知的性能。产品的若干个方面会影响潜在买家接触出口刺激的可能性。另外，如果一个公司在它的国内市场有独特的能力，那么将独特优点拓展到海外市场的可能性是很高的，因为在其他市场开发这些优点的机会成本是很低的。

国外市场机遇/市场信息

很明显，只有当公司具有或有能力获取资源以对市场机遇做出回应时，市场机遇才会成为刺激因素。通常情况下，决策制定者在计划他们的国外进入时，很可能会考虑很有限的国外市场机遇。而且，这样的决策制定者通常会首先开发那些被认为有着与本国市场相似市场机遇的海外市场。

时常有海外市场的增长引人注目，这给有扩张意识的公司提供了诱人的商机。东南亚市场的吸引力是基于它们经济上的成功，而东欧市场的吸引力根植于它们新建的政治自由及与西欧、北美、日本发展贸易和经济关系的渴望。当其他国家有重大内部变动时，它们的市场吸引力也会增加，包括中国和南非。

专业的营销知识或是接触到的信息可以使一个出口公司相对于它的竞争者表现突出。这包括对于国外顾客的知识和未被其他公司广泛分享的市场情况。这种专业的知识可能来源于基于公司国际化研究的独特洞察力、公司拥有的特殊合同，或是仅仅因为处于正确的时间和正确的地点（如在一次旅行中认识了一个好的商业形势）。过去的营销成功可以成为下一步营销行为的强大动力。在一个或多个重大营销活动中获取的能力经常成为公司开始或扩大出口的足够的催化剂。

规模经济——学习曲线

变身为国际化营销活动的参与者使得公司能够增加它的产量，因此在学习曲线上爬得更快。自从波士顿咨询集团发现产量加倍能够减少30%的生产成本之后，这种效应被人们竭力追求。国际化市场增加的生产因此可以帮助减少国内销售的生产成本，并使得公司在国内更有竞争力。这种影响经常导致将寻求市场份额作为公司的首要目标。（参加案例研究1.2和2.1作为例子。）在国际化的初级阶段它意味着更多的寻找出口市场，然后是国外子公司和国外生产设备的开放。

通过出口，管理、设施、设备、员工工作和研发带来的固定费用可以由更多的单位分摊。对于一些公司而言，在国外市场将规模经济开发到最大程度的条件就是在国际范围内将营销综合体标准化的可能性。对另一些公司而言，事实上，标准化营销对于规模经济来说并非必要。

示例2.1 日本公司的全球化营销和规模经济

日本公司通过使用渗透定价策略来开发国外市场机遇。渗透定价策略是指低价进入以增加市场份额并建立长期主导市场地位。它们在早年可以接受损失，因为其被看作长期市场开发的投资。由于很多日本企业（尤其是企业集团这种组织形式）有银行或其他金融机构支持或为其所有，资本成本大大降低，它们就能够做到这点。

此外，由于终生雇佣制的存在，劳动成本被认为是一项固定的花费，而不是像在西方一样是个变量。所有的边际劳动成本都发生在入门薪金阶段，提高产量是迅速增加生产力的唯一方法。因此，市场份额而不是利润率成了日本公司的首要理念。规模经营和经验能通带来规模经济，帮助减少经销成本。国际贸易公司通常负责国际化销售和营销，这使得日本公司能集中精力发展规模经济，以降低单位成本。

资料来源：热内斯特（Genestre）等人（1995）。

赋税优惠

赋税优惠也会成为一个重要的动力角色。美国设立了一个叫作外国销售公司（the Foreign Sales Corporation，FSC）的税收机构以支持出口商。它与国际协定相符并为公司提供某些延期缴税。赋税优惠使得公司能够在国外市场以较低价格供应产品或积累更高的利润。因此这与利润动机紧密相连。

事实上，WTO（世贸组织）实施的反倾销法案惩罚以很低价格在当地市场销售产品的外国制造商，以保护当地生产者。每个已经签署了WTO协议的国家（大部分国家都以签署）都必须遵守这项法律。

2.2.2 被动动机

竞争压力

被动动机的主要形式是对竞争压力的反应。一个公司可能会害怕竞争公司从国际化营销活动中发展规模经济获益，因而导致自身失掉国内市场份额。而且，相对于那些决定把精力集中于这些市场上的国内竞争者，它害怕会永久性地失去国外市场。因为它知道谁先获得市场份额，就容易保持市场份额。一旦公司认识到它的准备不充分，快速的进入可能会导致同样快速地退出。而且，知道其他公司，尤其是竞争者在进行国际化，成为国际化的强劲动机。竞争者是刺激国际化的重要外部因素。可口可乐比百事进行国际化早得多，但是毫无疑问，可口可乐进驻海外市场影响了百事进行同一方向的活动。

国内市场：小且饱和

一个公司可能因为一个小的国内市场潜能被推向出口。对一些公司而言，国内市场不能够保持足够的规模和范围经济，这些公司自动把出口市场作为它们市场进入策略的一部分。这种行为很可能发生在那些在世界各地都有少量易识别顾客的工业产品中，或者是那些在很多国家有小型国家细分市场的特殊顾客产品的生产商。

一个饱和的国内市场，不管从销售量或是市场份额来看，都有相似的推动效果。公司在国内进行营销的产品可能处在产品生命周期的下降阶段。公司不是尝试将生命周期过程推后，而是选择通过扩大市场延长产品生命周期，有时这两种努力方式也并用。过去，这种努力经常会获得成功，因为很多发展中国家的顾客需要逐渐达到工业化国家顾客的需求和成熟度。一些发展中国家仍然经常需要那些在工业化世界需求已经走下坡路的产品。通过这种方式，公司可以运用国际市场延长它们产品的生命周期（参见第11章的进一步讨论）。

很多美国的家用电器和汽车制造商一开始进入国际市场就是因为它们认为国内市场已经趋于饱和了。美国的石棉产品制造商发现国内市场在法律上向它们关闭了，但是由于一些海外市场有更加宽松的顾客保护法律，它们就继续为海外市场生产。

关于市场饱和的另一个视角也和理解公司为什么进行海外扩张有关。国内市场饱和说明公司内存在未被利用的生产性资源（例如生产和管理淡季）。生产淡季是获取新的市场机遇的刺激因素，管理淡季可以提供收集、解读和使用市场信息所需的知识资源。

过量生产/超额市场能力

如果一个公司的产品国内销售低于预期，存货就会在期望标准之上。

这种局面会成为通过存货的短期价格下调启动出口销售的原因。一旦国内市场需求恢复到原来的水平，全球化营销活动就会削减甚至终止。使用这种策略的公司再次尝试使用它时也许会遇到问题，因为很多外国顾客对暂时或不定时发生的商业关系不感兴趣。这种来自国外的反应久而久之可能会导致这种动机的重要性减退。

在某些情况下，事实上，超额生产能力可能是一个有力的动机。如果生产设备没有完全利用起来，公司可以把在国际市场的扩张看作将不变资本更广分配的理想可行方案。或者，如果所有的不变资本都分配给国内生产，公司可以用主要关注可变成本的价格方案渗透国际市场。这种方法虽然短期内有用，它可能会引起国外产品成本比国内低，这种情况反过来会刺激平行进口。从长期来看，必须恢复不变成本以保证生产设备的更换。因此，仅仅建立在可变成本基础上的市场渗透策略长期来看是不可行的。

有时，由于国内市场需求的变化，超额生产能力就会出现。由于国内市场转向新型替代产品公司，旧的商品版型就会产生超额生产能力并寻求海外市场机遇。

主动提供的国外订单

很多小公司认识到出口市场的机会是因为它们的产品收到了来自海外的询盘。收到这些询盘可能是因为在国际发行的贸易杂志上做了广告、举行展会等。结果，出口公司初始订单中一大部分是不请自来的。

扩大季节性产品的销售

需求条件的季节性在国内市场与在其他国际市场可能不同。这可能成为国外市场开发的持久稳定的刺激因素，能够带来一年平均更加稳定的需求。

欧洲的一个农业机械制造商在国内市场的需求主要集中在春节月份。为了达到年均更加稳定的需求，它把市场定位指向了南半球（例如澳大利亚、南非）。在那里，北半球是冬季的时候，它们是夏季，反之亦然。

与国际顾客/心理距离的接近

与国际市场身体和心理上的接近经常在公司的出口活动中起主要作用。例如，奥地利边境线附近的德国公司可能甚至于没有把它们在奥地利的营销活动看作是全球化营销。确切地说，它们只是国内活动的一种延伸，而没有特别注意到一些产品去了国外。

和美国公司不同，大多数欧洲公司自动成为国际营销者仅仅是因为它们的邻居是如此之近。例如，一个在比利时的欧洲公司只需要前进 100 公里就能身处多个外国市场。与外国市场在地理上的接近不一定能转化为真实或感知的与国外顾客的接近。有时文化差异、法律因素和其他社会规范使得地理上接近的外国市场在心理上看起来很遥远。例如，研究显示，美国的公司认为在心理上加拿大比墨西哥近得多。即使是英格兰，主要由于语言上的相似，也被很多美国公司认为比墨西哥或其他拉美国家近得多，虽说这些国家地理位置不算远。很多希腊公司（尤其是银行）最近大量向巴尔干扩张也是和国家顾客接近的另一个例子。

在对小型英国公司走向国外的动机调查中，威斯赫德（Westhead）等人（2002）发现如下公司开始产品/服务出口的主要原因：

- 有下订单的外国顾客与之联系；
- 一次性订单（没有连续的出口）；
- 能够获得国外市场信息；
- 公司增长目标的一部分；
- 主要创建者/业主/管理者确定的出口市场活动。

威斯赫德（Westhead）等人（2002）研究的结果显示：公司越大，就越有可能引用主动刺激因素/动机。

苏亚雷斯—奥尔特加（Suarez-Ortega）和阿拉莫—维拉（Alamo-Vera）（2005）的结果显示，推动国际化的主要动力在公司内部，因此这些动力主要取决于管理部门的优点和缺点。他们的结论是，能影响国际化活动的主要因素不是外部环境，而在于对公司内部的资源和能力进行合适的组合以获取国际市场上的成功。因此，可以通过那些致力于提高管理者技巧和能力的项目来加强国际化的速度和强度。同样，如果一个出口促进项目的目标是让更多的非出口企业对出口感兴趣，就应当强调那些可以增加管理者对出口优势认知的活动。

示例2.2 海尔的国际化——主动动机和被动动机

中国家电制造商（例如冰箱）海尔集团，在张瑞敏先生于1984年被任命为厂长时濒临破产。张瑞敏是那一年该工厂的第四位厂长。他带领公司站起来并成为世界第六大家电制造商。

主动动机

张瑞敏对于海尔的初始发展阶段有着国际化的理念体系。1984年加入工厂之后不久，他就从一个德国公司利勃海尔引进了技术和设备来生产中国的几个著名冰箱品牌。同时，他积极地与利勃海尔扩大合作，生产利勃海尔标准的冰箱并销售给这个公司，作为进入德国市场的手段。1986年，海尔的出口额首次达到了300万美元。张瑞敏后来评论这个策略："在那时候出口以换取外汇是必要的。"

当海尔在美国的一个工厂投资时，张瑞敏认为通过在海外设立工厂来避免关税并减少运输费用，公司获得了当地优势。通过控制服务和营销/配送获得了国际化优势；通过利用当地高质量的人力资源开发设计和研发能力，公司也达到了所有权优势。

中国日用消费品生产，海尔

资料来源：© Michael Reynolds/epa/Corbis.

被动动机

　　全球家电制造商进入中国市场迫使海尔寻求国际化扩张。特别是中国加入WTO之后，几乎所有国际竞争者都在中国投资建立了独资企业。对海尔来说，最好的防守策略就是在竞争者的本土市场上开展活动。

　　中国家电市场的饱和、日益加剧的竞争已经成为主要的动机。20世纪90年代以后，各类市场都接连不断地发生了价格大战。2000年年底，海尔在中国冰箱、冷柜、空调和洗衣机的市场份额分别达到了33%、42%、31%和33%。因此在国内市场进一步发展的潜力是有限的。

　　海尔国际化的一个重要外部因素是中国政府。作为国际舞台的一员，海尔得到了其他中国公司不能获得的特殊条件。例如，海尔被准许成立一个金融公司、成为一个地方商业银行的大股东、并和一个美国保险公司组建合资企业。如果不是积极追求国际化并成为家电行业的主导者，通常情况下，一个生产商是不可能得到准许进入金融部门的。

　　资料来源：根据刘，李（2002）。

2.3 启动出口的触发因素（促变因素）

国际化触发因素：内部或外部事件发生以启动国际化。

　　国际化的发生，必须由某个人、公司内部或外部的某个东西（所谓的促变因素）引发这个过程并且把它贯彻执行下去（见表2.2）。这些被称为国际化触发因素。在这个领域进行的研究结论表明，很少有一个孤立的因素会触发公司的国际化进程。大多数情况下，都是几个因素的结合引发了国际化进程(伦德，2007)。

表 2.2　出口启动的触发因素

内部触发因素	外部触发因素
● 敏锐的管理 ● 具体内部事件 ● 进口作为内向国际化	● 市场需求 ● 合作伙伴 ● 竞争企业 ● 行业协会和其他外部专家 ● 金融

2.3.1　内部触发因素

敏锐的管理部门

　　敏锐的管理者能较早地意识到海外市场的发展机会。他们了解这些市场，对他们的公司应当何时何地进行海外扩张保持着开阔的思维，并把这些作为己任。他们的队伍中有很多世界主义者。

　　一个触发因素是经常出国旅行，在这期间发现新的商业机遇或收到信息，使得管理层相信这样的机会存在。那些曾经居住在国外、学习了外国语言或对外国文化特别感兴趣的管理者有可能更早而不是更晚地研究全球化营销机遇对他们的公司来说是否合适。

　　通常，一个在之前的工作中有过全球化营销经验的管理者进入一个新公司后，会试着运用这种经验扩展新公司的业务活动。在新工作中制定目标时，管理者经常考虑一整套新的选择方案，其中一项可能就是全球化营销活动。

具体内部事件

　　一个重大事件可能成为另一个主要促变因素。一个坚信公司应当从事全球化营销的新雇员会找到启动管理的方式。生产过剩或国内市场规模减少可以成为这种事件，接收到当前产品用途的新信息也可以。例如，一个公司的研究活动可能会开发一种适合海外销售的副产品，比如一个食品加工公司发现了一种低成本的蛋白质是可以帮助非洲部分地区减轻食物短缺的理想选择。

　　研究显示，在中小型企业，最初的出口决定通常是由首席执行官作出的，营销部门提供了大量的信息。接下来决定的执行，也就是真正国际化营销活动的启动和这些活动的完成，主要是营销人员的职责。只有在最后的全球化营销活动评估的决定阶段，重点才又取决于公司的首席执行官。因此，为了从内部影响一个公司，看起来重心应该首先放在说服首席执行官进入国际市场，然后使营销部门相信全球化营销是一项重要的活动。相反，如果一个人想要积极参与国际化商业活动，营销部门对他来说是个好地方。

《完成中小型企业》中有一个对国际化行为的最近的研究，弗斯曼等人（2002）发现，要建立国际化运营有如下三个最重要的触发因素：

1. 管理层对国际化的兴趣；
2. 有关公司产品/服务的外国询盘；
3. 国内市场需求不足。

这个研究中有趣的是公司并不认为与商会或其他依托单位的联系对于开展国际化活动很重要。事实上，通常在初始触发因素导向对国际化的考虑之后，商会被用来获取有关外国的进一步信息。

内向/外向国际化

内向国际化：进口作为今后对外国市场的市场进入的前序活动。

外向国际化：出口作为今后对外国市场的市场进入的前序活动。

国际化在传统上被认为是一种外向流动，大多数国际化模型没有明确的处理这个问题：早期的内向活动是如何获取知识来影响今后的外向活动的。国际化比较自然的途径是首先开始内向活动（进口）然后再开始外向活动（出口）。这样从进口活动中获得的关系和知识可以被公司用来从事出口活动［韦尔奇（Welch）等人，2001］。

韦尔奇和鲁斯塔瑞恩（Loustarinen）（1993）认为，内向国际化（进口）可能先于并影响外部国际化（国际市场进入和营销活动）——见图 2.2。

内向和外向国际化之间存在着直接的联系：内向活动可以决定外向活动的成功，特别是在国际化的初级阶段。内向国际化可能由以下情况之一引起：

● 买家：主动在国际上寻找不同的国外资源（买家发起的反向营销）；或者
● 卖家：由国外供应商发起（传统卖家视角）。

在从内向到外向国际化的过程中，买家的角色（A 国家）变成了卖家，对国内顾客（在 A 国家）和对国外顾客来说都是这样。通过与国外供应商的接触，买家（进口商）得以接触供应商网络，因此今后可以向这个网络的成员进行外向出口。

内向国际化运营因此通常涵盖很多不同的形式来增强一个公司的优势。当然，内向流动主要指进口生产加工所需的产品，例如原材料和机器。但是内向运营可能还包括不同操作形式的金融和技术，例如特许经营、直接投资和联盟（弗斯曼等人，2002）。在某些情况下，内向国外许可证交易会伴随着之后的外向技术销售。据弗莱彻（Fletcher）（2001）和弗里曼（2002）的研究，内向和外向活动以及它们之间的联系可以通过多种方式发展。最切实的联系存在于对销贸易安排（核心企业在发生进口的同一市场开始出口），但联系也可能存在于跨国企业和战略联盟的分单位关系网络之中。

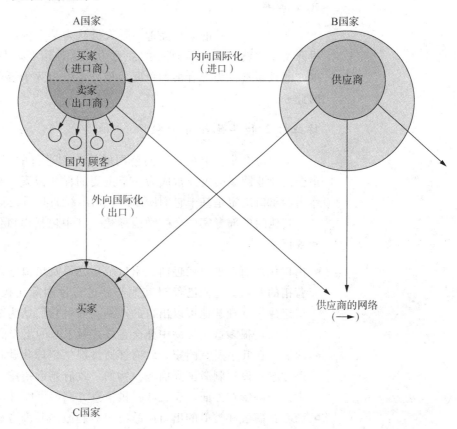

图 2.2　内向/外向国际化：一个网络示例

2.3.2　外部触发因素

市场需求

　　国际市场的增长也可能导致对某些公司产品需求的增长，把这些产品的制造者推向了国际化。很多制药公司在它们的产品国际需求增长开始初露端倪时进入了国际市场。总部设于美国的公司施贵宝在不足以盈利之前就进入了土耳其市场，但是市场增长迅速，这使得施贵宝进一步进行国际化。

合作伙伴

　　与外部合作伙伴的接触可以鼓励公司将这作为重要知识来源以触发国际化进程。例如，公司的合作伙伴可以通过它们的国外分布和销售网络提供接触国际化销售的机会［维萨卡（Vissak）等人，2008］。

竞争企业

获知竞争公司的某个经理主管人员认为某个国际市场很有价值并且值得开发，这就抓住了管理层的注意力。这种声明不仅有信息来源的可信度，而且还被视为带有某种程度的担心，因为竞争者可能最终会侵犯公司的业务。

行业协会和其他外部专家

行业协会集会上来自不同公司的经理们进行的正式和非正式的会面、集会或商业圆桌会议经常成为一个主要的促变因素。甚至有人认为小企业作出的出口决定是基于它们所属的公司组织的共同经验。

其他的外部专家也会鼓励国际化。其中包括出口代理商、政府、商会和银行。

- 出口代理商。出口代理商、出口贸易公司及出口管理公司通常是全球化营销的专家。它们已经对其他产品进行过国际化操作，拥有海外联系，被组建来处理其他可以出口的产品。如果它们认为公司产品有潜在的海外市场，很多这些贸易中介会直接接触未来的出口商。
- 政府。在几乎所有国家，政府都通过提供全球化营销专业知识（专家援助方案）设法刺激国际商务。例如，政府刺激措施不仅在公司可以拥有直接经济影响方面，而且在提供信息方面都可以有积极的影响。
- 商会。商会和类似的出口产品组织对刺激国际商务感兴趣，不论是出口还是进口。这些组织寻求激发私人企业参与到国际化营销中去并为它们提供这样做的激励措施。这些激励措施包括让未来的出口商或进口商接触海外业务、提供海外市场信息并将未来的出口商或进口商介绍给能够资助国际化营销活动的金融组织。
- 银行。银行和其他金融机构经常能在使公司国际化方面起作用。它们使其国内客户意识到国际上的机会并帮助他们利用这些机会。当然，它们期望当国内客户进行国际化扩张的时候会更广泛地运用它们的服务。

金融

金融资源需要为国际化活动提供资金，例如在国际贸易展会上展览，并带来国际化所需的公司内部的变动，如公司能力的开发（特别是公司的生产、管理和营销能力）。公司可以利用的金融资源可能受几个因素的影响，包括公司从金融机构筹借资金的意愿。

政府补助（为研发目的以在世界范围内销售产品和服务）在国际化的早期阶段可以是一个有效的金融（和知识）来源。事实上，政府补助不足以建立国际化的商务。除非公司在国内市场上占据主导地位，它还需要从行业补助、债务和/或股权融资方面筹集必要的资金。这就意味着承担更大的风险（格拉夫和托马斯，2008）。

2.3.3　信息搜集和转化

在所有资源当中，信息和知识可能是中小型企业开始国际化进程中最关键的因素（图2.1）。

因为每个国际化的机会都构成潜在的创新，对于中小型企业来说，它的管理部门必须获取适当的信息。这对通常缺乏大型企业那样的国际化资源的中小型企业来说尤为重要。因此，管理部门发起信息搜集（*information search*）并从多种资源获取相关信息，例如和意向中的国际化项目有关的内部书面报告、政府机构、行业协会、个人联系或互联网。在信息转化阶段，国际化信息被管理者转化为公司内部的知识。通过搜集信息并将信息转化为知识，管理部门才了解到国际化。在这个阶段，公司进入了一个搜集并转化为国际化知识的持续循环。这个循环一直持续到管理部门满意为止：这项工作已经大大减少了国际化项目的不确定性，能够确保一个相对高的成功率。一旦公司获得了充足的信息并将它们转化为可用的知识，公司就离开这个循环，做好了国际化的准备（*internationalization ready*）。在这里公司开始行动，也就是国际化试验（*internationalization trial*）。"行动"是指管理部门在获取的知识的基础上执行的行为和活动。在这个阶段，公司可以说是有了嵌入式的国际化文化，能够征服最具挑战性的外国市场，带来更深入的国际化和管理者头脑中实际国际化知识的"储存"。以上的描述或多或少的孤立的描述了公司。事实上，网络理论认识到了公司作为企业和组织集群中成员的重要性。通过在这样一个集群中相互作用，公司获得的优势比它孤立获得的优势要大得多。

在最精细的层面上，知识是由个人创造的。个人通过特殊的途径获得明确的认知；通过有实际经验的操作（体验参与）获取隐性知识。

由于公司内部组织和个人层次的几个因素，每个公司前国际化进程（如图2.1所示）的性质都是独特的（奈特和莱施，2002）。例如，对于中小型企业来说，管理者的私人关系网可能加速前国际化进程。这些私人关系网被用来和供应商、分销商和其他国际合作伙伴创造跨境联盟［弗里曼（Freeman）等人，2006］。

在图2.1描绘的整个过程中，由于阻碍国际化的障碍影响，公司可以在任意时间退出前国际化进程。管理者可以决定"什么也不做"，这种结果意味着从前国际化退出。

2.4　国际化的障碍/风险

很多成功操作出口的障碍可以被确认。一些问题主要影响出口启动，另一些会在出口的过程中遇到。

2.4.1　阻碍国际化启动的障碍

阻碍国际化启动的关键因素包括如下（主要是内部）障碍：

- 资金不足；
- 知识不够；
- 缺乏和外国市场的联系；
- 缺乏出口承诺；
- 缺乏能向国外市场扩张提供资金的资本；
- 缺乏投身国外市场的生产能力；
- 缺乏国外销售渠道；
- 管理部门强调发展国内市场；
- 出口生产、销售和融资费用造成的成本上升。

缺乏有关潜在外国顾客、竞争和的国外商业习惯的信息是活跃和有希望的出口商所面临的主要障碍。找到足够的海外销售和服务代表、确保付款、进口关税和配额、与外国分销商和顾客交流困难也是主要的关切问题。对非标准出口产品需求引发的生产中断也会引起严重的问题。这会增加生产和销售的成本。

在对英国和爱尔兰的微型企业行业（少于十个雇员）的调查中，弗里斯（Fillis）（2002）发现在国内市场有充足的业务是决定不出口的主要原因。其他重要性高于平均水平的原因是：没有出口询盘、涉及被动商业方式、复杂的出口程序、出口援助水平低、政府的鼓励措施有限。威斯赫德（Westhead）等人（2002）研究支持了相似的结果，他们发现，对于小企业来说，"重点放在当地市场"是不出口它们任何产品的主要原因。

国际化进程也可以朝着和预期不一样的方向发展——见案例研究 2.3。

示例 2.3　英国电信（British Telecommunications，BT）的去国际化

BT 从 20 世纪 90 年代中期开始了它的国际化进程。在接下来几年，BT 构建了全球化策略，寻求将自己定位成多个国家跨国公司的主导电信服务供应商。事实上，国际业务增长百分比多年来已经下降。1994 年，不到 1% 的总营业额来自国际业务。2002 年，增长到了 11%；2007 年增长到 200 亿英镑营业额的 15%。所以，虽然 BT 总的来说从国际化活动中经历了巨幅的增长，但它在国际化进程中也经历了一些挫折，特别是在初期，如图 2.3 所示。

在国际化进程的初始阶段，BT 围绕三个主导原则构建了它的国际化策略：

1. 不在不确定的信息流量基础上建立自己的基础设施，以免过度投入自己。

2. 通过参加经销合作伙伴关系和股份制合营企业，快速可靠地接近目标市场。这个策略相对风险较低，而且能和熟知当地情况的市场合作伙伴迅速接触市场。

3. 确保策略能够给 BT 充分的市场灵活性，使它能快速调整适应变化的市场情况。

在 1999 年的高峰期，BT 有 25 个股份制合营企业和 44 个销售合作伙伴。在股份合合营企业内部，BT 持有少数股份，声明想要随时间推移逐步提升股份成为控股投资。BT 也经常在它的销售合作伙伴那里持股，作为鼓励它们销售 BT 产品的一种方式。

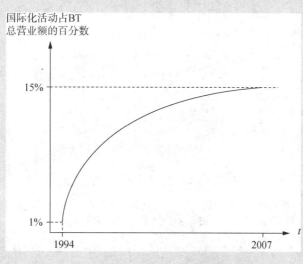

图 2.3　BT 1994—2007 年国际化的图解

BT 的去国际化

2002 年，BT 开始了新的公司策略，被认为比以往的策略更有防御性。一系列的合资企业和合作伙伴有两个主要问题：

1. BT 对不同的合作伙伴需要不同的技巧和能力。这就使得在不同合作伙伴之间进行协调很复杂。因此，BT 发现自己有了大量的合作伙伴之后处在一个陡峭的学习曲线上。

2. 在对 BT 有反作用力的合资企业中只持有少部分股份的策略。而且，不强制合作伙伴全力支持推出 BT 的产品，特别是当这些产品与它们自己的产品之间存在竞争的时候。当 BT 试图增加它在合作伙伴关系中的金融股份时，它经常发现其他的股东有完全一样的意图。

因此，BT 在北美和亚洲都做了撤资。

从 BT 的案例中我们能学到什么？

BT 的去国际化是由金融形势驱使的，高昂的市场进入成本和价格的下降（电信行业超额生产能力的迫使）导致了整个 20 世纪 90 年代利润的减少。因此，当 BT 从美国和亚洲市场撤退时（图 2.4 中的"多项撤回"），新的防御型策略代表了去国际化的过程。BT 新的国际化策略是基于欧洲市场的，那里有与核心英国业务的相互依赖。这意味着 BT 试图在欧洲市场拥有并控制交付机制的所有方面。

BT 案例证明，全球化营销策略的进一步发展可以朝向两个方向。如果公司的市场全球化进展顺利，可以进一步利用市场之间的相互依赖和协同效应来增强全球化策略（图 2.4

的右上角）。事实上，案例也说明在某个单独地区进行撤资不可能不破坏公司的全球价值主张。因此，BT 的去国际化也意味着（由于市场之间的高度相互依赖）它必须进行多项市场撤资。

如果论及中小型企业（BT 不是），我们通常发现市场之间的相互依赖少，这样的话如果我们要增加国际化就要考虑"多国化"策略（图 2.4 的右下角）；如果我们要减少国际化就要考虑单项撤回（图 2.4 的左下角）。

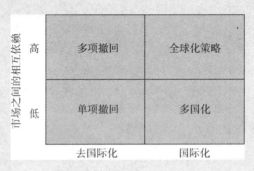

图 2.4　全球策略选项

资料来源：基于特纳（Turer）和加德纳（Gardiner），2007；《BT 金融报道》（BT Financial Report）2007。

2.4.2　阻碍进一步国际化进程的障碍

国际化进程的主要障碍可以大体上被分为三类：一般市场风险、商业风险和政治风险。

一般市场风险

一般市场风险包括如下内容：

- 相对市场距离；
- 国外市场上其他公司的竞争；
- 国外市场上产品用途的不同；
- 语言和文化差异；
- 难以找到国外市场合适的分销商；
- 国外市场产品规格的不同；
- 将服务运达海外买家的复杂性。

商业风险

以下归于商业风险范围：

- 订立合同时使用外币存在汇率变动；
- 由于合同纠纷、破产、拒绝收货或诈骗引起的出口顾客未付款；
- 出口运输和派送过程中的延迟和/或损坏；

- 难以获得出口信贷。

政治风险

由于本国和东道国政府干涉所引起的政治风险如下：

- 国外政府限制；
- 国家出口政策；
- 东道国政府实行的外汇管制，限制了国外顾客付款的机会；
- 缺少政府援助来克服出口障碍；
- 缺少税收鼓励来刺激出口公司；
- 本国货币相对出口市场货币价值高；
- 国外的进口产品关税高；
- 国外进口规章和程序令人困惑；
- 贸易单证复杂；
- 执行规范出口的国家法律准则；
- 国外市场的内乱、革命和战争扰乱。

我们绝不能过分强调这些风险的重要性，出口商可以选择很多风险管理策略。包括如下内容：

- 避免向高风险市场出口。
- 将海外市场多样化，保证公司不过分依赖于任何单个国家。
- 如果可能的话，预防风险。政府计划最具吸引力。
- 精心安排出口业务，让买家承担大部分风险。例如，用硬通货计算价格并要求现金预付。

弗里斯（2002）的研究表明，超过1/3的从事出口的公司声称它们一进入出口市场就遇到了问题。最常见的问题和选择可靠的经销商有关，然后是推销产品和与竞争者比价格中遇到的困难。

2.5　总结

本章提供了一个前国际化进程的综述。本章开头引出了公司国际化的主要动机。这些动机被分为了主动和被动机。主动动机代表了尝试策略改变的内部刺激因素，这基于公司开发独特能力或市场可能性的兴趣；被动动机说明公司对国内市场或国外市场的压力和威胁作出反应并被动地适应它们。

国际化的发生需要公司内部或外部的某个人或某个东西（触发因素）启动并执行。全球化营销要成功，公司必须要克服出口障碍。一些障碍主要影响出口启动，另一些会在出口的过程中遇到。

案例研究 2.1

埃维斯·普里斯利企业股份有限公司（Elvis Presley Enterprises Inc.，EPE）："偶像崇拜"的国际化

在他死后的 25 年多的时间里，埃维斯·普里斯利（Elvis Presley）拥有世界上最赚钱的娱乐特许经营。他在 1977 年不幸离世，埃维斯帝国在他祖母于 1980 年去世后，由他的前妻普莱斯利·比尤里·普里斯利（Priscilia Beaulieu Presley）、他女儿丽莎·玛丽（Lisa Marie）和全面操作官方财务的埃维斯·普里斯利企业股份有限公司（www.elvis.com）CEO 杰克·佐登（Jack Soden）管理，并茁壮成长起来。

资料来源：埃维斯·普里斯利企业公司，许可使用。

普莱斯利·普里斯利于 1982 年参与了向公众开放埃维斯的宅邸——雅园。根据 EPE 的网站，雅园每年有超过 600 000 的游客。超过一半的雅园游客年龄在 35 岁以下。虽然游客来自世界各地，大部分仍然来自美国的不同地区。雅园之游花费 25 美元，这就意味着 EPE 光是门票收入就有 1 500 万美元，还有照片、旅客住宿、餐饮和纪念品中的收入。

EPE 其他的收入来源包括一个叫作"埃维斯·普里斯利的孟菲斯（Elvis Presley's Memphis）"的主题餐厅；一个在孤独街尽头叫作"心碎旅馆"（Heartbreak Hotel）的宾馆；埃维斯相关产品的许可，埃维斯相关的音乐、电影、视频、电视和舞台制作的开发和更多其他内容。

具有讽刺意味的是，EPE 从埃维斯的真正歌曲中赚的钱很少。这都是由于埃维斯声名狼藉的前经纪人科洛内尔·汤姆·帕克（Colonel Tom Parker）在 1973 年与 RCA 进行的一次交易，埃维斯以极少的约 540 万美元出卖了到那时为止他录制的所有歌曲的将来版税权，而且其中的一半他不得不给了帕克。

2002 年，他的逝世 25 周年纪念成了一个国际性的盛大活动。1968 年，埃维斯的歌曲《时空对谈》的混音版音乐成了全球热门单曲，CD "埃维斯：30＃1 辑（Elvis：30＃1 Hits）" 接连三次成为白金唱片。2004 年中期，为纪念普莱斯利第一张专业的唱片 50 周年，重新发行了《没关系》（That's All Right）并在世界各地挤进排行榜，包括在英国前三和在澳大利亚前 40。

2005 年 10 月中旬，《Variety》杂志提名了 20 世纪最有名的 100 个娱乐偶像，普里斯利是前十名，前十名还包括披头士、玛丽莲・梦露、露西尔・鲍尔、马龙・白兰度、亨弗莱・鲍嘉、路易斯・阿姆斯特朗、查理・卓别林、詹姆斯・迪恩和米老鼠。

直到 2005 年，EPE 都由埃维斯・普莱斯利信托/丽莎・玛丽・普里斯利所有。2005 年 2 月，传媒娱乐公司 CKX 股份有限公司获得了 EPE85％的产权，包括它的实体和知识产权。丽莎・玛丽・普里斯利在公司保留了 15％的所有权并继续参与，像她妈妈普莱斯利那样。先前的 EPE 管理团队在公司的操作中保持原有位置。

雅园是美国第二大被游览的私人居所，仅次于白宫。游览人数从隆冬工作日的几百人到春天和初夏的日均 2 500～3 000 人，七月份的旅游季高峰可以达到 4 000 人。事实上，EPE 的业务远不止运营雅园。它包括全球范围内埃维斯相关产品和企业的许可，埃维斯相关音乐、电影、视频、电视和舞台剧的开发，正在进行的 EPE 网站开发，重大音乐发行资产的管理以及更多。

2010 年，EPE 公布财报是 5 730 万美元，而 2009 年是 6 060 万美元。2010 年的营业收入是 1 020 万美元，而 2009 年是 2 170 万美元。

资料来源：http://www. elvis. com/corporate/elvis_epe. adp；money. cnn. con/2002/08/15/news/elvis。

问题：

1. EPE 国际化的主要动机是什么？
2. 为保持稳定的国外收入来源，EPE 应该怎么做？
3. EPE 下一步国际化最明显的资产是什么？

更多练习和案例，请登录本书的网站 www. pearsoned. co. uk/hollensen

讨论问题

1. 出口动机可以分为主动或被动。给每组出口动机举个例子。你会怎样给这些动机区分优先次序？除了本章提到的那些，你能想起其他动机吗？都有哪些？

2. 全球化营销中的"促变因素"是指什么？举例说明不同种类的促变因素。

3. 讨论出口过程最重要的障碍。

4. 海尔国际化中最重要的促变因素是什么（示例2.2）？

5. 日本公司最重要的出口动机是什么（示例2.1）？

参考文献

Albaum, G. , Strandskov, J. , Duerr, E. and Dowd, L. (1994) International Marketing and Export Management (2nd edn), Reading, MA: Addison-Wesley.

Fillis, I. (2002) "Barriers to internationalization: an investigation of the craft microenterprise", European Journal of Marketing, 36 (7-8), pp. 912-927.

Fletcher, R. (2001) "A holistic approach to internationalization", International Business Review,

Forsman, M. , Hinttu, S. and Kock, S. (2002) "Internationalization from an SME perspective", Paper presented at the 18th Annual IMP Conference, September, Dijon, pp. 1-22.

Freeman, S. (2002) "A comprehensive model of the process of small firm internationalization: a network perspective", Paper presented at the 18th Annual IMP Conference, September, Dijon, pp. 1-22.

Freeman, S. , Edwards, R. and Schroder, B. (2006) "How smaller born-globals firms use networks and alliances to overcome constraints to rapid internationalization", Journal of International Marketing, 14 (3), pp. 33-63.

Genestre, A. , Herbig, D. and Shao, A. T. (1995) "What does marketing really mean to the Japanese", Marketing Intelligence and Planning, 13 (9), pp. 16-27.

Graves, C. and Thomas, J. (2008) "Determinants of the internationalization pathways of family firms: an examination of family influence", Family Business Review, 21 (2), June, pp. 151-165.

Knight, G. A. and Liesch, P. W. (2002) "Information internalization in internationalizing the firm", Journal of Business Research, 55, pp. 981-995.

Liu, H. and Li, K. (2002) "Strategic implications of emerging Chinese multinationals: the Haier case study", European Management Journal, 20 (6), pp. 699-706.

Rundh, B. (2007) "International marketing behaviour amongst exporting firms", European Journal of Marketing, 41 (1/2), pp. 181-98.

Suarez-Ortega, S. M. and Alamo-Vera, F. R. (2005) tionalization: firms and managerial factors", International Je trepreneurial Behavior & Research, 11 (4), pp. 258-279.

Turner, C. and Gardiner, P. D. (2007) "De-internationalisat global strategy: the case of British Telecommunications (BT)", Journ Business & Industrial Marketing, 22 (7), pp. 258-297.

Vissak, T. , Ibeh, K. and Paliwonda, S. (2008) "Internationalising from the European periphery: triggers, processes, and trajectories", Journal of Euromarketing, 17 (1), pp. 35-48.

Welch, L. S. and Loustarinen, R. K. (1993) "Inward-outward connections in internationalization", Journal of International Marketing, 1 (1), pp. 44-56.

Welch, L. S. , Benito, G. R. G. , Silseth, P. R. and Karlsen, T. (2001) "Exploring inward-outward linkages in firms' internationalization: a knowledge and network perspective", Paper presented at the 17th Annual IMP Conference, September, Oslo, pp. 1-26.

Westhead, P. , Wright, M. and Ucbasaran, D. (2002) "International market selection strategies selected by "micro" and "small" firms", Omega- The International Journal of Management Science, 30, pp. 51-68.

国际化理论

目录

3.1 简介

3.2 乌普萨拉国际化模型（The Uppsala internationa lization model）

3.3 交易成本分析（The transaction cost analysis（TCA）model）模型

3.4 网络模型

3.5 天生全球化企业

3.6 总结

案例研究

3.1 经典媒体：《邮差帕特》（Postman Pat）的国际化

讨论问题

参考文献

学习目标

学完本章之后，你应该能做到以下几点：

- 分析并比较解释公司国际化过程的三种理论
1. 乌普萨拉国际化模型
2. 交易成本理论
3. 网络模型
- 解释中小型企业国际化过程最重要的决定因素
- 讨论影响服务国际化的不同因素
- 解释并讨论网络模型对中小型企业作为分包商的关联性
- 解释术语"天生全球化企业"及它和互联网营销的联系

3.1　简介

在第 2 章中，我们讨论了启动国际化的障碍。本章的开始，我们会展示国际化营销的不同理论方法，并选择其中的三个模型在 3.2、3.3、3.4 章节进行进一步讨论。

国际化的历史发展

很多关于国际化的早期文献是受到一般营销理论的启发。之后，国际化涉及出口和 FDI（国外直接投资）之间的选择。在过去的 10～15 年里，重点聚焦在了网络国际化上，通过网络国际化，公司不仅与顾客而且与环境内的其他行为者有不同的关联。

传统营销方法

潘罗斯传统 [潘罗斯（Penrose），1959；普拉哈拉德（Prahalad）和哈梅尔（Hamel），1990] 反映了传统的营销重心是公司核心能力与国外环境机遇的结合。

这种基于成本的传统认为公司必须具有"补偿优势"以克服"外来成本"[金德尔伯格（Kindleberger），1969；海默（Hymer），1976]。这使得对技术和营销技巧的认同成为成功进入国外的关键因素。

国际贸易的"生命周期"

弗农的"产品周期假设"引进了相继的国际化模型。在这个模型中，公司经过出口阶段，然后首先转变为市场寻找 FDI，之后是成本导向 FDI。科技和营销因素联合解释标准化，然后带动了区位选择。

弗农的假定是发达国家的生产商（AC）比其他地方的生产商离市场"更近"。因此，产品最早的生产设备会是在发达国家。由于需求扩大，通常就会发生一定程度上的标准化。通过大量生产发展"规模经济"变得更加重要。对生产成本的关注代替了对产品适应的关注。有了标准化产品，欠发达国家（LDC）可以提供像生产地一样有竞争力的价格。一个例子就是个人电脑生产地点从发达国家到欠发达国家的移动。

乌普萨拉（Uppsala）国际化模型

斯堪的纳维亚（Scandinavian）"阶段"进入模型提出了进入连续国外市场的相继形式，与之伴随的是对每个市场投入的逐步加深。渐增的投入在乌普萨拉学派看来尤其重要 [约翰逊（Johanson）和温德申姆—保罗（Wiedersheim-Paul），1975；约翰逊和瓦伦（Vahlne），1977]。这种乌普萨拉国际化模型的主要结果是公司倾向于随着它们经验的增长强化它们对国外市场的投入。请参见 3.2 章节。

乌普萨拉国际化模型（Uppsala Internationalization model）：以小幅增加的步骤进行附加的市场投入；选择心理距离小的更多地理市场，同时选择额外风险少的进入模式。

国际化/交易成本方法

在 20 世纪 70 年代早期，人们对国际化的过渡形式例如授权许可并不感兴趣。巴克利和卡森（1976）扩大了选择，将授权许可作为接触国外顾客的一种方式。但是在他们看来，公司通常更喜欢通过直接股权投资来"内部化"交易过程，而不是将它的能力进行授权许可。直到 20 世纪 80 年代中期，合资企业才被明确的归在管理选择的光谱中［康特莱科特（Contractor）和罗伦吉（Lorange），1988；科格特（Kogut），1988］。

巴克利（Buckley）和卡森（Casson）对基于市场（外部化）和基于公司（内部化）解决方案的关注突出强调了授权许可在市场进入中的重要策略性意义。国际化涉及两个相互依赖的决定——地点和控制模式。

国际化视角和交易成本（TC）理论密切相关［威廉姆斯（Williamson），1975］。国际化理论中的经典问题是：如果决定进入某国外市场，公司是应当在自己边界内部（一个附属机构）通过内部化这样做呢，还是通过某种形式的与外部合作伙伴的联合（外部化）？内部化和交易成本观念都关注交易成本的最小化和导致市场失败的条件。目的是分析每项事务的特点以决定最有效即交易成本最小化的管理模式。内部化理论可以看作是跨国公司的交易成本理论［拉格曼（Rugman），1986；麦德郝克（Madhok），1998］。

杜宁（Dunning）的折中方法

在他的折中所有权－区位－内部化（OLI）框架中，杜宁（Dunning）（1988）讨论了国外投资决定中区位变量的重要性。"折中"这个词语说明一个对公司跨国活动的完整解释应该利用几种不同的经济理论。根据杜宁的学说，如果满足了以下三个条件，公司投身于国际化生产的倾向就会增加。

1. 所有权优势。一个拥有国外生产设施的公司相对其他国家的公司有更大的所有权优势。这些"优势"可能包括无形资产，如专有技术。

2. 区位优势。公司运用资源禀赋（劳动力、能源、原材料、组件、运输和交流渠道）来继续发展这些资产就会有利可图。如果不是这样，国外市场就要由出口来服务。

3. 内部化优势。对公司来说，运用它自身的优势肯定更赚钱，而不是把优势或使用优势的权力卖给外国公司。

网络方法

网络方法的基本假定是国际化公司不能被当作孤立的行为者分析，而是应当在国际化环境中和其他行为者一起被观察。因此，单独的公司依赖于其他公司所控制的资源。公司在国内网络的关系可以用来连接其他国家的网络［约翰逊（Johanson）和马特森（Mattson），1988］。

在接下来的三个章节（3.2、3.3、3.4），我们会集中探讨以上提到的三种方法。

文化距离和心理距离的区别

文化距离（第6章中进行讨论）指的是一个国家（宏观）的文化水平，它的定义是一个国家的（真实）文化价值与另一个国家的区别程度，也就是国家之间的"距离"。

心理距离（本书中使用）可以被定义为单个管理者对本国和外国市场差异的感知，这是一种对现实很主观的解读。因此，心理距离不能用实际的指标来测量，例如公开可用的关于教育水平、宗教、语言等的统计数据。索萨（Sousa）和拉各斯（2011）认为对"心理距离"的定义应当包含如下两个方面的"距离"：

● 国家特点距离：经济发展水平、通信基础设施、市场结构、技术要求、市场竞争力和法律法规；

● 人民特点距离：人均收入、顾客购买力、顾客生活方式和喜好、受教育程度、语言和文化价值观（信仰、看法和传统）。

心理距离：个人对两个市场区别的感知，体现在"国家"和"人民"的特点上，这些区别会干扰信息、产品和服务在公司和市场之间的流动。

通过对各个层面上对心理距离进行各方面的评估，我们就有可能采取合适的步骤减少管理者对国外市场的心理距离。［索萨（Sousa）和布拉德利（Bradley），2005和2006］。我们认为，管理者对国外市场心理距离的感知会影响国际化营销综合体中不同因素适应化/标准化的程度。特别是，我们认为两个市场之间的"心理距离"越大，国际化综合营销策略（产品、价格、地区和推广）就需要越多的适应。

3.2　乌普萨拉国际化模型（The Uppsala internationalization model）

阶段模型

20世纪70年代，瑞典乌普萨拉大学（the University of Uppsala）的一些研究者［约翰逊和温德申姆—保罗（Wiedersheim-Paul），1975；约翰逊和瓦伦，1977] 把他们的兴趣集中在了国际化过程上。通过研究瑞典制造企业的国际化，他们形成了一个关于公司走向国外时市场和进入形式选择的模型。他们的研究工作受到了阿哈罗尼开创性研究的影响。

乌普萨拉研究人员头脑中有基本的假定，他们对在瑞典制造企业观察到的国际化过程模式进行了解读。他们注意到：首先，公司似乎在很近的市场开始了它们的国外运营，然后逐渐渗入到遥远的市场；其次，看起来公司通过出口进入了新的市场。很少有公司通过自己的销售组织或制造分公司进入新市场。只有在向同一市场出口了若干年之后，才会建立全资或多数股权运营。

约翰逊和温德申姆—保罗（1975）区分了进入国际市场的四种不同模式，各阶段依次序分别代表了更高程度的国际化参与/市场投入。

- 第1阶段：没有经常性的出口活动（零星的出口）。
- 第2阶段：通过独立代表进行出口（出口模式）。
- 第3阶段：建立国外销售子公司。
- 第4阶段：国外生产/制作单位。

公司国际化的逐步发展这个假定起初是由对四个瑞典公司的案例研究证据支持的。阶段顺序限定在一个具体的国家市场。图3.1对这种市场投入规模进行了展示。

市场投入的概念被认为包含两个因素——投入的资源数量和投入程度。资源数量可以用来操作市场中的投资规模（营销、组织、人事等），而投入程度指的是为这些资源找到替代用途并把它们移交给替代用途的难度。

国际化活动既需要一般知识，又需要特定市场知识。特定市场知识被认为主要从市场经验中获得，而运营知识可以从一个国家转移到另一个国家；后者可以促进图3.1中的地理多元化。假定市场知识和市场投入之间有直接的联系：知识可以被看作是人力资源的一种尺度。因此，掌握的市场知识越好，资源就越有价值、对市场的投入就越强。

图3.1说明通常情况下增加的市场投入要以小幅增量的步骤进行，在市场投入层面和地理层面都是这样。实际上，有三种例外情况。第一，公司有资源经验多、投入后果又小，所以可以采取更大的国际化步伐。第二，当市场条件稳定且均匀时，可以通过经验以外的方式获得相关的市场知识。第三，如果公司有从相似条件市场中获得的大量经验，它就能将这种经验扩展到任何具体市场（约翰逊和瓦伦，1990）。

图3.1中的地理尺度说明公司依次进入心理距离更大的新市场。心理距离被定义为诸如语言、文化和政治体系区别等因素，它们能干扰公司和市场之间的信息流动。因此，公司通过进入它们最容易理解的市场开始国际化进程。在那里它们看到机遇，而且那里能感知到的市场不确定性小 [布鲁尔（Brewer），2007]。

韦尔奇（Welch）和鲁斯塔瑞恩（Loustarinen）（1988）拓展了原始的阶段模型，它们用六种国际化的尺度来进行操作（图 3.2）：

FDI（国外直接投资）
运营模式
市场（国家）
没有经常性的出口（零星的出口）
独立代表（出口模式）
国外销售子公司
国外销售和生产子公司
市场A
市场B
市场C
市场D
市场N
渐增的国际化
渐增的地域多元化
渐增的市场投入

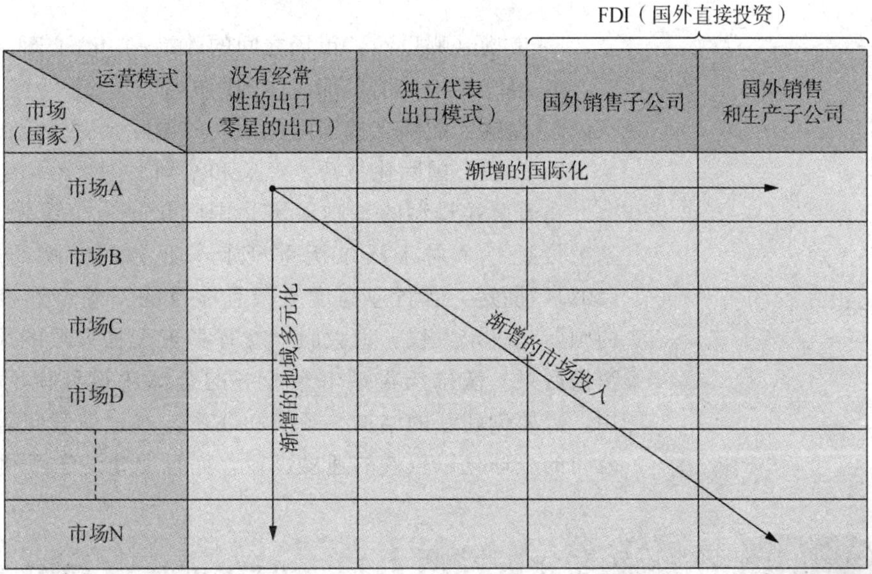

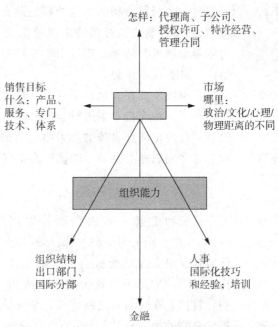

图 3.1　公司的国际化：一种增量的（逐步）方法

资料来源：改编自福斯格伦·M（Forsgren，M）．和约翰逊·J（Johanson，J）（1975）。

国外运营方法
怎样：代理商、子公司、
授权许可、特许经营、
管理合同
销售目标
什么：产品、
服务、专门
技术、体系
市场
哪里：
政治/文化/心理/
物理距离的不同
组织能力
组织结构
出口部门、
国际分部
人事
国际化技巧
和经验；培训
金融

图 3.2　国际化的各个方面

资料来源：韦尔奇·L·S（Welch，LS）和鲁斯塔瑞恩·R（Loustarinen，R.）（1988）．由布雷布鲁克出版公司（The Braybrooke Press Ltd.）许可复制。

1. 销售目标（什么?）：产品、服务、专门技术和体系；
2. 运营方法（怎样?）：代理商、子公司、授权许可、特许经营管理合同；
3. 市场（哪里?）：市场之间的政治/文化/心理/物理距离的不同；
4. 组织结构：出口部门，国际分部；
5. 金融：能够支持国际化活动的国际金融资源的可用性；
6. 人事：国际化技巧、经验和培训。

乌普萨拉模型的基本假定是国际化是一个缓慢、耗时且反复的过程。这被最近一个对于沃尔沃重型卡车业务的案例研究证实了。瓦伦等人（2011）断定，当行业高度复杂且涉及的不确定性极为广泛时，如果作出的国际化决定太快、太大胆，就有真正面临失败的风险，可能会有很大的消极后果。沃尔沃重型卡车业务的全球化过程说明学习起着很重要的作用，需要创建新的结构、系统和联系。这也就意味着，管理部门必须接受公司的全球化以较慢的速度进行，而且要允许学习和适应过程发生。

3.3　交易成本分析模型（The transaction cost analysis (TCA) model）

科斯（Coase）（1937）建立了这种模型的基础。他认为，当在公司内部组织额外交易的成本变得与通过在开放市场交易来开展同样的事务成本一致时，公司就会扩张。这种理论预言，公司会通过建立一个内部（"层级"）管理控制和执行系统来以较低成本在内部开展它能承担的活动；同时依赖市场进行活动，市场中独立的外部人员（如出口中介、代理商或分销商）具有成本优势。

交易成本（Transaction costs）：买家和卖家之间的"摩擦"，可以用机会主义行为进行解释。

当市场不能在完全竞争（"无摩擦"）的要求下进行操作时，交易成本就出现了。在完全市场进行运营的成本（即交易成本）将为零，也很少或没有对自由市场交易施加障碍的任何的动力。实际上，在真实世界中买家和卖家之间总是有某种"摩擦"会引起交易成本（见图3.3）。

机会主义行为（Opportunistic behaviour）：欺诈性地追求自我利益—误导、歪曲、伪装和混淆。

买家和卖家之间的摩擦可以用机会主义行为来解释。威廉姆森（1985）把它定义为一种"欺诈性地追求自我利益"。它包括误导、歪曲、伪装和混淆。为免受机会主义的危害，各方可以使用多种防卫或管理结构。这里的"防卫"这个词语（或用"管理结构"代替）指一种控制机制，目标是在交易者之间带来公平或公正感。防卫的目的是以最小的成本提供必要的控制和"信任"，使得交易者相信参与交易会使他们的境况更好。最主要的防卫是法律合同。法律合同规定了各方的义务，并且允许交易者要求第三方（如法庭）制裁机会主义交易合作伙伴。

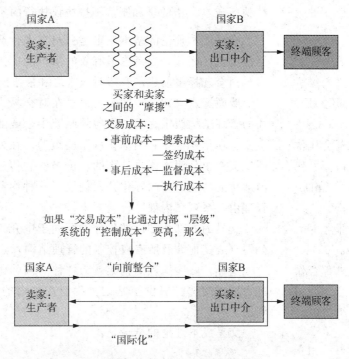

图 3.3　TCA 模型的原理

交易成本分析（Transaction cost analysis）：交易成本分析断定，如果买家和卖家之间的"摩擦"比通过内部层级系统更高，那么公司应当内部化。

交易成本分析（TCA）框架认为成本最小化可以解释结构决策。公司进行内部化，也就是垂直整合，来减少交易成本。交易成本根据买家和卖家之间的交易关系可以分为不同形式的成本。以下对成本要素描述的基本条件是这个等式：

交易成本＝事前成本＋事后成本
　　　　＝（搜索成本＋签约成本）＋（监督成本＋执行成本）

3.3.1　事前成本

- 搜索成本：包括收集信息来识别并评估潜在出口中介的费用。虽然这种成本对很多出口商来说过高，但是关于国外市场的认识对于出口成功来说尤为重要。对遥远、不熟悉的市场的搜索成本可能会特别高，因为这些市场可用的（公告的）市场信息缺乏而且组织形式不同（如从英国出口到中国）。相比之下，对邻近、熟悉市场的搜索成本则会能够让人接受（如从英国出口到德国）。
- 签约成本：指的是卖家（生产者）和买家（出口中介）之间谈判及书写协议产生的成本。

3.3.2　事后成本

- 监督成本：指的是和监督协议有关的成本，以确保买家和卖家都能完成预先约定的义务。

● 执行成本：指的是和制裁不按协议执行的贸易合作伙伴有关的成本。

交易成本理论的基本假定是公司在进行交易时会试图将这些成本的组合最小化。因此，当考虑最有效的出口功能组织形式时，交易成本理论认为公司会选择事前成本和事后成本之和最小的解决方案。

威廉姆森（1975）的分析建立在对交易成本和交易发生所处的不同形式的管理结构假定之上。在他的原著中，威廉姆森确定了两种管理市场的主要选项：外部化和内部化（"层级"）。在外部化的情况下，市场交易按照定义对于公司来说是外部的，价格机制传达了所有必要的管理信息；在内部化的情况下，国际化公司创造了一种内部市场，在这个市场中，层级管理由一系列"内部"合同界定。

交易的外部化和内部化分别等同于中介（代理商、分销商）和销售分公司（或其他涉及所有权控制的管理结构）。

这样，威廉姆森的构架就为各种对国际化活动组织的研究和国际市场进入模式的选择提供了基础。我们在本书的第三部分会回过来讨论这个问题。

交易成本理论的结论是：

> 如果通过外部化（如通过进口商或代理商）产生的交易成本（如上定义）比通过内部层级系统进行的控制成本要高时，公司就应当寻求将活动内部化，即在全资子公司中执行全球化营销策略。或者更通俗的解释是，如果买家和卖家之间的"摩擦"太多，公司应当以自身子公司的形式进行内部化。

3.3.3 交易成本分析框架的缺点

对人性的狭隘假定

戈沙尔（Ghoshal）和莫兰（Moran）（1996）批评了威廉姆森的原著，认为其对人性（机会主义，而且对经济目标的解读同样狭隘）的假定狭隘。他们也怀疑为什么理论的主流发展能够对乌奇（Ouchi）（1980）社会控制见解等重要贡献保持免疫力。乌奇（1980）指出了中间形式（在市场和层级之间）的相关性，例如帮派，其中的管理是建立在双赢局面之上的（而不是零和竞赛局面）。

有时公司甚至和它们的外部经销商和分销商建立了信任，把它们变成了合作伙伴。通过这种方式，公司避免了在世界各地建立子公司的巨额投资。

排除了"内部"交易成本

交易成本分析框架似乎也忽略了"内部"交易成本，它假定跨国公司

外部化（Externalization）：通过外部合作伙伴（进口商、代理商、分销商）做生意。

内部化（Internalization）：将一个外部合作伙伴整合到公司自己的组织中。

内部是零摩擦。我们可以想见当需要确定内部交易价格时，公司总部和它的销售子公司之间会有严重的摩擦（产生交易成本）。

"中介"形式对于中小型企业的相关度

我们也可以质疑交易成本分析框架对于中小型企业国际化进程的相关度［克里斯坦森（Christensen）和林德马克（Lindmark），1993］。中小型企业资源和知识的缺乏是外部化活动的主要动力。但是由于对市场的运用经常带来合同问题，很多情况下对于中小型企业来说，市场并不是层级的真正替代选择。反而中小型企业需要依靠中级管理形式，例如合同关系和建立在帮派体系上的关系，这些关系由共同的投资、技巧和信任倾向创造。因此，中小型企业通常高度依赖可用的合作环境。这种方法会在第四章节进行展示和讨论。

低估了"生产成本"的重要性

可以说，交易成本的重要性被夸大了而生产成本的重要性没有被考虑到。生产成本是完成价值链中的一项具体任务/功能的成本，例如研发成本、制造成本和营销成本。根据威廉姆森（1985）的研究，国际化模式中最有效的选择是生产和交易成本之和最小的那一种。

3.4　网络模型

3.4.1　基本概念

商业网络（Business networks）：行为者是独立自主的，通过关系相互连接。这些关系是灵活的，可以根据环境中的迅速变化发生改变。这些关系的"黏合剂"是建立在技术、经济、法律特别是私人关系基础上的。

商业网络是一种处理若干商业行为者之间活动依存关系的模式。我们已经看到，商业环境中其他处理或管理依存关系的模式是市场和层级。

网络模型和市场不同，因为它的行为者之间的关系不同。在市场模式中，行为者相互之间没有具体的关系。相互依存是由市场价格机制控制的。相比之下，在商业网络中，行为者通过交易关系互相关联，它们的需要和能力通过关系中发生的相互作用进行调解。

工业网络和层级不同，工业网络中的行为者是独立自主的，并且行为者们双边的处理它们的依存关系而不是在更高层次上通过一个协调部门进行。而层级是作为一个自上而下的部门被管理和控制的，商业网络是围绕每个行为者与网络中其他行为者进行交易关系的意愿进行组织的。网络之间的结合比层级更松散；它们可以很容易地改变形状。网络中任何一个行为者都可以参与新的关系或破坏掉旧的关系，由此调整它的结构。因此，商业网络对于动荡的商业领域的变化条件反应更加灵活，例如在技术变革非常迅速的条件下。

我们可以论断，商业网络会出现在具体行为者之间的合作能产生巨大收益且条件变化迅速的领域。因此网络方法意味着不再把将公司作为分析的单位，而是把公司之间的交易、一组公司和其他组公司之间的交易作为主要的研究目标。事实上，它也意味着已经从贸易转向更加持久的交易关系发展并随着形成一个国际化商务发生和演变的结构。

很明显，商务关系和随之而来的工业网络是微妙的现象，局外人，也就是潜在进入者，不能轻易的进行观察。行为者们通过很多不同的纽带相互连接：技术上的、社会上的、认知上的、管理上的、法律上的、经济上的等。

网络模型（Network model）：公司在国内网络中的关系可以被用作连接其他国家中网络的桥梁。

网络模型的一个基本假定是单独的公司依赖于其他公司所控制的资源。公司通过它们的网络位置接触这些外部资源。由于位置的发展需要时间而且取决于资源积累，公司必须根据国外网络中对应的东西建立并发展的位置。

从外部进入一个网络需要促动其他行为者参与到互动中来，这就需要资源，并且可能会要求几个公司对它们自己执行业务的方式作出调整。因此，公司进入国外市场或网络很可能是网络内部其他公司在特定国家主动进行互动的结果。事实上，内部成员成为这种主动行为对象的可能性要大得多。

一个国家内的网络可能远远扩展到国家边境之外。关于公司的国际化，网络观点认为国际化公司首先投身的网络主要是国内的。

公司在国内网络中的关系可以用作连接其他国家其他网络的桥梁。有些情况下，如果供应商想要把业务保持在国内，顾客会要求供应商在国外也这样做。图3.4展示了一个国际化网络的例子。看起来一个分供应商在B国家建立了一个子公司。这里生产子公司是由当地的分供应商公司服务的。E国家、F国家和局部C国家从B国家的生产分公司采购。通常，我们假定公司和不同的国家网络之间存在着直接或间接的桥梁。这样的桥梁对于在国外的初始步骤和随后的新市场进入都很重要。

网络中纽带的特点某种程度上和涉及的公司有关。对于技术、经济和法律上的纽带来说基本都是这样。事实上，很重要的方面是，纽带是在参与商业关系的人之间形成的。社会和认知纽带都是这样的。由于公司和私人关系的相对重要性不同，各个行业和国家都不一样。但是我们认为在关系建立的初期阶段，个人对关系的影响力最强。在接下来的过程中，常规工作和系统变得更加重要。

一旦进入一个网络，公司的国际化进程就经常会进行的更加迅速。特别是高科技行业的中小型企业倾向于直接进入更遥远的市场并且更快地建立它们自己的子公司。其中一个原因应该是这些公司背后的企业家有和新技术打交道的同事网络。在这些情况下，国际化开发的是这种网络所构建的优势。

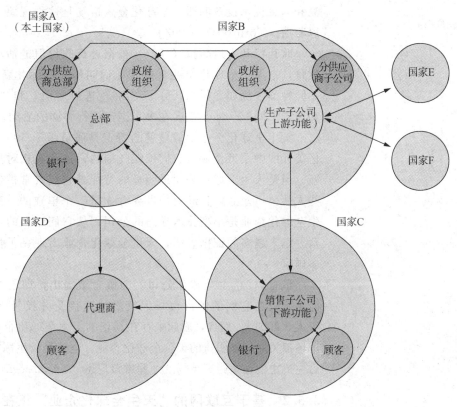

图 3.4 国际网络的一个示例

3.5 天生全球化企业

3.5.1 简介

最近几年中，研究发现越来越多的公司在它们的国际化进程中显然不遵循传统的阶段模式；相反，它们从出生开始就瞄准了国际市场，甚至是全球市场。

"天生全球化"被定义为一个公司从成立以来就追求向全球化转变的视野，而且不经过任何先前长期的国内或国际化阶段就迅速全球化了［欧瓦特（Oviatt）和麦道高拉（McDougall），1994；加布里莱森（Gabrielsso）和基帕拉尼（Kirpalani），2004］。

天生全球化代表了一个有趣的案例，公司在时空压缩条件下经营，使得它们从成立开始就接受全球化的地理范畴。这种"时空压缩"现象［哈维（Harvey），1996］意味着地理过程被减少和压缩到了"此时此地"贸易并在全球进行信息交换——如果掌握技术的人拥有可用的基础设施、交

天生全球化（Born global）： 公司自"出生"之时就迅速地全球化，没有经过任何先前的长期国际化阶段。

流和信息技术设备的话。全球化金融市场是这种现象一个很好的例子［托恩若斯（Törnroos），2002］。

欧瓦特和麦道高拉（1994）根据进行的价值链活动数量和涉及的国家数量，把天生全球化企业（或者他们叫作"国际化新企业"）分为了四个不同种类。例如，他们区分了"出口/进口启动"和"全球化启动"，后者和前者不同——涉及很多在多个国家进行协调的活动。

天生全球化企业中最显著的特点是雇员少于500人且年销售额少于1亿美元的中小型企业。它们依赖高端的科技开发相对独特的产品或工艺创新。但是天生全球化公司最明显的特征是它们常常被创业远见者管理，这些人从公司建立之日起就把世界看作是一个单独的、没有边界的市场。天生全球化企业是小型技术导向的公司，从它们建立的早期就在国际市场运营。越来越多的证据表明，天生全球化企业出现在了在这个发展世界的许多国家。

最近，"重生全球化公司"的概念被提出，即已经建立很久的公司之前主要关注它们的国内市场但突然快速接受并投身国际化［贝尔（Bell）等人，2001］。而且，看起来存在真正的天生全球化企业（近距离和远距离市场都关注）和明显的天生全球化企业，也就是天生国际化企业，它们的精力主要集中在短距离市场上［库维莱尼恩（Kuivalainen）等人，2007］。

3.5.2 基于互联网的"天生全球化企业"正在出现

对天生全球化企业有利的一个很重要的趋势是最近通信技术的进步，它加快了信息流动的速度。大型、垂直一体化公司信息流动昂贵且进行分享相当耗时的时代已经一去不复返了。有了互联网和其他通信工具，例如智能手机、iPad、电子有机和其他计算机辅助技术的发明，即使是在小公司，管理人员也可以高效地进行跨国境操作管理。现在每个人都可以快速容易地接触到信息。所有东西都变得更小更快并且能够到达全球更多人群和地点。

互联网革命为年轻的中小型企业提供了新的机会，使它们能通过开发电子商务网站建立全球销售平台。现在很多新的小企业都是天生全球化企业，因为它们在互联网上"启动"并通过一个集中的电子商务网站销售给全球的客户。最近，一项对于天生全球化企业的国际销售渠道使用情况的研究显示，天生全球化企业相对来说能很快地采用基于互联网的销售渠道［加布里埃尔松（Gabrielsson），2011］。事实上，很多这些公司不仅依赖基于互联网的渠道，还使用传统渠道和互联网的组合。例如，在混合销售渠道中，生产商和中间人分享销售渠道，使用互联网对活动进行整合。客户生成和销售机会可能产生于基于互联网的推销，但真正的产品实现（存货处理、销售控制和其他转售/零售功能）可能是"实体"中间商的责任。

必须小心处理完成混合销售渠道，以避免渠道冲突。

3.5.3　天生全球化企业正在挑战传统理论

天生全球化企业可能和"晚行动企业"或"融入者"相似（约翰逊和马特森，1988）。在后一种情况中，环境和公司都高度国际化。约翰逊和马特森（1988）指出，在国际化市场条件下，公司的国际化进程会快得多，原因之一是跨境协调和整合的需求高。由于邻近市场的相关合作伙伴/分销商经常会被占据，公司不一定会按照"水波扩散"的方法进行市场选择。同样，它们的"发展链"不需要遵循传统的情况，因为战略联盟、合资企业等更加普遍；公司寻找有着互补技术和资源的合作伙伴。换句话说，在国际市场中，公司的国际化进程更加独特而且具体。

很多行业都以全球采购活动和跨境网络为特点。结果是创新型产品可以很快的传播到世界各地的新市场——因为买家的需要和需求变得更加同质化。因此，分包商的国际化进程可能非常多样化，并且不同于阶段模型。换句话说，新的市场条件将公司迅速带入很多市场。最终，金融市场也变得国际化，这就意味着任何国家的企业家都可以在世界各地寻找金融资源。

就天生全球化企业来说，我们认为决策制定者（创建人）的背景对所采取的国际化途径有重大影响［弗里曼（Freeman）和卡瓦斯基尔（Cavusgil），2007］。市场知识、企业家的个人网络或从之前职业所传递的国际联系和经验、人际关系和受教育程度就是一些公司成立之前能得到的国际化技巧。受教育水平、在国外生活的经历和在其他国际导向的工作经验等因素塑造了创建人的思想并大大降低了对具体产品市场的心理距离；创建人之前的经验和知识将网络拓展至跨越国境，为新的企业冒险开创了可能性［麦德森（Madsen）和瑟维斯（Servais），1997］。

通常，天生全球化企业通过专门的网络管理它们的销售和营销活动，它们在这个网络中寻找能补足自身能力的合作伙伴；这是必要的因为它们资源有限。

在很多方面，缓慢渐进（乌普萨拉模型）过程和加速的"天生全球化"途径是相反的，处于光谱的两个极端（图 3.5）。它们所呈现的选择方案通常是单独去做（渐进途径），而"天生全球化"途径则建立在不同种类的合作和伙伴关系基础上，以促进快速增长和国际化。

虽然时间框架和途径的先决条件不同，但所有的模型仍然有一些共同的特点。国际化被看作是知识和学问齐头并进的过程，即使在快速国际化中也是这样。过去的知识有助于公司当前的知识。目标定位在"天生全球化企业"的公司没有时间以递增的方式（在公司内部）锻炼这些技巧；它们需要预先掌握或是能够在进行中获取这些技巧，也就是通过与其他已经掌握这些补充能力的公司合作。

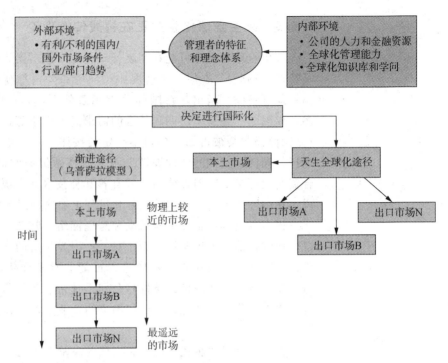

图 3.5　国际化的两种极端途径："渐进"对"天生全球化"

资料来源：改编自艾戈·T（Âijö，T.）等人（2005）p.6。

通常，"天生全球化企业"必须选择同质化和对营销综合策略有最小适应的市场区域。论据在于这些小公司不能和大公司一样采取多国化方法，仅仅是因为它们在世界范围内的运营没有足够的规模。它们容易受到伤害，因为它们依赖于单一产品（利基市场），必须首先在先导市场商品化，无论这种市场在地理上处于何种方位。原因在于这类市场是广阔和迅速进入市场的关键，这点很重要。因为这些公司经常承担相对高昂的研发费用，这些费用"预先"产生，即发生在销售之前。由于这是影响初始市场的关键因素，心理距离作为市场选择标准的重要性就减少了。为了生存，公司必须快速抓住增长机会来支付初始费用。最终，对于典型"天生全球化企业"的竞争变得非常紧张，而且它的产品可能很快过时（例如软件）。如果一个公司在"全球机遇之窗"想要完全的利用市场潜力，它可能被迫在所有的主要市场同时进行渗透［艾戈（Âijö）等人，2005］。

3.6　总结

本章的主要结论在表 3.1 中进行了总结。

天生全球化企业代表了全球化营销中一个相对较新的研究领域。天生全球化企业共有一些基本的相同点：它们拥有独特的资产，着力于狭窄的全球细分市场，顾客导向性很强，企业家的视野和能力有着关键重要性。最后，对这些公司来说，全球化似乎不是一个选择而是一种必须。它们被全球顾客和过于狭小的国家/区域细分市场推向了国际化。它们能够保持直接的全球影响多亏了企业家的视野和能力，以及对它们在国外市场竞争优势的深刻认识和认知。

表 3.1 对解释公司国际化进程的三种模型进行总结

	乌普萨拉国际化模型	交易成本分析模型	网络模型
分析单位	公司	交易或一组交易	公司之间的多项组织间关系 一组公司和其他组公司之间的关系
对公司行为的基本假定	模型建立在行为理论基础上；递增的决策制定过程，很少受竞争市场因素的影响。逐渐从实践中学习，由简单的出口到国外直接投资（FDI）	在真实世界中，买家和卖家之间有"摩擦"/交易困难。这种摩擦主要由机会主义行为导致：单个管理者的自我意识的关注（即欺诈性地追求自我利益）	将网络（关系）保持在一起的"黏合剂"是建立在技术上、经济上、法律上，特别是私人关系上的纽带。在关系建立的早起阶段，管理者对关系的个人影响力最强。之后的过程中，惯例和系统会变得更加重要
影响发展过程的解释变量	公司的知识/市场投入本国市场和公司的国际市场之间的心理距离	交易困难和交易成本会上升，当交易具有资产特殊性、不确定性和交易频繁性时	企业个体是独立自主的。企业个体依赖于其他公司控制的资源。在具体行为者之间经常需要协调或者情况正在改变的领域，商业网络就会浮现
对国家营销者产生的规范性影响	应当以小的增量步骤进行额外的市场投入： —— 选择和现有市场心理距离小的新地理市场 —— 选择边际风险小的"进入模式"	在如上所述的情况下（即过高的交易成本），公司应当寻求将活动内部化（即在全资子公司中完成全球化营销策略）。总的来说，公司应当选择交易成本最小的进入模式	公司在国内网络中的关系可以用来作为连接其他国家网络的桥梁。在全球化的初始阶段和接下来的新市场进入阶段，这种通向不同国家网络的直接或间接桥梁可能很重要。有时中小型企业可能被迫进入国外网络：例如，如果顾客要求分供应商（一个中小型企业）跟随到国外

案例研究 3.1

经典媒体：《邮差帕特（Postman Pat）》的国际化

2006 年，娱乐权利（Entertainment Rights）宣布它将以 210 000 000 美元（107 000 000 英镑）收购总部位于美国的经典媒体（Classic Media）。这项交易于 2007 年 1 月 11 日完成。

2009 年 4 月 1 日，据称娱乐权利将被回力棒媒体（Boomerang Media）（由经典媒体子公司的创建者艾瑞克·艾伦伯根（Eric Ellenbogen）和约翰·依格曼（John Engelman）成立）收购。2009 年 5 月 11 日，据称娱乐权利的子公司和办公室被吸收到经典媒体（CM）名下。

娱乐权利对经典媒体的收购拥有了《莱西》（Lassie）和《独行侠》（The Lone Ranger）的版权，这导致了巨额的债务使公司陷入瘫痪。

通过娱乐权利的收购，经典媒体也得以接触学龄前期小孩的最大的偶像之一——邮差帕特（Postman Pat）。

邮差帕特

场景设于虚构的格林戴尔（Greendale）的约克郡（Yorkshire）村庄，邮差帕特和他忠实的伙伴，小猫杰西（Jess the Cat），于 25 年前的 1981 年 9 月开始在 BBC 第一台（BBC One）送邮件。《邮差帕特》持续在 BBC 中面向英国播报，集授权和广播平台的许可延至 2010 年之后。节目的目标观众群体是学龄前期（2～6 岁）。

资料来源：邮差帕特（Postman Pat）© 1981 林地动画有限公司（Woodland Animations Ltd.），娱乐权利公共有限公司（Entertainment Rights plc）的一个部门。由娱乐权利销售有限公司（Entertainment Rights Distributor Ltd）许可。原作者约翰·坎立夫（John Cunliffe）。皇家邮政和邮局形象由皇家邮政集团公共有限公司（Royal Mail Group plc）允许使用。版权所有。

《邮差帕特》电视节目已经在全世界 100 多个国家播放了。既然在这么多国际市场进行销售，电视平台创造的品牌意识就需要利用强大的许可和商品系列，这点很重要。例如，2004 年，在英国玛莎百货（Marks & Spencer）获得了在它的 70 个大门店中使用节目角色的权利。项目包括一系列针对 3～6 岁儿童的睡衣、内衣、拖鞋、手表和游戏拼图。邮差帕特和小猫杰西被证明是父母、祖父母、监护人和其他人眼中最诱人的购买礼品。

2009 年 5 月，经典媒体取得了与英国最大的主题公园——约克郡北部（North Yorkshire）的火烈鸟乐园（Flamingo Land）的合作伙伴关系，以使特别快递服务中的邮差帕特和其他角色在园内定居。2009 年 10 月，CM 和永恒电影（Timeless Films）合作制作了 2011 年的 3D 动画电影《邮差帕特》。这是《邮差帕特》在电视上出现了 30 多年后首次出现在大银幕上。永恒电影将在英国和国际范围内对电影进行销售。

资料来源：斯维尼·M（Sweney, M.）（2009）"回力棒媒体收购邮差帕特所有者娱乐权利（'Boomerang Media buys Postman Pat owner Entertainment Rights'）"，guardian. co. uk，2009 年 4 月 1 日；"玛莎百货接纳邮差帕特（'Marks & Spencer takes on Postman Pat'）"，《电子新闻周刊（Weekly E-news）》第 76 期，2004 年 9 月 14 日，www. licensmag. com.

问题

1. 列出选择新国际市场所应当运用的标准。

2. 如果让你建议经典媒体，你会推荐经典媒体使用"渐进式"还是"天生国际化"途径来实现《邮差帕特》的国际化？

3. 除了使用《邮差帕特》中的角色，经典媒体还能把什么价值/利益传递给消费品授权合作伙伴？

更多练习和案例，请登录本书的网站 www. pearsoned. co. uk/hollensen.

讨论问题

1. 解释为什么国际化是一个持续的过程，需要经常进行评估。

2. 解释三种国际化理论之间的主要区别：乌普萨拉模型、交易成本模型和网络模型。

3. "心理"或"精神距离"的概念是什么？

参考文献

Aharoni, Y. （1966）The Foreign Investment Decision Process, Boston, MA: Harvard Business School Press.

Âijö, T. , Kuivalainen, O. , Saarenketo, S. , Lindqvist, J. and Hanninen, H. （2005）Internationalization Handbook for the Software Business, Espoo, Finland: Centre of Expertise for Software Product Business.

Bell, J. , McNaughton, R. and Young, S. （2001）"Born-Again global firms: an extension to the bornglobal phenomenon", Journal of International Management, 7 (3), pp. 173-190.

Brewer, P. A. (2007) "Operationalizing Phychic Distance: A Revised Approach", Journal of International Marketing, Vol. 15, No. 1, pp. 44-66.

Buckley, P. J. and Casson, M. (1976) The Future of the Multinational Enterprise. New York: Holmes & Meier.

Christensen, P. R. and Lindmark, L. L. (1993) "Location and internationalization of small firms", in Lindquist, L. and Persson, L. O. (eds.) Visions and Strategies in European Integration, Berlin and Heidelberg: Springer Verlag.

Coase, R. H. (1937) "The nature of the firm", Economica, pp. 386-405.

Contractor, F. J. and Lorange, P. (eds.) (1998) Cooperative Strategies in International Business. Lexington, MA: Lexington Books.

Dunning, J. H. (1988) Explaining International Production, London: Unwin.

Forsgren, M. and Johanson, J. (1975) International føretagsekonomi, Stockholm: Norstedts.

Freeman, S. and Cavusgil, S. T. (2007) "Towards a Typology of Commitment States among Managers of Born-Global Firms: A study of Accelerated Internationalization", Journal of International Marketing, Vol. 15, No. 4, pp. 1-40.

Gabrielsson, M. and Gabrielsson, P. (2011) "Internet-based sales channel strategies of born global firms", International Business Review, 20, pp. 88-89.

Gabrielson, M. and Kirpalani, M. V. H. (2004) "Born Globals: how to reach new business space rapidly", International Business Review, 13, pp. 555-571.

Ghoshal, S. and Moran, P. (1996) "Bad for practice: a critique of the transaction cost theory", Academy of Management Review, 21 (1), pp. 13-47.

Harvey, D. (1996) Justice, Nature and the Geography of Difference, Oxford: Basil Blackwell.

Hymer, S. H. (1976) The International Operations of National Firms: A study of direct foreign invest-ment, unpublished 1960 PhD thesis, Cambridge, MA: MIT Press.

Johanson, J. and Mattson, L. G. (1988) "Internationalization in industrial systems", in Hood, N. and Vahlne, J. E. (eds), Strategies in Global Competition, Croom Helm, Beckenham (UK).

Johanson, J. and Vahlne, J. E. (1977) "The internationalization process of the firm: a model of knowledge development and increasing foreign market commitment", Journal of International Business Studies, 8 (1), pp. 23-32.

Johanson, J. and Vahlne, J. E. (1990) "The mechanism of internationalization", International Marketing Review, 7 (4), pp. 11-24.

Johanson, J. and Wiedersheim-Paul, F. (1975) "The internationalization of the firm: four Swedish cases", Journal of Management Studies, October, pp. 305-322.

Kindleberger, C. P. (1969) American Business Abroad, Yale University Press, New Haven, CT. Kogut, B. (1988) "Joint ventures: theoretical and empirical perspective", Strategic Management Journal, 9, pp. 319-332.

Kuivalainen, O., Sundqvist, S. and Servais, P. (2007) "Firms' degree of born-globalness, international entrepreneurial orientation and export performance", Journal of World Business, Vol. 42, pp. 253-267.

Madhok, A. (1998) "The nature of multinational firm boundaries: transaction cost, firm capabilities and foreign market entry mode", International Business Review, 7, pp. 259-290.

Madsen, T. K. and Servais, P. (1997) "The internationalization of Born Globals: an evolutionary process?", International Business Review, 6 (6), pp. 561-583.

Ouchi, W. G. (1980) "Markets, bureaucracies and clans", Administrative Science Quarterly, 25, pp. 129-142.

Oviatt, B. and McDougall, P. (1994) "Towards a theory of international new ventures", Journal of International Business Studies, 25 (1), pp. 45-64.

Penrose, E. (1959) The Theory of the Growth of the Firm. London: Blackwell.

Prahalad, C. K. and Hamel, G. (1990) "The core competence and the corporation", Harvard Business Review, May, pp. 71-97.

Rugman, A. M. (1986) "New theories of the multinational enterprise: an assessment of internationalization theory", Bulletin of Economic Research, 38 (2), pp. 101-118.

Sousa, C. M. P. and Bradley, F. (2005) "Global markets: does psychic distance matter?" Journal of Strategic Marketing, 13, March, pp. 43-

59.

Sousa, C. M. P. and Bradley, F. (2006) "Cultural distance and psychic distance: two peas in a pod?", Journal of International Marketing, 14 (1), pp. 49-70.

Sousa, C. M. P. and Lages, L. F. (2011) "The PD scale: a measure of psychic distance and its impact on international marketing strategy", International Marketing Review, 28 (2), pp. 201-202.

Törnroos, J.-Å. (2002) "Internationalization of the firm: a theoretical review with implications for business network research", Paper presented at the 18th Annual IMP Conference, September, Lyon, pp. 1-21.

Vahlne, J. E., Ivarsson, I. and Johanson, J. (2011) "The tortuous road to globalization for Volvo's heavy truck business: extending the scope of the Uppsala model", International Business Review, 20, pp. 1-14.

Vernon, R. (1966) "International investment and international trade in the product cycle", Quarterly Journal of Economics, 80, pp. 190-207.

Welch, L. S. and Loustarinen, R. (1988) "Internationalization: evolution of a concept", Journal of General Management, 14 (2), pp. 36-64.

Williamson, O. E. (1975) Markets and Hierarchies: Analysis and antitrust implications, New York: The Free Press.

Williamson, O. E. (1985) The Economic Institutions of Capitalization, New York: The Free Press.

第4章 公司国际竞争力的发展

目录

4.1 简介

4.2 国家竞争力的分析（波特钻石）

4.3 行业竞争分析

4.4 价值链分析

4.5 CRS——公司社会责任

示例 4.1 奇基塔（Chiquita）——将 CRS 融入资源库

4.6 价值网

4.7 蓝色海洋策略和价值创新

示例 4.2 熊熊工作室（Build-A-Bear）——价值创新在行动

4.8 总结

案例研究

4.1 Wii：任天堂（Nintendo）Wii 在世界市场居首位——它能保持住吗？

讨论问题

参考文献

学习目标

学完本章之后，你应该能做到以下几点：

- 从宏观层面到微观层面用更广阔的视角对"国际竞争力"这个概念进行定义
- 讨论影响公司国际竞争力的因素
- 解释波特传统的基于竞争的五种力量模型如何可以延伸到协作（五种资源）模型
- 解释"竞争三角"背后的理念
- 分析竞争优势的基本资源
- 解释竞争标杆分析的步骤

4.1 简介

本章的主题是公司如何在国际市场创造并发展竞争优势。公司国际竞争力的发展和环境相互影响。公司必须能够适应顾客、竞争者和公共权威。为了能够参与国际竞争的角逐，公司必须建立竞争基础，包括资源、能力与和国际舞台中其他成员的关系。

为了能够以更广阔的视角理解公司国际竞争力的发展，一个三阶段模型（见图4.1）将被呈现：

1. 分析国家竞争力 [波特钻石（he Porter diamond）] ——宏观层面；

2. 行业竞争分析 [波特的五个动力（Porter's five forces）] ——中观层面；

3. 价值链分析——微观层面：

（a）竞争三角；

（b）评判。

分析从宏观层面展开，然后通过波特的五个动力框架进入公司的竞争舞台。根据公司的价值链，分析将以讨论以下问题终结：价值链中哪些活动/功能是公司的核心能力（而且必须在公司内部发展）；哪些能力必须通过联盟和市场关系与其他机构合作。

图4.1使用的图形系统（本章自始至终都会涉及）以分层窗口逻辑布置了几个模型，通过"点击"图标方框"公司策略、结构和竞争"，你可以从第一阶段到达第二阶段。这里出现了波特的五个动力模型。从第二阶段到第三阶段，我们点击中间标签是"市场竞争者/竞争强度"的方框，就出现了价值链分析/竞争三角的模型。

个人竞争力

在本章中，分析止于公司层面，但是通过分析个人竞争力可以更进一步 [维利亚斯（Veliyath）和佐拉（Zahra），2000]。影响个人竞争能力的因素包括内在能力、技巧、动机水平和所投入的努力。

4.2 对国家竞争力的分析（波特钻石）

对国家竞争力的分析代表了整个模型中的最高层次（图4.1）。迈克尔·E.波特（Michael E.）将他的著作命名为《国家的竞争优势》（The Competitive Advantage of Nations）（1900），但是作为讨论的起点，我们必须说明公司是在国际舞台竞争，而不是在国家中。然而，本土国家的特

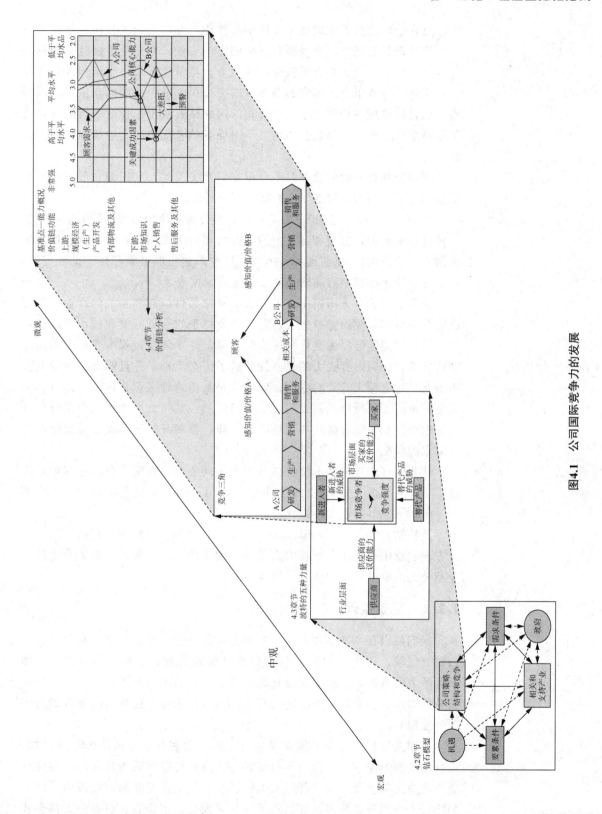

图4.1　公司国际竞争力的发展

点在公司的国际化成功中发挥中心作用。总部决定了公司在技术和方法上快速创新的能力，并且要以正确的方向去做。它是竞争优势最终释放的地方，也是竞争优势必须被保持的地方。竞争优势最终来源国家环境和公司策略的有效组合。国家的条件可以为公司创造保持国际竞争优势的环境。但是抓住机遇却取决于一个公司。国家钻石对于选择竞争行业和合适的策略是首要的。总部是公司相对于国外竞争者优势和劣势所在的重要决定因素。

理解国外竞争者的总部对于分析它们至关重要。它们的总部带给它们优势和劣势。总部也塑造了它们将来可能的策略。

波特（Porter）（1990）将某一行业中公司的集中描述为行业集群。在这种行业集群中，公司和行业中的其他公司有关系网络：顾客（包括从事半制成品的公司）、供应商和竞争者。这些产业集群可能存在于世界范围，但是它们的起点和地点通常是某个国家或国家地区。

如果公司的本土国家中有世界级的买家、供应商和相关的产业，公司就能从中得到重要的竞争优势。它们能为将来的市场需要和技术发展提供洞察力。它们能够提供变化和进步的环境，并在创新过程中变成合作伙伴和同盟者。在国内有强大的集群就开启了信息流动，并且能有比和外国公司做交易时更深入开放的联系。如果公司是小地理区位集群的一部分，那就更有价值了。所以我们要问的中心问题是：是什么造就了某个全球行业的国家位置？和所有的经典贸易理论一样，答案开始于国家资源禀赋和行业需求的匹配。

让我们仔细观察一下波特钻石中的不同要素。在整个分析过程中，印度 IT/软件行业［尤其是在班加罗尔（Bangalore）地区］将被作为一个例子［耐尔（Nair）等人，2007］。

波特钻石（Porter's diamond）："总部"的特征在解释公司的国际竞争力方面起着中心作用。解释因素包括要素条件、需求条件、相关和支持行业及公司策略－结构和竞争、机遇和政府。

4.2.1　要素条件

我们可以在"基本和高级"要素之间做一个区分。基本要素包括自然资源（气候、矿产、石油），这些要素的流动性低。这些要素可以创造国际竞争力的基础，但是如果没有高级要素例如高级的人力资源（技巧）和研究能力，它们永远也不能转化成真正的价值创造。这种高级要素趋向于因行业而异。

在印度的软件行业，班加罗尔有几所工程和科学导向型的教育机构。而且印度理学院（一个研究导向型的研究院）可以被认为是在地区软件行业发展中至关重要。公共部门工程公司和私立工程学院的存在吸引了国内的年轻人来到班加罗尔，这创造了一种多元化、多语言、包容和大都会式的文化。这个行业最关键的成功因素之一是有受过高级和高等教育但技术广泛的人。这些多面手（而不是软件或程序方面的专家）可以被训练为基于行业需求的特殊领域的解决问题能手。

4.2.2 需求条件

这些要素出现在波特钻石的右框中（图4.1）。这种要素能推动行业成功的特征包括存在早起的国内需求、市场规模以及它增长和成熟的速度。

规模经济、运输成本和国内市场规模之间存在相互影响。如果规模经济足够强大，每个生产者都想从单一地点服务广泛的地理市场。当规模经济限制了生产地点的数量时，市场的规模就成了它本身吸引力的重要决定因素。庞大的国内市场使得当地的公司能够以规模通常也能以经验形成成本优势。

一个有趣的模式是：早期庞大的国内市场一旦饱和就会迫使有能力的公司寻找国外的新业务。例如，日本的摩托车行业有巨大的国内市场，在日本早期起步之后，它将其规模优势用在了全球市场。需求的构成也起到重要作用。

产品的基本或核心设计几乎总能反映国内市场的需求。在电力传输设备中，例如，瑞典主导了全世界的高压配电市场。在瑞典，由于人口和行业集群的分布，对远距离传输高压的需求较大。在这里，国内市场的需求塑造了这个行业，之后这个行业能够对全球市场作出反应（ABB就是世界市场的主导生产商）。

买家的成熟度也很重要。美国政府是电脑芯片的第一个买家并且在很多年中是唯一的顾客。政府缺乏弹性的价格鼓励工商开发技术先进的产品而不用太多的担心成本。在这种情况下，相对于成熟度低或对价格更敏感的买家，技术前沿很明显被推进得更远更快。

由于Y2K问题（因为在旧系统中编码约定只给计年分配了两个数位，所以当日历年度变为2000时产生了潜在的混乱）印度软件行业开始了。美国公司和印度软件公司签订了合同，这些公司的雇员熟悉旧的程序语言例如cobol和fortran。当他们在美国公司的经验增加了，Y2K问题也解决了，总部位于印度的软件公司开始多样化并提供附加值更高的产品和服务。服务于要求高的美国顾客迫使印度软件公司开发高品质的产品和服务。之后这种经历帮助公司满足了德国、日本和其他市场的IT顾客需求。

4.2.3 相关和支持行业

一个行业的成功和地区内供应商及相关行业的存在相联系。在很多情况下，竞争优势来自能够使用被吸引到本地来服务核心行业的劳动力，这些劳动力是可以利用的而且有足够的技术支持这个行业。地理相邻性也可以减轻技术协调。波特认为，意大利在世界金银珠宝行业的领导地位得以保持的部分原因就是当地存在珠宝制造机械的制造商。这里集群的优势不在于运输成本的减少而是技术和营销方面的合作。在半导体行业，日本电子行业（这个行业购买半导体）的力量促使半导体分布在同一地区。需要注意的是，集群离不开规模经济。如果中间投入生产中没有规模经济，那么小规模的生产中心就可以和大规模中心竞争。正是由于在半导体和电子行业中都有规模经济，再加上两者之间在技术和营销方面的联系，集群优势才能出现。

一开始，班加罗尔（Bangalore'）缺乏可靠的支持产业，比如通信和电力供应，这是一个问题。但是很多软件公司安装了它们自己的发电机和卫星通讯设备。最近，班加罗尔地区出现了提供风险资本、招聘援助、网络、硬件维护和营销/财务支持的公司来对软件公司进行扶持。而且咨询公司的存在，例如毕马威（KPMG）、普华永道（PricewaterhouseCoopers）和安永（Ernst & Young）也协助引进跨国公司进入印度市场，它们可以解决与货币、选址等相关的问题。因此，围绕软件行业现在形成了一整套支持系统。

4.2.4 公司策略、结构和竞争

这个相当广泛的因素包括公司是如何组织和管理的，它们的目标，以及国内竞争的性质。

波特对十个不同国家成功行业的研究最引人注目的成果是：国内竞争对在全球市场的竞争能力有强大且积极的影响。在德国，巴斯夫、赫斯特和拜耳在制药行业激烈的国内竞争是众所周知的。而且，竞争过程淘汰了低等的技术、产品和管理惯例，只留下最有效率的公司作为幸存者。当国内竞争很旺盛时，公司被迫变得更有效率，采取新的节约成本的技术，减少产品开发时间，并学习如何更高效地激发工人积极性并控制他们。国内竞争对于刺激全球化公司进行技术开发特别重要。

丹麦这个小国家有三个助听器的生产商［达蒙（William Demant）、唯听（Widex）和瑞声达/达纳福（GN Resound/Danavox）］，它们都是世界前十名的助听器生产商。1996 年，奥迪康（Oticon）（早期的达蒙）和唯听进行了激烈的技术战，想要成为世界上第一个推出 100％数字化助听器的厂家。唯听（两个生产商中较小的）赢了，但是同时促使奥迪康在技术开发领域保持了领先优势。

关于印度软件行业，大多数班加罗尔地区的公司都经历了激烈的竞争。对未来顾客的竞争不只是和当地公司之间，而且是和班加罗尔以外的公司和像 IBM 和埃森哲（Accenture）这样的跨国公司。竞争给了公司压力去交付有质量的产品和服务，但同时要有成本效益。这也鼓励公司谋求国际认证，在软件开发领域有个评级。现在，班加罗尔地区有世界上集中度最高的公司，其中有 5 级认证（最高质量等级）的所谓 CMM-SEI［卡

内基梅隆大学的软件工程学院（Carnegie Mellon University's Software Engineering Institute）]。

4.2.5　政府

根据波特的钻石模型，政府可以影响四个主要因素，也可以被四个主要因素中的任何一个所影响。政府可以发挥重要作用来鼓励将行业在自己境内发展，将来它们将会呈现全球化姿态。政府提供经费建造基础设施，提供道路、机场、教育和卫生保健，并且提供替代能源的使用（例如风力发电机）或其他能够影响生产要素的环境体系。

关于印度软件行业，德里（Delhi）的联邦政府在1970年就已经将软件定位为增长领域，因为它有较高的技术要求和劳动密集度。从20世纪70年代到80年代，这个行业主要由像CMC这样的公共部门公司主导。1984年，政府开始解放产业和投资政策，使得国外［例如德州仪器（Texas Instruments）]也能够接触到IT公司。其中一项新举措也包括建立"科技园"，例如，班加罗尔的软件技术园（Software Technology Park）（STP）。解放政策持续了整个80和90年代。1988年，NASSCOM（国家软件和服务公司协会（the National Association of Software and Service Companies）成立。NASSCOM是IT公司的联合，通过在印度提供IT研究和教育作为产业增长的催化剂。1999年建立了信息技术部来在政府、学术和商业层面对IT法案进行协调。因此，政府在行业发展的早起及晚期的积极作用对班加罗尔成功成为软件中心作出了贡献。

4.2.6　机遇

根据波特的钻石模型，国家/地区竞争力也可以由随机事件引发。

当我们观察大多数行业的历史时，我们发现了偶然扮演的角色。可能关于机遇最重要的实例与谁能首先想到一个重要新想法这个问题有关。由于和经济无关的原因，企业家们通常会在他们的本土国家开始新运营。一旦行业在一个国家展开，规模和集群效应就能增强行业在这个国家中的地位。

关于印度软件行业（特别是在班加罗尔）竞争力的发展，我们可以发现两个重大事件：

1. Y2K问题（前面已描述），为印度软件公司的服务创造了更多的需求。

2. 2001年，美国和欧洲网络泡沫的破灭，因此需要寻求途径把软件工程外包给印度以减少成本。

从公司的观点来看，最后两个变量，机遇和政府，可以被看作是公司必须适应的外源性变量。或者，政府可以被认为容易受到游说、利益集团和大众媒体的影响。

4.2.7 总结

总而言之，我们找到了六个影响全球化行业分布的因素：生产因素、国内需求、支持产业的位置、国内产业的内部结构、机遇和政府。我们也认为这些因素是相互连接的。随着行业的发展，它们对具体位置的依赖也会改变。例如，半导体的使用者从军事转变成了电子行业，对这个行业的国家钻石形状产生了深刻的影响。根据政府和公司对它们所有的区位优势来源的认识程度，它们可以更好地挖掘这些不同并预见它们的转变。

关于印度（班加罗尔）的软件行业，我们在整个钻石模型中都在使用，可以得出以下结论 [耐尔（Nair）等人，2007]：

- 班加罗尔的软件行业开始启动不仅是服务于它的国内顾客，而且要服务高要求的北美顾客，而且软件公司之间的竞争不是趋向于当地化而是全球化。

- 软件服务所需要的支持比生产所需的支持要简单的多。对于生产部门来说，能够获得运行良好的实体基础设施（交通、物流等）也很重要。而这对于软件行业来说不是必要的，大多数物流可以通过互联网完成。这就是班加罗尔的软件行业创造了国际竞争力，但制造部门却没有的原因之一。

- 软件行业非常依赖于高级和受过良好教育的人力资源作为关键的要素投入。

虽然位于班加罗尔的公司是从价值链的低端（为 Y2K 问题执行编码工作）起步的，但它们正逐渐朝着在新兴市场提供附件值更多的服务这个方向迈进。

4.3 行业竞争分析

要理解公司的竞争力，下一步要看一个行业的竞技场，这个竞技场处在钻石模型的上方方框中（图 4.1）。

波特发明了分析竞争结构最有效的框架之一。波特（1980）认为，行业竞争根植于它的基本经济结构，并超越了现有竞争者的行为。竞争状况取决于五个基本的竞争力量，如图 4.1 所示。这些因素共同决定了一个行业的最终利润潜力，这里的利润要用投资资本的长期回报来衡量。各个行业的利润潜力不一样。

为了使问题更加清楚，我们需要对一些关键术语进行定义。行业指一群提供某种产品或某类互为相似代用品产品的公司。范例有汽车行业和制药行业（科特勒，1997，p.230）。市场是某产品一系列实际和潜在的买家和卖家。我们会区分行业和市场层面，因为我们认为一个行业可能会包含几个不同的市场。这就是为什么图 4.1 中外面的方框被定名为"行业层面"而里面的方框被定名为"市场层面"。

因此，行业层面（波特的五种力量模型）包括所有类型的行为者（新进入者、供应商、替代产品、买家和市场竞争者），他们在行业中都有潜在或现存的利益。

市场层面包含在市场中有现有利益的行为者，即买家和卖家（市场竞争者）。在 4.4 章节中，（价值链分析）这个市场层面将会被进一步阐释，因为我们会讨论买家对于不同竞争者出售物的感知价值。

虽然以上提到的两个层面划分对这种方法来说合适，莱维特（Levitt）（1960）却指出了营销短视症（marketing myopia）的危险。在这种情况下，买家将竞赛场（即市场）定义得太窄。例如，欧洲奢侈汽车制造商就出现了这种短视症，它们把注意力集中在了相互之间而不是放在日本的大规模制造商身上，它们是奢侈汽车市场的新进入者。

竞争分析的目标是在行业中找到一个位置，使得公司能够最好地防御五种力量，或者影响它们使之对自己有利。了解这些相关的压力可以突出公司的关键优点和缺点，显示它在行业中的位置，厘清在哪些领域策略改变可以获得最大的结果。结构分析是形成竞争策略的基础。

波特模型五种力量中的每一种都转而包括许多要素，这些要素结合在一起决定每种力量的强度和它对竞争程度的影响。现在我们来依次讨论各种力量。

波特的五种力量模型（Porter's five-forces model）：一个行业的竞争状况和利润潜力取决于五个基本的竞争力量：新进入者、供应商、替代产品、买家和市场竞争者。

4.3.1 市场竞争者

市场上现有竞争者的竞争强度取决于许多因素：

- 行业的聚集度。无数相等规模的竞争者会导致更加激烈的竞争。如果存在一个明显的领头羊（至少比第二名大 50%）有着很大的成本优势，那么竞争就会少一些。
- 市场增长速度。缓慢的增长会导致更大的竞争。
- 成本结构。较高的固定成本会鼓励削减价格来充实生产力。
- 差异程度。商品产品鼓励竞争，然而差异度高的产品难以复制，会带来不那么强烈的竞争。
- 转换成本。如果是专业化的产品，转换成本就高。顾客投入了很多资源来学习如何使用产品或者进行了特制投资，对其他产品和供应商没有任何价值（资产专属性高），竞争就会减少。
- 退出壁垒。相对退出壁垒低的情况，当由于别处缺乏机遇、垂直一体化程度高、情感障碍或关闭工厂的成本高导致离开市场的壁垒高时，竞争会更加激烈。

公司需要谨慎，不要破坏竞争稳定的局势。它们需要在整体行业健康的情况下平衡自己的位置。例如，激烈的价格战或促销战可能会在市场份额上得到几个百分点，但竞争者对这些行动的反应会导致行业长期利润的整体下降。有时，保护行业结构比追求短期私利更好。

4.3.2 供应商

原材料和组件成本可能对公司的盈利能力有重大影响。供应商的议价能力越高，成本就越高。在以下情况下，供应商的议价能力会比较高：

- 供应由几个公司主导，这几个公司比它们的销售对象行业还要集中。
- 他们的产品是独特的或是差异化的，或者他们已经建立了转换成本。
- 他们没有必要对抗销售到这个行业的其他产品。
- 他们构成了正向并入产业业务的巨大威胁。
- 买家并不威胁要反向并入供应系统。
- 市场对于供应商群体来说不是重要顾客。

公司可以通过这些途径来削减供应商的议价能力：寻找新的供应资源、威胁要向后并入供应系统或者设计标准化的组件让很多供应商都能生产它们。

4.3.3 买家

在以下情况下买家的议价能力比较高：

- 买家很集中并且/或者大量购买。
- 买家形成了巨大的威胁能够反向并入行业产品的制造系统。
- 它们购买的产品是标准化的或无差异。
- 产品有很多供应商（卖家）。
- 买家利润低，这就形成了低购买成本的强大动力。
- 行业的产品对买家的产品质量并不重要，但是价格非常重要。

行业中的公司可以通过这些方式来削减买家的力量：增加它们的销售对象数量、威胁并入买家的行业，或生产附加值高、差异化的产品。在超市零售业中，品牌领导者通常能达到最高的盈利能力，部分原因在于成为第一名就意味着超市需要进这种品牌的货，因而削减价格谈判中买家的力量。

那些购买产品却不是终端用户的顾客（如代工生产工厂和分销商）可以用与其他买家相同的方法进行分析。如果它们能影响下游顾客的购买决定，非终端顾客可以获得巨大的议价能力（波特，2008）。多年来，材料供应商杜邦不仅面向厨房设备的制造商宣传他的"特富龙"品牌，还向下游终端顾客（家庭）进行宣传，由此创造了巨大的影响力。关于成分品牌请参见11.8章节。

4.3.4　替代产品

替代产品的存在能够减少行业吸引力和盈利能力，因为它们对价格水平作出了约束。

如果一个行业很成功而且能获取高利润，那么竞争者很有可能通过替代产品进入市场来获取潜在的利润份额。替代产品的威胁取决于以下因素：

- 买家对替代产品的意愿。
- 替代产品的相对价格和性能。
- 转换为替代产品的成本。

人们可以通过建立转换成本来降低替代产品的威胁。这种成本可以是心理上的。创造强大、与众不同的品牌性格，保持与顾客感知价值相称的价格区分。

4.3.5　新进入者

新进入者可以增加行业的竞争程度；反过来，新进入者的威胁在很大程度上有一种功能，代表了市场存在进入壁垒的程度。一些影响这些进入壁垒的关键因素包括如下内容：

- 规模经济；
- 产品差异化和品牌识别能够给现有公司带来顾客忠诚度；
- 生产的资本要求；
- 转换成本——从一个供应商换成另一个供应商的成本；
- 能够接近销售渠道。

对于新竞争者的进入来说，由于高进入壁垒能够使即使可能有利可图的市场变得无吸引力（甚至没有可能），市场策划者不应当采取被动的方式而是应该积极地寻求方法提高对新竞争者的壁垒。

一些提高壁垒的办法包括高昂的促销和研发费用，以及清晰显露的对进入的报复行动。一些管理行动会不知不觉的降低壁垒。例如，那些显著降低制造成本的新产品设计可以使新来者更容易进入。

4.3.6　战略组群

战略组群被定义为一组公司（或战略业务单元，或品牌）在同一个行业中进行运营，一个组群内的多个公司（或战略业务单元，或品牌）使用相似的市场相关战略来竞争同一组顾客（顾客群）。如果所有的公司都采取基本一致的策略，那么一个行业可能只有一个战略组群。另一个极端是，每个公司都是一个不同的战略组群。

战略组群（Strategic group）：一组公司（或战略业务单元，或品牌）在同一个行业中进行运营，一个组群内的多个公司（或战略业务单元，或品牌）使用相似的市场相关战略来竞争同一组顾客（分块）。

不同战略组群的公司使用不同的战略来竞争不同的顾客群体。所以不同的战略群组之间并不相互竞争，因为它们追求不同的顾客群体。

因此，战略组群分析是一种技术，用来为管理部门提供公司在市场中位置的相关信息，同时也是一种工具来识别它们的直接竞争者。这个过程中的第一步是五种力量行业分析（波特，1980）。认识这些力量之后，基于竞争变量的行业中主要竞争者也就大致出现了。然后，根据策的相似性和竞争地位，竞争者会被划分为战略组群。为达到这个目的，我们可以使用波特三种基本策略（低成本、差异化和焦点）。

例如，在汽车产业中，购买低价位品牌，如铃木、起亚、现代的顾客是因为产品价廉（低成本策略）才购买，而购买丰田佳美、本田雅阁等品牌（差异化策略）的人愿意为更大、性能/选择更多、更可靠的汽车花费更高价格。最后，购买劳斯莱斯和阿斯顿·马丁（焦点策略）的人愿意为独特和有威望的产品花一大笔钱。

通常我们可以制作一个二维网格，根据行业的两个最重要的尺度把公司放在适当的位置以区分直接竞争者（有相似的战略或商业模式）和间接竞争者。公司可以试图转入更有利的组群，这样的举动难度有多大取决于目标战略群组进入壁垒的高低。

4.3.7　联合"五种资源"模型

波特的原始模型是建立在这样的假设基础上的：公司的竞争优势在竞争关系激烈、非常有竞争性的市场发展得最好。

五种力量框架因此可以用来分析考虑怎样在商业所处的环境下挤出最多的竞争获益者，或者如何才能将被挤出的可能最小化。这要根据它所面对的五种竞争维度。

在过去的几十年中，出现了另一个学派〔即雷韦（Reve），1990；坎特（Kanter），1994；伯顿（Burton），1995〕。他们强调行业参与者之间合作（而不是竞争）安排的积极作用。坎特（1994）命名的"合作优势"（collaborative advantage）作为更优经营业绩的基础随之具有重要作用。

单一奋斗、在竞争或合作优势上孤注一掷的选择实际上是错误的。所有商业活动真正的战略选择问题是在哪里合作（合作多少）、在哪里进行竞争（竞争到什么程度）。

换句话说，关于这些事情公司必须处理如下的基本问题：

- 选择将竞争和合作战略进行组合，使其在公司行业环境的各个方面都合适。
- 将两种要素混合在一起，这样它们就可以以一种相互一致和相互增强的方式互动，而不是逆效方式。
- 用这种方式，将公司的整体位置最优化，依靠基础，利用合作和竞五种资源模型（Five sources model）：和波特的五种竞争力量相呼应，也有五种潜在资源可以和公司周围的行动者构成合作优势。

争优势。

这就需要在当代背景下，用重点关注合作优势和策略评估的姐妹框架对竞争策略模式进行补充。这种补充分析叫作五种资源框架（伯顿，1995），将在下面进行概述。

像波特的处理方法阐述的那样，和围绕公司的一系列五种竞争力量相呼应，在公司的行业环境中也有五种潜在的资源构成联合优势（五种资源模型）。表4.1列出了这些资源。

为了打造一种有效且连贯的商业战略，一个公司必须进行评估并同时形成自己的联合和竞争策略。它这样做有两个目的：

1. 在行业环境的每一个方面（例如和供应商的关系，对顾客/渠道的策略）都能达到联合和竞争之间的适当平衡；

2. 以合适的方式对它们进行整合，避免它们之间潜在的冲突和可能的破坏性矛盾。

这属于合成策略的领域，这个领域关注将竞争和联合努力（collaborative endeavours）结合起来。

表 4.1　五种资源模型和相对应的波特模型的五种力量

波特的五种力量模型	五种资源模型
市场竞争者	和其他在相同的生产过程阶段进行操作/生产同一组紧密联系的产品的企业进行横向联合（例如当代汽车制造商之间的全球合作安排）。
供应商	和公司的组件或服务供应商之间的纵向联合，有时也被叫作纵向准一体化安排（例如日本汽车、电子和其他行业典型的企业集团组合）。
买家	和具体渠道或顾客（即主要使用者）之间选择性的合作伙伴安排，涉及标准以外的联合，纯粹的交易关系。
替代产品	相关的和互补产品及替代产品的生产者之间的多样化联盟。替代产品的生产者不是"天然盟友"，但这种联盟并不是不可想象的（例如固定电话和移动电话公司之间的联合，以发展它们的联合网络规模）。
新进入者	与之前无关的部门建立多样化联盟，但这种联盟中间可能会发生行业界限的"模糊"。或者是一种方法（通常是由于新的技术上的可能性），能够带来以前没有的技术/业务的跨行业融合（例如新兴多媒体领域的联合）。

资料来源：伯顿·J（Burton. J）（1995），布雷布鲁克出版有限公司（The Braybrooke Press Ltd.）允许复制。

4.4　价值链分析

至今为止，我们从策略的角度讨论了公司的国际竞争力。为了进一步了解公司的核心能力，我们现在要看一下波特五种力量模型中的市场层面方框，这个方框探讨了买家和卖家（市场竞争者）。这里我们要更仔细地观察是什么在同一竞争层面创造了市场竞争者中面向顾客的竞争优势。

4.4.1　顾客感知价值

市场上的成功不仅依赖于找到并回应顾客需求，而且在于我们能够保证顾客认为我们的回应优于竞争者的回应（即感知价值高）。一些作者[例如波特，1980；戴（Day）和韦斯利（Wensley），1988]认为，市场内不同的表现可以通过各种层面进行分析。不同公司表现不同的直接原因，这些作者认为，可以被减至两个基本因素[戴维尼（D'Aveni），2007]：感知价值和顾客感知牺牲（成本）。

感知价值是顾客从使用产品/服务中认识到的利益（图 4.2 中的分子）和他们寻找、获得并使用它的直接和间接成本（图 4.2 中的分母）之间的比例。这个比例越高，顾客的感知价值就越好，竞争力就越强。

请不要认为图 4.2 是精确计算测量"顾客感知价值"（CPV）的数学公式。而是要想一下为了使用或消费产品/服务，相对于顾客"给出"的牺牲，顾客"得到"了什么。

产品/服务被购买并使用或消费后，顾客的满意度就可以被评估了。如果顾客对购买和质量的实际满意度超出了最初的期望，那么顾客就会倾向于再次购买产品/服务，而且顾客可能对公司的产品/服务变得忠诚（品牌忠诚度）。

对顾客利益起推动作用的因素包括产品价值、服务价值、技术价值和承诺价值。对成本起推动作用的因素分为两个类别：一种和支付的价格有关，另一种代表了顾客承担的内部成本。这些因素可以分解为突出的属性。例如，对价值的承诺包括在人事和顾客关系方面的投资。内部成本可能反映了准备时间和消费、维护、培训和个人体力。

如果利益超出了成本，顾客至少会考虑购买你的产品。例如，价值对于一个工业顾客来说可能是由购买一件新设备所得的回报率代表的。如果设备产生的成本节约或财源扩充通过合适的投资回报，能够证明设备的购买价格和运行成本是合理的，那就创造了价值。

顾客的产品利益：
- 满足顾客需求
- 具有灵活性，能够满足变化着的顾客需要
- 使用合适
- 操作效率改善
- 盈利能力更好
- 品牌化（对品牌的信任，它能提供"安全"的使用，产品代表了品质）
- 技术上更高级的产品
- 可持续的产品解决方案（"绿色"形象/客户服务代表）
- 消除浪费

顾客的服务利益
- 产品服务和支持
- 用户支持
- BDA服务（实际产品方案购买之前、之中和之后）
- 交货期短

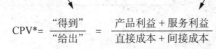

$$CPV^* = \frac{\text{"得到"}}{\text{"给出"}} = \frac{\text{产品利益} + \text{服务利益}}{\text{直接成本} + \text{间接成本}}$$

顾客直接（货币）成本：
- 产品价格（支付给供应商）
- 终生成本（包括融资）
- 质量保证
- 备件成本

顾客间接成本（顾客参与以达成利益）：
- 和供应商对话/谈判（交易成本）
- 内部成本（管理等，以使产品运转）
- 供货商交货时间长导致需要增加原材料和最终产品的存货。
- 服务成本
- 安装成本

*顾客感知价值

图 4.2　顾客价值图解（感知价值）

资料来源：基于安德森（Anderson）等人（2007，2008）；麦格拉斯（McGrath）和凯尔（Keil）（2007）；史密斯（Smith）和内格尔（Nagle）（2005）。

当我们讨论顾客价值时，我们应当意识到顾客价值并不只是由公司本身创造。有时顾客价值是在和顾客或供应商的共创过程中被创造的，甚至是在和互补者和/或者竞争者的共创中［格朗鲁斯（Gronroos），2009］。"顾客价值创造"的扩展版本把我们引向了价值网概念，我们将在4.6章节进行介绍。

4.4.2　竞争三角

市场上的成功不仅依赖于找到并回应顾客需求，而且在于我们能够保证顾客认为我们的回应优于竞争者的回应（即感知价值高）。一些作者［例如波特，1980；戴（Day）和韦斯利（Wensley），1988］认为，市场内不同的表现可以通过各种层面进行分析。不同公司表现不同的直接原因，这些作者认为，可以被减至两个基本因素［戴维尼（D'Aveni），2007］：

1. 所提供产品/服务的感知价值，相比较于感知牺牲。感知牺牲包括买家购买时面对的所有"成本"，主要是购买价格，但也包括取得成本、运输、安装、处理、修理和维护（罗纳德和格朗鲁斯，1996）。在展示的模型中，（购买）价格会被用作感知牺牲的一个代表。戴维尼（2007）提出了一个策略工具，用来评估顾客愿意为一个产品/服务的感知利益支付

多少钱。

2. 和公司相关的成本发生于创造感知价值的过程中。

这两个基本要素将在本章节后面进行进一步讨论。

		感知价值（相对于购买价格）	
		A比较高	B比较高
相对成本	A比较低	I	II
	B比较低	III	IV

图 4.3　感知价值、相对成本和竞争优势

顾客感知到的市场提供价值相对于竞争者提供的价值越多，生产价值的成本相对于竞争生产者的成本越低，企业的表现就越好。因此，提供的产品相对于竞争公司感知价值高而且/或相对成本低的公司被认为在市场中有竞争优势。

竞争三角（Competitive triangle）：包括顾客、公司和竞争者（"三角"）。公司或竞争者依靠各自提供的感知价值和相对成本的对比来"赢得"顾客的青睐。

这可以用"竞争三角"来表示（参见前面的图 4.1）。没有单独一种因素能够测量竞争优势，感知价值（相对于价格）和相对成本必须被同时评估。由于竞争优势有两个因素，所以两个企业中哪一个有竞争优势并不总是明显的。

请看图 4.3，A 公司在情况 I 中相比公司 B 有优势，而且在情况 IV 中明显占据劣势，但情况 II 和情况 III 就不能立即下这样的结论。公司 B 在情况 II 中可能有优势，如果市场中的顾客质量意识很高，而且有差异化的需求和较低的价格弹性。如果顾客有同质化的需求和较高的价格弹性，那么公司 A 在情况 II 中可能有相似的优势。情况 III 中恰好相反。

感知价值（Perceived value）：顾客对公司提供的产品/服务的综合评价。

即使 A 公司相对于 B 公司具有明显的竞争优势，A 公司的投资回报也不一定更高，如果 A 公司是增长策略而 B 公司是持有策略的话。因此，表现要用投资回报和产能扩大这两者的结合来衡量，产能扩大可以看做是延期的投资回报。

虽然感知价值、相对成本和表现之间的关系相当复杂，但是我们可以保留基本的结论，也就是这两个变量是竞争优势的基础。让我们更加仔细地观察这两个竞争优势的基本来源。

4.4.3　感知价值优势

我们已经注意到顾客购买的并不是产品，而是利益。换句话说，产品被购买并不是因为它本身，而是因为它将会"交付"的许诺。这些利益可

能是无形的：也就是说，它们可能并不是和具体的产品功能相关，而是和形象、名声等东西相关。或者，交付的出售物可能被认为在某些功能方面超过了它的竞争者。

感知价值是顾客对所提供产品/服务的整体评价。所以，要履行正确的一系列价值提供活动，首先就要确定顾客从公司的出售物（价值链）中真正寻找的是什么样的价值。它可能是有关产品具体使用的物理属性、服务属性和可获的技术支持的结合。这也要求能够理解构成顾客价值链的活动。

除非我们提供的产品或服务能够以某种方式和它的竞争者们区分开，那么市场就很可能会把它看成是一种"商品"，因此销售会倾向于最便宜的供应商。所以，重要的是想方设法给我们的出售物增加额外的价值，使它在竞争中有明显区别。

通过什么方式能够获得这样的价值差异呢？

如果我们从价值链的角度（参见 1.6 章节）开始，我们可以说商业体系中的每项活动都给产品或服务增加了感知价值。价值，对于顾客来说，是从产品或服务的取得中获取的感知利益流。价格是顾客愿意为利益流所支付的东西。如果一种产品或服务的价格高，它就必须提供高的价值，否则就会被逐出市场。如果某种产品或服务的价值低，它的价格必须也低，否则也会被逐出市场。因此，在竞争环境下，通过一段时间，顾客愿意为某项产品或服务支付的价格就是对它价值很好的间接测量。

如果我们着重来看价值链的下游功能，传统 4-P 综合营销策略中的任一方面都可以创造差异优势：产品、销售、促销和价格都能够创造增加的顾客感知价值。改善营销的某一方面是否值得，关键在于知道潜在利益是否能够给顾客提供价值。

如果我们将这个模型进行扩展，以下这些方面必须加以强调［参见布姆斯（Booms）和比特纳（Bitner），1981；马格拉斯（Magrath），1986；阿菲克（Rafiq）和艾哈迈德（Ahmed），1995］：

- 人力（People）。这些包括顾客，他们必须受过教育以参与服务；和员工（人员），他们必须有动力而且受过良好训练以保证维持服务的高标准。顾客能够识别服务人员的特点并把这些特点和他们工作的公司联系起来。
- 物理方面（Physical aspects）。这些包括交付地点的外观和能使服务更加切实的要素。例如，游客通过所见到的东西体验迪士尼乐园，但是隐藏的地下支持机械对于乐园的幻想实现却至关重要。
- 过程（Process）。服务依赖于设计良好的交付方法。针对提供服务时同时发生的消费和生产，过程管理能保证服务的可用性和质量的一致性。没有可靠的过程管理，平衡服务需求和服务供应就变得极其困难。

在这增加的三个 P 中，公司的人员占据重要位置，能够影响顾客对产品质量的感知。因此，公司的形象很大程度上受人员的影响。所以注意雇员的质量并监督他们的表现很重要。营销经理不仅需要管理服务提供者——用户接口，而且要管理其他顾客的行动。例如，其他人的数量、类型和行为能够影响餐馆里的进餐活动。

4.4.4　相对成本优势

价值链中的每项活动都有成本。因此，要得到顾客从产品或服务中获取的利益流就需要一定的"交付成本"，如果商业系统需要保持营利，那么这就给产品或服务的价格设定了一个较低的限制。降低价格就意味着需要首先通过调整商业系统来减少交付成本。正如之前提到的那样，游戏规则可以描述为：以最低可能的交付成本，提供最高可能的感知价值。

一个公司的成本位置取决于它相对于竞争者的价值链活动排列，以及它在每项活动成本动因上的相对位置。当进行所有活动的累积成本低于竞争者的成本时，就获得了成本优势。这种对相对成本位置的评估需要识别每一个重要竞争者的价值链。在实践中，这个步骤很难达成，因为公司没有直接的信息能够获知竞争者的价值链活动成本。事实上，有些成本可以从公开数据或与供应商和分销商的交流中估计出来。

相对成本优势（Relative cost advantage）：一个公司的成本位置取决于它相对于其他公司的价值链活动排列。

创造相对成本优势要求理解影响成本的因素。我们经常说"大即是美"（big is beautiful）。这一部分是由于规模经济，规模经济使得不变成本能够分摊到更大的产量中，但这更是由于经验曲线的影响。

经验曲线是一种现象，它的根源是之前的学习曲线概念。学习对于成本的影响可以见之于"二战"期间战斗机的制造。随着不断的学习，制造每架飞机的时间逐渐减少。规模经济和累积产量学习的混合效果被称为经验曲线。波士顿咨询集团估计，累积产量每增减一倍，平均就可以减少约 $15\%\sim20\%$ 的成本。

波士顿咨询集团（Boston Consulting Group）的创始人布鲁斯·亨德森（Bruce Henderson）之后的研究扩展了这个概念。他证实了不只是生产成本，所有的成本随着量的增加都会以一定的速率减少。实际上，精确的说，经验曲线描述的是实际单位成本和累积量之间的关系。

这说明市场份额大的公司通过经验曲线效果会产生成本优势，假定所有的公司都在同一曲线上进行操作的话。事实上，如果一些公司采取了新的制造工艺，经验曲线就会降低，这些公司就能跃过更多的传统公司。因此，即使累积产量可能会比较低，这些公司也会获得成本优势。

图 4.4 展示了经验曲线的一般形式和以上提到的跃入另一曲线。

通过投资新技术来超越经验曲线对中小型企业和市场的新入者来说是一个特殊的机遇，因为它们（作为起点）只有很小市场份额因此累积产量小。

经验曲线对于价格策略的启示将在第 11 章中进行一步讨论。根据波特（1980）的理论，价值链中还有其他的成本动因可以决定成本：

- 生产力的使用。未充分利用会带来成本。
- 联动。活动的成本会受到其他活动实施情况的影响。例如，提高品质保证可以减少售后服务成本。

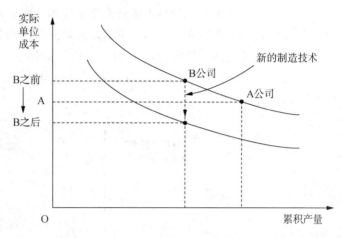

图 4.4 超越经验曲线

- 相互联系。例如，不同的战略业务单元分担研发、购买和营销会减少成本。
- 整合。例如，拆分（外包）活动给分供应商可以降低成本并提高灵活性。
- 定时和时间压缩。市场中的第一个行动者可以得到成本优势。时间压缩代表了一个可以减少成本和提高质量的因素，因为它减少了生产中的准备时间和停工时间，而且涉及生产力增加所需的人力资源。顾客可能会愿意为产生速度比竞争产品快的新产品支付更高的价格。更短的产品上市时间等于提高了全球竞争力（德玛提尼和梅拉，2011）。
- 策略决定。产品宽度、服务水平和渠道决策是策略决定影响成本的例子。
- 地理位置。地理位置距供应商近可以减少导入成本。地理位置距顾客近可以减少导出经销成本。一些生产商将他们的生产活动地点放在欧洲东部或远东来利用低工资成本。
- 制度原因。政府法规、关税、本地内容规则等会影响成本。

资源（Resources）： 分析的基本单元——金融、技术、人力和组织资源，存在于公司的不同部门。

技能（Competences）： 将不同资源组合成能力，然后变成技能，是公司真正擅长的东西。

竞争优势的基本来源

创造的感知价值和发生的成本取决于公司的资源和它的技能（见图 4.5）。

4.4.5　资源

资源是分析的基本单位。资源包括所有的业务流程投入，即金融、技术、人力和组织资源。虽然资源为构建竞争力提供了基础，但它们本身几乎没有生产力。

资源对于参与市场来说是必要的。因此市场中的竞争者通常在这些技巧和资源方面不会非常不同，而且资源不能解释感知价值创造、相对成本和相应的表现之间的不同。它们可以防止失败，却不能制造成功。实际上，它们可能会作为潜在新竞争者的进入壁垒，提高市场的平均表现水平。

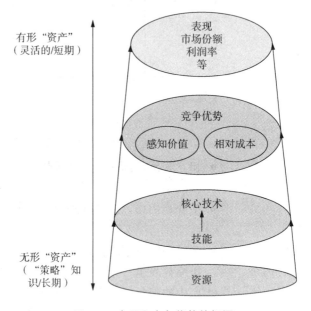

图 4.5　表现和竞争优势的根源

资料来源：改编自与特纳 • U（Jüttner，U）和威利 • H. P（Wehrl H. P.）（1994）

4.4.6　技能

技能——层次更高的要素，它是各种资源的组合。技能的构成和质量取决于两个方面。一方面是公司整合资源的具体能力。这些能力是在集体学习过程中发展和提升的。另一方面，技能质量的基础是资源分类。这构成了技能的潜质，应当被最大程度地开发。

卡迪和塞尔瓦若简（2006）将技能分为两个大类：个人的和公司的。个人技能由个人掌握，包括知识、技巧、能力、经验和个性等特征。公司技能属于组织，是内嵌的过程和结构，倾向于存在于组织内部，即使个人离开也依然存在。这两个类别不是完全独立的。个人技能的集合可以形成组织内嵌的做事方式或文化。另外，公司特征可以决定哪种个人技能最能为组织效力或最适合组织。

一个公司可以有很多技能，但其中只有几个是核心技能。也就是说，在一些价值链活动中，公司被认为比其他竞争者做得都好（图4.6）。

在图4.6中，核心技能由一种策略资源（资产）代表。这种资源竞争者不能轻易模仿，且这种资源有长期赢利的潜力。公司的目标是使产品和服务分布在右上角。左上角也代表利润可能，但是竞争优势比较容易模仿，因此高利润只是短期的。左下角代表价格敏感供应商的位置。这里的利润会比较低，因为产品主要是由地点（分布）特别是价格区别开来的。

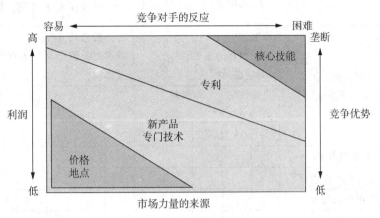

图 4.6　核心技能图示

资料来源：根据《长期规划》（Long Range Planning）重印，第 27 卷。坦波·M（Tampoe, M.）（1984）《挖掘组织的核心技能》（Exploiting the core competences of your organization），p. 74 版权 1994，爱思唯尔许可（Elsevier）。

竞争标杆分析

由于市场份额是一种"事后"（after the event）测量，我们需要利用竞争表现的持续指示物。这能够突出显示在哪些方面综合营销策略可以改进。

最近几年，一些公司发明了一种评估相对市场表现的技术，称之为竞争标杆分析。起先，竞争标杆分析的意思仅仅是把一个竞争者的产品一部分一部分地拆开，从价值工程的角度和你自己的产品做表现上的对比。这种方法通常被归功于日本人，但是很多西方公司也发现了这种细节对比的价值。

竞争标杆分析的概念和波特（1996）所称的营运效益（operational effectiveness，OE）相似，意思是比竞争者更好地进行相似的活动。实际上，波特（1996）同时认为 OE 是胜过竞争者的必要而非充分条件。公司还需要考虑策略（或市场）定位，是进行和竞争者不同的活动还是以不同方式进行相似的活动。只有几个公司通过 OE 长期取得了竞争成功。主要原因是最佳做法的快速扩散。通过顾问们的帮助，竞争者可以迅速模仿管

核心技能（Core competences）：在一些价值链活动中，公司被认为优于它的竞争者。

竞争标杆分析（Competitive benchmarking）：一种通过对比主要竞争者来评估相对市场表现的技术。

理技巧和新技术。

事实上，标杆分析的概念能够扩展到简单的技术和成本效率比较之外。因为市场这个战场追求的是"思想的分享"（share of mind），我们就必须测量顾客的感知。

这种标杆分析项目可以使用的测量内容包括配送可靠性、方便订购、售后服务，销售代表的品质和发票及其他文件的准确性。这些测量内容不是随便选定的，而且因为它们对顾客来说很重要。营销调研，通常建立在深入访谈的基础上，经常用来确定这些"关键成功因素"是什么。顾客认为最重要的要素（见图4.7）就形成了标杆分析调查问卷的基础。这个调查问

价值链功能的例子（主要是下游功能）	顾客对于顾客的重要性（关键成功因素）					自己的公司（A公司）顾客对我们公司的表现评级如何？					主要竞争者（B公司）顾客对主要竞争者的表现评级如何？				
	重要性高				重要性低	好				坏	好				坏
	5	4	3	2	1	5	4	3	2	1	5	4	3	2	1
使用新技术															
技术质量和能力高															
使用公认技术															
容易购买															
理解顾客的需求															
价格低															
准时交货															
可以查询															
负完全责任															
灵活快速															
已知的联系人															
提供顾客培训															
考虑到将来要求															
有礼貌且乐于助人															
专用发票															
提供担保															
ISO9000认证															
首次就做好															
能提供参考															
有环境意识															

图4.7　竞争标杆分析（例子中只有几个标准）

卷会定期发给顾客样本：例如，德国电信进行了一个每日电话调查，选取了它的国内商业顾客的随机样本来测量顾客对服务的感知。对于大多数公司来说，年度调查可能就足够了，另一些情况下可以需要季度调查，特别是在动态市场条件下。这些调查的结果可能典型的体现在竞争态势的形式中，如图 4.7 中的例子所示。

上面提到的大部分标准都和价值链中的下游功能相联系。同时，如果买家和卖家之间的联系更加密切，特别是在工业市场中，会更加关注供应商在上游功能中的技能。

4.4.7 动态标杆分析模型的发展

在价值链功能的基础上，我们提出了一种界定市场中公司竞争力发展的模型。这个模型建立在某一具体市场上，因为我们认为不同市场、不同国家的市场需求不同。

在展示国际竞争力发展的基本模型之前，我们首先定义两个关键术语：

1. 关键成功因素。那些顾客要求/期望供应商（X 公司）有强大技能的价值链功能。

2. 核心技能。那些 X 公司拥有强大竞争地位的价值链功能。

4.4.8 策略流程

图 4.8 展示了策略流程的模式。

第一阶段：形势分析（确定能力差距）

在这里，我们不会详细讨论价值链功能测量中的问题。传统思维方式进行的测量不可能客观，必须依赖由外部专家［"关键知情人（key in-formants)"］进行补充的公司代表的内部评估（采访相关管理者）。这些外部专家能够判断市场（顾客）现在和将来的需求。

图 4.1 中，A 公司的技能形象（右上角图）就是一个公司与市场（顾客）需求不一致的例子。公司拥有的核心技能所在的价值链功能部分顾客认为无关紧要（图 4.1 中的市场知识）。

关键成功因素和 A 公司的初始位置之间要想有比较好的匹配，很重要的是要集中资源并提高核心技能来创造可持续的竞争优势。

另外，在图 4.1 中，如果顾客的需求和公司关键成功因素的初始位置之间有很大差距（像人员销售功能），就可以有以下的选择方案：

● 改善关键成功因素的位置。

● 找到 A 公司的能力形象能更适合市场需求和期望的商业领域。

由于新的商业领域经常涉及风险，通常尽早发现关键成功因素的最终差距很重要。换句话说，必须建立一个"预警"（early warning）系统，对关键技能因素进行持续监督，这样就能尽早地开始主动行动限制最终差距。

图 4.1 也展示了 B 公司的技能形象。

第二和第三阶段：场景和目标

为了能够预测未来的市场需求，需要制定未来可能发展不同场景。首先，大体上描述这些趋势，然后市场对供应商价值链功能的未来需求/期望的影响就会具体化。

经过这个程序，市场期望和 A 公司的初始位置之间的描述"差距"（gap）变得更加清晰。同时，举例来说，A 公司的最大差距可能已经从人员销售变成了产品开发。如果知道了市场领导者的策略，就有可能完成市场领导者未来技能形象的场景。

这些场景是讨论公司在一定时期内所需目标和技能形象的基础，例如可以是五年之内的。目标必须结合实际确立，并适当的考虑组织的资源（图 4.1 没有显示方案）。

第四阶段：策略和执行

根据 A 公司需要开发的价值链功能，我们要准备一个策略。这就引起了计划的执行，包括组织现有技能水平的调整。

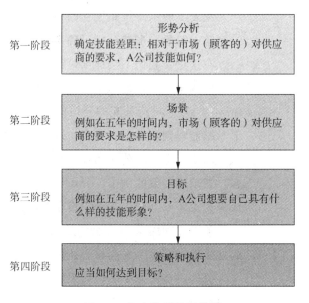

图 4.8　核心技能发展模型

4.5 CSR——公司社会责任

公司社会责任（corporate social responsibility）：许多公司活动，它们的焦点是利益相关群体的福利而不是投资者，例如慈善和社区组织、雇员、供应商、顾客和后代。

传统的公司范例总是支持强大的外部顾客关系，因为顾客购买公司的产品并最终将利润交付给了股东。公司社会责任（corporate social responsibility，CSR）的概念在营销学著作中已经变成了一个相对明显的现象，将基于顾客的狭隘营销概念转移到更广泛的公司层面的营销概念。

对于 CSR 普遍的理解是建立在利益相关者期望这个概念基础上的，这对于公司营销来说是重要问题。这意味着一个组织在由不同利益相关者构成的网络中运营，这些利益相关者可以直接或间接的影响它。因此，CSR 的范围应该集中在公司努力避免伤害并提高利益相关者和社会的福祉上。

CSR 包含许多公司活动，它们的焦点是利益相关群体的福利而不是投资者，例如慈善和社区组织、雇员、供应商、顾客和后代。

例如，20 世纪 90 年代，耐克在不同的亚洲血汗工厂问题中遭受指控。耐克运用它们的 Nikebiz.com 网站强调公司致力于帮助欠发达国家的有经济能力的独立女性，这样就间接地回应了媒体关于耐克一贯默许对它亚洲女性工人人权侵犯的指控，以此来告知客户公司的核心价值。Nikebiz.com 成功将耐克与那些为积极改变亚非地区贫困妇女生活而工作的人和机构联系起来［沃勒（Waller）和科纳韦（Conaway），2011］。

CSR 的一个重要类别包括"绿色"（green）生产实践，例如节约资源、减少排放、使用循环材料、减少包装材料并从地理位置靠近制造设备的供应商那里采购原材料。例如，2006 年，沃勒宣布了一个项目用来测量供应商减少包装的能力，目标是在 2008—2013 年之间消除总包装量的 5%。同样，惠普为顾客提供了免费的硒鼓循环使用［斯普林克（Sprinkle）和帕卡德（Maines），2010］。

CSR 的定义和 CSR 的实质行动根据国家、地区、社会和团体不同。CSR 的一个广泛的定义可能是相对于从当地或国家经济中拿走的东西，一个企业返还了什么。很多 CSR 的定义包括管理惯例，将管理的内部圈和整个社区的外围圈连接起来。管理者对公司的能力有直接的影响，可以管理商业过程使之对社会产生总体的积极影响。

因此，CSR 的概念指的是这样一种信念：现代商业活动对社会负有责任，这种责任超越了为公司的股东或投资者赚取利润。这些其他的社会利益相关者包括顾客、雇员、整个社区、政府和自然环境。CSR 的概念适用于所有规模的组织，但我们的讨论倾向于集中关注大的组织因为它们似乎更加可见而且有更多的力量。而且，就像人们看到的那样，权力带来了责任。

CSR 必须深植于公司的资源基础中（也参见图 4.5），这就意味着短期利益必须明显让位于长远思考。示例 4.1 显示了一个公司（奇基塔）成功地将这种长远眼光融入它的资源基础中，并因此提高了它的国际竞争力。

示例 4.1　奇基塔（Chiquita）——将 CRS 融入资源库

总部位于美国的水果和蔬菜生产商奇基塔牌股份有限公司，是世界上最大的香蕉进口商之一，对迷宫一样的当地劳工合伙关系进行监督。它证明了公司可以花时间将 CSR 成功的嵌入一个品牌，然后得到投资回报。预先考虑到它的欧洲业务将要受到低价竞争者的威胁，奇基塔开始围绕道德认证对它的整个采购基础设施进行全面检修。这个花费了公司 2 000万美金的过程开始于 1992 年，最终于 2000 年得到了雨林保护联盟（the Rainforest Alliance）的认可。事实上，直到 2005 年，它才开始积极地向顾客传递可持续和责任信息。

很多策略可能在它们部署的最关键的某方面遭受失败——这使得资源基础对于外部利益相关者来说看得见也摸得着。CSR 也一样。采取 CSR 是一回事，但是像所有的业务工具一样，为了带来成功，必须对它进行适当的监督。对于奇基塔来说，这种持续的评估过程是链条的重要一环。

1998 年，奇基塔的经理主管人员惊骇地看到报纸上都是有关他们公司的秘密调查，调查显示，公司的整个拉丁美洲运营中都存在"危险且违法的商业活动"。奇基塔必须对它的业务进行颠覆性的回顾。

CEO 在哲学层面上宣布致力于 CSR，但是采取的积极行动很少，这是相对容易的。但奇基塔遵循了它的诺言并且继续提高标准。例如，正式的公司评估突出强调了危地马拉部门面临的诸多调整。奇基塔对此作出了回应：任命了一个新的管理团队，提出了重要的策略改变，帮助提高工人对公司的看法。CSR 报告也包括一个部分，将公司的 CSR 目标划分为"已达成""将要达成的目标"和值得注目的"在目标日期内不可能达成"的时间标度。对于奇基塔来说，透明度是它的整体 CSR 策略中可圈可点的一部分，证明了对表现评价的公开承诺。

奇基塔的 CEO 表明了他对在责任管理方面开创新领地的承诺，并保证公司会做得更多，不只是仅仅修复媒体带来的损害。十年过去了，尽管公司的管理层有变化，奇基塔的CSR 策略仍然在全力开展，因此它的长期国际竞争力也得到了提高。

"我们的座右铭是'首先创造事实'"奇基塔公司责任和公共事务的高级总监乔治·杰克斯（George Jaksch）说，"直到我们完全确定已经构建了牢固的基础，才会去推广道德方面信息。"

资料来源：基于柯蒂斯（Curtis）（2006）。

4.6　价值网

价值链分析（4.4 章节）意味着一种线性进程，忽略了链条之外的投入——很多公司可能在各种阶段参与到了进程中[内维斯（Neves），2007]。

价值网
（Value net）：
公司与供应商和
顾客（纵向网络
合作伙伴）及互
补者和竞争者
（横向网络合作
伙伴）联合进行
的价值创造。

因此现实使价值链变成了价值网络，一组相互联系的实体，通过一系列复杂的关系全面创造了价值。其结果就是所谓的价值网［布兰德博格（Brandenburger）和纳尔巴夫（Nalebuff），1996；腾（Teng），2003］。

价值网揭示了两个基本的平衡。纵向来说，顾客和供应商在创造价值过程中是平等的合作伙伴。另一个平衡是竞争者和互补者在横向上的。竞争者的映像是互补者。一种产品或服务的补充物是任何其他能够使之更具吸引力的产品或服务。例如，计算机硬件和软件、热狗和芥末酱、电话本和通宵投递服务、红酒和干洗剂。价值网帮助你彻底地理解你的竞争者和互补者。参与者是谁，它们的角色是什么，它们之间有何相互依赖的地方？重新检查以下这个传统观点"谁是你的朋友，谁是你的敌人？"我们的建议是彻底地了解你的业务并和其他参与者一起创造一个价值网。

考虑到图 4.9，我们也可以想一下不同的行动者如何能给总体的全球价值链增加价值。例如，瑞典的家具巨头宜家公司就提供了顾客共创的榜样。零售商允许顾客为家具付更少的钱，但也鼓励他们自己运输然后组装家具。和传统的家具商店相比，宜家家居的商业模式非常依赖于顾客方面的价值创造［米歇尔等人（Michel），2008］。

赫林森（Hollensen）（2010）进一步解释和讨论了"价值网"的概念。

4.7　蓝色海洋策略和价值创新

红色海洋
（Red oceans）：
成熟行业艰苦的
正面交锋竞争，
除了导致竞争者
在萎缩利润池中
争斗形成血腥的
红色海洋外，其
他一无所有。

蓝色海洋
（Blue oceans）：
未被服务的市场，
竞争者还没有形成
结构，市场相对未
知。在这里蓝色海
洋和避免正面交锋
竞争有关。

金姆（Kim）和莫博涅（Mauborgne）（2005a，2005b，2005c）用海洋作了一个比喻来描述组织选择游泳的竞争空间。红色海洋指的是被频繁接触的市场，产品界定明确，竞争者已知且竞争是建立在价格、产品质量和服务上的。换句话说，红色海洋是代表现存的所有行业的旧范例。

相比之下，蓝色海洋指的是产品界定还不明确的环境；竞争者没有形成结构而且市场相对未知。在蓝色海洋中航行的公司通过集中精力发展引人注目的价值创新、创造无竞争的市场来击败竞争对手。采取蓝色海洋策略的公司相信公司投身于正面交锋的竞争来寻找可持续、有盈利的增长已经没有效果了。

在迈克尔·波特（Michael Porter）（1980，1985）看来，公司争夺的是竞争优势，为市场份额而斗争并且全力争取差异化；蓝色海洋策略认为残酷竞争除了导致竞争者在萎缩利润池中争斗形成血腥的红色海洋外，其他一无所有。

蓝色海洋是一种通过首先找到未被服务的顾客集合，然后向他们传递一种引人注目的价值主张而创造的市场。这需要通过重新配置出售物来更好地平衡顾客需求和相应的经济成本。这和红色海洋相反，红色海洋被明确定义且布满了竞争。

　　蓝色海洋策略不应当是一个静态的过程而应当是动态的。想一下美体小铺（The Body Shop）。20 世纪 80 年代，美体小铺非常成功，它不是和大的化妆品公司硬性竞争，而是创造了天然美容产品的全新市场。20 世纪 90 年代，美体小铺也挣扎过，但是那并没有降低它最初策略行动的卓越性。它的天资在于在一个以往都是在魅力方面进行对抗的激烈竞争行业创造一个新市场［金姆（Kim）和莫博涅（Mauborgne），2005b］。

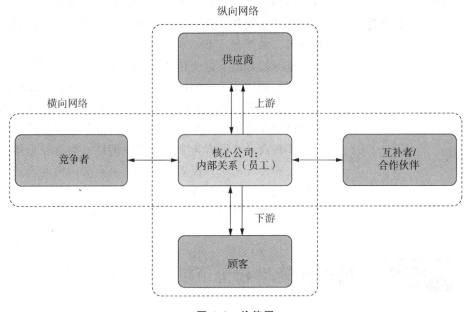

图 4.9　价值网

　　金姆（Kim）和莫博涅（Mauborgne）（2005a）的研究建立在跨越 30 多个行业 100 多年间（1880—2000）的策略行动上。金姆和莫博涅区分这种策略和传统策略框架的第一点是：在传统商务文献中，公司构成了基本的分析单位，行业分析是给公司定位的方式。他们的假设是，既然各种市场在它们的吸引力方面是不断变化的，公司的表现水平也会随时间发生变化，那么就是具体的公司策略行动而不是公司本身或是行业成为了评价红海和蓝海策略区别的正确标准。

价值创新

　　金姆和莫博涅（2005a）认为，今后的领导公司将不是以与竞争者斗争取胜，而是通过进行策略行动，他们称之为价值创新。

　　价值和创新的结合并不只是营销和分类定位。这种结合有影响。没有创新的价值倾向于重点关注增量范围内的价值创造，没有价值的创新则倾向于技术驱动、市场开拓或未来派，经常超出买家所准备接受或支付的范围。传统的波特逻辑（1980，1985）引导公司只在边际中竞争增量份额。价值创新逻辑的起点是具备通过提供价值的巨大飞跃来主导市场的志向。

很多公司通过保持并扩大它们的顾客基础来寻求增长。这通常导致更精细的细分市场和更多的定制供应来满足特殊需求。价值创新者的重点关注对象不是顾客之间的不同，而是建立在顾客所重视的特征中的强大共性上。（金姆和莫博涅，1997）。

价值创新是极端以客户为重心的，但不是完全这样。像价值链分析一样，它能平衡价值理念传达成本和买家价值之间的关系，然后解决交付价值和所涉及成本之间的权衡困境。它不是因为价值交付所需的高成本而对顾客需要的价值进行妥协，如果由客户提供的价值减少或没有了，成本就消除或减少了。这是一个双赢的解决方案，创造了引人注目的命题。顾客以更少的代价获得了他们真正想要的东西，卖家通过减少启动和/或运营交货成本得到了更高的投入资本回报率。这两者的结合是蓝色海洋市场形成的催化剂。示例4.2用熊熊工作室的例子证实了这一点。

价值创新分析的结果是行业中不同营销者的价值曲线［在金姆和莫博涅（2005a）的著作中也被叫作"策略草图"（strategy canvas）——参考案例4.1：Wii中的图1］。这些不同的价值曲线对核心企业提出来四个基本问题：

1. 哪些要素应当被减少到显著低于行业标准？
2. 哪些行业习以为常的要素应当被去除？
3. 哪些要素应当被提升到显著高于行业标准？
4. 哪些行业从未提供的要素应当被创造出来？

产生的新价值曲线就应当决定公司是否在向"蓝色海洋"进发。

示例4.2　熊熊工作室（Build-A-Bear）——价值创新在行动

价值创新行动的一个例子是毛绒玩具动物市场，这个市场一直被泰迪熊等公司主导，它们为一项能够增加动物柔软性和"可拥抱性"（huggability）的填充技术申请了专利。第一个在这个市场内尝试蓝色海洋策略的竞争者是1997年的熊熊工作室（Build-A-Bear）。熊熊工作室通过让顾客共创价值开发了一个独特的价值命题。它们允许顾客（3～10岁的儿童）体验创造他们自己的熊的乐趣。这个概念使得零售连锁增长非常迅速——在前12年中，它卖出了5 500万只熊。

资料来源：希恩（Sheehan）和维亚纳桑（Vaidyanathan）（2009）；金姆（Kim）和莫博涅（Mauborgne）（1997）。

4.8　总结

本章的主要问题是公司在国际市场如何创造并发展竞争优势。一个三阶段模型使我们可以从更广阔的视角理解公司国际竞争力的发展。

1. 国家竞争力的分析（波特钻石）；

    2. 竞争分析（波特的五种力量）；

    3. 价值链分析：

    （a）竞争三角；

    （b）标杆分析。

4.8.1　国家竞争力分析

分析从宏观层面开始，波特钻石认为本国的特征在公司的国际化成功中起着重要作用。

4.8.2　竞争分析

下一步是转移到竞争场地，公司成了分析的单位。波特的五种力量模型显示行业中的竞争植根于它的经济结构，超出了当前竞争者的行为。竞争的情况取决于五种基本的竞争力量，这决定了一个行业的利润潜力。

4.8.3　价值链分析

这里，我们观察在同一个竞争层面（在行业竞争者之间）是什么创造了竞争优势。根据竞争三角可以断定：公司提供的产品如果有以下特性就会有竞争优势：

- 对顾客具有更高的感知价值；
- 与竞争公司相比成本相对较低。

公司可以使用竞争标杆分析找出自己的竞争优势或核心技能，在这种技术中，顾客通过与"一流"（first-class）公司的比较来衡量市场表现。价值链中可以使用的测量标准包括配送可靠性、方便订购、售后服务，销售代表的品质。这些价值链活动是由于它们对于顾客的重要性被选中的。因为顾客的认知会随着时间变化，试着估计顾客对某一产品供应商的未来需求可能是恰当的。

根据蓝色海洋策略，红色海洋代表现有的所有行业。这是已知市场。蓝色海洋指的是所有现在没有的行业。这是未知市场。

在红色海洋中，行业界限已经确定并被接受，而且游戏竞争规则已知。在这里，公司试图超越它们的竞争对手来夺取更大的现有需求份额。随着市场越来越拥挤，利润和增长前景减少了。产品变成了商品，残酷的竞争将红色海洋变得血腥。

而蓝色海洋的定义是未涉足的市场、需求创造和高利润增长的机遇。虽然蓝色海洋偶尔是在现有行业界限以外创造的，但大部分是通过扩大现有行业界限形成的。在蓝色海洋中，竞争是不相干的因为游戏规则还有待确定。

一旦公司创造了蓝色海洋，就应该在蓝色海洋中尽可能地远游来延伸它的利润和增长庇护所。将自己变成一个移动的目标，远离潜在的模仿者，阻止它们的进程。这里的目标是尽可能长时间地主导蓝色海洋支配模仿者。但是，当其他公司的策略集中在你的市场上，蓝色海洋变成了竞争激烈的红色海洋时，公司就需要进行出击创造一个新的蓝色海洋，再次脱离竞争。

案例研究 4.1

Wii：任天堂（Nintendo）Wii 在世界市场居首位——它能保持住吗？

几年前，很少有分析家预测任天堂 Wii 会在游戏机市场战胜知名的"玩家 3"（Playstation 3）（"PS3"）和"Xbox360"品牌成为市场领导者。但是分析家可能是错误的：2007 年 8 月 23 日结束的那一周，建立在全世界零售商样本数据上的 www. Vgchartz.com 的数据显示，任天堂 Wii（于 2006 年 11 月推出，继 Xbox360 推出之后一年）超过了 Xbox360 的总销售套数，成为了游戏机业务的新的世界市场领导者。

这对第三方发行人有着巨大作用，并影响了三大主要参与者（微软、索尼和任天堂）将来的决定。

帮助任天堂 Wii 如此快速发展的一个因素无疑是游戏机对所有年龄组、统计人口和国家的广泛吸引力。

事实上，任天堂在世界市场第一名的位置受到了索尼和微软新型传感器的大举进攻（见下文）。

任天堂——概要和财务数据

任天堂公司创建于 1889 年，当时叫丸福公司（Marufuku Company），制作并销售日本游戏卡片——花牌（hanafuda）。1951 年，它变成了任天堂游戏卡片公司（Nintendo Playing Card Company），1959 年开始在迪士尼

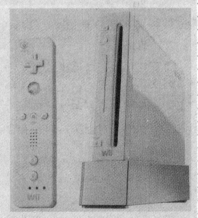

任天堂 Wii

资料来源：阿拉米图片社/淡盐（Alamy Images/lightly salted）。

的授权协议下制造主题卡片（theme cards）。20 世纪 80 年代，任天堂探索了新产品，于 1989 年发行了"游戏小子"（Game Boy），并于 1991 年发行了"超级任天堂"（he Super Family Computer）游戏系统［美国的超任（Super NES）］。1994 年，公司摒弃传统，和硅谷图像（Silicon Graphics）这样的公司达成了设计联盟。1995 年，公司创造了 32 位产品之后，任天堂于 1996 年推出了备受吹捧的 N64 游戏系统。它还与微软和野村综合研究所（Nomura Research Institute）合作，为日本研制了卫星传输网络系统。顶级竞争者之间的价格战在美国和日本持续。

1998 年，任天堂发行了"口袋妖怪"（Pokémon），这个游戏是有关交易和训练虚拟怪物的（在日本从 1996 年就很流行）。在美国，公司也推出了视频游戏《萨尔达传说：时之笛》（The Legend of Zelda：Ocarina of Time），这个游戏六周之内卖出了 250 万套。1998 年，任天堂发行了 50 款新游戏，索尼发行了 131 套。

1999 年，任天堂宣布它的下一代游戏系统"海豚"（Dolphin）［之后重新命名为"游戏盒子"（GameCube）］将会使用 IBM 的威力（PowerPC）电脑微处理器和松下（Matsushita）的 DVD 播放器。

2001 年 9 月，任天堂推出了等待已久的游戏盒子游戏机系统［零售价 100 美元，低于它的竞争对手索尼的玩家 2（PlayStation 2）和微软的 Xbox］；系统于 11 月在北美初次亮相。另外，公司推出了"游戏小子前进"（Game Boy Advance），这是它最新的手持模型，屏幕更大、芯片更快。

2003 年，任天堂购买了游戏开发商和玩具制造商万代（Bandai）的股份（约为 3%），此举意在强化两个公司在出售游戏软件方面的合作。

现在，任天堂（www.nintendo.co.jp）致力于互动娱乐产品的创造。它为自己的家庭视频游戏系统制造并出售软件和硬件。公司首先在日本、欧洲和美国运营，总部位于日本的京都。任天堂集团（包括子公司）总共雇佣了大约 4 700 人。

在 2011 财务年度中，任天堂的记录收入是 122 亿美元，比 2010 减少了 68%。公司2011 财务年度的净收入是 9 亿美元，而 2010 年是 280 万美元。大约 83% 的公司收入来自日本以外的地区。

历经数年，任天堂已经成功达到了高于行业平均水平的投资、资产和股权回报。

任天堂在过去的几年从未通过举债筹集资本。2011 年年初，公司负债和产权的比例为零，而行业平均水平是 12%。无债务状态说明公司有能力高效地为运营提供财务支持。另外，没有债务负担为公司提供了巨大的资产折现率和财务灵活性。

视频游戏机行业

互动娱乐软件市场的特点是产品生命周期短，新产品引入频繁。

游戏机在产品生命周期初期相对昂贵。铁杆游戏狂花大价钱早日拥有游戏机，但销售在第二、三年增长迅速，因为摩尔定律和规模经济使得价格下降而且第三方开发商发行了必备的游戏。到第四年，下一代产品又开始流行，这时候游戏机就会在当地杂货铺打折销售。

任天堂从 1997 年开始就用彩色电视游戏在视频游戏机市场运作，被认为是这个市场上最老的公司。它是世界上最大的游戏机制造商之一，而且是手持游戏机市场的领导者。在过去的 20 年中，公司已经发行了五代游戏机：任天堂娱乐系统、超级任天堂娱乐系统、任天堂 64、游戏盒子和 Wii。自从 1989 年发行了原版游戏小子手持系统之后，任天堂就主导了手持游戏机市场。例如，2007 财务年度，任天堂卖出了 7 950 万套游戏小子前进（Game Boy Advance）（GBA）。"任天堂 DS"，任天堂的另一款手持游戏机，总计销售额已经有 1.5 美元（2011 年 9 月）。

任天堂推出 Wii

公司最新的游戏机 Wii 于 2006 年 11 月发布。任天堂使用这个名字的理由是：

- Wii 听起来像"we"（我们），强调这款游戏机是给每一个人的。
- Wii 很容易被世界各地的人们记住，不管他们说的是什么语言。

● Wii 明显的 "ii" 拼写代表了其独特的控制器，也代表了人们聚在一起玩游戏的形象。

Wii 的天才在于它改变了规则，创造了一种极大的加强了玩家和游戏之间互动的游戏形式。

Wii 的蓝海策略

任天堂试图通过创造独特的游戏体验并保持系统成本低于索尼和微软来创造蓝色海洋。

部分蓝海策略涉及创造策略草图，它能描绘当前的市场空间和各个公司所竞争的主要属性的相对供应水平。它能把竞争哪种供应物成本更高形象化。它还能帮助公司辨别哪些价值需要消除、减少和/或提高。最终，它帮助找出现今没有竞争的新价值。

图 1 显示了任天堂 Wii2006 年末引入时的策略草图，相比较于微软的 Xbox360 和索尼的玩家 3 （PlayStation 3，PS3）。

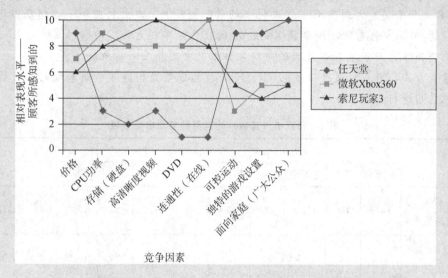

图 1　价值草图（策略草图）——"Wii" 对抗 "Xbox" 和 "PS3"

资料来源：经作者允许。

表的底部列出了 Wii 推出时（2006 年年末）竞争优势的主要来源：

● 价格：Wii 比 Xbox360 和索尼玩家 3 要便宜 30%～40%。

● CPU 功率：Wii 的处理速度相对较低，它没有 Dolby5.1 （音响系统）。PS3 和 Xbox360 都有比大部分个人电脑强大得多的处理器。

● 存储（硬盘）：在基本型号中，Wii 没有硬盘。

● 高清晰度视频：PS3 和 Xbox360 都使用高端图形处理芯片来支持高清晰度游戏，并准备涉足高清晰度电视。Wii 的图形处理比 PS2 和原版的 Xbox 稍好一点，但相比 PS3 和 Xbox360 就相形见绌了。

● DVD：索尼和微软都提供 DVD 播放机会。索尼甚至还包括一个蓝光光驱。

● 连通性（在线）：Xbox 特别把自己定位为在线游戏游戏机，有多人游戏功能。

- 可控运动：Wii 以它的创新性动作控制杆为游戏增加了新的价值。这个控制杆能直接把游戏者的动作并入视频游戏中（网球、高尔夫、比剑等）。
- 独特的游戏设置：新 Wii 游戏机能够感应到游戏者的深度和动作，这就给游戏体验增加了一个新的因素。
- 面向家庭（广大公众）：有了动作控制杆，任天堂开发了游戏机世界的全新大众群体：大约 30 岁左右的未开发的不玩游戏的人。青少年的父母甚至是祖父母能够很容易地探索如何用 Wii 玩游戏取乐。

Wii 相比微软（Xbox）和索尼（PS3）的市场份额

表 1 显示了 2005 年到 2008 年世界上游戏机的销售情况，还有相应的市场份额。

Wii 当前的销售在三个主要市场分布非常平均——分别是：30% 在日本销售，美国市场（包括加拿大和南美）占到了 40%，其他市场（包括欧洲、澳大利亚和一些利基市场）占到了销售量的 30%。索尼 PS3 和微软 Xbox360 的销售分布则更加不均衡：微软的 Xbox360 大部分在北美销售，而索尼 PS3 最大的市场在日本、中国和亚洲其他地区。

在零售方面，游戏机通过很多电子和音频/视频零售商、超市、折扣商店、百货商店和互联网零售店进行销售。

表 1 游戏机（套数）的世界销售和市场份额

	2005		2006		2007		2008		2009		2010	
	百万套	%	百万套	%	百万套	%	百万套	%	百万套	%	百万套	%
索尼 PS3（＋之前的版本）	16.8	69	12.9	53	15.8	40	17.7	33	17.5	35	17.4	35
微软 Xbox360（＋之前的版本）	4.8	20	7.5	31	7.8	20	11.2	21	10.2	21	13.6	28
任天堂 Wii（＋之前的版本）	2.7	11	4.0	16	15.5	40	24.8	46	21.8	44	18.1	37
总计	24.3	100	24.4	100	39.1	100	53.7	100	49.5	100	49.2	100

资料来源：基于 www.vgchartz.com 数据和其他大众媒体资源。

任天堂的策略

Wii 通过强调它的简易性和较低的价格（相对于索尼和微软）来为新顾客打破障碍，成为了市场领导者。

任天堂通过像"大脑训练"和"Wii 健身"这样简单易玩的游戏吸引了非传统用户，例如妇女和年龄超过 60 岁的人。大脑训练软件在中年人中间进行销售，这些中年人想要激发他们的记忆和学习过程。售价 70 英镑的 Wii 健身游戏有一个平衡板，这个板能和 Wii 游戏机无线连接。游戏者可以站、坐或躺在板上进行一系列运动，例如瑜伽和俯卧撑，也可以模拟障碍滑雪或呼啦圈。这些都有健身专家在屏幕上做指导。专家认为，这个游戏可以帮助人们减肥。玩任天堂 Wii 健身游戏还可以提高平衡力并帮助老年人避免摔跤。研究者最终希望能够确定计算机游戏在开发肌肉力量与协调性，以及减少帕金森氏病患者摔倒风险方面的有效性。

任天堂在硬件和软件方面都高度依赖于次级供应商。公司委托很多次级供应商和合同制造商来为游戏机生产关键组件或组装成品。由于它的供应商没有能力提升产能满足需求，公司就不能够满足 2006 年 11 月推出的新 Wii 游戏机需求的增长。关键组件或成品的短缺对公司的收入有消极影响。

任天堂也非常依赖于它的软件供应商，这些供应商都在开发与任天堂有特许协议的新游戏。虽然硬件（游戏机）市场由三个参与者主导，软件市场却更加开放，散布着几个区域参与者和本地开发商。

竞争者的策略

Wii 的两个主要竞争者——索尼玩家和微软的 Xbox360 自从第一款游戏机引入后都经历了某些巨大变化。

索尼玩家

2008 年，玩家 2（PS2）的累积销售量达到了 1.3 亿万套，成为了世界上最畅销的游戏平台。事实上，2006—2007 年发布的索尼新一代 PS3 并没有转化为公司所期望的立即成功。PS3 不如任天堂 Wii 成功。索尼认为这应该是有资格的年轻男性在黑暗的屋子里使用的复杂游戏机，这使它遭受了损失。过去核心年龄组是集中在 14～30 岁的男性人群。

2010 年 9～10 月，索尼推出了"PlayStation Move"，这是一个玩家 3（PS3）视频游戏机的运动感应游戏控制器平台。运用手持运动控制器棒，PlayStation Move 使用玩家视线记录仪来追踪棒的位置，而且棒里面有惯性传感器来探测它的运动。

2010 年 11 月 30 日，索尼宣布移动运动控制器在自 2010 年 9 月发行后的两个月内，全世界售出了 410 万套。

2011 年 6 月 6 日，索尼宣布 PlayStation Move 已经售出了 880 万套。

微软 Xbox360

微软继续把 Xbox360 定位在"正经"（serious）的游戏者阶层。Xbox 图形系统、游戏和 Xbox 现场网络游戏在核心使用者阶层一直很流行，主要是年轻男性。至今为止，美国市场依然是最重要的，占 Xbox 全部销售量的将近 50%。

Xbox 是"游戏附加"率最高的游戏机。游戏附加率被定义为每个游戏机拥有者平均购买的游戏数量。对于 Xbox360 来说，2008 年微软成功的做到了"每个游戏机中的游戏数量"平均为 8∶1，这在行业中是最高的。

微软软件销售网的力量也使得公司在业务中保持了活力，它让微软存在于比任天堂更广阔的世界市场。微软强悍的定位在像中国、印度、马来西亚和南非这样的国家，它们都是成长型市场。这对于 Xbox 将来的销售来说是大有可为的。

2010 年 11 月，"Xbox360"水果忍者（Kinect for Xbox360）或简单称之为"水果忍者"（Kinect）[一开始，它的代号是"纳塔尔计划"（Project Natal）] 在全世界推出。这是 Xbox360

视频游戏机的运动感应输入设备。和它的竞争者不同，微软的水果忍者没有使用控制器。而是一系列传感器让游戏者运用手势、动作和话语来控制行动。基于 Xbox360 游戏机的附近外围设备——网络摄像头，使用者能够使用手势和话语指令通过自然用户界面来控制并与 Xbox360 互动，无须触摸游戏控制器。

至 2011 年 9 月，水果忍者传感器已经卖出了几千万套。在刚上市的 60 天内就卖出了 800 万套，水果忍者成了"卖的最快的消费性电子设备"，进入了吉尼斯世界纪录。水果忍者捆绑销售在 2010 年 12 月占到了所有 Xbox360 游戏机销量的大约一半，到了 2011 年 2 月则超过了 2/3。

2012 年 4 月，任天堂发布了新的 Wii U 销售。Wii U 游戏机和控制器样机首先在 2011 年的 E3 中展出。控制器的主要特点是它的嵌入触摸屏，能够补充或复制电视屏幕上显示的游戏。

任天堂"Wii U"

资料来源：Kevork Djansezian，《盖蒂图片新闻》（Getty Images News）/盖蒂图片（Getty Images）。

任天堂对竞争者的新产品的反应——发布于 2012 年的 Wii U

图 1 显示，任天堂 Wii 从 2008 年开始失去市场份额。2008 年，它在游戏机世界市场的占有率为 46%，达到了顶峰。它仅在 2010 年保持了其总体世界市场领导者的地位，索尼 PS3 是 35%，微软 Xbox 是 28%，都紧随其后。据预测，Wii 将在 2011 年失掉它的世界市场领导地位。

2008 年，新的游戏机计划已经被构思出来。任天堂认识到了 Wii 的几个限制和挑战，例如，公众都认为这个系统主要是服务于"随意"的客户。有了新 Wii，任天堂明确希望能够夺回"核心"游戏者的地位。

岩田聪，任天堂的总裁，在 2011 年 6 月 7 日洛杉矶的电子娱乐博览会（或 E3）上介绍了 Wii U 视频游戏手持游戏机。

资料来源：乔纳森·奥尔康 Jonathan Alcorn，彭博社（Bloomberg）通过盖蒂图片社（Getty Images）。

之后，2011 年 4 月 25 日，任天堂正式发表了一个声明，宣布将有一个系统来接替 Wii。同时还宣布这个系统将于 2012 年发布。新的 Wii U 样机版本之后被展示在 2011 年（6 月）的 E3 中。新的 Wii U 包含两个主要部分：游戏机本身和控制器。

Wii U 控制器是一个 6.2 英寸（16cm）的屏幕，可以显示地图或其他信息来对游戏进行补充，作为触摸游戏板并有第二显示屏的作用。某种程度上，控制器可以作为 Wii U 游戏机的便携版本。控制器的主要特点是它的内嵌触摸屏，可以补充或复制电视屏幕中显示的游戏。虽然它看起来好像一个平板电脑，但所有的过程都是在游戏机自身上进行，而且屏幕只支持单点触控，不支持多点触控，这和技术行业的流行趋势相反。

有了前置摄像头，玩家可以使用连接 Wii U 的电视和朋友进行在线联合或对抗，同时进行在线视频聊天，而且图像清晰度高。

当新游戏机于 2012 年中上市与微软的"Xbox360 水果忍者"和索尼的"PlayStation3 Move"战斗时，任天堂并没有说明 Wii U 的价格。

股票市场对新 Wii U 的计划有一些失望。2011 年年末，公司的股份到达了自从 2006 年 3 月以来的最低点，当时还没有发布原版的 Wii 游戏机。当在线游戏和智能手机在各方面都从游戏机那里夺走市场份额时，这些对于任天堂 Wii U 的担忧也出现了（Djansezian，2011）。

资料来源：*www.Vgchart.com*；djansezian, K.（2011）"任天堂 Wii U 股份继续下"（Nintendo shares continue to fall on Wii U），《AFP 新闻》（AFP News），6 月 10 日；*http://ph.news.yahoo.com/nintendo-shares-continue-fall-wii-u-160319660.html*；史密斯·G（Smith, G.）（2009）"老年人可能从 Wii 游戏系统中获益"（Seniors may benefit from Wii game system），4 月 16 日，www.professional-pharmacyoxford.com/common/news/news _ results.asp? task = Headline&id=11597&StoreID=6F2B96950960428CA1F9692A492328C5；欧布莱恩·J·M.（O'Brian, J. M.）（2007）"将你震撼"（Wii will rock you），《财富》（Fortune），6 月 4 日，http://money.cnn.com/magazines/fortune/fortune _ archive/2007/06/11/100083454/index.ht；《游戏基地》（Gamespot）（2006）"微软至 2007 年 6 月将销售 1300～1500 万套 360s"（Microsoft to ship 13-15 million 360s by June 2007），7 月 21 日，www.gamespot.com；《金融时报》（New Media Age）（2000）"公司和市场：微软成为视频游戏领导者"（Companies and markets：Microsoft to take on video game leaders），3 月 10 日；《新媒体时代》（New Media Age）（2000）"让游戏开始"（Let the games begin'），3 月 8 日；《BBC 新闻》（2002a）"新 Xbox 开工了"，6 月 26 日；《BBC 新闻》（BBC News）（2002b）"价格下降促进了 Xbox 销售"（Price cut boosts Xbox sales），7 月 24 日；《CNN 新闻（CNN News）》（2002）"游戏机战争：第二轮"（Console wars：round two），5 月 22 日。

问题：

1. 微软用 Xbox 进入游戏机市场的动机是什么？
2. 微软 Xbox 和索尼玩家 3 的竞争优势是什么？
3. 原版 Wii 和新 Wii U 的竞争优势是什么？
4. 你认为任天堂将来用 Wii U 和新机型创造长期蓝色海洋的可能性如何？

更多练习和案例，请登录本书的网站 www.pearsoned.co.uk/hollensen

讨论问题

1. 国家竞争力分析如何能够解释单个公司的竞争优势？

2. 找出用来分析竞争者优势和劣势属性的主要因素。当地、区域和全球竞争者需要分开进行分析吗？

3. 劳动成本高的国家如何才能提高它的国家竞争力？

4. 作为可口可乐的全球营销经理，你会如何在全球监控对主要竞争者的反应，例如百事？

参考文献

Anderson, J. C., Kumar, N. and Narus, J. A. (2007) "Value merchants", Marketing Management, March/April, pp. 31-35.

Anderson, J. C., Kumar, N. and Narus, J. A. (2008) "Certified value sellers", Business Strategy Review, Spring, pp. 48-53.

Booms, B. H. and Bitner, M. J. (1981) "Marketing strategies and organization structures for service firms", in Donnelly, J. H. and George, W. R. (eds.), Marketing of Services, Chicago, IL: American Marketing Association.

Brandenburger, A. M. and Nalebuff, B. J. (1996) Co-operation and Competition, New York: Doubleday.

Burton, J. (1995) "Composite strategy: the combination of collaboration and competition", Journal of General Management, 21 (1), pp. 1-23.

Cardy, R. L. and Selvarajan, T. T. (2006) "Competencies: alternative frameworks for competitive advantage", Business Horizons, 49, pp. 235-245.

Curtis, J. (2006) "Why don't they trust you with CSR?", Marketing, 13 September, pp. 30-31.

Day, G. S. and Wensley, R. (1988) "Assessing advantage: a framework for diagnosing competitive superiority", Journal of Marketing, 52 (2), pp. 1-20.

D' Aveni, R. A. (2007) "Mapping your Competitive Position", Harvard Business Review, November, pp. 111-120.

Demartini, C. and Mella, R (2011) "Time competition. The new strategic frontier", iBusiness No. 3, June, pp. 136-146.

Gronroos, C. (2009) "Marketing as promise management: regaining customer management for marketing", Journal of Business & Industrial Marketing, 24 (5/6), pp. 351-359.

Hollensen, S. (2010) Marketing Management: A Relationship Approach (2nd edn), Harlow Pearson Education.

Jüttner, U and Wehrli, H. P. (1994) "Competitive advantage: merging marketing and competence-based perspective", Journal of Business and Industrial Marketing, 9 (4), pp. 42-53.

Kanter, R. M. (1994) "Collaborative advantage: the art of alliances", Harvard Business Review, July-August, pp. 96-108.

Kedia, B. L. , Nordtvedt, R. , Perez, L. M. (2002) "International business strategies, decision-making theories, and leadership styles: an integrated framework", CR, 12 (1), pp. 38-52.

Kim, W. C. and Mauborgne, R. (1997) "Value innovation: the strategic logic of high growth", Harvard Business Review, 75 (1) (January/February), pp. 102-112.

Kim, W. C. and Mauborgne, R. (2005a), Blue Ocean Strategy: How to Create Market Space and Make the Competition Irrelevant, Boston: Harvard Business School Publishing Corporation.

Kim, W. C. and Mauborgne, R. (2005b) "Value innovation: a leap into the blue ocean", Journal of Business Strategy, 26 (4), pp. 22-28.

Kim, W. C. and Mauborgne, R. (2005c) "Blue ocean strategy - from theory to practice", California Review, 47 (3), Spring, pp. 105-121.

Kotler, P. (1997) Marketing Management: Analysis, planning, implementation, and control (9th edn), Prentice-Hall, NJ: Englewood Cliffs.

Levitt, T. (1960) "Marketing myopia", Harvard Business Review, July-August, pp. 45-56.

Magrath, A. J. (1986) "When marketing service's 4 Ps are not enough", Business Horizons, May-June, pp. 44-50.

McGrath, R. G. and Keil, T. (2007) "The value captor's process: getting the most out of your new business, ventures", Harvard Business Review, May, pp. 128-136.

Michel, S. , Brown, S. W. and Gallan, A. S. (2008) "Service-logic innovations: how to innovate customers, not products", California Management Review, 50 (3), pp. 49-65.

Nair, A. , Ahlstrom, D. and Filer, L. (2007) "Localized Advantage in a Global Economy: The Case of Bangalore", Thunderbird International Business Review, Vol. 49, No. 5, September-October, pp. 591-618.

Neres, M. R (2007) "Strategic marketing plans and collaborative networks", MarkM Intelligence & Planning, 25 (2), pp. 175-92.

Porter, M. E. (1980) Competitive Strategy, New York: The Free Press.

Porter, M. (1985), Competitive Advantage: Creating and Sustaining Superior Performance, The Free Press, New York.

Porter, M. E. (1990) The Competitive Advantage of Nations, The Free Press, New York.

Porter, M. E. (1996) "What is strategy?", Harvard Business Review, November-December, pp. 61-78.

Porter, M. E. (2008) "The competitive forces that shape strategy", Harvard Business Review, January, pp. 78-93.

Rafiq, M. and Ahmed, P. K. (1995) "Using the 7Ps as a generic marketing mix", Marketing Intelligence and Planning, 13 (9), pp. 4-15.

Ravald, A. and Grönroos, C. (1996) "The value concept and relationship marketing", European Journal of Marketing, 30 (2), pp. 19-30.

Reve, T. (1990) "The firm as a nexus of internal and external contracts", in Aoki, M., Gustafsson, M. and Williamson, O. E. (eds.), The Firm as a Nexus of Treaties, Sage, London.

Shah, A. (2007) "Strategic groups in retailing based on Porter's generic market based strategies', Marketing Management", pp. 151-70.

Sheehan, N. T. and Vaidyanathan, G. (2009) "Using a value creation compass to discover 'blue oceans'", Strategy & Leadership, 37 (2), pp. 13-20.

Smith, G. E. and Nagle, T. T. (2005) "A question of value", Marketing Management, July/August, pp. 38-431.

Sprinkle, G. B. and Maines, L. A. (2010) "The benefits and costs of corporate social responsibility", Business Horizons, 53, pp. 445-453.

Tampoe, M. (1994) "Exploiting the core competencies of your organization", Long Range Planning, 27 (4), pp. 66-77.

Teng, B.-S. (2003) "Collaborative advantage of strategic alliances: value creation in the value net", Journal of General Management, 29 (2), pp. 1-22.

Veliyath. R. and Zahra, S. A. (2000) "Competitiveness in the 21st century: reflection on the growing debate about globalization", ACR, 8 (1), pp. 14-33.

Waller, R. L. and Conaway, R. N. (2011) "Framing and counterframing the issue of corporate social responsibility: the communication strategies of Nikebiz. com", Journal of Business Communication, 48 (1), pp. 83-116.

案例研究 (Ⅰ.1)

曼彻斯特联队（Manchester United）：依然竭力创建国际化品牌

曼彻斯特联队（简称"曼联"，www.manutd.com）已经发展成为世界上最著名并且最有经济实力的俱乐部之一。它在几乎每个国家都被认可，甚至是那些在运动方面没有兴趣的国家。皇家马德里（Real Madrid）和巴塞罗那足球俱乐部（FC Barcelona）已经取代了曼联在德勒足球财富排行榜（Deloitte's football money league）中的领头地位。这个排行榜已经运作了 11 年，它会选出收入前 20 名的俱乐部。

2011 年的前五名是：（1）皇家马德里（Real Madrid）4.386 亿欧元，（2）巴塞罗那足球俱乐部（FC Barcelona）（3.981 亿欧元），（3）曼彻斯特联队（Manchester United）（3.498 亿欧元），（4）拜仁慕尼黑（Bayern Munich）（3.29 亿欧元），（5）阿森纳（Arsenal）（2.741 亿欧元）[德勒（Deloitte），2011]。

根据福布斯的估值估计（福布斯，2011），曼彻斯特联队是世界上价值最高的职业运动俱乐部，高于纽约洋基和达拉斯牛仔，这两个俱乐部的价值都超过了 10 亿美元。事实上，曼联价值 19 亿美元。

曼联的无形资产

曼联的财富源自哪里？

- 辉煌的成功史。历史上的成功带来了创造超级品牌标识的能力。
- 联盟产生的财富。
- 当地媒体交易或新运动设施产生的团队特有财富。
- 忠实的粉丝。
- 有利的地理市场。
- 收入咄咄逼人的所有权使得团队位于国家联盟之上。
- 通过电视和网络报道使国际球迷能够体验到运动的兴奋，是保持和建立品牌的关键。

美式橄榄球当然没有这种类型的世界吸引力。棒球在中美洲、日本、韩国和中国台湾很流行，但是不像足球那样遍布全球。

下面，考虑一下和曼彻斯特联队相关的一些概括：

- 估计在全世界有 3.33 亿万支持者，1.93 亿万在亚洲，还有 950 万 facebook 粉丝。
- 商业收入达到 1.22 亿美元，由于与土耳其航空公司（Turkish Airlines）、必发公司（Betfair）和几个电信公司的合作，商业收入在以两位数的年增长率增长。
- 曼联 2010—2011 在 EPL 赛场的广播收入份额相比上一赛季增长了 14%，在英超广播收入中得到了大约 9 800 万美元。

自从 1992 年足球开始大规模的商业化之后，曼彻斯特联队无疑是大家都想要击败的队伍。在过去的 18 个赛季中，它已经收揽了 12 个英超联赛冠军、4 个足协杯和 2 个冠军联赛奖杯。老特拉福德球场通常吸引 75 000 多个球迷，每张票都不少于 45 英镑，每个赛季有 30 多场比赛。

品牌资产

曼联的品牌资产包括（1）标识、颜色、名字和设施的物质方面，（2）名誉、形象和感知的无形方面。团队的官方吉祥物是红魔（the Red Devil）。虽然红魔在曼联的标识中位于中心，但吉祥物在推广过程中却不起主导作用。团队的绰号叫作"红军"（the Reds），考虑到它的家乡泽西（jerseys）的主要颜色，这个名字似乎很合逻辑，但不幸的是，英超另一个顶级团队利物浦（Liverpool）也被称作"红军"（the Reds）。

国际品牌进展

对于曼联的英国球迷来说，激情已深深根植。虽然这个品牌在英国足球迷的心中被牢固确立，但它却正处于过渡期。曼联不再是一个简单的英国品牌，它成了世界品牌。它在中国也有惊人的球迷数量。对中国12个最大的市场进行调查显示，42％的球迷年龄在15～24岁之间，26％的球迷年龄在25～34岁之间。团队的定位是要利用中国正在增长的中产阶级，这些人急切地想要享受美好生活并将自己与成功的西方品牌联系起来。作为一个早期进入者，曼联有机会将自己确立为亚洲主导品牌之一［奥尔森（Olson）等人，2006］。

虽然绝对数量小得多，美国也代表了肥沃的土壤。当然，国际足球必须和知名的队伍竞争，像职业棒球大联盟（the Major League Baseball）、全国橄榄球联赛（National Football League）、国家篮球协会（the National Basketball Association）和全美冰球联盟（the National Hockey League）。但是，足球已经成为全国学校中的主要运动。最近一个对欧洲足球团队的自发意识调查显示，在北美球迷中，最经常被提到的团队是曼联，占10％；利物浦、皇家马德里和巴塞罗那各占3％，阿森纳占2％。调查还显示，在美国的东北部和西部对曼联的认知最强。

为了在国外市场获得成功，曼联必须发展会员、销售球衣和其他商品、接触媒体市场（包括电视、互联网、手机和出版物）、建立足球学校、与强大的当地赞助商建立许可协议并开展巡回表演来制造晕轮效应。

曼联面临的挑战是在不破坏它的明显英国特征和高度成功要素的前提下完成这个转变。现在团队的球员来自世界各地。（虽然曼联仍然是英国球员，但英超却已不再由他们主导。）这就带来了另一个问题：强大的团队雇佣强大的球员，这些球员自身变成了品牌。曼联最显著的例子是大卫·贝克汉姆（David Beckham）通过与维多利亚（Victoria）（以前是辣妹组合之一）的婚姻在球场上和在媒体中都成了明星。曼联认为贝克汉姆的市场价值超出了他们可以负担的范围，所以他们在贝克汉姆合同到期一年之前把他卖给了皇家马德里。现在，曼联的品牌构建靠其他明星，例如韦恩·鲁尼（Wayne Rooney）。这些明星在作为曼联品牌构建者的同时，也能够建立他们自己的个人品牌。

品牌挑战

当世界上最流行的游戏在媒体方面进行着引人注目的增长时，曼联处于令人羡慕的市场领导者地位。事实上，领头羊也会跌跌撞撞，这个团队也没有免于遭受运动迷们敏感特性的影响。为了解决这一问题，曼联开发了一个包括300多万球迷顾客关系管理数据库。很多数据库成员是比赛日顾客。

资料来源：官方曼联网站，*http://www.manutd.com/en.aspx*。

很多美国曼联球迷并不忠诚。曼联成功时他们就爬上团队的乐队花车，曼联一旦失足他们立刻就从花车上爬下来。

中国球迷并不具备英国球迷所具有的专业团队体验层次。尽管如此，英国和中国球迷之间存在文化和物质上的障碍。为了在中国市场发展更高的忠诚度，曼联建立了一个普通话网站，在香港开办了一个足球学校，并且经常性地计划亚洲巡回演出，同时留心为球队阵容增加亚洲球员。虽然这些都是构建品牌忠诚度的有效措施，但资金充足的竞争者例如切尔西（Chelsea）和利物浦也可以照搬曼联的做法。

即使在英格兰，曼联也面临巨大挑战。特别是在格雷泽（Glazer）入侵（见下文）之后，它产生了一种非爱即恨的心态。对立团队的球迷看到切尔西、阿森纳和利物浦也取得冠军就很兴奋。

之后格雷泽（Glazer）来了

20世纪90年代末、21世纪初，很多曼联支持者日益关心的话题成了俱乐部被接管的可能性。这些支持者的团体IMUSA[独立曼彻斯特联队支持者协会（Independent Manchester United Supporters' Association）]在反对皇家马德里1998年提出的接管提议方面特别活跃。事实上，2005年5月，当美国运动巨头马尔科姆·格雷泽（Malcolm Glazer）[他也拥有美式橄榄球球队坦帕湾海盗队（Tampa Bay Buccaneers）]在经过将近一年的兼并战之后花14亿美元购买了曼联98%的股票时，这个协会无能为力。那么曼联值15亿美元吗？格雷泽似乎是这样认为的，因为他比团队的公开市场股票估价大约多付了2亿美元。

这是一个恶意接管，使俱乐部陷入了巨大的债务中。因为他的出价主要是借曼联已有的资产来提供资金的。很多俱乐部的球迷都强烈反对这一接管。很多支持者很愤怒，其中一些组建了一个新的俱乐部，叫作 FC 曼彻斯特联队（F.C. United of Manchester）。

在接管后，格雷泽家族（马尔科姆·格雷泽和他的三个儿子）采取大动作加固俱乐部的财源。他们削减了 20 多个职工，其中包括一些主管。他们也提高了票价，把 23 个球员借给了其他俱乐部，这样就给曼联节约了 2 000 多万美元的费用和工资。总的来说，他们在所有可能的地方都减少开支。

曼联在最近的赛季中

曼联在 2007—2008 和 2008—2009 赛季都非常成功。

在 2009—2010 赛季争夺英超联赛冠军的战斗中，曼联最终被切尔西以一分击败。曼联本来也有机会成为自 1998 年尤文图斯（Juventus）之后第一支拿到欧冠决赛三连冠的球队，但他们在四分之一决赛中被拜仁慕尼黑（Bayern Munich）打败了。

2010—2011 赛季是曼彻斯特联队在英超中的第 19 个赛季，也是它位于英国足球顶级的连续第 36 个赛季。

2011 年 5 月 14 日，在与布莱克本流浪者队（Blackburn Rovers）1—1 打成平局之后，曼联得到了第 19 个冠军，超过了利物浦队 18 个冠军的纪录，在 2008—2009 赛季中它们持平，曼联以此打破了联赛冠军纪录。这是曼联第一次获得它历史上的冠军纪录。

曼联也在欧冠中进行了连续第 15 个赛季的争夺，2011 年 5 月 28 日的决赛中和巴塞罗那足球俱乐部对抗，但是 3—1 输掉了。

赞助商

2005 年 11 月 23 日，沃达丰（Vodafone）结束了它与曼联为期四年、价值 3 600 万英镑的球衣赞助。2006 年 4 月 6 日，曼联宣布 AIG（总部位于美国的金融服务巨头）成为它新的团队球衣赞助商。这是一个在英国创纪录的球衣赞助合同，价值 5 650 万英镑，分四年付清（每年 1 410 万英镑）。这个为期四年的合同被宣传为英国历史上最大的赞助，使切尔西（Chelsea）和三星（Samsung）的合作黯然失色。

AIG 对曼联的赞助持续到 2010 年 5 月，AIG 并不计划延长合同。随着 2009 年的全球信贷紧缩，AIG 需要美国政府 1 500 亿美元的紧急救助来避免破产。在 2010—2011 赛季和另外三个赛季中，怡安保险（Aon）（一个风险管理咨询公司）成为了重要的球衣赞助商。

和美国运动装生产商耐克（Nick）一个 13 年的协议保证了英国俱乐部每年有 2 300 万英镑的费用，而且能够以商定的水平对收入进行分红。

财务状况

曼彻斯特联队公司近三年的情况是这样的：

	2010/11	2009/10	2008/09
收入（百万英镑）	331	286	278
净利润（百万英镑）	＋30	－80	＋48

最大的成本因素是球员的工资：2010/11赛季它们占到了约1亿英镑。从表面上，财务数据看起来很好，但是红色足球有限公司（Red Football Ltd）（曼彻斯特联队有限公司的总公司＝所有者）显示了一个稍有区别的画面。红色足球有限公司记录2010/11赛季的税前利润为3 000万英镑，但是它的债务仍然超过3亿英镑。最新数据显示2011年的净债务降职3.08亿英镑，而一年之前是3.77亿英镑。因此，曼联仍然需要每年花4 000万英镑的财务成本来偿还债务。

资料来源：德勒（Deloilte）（2011）《足球财富排行榜报告Football Money League Report》，《体育商业集团》（Sports Business Group），2月；福布斯（Forbes）（2011）"足球估值"（Soccer Valuation），《福布斯》（Forbes），5月9日；肯普·E.（Kemp，E.）（2009）"曼彻斯特联队"（Manchester United），《营销》（Marketing），4月29日；科亨·L.（Cohn，L.）和霍尔姆斯·S.（Holmes，S.）（2005）"曼联又一次遭受当头一棒"（ManU gets kicked in the head-again）《商业周刊》（Business Week），12月12日，pp. 34-35；《会计学》（Accountancy）（2006）"曼彻斯特联队丢掉了德勒足球报告中的榜首位置"（Manchester United loses top spot in Deloitte football league），3月，137（1351），p. 16；奥尔森·E·M.（Olson，E.M.），斯莱特·S. F（Slater，S.F.），库伯·R.D.（Cooper，R.D.）和雷迪·V.（Reddy，V）（2006）"运动好手：曼彻斯特联队不再仅仅是一个英国品牌"（Good sport：Manchester United is no longer just a British brand），《营销管理》（Marketing Management），15（1），pp. 14-16.

问题：

1. 你如何评价曼联被马尔科姆·格雷泽接管之后的国际竞争力？
2. 讨论并解释不同的联盟如何能够增加曼联的国际竞争力。
3. 将"曼彻斯特联队"保持为全球品牌的主要威胁是什么？

案例研究（Ⅰ.2）

全球谷物联盟（Cereal Partners Worldwide (CPW) CPW)：世界第二大竞争商正在挑战第一霸主——家乐氏（Kellogg)

2011 年春天的一个温馨早晨，全球谷物联盟 SA（Cereal Partners Worldwide S. A.，CPW）的 CEO 卡罗尔·史密斯（Carol Smith）正在给她的孩子一些脆谷乐（Cheerios）。她在想 CPW 如何才能扩大国际销售并且/或者在已饱和的谷类早餐市场获取进一步市场份额。如今，CPW 在世界早餐谷物市场占第二位，但竞争非常艰苦，主要竞争对手是家乐氏公司（Kellogg Company），它是世界市场领导者。

或许在这个竞争市场上有其他的方式可以获得新的销售？卡罗尔刚读了商界畅销书《蓝色海洋策略》（Blue Ocean Strategy），她被将谷类早餐市场的竞争从红色海洋（the red ocean）转到蓝色海洋（the blue ocean）这个想法吸引了。问题是怎样做呢？

或许直接和家乐氏公司进行正面决战会更好。毕竟，CPW 在几个较小的国际市场上已经打败了家乐氏（如在中东和远东）。

孩子们已经吃完了脆谷乐，该把他们开车送到瑞士洛桑市（Lausanne）的幼儿园了。CPW 的总部就设在这个城市。那天晚些时候，卡罗尔要介绍 CPW 的长期全球策略，所以她赶到自己的办公室开始准备演讲。她的一个营销经理已经准备了 CPW 以及它在世界谷类早餐市场位置的背景报告。下面展示了这个报告的一些重要部分。

谷类早餐的历史

即食谷物最早出现在 19 世纪晚期。有一种说法是素食主义者约翰·家乐氏（John Kellogg）发明了小麦和玉米片，来扩大素食主义者的饮食选择。约翰的哥哥威尔·家乐氏（Will Kellogg）看到了这种创新型谷物产品的潜力，开始进行商业化生产和营销。密歇根州（Michigan）巴特克里市（Battle Creek）一个疗养院里的病人是家乐氏的第一批顾客之一。

另一个根源于 19 世纪的谷物制造商是桂格燕麦公司（the Quaker Oats Company）。1873 年，北极星燕麦磨坊（the North Star Oatmeal Mill）在爱荷华州（Iowa）的锡达拉皮兹（Cedar Rapids）建立了一个燕麦工厂。北极星和其他企业进行了重组，它们于 1901 年一起成立了桂格燕麦（Quaker Oats）。

沃什伯恩克罗斯比公司（the Washburn Crosby Company），通用磨坊（General Mills）的前身，于 20 世纪 20 年代进入市场。公司第一种即食谷物——麦片（Wheaties）在 1924 年介绍给了美国公众。根据通用磨坊的说法，麦片是明尼阿波利斯市（Minneapolis）的一个临床医生在将一种为病人制作的粥洒在火炉上时发明的。

全球谷物联盟

全球谷物联盟（CPW）成立于 1990 年，是雀巢（Nestlé）和通用磨坊（General Mills）为了在美国和加拿大以外的世界范围内生产和销售即使谷类早餐组成的 50：50 的合资企业（见图1）。CPW 有一个超过 50 个品牌的系列，包括脆谷乐（Cheeriors）、雀巢巧伴伴（Nesquik）和碎麦片（Shedded Wheat）。

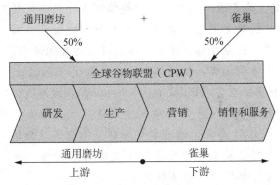

图 1 CPW 合资企业

通用磨坊

通用磨坊是消费型食物产品的全球领导制造商，它在 30 多个全球市场进行运营并出口到 100 多个国家。它有 66 套生产设备：34 套位于美国；15 套位于亚洲/太平洋地区；6 套在加拿大；5 套在欧洲；5 套在拉丁美洲和墨西哥，还有 1 套在南非。公司总部位于明尼苏达州（Minnesota）的明尼阿波利斯市（Minneapolis）。2009 财务年度中，净销售总额为 159 亿美元，其中 15% 来自美国以外。公司有 30 000 多名员工。

资料来源："脆谷乐（Cheerios）、雀巢巧伴伴（Nesquik）、麦片汤和碎麦片（Shreddies & Shredded Wheat）"的名字和图像是经法国雀巢产品公司（Society des Praduits Nestle S. A.）许可复制的。

2001 年 10 月，通用磨坊收购了阿迪吉奥（Diageo）的皮尔斯百利公司（The Pillsbury Company），完成了它历史上最大的一次收购。这笔价值 104 亿美元的交易几乎使得公司的规模翻倍，因此推进了通用磨坊的世界排名，成了世界上最大的食品公司之一。事实上，公司在收购皮尔斯百利之后负债累累，这会在接下来的两年内侵蚀运营和净利润。

公司现有 100 多个美国消费品牌，包括贝蒂妙厨（Betty Crocker）、脆谷乐（Cheerios）、优诺（Yoplait）、皮尔斯百利面团宝宝（Pillsbury Doughboy）、绿巨人（Green Giant）和老爱坡索（Old El Paso）。与通用磨坊的成功密不可分的是它构建并维持庞大品牌名字并保持持续净增长的能力。贝蒂妙厨，起初是 1921 年一个消费者反应部门的员工虚构的一个笔名，现在已经成为了产品的保护伞品牌，其多样性就像饼干粉可以制成多种即食餐一样。脆谷乐谷物品牌在战后一代中发展迅速，它仍然是世界顶级谷物品牌之一。

事实上，对国内市场的严重依赖使得公司易受市场变化的影响，例如超市减价或主要产品类型例如谷物早餐的低迷销售。

在国际上，通用磨坊用全球谷物联盟 50% 的股份来在北美之外销售谷类早餐。谷物销售最近面临了激烈的竞争，特别是和私有标签品牌的激烈竞争，导致销售大幅下滑。

雀巢

雀巢创建于 1866 年，是世界上最大的食品和饮料销售公司。公司开始是在奶制品领域，然后在 20 世纪 30 年代多元化地扩展至食品和饮料。雀巢的总部设于瑞士韦威（Vevey），公司在 83 个国家设有 500 多家工厂。它在全世界有大约 406 家子公司。公司在全球雇佣了 247 000 名员工，其中 131 000 员工在工厂工作，其他人在管理和销售部门工作。

雀巢的业务根据产品种类被分为六个部分：饮料；奶制品、营养品和冰激凌；预制菜品和烹饪用品；巧克力、糖果和饼干；宠物护理和药用物品。雀巢的全球品牌包括雀巢咖啡（Nescafé）、美食家的选择（Taster's Choice）、雀巢优活（Nestlé Pure Life）、毕雷（Perrier）、雀巢茶（Nestea）、雀巢巧伴伴（Nesquik）、米洛（Milo）、康乃馨（Carnation）、尼多（Nido）、雀巢（Nestlé）、挤奶女工（Milkmaid）、长条（Sveltesse）、诱果（Yoco）、莫凡彼（Mövenpick）、力多精（Lactogen）、能恩（Beba）、Nestogen、Cerelac、Nestum、能量吧（PowerBar）、普利亚（Pria）、纽纯素（Nutren）、美极（Maggi）、宝康利（Buitoni）、趣多多（Toll House）、嘎吱（Crunch）、奇脆（Kit-Kat）、波罗（Polo）、厨师（Chef）、普瑞那（Purina）、爱尔康（Alcon）和欧莱雅（L'Oréal）（它在其中有股权）。

2010 财务年度雀巢报道的净销售额为 1 200 亿美元。

CPW

CPW 在除美国和加拿大之外的 130 多个国家进行谷物营销，这两个国家的公司独立进行营销。合资企业成立于 1990 年，协议也扩展至在英国生产私有标签品牌谷类。2005—2010 年 CPW 的年平均市场份额增长为 4%。公司的谷类在雀巢品牌下进行销售，虽然很多品牌源自通用磨坊。这项协议中雀巢名下生产的品牌名包括玉米片、嘎吱、健康、脆谷乐和雀巢巧伴伴。碎麦片和麦片粥一度由纳比斯克（Nabisco）（在被通用磨坊收购之前）制造，但现在由通用磨坊制造、CPW 进行营销。

2010 年 CPW 的营业额稍低于 30 亿美元，CPW 在 11 个国家有 14 个工厂：英国（2），法国（2），波兰（2），葡萄牙、俄国、中国、菲律宾、澳大利亚、墨西哥、智利和巴西各有一个。

CPW 有四个研发中心：美国、英国、瑞士和澳大利亚。研究中心致力于实现消费者利益的谷类早餐解决方案，例如改善营养成分、新鲜度、口味和质感。

CPW 在全世界雇佣了将近 4 000 人。

当 CPW 于 1990 年成立时，每个合作伙伴都给合资企业带来了独特的能力。

通用磨坊

- 经过证实的谷物营销专业知识；
- 优秀的产品和生产过程技术（上游技能）；
- 广泛的成功品牌组合。

雀巢

- 世界上最大的食品公司；
- 强大的世界性组织；
- 深厚的营销和销售知识（下游技能）。

CPW 是国际市场上的第二名，但是它在一些较小的谷类早餐市场也是市场领导者。例如，中国（60%），波兰（50%），土耳其（50%），东/中欧（40%）和东南亚（40%）。

谷类早餐的世界市场

在 21 世纪第一个十年早期，谷类早餐制造者面临着停滞（如果不称之为下滑的话）的销售。一碗谷类食物是标准家庭早餐的时代一去不复返了。快节奏的美国生活方式使得越来越多的消费者在忙碌中吃早餐。像麦当劳这样的快速服务餐厅、即食早餐吧、百吉饼和松饼为顾客提供了相对于谷物来说，劳动不那么密集的替代选择。虽然谷物生产商卖出的产品价值在绝对数字方面增长了，但增加的收入主要来自提价而不是市场增长。

讲英语的国家代表了最大的谷物市场。非英语市场的消费估计只是讲英语的人消费量的四分之一（见表 1）。英国人均年谷类早餐消费量为 6 千克，而西南欧（法国、西班牙和葡萄牙）只有 1.5 千克。在欧洲大陆，每年的人均消费量为 1.5 千克。

21 世纪谷类产业的增长一直很慢，慢到几乎不存在增长。现在行业的问题是如何在新文化的环境下重新塑造谷类的形象。摆弄各种各样的口味，或是如今流行的增加干鲜水果的食品可以减轻这个问题，但是商店货架上超过 150 种的不同选择和每年新增的 20 个品种使得多样化已经让顾客不知所措而不是因此感到兴奋。另外，谷类公司在营销预算中投入的金额正在减少。

表 1　人均年谷类早餐消费量（2010）

地区	人均年消费量（kg）
瑞典	9.0
加拿大	7.0

地区	人均年消费量（kg）
英国	6.0
澳大利亚	6.0
美国、	5.0
西南欧（法国、西班牙）	1.5
东南亚	0.1
俄罗斯	0.1
中国	0.1

地理区域的发展

如表2所示，美国是至今为止世界上最大的谷类早餐市场。总体上，2010年全球销售额为280亿美元，北美占了其中的42%。美国占了北美市场的大约90%。

表2　按区域划分的谷类早餐世界市场（2010）

地区	美元（十亿）	%
北美	12	42
欧洲（西欧和东欧）	8	29
世界其他地区	8	29
总计	28	100

2010年欧洲地区的销售额为80亿美元，占全球销售的29%。至今为止，最大的市场是英国，占地区总量的将近40%，法国和德国是谷类早餐的重要国家。东欧是一个较小的谷类早餐市场，反映了产品在这个区域中大概的新地位。事实上，日益增长的城市化和西方化带来了新的生活方式，这是新兴市场发展的关键主题，使得市场充满了生气，刺激了销售的稳步增长。虽然人均花费水平低，但俄罗斯是东欧最大的市场，占到了2010年区域销量的40%。这个市场持续的稳步增长巩固了审核期间区域的整体发展。在俄罗斯，谷类仍然是一个利基市场，在整个区域也是，产品由于感觉上新奇而获益。生产商的主要目标是儿童和年轻女性，广告也是针对这些人。

大洋洲谷类早餐部分，像西欧和北美一样，由单独一个国家主导，这个国家就是澳大利亚，而且正变得日益分化。和重要的美国与英国市场一样，澳大利亚的谷类早餐正遭受着很高的成熟度，年增长率低、呈一位数水平。

拉丁美洲谷类早餐部分位居世界第三，但是2010年的销售额只有20亿美元，和明显较大的北美和西欧市场相比明显黯然失色。事实上，和这些发达地区一样，有一个国家在区域组成中起到了主导作用：墨西哥，它占到了拉丁美洲整个谷类早餐市场的将近60%。

和西欧一样，由于城市化的发展和（某些地区）西方化趋势的增长的直接影响，非洲和中东的谷类早餐销售额虽然小，在近几年却显示了市场增长。考虑到这个因素对市场发展最重要的影响，销售主要集中在比较发达的区域市场，例如以色列和南非，这些国家的跨国公司投资最多。

在亚洲，谷类早餐的概念相对较新，由于西方文化的影响增加，主要大城市的消费有了显著增长。中国的市场发展很迅速，每年的谷类早餐销售量增长率达到 15%，反映了这个国家产业扩张的总体速度。这个区域的成熟市场广泛相似，特别是日本，虽然关键增长因素不同，日本的增长因素是健康。总的来说，在成熟和新兴市场，谷类早餐都处于婴儿期。人均消费比率（表1）仍然很低，为未来增长留下来相当大的范围。

CPW 渗透到新兴市场，例如俄国和中国

全球谷物联盟在开发俄罗斯和中国市场上表现得最好，这些市场中领导者家乐氏还没有建立起强有力的存在。虽然在全球范围内，俄罗斯和中国市场还相对较小（在销售额为 230 亿美元的全球产业中只占 2.6 亿美元和 7100 万美元），但它们增长迅速。而且，人均消费比率还很低（特别是在中国），为将来的增长留下了很大空间。

雀巢品牌自从 1990 年就在中国包装食物市场有业务，为全球谷物联盟的推出提供了一个极好的跳板。CPW 于 2004 年进入中国谷物早餐市场。它在天津经营一套生产设备，依靠强力品牌和密集营销的组合来获取市场份额，特别是在儿童谷物方面，2008 年它的市场份额占了 60%。

CPW 所有的谷类早餐都以"雀巢"这个名字进行营销，雀巢在普通话中的意思是"小鸟的巢"。这个名字和一个统一的视觉标识/商标以及"选品质，选雀巢"的标语成了雀巢中国营销策略的基石，出现在包装、销售终端材料和媒体宣称中。雀巢也利用店内促销和样品示例。而且，和很多本地竞争者不同，CPW 可以负担电视广告的巨大开支。

因此，这些谷类早餐的营销被整合成一个更为广泛的产品组合。事实上，这种方法也有自己的危险性，就像 2005 年雀巢婴儿配方奶粉被发现被碘污染之后在中国的名誉遭受打击。在这个案例中，丑闻的后果似乎并没有对全球谷物联盟在中国的运营产生严重的影响。

另外，CPW 在中国的营销策略是建立在将市场划分为两个群体之上的：城市和乡村顾客。它把自己最进最创新的产品定位于较富裕的城市人口，这个群体据预测将在 2010 年左右成为大多数，强调和身心健康有关的问题。对于中国日渐减少的乡村人口，他们的可支配收入比城市人口要少得多，雀巢采取了低成本办法，改装现有的生产线，重点突出像基本营养和负担能力这样的问题，同时也包括品质和安全。

在中国，有两种相互矛盾的力量在起作用。虽然国家的出生率下降了很多，主要是由于政府的独生子女政策，可支配收入迅速增长，所以现在家庭花在每个孩子上的钱更多了。结果，如今的一代人被一些营销人员称之为中国的"小皇帝"，他们似乎是优等和附加值产品的成熟市场。如果全球谷物联盟在这类产品上的领导地位不想被超越，就必须进行挖掘。CPW 在中国的三个儿童谷物早餐品牌［特里克斯（Trix）、明星（Star）和可可脆片（Koko Krunch）］都不是特别健康，这就使得公司容易受到更加注重身心健康的竞争者的威胁，因为在中国儿童肥胖等问题已经涌现。

全球谷物联盟的另一个风险是它在热谷物类比较薄弱，在 2010 年的总体中国谷类早餐销售中的比例超过了 50%。

健康趋势

在健康方面，由于时尚饮食，例如阿特斯金（Atkins）和南海滩（South Beach）的兴起，谷类早餐受到了伤害。这类食品对基于碳水化合物的产品给予了极大的蔑视。这种饮食的影响正在逐渐衰落，但是它们在国家饮食趋势方面留下的脚印仍然很清晰。例外，儿童谷类中的高糖分已经处于严格的监督之下，这就引起了这个部门的衰退，虽然行业正在以一系列"对你更好"（better for you）的变体产品重新流行起来。

关于方便性，这个趋势一度是谷类早餐的推力，现在变成了威胁，因为越来越多的顾客选择不吃早餐。可携带成了方便性的关键方面，这带动了早餐吧的出现和发展，其代价是损害了谷类早餐等传统食物。在这个金钱日益充足而时间日益短缺的社会，顾客正在选择抛弃正式的早餐转而依赖"随身携带"的解决方案，例如早餐吧或点心。这些产品特别是早餐吧，正在从谷类中分一杯羹，这种趋势即将在短期内加快步伐。

产品开发的趋势

早餐产品市场会继续受到各种因素的影响，例如社会提速；更多的女性开始成为劳动力；将来单人或两人家庭会增多，因为人们推迟结婚而且孩子的数量减少。这些趋势将会加剧对可携带和/或容易准备的产品的需求，因为越来越多的顾客在去工作或学校的路上匆匆吃早餐。

近几年来，顾客对于健康和营养的意识也在行业塑造中起到了重要作用。谷物生产商们开始直接在产品包装上吹捧吃谷类早餐的益处：丰富的维生素、低脂肪和良好的纤维来源。另一种趋势开始于20世纪90年代并在2000—2009年加速进行，即在谷物中增加脱水的全水果，这能提供色彩、口味和营养价值。但是对成年人宣传健康益处并针对儿童运用电影角色营销还不能充分使这个成熟的行业复兴起来。

在困难的市场条件下，谷类包装正在得到新的关注。以往包装是次要考虑因素，而不是要投入特殊的东西来吸引孩子。现在，吃饭已经归结为它们最本质的要素，包装和交付就成了谷物营销人员军火库中的重要武器。现在业内传播的新思想通常包括抛弃传统的谷类食品盒，这种盒子从来没有过什么变化。替代选择很多，从透明的塑料容器到小的多样六罐装的回归。

销售趋势

发达世界市场的早餐产品引入方式被认为不会有太大的改变。早餐产品的销售已经是以超市/大型超市占很大比例为特征，原因是方便、经济。事实上，超市/大型超市将要面临折扣店更加激烈的竞争，例如阿尔迪（Aldi）和利德尔（Lidl），这些折扣店一直在增加它们的渗透，特别是在欧洲。折扣店对价格敏感的顾客具有吸引力，重要市场如法国和德国持续的经济不确定性刺激了这部分的增长。

折扣店也正在新兴市场区域扩展它们的延伸范围，例如东欧，那里的价格敏感度很高，并且正在增加它们的优质早餐产品私有标签品牌开发，用来与知名品牌进行有效的竞争。由于超市/大型超市和折扣店之间的激烈竞争，独立食品商店在将来有可能失掉未来，因为它们发现在利润更加勉强和促销更加剧烈的年代竞争变得越来越困难。

在日益时间短缺和金钱充足的文化环境中，顾客显示出更强的意愿来频繁光顾便利店或冲进商店，来购买"随身携带"的早餐解决方案，例如加牛奶的灌装谷类、杯粥、谷物吧、手工蛋糕卷和点心。成功形式包括像经销商服务站和城市超市形式的商店，这些商店位置很好，顾客可以在他们去工作、大学或学校的路途中来访。这个趋势据预测在将来会变得更加显著，因为人们在家吃饭的时间更少了。

虽然电子商务对于早餐产品通常不是特别合适，主要归因于产品的新鲜和易腐败的特性，但是制造商们有可能更多地利用他们的网站来告知顾客关于营养的问题和新产品，也可以建议食谱或广泛的增加品牌知名度。在新兴市场，互联网的使用能够使顾客更多的意识到西方品牌。

独立食品商店（谷类早餐的传统销售地点）在过去的几年已经遭受了衰退。相比于更大、实力更雄厚的连锁竞争者，它们处于竞争劣势。

广告趋势

由于消费支出减少，大多数谷物公司的广告费用近几年都下降了。事实上，很多营销活动仍在进行之中。

名人代言在营销策略中继续起着关键作用，例如通用磨坊，特别是它和体育名人的联系可以追溯到 20 世纪 30 年代和棒球的赞助关系。名人代言中的一个重要系列涉及惠帝斯包装盒（Wheaties boxes）。自从 20 世纪 30 年代，一长串的体育名人出现在了盒子上。2001 年，惠帝斯品牌的代言人老虎·伍兹出现在了惠帝斯的特别版包装上，来纪念他的四个高尔夫大满贯冠军。

私有品牌竞争加剧

在很多类别中，成本上升导致品牌产品价格上升，但私有品牌没有相应采取任何价格方面的行动。结果，品牌产品和私有品牌产品的价格差距显著增大，有些情况下多达 30%。

这就造成了品牌产品的激烈竞争环境，特别是在谷类这样的类别中，例如家乐氏和 CPW，因为顾客开始更加关注价格而不是品牌识别。这种注意力的转变部分原因在于私有标签产品质量上升，他们以自己的标签产品竞争顾客的忠诚度和信心。

竞争对手

表 3 展示了三个主要市场（德国、英国和美国）的竞争形势。

家乐氏

这个为数百万人制造早餐食物和零食的公司 1906 年在巴特克里市开始时只有 25 名员工。现在，家乐氏公司雇佣了 25 000 多人，在 17 个国家进行生产并将产品销往 180 多个国家。

表 3 谷类早餐的世界市场，按公司（2010）

生产商	德国市场份额	英国市场份额	美国市场份额	世界市场份额
家乐氏公司（Kellogg Company）	27	30	30	30
CPW［通用磨坊（General Mills）＋雀巢（Nestlé）］	12	15	30	20

生产商	德国市场份额	英国市场份额	美国市场份额	世界市场份额
百事可乐公司 （PepsiCo）〔桂格（Quaker）〕	—	6	14	10
维他麦 （Weetabix）	—	10	—	5
私有标签 （Private label）	35	15	10	15
其他	26	24	16	20
总计	100	100	100	100

在美国，通用磨坊和雀巢各自独立营销它们的谷类早餐产品。因为 CPW 只在美国之外开拓国际市场。CPW 的全球市场份额（30%）包括通用磨坊的全球市场份额，由于它在美国的强势地位，通用磨坊的全球市场份额约为 10%。

家乐氏是第一个进入外国即食早餐谷类市场的美国公司。公司创建人威尔·基思（Will Keith，W. K.）很早就相信国际增长的潜力，并于 1914 年开始将家乐氏的玉米片引入加拿大，使家乐氏成为一个全球品牌。成功随之而来，需求也增长了，家乐氏公司继续在全世界建立生产设备，包括澳大利亚的悉尼（1924）、英国的曼彻斯特（1938）、墨西哥的克雷塔罗（Queretaro）（1951）、日本的高崎（Takasaki）（1963）、印度的孟买（1994）和墨西哥的托卢卡（Toluca）（2004）。

家乐氏 2008 年的销售收入为 128 亿美元（净利润为 11.48 亿美元），它是全球谷类早餐制造商的领导者。沃尔玛公司和它的附属公司占了 2008 年合并净销售额的大约 17%。

创建于 1906 年，家乐氏公司在几乎整个 20 世纪都是即食谷类的世界市场领导者。2005 年，家乐氏占到了谷类早餐世界市场份额的 30%（见表 3）。加拿大、英国和澳大利亚代表了家乐氏三个最大的海外市场。

最知名的家乐氏产品是"玉米片"（Corn Flakes）、"家乐氏健怡麦片"（Kellogg's Special K）、"糖霜迷你燕麦片"（Frosted Mini-Wheats）、"爆米花"（Corn Pops）和"水果圈"（Fruit Loops）。

百事可乐公司

2001 年 8 月，百事可乐公司推出了桂格食品，扩大了它现有的产品范围。桂格品牌家族包括"桂格燕麦片"（Quaker Oatmeal）、"克朗奇船长米粉"（Cap'n Crunch）、"生活谷物"（Life cereals）、"米罗尼"（Rice-A-Roni）、"近东"（Near East）配菜和"杰迈玛阿姨煎饼调拌料和糖浆"（Aunt Jemima pancake mixes and syrups）。

桂格食品的第一款膨化产品"泡米"（Puffed Rice）于 1905 年引入。1992 年，桂格燕麦在即食谷物市场占 8.9% 的份额，主要产品是克朗奇船长米粉。在较小的热谷物部分，事实上，公司占有约 60% 的市场。除了谷物产品，桂格燕麦还生产杰迈玛阿姨煎饼调拌料和佳得乐运动饮料（Gatorade sports drinks）。

百事可乐公司的谷类早餐部门的品牌包括"克朗奇船长米粉"（Cap'n Crunch）、"泡麦"（Puffed Wheat）、"脆麸皮"（Crunchy Bran）、"糖霜迷你麦片"（Frosted Mini Wheats）和"桂格"（Quaker）。虽然最近公司有举措要扩展到新市场，但百事可乐公司趋向于重点关注它在北美的运营。

维他麦

维他麦是一个英国制造商，在英国的市场份额相对较高（10%）。这个公司由一个私人投资集团所有——利安资本（Lion Capital）。它在 80 多个国家进行谷物销售，生产线包括"维他麦"（Weetabix）、"维多滋"（Weetos）和"阿尔卑斯"（Alpen）。维他麦的总部位于英国的北安普顿郡（Northamptonshire）。2008 年，维他麦的营业额约为 10 亿美元。

资料来源：www.cerealpartners.co, uk; www.generalmills.com; www.nestle.com; www.euromonitor.com; www.datamonitor.com; www.marketwatch.com; 鲍厄里·J.（Bowery, J.）（2006）"家乐氏扩大健康谷物系列（Kellogg broadens healthy cereals portfolio）"，《营销（Marketing）》，2 月 8 日，p.5；桑德斯·T.（Sanders, T.）（2006）"谷类引发辩论（Cereals spark debate）"，《食物制造（Food Manufacture）》，8 月，81（8）p.4；雷耶斯·S.（Reyes, S.）（2006）"保护私有品牌（Saving Private Label）"，《品牌周刊（Brandweek）》，8 月 5 日，47（19），pp.30-34；汉森·P.（Hanson, P.）（2005）"市场关注早餐谷物（Market focus breakfast cereals）"，《品牌策略（Brand Strategy）》，3 月，190，p.50；派哈尼克·M.（Pehanich, M.）（2003）"谷物很甜而且健康（Cereals Run Sweet and Healthy）"，《方便食品（Prepared Foods）》，3 月，pp.75-76；维格奈力·C.（Vignali, C.）（2000）"家乐氏——国际化对抗全球化的营销综合体（Kellogg's - internationalisation versus globalisation of the marketing mix）"，《英国食品杂志》（British Food Journal），103（2），pp.112-130.

问题：

卡罗尔（Carol）听说你是一位新全球营销专家，所以你被要求作为给董事会做陈述时的紧急关头顾问。你面对的是如下问题，请尽你所能回答好。

1. 通用磨坊和雀巢如何能够通过与 CPW 联合创造国际竞争力？
2. 评估 CPW 相对于家乐氏公司的国际竞争力。
3. 对 CPW 如何能够创造蓝色海洋策略作出建议。
4. CPW 在哪里、如何才能创造进一步的国际销售增长？

第二部分 确定目标市场

第二部分 目录

第二部分 视频案例研究

路虎 Land Rover：新的神行者 2（Freelander 2）应当选择哪些
市场？

第二部分简介

5 政治和经济环境

6 社会文化环境

7 国际市场选择过程

第二部分 案例研究

Ⅱ.1 红牛（Red Bull）：能量饮料全球市场领导者正在考虑进一
步市场扩张

Ⅱ.2 绿色玩具公司（Green Toys Inc.）：一个生态友好型玩具生
产商正在走向国际化

第二部分 确定目标市场 第5~7章

第一部分 确定国际化方向第1~4章

第三部分 市场进入战略 第8~10章

第四部分 设计全球营销方案 第11~12章

第五部分 实施并协调全球营销计划 第13~14章

第二部分　视频案例研究

路虎（Land Rover）：新的神行者 2（Freelander 2）应当选择哪些市场？

路虎马赛（Masai）广告

资料来源：经路虎许可。摄影家：尼克·乔治乌（Nick Georghiou）。

路虎（www. landrover. com）是一个总部位于英国的英国全地形和多用型汽车（MPV）制造商。起先，"路虎"这个名字指的是一种特定的汽车，一种于 1948 年推出的开创性平民全地形多用车辆。但是后来它被用作好几种不同型号车辆的品牌，都是四轮驱动版型。

路虎，特别是商业和军用车型在发展中世界的乡村地区变得很流行。自从 20 世纪 70 年代，在非洲、南美洲、亚洲的很多偏远地区和澳大利亚的内陆，丰田陆地巡洋舰和三菱帕杰罗已经取代了路虎成为精选的实用四轮驱动，可能是因为它们更便宜而且日本竞争者提供了更好的零部件网络服务。事实上，在很多这种偏远地区，路虎正在尽力重新取得失去的销路而且在很多地区取得了成功，即使它的购买价格比日本竞争者要高。

自从 2000 年福特从宝马（BMW）购买了路虎之后，路虎就和捷豹紧密相连。在很多国家，这两者共享公用销售和分销网络（包括共同的经销权），有些车型现在共享零部件和生产设备。

路虎神行者 2

资料来源：RKCR/Y&R 代表路虎。

2007 年，路虎在全世界的销量达到了226 395辆，创造了它的第三个连续记录销售年。相比 2006 年，这个数字增长了 18%。在英国，路虎在它六年的历史中第一次卖出了超过 50 000 辆汽车。2007 年，四轮驱动专家卖出了 50 664 辆轿车，比上年增长了 7%，这使英国成为路虎最大的市场。美国市场是路虎的第二大市场。售价 22 300 英镑的神行者 2 的第一个全年生产中在英国的销售量差点就到19 000辆，是个成功的开局。

现在，路虎雇佣了 8 000 多人，并在它的供应链中供养着 30 000 多个工作岗位。

2007年6月，福特宣布它计划卖掉路虎和捷豹。2008 年 3 月 26 日，据宣布福特汽车公司已经以 11.5 亿英镑的价格将路虎卖给了印度企业集团塔塔集团（塔塔汽车）。

看视频然后回答问题。

问题：

1. 哪些环境因素最有可能影响路虎四轮驱动车型未来的销售？

2. 在路虎被塔塔汽车收购之后，你会为路虎将来的市场（国家）选择推荐哪种筛选标准？

资料来源：视频以及文本，www.landrover.com。

第二部分　简介

考虑完初始阶段之后（第一部分，向国际化迈进的决定），本部分的结构是按照选择"正确"国际市场的步骤进行安排的。政治和经济环境（第5章）和社会文化环境（第6章）被作为这个步骤的输入，由此产生的输出是公司应当选择的目标市场，以作为开发国际综合营销策略的基础（见第四部分）。图1展示了第二部分的结构。

向图1展示的那样，第6章和第7章呈现的环境动因提供了以下内容所必需的环境框架：

● 选择正确的市场（第7章）；

● 随后的全球营销综合策略开发。

第5章和第6章中的讨论将会被限制在那些影响市场和买家行为、最终影响公司的全球化综合营销策略的主要宏观环境方面上。

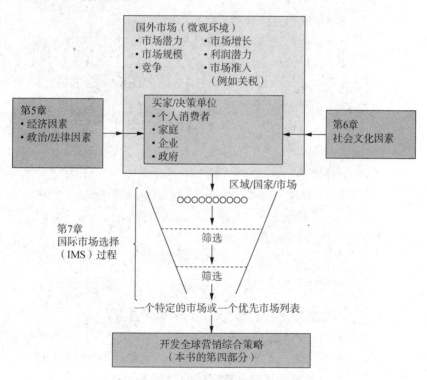

图1　第二部分的结构和进程

第5章 政治和经济环境

目录

5.1 简介

5.2 政治/法律环境

    示例 5.1 华为科技公司：本国政府在国际化进程中的作用

5.3 经济环境

5.4 欧洲经济和货币联盟以及欧元

5.5 金砖（BRIC）国家——世界新的增长市场

5.6 作为市场机遇的"金字塔底层"（Bottom of Pyramid，BOP）

    示例 5.2 沃达康（Vodacom）——在非洲延伸至 BOP 顾客和 BOP 企业家

    示例 5.3 Voltic "酷派"（Cool Pac）——加纳的水销售

5.7 总结

案例研究

5.1 萨奥丹弗斯（Sauer-Danfoss）：哪些政治/经济因素会影响一个液压元件制造商？

    讨论问题

    参考文献

学习目标

学完本章之后，你应该能做到以下几点：

- 讨论政治/法律环境如何能够影响一个潜在国外市场的吸引力
- 区分本土国家环境和东道国环境的政治因素。
- 解释政治风险分析程序的步骤
- 区分关税壁垒和非关税壁垒
- 描述主要的贸易区
- 探究为什么不同国家的消费结构不同

- 解释管理者如何能够影响当地政策
- 对区域经济一体化进行定义并分辨出不同层次的一体化
- 讨论区域经济一体化带来的益处和缺点
- 评估 EMU 和欧元对欧洲业务的影响

5.1　简介

本章致力于讨论宏观环境因素，这些因素能够解释公司所面临的众多因素。营销人员必须适应一个或多或少不可控的环境，他们计划在这个环境中进行操作。在本章中，国外环境里的环境因素被限定于政治/法律因素和经济因素。

5.2　政治/法律环境

这个章节将主要集中在政治问题上。政治/法律环境主要包括两个方面：

1. 本土国家的环境；
2. 东道国的环境。

除了这两个方面之外还有第三个：

3. 整体国际环境（见表 5.1）。

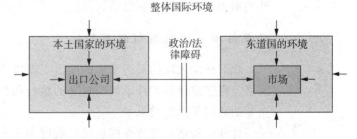

图 5.1　政治/法律环境中的障碍

5.2.1　本土国家的环境

一个公司的本土国家政治环境能够制约它的国际化运营和它的国内运营。它能够限制国际化公司所能进入的国家。

本土国家的政治环境能够影响国际化运营最著名的例子是南非。本土国家的政治压力使得一些公司干脆离开了这个国家。继美国公司离开南非之后，德国人和日本人留下来成了主要的外国存在。德国公司在本国没有面临美国公司所面临的政治压力。事实上，日本成为南非的主要贸易伙伴之后，日本政府很尴尬。结果，一些日本公司减少了它们在南非的活动。

很多跨国企业面临的一个挑战是三重威胁的政治环境。即使本土国家和东道国之间不存在问题，它们也有可能在第三方市场面临威胁。例如，有些公司在本国政府或南非政府方面都没有问题，但它们和南非有关的运营可能会在第三方国家被干扰或抵制，比方在美国。现在，欧洲公司如果在古巴做生意，它们在美国就会遇到问题。雀巢关于它的婴儿配方的争议并不是在本土国家瑞士或非洲东道国家最严重，而是在一个第三市场——美国。

一些政府控制全球化营销的第三个领域和贪污受贿有关。在很多国家，付钱或惠赠是一种生活方式，为了获得政府服务就要"给轮子上油"（oiling of the wheels）。过去，很多日常在国际上做生意的公司会给外国官员行贿或给好处来获取合同。

很多企业管理者认为，他们的本土国家不应当把自己的道德准则施加到其他的社会和文化中去，在这些社会和文化中贪污受贿是当地特有的。这些管理者认为，如果他们要在全球进行竞争，他们就必须能自由使用东道国最普遍的竞争方法。特别是在哪些面临有限甚至是萎缩市场的行业，这种激烈的竞争迫使公司去寻找任何可能的优势来获取合同。

另一方面，根据他们是在国外还是在国内营业而对管理部门和公司适用不同的标准是难以想象的。同时，行贿为管理人员和雇员的粗劣表现和散漫道德标准打开了通路，其结果可能导致将注意力集中在如何更好的贿赂上而不是怎样生产和营销产品最好。

全球营销者必须小心区分在国际上做生意的合理途径——包括符合国外的期望和彻底的贪污受贿。

促销活动（由政府组织发起）

政府组织采取的促进出口的项目正在成为国际环境中一个日益重要的因素。很多这种活动涉及政府自身的执行和操办，而其他活动则是政府和企业的共同努力的结果。

此外，所谓的监管支持活动是政府为使本国的产品在世界市场上更具竞争力的直接尝试。而且，也有一些其他的尝试来鼓励企业更多的参与出口，特别是较小的公司。

予以补贴具有特殊的利益：出口补贴对于出口产业就像关税对于国内产业一样。两种情况的目标都是保证产业和单个公司的赢利能力，如果暴露在竞争的全部力量之下它们的营利能力就有可能被压垮。对于出口产业来说，补贴可以增补收入，或者对某些投入因素的补贴可以减少成本。补贴可以通过给出口销售利润收取较低的税金、退还各种间接税等方式发放。而且，补贴还可以采取直接发放的形式，这就使得接受者能够和具有成本优势的外国公司竞争，接受公司也可以用来作为特别优惠。

从广义上来说，政府促进出口的计划和一般的全球营销活动项目的目的是用来对付如下内部障碍的〔奥尔巴姆（Albaum）等人，2002〕：

- 缺乏动机，因为全球营销被认为比国内业务更加费时、成本高且有风险、利润又少；
- 缺乏足够的信息；
- 运营方面的/基于资源的限制。

有些这种项目在发展中国家非常流行，特别是如果它们有商业团体的支持的话。示例 5.1 凸显了本国政府在华为科技公司的国际化进程中的作用，这个公司是中国最大的电信设备和服务提供商。

示例 5.1 华为科技公司：本国政府在国际化进程中的作用

华为科技公司是中国目前最大的电信供应商，2010 年公布的收入是 1850 亿人民币（290 亿美元）。虽然华为有强大的国家认同，但在全球电信巨头已经在主要贸易区建立了它们的全球品牌的时代，它正在寻求国际拓展。

华为深圳全球总部的研发中心。至 2010 年 6 月，华为已经在全世界建立了 17 个研发中心。2009 年，研究和开发约投资了 20 亿美元。

资料来源：华为科技有限公司，www.huawei.com。

政府运营的公司仍然是中国国家经济的主要动力。历史上，中国的电信部门一直由中央政府通过信息产业部（MII）紧密控制。事实上，很明显中国电信行业正处于由集中控制部门向半资本主义行业转变的过程中。这种转变过程也是中国恪守 WTO 原则的结果。中国必须对更多的国外投资开放。但是中国的中央政府会继续在通过联盟、合并和收购刺激技术进步方面发挥中心作用。政界和商界领导者把全球电信巨头（例如摩托罗拉、诺基亚、阿尔卡特和西门子）视为中国发展的催化剂，并对这些公司作出了巨大让步，其中涉及它们在中国的投资范围。而且华为得到了充足的国家支持，包括低息贷款来帮助它的国际扩张。中国发展银行（CDB）推出了 100 亿美元的信贷融资来为海外客户购买华为产品提供资金帮助。

> MII 也继续鼓励当地中国运营商例如中国移动和中国电信来购买中国制造商 [例如华为、ZTE（中兴）、大唐和巨龙] 的电信设备。
>
> 所以华为的主要挑战是在两种市场环境结构中进行竞争——一种是当地的，另一种是全球的。
>
> 资料来源：www.huawei.com；洛（Low）（2007）。

金融活动

成为国际金融组织例如国际货币基金组织和世界银行的一员，政府就能承担它作为世界银行的作用。予以补贴是另一种基于金融的国家政府推进活动。

决定公司出口营销项目结果的一个最重要的因素是它的信贷政策。能够提供更好的付款方式和金融条件的供应商就可以开始销售，即使它的价格可能更高或者它的产品质量次于竞争者。

如果信用期限被延长，拒付的风险就会增加，很多出口商不愿意承担这种风险。因此，为出口商提供将一些风险通过信用保险转移到政府机构的机会就可能成为必要。出口信用保险和保证涵盖一些任何出口交易可能都会有的商业和政治风险。

信息服务

很多大公司能够自己收集它们所需要的信息。其他公司，即使它们没有专门做研究，也能负担得起雇佣外面的研究机构来做必要的研究。事实上，很多公司这两种方式都不能采用。对于这些公司来说，一般是较小的公司或全球化营销的新入者，它们的国家政府就是基本市场信息的主要来源。

虽然各个国家中和国际/出口营销者相关的信息各有不同，但下面的这些种类是通常情况下都能获取的。[奥尔巴姆（Albaum）等人，2002，pp. 119-120]

● 各个国家的经济、社会和政治资料，包括它们的基础设施；
● 总体全球营销交易的摘要和详细信息；
● 国外公司的单独报告；
● 具体的出口机会；
● 各种产品在不同国家的潜在买家、经销商和代理商列表；
● 本国和国外相关政府法规的信息；
● 政府不一定能获得的各种信息来源。例如，国外资信调查；
● 能够帮助公司管理操作的信息。例如，有关出口流程和技术的信息。

大多数种类的信息通过已发布的报告或是通过互联网进行提供。另外，政府官员经常参加旨在帮助国际营销者的研讨会和讲习班。

出口促进活动

很多国家政府活动可以刺激出口。包括如下这些活动。（奥尔巴姆等人，2002，pp.119—120）

- 国外的贸易发展办公室，可以作为一个单独的单位，也可以作为大使馆或领事馆常规运行的一部分；
- 政府发起的商品交易会或展览会——商品交易会是一个买家和卖家可以会面的便利市场，而且出口商还可以在其中展示产品；
- 发起商务人员贸易代表团去国外展开销售并且/或是建立经销处和其他国外代理；
- 在国外市场地区经营常驻贸易中心，常驻贸易中心用来进行贸易展览，通常集中关注一个行业。

从国家政府的角度来看，这些活动中的每一项都代表了一种刺激出口增长的不同方式。从单个公司角度来说，这些活动提供了相对低成本的方式来和海外市场的潜在买家进行直接接触。

民间组织的推动

各种各样的非政府组织在全球化营销推动方面也发挥了作用。包括如下形式。（奥尔巴姆等人，2002，p.120）

- 行业和贸易协会，国家、地区和部门行业协会，贸易商行协会，制造商和贸易商的混合协会，以及其他机构；
- 商会：当地商会，全国性组织，国家和国际总会，国外的全国性组织和双边国组织；
- 其他和贸易推动有关的组织：进行出口研究的组织，区域性出口推动组织，世界贸易中心，地理导向的贸易推动组织，出口协会和社团，国际商业协会，世界贸易社团和与商务仲裁有关的组织；
- 出口服务组织，银行，运输公司，货运代理，出口商和贸易公司。

公司可获得的协助种类包括信息和出版物、教育和"技术"细节的援助以及在国外的推广。

国营贸易

很多以前的社会主义国家现在允许一些私人贸易活动，通过合资企业进行或者是国有企业私有化的结果。事实上，有的国家国营贸易还很活跃，例如古巴、中国在某些程度上也是。

私营企业关注国营贸易有两个原因。第一，进口垄断的建立意味着出口商必须对它们的出口营销项目作出重大调整；第二，如果国营贸易商希望利用它们所具有的垄断权力，私营国际化营销公司就会经历磨难。

5.2.2 东道国环境

管理者必须持续监控政府、它的政策和稳定性，以确定可能会对公司的运营带来不利影响政治变化的可能性。

政治风险

每个国家都有政治风险，但是不同国家的风险范围差异很大。总的来说，历史具有稳定性和一致性的国家政治风险最低。可能遇到的三种主要类型的政治风险有：

1. 所有权风险，这就使得财产和生命置于危险境地；

2. 运营风险，指的是公司正在进行的运营所遇到的干涉；

3. 外汇转换风险，主要会在公司想要在国家之间转移资本的时候遇到。

政治风险可能是政府行动的结果，但它也可能处于政府的控制之外。行动类型和它们的影响可以划分为如下类别：

- 进口管制。对原材料、机器和零部件进口的选择性限制是很常见的策略，能够迫使国外企业在东道国采购更多的物资，由此为当地企业创造更多市场。虽然这种做法的目的是支持国内企业的发展，但是结果经常无能为力，有时还会干扰已有行业的运营。当国内没有充分发达的供应来源时问题就会变得严重。

- 当地内容法律。除了限制进口基本供应来强制在当地进行购买，有的国家还经常要求在国内出售的任何产品其中的一部分要有当地内容；也就是说，要包含当地制造的部件。这种要求经常强加在用外国制造的组件组装产品的外国公司身上。当地内容要求并不仅限于发展中国家。欧盟（EU）对外资装配工厂要求有 45% 的当地内容。这个要求对于远东的汽车制造商来说很重要。

- 外汇管制。外汇管制起源于国家持有的外汇短缺。当一个国家面临外汇短缺时，可能会对所有的资本流动施加控制，或者选择性地针对最容易在政治方面受伤害的公司以保护最基本用途的外汇供应。外国投资者面临的问题是将利润和投资转化成本土国家的货币（外汇转换风险）。

- 市场控制。国家政府有时会施加控制来阻止外国公司在某些市场进行竞争。许多年前，美国政府威胁要抵制和古巴进行交易的外国公司。欧盟国家抗议了这种威胁。

- 价格控制。控制相当大的公众利益的必需品，例如药品、食品、汽油和汽车经常是价格控制的对象。政府可以在通胀时期利用这种办法来控制消费者的环境行为或生活成本。

- 税收控制。当税收被作为一种控制国外投资的方式时，它就成了一种政治风险。很多情况下，税收的征收没有预报并且违反了之前的协议。在不发达国家，经济经常受到资金短缺的威胁，对成功的外国投资征收不合理的税款对一些政府来说就成了寻找周转金最方便和快捷的途径。

- 劳动力限制。在很多国家工会很强大而且具有政治影响力。运用它们的力量，工会可以说服政府通过严格的法律来让企业付出巨大代价支持劳工。按照惯例，拉丁美洲的工会可以阻止裁员和工厂关闭。德国和很多其他欧洲国家要求董事会中有工会代表。事实上，过去十年来，大多数西方国家的工会成员数量已经减少，包括美国、英国和德国。

- 政府政党的变化。一个新政府可能不会履行先前政府与公司之间的协议。在发展中国家这尤其成为一个问题，它们的执政党变化很频繁。例如，2009年10月末，国际制铝行业被一个棘手的进展情况震惊了。几内亚总统兰萨纳·孔戴（Lansana Conte）的死亡立即引发了一个军事政变。几内亚新的领导者——这个国家拥有世界上最大的铝土矿储量，原料铝生产的原材料——随之宣布暂停所有的铝土矿开采活动，迫使国外开采公司重新商议合同［雅各布森（Jakobsen），2010］。

国有化（Nationalization）：东道国接受国外企业。

- 国有化（征用）。被定义为官方扣押外资财产，这是控制外国企业的终极政府工具。幸运的是，这种针对外国企业最激烈的行动正在减少，因为发展中国家开始把外国直接投资视为令人满意的事情。

- 本土化。这可以被认为是逐渐征收，是一个对国外企业施加控制和限制并逐渐减少所有者控制的过程。公司仍然在这个国家运营，但是东道国政府能够通过施加不同的控制手段对国外企业保持杠杆作用。这些控制包括：予以本国企业更大的决策权力；在当地生产更多的产品而不是进口来组装；将所有权逐渐转移给本国企业（要求合资企业的当地参与）；将众多本国企业推进到更高的管理层次。本土化使得东道国家有充足的控制力来对国外企业的活动进行仔细的调节。通过这种方式，本国公司运营中的任何真正消极影响都能被发现，并能迅速采取纠正措施。

5.2.3　从本土国家到东道国的贸易壁垒

国家之间的自由贸易使得国际分工成为可能。它也使得高效的公司能够将产量增加到新的水平，这种水平比将销售限制在它们自己本国市场要高得多，由此带来可观的规模经济。竞争加剧了，进口国的产品价格下降了，而出口国的利润却增长了。

虽然各个国家有很多理由希望彼此之间进行贸易，但太多情况下进口国家会采取措施通过实施贸易壁垒来抑制产品和服务的流入，这也是事实。

国际贸易与国内贸易不同的原因之一是：它是在不同的政治单元之间进行的，每个政治单元中都有一个主权国家对自己的贸易施加控制。虽然所有的国家都对它们的国外贸易进行控制，但是它们的控制程度各不相同。每个国家或贸易区都不可避免地设置贸易法律来支持它的本地公司并排斥外国公司。

国家征收关税主要有两个主要原因：

1. 保护国内生产者。首先，关税是保护某种产品的国内生产商的一种方式。因为进口关税提高了进口产品的实际成本，本国制造的产品就会显得对买家更具吸引力。通过这种方式，国内生产者就得到了针对进口的保护屏障。虽然得到关税保护的生产者能够获得价格优势，但长期来看保护也阻止了它们提高效率。如果保护助长了被保护行业的自满和无效率，在之后这个行业陷入国际竞争的狮穴时，它就会被摧垮。法国的产业政策保护主义最明显。2005年8月31日，法国宣布对11个国内行业作为战略性行业进行保护，以阻止国外企业的收购。被保护的行业包括国防、生物科技、电信、赌场、加密技术、咨询安全和解毒剂生产。这种做法主要是为了挫败意大利能源集团意大利国家电力公司对苏伊士的并购，这是一个另法国担心的问题。法国总理把这一措施描述为经济爱国主义的典范。巴黎方面声称它的行动将会遵守欧盟经济法规，欧盟经济法规允许各个国家根据国家利益定义"战略"行业［安德维克（Enderwick），2011］。

2. 产生收入。其次，关税是政府收入的一个来源。用关税来产生政府收入是相对欠发达国家最常用的。主要原因是欠发达国家正规的国内经济一般较少，目前缺乏准确记录国内交易的能力。准确记录的缺乏使得在国内收取销售税非常困难。国家简单地通过进口和出口关税来征收它们需要的收入，这样就解决了这个问题。那些通过国际贸易税收来获得更大部分的总收入的主要是较贫困的国家。

贸易扭曲惯例可以划分为两个基本的类别：关税和非关税壁垒。

关税壁垒

关税（Trade barriers）：政府用来保护当地公司免于外部竞争的一种工具。最普遍的形式有：配额、按价和歧视。

关税是对进口施加的直接税收和收费。关税通常简单、直接而且易于国家进行管理。虽然关税是贸易的壁垒，但是具有可见和已知性，所以公司在制定营销策略时可以对此进行考虑。

较贫困的国家把关税作为获取收入和保护某些本国行业最简单的方式。对于政治家来说，关税是一种有效的工具，可以向本土制造商们显示他们正在积极的全力保护国内市场。

最常见的关税形式包括：

- 特定关税。对特定的产品征收费用，按重量或体积计算，通常用当地货币进行规定。

- 按价关税。费用直接按照货品价值（进口价格）的比例进行征收。
- 歧视性关税。在这种情况下，关税是针对来自某个特点国家的产品征收的，也许是由于贸易不平衡或是出于政治目的。

非关税壁垒

在过去的 40 年中，世界上大多数发达国家已经逐渐减少了关税壁垒。然而与之并行的是非关税壁垒大大增加了。非关税壁垒更加不可捉摸，而且更易进行伪装。事实上，在某些方面其影响更具毁灭性，因为它们具有不可知性并且难以预测。

在非关税壁垒中，最重要的（之前没有提到）有如下这些：

配额

对在某一段时期内可以进入或离开一个国家的货物的数量做出限制就叫作配额。仅次于关税，配额是第二种最常见的贸易壁垒类型。政府通常把配额许可授予其他国家的公司或政府（进口配额情况下）和国内生产商（出口配额情况下），来对它们的配额制度进行管理。政府通常以年为单位授予这样的许可。

政府实施进口配额有两个原因：

1. 它可能希望通过对允许进入国家的货物数量作出限制来保护自己的国内生产者。这样就能帮助国内生产者保持他们的市场份额和价格，因为抑制了竞争力量。在这种情况下，国内生产者由于他们的市场受到保护而获得成功。消费者由于低竞争带来的更高价格和更少选择而受到损失。其他的损失者包括自己的生产对进口有配额需求的国内生产者。依赖进口所谓的"中间"货品的公司会发现其产品的最终成本增加了。

2. 它可以施加进口配额来迫使其他国家的公司相互竞争数量有限的许可进口。这样，那些想采取行动的公司就会降低它们对自己货品的要价。在这种情况下，消费者由于其引发的低价而获利。如果外部生产者没有降低他们的价格，竞争商品的国内生产者就会获利，但如果外部生产者降价了，国内生产者就会受到损失。

同样，一个国家对自己的国内生产者施加出口配额也有至少两个原因：

1. 它希望在国内市场保持充足的产品供应。这个动机对于那些出口对国内业务或国家长期生存至关重要的自然资源的国家来说最为普遍。

2. 它可以限制出口进而限制世界市场的供应，由此增加产品的国际价格。这就是石油输出国组织（the Organization of Petroleum Exporting Countries）（OPEC）组成和活动背后的动机。这个来自中东和拉丁美洲的国家团体试图限制世界上的原油供应来获取更多利润。

一种特殊形式的出口配额叫作自愿出口限制（voluntary export restraint，VER）——一种通常是一个国家应另一个国家的请求而对出口施加的配额。正常情况下，一个国家会自动施加自愿出口限制，来回应进口配额的威胁或进口国家对产品的完全禁止。使用自愿出口限制的一个经典案例是 20 世纪 80 年代的汽车行业。日本汽车制造商在美国市场获得了巨大的市场份额。美国本土上美国汽车制造商的生产设备的关停在群众和美国议会中制造了一种不稳定的反日情绪。由于惧怕如果日本不限制它对美国的汽车出口，议会就会颁布惩罚性法律，日本政府和汽车制造商自动施加了针对出口美国汽车的自愿出口限制。

如果国内生产者不缩减生产，那么施加出口配额国家的消费者就能从更多的供应和由此引发的更低价格获益。进口国家的生产者能够获益，因为出口国家生产者的商品受到了限制，这就使得他们可以提高价格。出口配额伤害了进口国家的消费者，因为选择减少了，而且可能价格还变高了。事实上，如果进口威胁到要将国内生产者淘汰出局，那么出口配额可以使这些消费者得以保留他们的工作。此外，要确定某一特定出口配额案例中的受益者和受损者需要进行详细的经济研究。

禁运

针对一种或多种产品完全禁止和某个国家进行贸易（进口和出口）叫作禁运。禁运可以适用于一种或几种商品或者完全禁止所有商品的贸易。这是可利用的最具限制性的非关税贸易壁垒，通常被用来达成政治目标。禁运可以由单个国家或超国家组织，如联合国，进行颁布。由于执行难度会很大，与以往相比，现在禁运较少了。完全禁止与另一个国家进行贸易的一个例子是美国对古巴贸易的禁运。

管理延迟

旨在减少国家的快速进口流动的章程控制和政府规定被叫作管理延迟。这种非关税壁垒包括许多各种不同的政府行动，例如要求国际航空公司在不方便的机场着陆；要求进行的产品检查会损坏产品本身；故意让海关办公室人手不足来引起不正常的时间延误；要求需要很长时间才能获得的特别许可证。一个国家实施这种管理延迟的目标是排斥进口产品——总之，是一种保护主义。

虽然日本已经去除了一些贸易壁垒，但很多针对进口的微小障碍依然存在。从感冒片和维生素到农产品和建筑材料，很多产品都难以渗入日本市场。

当地内容要求

产品和服务中指定的数量要由本国市场上的生产者来提供，带有这种规定的法律被叫作当地内容要求。这种要求可以规定：最终产品中的某一部分要包含国内生产的商品，或者是产品最终成本中的一部分要有国内来源。

当地内容要求的目的是迫使其他国家的公司在它们的生产过程中使用当地的资源——特别是劳动力。和其他对进口的限制一样，这种要求使国内生产者免受其他低工资国家公司的价格优势之害。现在，公司可以通过把生产设备设于规定这种限制的国家内部来绕行当地内容要求。

壁垒的历史发展

在经济衰退时期，非关税壁垒变得更加普遍。美国和欧洲已经见证了非常强大的政治游说团体代表本土行业的动员力，它们受到了威胁，要游说它们的政府来采取措施使它们免受国际竞争之害。保护主义的最后一个主要时代是在 20 世纪 30 年代。在那个年代中，在历史上最具灾难性的贸易萧条的影响之下，世界上大多数国家都采取了高关税策略。

第二次世界大战之后，有了针对 20 世纪 30 年代的高关税政策的反应，人们作出了巨大的努力将世界恢复到自由贸易。人们还建立了各种世界组织（例如 GATT 和它的继任者 WTO）来加强国际贸易并提供了可以减少这种壁垒的贸易环境。

5.2.4 总体国际环境

除了本国和东道国的政治和法律，营销者还必须考虑整体的国际政治和法律环境。国家之间的关系对试图开展国际业务的公司有深远的影响。

国际政治环境涉及两个或更多国家之间的政治关系。这和我们之前关注一个特定外国国家中发生了什么形成了对比。国际化公司几乎不可避免地在某种程度上涉及东道国的国际关系，不论它多么试图保持中立。它这样做是因为它在一个国家的运营经常与在其他国家的经营有关，可能是在供应或是需求方面或两方面都有。东西关系就是国际政治环境不断发展的形势的好例子。

政治对全球营销的影响是由本国和东道国的双边政治关系和管理国家集团之间关系的多边协议共同决定的。国家国际关系的一个方面就是它和公司的本土国之间的关系。

第二个影响政治环境的关键因素是东道国和其他国家的关系。如果一个国家是区域集团的一员，例如欧盟或 ASEAN，这就会影响公司对这个国家的评估。如果一个国家在其他国家中有特殊的朋友或敌人，那么公司就必须调整它的国际物流来顺应市场的供应方式和销售对象。

国家的国际行为的另一个线索是它在国际化组织中的会员身份。成为 IMF 或世界银行的一员可能会有助于国家的经济状况，但同时也对国家的行为造成了约束。很多其他国际协议也对它们的成员订下了规则。这些协议可以影响专利、通信、运输以及其他与国际营销者有关的事项等。通常，一个国家所属的国际化组织越多，它就会接受越多的规则，它的行为也就越可靠。

5.3　经济环境

市场规模和增长是由很多因素影响的，但国家的总购买能力和电力、电话系统、现代化公路以及其他种类的基础设施的可用性或不可用性会影响某项开支的方向。

经济的发展来源于三种经济活动类型之一：

1. 初级的。这些活动涉及农业和提炼制造过程（例如煤、铁矿石、黄金和渔业）。

2. 第二级的。这些是制造活动。有几种演化形式。通常国家会通过对初级产品产出的加工开始制造。

3. 第三级的。这些活动建立在服务业之上——例如，旅游业、保险业和卫生保健。随着一个国家平均家庭收入的增加，花费在食品上的收入比例会减少，花费在住房和家政活动上的比例保持不变，而花费在服务活动（例如教育、交通和休闲）上的比例会增加。

5.3.1　汇率如何影响商业活动

危急时刻并不是公司受到汇率影响的唯一时机。实际上，一种货币的汇率变动会影响国内和国际公司的活动。现在让我们仔细观察一下汇率变动是如何影响公司的经营决策的，为什么稳定和可预测的汇率是可取的。

汇率会影响全球市场对一个公司的产品的需求。当一个国家的货币比较疲软（相对其他货币价值低），它在世界市场上的出口价格就会下降，进口价格上升。较低的价格使得这个国家的出口在世界市场更具吸引力。这也给了公司机会，可以从那些产品价格相对较高的公司那里拿走市场份额。

此外，在强势货币（相对其他货币价值高）国家进行销售，并在疲软货币国家支付工人工资的公司可以提高它的利润。

国家政府在国际上降低货币价值叫作货币贬值；相反，国际政府在国际上提升货币价值叫作货币增值。这些概念不能和疲软和强势货币术语混淆，虽然它们的效果是相似的。

货币贬值降低了国家在世界市场上的出口价格并增加了进口价格，因为国家的货币现在在世界市场上价值少了。因此政府可能会对它的货币进行贬值，来为它的国内公司和其他国家公司竞争提供优势。它也可能进行贬值来促进出口，这样就可以消除贸易逆差。事实上，这种政策并不明智，因为货币贬值减少了消费者的购买力。它也使得低效率现象在国内公司存留，因为现在关注生产成本的压力少了。在这种情况下，通货膨胀增加就成为可能结果。货币增值具有相反的效果：它增加了出口价格并减少了进口价格。

如我们所看到的一样，汇率的不利变动对国内和国际公司来说都是代价很高的。所以，管理者更喜欢稳定的汇率。稳定的汇率可以提高金融计划的精确性，包括现金流量预测。虽然的确有办法可以免于遭受潜在的不利，但对中小型企业来说，大多数的汇率变动代价过于昂贵。而且，随着汇率的不可预测性增加，防范伴随风险的成本也会增加。

5.3.2　单一价格定律

汇率告诉我们应当支付多少货币以获取一定数量的另一种货币，但它并没有告诉我们某一具体产品在某一特点国家实际上会花费我们更多还是更少（以我们本国货币计算）。当我们到另一个国家旅行，我们会发现自己的货币比在国内能买更多或更少的东西。换句话说，我们很快得知汇率并不能保证或稳定我们货币的购买力。因此，我们在一些国家会损失购买力而在另一些国家则会增加购买力。

单一价格定律规定：当价格以共同货币表示时，同样的产品在所有的国家必须具有相同的价格。为了适用这一原则，所有国家的产品在品质和内容上必须完全一致，而且必须完全在某一国家内部进行生产。

巨无霸指数（Big Mac Index）/巨无霸货币（Big MacCurrencies）

单一价格定律的作用是帮助我们确定一种货币是估值过高还是估值过低。每年《经济学家》杂志都会发表它的"巨无霸货币"汇率指数（表5.1）。

表5.1　汉堡指数（The hamburger standard）（基于2011年7月25日的巨无霸价格）

国家和地区	巨无霸价格		美元（$）的隐含购买力平价（当地价格除以美元价格）	2011年7月25日的实际美元汇率	高（＋）/低（－）相对于美元的价值（%）	
	用当地货币表示	用美元（$）			原始指数	根据人均GDP进行调整之后
美国	4.07 美元	4.07	—	—	—	—
阿根廷	20.0 比索	4.84	4.92	4.13	19	101
澳大利亚	4.56 澳元	4.94	1.12	0.92	22	12
巴西	9.5 雷亚尔	6.16	2.34	1.54	52	149
英国	2.39 英榜	3.89	1.70	1.63	－4	9
加拿大	4.73 加元	5.00	1.16	0.95	23	24
智利	1850 比索	4.00	455	463	－2	58

续表

国家和地区	巨无霸 价格		美元（$）的隐 含购买力平价 （当地价格除 以美元价格）	2011 年 7 月 25 日的实 际美元汇率	高（＋）/低（—） 相对于美元的价值（％）	
	用当地货 币表示	用美元 （$）			原始 指数	根据人均 GDP 进行 调整之后
中国	14.7 元	2.27	3.60	6.45	—44	3
哥伦比亚	8400 比索	4.74	2.066	1771	17	108
捷克共和国	69.3 克朗	4.07	17.1	17.0	0	45
丹麦	28.5 丹麦克朗	5.48	7.01	5.20	35	23
埃及	14.1 埃及磅	2.36	3.47	5.96	—42	11
欧元区	3.44 欧元	4.93	1.18	1.43	21	36
中国香港	15.1 港币	1.94	3.71	7.79	—52	—43
匈牙利	760 福林	4.04	187	188	—1	57
印度	84.0 卢比	1.89	20.7	44.4		—53
印度尼西亚	22 534 卢比	2.64	5543	8523	—35	24
以色列	15.9 谢克尔	4.67	3.91	3.40	15	43
日本	320 日元	4.08	78.7	78.4	0	5
马来西亚	7.20 林吉特	2.42	1.77	2.97	—40	2
墨西哥	32.0 比索	2.74	7.87	11.7	—33	13
新西兰	5.10 新西兰元	4.41	1.25	1.16	9	29
挪威	45.0 挪威币	8.31	11.1	5.41	104	46
巴基斯坦	205 卢比	2.38	50.5	86.3	—42	16
秘鲁	10.0 索尔	3.65	2.46	2.74	—10	63
菲律宾	118 比索	2.78	29.0	42.4	—32	33
波兰	8.63 兹罗提	3.09	2.12	2.80	—24	21
俄罗斯	75.0 卢布	2.70	18.5	27.8	—34	10
沙特阿拉伯	10.0 里亚尔	2.67	2.46	3.75	—34	—3
新加坡	4.41 新加坡元	3.65	1.08	1.21	—10	—6
南非	19.45 兰特	2.87	4.78	6.77	—29	24
韩国	3700 韩元	3.50	910	1056	—14	21
瑞典	48.4 瑞典克朗	7.64	11.9	6.34	88	85
瑞士	6.50 瑞士法郎	8.06	1.60	0.81	98	63
中国台湾	75.0 新台币	2.60	18.5	28.8	—36	—7

续表

国家和地区	巨无霸价格		美元（$）的隐含购买力平价（当地价格除以美元价格）	2011 年 7 月 25 日的实际美元汇率	高（＋）/低（—）相对于美元的价值（%）	
	用当地货币表示	用美元（$）			原始指数	根据人均 GDP 进行调整之后
泰国	70.0 泰铢	2.35	17.2	29.8	—42	6
土耳其	3.77 里拉	3.77	1.60	1.72	—7	53

资料来源：《经济学家》（The Economist），2011 年 7 月 28 日，经济学家在线（The Economist Online），伦敦，（www.economist.com/blogs/dailychart/2011/07/big-mac-index）©经济学家报纸有限公司（The Economist Newspaper Limited），伦敦，2011 年 7 月 28 日。

这个指数是建立在购买力平价（purchasing-power parity，PPP）理论之上的。它的概念是一美元在所有的国家都应该买到同样的数量。这个理论自然依赖于某些假定，例如运输成本可以忽略，产品和服务必须"可贸易"，并且一个国家的商品与另一个国家的相同商品并没有实质上的差别。因此，从长期来看，两种货币之间的汇率应该朝着某一方向移动，从而使得在两国购买相同购物篮的货物和服务的价格相等。这里的"购物篮"是麦当劳的巨无霸，它在大约 120 个国家进行生产。巨无霸 PPP 是能够代表汉堡包的价格在美国和在国外一样的汇率。将实际汇率和 PPP 做比较就能看出一种货币是估值过高还是估值过低。

这个指数使用单一价格定律来决定美元和其他主要货币之间应有的汇率。它用麦当劳的巨无霸作为它检测单一价格定律的唯一产品。为什么是巨无霸呢？因为各个国家市场的每个巨无霸在品质和内容上都相当一致，而且几乎全部在出售国进行生产。基本的假定是以任何一种世界货币计价的巨无霸价格在被转换为美元之后，都应当等于巨无霸在美国的价格。如果巨无霸价格（转换为美元之后）比美国价格高，那么这个国家的货币就估值过高；相反，如果巨无霸价格低于美国价格，这个国家的货币就估值过低。

一种货币在货币市场上的汇率和巨无霸指数预测的比率之间存在如此大的分歧并不让人惊讶，有多种原因。首先，在大多数国家食物的售价受到农产品补贴的影响。其次，巨无霸也不是"可贸易"的产品，一个人不能从低价国家买入巨无霸然后在高价国家卖掉它们。价格受到影响也是因为各国的巨无霸受到不同成本价格的影响，而且不同国家的营销策略不同。最后，各国对餐厅食物征收的销售税水平不同。

巨无霸指数的缺点反映了这样一个事实：将单一价格定律适用于单一产品对于估计汇率来说是一个过于简单的方法。整体上，巨无霸的价格会反映它的当地生产和运送成本，广告成本（在某些地区是相当大的），最重要的是当地市场所能承受的范围。至今为止，对汉堡包标准的假定是巨无霸价格（以美元计算）的相对差别可以用汇率差别来解释——表 5.1 中这点被原始指数证实了。事实上，如果我们抵消并将原始指数根据人均 GDP 作出调节，那么我们就可以更好地预测将来可能的汇率变动，因为人均 GDP 低也就意味着巨无霸的相对价格低，因为那就是当地市场所能承受的。

然而，最近的一项研究发现，货币价值的确有朝着巨无霸指数显示的方向进行变化的趋势，尤其是在中长期内［克莱门茨（Clements）等人，2010］。例如，当 1999 年发行欧元时，广泛的预测是它会立即对美元升值。巨无霸指数则有分歧，显示欧元已经在很大程度上估值过高了，在之后的几年中，欧元也对美元下跌了。

表 5.1 也使用了购买力平价这个概念，这是经济学家在调整国民收入资料（GNP 等）以提高可比较性时使用的。PPP 通过消除国家之间的价格水平差异来使不同货币的购买力相等的货币转换率。在最简单的形式中，PPP 是显示不同国家相同商品或服务的本国货币价格比率的简单比价。

要看 PPP 是如何被计算的，最简单的方式是考虑表 5.1 中在几个国家完全一致的一种产品。例如，一个巨无霸在中国售价 14.70 元（RMB）。如果我们用 14.70 除以美国的价格 4.07 美元，其结果就是美元 PPP＝3.60（元的"理论"汇率）。然后，如果我们用 3.60 除以实际汇率 6.45，我们发现，中国元（＝RMB）被过低估值了［1－（3.60/6.45）］×100％＝44％。

事实上，计算当地货币对美元是估值过高还是过低最简单的方法是用当地巨无霸价格（以美元计算）除以美国巨无霸的价格。所以，举个例子，中国元被估值过低了［1－（2.27/4.07）］×100％＝44％（＝原始指数）。

实际上，像我们之前说明的那样，中国的汉堡便宜并不能证明元被严重估值过低了。贫困国家的平均价格应当比富裕国家的低，因为劳动力成本（由中国人均 GDP 较低反映）低等因素。当我们抵补中国人均 GDP 的差异时（和美国的相比较），会发现元估值过高了 3％（＝根据人均 GDP 进行调整后的原始指数）。

PPP 不仅只用来计算单个产品，还用来计算"一篮子"产品，而且只有当运用在这样一个"篮子"上，PPP 才有意义。

5.3.3　收入分类

对国家进行分类可以采取很多方式。大多数分类是建立在国家收入（人均 GDP 或 GNP）和工业化程度上的。对经济发展的播报测量是国民生产总值（GNP）——一个国家一年内生产的所有商品和服务的价值。这个数字包括国内生产和国家的国际活动所产生的收入。国内生产总值（GDP）是一年内国内经济生产的所有产品和服务的价值。换句话说，当我们用 GDP 加上出口、进口和国内公司进行国际运营所得的收入时，我们就得到了 GNP。一个国家的人均 GNP 就是用它的 GNP 除以它的人口数量。人均 GDP 也是一样的算法。

人均 GNP 和人均 GDP 都是用来测量一个国家的人均收入的。在这方面，GNI（国民总收入）可以被认为和 GNP 一样。

GNP：国民生产总值是一年内国内经济所生产的全部商品和服务的价值，包括国家的国际活动产生的收入。

人均 GNP（GNP per capita）：总 GNP 除以一个国家的人口数量。

欠发达国家（Less developed countries，LDC）

这个群体包括不发达国家和发展中国家。其主要特点是人均 GDP 低（少于 3 000 美元），生产活动数量有限和基础设施贫乏且分散。典型的基础设施缺陷存在于交通、通信、教育和卫生保健方面。另外，公共部门经常动作迟缓且带有官僚主义。

经常可以发现 LDC 严重依赖于一种产品，并且经常是一个贸易伙伴。单一产品依赖最典型的形式是依靠一种农作物或矿业。哥伦比亚（咖啡）和古巴（糖）是对农业极端依赖的例子。LDC 改变供应和需求结构的风险是很大的。商品价格降低可以引起整个国家收入的大幅减少。由此导致的经济和政治上的调整会通过关税和非关税壁垒的可能变化来影响面向那个国家的出口商。

世界上很多的经济环境会影响 LDC 的发展。没有经济快速发展的前景，私人来源资本不愿意在这样的国家进行投资。对长期基础设施项目来说尤其是这样。结果，重要的资本支出工程严重依赖于世界援助项目。

各个国家的销售渠道特性有很大不同。LDC 的小规模、投资不足的分销中介和发达国家的分销商之间经常存在巨大差别。例如，零售商更有可能成为市场交易商。大规模、自助服务网点的存在率相对较低。

新兴工业化国家（Newly industrialised countries）（NIC）

NIC 是有新兴工业基础的国家，能够进行出口。NIC 的例子有东南亚的"四小龙"：中国香港、新加坡、韩国和中国台湾。巴西和墨西哥是南美洲 NIC 的代表，在 NIC 中，虽然基础设施有了很大发展，但是经济的高增长导致了对国内和国外顾客需求的生产困难。

发达工业化国家（Advanced industrialized countries）

这些国家有相当可观的人均 GDP、广泛的工业基础、长足的服务行业发展和对国家基础设施的大量投资。

试图将世界经济划分为整齐的各部分是不能完全成功的。例如，一些发达工业化国家（如美国和法国）有重要的农业部门。

5.3.4 区域经济一体化

经济一体化已经成为第二次世界大战之后影响世界市场的主要经济发展之一。各国都想参与经济合作以更有效地利用各自的资源并为成员国的生产者提供广阔的市场。

　　一些一体化的努力有着宏大的目标，例如政治一体化；一些一体化的努力失败了，因为认识到了协议中的不平等利益或是在政治上的分道扬镳。图 5.2 是区域市场经济合作主要形式的一个总结，展示了一体化发生的各种不同的正式程度。这些经济一体化的努力正将世界划分为贸易区。

　　现在我们将要描述一下经济一体化的各种层次。

自由贸易区

　　自由贸易区是国家之间限制性最小和形式最松散的经济一体化。在自由贸易区之内，成员国之间所有的贸易壁垒都被去除了。每个成员国都对非成员国保持各自的贸易壁垒。

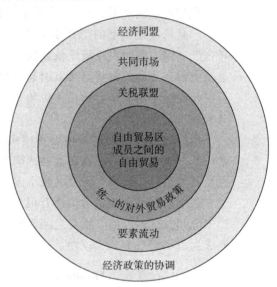

图 5.2　区域市场中的经济一体化形式

资料来源：来自津科特/朗凯恩（Czinkota/Ronkainen），《全球营销》（Global Marketing），1E. © 1996 西南部，圣智学习有限公司的一部分（South-Western, a part of Cengage Learning）。复制得到 www.cengage.com/permissions. 的许可。

　　欧盟自由贸易区（the European Free Trade Area，EFTA）成立于1960 年，有八个欧洲国家参与了协定。从那时开始，EFTA 失去了很多原始的重要性，因为它的成员加入了欧盟。从 1994 年开始，通过欧洲经济区（the European Economic Area，EEA）协定，使得在欧盟和 EFTA 之间的结合领域中人员、产品、服务和资本可以自由流动，所有的 EFTA 国家都通过双边的自由贸易协定与欧盟合作。在 EFTA 国家中，冰岛和列支敦士登决定不申请成为欧盟的成员国，挪威在 1994 年的全民公投之后拒绝加入。瑞士也决定置身欧盟之外。

　　20 世纪，在三次失败的尝试之后，美国和加拿大签署了一个自由贸协定，于 1989 年生效。北美自由贸易区于 1994 年加上墨西哥扩张为北美自由贸易协定。

关税联盟

关税联盟是经济一体化范围中的更进一步。和自由贸易区一样，成员国之间的商品和服务可以自由进行贸易。除此之外，事实上，关税联盟针对非成员国建立了统一的贸易政策。通常情况下，这会采取统一对外关税的形式，也就是说，从非成员国那里进口的关税要和出售给任何成员国的关税相同。比荷卢国家于 1921 年成立了一个关税联盟，之后成为了更广泛的欧洲经济一体化的一部分。

共同市场

共同市场和关税联盟有相同的特征。除此之外，生产要素（劳动力、资本和技术）在成员国之间具有流动性。移民和跨境投资方面的限制被废除了。当生产要素变成了流动资本，劳动力和科技就能以最有效的方式被使用。

1987 年通过的单一欧洲法案批准了去除欧洲商品、服务、资本和人员自由流动的障碍，目标日期是于 1992 年 12 月 31 日完成内部市场。1991 年 12 月，EEC 在马斯特里赫特通过的所谓 1992 进程是向经济层面之外合作迈出的一步。虽然很多旨在开放边境和市场的指令都按时完成了，但一些部门，例如汽车的对外开放会花更长时间。

经济同盟

要创造真正的经济同盟，除了商品、服务和生产要素的跨境自由流动，还要求有一体化的经济政策。在经济同盟中，成员国协调货币政策、税收和政府开支。另外，成员国会使用统一的货币，这就涉及固定汇率制度。1993 年末的马斯特里赫特条约使得欧盟从 1994 年 1 月 1 日起生效。很明显，完整欧盟的形成要求在很大程度上放弃国家主权以成为一个超国家组织。这样一个同盟距离政治统一只有一小步。但是欧盟的很多国家（特别是在北欧）都对这种发展持怀疑态度因为它们害怕丧失国家认同。

5.3.5 EU 的扩大

EU 已经可以回顾成功扩大的历史了。《巴黎条约》（The Treaties of Paris）（1951），建立了欧洲煤钢联营（the European Coal and Steel Community，ECSC）；《罗马条约》（Treaty of Rome）成立了欧洲经济共同体（the European Economic Community，EEC）和 EURATOM，由 6 个创始国成员签署：比利时、法国、德国、意大利、卢森堡和荷兰。EU 之后经历了四次连续扩大：1973 年，丹麦、爱尔兰和英国；1981 年，希腊；

1986 年，葡萄牙和西班牙；1995 年，奥地利、芬兰和瑞典。

从 6 个成员增加到 15 个之后，欧盟在范围和多样性方面开始准备它最大的扩张。13 个国家已经申请成为新成员，其中的十个——塞浦路斯、捷克共和国、爱沙尼亚、匈牙利、拉脱维亚、立陶宛、马耳他、波兰、斯洛伐克共和国和斯洛文尼亚——于 2004 年 5 月 1 日加入。保加利亚和罗马尼亚于 2007 年 1 月 1 日加入，而土耳其正在就它的成员国问题进行经常性的谈判。事实上，土耳其想成为 EU 的一员，这个问题将在未来被再次提出。

截至 2012 年 1 月 1 日，欧盟的 27 个成员国有：奥地利、比利时、保加利亚、塞浦路斯、捷克共和国、丹麦、爱沙尼亚、芬兰、法国、德国、希腊、匈牙利、爱尔兰、意大利、拉脱维亚、立陶宛、卢森堡、马耳他、荷兰、波兰、葡萄牙、罗马尼亚、西班牙、斯洛伐克、斯洛文尼亚、瑞典和英国。

想要加入 EU 的新国家需要满足被称为"哥本哈根标准"（Copenhagen criteria）的经济和政治条件。根据这一标准，未来的成员国必须是一个稳定的民主国家，尊重人权、法律规则和对少数群体的保护；有能起到作用的市场经济，采取 EU 法律所包含普遍规则、标准和政策。

5.4 欧洲经济和货币联盟以及欧元

《马斯特里赫特条约》（The Maastricht Treaty）产生了欧洲经济和货币联盟（European Economic and Monetary Union）（EMU），它也包括新的欧洲共同货币，欧元（于 1999 年 1 月 1 日引入）。欧元涉及将"单一价格定律"扩展到一个包含 3.2 亿消费者的市场，代表了 1/5 的世界经济，它能够推动贸易增长并引起更激烈的竞争。因此，"新"欧洲发展的重要性超越了它当时创始时涉及的相对较小的国家群体。

如今，欧元是世界上最强势的货币之一，在 22 个国家被 3.2 亿欧洲人使用。截至 2011 年 7 月 1 日，官方使用欧元的 17 个欧元区国家是：

- 比利时、德国、爱尔兰、西班牙、法国、意大利、卢森堡、荷兰、奥地利、葡萄牙和芬兰（1999 年加入）；
- 希腊（2001 年加入）；
- 斯洛文尼亚（2007 年加入）；
- 塞浦路斯、马耳他（2008 年加入）；
- 斯洛伐克（2009 年加入）；
- 爱沙尼亚（2011 年 1 月 1 日加入）。

值得注意的是，英国、丹麦和瑞典至今为止决定不兑换成欧元。其他新的 EU 成员国正为成为欧元区的一部分而努力。

另外，安道尔共和国、科索沃、黑山共和国、摩纳哥、圣马力诺和梵蒂冈城不是 EU 成员，但官方使用欧元作为它们的货币。这样，截至 2011 年 1 月 1 日，共有 17＋6＝23 个国家正在使用欧元。

欧洲经济一体化的结果不仅限于所谓的"欧洲"业务。最明显的是，EMU 的发展会对新欧元市场内的所有国外子公司有直接的影响。这些公司不得不调整它们的会计、人事和财务程序以适应新的货币。

EMU 也会影响欧洲公司的国际竞争力。交易成本、汇率风险的减少，国内竞争的加剧和收集额外规模经济的可能性都能帮助减少欧洲公司的成本结构，因而对它们的外部竞争者产生不可避免的影响。事实上，这些可能会因工资均等要求和法规限制的影响而无效。

EMU 中存在很多重要问题，因此关于欧洲经济的发展没有单一的经济舆论。

EMU 的支持者认为，由于名义汇率稳定性更强、交易成本减少（和欧元的启动有关）和价格的透明性（跨越欧洲边境），信息成本会降低，欧洲公司的国际竞争力会增加，并能够提高消费者的福利和对更便宜产品的需求。独立的欧洲中央银行（ECB）的成立是为了确保低通货膨胀率，减少实际利率并由此刺激投资、产出和雇佣。

EMU 的反对者有如下理由：

- 国家经济政策工具的丧失会产生不稳定的影响。
- 缺乏参与经济体的"真正"融合有可能会增加非对称冲击的问题。
- ECB 希望通过使用单一工具——共同利率——以达到稳定可能会被证实是不够的。由于要素不同，包括所有者占有的集中和借款利率变化，共同货币政策对 EU 成员的影响是不同的。

5.4.1 欧洲债务危机

欧洲债务危机开始于 2008 年，冰岛的银行系统崩溃，然后在 2009 年主要蔓延至希腊、爱尔兰和葡萄牙。2010 年年初担忧加剧了，此后希腊、爱尔兰和葡萄牙为它们的债务重新筹资变得困难甚至不可能。债务危机导致对欧洲商业和经济的信任危机。2011 年年末，债务危机已蔓延至意大利和西班牙。

大多数人认为将来有两种可能的情况。一种是欧元区会失掉希腊、西班牙和意大利这样的成员国，要么是它们离开，要么是其中任何一个违约，这样会拆散整个货币联盟；另一种选择是更紧密的财政联盟，这样就可以在大陆层面上协调财政政策和货币政策，使得 EU 向成为一个主权国更进一步。

5.4.2 主要贸易区

表 5.2 展示了主要的贸易区和它们的人口数量、GNI 和人均 GNI。GNI（＝GNP）是世界银行现在使用的收入指标。以前，世界银行使用国

内生产总值（GDP），它是一个国家的资本和劳动力生产的所有商品和服务的总价值。GNI 是 GDP 加上国外资产（例如子公司）的净收入。这就意味着 GNI 是一个国家的居民和公司生产的所有商品和服务的总价值，不论它们位于哪里（世界银行，2011）。

EU、美国、中国和日本的规模和经济重要性引人注目。卢森堡和丹麦——都是小国家——的富足标志是人均 GNI 值高。

除了表 5.2 中提到的主要贸易区，将来最重要的全球市场会是金砖国家——见下一章节。

表 5.2　截至 2011 年 1 月 1 日的主要贸易区（数字来自世界银行，2010）

组织	类型	成员	人口数量（百万）	GNI（十亿美元）	人均 GNI（美元）
欧盟	政治和经济联盟	比利时	10.4	472.4	45 420
		卢森堡	0.5	39.8	79 510
		丹麦	5.4	318.5	58 980
		法国	64.1	2 717.2	42 390
		德国	82.3	3 566.1	43 330
		爱尔兰	4.3	176.3	40 990
		意大利	58.1	2 038.7	35 090
		英国	61.3	2 362.5	38 540
		荷兰	16.8	835.3	49 720
		希腊	10.8	294.2	27 240
		葡萄牙	10.7	233.9	21 860
		西班牙	40.5	1 281.8	31 650
		瑞典	9.1	454.4	49 930
		奥地利	8.2	383.0	46 710
		芬兰	5.3	250.0	47 170
		保加利亚	7.1	44.3	6 240
		塞浦路斯	1.1	33.5	30 460
		捷克共和国	10.2	182.3	17 870
		爱沙尼亚	1.3	18.7	14 360
		拉脱维亚	2.2	25.6	11 620
		立陶宛	3.5	39.9	11 400
		匈牙利	9.9	128.6	12 990
		马耳他	0.4	7.3	18 350

组织	类型	成员	人口数量（百万）	GNI（十亿美元）	人均GNI（美元）
		波兰	38.5	478.2	12 420
		罗马尼亚	22.2	174.0	7 840
		斯洛伐克	2.0	89.2	23 860
		斯洛文尼亚	2.0	47.7	23 860
		总计	491.7	16 693.4	33 950
东南亚国家联盟	有限的贸易和合作协议	印度尼西亚	243.0	626.9	2 580
		文莱	不可用	不可用	不可用
		越南	89.6	98.6	1 100
		马来西亚	26.2	207.0	7 900
		新加坡	4.7	192.3	40 920
		菲律宾	99.9	204.8	2 050
		泰国	66.4	279.5	4 210
		老挝	7.0	7.1	1 010
		缅甸	不可用	不可用	不可用
		柬埔寨	14.8	11.2	750
		总计	551.6	1 627.4	2 950
亚太经合组织（APEC，不包括ASEAN、美国和加拿大）	正式机构	中国	1 330.1	5 666.2	4 260
		日本	126.8	5 344.6	42 150
		966.7	19 890	韩国	48.6
		821.1	35 700	中国台湾 *	23.0
		940.4	43 740	澳大利亚	21.5
		124.9	29 050	新西兰	4.3
		13 863.9	8 920	总计	1 554.3
北美自由贸易区（NAFTA）	自由贸易区	美国	310.2	14 622.8	47 140
		加拿大	33.8	1 417.9	41 950

续表

组织	类型	成员	人口数量（百万）	GNI（十亿美元）	人均 GNI（美元）
		墨西哥	112.5	1 049.6	9 330
		总计	456.5	17 090.3	37 438

* 根据不同来源进行的估计，因为世界银行统计不包括中国台湾。

资料来源：基于世界银行（2011）。

5.5 金砖（BRIC）国家——世界新的增长市场

金砖这个缩写是 2001 年由高盛投资创造的。它代表的是巴西（Brazil）、俄罗斯（Russia）、印度（India）和中国（China）——要关注的国家，在这些新兴市场中我们看到了未来的高增长。各个公司也经常用金砖这个术语来指这四个国家，作为它们新兴市场策略的关键。相比之下，IC 这个被减少的缩写，即"中印"这个词语经常被使用。

金砖国家总共占了地球上 42% 的人口和 17% 的世界 GNI（表 5.3）。高盛预言这些国家作为一个集合超过美国成为世界上最大的经济体只是一个时间问题。十年之后，所有的指标都证明它们是正确的。中国的稳步增长引人注目。作为一个整体，金砖国家将在 2018 年赶上美国经济。

整体上，金砖国家在 2006—2010 年间呈现出了骄人的 9.7% 的人均 GNI 年增长率（CAGR），其中中国的年增长率最高，为 12.1%（表 5.3）。

金砖国家的成功也为福布斯 2010 年的世界富豪排行榜增添了色彩。中国亿万富翁的数量在一年之内几乎翻倍，达到了 115 个。印度在这个排行榜上增加了另外 6 个亿万富翁，但是他们的财产通常要高得多，每个印度亿万富翁平均价值约为 45 亿美元。事实上，世界上没有哪个城市的亿万富翁比莫斯科还多。

金砖国家自身似乎对于它们的地位感到非常高兴。几年来，它们一直在组织峰会来研究集体策略以在全球议程上占更大比重。它们共同努力的热情看起来是真诚的。所有这四个国家都从 2008—2009 年的金融危机中快速摆脱了，没有受到损害。

事实上，一些人从开始就质疑金砖国家这个分类。从根本上说，这四个国家的相同点很少。两个国家是以制造业为基础的经济体，两个国家是进口商（中国和印度），两个是自然资源的出口巨头（巴西和俄国）。

学者和专家认为，相对于其他金砖国家，中国一枝独秀。中国和其他大的新兴经济体，例如巴西、俄罗斯和印度之间的"发展差距"很大程度上可以归结为中国很早就重视宏大的基础设施项目：大多数新兴经济体只将 GDP 的 2%～5%投资到基础设施，而在 20 世纪 90 年代和 2000—2009 年间，中国将它 GDP 的大约 9%投资到基础设施。这个巨大的支出差距使得中国经济得以高增长，而很多南美洲和南亚经济体则遭受了各种各样的发展障碍，例如运输网络差。

表 5.3　金砖国家的 GNI 和 CAGR（2006－2010）

	人口（百万）	总 GNI（当前美元—十亿）	人均 GNI（当前美元）	人均 GNI 的 CAGR（复合年增长率）以 PPP 美元计算（2006—2010）
巴西	201	1 888	9 390	5.5%
俄罗斯	139	1 381	9 910	7.1%
印度	1 173	1 572	1 340	8.8%
中国	1 330	5 666	4 260	12.1%
金砖国家总计	2 843	10 507	3 695	9.7%
世界总计	6 831	62 138	9 097	4.7%
金砖国家%	41.6	16.9	—	—

资料来源：基于世界发展指标数据库（World Development Indicators database），世界银行，2011 年 7 月 1 日，http://data.worldbank.org/indicatior/。

尤其是俄罗斯，有时会被认为是这四个国家中与众不同的一个，因为它的特点和其他三个国家完全不同。巴西、中国和印度都有人口激增，指望人口众多的年轻一代进行创新。俄国则更像欧洲，人口老化且出生率降低。它的经济成功主要归结于汽油储量，而其他三国的繁荣则建立在服务和制造业上。

有时，评论家们声称中国和俄罗斯不尊重人权和民主，这在将来可能会成为一个问题。

最近的成功也导致了对经济过热的担心。金砖国家很好地抵御了危机，以至于它们被当作了资本的避风港。然而，就像历史多次证明的一样，在很多地方，经济泡沫会很快形成。在过去的数年中，由于农产品强力增长的驱动，通货膨胀已经在新兴市场涌动，这主要是由于供给震荡和金砖国家等地区财富增长带来的需求的稳步增长。2011 年年末，四个金砖国家的通货膨胀率在每年 5%～10%之间浮动。

与此同时，金融市场已经开始注意查看下一代新兴国家。南非、韩国、印度尼西亚和墨西哥有时会被加入这个名单。其他人则建议密切关注非洲。

2009 年，金砖国家的政治领袖会面，开展了第一次金砖峰会。2010 年，在巴西利亚的一场会议上，南非被邀请为嘉宾，2011 年，组织邀请南非加入成为正式会员，以前被称为 BRIC 的金砖四国变成了 BRICS——金砖五国。

虽然世界正在寻找下一代的新兴经济体，但各种指标显示金砖国家比以往任何时期都更加相关。将来的发展会使数亿人脱离贫困。这个新兴的中产阶级有可能会对世界其余人口产生巨大的影响——不仅体现在它对消费用商品的需求能够改变一切，从能源消耗到出口机会；而且它会在全球决策方面有越来越重的分量。新的参与者有可能会来，但是原来的金砖四国仍然是值得关注的四个。

2011 年 4 月 14 日，中国三亚，金砖国家峰会。

从左往右：印度总理曼莫汉·辛格（Manmohan Singh）；俄罗斯总统德米特里·梅德韦杰夫（Dmitry Medvedev）；中国国家主席胡锦涛；巴西总统迪尔玛·罗塞夫（Dilma Rousseff）；南非总统雅各布·祖玛（Jacob Zuma）。

资料来源：Ed. 琼斯（Ed Jones）/AFP/盖蒂图片（Getty Images）。

5.6 作为市场机遇的"金字塔底层"（Bottom of pyramid, BOP）

贫困是现代世界存在的广泛现实。世界上 2/3 的人口每年的收入少于 2 000 美元。贫困人口的市场一直被看作是收获商业利润的金矿，它被称为是"金字塔底层"（BOP）市场［普拉哈拉德（Prahalad），2004］。根据普拉哈拉德的学说，聚焦 BOP 市场应该是核心业务的一部分，而且不应只是企业社会责任行动：迎合 BOP 市场（其方式是符合未满足的社会需要和新的消费者偏好）商业组织就能创造带有巨大价值的市场机遇。小额贷款业务的发展就是具有这种性质的一个例子。

根据普拉哈拉德（2004）的学说，那些认为 BOP 是一个有价值但未被服务的市场的营销者也相信即使是穷人也可以成为好顾客。虽然他们的收入水平低，但他们是有辨识能力的顾客，需要价值而且对能充分意识到富裕消费者所喜爱的品牌的价值。这种学派认识到了低收入所产生的障碍。

它假定如果公司采取正确的步骤并投入足够的资源来满足 BOP 的需求，它们就能克服消费障碍。

普拉哈拉德认识到要服务低收入阶层就要有能回应这些人们需求的商业策略；要获得成功，需要其他参与者的介入——主要是当地和中央政府、金融机构和非政府组织（NGO）。他提出了在低收入市场苗壮成长的四个关键要素：

1. 创造购买力；
2. 通过产品创新和消费者教育塑造渴望；
3. 通过更好的分销和交流体系来增进接触；
4. 定制当地方案。

在接下来的讨论中，我们会主要关注以下和 BOP 市场有关的内容：

- 穷人作为顾客；
- 穷人作为产品和服务的营销者。

5.6.1　穷人作为顾客

贫困是一个和程度有关的问题，涉及主观论断。普拉哈拉德（2004）使用的是 1999 年价格的购买力平价（PPP）率每天 2 美元的标准。在这个贫困层次，可以满足生存的基本需要，但仅仅是勉强维持。

普拉哈拉德认为，BOP 潜在市场的 PPP 是 13 万亿美元。根据卡纳尼（Karnani）（2007）的说法，这大大高估了 BOP 市场的规模。贫困人口的平均消费是每天 1.25 美元。假定有 27 亿贫困人口，那么 2002 年 BOP 市场的 PPP 就有 1.2 万亿美元。卡纳尼提出这个可能也是一个估计过高的数字，他认为全球 BOP 可能只有 0.3 万亿美元，而美国经济自己就有 11 万亿美元。

根据哈蒙德（Hammond）等人（2007）的学说，BOP 集中在四个区域范围：非洲、亚洲、东欧和拉丁美洲及加勒比海地区：12.3％的 BOP 生活在非洲，72.2％的在亚洲，6.4％在东欧，剩下的 9.1％在拉丁美洲和加勒比海地区。非洲和亚洲的乡村地区是主要的 BOP 市场，而在东欧及拉丁美洲和加勒比海地区主要是城市地区。

为延伸至 BOP 顾客，格拉科塔（Gollakota）等人（2010）提出了一个两步模型：

1. 深度成本管理。很明显需要减少成本，但在这之前必须找出 BOP 顾客产品和服务的核心价值。BOP 人群的生活方式和环境与西方市场即使最贫困的人口也有很多不同。文化规范不同，而且 BOP 顾客对价值认知的体验也不同。公司需要理解产品/服务要满足的基本需求。一旦组织能够根据 BOP 顾客的需要和欲求找出它的核心价值主张，下一步就是重新构造价值链来降低成本。这涉及去掉那些只会增加成本的要素并避免所有的虚饰。例如，使用更廉价的投入来降低成本或减少包装尺寸（以小数量重新包装）。其他节省成本的方案包括使用信贷（当可用时）来减少预知款支付并接受分期付款。另一种可行方案是付费使用策略，这样顾客就能够为资产的使用付款，而不用为全额资产成本付款［卡拉姆昌德尼（Karam-chandani）等人，2011］。

2. 深度利益管理。即使有深度成本管理策略，一个公司也许仍不能够到达 BOP 顾客；相反，公司需要认识到 BOP 顾客的需要和欲求与更富裕顾客的需要和欲求有很大不同。在这种情况下，一个更加基础的重新设计可能就是必要的。在某些情况中，这意味着要增加对 BOP 顾客来说重要的新特点；在另一些情况中，这可能意味着要提供更加便利的位置、运输或其他对 BOP 顾客来说基本的服务。

5.6.2　穷人作为产品和服务的营销者

为了使金字塔底层能够产生成功的企业家，应当满足三个关键方面以服务 BOP 市场［皮塔（Pitta）等人，2008］：

- 能够使用信贷（小额贷款）；
- 建立联盟；
- 使用综合营销策略（在这里不进行讨论——但请看示例 5.2 和 5.3 作为综合营销策略使用的好例子）。

示例 5.2　沃达康（Vodacom）——在非洲延伸至 BOP 顾客和 BOP 企业家

沃达康是一个泛非（pan-African）移动通信公司，是南非第一个蜂窝网络。它为南非、坦桑尼亚、莱索托、莫桑比克和刚果民主共和国的 4 900 万顾客提供 GSM 服务。

在某段时期，沃达康认识到虽然非洲的金字塔底部没有单独的一个人可以买得起手机进行他或她的专属个人使用，但几个使用者可以通过共享手机和分担费用来买手机。这种被共享的手机可以满足通信的基本需要但不能满足隐私需要，也不能使 BOP 顾客总算能够接触到手机。超越了手机作为通信设备的价值，沃达康通过将手机定位为获取收入的资产而增加了新的价值主张。有了这个新价值主张，手机就可以卖给当地企业家，它们将会作为沃达康（特权授予者）的特许经营者，在当地社区针对手机使用收取使用者的费用。这样，沃达康就为手机增加了价值，它不仅是一种通信方式，而且通过把它转变成获取收入的资产也成为了一种谋生方式。

资料来源：基于格拉科塔（Gollakota）等人（2010）。

示例 5.3 Voltic "酷派"（Cool Pac）——加纳的水销售

2000—2009 年早期，加纳瓶装水的领导生产商 Voltic 专注于高收入加纳人，服务于高端批发商点，包括宾馆、酒吧和餐厅。事实上，对于 Voltic 的管理者来说，BOP 水市场有巨大的潜力，但由于价格低和消费者的品牌忠诚度差，水市场被认为是一个容量大但价值很低的部分。

为了竞争，公司显然需要对它的商业策略进行重新思考。Voltic 认识到将水从集中的瓶装机运输到各个市场和人流多的地区成本太高了。而且，由于包装尺寸更小，每升的运输成本就会增加，因为小袋（袋装）的填装性并不很好。新兴市场薄弱的基础设施和运输使用情况很可能使问题更加严重。所以，Voltic 采取了激进的做法将它的瓶装过程分散到十多个加盟商那里，并且在这一过程中将它的水产品带到离市场更近的地方。

Voltic 对它的商业模式进行了彻底的改变，通过特许经营将生产进行分散，成立了一个独立的品牌，通过使用非正式的街头小贩来兜售价值 0.03 美元的 500ml 小袋装，以优化销售。加盟商是有能力投资和发展业务的当地企业家。这包括装瓶（包括质量控制）和销售。在这种合作关系中，Voltic 只支付资本成本的一半多，剩下的费用由企业家承担。Voltic 和加盟商分割营业利润。

BOP 市场的水

Voltic 引入了一个叫作"酷派"（Cool Pac）的新品牌，并将价格订得比众多非正式竞争者稍高一些。在 BOP 市场，水作为商品的功能更多，Voltic 通过着力强调品牌和质量改变了这一切。即使 Voltic 将装瓶和销售进行了外包，公司仍然对所有的品牌构建活动保持紧密的控制。

小袋装通过非正式街头小贩网络进行销售。袋装（500ml）以 0.03 美元的售价卖给顾客，现付自运。现在，每天有 10 000 多个街头小贩卖出将近 480 000 包 Cool Pac。

随着 Voltic 的成功，私人直接投资公司欧瑞斯于 2004 年开始在 Voltic 进行了两项成功的投资，2009 年，Voltic 被南非米勒（SABMiller）收购。

资料来源：基于卡拉姆昌德尼（Karamchandani）等人（2011）。

能够使用信贷 （小额贷款）

一个贫穷的消费者可以获得小额贷款并成为对家庭收入和独立有贡献的生产商，这个概念是能让人充满希望的。有证据表明，小额贷款在援助金字塔底层方面获得了成功；也有证据表明，很多想要成为企业家的人在利用这种信贷方面失败了［卡纳尼 （Karnani），2007］。

正式的商业信贷在这个市场得不到，而且在非正式金融市场接触并获得金融服务的成本是相当大的。

2006 年的诺贝尔和平奖决定授予穆罕默德·尤努斯 （Muhammad Yunus） 和格莱珉银行 （he Grameen Bank），也着重突出了发展中国家小额贷款的潜力。在过去的十年中，大多数非洲国家都已经成立了小额贷款银行，但格莱珉运营的绝对规模仍然步履蹒跚。为个人或微小企业提供很小数目的金钱看起来好像对经济发展的贡献极小，但是它可以扩展一个国家的经济基础并能够促进发展，使生活水平真正提高。

格莱珉银行现在已经为 700 万人提供了贷款，其中 97％是妇女。大多数贷款数额很小，很少超过 100 美元。在孟加拉，银行通常在寺院或村庄大厅办理业务。贷款通常用来改善灌溉或买新工具来提高效率。作为诺贝尔奖的一部分，尤努斯被嘉奖 1 000 万瑞典克朗 （135 万美金），这些钱将被用来寻找新的途径来帮助穷人开展他们自己的业务。

5.6.3　建立联盟

BOP 市场要求涉及多个参与者，包括私人公司、政府、非政府组织、金融机构和其他团体，例如社区。

通过将利润动机注入价值创造，我们的希望是私人公司能够在服务 BOP 市场中起主导作用，这样，消除贫困的目标就更有可能成功。

最后，公共部门在发展 BOP 命题方面有重要作用。其重点是从传统的政府协助转变为用不同的方式创造可持续的环境来援助 BOP。例如，提供资金和企业家培训就是政府在 BOP 扶持顾客和生产商的一种方式。

和卫生保健部门的联盟也很重要。例如，十天剂量的救生用抗生素在现实中不能通过使用"较小包装尺寸"（smaller package size）来减少成本。如果这样做，其含义就是要减少每天的剂量或是让全效剂量更少。这两种方式有可能产生抗药菌并由此威胁病人生命和社会。为改善这一状况，其他参与者，例如政府和非政府组织就很重要，营销者必须意识到与他们合作的重要性。

5.7　总结

在本章中，我们着重分析了政治/法律和经济环境，因为它能在国际市场上对公司造成影响。大多数公司不能直接影响它们市场的环境，但它们商业行为成功的机会很大程度上取决于环境的结构和内容。因此，一个服务于国际市场或计划这样做的营销者就需要对所服务或考虑中的市场的政治和经济环境进行仔细的评估，以取得适当的管理结果。

5.7.1　政治环境

由于国内、国外和国际政治的交互影响，国际营销者所面对的政治环境是复杂的。当在国外进行投资时，公司必须对那个国家的政治关切保持敏感。公司应当准备一个监控系统来对政治风险——例如对进口商和/或出口商的征收、国有化和限制——进行系统的评估。通过灵巧的适应和控制可以减少或抵消政治风险。

关税一直被用作国际贸易的壁垒。20 世纪最后一个十年中的国际贸易自由化导致了关税壁垒的大量减少。因此，政府开始更多的使用非关税壁垒来保护本国的产业，它们认为这些产业不能够承受自由国际竞争。政府也可以通过它的投资政策来支持或阻碍国际商务，也就是说，制定通则对国内和国外商业活动资产和所有权的参与者以及国家的其他组织进行律法管理。

有各种各样的贸易壁垒可以妨碍国际化营销。虽然各国已经使用WTO 来减轻诸多限制，但毫无疑问的是有几种壁垒仍然存在。

可以用如下的要素来研究一个国家的政治风险预期：
- 政府政策的变化；
- 政府的稳定性；
- 东道国政府经济管理的质量；
- 东道国对国外投资的态度；
- 东道国与世界其他国家的关系；
- 东道国与总公司本国政府的关系；
- 对外国人事委派的态度；
- 政府和人民之间的亲密度；
- 管理程序的公平和诚实。

对各个国家和各个公司来说，这些要素的重要性各不相同。然而，有必要将它们全都进行考虑以保障能完全掌握在某一国家开展业务的政治前景。

5.7.2　经济环境

经济环境是市场潜力和机遇的一个主要决定因素。各个国家市场的巨大差异起源于经济上的不同。人口特征当然代表了一个重要的方面。国家中人民的收入和财富也相当重要因为这些关键要素能够决定人们的购买力。各个国家和市场可能处于经济发展的不同阶段，每个阶段都有不同的特征。

《马斯特里赫特条约》（The Maastricht Treaty）产生了欧洲经济和货币联盟。结果，这个"新"欧洲的发展有了重要意义，超越了它创始时所涉及的相对较小的国家群体。

估计其他国家经济发展的正规方法有：（a）国民生产，例如国民生产总值和国内生产总值；以及（b）购买力平价，或是两种国家货币在这两个国家购买相同"篮子"（basket）商品的相对能力。这个指标被用来修正造成的对比。

案例研究 5.1

萨奥丹弗斯（Sauer-Danfoss）：哪些政治/经济因素会影响一个液压元件制造商？

萨奥丹弗斯（www.sauer-danfoss.com）是一个移动液压解决方案综合子供应商，其方案可以作为农业、建筑、原材料处理和公路建设移动设备生产商的部分或综合系统，也可以用在林业和道路上用的特种车辆中。萨奥丹弗斯称自己为"全球化"公司：作为一个全球化公司，它策略性地将生产设施设在能够将产品开发和生产发挥到最大极限的地方，这样"上游"成本效率就提高了。另外，萨奥丹弗斯也全力在当地用它的当地服务中心来对它的顾客进行"下游"服务。萨奥丹弗斯家族2011年末包含17套工程和制造生产设备，20个销售子公司和280个分销商及授权服务中心。

萨奥丹弗斯在北美、欧洲和东亚有6 000多名员工，是如今世界上最大的移动液压生产商和供应商之一。它的主要业务中心在爱荷华州的埃姆斯市（Ames, Iowa）（美国）、纽姆斯特（Neumünster）（德国）和努德堡（Nordborg）（丹麦）。萨奥丹弗斯2011年的净销售额是21亿美元，净利润为2.3亿美元。

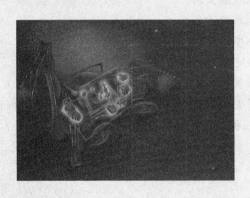 

这两张图像分别代表了建筑市场（挖掘装载机）和农业市场（甜菜收割机）

资料来源：©萨奥丹弗斯蓝色图形概念（Blue Graphics Concept Sauer-Danfoss）。

问题：

1. 全球环境中的哪些政治和经济因素会对萨奥丹弗斯以下液压组件/系统将来的全球销售产生最大的影响？

a）建筑和开采设备的制造商（例如开拓重工）？

b）农业机械制造商（例如约翰迪尔）？

2．要预测像萨奥丹弗斯这样的分供应商的将来需求，最大的问题是什么？

更多练习和案例，请登录本书的网站 www. pearsoned. co. uk/hollensen

讨论问题

1．指出不同类型的商品和服务自由流动壁垒。

2．解释统一欧洲货币对于向欧洲市场销售产品的公司的重要性。

3．当对世界市场进行对比分析时，GNP 的用处有多大？你会推荐其他哪些方法？

4．讨论人均收入在评估市场潜力方面有哪些限制？

5．区别（a）自由贸易区，（b）关税联盟，（c）共同市场，（d）经济和货币联盟和（e）政治同盟。

6．为什么国际营销者会对市场人口的年龄分布感兴趣？

7．描述国外汇率波动会如何影响（a）贸易，（b）投资，（c）旅游业。

8．为什么政治稳定性对于国际营销者来说如此重要？从媒体中找到一些最近的例子来支持你的观点。

9．一个国家主要政治目标的改变如何能够对国际营销者的成功潜力产生影响？

10．一个国家的自然环境会影响它对工业产品国际营销者的吸引力。请讨论。

11．解释为什么一个国家的贸易平衡可能会对国际营销者有意义？

参考文献

Albaum，G.，Strandskov，J. and Duerr，E.（2002）International Marketing and Export Management，(4th edn)，Harlow：Financial Times/Pearson Education.

Clements，K. W.，Lan，Y. and Seah，S. P.（2010）"The Big Mac Index two decades on an evaluation on burgernomics"，Discussion Paper 10. 14，University of Western Australia.

Czinkota，M. R. and Ronkainen，I. A.（1996）Global Marketing，1st edn，South-Western.

Enderwick, P. (2011) "Understanding the rise of global protectionism", Thunderbird International Business Review, 53 (3), pp. 325-336.

Gollakota, K., Gupta, V. and Bork, J. T. (2010) "Reaching customers at the base of the pyramid-a two-stage business strategy", Thunderbird International Business Review, 52 (5), pp. 355-367.

Hammond, A., Kramer, W. J., Katz, R. and Walker, C. (2007) The Next 4 Billion, Washington: World Resource Institute.

Jain, S. C. (1996) International Marketing Managment, Cincinnati, OH: South-Western College Publishing.

Jakobsen, J. (2010) "Old problems remain, new ones crop up: political risk in the 21st century", Business Horizons, 53, pp. 481-490.

Karamchandani, A., Kubzansky, M. and Lalwani, N. (2011) "Is the bottom of the pyramid really for you?", Harvard Business Review, March, pp. 107-111.

Karnani, A. (2007) "The mirage of marketing to the bottom of the pyramid: how the pricate sector can help alleviate poverty", California Management Review, 49, pp. 90-111.

Low, B. (2007) "Huawei Technologies Corporation: from local dominance to global challenge?", Journal of Business & Industrial Marketing, Vol. 22, No. 2, pp. 138-44

Pitta, D. A., Guesalaga, R. and Marshall, P. (2008) "The quest for the fortune and the bottom of the pyramid: potential and challenges", Journal of Consumer Marketing, 25 (7), pp. 393-401.

Prahalad, C. K. (2004) Fortune at the Bottom of the Pyramid: Eradicating Poverty through Profits, Upper Saddle River, NJ: Wharton School Publishing.

World Bank (2011) World Development Indicators database, World Bank, 1 July.

第6章 社会文化环境

目录

6.1 简介

　　示例 6.1 跨越国际边境的苏格兰威士忌

6.2 文化层面

6.3 高语境和低语境文化

6.4 文化的因素

　　示例 6.2 沙特阿拉伯的感官和触摸文化 VS 欧洲广告

　　示例 6.3 拍立得在穆斯林市场的成功

6.5 霍夫斯泰德（Hofstede）在国家文化方面的原著（"4+1"维度模型）

　　示例 6.4 宝矿力水特（Pocari Sweat）——一种日本软饮料在亚洲扩大销售

6.6 管理文化差距

6.7 世界文化的集中或分散

6.8 文化维度对伦理决策的影响

　　示例 6.5 李维·史特劳斯（Levi Strauss）：一个跨国公司道德守则的典范

6.9 总结

案例研究

6.1 宜家家居目录（IKEA Catalogue）：有文化差异吗？

　　讨论问题

　　参考文献

学习目标

学完本章之后，你应该能做到以下几点：

- 讨论社会文化环境如何能够影响一个潜在市场的吸引力
- 对文化进行定义并指出它的一些要素
- 解释霍夫斯泰德模型（Hofstede's model）中的"4+1"维度

● 讨论霍夫斯泰德模型的优点和缺点
● 讨论世界文化是在集中还是在分散

● 6.1　简介

文化的重要性对于国际营销者来说是深远的。文化对社会行为和交流的各方面都有着普遍的影响。它体现在日常生活所使用的物品和社会的交流模式之中。文化的复杂性反映在对文化的多种定义之中［克雷格（Craig）和道格拉斯（Douglas），2006］。每个论述文化的作家都给出了不同的定义。泰勒（Tylor）（1881）的定义是最为广泛接受的一种："文化是一个复杂的整体，包括知识、信仰、艺术、道德、法律、风俗，以及作为社会成员的个人而获得的任何能力与习惯。"

文化是国际市场之间差异的明显的来源。一些文化差异相比其他文化差异更易于管理。例如，在处理买家语言不同或信仰不同的市场时，国际营销者可以预先制订计划如何管理具体的不同点。通常情况下，更大的问题是理解不同国家买主的潜在态度和价值。

文化的概念很广泛而且极其复杂。它实际上包含了个人生活的各个方面。人们在社会中共同生活的方式受到宗教、教育、家庭和参考群体的影响。它也受到法律、经济、政治和技术因素的影响。这些影响之间有着各种各样的交互作用。我们可以看一下不同社会交流方式的文化差异：使用不同的语言；语言和其他交流方式（例如人与人之间空间的使用）的重要性也不同。各种文化中工作的重要性、对休闲的利用以及人们所重视的奖励与认可的类型都不相同。在一些国家，人们对金钱奖赏有很高的积极性，而在另一些国家和文化中社会地位和认可则更加重要。

文化通过反复进行的社会关系来发展，在这种社会关系中形成了最终被整个群体的成员所内化的形式。换句话说，文化不是静止不动的，而是随着时间进行缓慢变化的。最终，文化差异不一定看得见，而是可能会非常微妙，而且可能在人们从来没有注意的情况下浮现。

人们普遍同意文化必须有这三个特点：

1. 它是习得的：也就是说，它是人们通过成为群体的一员，并将文化代代相传而在长时间内获得的。对于国家文化，你会在生命的早期进行最集中的学习。到5岁时，你已经是一个使用自己语言的专家了。你已经将和这些功能有关的价值内化了：

（a）与你家庭中的其他成员交流；

（b）引发奖励并避免惩罚；

（c）为自己的需求进行交涉；

（d）引起和避免冲突。

2. 它是相互联系的：也就是说，文化的一部分和其他部分例如宗教、婚姻、商业和社会地位紧密联系。

3. 它是共享的：也就是说，文化的原则会延伸至群体中的其他成员。文化价值是由文化群体中的其他成员传递给个体的。这些成员包括父母、其他成年人、家庭、学校等机构和朋友。

文化可以被认为是具有三个其他的层面（图 6.1）。文化的有形方面——你能看到、听到、闻到、尝到或感觉到的东西——是一群人所分享的潜在价值和设想的人工制品或表现形式。这些要素的结构就像是一个冰山一样。

图 6.1　文化的可见和不可见部分

文化（Culture）：学习获得的社会进行理解、决定和交流的方式。

你所看到的水面以上的冰山部分仅仅是存在物的一小部分。你所看不见的是价值和设想，如果你不小心撞到了它们就可能沉船。日常行为受到价值和社会道德的影响，相比于基本的文化设想，价值和社会道德离表面更近。价值和社会规范能帮人们对他们的短期日常行为作出调整；这些标准会在较短的时期内（10 年或 20 年）发生变化，而基本的文化建构很可能在数个世纪内形成。

分析文化影响的一种方式是通过高语境/低语境分析来审视文化。因为语言是文化的重要组成部分和交流的重要方式，所以我们会看一下口头语言和无声语言。

一些文化之间的差异可能是巨大的。例如，瑞士和中国文化的语言和价值差异就相当大。西班牙和意大利文化之间也有差别，但是要小得多。两者的语言都基于拉丁文——它们使用相同的书面交流形式而且有相似的价值观和规范，虽然不完全相同。

各种文化中交流技巧的使用都不一样。在一些语言中，交流是严格的建立在所说或所写的词汇之上的；在另一些语言中，更加模糊的因素，如环境或信息表达者的社会地位则成为理解传达的重要变量。霍尔（1960a）运用这一发现作了一个一般性的区分，他称之为"低语境文化"和"高语境文化"。

6.2　文化层面

被公司组织成员所接受的行为规范在公司的国际化进程中变得越来越重要。当国际化公司雇佣的人具有日益多样化的国家文化背景时，文化层面可以提供一个通用的框架来理解各种各样的个体行为以及他们对如何开展业务的决策过程。

个体的行为受到不同文化层面的影响。国家文化决定了影响商业/行业文化的价值，商业/文化价值又能决定一个公司的文化。

图6.2展示了一个某国卖家和另一个国家的买家之间进行谈判的典型场景。个体买家或卖家的行为受到不同层次文化方面的影响，这些文化方面以一种复杂的方式相互联系。每个不同的层面都会影响个人可能的行为。

图6.2以一种"嵌套式"的角度来看待不同的层次，不同的文化层次之间相互嵌套以掌握各个层次之间的文化互动。整个嵌套包含以下层次：

- 国家文化。这给了商业活动一个文化概念的整体框架和法例。
- 商业/行业文化。每种业务都是在某一竞争框架和某一具体行业（或服务部门）之内进行的。有时这些可能会有重叠部分，但总体来说，一个公司应当能够清楚地说出自己是哪一业务部门的。这一层面有自己的文化根源和历史，而且这一层面的参与者都知道游戏规则。行业文化和行业分支密切联系，而且这种商业行为和伦理文化在各个国家都差不多。例如，不同国家的运输、石油产业、国际贸易和电子工业都有相似的特点。

- 公司文化（组织文化）。整个组织通常包含各种功能的次文化。功能文化通过组织内某个功能的成员共同价值、信念、意图和行为进行表达（例如营销、金融、运输、采购、高管理层和蓝领工人）。
- 个人行为。个人受到其他文化层次的影响。在互动环境中，个人成为了核心人员，他和行业营销背景中的其他行为者"互动"。个人被认为很重要是因为对世界的认知不同。文化是习得的，它不是天生的。由于不同的学习环境和不同的个人特征，学习过程创造了独立个体。

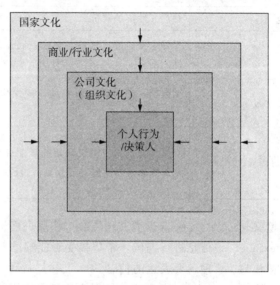

图 6.2　不同的文化层面

6.3　高语境和低语境文化

爱德华·T. 霍尔（Edward T. Hall）（1960a）引入了高语境和低语境的概念作为一种理解不同文化导向的方式。表 6.1 总结了一些高语境和低语境文化的差别形式。

表 6.1　各种文化的大体相对特征

特征	低语境/个体主义 （例如西欧、美国）	高语境/集体主义 （例如日本、中国、沙特阿拉伯）
交流和语言	明确、直接	含蓄、间接
自我和空间意识	非正式的握手	正式的拥抱、鞠躬和握手

特征	低语境/个体主义 （例如西欧、美国）	高语境/集体主义 （例如日本、中国、沙特阿拉伯）
衣着和外表	为个人成功而穿着，种类多样	社会地位的象征，宗教规则
食物和饮食习惯	吃饭是一种必须，快餐	吃饭是一种社会活动
时间观念	线性的，精确，追求迅速 时间＝金钱	弹性的，相对的，时间花在享受上，时间＝关系
家庭和朋友	核心家庭，自我导向型，重视年轻	大家庭，他人导向型，忠诚和责任，尊重老人
价值和规范	独立，冲突的对抗	群体一致性，和谐
信仰和态度	平等主义，挑战权威，个人控制命运，性别平等	等级制度，尊重权威，个人接受命运，性别角色
心理过程和学习	横向的，整体的，同时的，接受生活的磨难	线性的，逻辑的，连续的，解决问题
商业/工作习惯	交易导向型（"很快开始处理业务"），基于成就进行奖励，工作具有价值	关系导向型（"先交朋友，然后谈生意"），根据资历进行奖励，工作是一种必须。

低语境文化 (Low-context cultures)：依靠口头和书面语言（"把一切事情付诸书面合同"）。交流的复杂性低。

高语境文化 (High-context cultures)：围绕信息使用更多的要素。交流信息的文化环境有很多含义。交流的复杂性高。

- 低语境文化依靠口头和书面语言来表达意义。信息发送者将他们的信息进行编码，希望接受者能够准确地对使用的词汇进行解码，以很好地理解要表达的信息。
- 高语境文化围绕信息，使用并解读更多的要素以形成他们对信息的理解。在高语境文化中人的社会重要性和知识以及社会背景会增加额外的信息，并会被信息接受者察觉。

图 6.3 展示了世界上各种文化的语境区别。其中一个极端是北欧的低语境文化，另一个极端是高语境文化。日本人和阿拉伯人根据他们的社会人口背景有着复杂的交流方式。

在分析阿拉伯国家的个体买家行为时，索伯格（Solberg）（2002）发现，在阿拉伯国家，与有意愿认同产品的合作者建立信任所花的时间比在西方的通常时间要长。建立关系网——使用其他合作者的力量——似乎对阿拉伯买家发挥的作用要大得多。在阿拉伯国家，代理商的地位及其与显赫家族的关系网可能对成功至关重要。因此"爱上"错误的代理商可能会破坏出口商在市场中长期存在的机会。

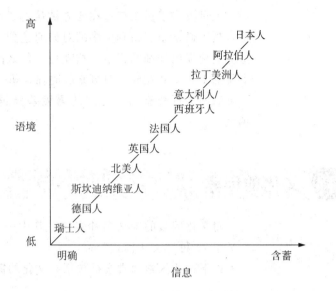

图 6.3　不同文化的语境连续体

资料来源：乌苏涅尔 . J. -C.（Usunier，J. -C.）（2000）《国际营销：一种文化方法》（*International Marketing：A cultural Approach*）。培生教育有限公司（Pearson Education Limited）许可重印。

中国特殊的文化问题

在中国，很多西方高管和外派人员在接手中国任务时，促进销售的注意力范围太狭窄。首先，大多数西方人低估了中国政府的作用。在大多数行业，没有政府的支持就不可能做好。

其次，在中国，吸引和留住人员不仅和工资以及提供晋升机会有关；还关系到能够创造一个使人融入的工作环境。对很多中国人来说，公司是一个工作地点，但也是一个社会团体，他们希望他们的老板不只是一个工头或一个疏远的专业人士。要在更个人化的层面上接触他们，聪明的高管会让自己的反应更加积极迅速，并让他们的公司更体贴。例如，他们会更多地操办工人组织活动并扩大雇员对社区和公民责任项目的参与。

对很多西方高管来说，在这些软问题上花时间就相当于在达到绩效目标和提高生产力这样的硬问题上失掉了时间。事实上，和这种普遍观点相反，对员工福利的真诚关切可以成为在中国推动绩效改进的关键因素。这不仅在管理者雇员层面是事实，而且在政府层面也是这样。相比于在低语境国家，在中国，人们和政府在更大程度上期望跨国公司成为好的合作公民。公司可以通过对中国的发展进行投资来展示它们所承担的义务。三星在它的运营公司和需要援手的偏远农村之间建立长期联系的项目；爱立信在中国农村安装移动通信技术的努力；美国通用电气参与培训中国的资深领导者；这些都是商业策略定位必不可少的一部分，而不是可有可无的额外之物［佩因（Paine），2010］。

太过投身于员工工作在西方被认为是微观管理。在中国，由于经验不足，员工通常想要得到更多的对如何达到他们目标的指导，并且更倾向于指望老板提出详细的指示。这就是为什么高效的中国领导者会密切地检查下属的工作，并在施教时刻来临时抓住机会以身作则或介入干预。

试图进行交流的人之间的语境差异越大，完成准确交流的困难性就越大。

6.4　文化的因素

对文化因素的定义多种多样，其中一个［默多克（Murdoch），1954］列举了73种"文化模式"。

以下这些因素通常会被包括在文化的概念中。

6.4.1　语言

一个国家的语言是它文化的钥匙，可以被描述为文化的一面镜子。因此，如果一个人的工作和任何一种文化广泛相关，那么学习这种语言就非常必要。学好一门语言就意味着学习了这种文化，因为语言中的词汇就是反映它源出文化的概念。

语言可以被分为两个主要因素。带有声音且具有意义模式的言语语言是明显因素；非言语语言不那么明显，但是它是通过肢体语言、沉默和社会距离表达的有力传播者。

言语语言

言语语言是一种重要的交流方式。在各种形式中，例如戏剧和诗歌，书面语言被认为是一群人文化的一部分。在口头形式中，实际说出的话和说话的方式为接受者提供了线索，可以由此了解说话人的类型。

语言能力在全球营销中扮演了四个不同的角色：

1. 语言对于信息收集和评估工作很重要。管理者能够自己观察和倾听正在发生的事情，而不是完全依赖他人的意见。人们在讲自己的语言时会舒服得多，这可以被当作是一个优势。要在市场上收集最好的情报，就要成为市场的一部分，而不是从外部进行观察。例如，一个全球化公司的当地管理者应该成为公司评价潜在风险的首要政治信息来源。但要小心，他们可能也会带有偏见。

2. 语言提供了接触地方社会的机会。虽然英语可能被广泛使用，甚至可能是公司的正式语言，但能说当地语言就会产生很大区别。例如，将促销材料和信息进行翻译的公司会被认为是在认真的在这个国家开展业务。

3. 语言能力在公司交流中变得日趋重要，不论是在公司家族内部还是渠道成员。设想一下，一个国家经理如果必须通过翻译人员才能和员工交流会遇到多少困难。

4. 语言提供的不只是交流能力，它还延伸至结构之外的语境解释。

各种文化的一个重要不同方面是交流的明确或含蓄程度。在明确语言文化中，管理者被教导为要进行有效的交流：你应当"言而由衷，言出必行"。含糊的指令和指示被看作是交流能力贫乏的表现。明确语言文化的假定是有效交流的责任在于讲话者。相比之下，含蓄语言文化中（大都是高语境）的假定是讲话者和聆听者对有效交流都负有责任。含蓄的交流也能帮助避免不愉快和直接的对抗和争论。

表 6.2 给出了对世界上主要的口头语言的估计。

表 6.2　世界上的官方语言和口头语言

母语（第一语言）	讲这种语言的人的数量（百万）
汉语	1 000
英语	350
西班牙语	250
印度语	200
阿拉伯语	150
孟加拉语	150
俄语	150
葡萄牙语	135
日语	120
德语	100
法语	70
旁遮普语	70

注释：汉语包括很多方言，其中最主要的是普通话。

资料来源：改编自菲利普斯·C（Phillips C.）等人（1994）p. 96.

非言语语言（Non-verbal language）：在高语境文化中更为重要：时间、空间（人们之间的会话距离）、物质财富、友谊模式和商业协议。

汉语作为母语（或第一语言）的人数是第二大语言英语的三倍。事实上，如果算上口头商业语言人口数量，英语就会超过汉语。

应当注意的是，官方语言并不总是被一个国家的全体人口所说。例如，法语是加拿大的官方语言，但很多加拿大人的法语流利程度却很差。

因此，英语经常成为不同国籍商务人员的通用语言，但绝不总是这样。

非言语语言

根据霍尔（Hall）（1960a）的学说，非言语语言是一种有力的交流方式。高语境国家的非言语交流重要性更高。在这些国家，人们对各种各样的不同信息系统更加敏感，而在低语境的盎格鲁日耳曼文化中，人们则不会注意这些非言语语言信息。

根据霍尔（1960b）的学说，非言语语言信息的交流在高语境文化的意义中占到90%。表6.3描述了一些主要的非言语语言。

表6.3　国际商务中的主要非言语语言

非言语语言	对全球营销和商务的意义
时间	"守时"的重要性。在高语境文化中（中东、拉丁美洲），时间是有弹性的，不被看作是有限的商品
空间	人们之间的会话距离。 例如： 个人在他们想要和别人分开的距离尺度方面有差异。阿拉伯人和拉丁美洲人喜欢和他们的对话者站得很近。如果是一个美国人，他就可能对这种亲密的范围感到不舒服，然后躲开这个阿拉伯人，这会被错误地认为是消极反应。
物质财富	物质财富的相关性和对最新技术的兴趣。这在低语境和高语境国家都有一定的重要性。
友谊模式	信任的朋友在压力和紧急时刻作为社会保险的重要性。 例如： 在高语境国家，扩展社会熟人关系并建立适当的人际关系对于开展业务至关重要。给人的感觉是在交易发生之前，一个人应当先在个人层面上了解其业务合作伙伴。
商业协定	协商规则建立在法律、道德规范或非正式习俗上。 例如： 直接开展业务活动在高语境文化中是不会得到回报的，因为生意谈成不仅建立在最优产品或价格之上的，而且还需要这个单位或个人被认为是最可靠。合同可能会和握手密切相关，而不是复杂的协议——这个事实使得一些人尤其是西方商人感到不安。

示例6.2　沙特阿拉伯的感官和触摸文化 VS 欧洲广告

虽然沙特阿拉伯的人口只有900万（包括200万移民），这个国家却是世界上第六大香水市场，仅次于美国、日本、德国、法国和意大利。沙特阿拉伯也是世界上人均香水消费量最高的国家，把所有其他国家都远远地抛在了后面。

在对香水进行推销时，大的进口商通常使用和欧洲营销者一样的广告材料。广告中什么是具体的阿拉伯特色经常是由阿拉伯人的道德观念决定的。

黑色达卡（Drakkar Noir）：欧洲和沙特阿拉伯不同的感官和触摸文化

资料来源：菲尔德（Field）（1996）

通常，沙特阿拉伯是一种高触摸文化，但在广告信息中不恰当地使用触摸可能会导致问题。黑色达卡的图片展示了两种男士香水的广告，姬龙雪（通过广告代理商米拉贝拉）在阿拉伯版本中降低了感官性。欧洲广告（左）展示了一个男士的手中紧握香水瓶，一个女士的手抓住了他裸露的前臂。在沙特版本中（右），男士的手臂上穿有黑色的西装袖，而且女士只是用她的指尖触摸男士的手。

6.4.2　风俗习惯

风俗习惯方面的变化必须被仔细监控，特别是在人们之间的文化差异似乎在缩小的情况下。像麦当劳和可口可乐这样的公司已经在世界范围内取得了成功。

在谈判中理解风俗习惯特别重要，因为基于个人自身参照标准的解读可能会导致完全错误的结论。一个人如果要在国外进行有效的谈判，就需要正确理解所有类型的交流。

在很多文化中，国外商务人员需要注意某些基本的习惯。其中一个就是关于左手和右手的使用。在所谓的右手社会中，左手是"厕所手"，打个比方，如果用它来吃饭，就会被认为是不礼貌。

6.4.3　技术和物质文化

物质文化源于技术，而且和社会的经济活动组织方式直接相关。它表现在基础经济、社会、金融和市场基础设施的可用性和充分性上。

技术进步带来的是文化融合。黑白电视机广泛地渗透入美国市场，十多年之后，它们在欧洲和日本达到了相似的水平。对于彩色电视机，这种延迟减少到了五年。录像机的差别只有三年，但这一次欧洲人和日本人领先了，美国人专注于有线电视系统。光盘的渗透率甚至只有一年的差距。现在，整个欧洲通过卫星都能获得互联网或 MTV，根本就没有延迟。

6.4.4 社会机构

社会机构——和商业、政治、家庭和阶级相关的——影响人们的行为和人们之间相互联系的方式。例如在某些国家，家庭是最重要的社会团体，家庭关系有时会影响工作环境和雇佣行为。

在拉丁美洲和阿拉伯世界，如果一个管理者给他的亲属以特殊待遇，这会被认为是在履行义务。从拉丁人的角度来看，只有雇佣你能够信任的人才合乎情理。而在美国和欧洲，这被认为是徇私和任人唯亲。在印度也有相当数量的启用亲戚现象。但这也是和文化规范相一致的。如果知道了工作环境和商业交易中家庭关系的重要性，就可以避免关于任人唯亲的尴尬问题。

世界范围内顾客社会化过程的一个重要方面是参考群体。这些群体会提供在行为塑造方面有影响的价值观和态度。主要的参考群体包括家庭、同事和其他亲密的组群，次级群体是持续互动发生较少的社会组织，例如专业协会和贸易组织。

社会组织也决定了管理者和下属的角色以及他们相互之间的联系。在一些文化中，管理者和下属是分开的。而在另一些文化中，管理者和下属在一个共同的层面中，而且以团队的形式共同工作。

6.4.5 教育

教育是包括传递技巧、思想和态度的过程，也包括对具体的学科进行训练。从这种广义的观点来看，即使是原始人也受到教育。例如，南非的布须曼人也接受了他们生活中的文化教育。

教育的一个功能是将现有的文化和传统传递给新一代人。事实上，教育也可以用作文化改变。在中华人民共和国对一个共产党员进行晋升就是一个显著的例子，但这也是大多数国家教育的一个方面。教育程度对各种企业功能都有影响。生产设备的培训计划必须考虑到受训者的教育背景。

全球营销经理也应当做好准备来克服招收合适的销售人员或辅助人员所面临的障碍。例如，日本文化认为忠诚度是最可贵的，而且员工认为他们自己是公司家族的一员。如果一个外国公司决定离开日本，员工就可能觉得自己被困在职业中期，不能在日本的商业体系中找到一个位置。因此大学毕业生不愿意加入最大而且最知名的外国公司。

如果销售的是技术，那么产品的复杂程度取决于未来用户的受教育程度。产品的适应性决定经常受到目标客户恰当使用产品或服务程度的影响。

6.4.6　价值观和态度

我们的价值观和态度能帮助决定什么是我们所认为正确和合适的，什么是重要的，什么是值得要的。其中一些和营销有关，在这里我们要看一下这些价值观和态度。

中心信念（例如宗教）中根深蒂固的价值观和态度越多，全球营销经理的行动就要越谨慎。在工业化国家，人们对待改变的态度基本上是积极的，然而在更受传统束缚的社会中，人们对社会变革持有很大的怀疑，特别是当变化来自国外公司时。

在一个保守型社会中，人们通常更加不愿意承担这样的风险。因此，在尝试新产品时，营销者必须寻求减少顾客和分销商所能觉察到的风险。在某种程度上，这可以通过教育来实现；可以使用担保、代销或其他营销技巧。

6.4.7　审美观

审美观指的是人们对一种文化的艺术、音乐、民俗和戏剧中美和高品位的态度。某种文化的审美观对于解读各种审美表达的象征意义可能很重要。即使在其他方面高度相似的两个市场，对于什么是可以接受的和什么是不可接受的也可能会有巨大的差别。广告中有关性的问题就是一个例子。

对于公司来说，深度评估产品和包装设计、颜色、品牌名称和标志等审美因素很重要。例如，一些在美国传达积极信息的常规品牌名词在另一个国家却有着完全不同的含义，这可能会大大有损公司形象和营销效果（见表 6.4）。

> 审美观（Aesthetics）：各种文化中艺术、音乐、民俗和戏剧的高品位的含义可以有很大差别。

表 6.4　美国的品牌名称和口号翻译为外语后带有冒犯性

公司	产品	品牌名称或口号	国家	含义
ENCO	石油	以前的名字是 EXXON	日本	"汽车抛锚"
美国汽车	汽车	Matador	西班牙	"杀手"
福特	卡车	Fiera	西班牙	"老丑女人"
百事	软饮料	"百事充满活力"	德国	"从坟墓里出来"

资料来源：《走向国际化：如何在全球市场交朋友并高效处理》（*Going International：How to Make Friends and Deal Effectively in the Global Marketplace*），版权©伦尼·科普兰（Lennie Copeland）和刘易斯·格里格斯（Lewis Griggs）[兰登书屋（Random House），1985]；版权所有。

6.4.8　宗教

主要的宗教存在于很多国家文化中。

- 基督教是最为广泛采用的。大多数基督教徒生活在欧洲和美洲，在非洲的数量增长很快。
- 伊斯兰教主要存在于非洲，阿拉伯国家和地中海周边地区以及印度尼西亚。
- 印度教在印度最为普遍。其信仰强调每个人灵魂的灵性过程，而不是努力工作和创造财富。
- 佛教在中亚、东南亚、中国、朝鲜和日本有信徒。像印度教一样，它强调精神成就而不是财富，虽然这些宗教的不断发展显示了它不一定会阻碍经济活动。
- 儒家思想主要在中国、朝鲜和日本有信徒。强调上级和下属之间的忠诚与责任，影响了这些地区家族公司的发展。

宗教可为共同信仰如伊斯兰教、佛教或基督教之下的跨文化相似性提供基础。宗教在很多国家都极为重要。在美国和欧洲，人们做了大量的努力来使政府和教堂事务分开。然而个人的宗教差异仍然有其健康的方面。在一些国家，如黎巴嫩和伊朗，宗教可能正是政府的基础和商业、政治及教育决定的主导因素。

宗教可以以下方式直接影响全球营销策略：

- 各个国家的宗教节日显著不同，不仅是基督教徒和穆斯林不同，甚至一个国家的基督徒和另一个国家的基督徒也不同。总体来说，在所有基督教是重要宗教的国家，星期天都是一个宗教节日。在伊斯兰世界，事实上，斋月这一整月实际上都是一个宗教节日。
- 例如，在沙特阿拉伯，在斋月期间，穆斯林从日出到日落禁食。因此，工人生产停止了。很多穆斯林清晨日出之前早起吃饭，并且可能会吃他们认为足能坚持到日落的量。这会影响他们在工作日的体力和精力。管理部门如果想要保持通常的工作效率就可能会被拒绝，因此管理者必须学习敏感地对待这种习俗和相似的习俗。
- 消费模式可能会受到宗教要求或禁忌的影响。对天主教徒来说，在星期五钓鱼曾经就是一个经典的例子。印度教徒对猪肉的禁忌和穆斯林及犹太教徒对猪肉的禁忌是另外的例子。对猪肉的限制存在于以色列和中东的伊斯兰国家，如沙特阿拉伯、伊拉克和伊朗，以及东南亚国家，如印度尼西亚和马来西亚。
- 伊斯兰教的礼拜者每天要面对麦加圣城做五次祈祷。进行拜访的西方人必须意识到这种宗教仪式。在沙特阿拉伯和伊朗，管理者和工人经常在地板上放置地毯并在一天之中数次跪下进行祈祷。
- 各种文化中女性的经济角色不同，宗教信念是其中一个重要的原因。在中东，妇女的身份被限制为顾客、工人或营销调查中的调查对象。这些区别要求那些习惯于西方市场的管理部门对方法作出重大调整。除了其他方面，妇女被要求这样穿着：她们的胳膊、腿、身躯和脸要被遮盖起来。一个身在东道国的美国女性是被期望遵守这种着装准则的。

示例6.3 拍立得在穆斯林市场的成功

在过去的30年中，拍立得的一步成像照相机是打破阿拉伯世界对拍照禁忌的很大原因，特别是它关系到妇女展示她们的面容。

当拍立得于20世纪60年代中期进入市场时，它发现一步成像照相机有着特别的吸引力。由于宗教约束，只有少数几个照片处理实验室。但有了拍立得的一步成像照相机，阿拉伯男人就能够给他们的妻子和女儿们照相，而不用担心胶片实验室里的陌生人看到妇女揭开面纱，而且消除了别人进行复制的风险。

资料来源：哈珀（Harpe）(1986)。

6.5 霍夫斯泰德（Hofstede）在国家文化方面的原著（"4+1"维度模型）

一个国际经理可能既没有时间也没有资源来获取某一文化的全面知识，但是熟悉最普遍的文化"差异"却能为公司策略发展提供有用的指导。霍夫斯泰德（Hofstede）(1983)提供了一种方法来认识这些不同文化之间的普遍本质区别。霍夫斯泰德试图针对这一事实找到一种解释：一些动机概念在所有国家起作用的方式并不一样。霍夫斯泰德的研究建立在广泛的IBM数据库之上——从1967年到1973年——在72个国家使用20种语言进行的116 000份调查问卷（来自IBM员工）。

根据霍夫斯泰德的学说，各个国家中人们认知和解读他们世界的方式根据四个维度有所不同：权力距离、不确定性规避、个人主义和男性气质。

1. 权力距离指的是人们在身体和教育方面的不平等程度（例如从相对平等到极其不平等）。一方面，在高权力距离社会，权力集中在顶层的少数人手中，他们作出所有决策。处于另一端的人们只是简单地执行这些决定。他们更容易接受权力和财富的差别。另一方面，在低权力距离社会，权力分散广泛而且人们之间的关系更加平等。权力距离越低，个人就越期望参与有组织的决策过程。日本的权力距离分数高。美国和加拿大在权力距离方面的评级处于中游，但丹麦、奥地利和以色列等国家的评级则低得多。

2. 不确定性规避和一个国家的人们喜好正式规则和固定生活模式的程度有关，例如事业结构和法律，作为增强安全性的方式。不确定性规避的另一个重要方面是风险承担。高的不确定性规避可能和不愿承担风险有关。低不确定性规避社会中的组织人员这样面对未来：认为未来的形成不需要经历不必要的压力。在不高确定性规避文化中，管理者参与类似长期规划这样的活动来建立防护屏，将和未来事件相关的焦虑降到最小。在不确定性规避方面，美国和加拿大的得分很低，说明它们有能力在应对未来变化方面反应更迅速。但是日本、希腊、葡萄牙和比利时的得分高，说明它们渴望以更有组织和有计划的方式面对未来。

3. 个人主义指的是一个国家的人们学习作为个人而不是作为集团成员的程度。在个人主义社会中，人们以自我为中心并且很少感到需要依赖他人。他们寻求完成个人的目标而不是集团的目标。在集体主义社会中，成员都有团队精神。他们相互依赖并寻求彼此之间的融通来保持团体的和谐。集体主义成员对他们的组织高度忠诚，并且遵守共同的决策。英国、澳大利亚、加拿大和美国在个人主义方面有着非常相似的高评级，而日本、巴西、哥伦比亚、智利和委内瑞拉的评级则很低。

4. 男性气质指的是诸如成就、表现、成功、金钱和竞争等"男性"价值胜过"女性"价值，例如生活品质、保持温暖的人际关系、服务、关心弱者、保护环境和团结的程度。男性气质文化显示了男性和女性的不同角色，并且认为任何大的东西都是重要的。女性文化认为"小即美"，并且强调生活和环境质量而不是物质目的。美国、意大利和日本的男性气质指数相对较高。在低男性气质社会，例如丹麦和瑞典，人们基本上受到更加定性的目标的推动，作为一种改善工作质量的方式。男性气质得分的不同也反映在组织中可获取的职业机会类型和相关的岗位流动性上。

5. 时间观。在对23个国家进行研究之后，于霍夫斯泰德的原著问世后多年，霍夫斯泰德和邦德（1988）找出了第五个维度，起先他们称之为"儒家动力论"，之后更名为"时间导向"。这个时间导向被定义为一个组织中的成员显示出一种实用的未来导向观点而不是传统的历史或短期观点。在长期导向（LTO）指数中得分高的结果是：坚持不懈，根据地位对关系进行排列并遵守这一顺序。与之相反的是短期导向，包括个人稳固性和稳定性（敏科夫和霍夫斯泰德，2011）。

大多数东南亚市场，例如中国和韩国的LTO指数得分都高。这种趋势和儒家传统在那里的盛行有一定关系。另外，很多欧洲国家是短期导向的，主张保存历史并延续过去的传统。在 LTO 指数得分高的国家中，被调查人说他们重视节约，事实上，这些国家的储蓄率比短期导向国家高。更多的储蓄意味着有更多的钱来进行未来的生产性投资［霍夫斯泰德（Hofstede），2007］。

示例 6.4　宝矿力水特（Pocari Sweat）——一种日本软饮料在亚洲扩大销售

　　宝矿力水特是一种流行的日本运动软饮料，由大冢制药有限公司制造。这个品牌于 1980 年开始在日本销售并且取得了进行国际化扩张的良好立足点。这种饮料目前在其他地区和国家进行销售，包括中国（香港、台湾）、韩国、泰国、印度尼西亚和阿拉伯联合酋长国。另外，在世界上很多城市的"中国城"中也能买到。

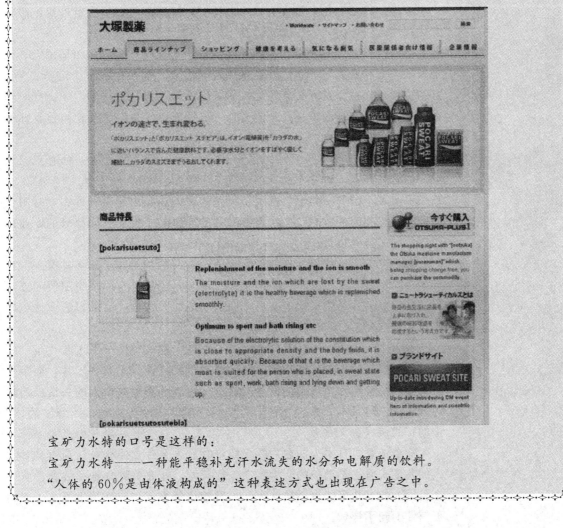

宝矿力水特的口号是这样的：

宝矿力水特——一种能平稳补充汗水流失的水分和电解质的饮料。

"人体的 60％是由体液构成的"这种表述方式也出现在广告之中。

　　和这个奇怪的名字以及它灰色半透明颜色相反的是，宝矿力水特的味道并不像汗水；它是一种味道平和、相对清淡的甜饮。

● 你认为品牌名词（宝矿力水特）和它的口号如何？

资料来源：大冢制药有限公司（Otsuka Pharmaceutical Co. Ltd），www.otsuka.co.jp/poc/. 宝矿力水特（Pocari Sweat）的官方网站。

6.6 管理文化差距

　　既然已经知道了文化环境对公司业务最重要的影响因素并对这些因素进行了分析，国际营销者就能够作出决定如何对分析结果作出反应。

　　与第 7 章"国际市场选择过程"相一致，吸引力较小的市场不会被进一步考虑。并且，在更具吸引力的市场中，管理部门必须决定针对给定的文化特性需要作出什么程度的适应。

　　例如，考虑一下守时性。在大多数低语境文化中——例如德国人、瑞士人和澳大利亚人——守时性被认为极其重要。如果你有一个定于上午 9 点的会议，你在 9 点零 7 分到达，那么你就被认为是"迟到"了。守时性在这些文化中被高度重视，开会迟到（这样就"浪费"了其他被迫等你的人的时间）是不合适的。

　　相比之下，在一些南欧国家和拉丁美洲地区，则适用一种有点"松散"的时间方式。这并不意味着一个组群的人"错"而其他人"对"。它只是证明了不同的文化组群在很多世纪的时间里、由于多种原因，时间观念的演变有不同的方式。文化能够而且的确影响了世界不同部分的商业部门以不同的方式运行。

　　另一个关于文化差异如何能影响商业部门的例子和呈送名片有关。在美国——一种非常"非正式"的文化——人们通常以一种相当随便的方式呈送名片。名片经常被快速发放，而且被快速放入接受者的口袋或钱包中以备将来参考。

　　在日本，事实上——是一种相对"正式"的文化——呈送名片是一件更加精心安排的事件。在那里，呈送名片需要用两只手拿住卡片，而接受者则要仔细检查它所包含的信息。这个过程能够确保一个人的头衔被清楚地理解：这对日本人来说是一个重要的因素，一个人在他的组织"层级"中的正式位置意义重大。

　　简单地拿过日本人的名片并立即将它放入名片盒中会被认为（从日本人的角度来看）是消极的。事实上，在美国，花几分钟仔细并故意检查一个美国人的名片可能也会被认为是一种消极的方式，或许暗示了这个人的可信性受到了怀疑。

这些例子——时间观念/守时性和名片的呈送——只是展示了文化因素影响商业关系的众多方式中的两个。

在试图理解另一种文化时，我们会不可避免地以我们现有的自身文化知识来解读我们的新文化环境。

在全球营销中，以和那个市场的买家或潜在买家相同的方式来理解新市场尤其重要。为了使营销概念真正可行，国际营销者需要理解每个市场的买家并能够以有效的方式使用营销调研。

李（Lee）（1996）用"自参照标准"（Self-Reference Criterion，SRC）这个术语描述了我们无意识地参照我们自己的文化价值观。他提出了一个消除 SRC 的四步方法：

1. 以本土国家的文化、特征、习惯和规范找出问题或目标。

2. 以国外文化、特征、习惯和规范找出各种问题或目标。

3. 将问题中的 SRC 影响分离出来并仔细研究，看它如何使问题变得复杂。

4. 去掉 SRC 影响对问题进行重新定义并解决国外市场的情况。

因此，至关重要的是要在那个国家的环境中看待国家的文化。最好是将这种文化看作是与本国文化不同，而不是比它好或坏。这样就可以发掘不同点和相似性，而且可以寻求并解释差异的原因。

6.7 世界文化的集中或分散

就像我们之前在本书中看到的一样，将不同文化的局部知识和全球化/国家营销策略的融合进行恰当的组合是全球化营销成功的关键。

不同的年龄群体对待文化全球化的态度似乎有很大差异，年轻人的文化比其他年龄群体更加国际化/全球化［史密斯（Smith），2000］。

青年文化

各个国家在某种产品和服务类别的发展方面可能处于不同阶段，但在大多数情况下，各个国家市场的年轻人正在变得更加同质化。青年文化更加国际化而不是国家化。仍然有一些很强势的国家特征和信仰，但它们正在被侵蚀。麦当劳文化正扩展至南欧，同时我们看到卫星电视正在取代MTV，《辛普森一家》和《瑞奇·雷科》风靡全世界，英语文化则紧随其后。

专家们一致认为，青年和成年人市场之间的区别正在几个关键的方面发生改变。青年消费者和成年人不同，他们强调品质，并且有辨识能力、懂得技术。青年顾客现在更加自食其力而且更早承担责任。他们年龄还小时就变得理智、老练并成长起来。

代际障碍现在变得非常模糊。很多年轻人的风格领袖——音乐家、运动明星等——年龄经常有三四十岁。文化和家庭影响在欧洲和世界其他地区仍然很强烈。很少有年轻人有"楷模"，但他们特别尊敬音乐和运动方面的成就者——和他们的父母，特别是如果他们的父母是由卑微的起步走向成功时。

缺乏清晰的年龄组群定位会妨碍跨境一致性的发展。但是营销者应当谨防策略太过直白地定位于年轻顾客。年轻人常常会排斥那些明显针对"青年"的营销和促销。他们认为这些是错误和虚伪的。

如今的年轻人比上一代人有更大的自由。他们更具文化意识，而且不愿意根据外表来判断任何事情或任何人。帕斯卡（Pasco）（2000）认为，把年轻人和名人联系起来正变得越来越困难。名人常常辜负年轻人或使他们失望，此外他们又"背叛"了，放弃了诚信，而诚信正是他们被人尊敬的首要原因。

对名人的幻想破灭使得年轻人向他处寻求鼓舞。他们从一系列的个体中选取价值观，而不是批发购买一个。虽然他们不信任公司，但年轻人正日益追求并接触品牌。看起来似乎对品牌进行情感投资比对名人进行投资更加安全。

6.8 文化维度对伦理决策的影响

随着越来越多的公司进行全球化运营，理解文化差异对伦理决策的影响就变得日益重要，这样就可以避免潜在的商业误区，并设计有效的国际营销管理项目。

文化是伦理决策的一个根本决定因素。它直接影响个人对伦理问题、备选方案和后果的看法。要在如今的国际市场获得成功，管理者必须认识并理解各种文化中思想、价值观和道德标准的不同，以及这些是如何转而影响营销决策的。

我们知道在有些国家，例如印度，海关官员如果允许货物进入国家会"要求"小额费用。虽然这可能的确是一种贿赂并且不合法，但是这个国家的伦理似乎允许这样做（至少在某种程度上）。于是这就给公司造成了一个问题：是要贿赂官员呢，还是等待正常清关让自己的产品在海关仓库停留长得多的时间呢？

付给公司的国外中介或咨询公司费用和佣金以得到服务，这是一个特殊的问题——合法的费用何时变成了贿赂？雇佣国外代表或顾问的原因之一就是要从他们和决策人的联系中获益，特别是在国外管理部门中。如果出口中介使用部分费用来贿赂管理人员，那么公司也无能为力。

因此，每一种文化——国家的、行业的、组织的或专业的——都给商业行为建立了一整套道德标准，也就是商业伦理准则。这套标准会影响一个公司所有的决定和行为，包括生产（或不生产）什么、如何生产、付多少工资是合适的、员工应在什么条件下工作多少小时、如何竞争、应当遵守什么样的交流指导方针等。商业行为中哪些行动被认为是正确或错误的、公平或不公平的，哪些特别容易受到伦理规范的影响，这些都极大地受到它们所发生的文化环境的影响（贿赂这个主题将在第 13 章进行进一步的讨论）。

图 6.4 展示了国际化公司的道德承担，它是一个连续统一体，从不被接受的伦理行为到最有道德的决策。

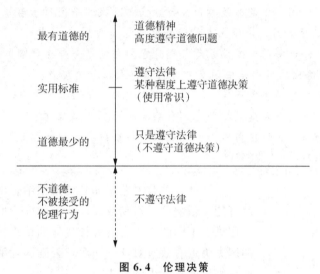

图 6.4 伦理决策

只遵守法律条文反映了最低限度的可接受的道德行为。"最有道德"的公司要求公司的道德准则应当应对以下六个重要问题：

1. 组织关系，包括竞争、策略联盟和当地采购。

2. 经济关系，包括金融、税收、转让价格、当地再投资、参股。

3. 员工关系，包括报酬、安全、人权、非歧视、集体谈判、培训和性骚扰。

4. 顾客关系，包括定价、质量和广告。

5. 行业关系，包括技术转让、研究开发、基础设施的发展和组织稳定性及长远发展。

6. 政治关系，包括遵纪守法、贿赂和其他腐败行为、补贴、税收优惠、环境保护和政治参与。

示例6.5　李维·史特劳斯（Levi Strauss）：一个跨国公司道德守则的典范

李维·史特劳斯的策略是在发展中国家做一个负责的雇主。在发展中国家这样贫穷和社会问题极为普遍的地区，这种策略并不是它所大声宣扬的，但至少有一部分的原因是为了保持它的良好形象。李维·史特劳斯更有能力执行这样一个策略，因为它仍然是一个私人的家族企业。这就意味着它不需要对华尔街上的大股东负责，而这些人可能想要更多地强调短期利润。但是在效率和社会责任之间找到平衡对于李维·史特劳斯来说是一个挑战。

1993年5月，李维·史特劳斯宣布它计划结束在中华人民共和国的大多数业务。这意味着逐渐停止使用中国服务商，那时它们占到了全部生产额（每年约为5 000万美元）的大约2%。给出的理由是中国有"普遍侵犯人权"的记录。

离开中国的决定反映了公司组织文化所包含的原则。这种文化体现在多套国外业务的标准中，它们强调提供公平的工作条件。如果公司要在一个国家运营就必须对它的原则作出妥协的话，它就应当离开——就像它在缅甸所做的和在孟加拉所威胁要做的那样。

资料来源：多种公共媒体。

要概括有关政治贿赂和其他类型给付的道德观念很容易，但当不付钱就可能会影响公司营利或开展业务的能力时，要作出拒绝付钱的决定则更加困难。不同的文化有着各种各样的伦理标准和道德水平，因此除非更多的国家决定有效应对这一问题，否则国际商务所面临的伦理和实用主义的两难困境就不能得到解决。

6.9　总结

对于国际营销者来说，理解顾客的个人价值观和可接受的行为规范以恰当地对他们进行营销很重要。同时，营销者必须寻找有共同认知因而对营销者的产品有共同观点并有相似产品相关行为的群体，以简化他们的任务。这样的群体甚至会跨境存在。

我们是如何从我们自身的文化思维定式角度来认知其他的文化根源的，并且当我们对其他文化进行分类时很难不采取民族中心主义的观点。文化分类对于在全球市场中设计营销和广告策略来说很有必要。根据维度对文化进行分类被证明是最有助益的方法。它对说出并标记文化差别和相似性有帮助。很多文化差异都反映在所使用的交流文化类型上。本章讨论了不同的分类模型。

6.9.1　高/低语境文化

高、低语境交流文化之间的差别帮助我们理解为什么，例如亚洲（高语境）和西方（低语境）的风格如此不同，为什么亚洲人喜欢间接的言语交流和象征含义而不是西方人所使用的间接的独断式交流方式。其他方面，例如不同的时间观念，也能够解释东西方之间的主要差别。

6.9.2　霍夫斯泰德（Hofstede）的模型

为了构建一个更加精细的分类体系，霍夫斯泰德研究了一种"4＋1"维度模型来比较和工作有关的价值观，它是建立在广泛研究所收集的数据基础之上的。这个模型也被证实对于比较不同文化的消费价值观有用处。因此，它可以解释不同文化中营销和宣称所使用的各种价值观和动机。

它也可以解释实际消费行为和产品使用中的区别，因而能够协助预测其他文化中的消费行为和营销策略的成效。这对于想要设计全球化营销和广告策略的公司来说尤其有用。

国际市场中的商业伦理问题要复杂得多，因为多元的文化群体有着大不相同的价值判断。在一个国家被普遍接受为正确的行为在另一个国家可能是完全不可接受的。例如，赠送高价值的商务礼品在西方国家普遍会受到谴责，但在世界上的许多其他国家，礼物不仅被接受而且还被期待。

社会营销可以被定义为旨在引发社会变化（例如戒烟是一种生活方式的变化）的项目的计划和执行。它是一种可以用来改变人们思考和行为方式的体系。社会营销仍然建立在商业营销概念基础之上，而且，像商业营销一样，它运用研究来为特定目标客户定制信息。社会营销的目标是让人们对旧思想进行不同的思考并重点关注能够给他们的生活增加价值的新观念。社会营销在非营利性组织、政府机关、社区组织、私人基金会、社会/健康问题联盟以及事实上任何想要影响社会变化的单位中尤其盛行。

案例研究 6.1

宜家家居目录（IKEA Catalogue）：有文化差异吗？

宜家家居（IKEA）由英格瓦·坎普拉德（Ingvar Kamprad）于 1943 年在瑞典阿姆霍特（Älmhult）创建。公司的名字是他名字首字母的集合，加上他长大的地产和村庄的大首字母：Ingvar Kamprad Elmtaryd Agunnaryd。

宜家家居的商业哲学是："我们要以很低的价格提供许多各种不同的精心设计的、实用的家居产品，让尽可能多的人能够负担得起。"

20世纪40年代末期，第一个宜家家居广告出现在当地报纸上。宜家家居的产品需求量急剧增加，英格瓦·坎普拉德迅速成长，其能力已经超越了打个人销售电话。因此，他开始经营一个邮购目录并通过郡里的牛奶货车销售他的产品。这个对于困难问题的机智解决方法导致了年度宜家家居目录的产生。

《宜家家居目录》在瑞典于1951年首次出版，并于2010年在36个国家用27种语言发行了55个版本，这被认为是这个零售巨头的主要营销工具，占到了公司年度营销预算的70%。从发行数量来说，目录已经超过了《圣经》成为世界上发行最多的作品——世界范围内约为1.6亿份（2010年）——是《圣经》（没有宜家那样唯物主义）的三倍。事实上，由于目录是免费的，圣经仍然是被购买最多的非小说类作品。

单是在欧洲，目录每年就影响到2.5亿人。目录包含300多页和12 000多种产品，它在商店并通过邮件免费发放。而且，2010年还有5亿多客户访问了宜家家居的网站。年度目录在每年的八九月份发行并且全年有效。当目录有效时，目录中的价格保证不会增加。大多数目录是由宜家家居的故乡瑞典阿姆霍特的目录服务AB生产的。

2011年年初，国际宜家系统BV旗下的特许经营在25个国家有276家宜家商店。2010年的总销售额是235亿欧元。

宜家家居在它所运营的每个国家的家具市场占到5%~10%。更重要的是，宜家家居的品牌意识比公司的规模要大得多。这是因为宜家家居不只是一个家具商。它销售的是斯坎迪纳维亚式的生活方式，被全世界的顾客欣然接受。

文化差异

宜家家居的产品范围包含大约12 000种产品。根据商店规模，每个商店都从这12 000种产品中精选一些。核心系列在世界范围内都一样，但如图所示，宜家家居目录不同的国家版本展示产品的方式有所不同。以下的图示是相同产品的两种不同插图。在这个案例中选取了丹麦和中国目录中相同产品的两个插图。

资料来源：www.ikea.com

宜家家居目录中相同产品在丹麦和中国上海的插图

资料来源：宜家家居目录，丹麦和上海，2005，©国际宜家家居系统 B.V.

问题：

1. 讨论全世界的宜家家居目录都展示一样的产品系列有何优点和缺点。

2. 目录是宜家家居全球营销计划的最重要的因素。讨论一下将目录作为营销工具的效力中是否可能有一些文化差异。

3. 解释相同产品的不同插图（来自丹麦和中国宜家家居目录）所显示的一些文化差异。

更多练习和案例，请登录本书的网站 www. pearsoned. co. uk/hollensen。

讨论问题

1. 既然英语是世界商务语言，那么英国管理者是否有必要学习一种外语呢？

2. 根据霍夫斯泰德和霍尔的观点，亚洲人（a）更加群体导向型，（b）更加家庭导向型，（c）对社会地位更加关注。这些导向型可能会对你对亚洲顾客进行营销的方式产生什么样的影响？

3. 你认为国家之间的文化差异和国家内部的文化差异相比哪个更重要？分别是在什么情况下？

4. 找出对传统穆斯林社会进行营销的一些约束。使用本章中的一些例子。

5. 哪个层面的文化对商务人员的行为有最强烈的影响？

6. 本章的重点是文化对国际营销策略的影响。也请试着讨论一下营销对文化的潜在影响。

7. 自我参照标准在国际商务伦理中发挥什么样的作用？

8. 比较一下你们国家妇女的角色和她们在其他文化中的角色。不同的角色会如何影响妇女作为顾客和作为商务人士的行为？

参考文献

Copeland, L. and Griggs, L. (1985) Going International, Random House, New York.

Craig, C. S. and Douglas, S. P. (2006) "Beyond national culture: implications of cultural dynamics for consumer research", International Marketing Review, Vol. 23, No. 3, pp. 322-342.

Field, M. (1986) "Fragrance marketers sniff out rich aroma", Advertising Age (special report on "Marketing to the Arab world"), 30 January, p. 10.

Hall, E. T. (1960a) The Silent Language. Garden City, NY: Doubleday.

Hall, E. T. (1960b) "The silent language in overseas business", Harvard Business Review, May-June, pp. 87-97.

Harper, T. (1986) "Polaroid clicks instantly in Moslem market", Advertising Age (special report on "Marketing to the Arab world"), 30 January, p. 12.

Hofstede, G. (1983) "The cultural relativity of organizational practices and theories", Journal of International Business Studies, Fall, pp. 75-89.

Hofstede, G. (2007) "Asian Management in the 21st century", Asia Pacific Journal of Management, Vol. 24, pp. 411-420.

Hofstede, G. and Bond, M. R. (1988) "The Confucius connection: from cultural roots to economic growth", Organizational Dynamics, 16 (4), pp. 4-21.

Lee, J. (1966) "Cultural analysis in overseas operations", Harvard Business Review, March-April, pp. 106-114.

MacKenzie, S. (1998) "Boundary commission", Marketing Week, London, 29 January.

Minkov, M. and Hofstede, G. (2011) "The evolution of Hofstede's doctrine", Cross Cultural Management: An International Journal, 18 (1), pp. 10-20.

Murdoch, G. P. (1945) "The common denominator of cultures", in Linton, R. (ed.), The Science of Man in the World Crises, New York: Columbia University Press.

Paine, L. S. (2010) "The China Rules", Harvard Business Review, June, pp. 103-108.

Pasco, M. (2000) "Brands are replacing celebrities as role models for today's youth", Kids Marketing Report, 27 January.

Phillips, C., Doole, I. and Lowe, R. (1994) International Marketing Strategy: Analysis, development and implementation, London: Routledge.

Smith, D. S. (1998) "Europe's youth is our future", Marketing, London, 22 January.

Smith, K. V. (2000) "Why SFA is a tough sell in Latin America", Marketing News, Chicago, 3 January.

Solberg, C. A. (2002) "Culture and industrial buyer behaviour: the Arab experience", Paper presented at the 18th IMP Conference, pp. 1-34.

Tylor, E. B. (1881) Anthropology: An Introduction to the study of Man and Civilization, D. Appleton, New York.

Usunier, J.-C. (2000) International Marketing: A Cultural Approach, Harlow: Pearson Education.

第 7 章　国际市场选择过程

目录

7.1　简介

7.2　国际市场选择：中小型企业（SME）vs 大型企业（LSE）

7.3　为国际市场选择构建模型

7.4　市场扩张策略

　　示例 7.1　一个"向上渗透（trickle-up）"策略的例子

　　示例 7.2　巴贾杰（Bajaj）正在挑选被全球领导者所忽视的新国际市场

7.5　全球化产品/市场组合

7.6　总结

案例研究

7.1　斯卡恩设计（Skagen Designs）：成为设计师手表的国际化参与者

　　讨论问题

　　参考文献

学习目标

学完本章之后，你应该能做到以下几点：

- 对国际市场选择进行定义并找出要达到这一目标所面临的问题
- 探索国际营销者如何运用二手和原始资料（标准）来筛选潜在市场/国家
- 区分初步和"精细"筛选
- 认识市场细分对于制定全球化营销策略的重要性
- 在可行的市场扩张策略中进行选择
- 区分市场扩张中的集中和分散

7.1 简介

找出要进入的"正确"市场很重要，有这样几个原因：

● 它能够成为成功或失败的重要决定因素，特别是在国际化的早期阶段。
● 这个决定会影响所选国家的国外营销项目的性质。
● 所选市场的地理位置的性质能够影响公司协调国外运营的能力。

本章呈现了一种国际市场选择（international market selection，IMS）的系统方法。最近，一项对美国国际化公司的研究表明，通常情况下公司不会采取高度系统的方法。事实上，那些使用 IMS 中的某一系统的顺序步骤的公司表现较好 [伊普（Yip）等人，2000；布朗努斯（Brouthers）和纳克斯（Nakos），2005]。

7.2 国际市场选择:中小型企业(SME) vs 大型企业(LSE)

中小型企业（small and medium-sized enterprises，SME）和大型企业（large-scale enterprises，LSE）的国际市场选择过程是不一样的。

在中小型企业中，IMS 通常只是促变因素带来的刺激所引发的反应。这个因素可能会以主动出现的订单的形式出现。政府机关、商会和其他促变因素也可能会带来能引起公司注意的国外商机。这些情况构成了外部驱动决策，出口商只是简单地对某一给定市场的机遇作出反应。

在其他的情况中，中小型企业的 IMS 是基于如下标准的 [约翰逊（Johanson）和瓦伦（Vahlne），1977]：

● 心理距离近：国外市场的不确定性小，感知到的获取相关信息的难度小。心理距离的定义是语言、文化、政治体系、教育水平或行业发展水平方面的差距。
● 文化距离小：本土和目的地文化之间可感知的差异小（文化距离通常被认为是心理距离的一部分）。
● 地理距离小。

使用其中任何一个标准通常都会导致公司相继进入心理距离更大的新市场。选择经常被限于中小型企业的邻国，因为地理相邻性很有可能反映了文化相似性、对国外市场的更多认知以及更容易的信息获取。当使用这种模型时，决策者会着重根据渐进主义来进行决策，公司预计将进入那些它们最容易理解的市场以开始国际化进程。通常情况下，我们认为，处于国际化进程的中小型企业和公司比有国际化经验的大型企业更有可能运用心理距离或其他经验法则程序［安德森（Andersen）和布维克（Buvik），2002］。

通过把他们的考虑范围限制在邻近国家，中小型企业实际上将 IMS 缩小到一个决定：去或不去一个邻近国家。这种行为的原因可能是中小型企业的管理人员通常缺乏人力和金融资源，很难抵抗凭直觉来选择目标市场的诱惑。

在对丹麦的中小型企业国际化进程的研究中，希尔维斯特和林霍尔姆（1997）发现"老"中小型企业（1960 年之前成立）和"年轻"中小型企业（1989 年或之后成立）之间的 IMS 过程非常不一样。年轻中小型企业比老中小型企业进入远地市场的时间要早得多，老中小型企业遵循更为传统的循序渐进式 IMS 过程。年轻中小型企业国际化进程更快的原因可能是它们作为大公司分供应商的地位，它们被自己的大顾客和自身的国际网络"拔出"（pulled out）进入了国际市场。

中小型企业必须在众多基本未知的市场中进行选择来作出先期进入的决定，而在很多国家开展现有业务的大型企业则需要决定在其中的哪些市场引入新产品。通过利用现有的业务，大型企业可能更容易的以原始资料的形式获取和产品相关的信息，这种信息比任何二级信息都更加精确。这样，大型公司就可以更加主动。虽然基于直觉和实用主义来选择市场对中小型企业来说是一种令人满意的方式，但剩下的工作要建立在更加主动的 IMS 过程上，这个过程要通过系统和逐步的分析来进行组织。

事实上，在现实生活中，IMS 过程并不总是一个有逻辑和渐进的活动序列，而是一个涉及多重反馈循环的迭代过程［安德森（Andersen）和斯特兰斯科夫（Strandskov），1998］。而且，在很多小的分包商公司，出口公司并不主动选择它们的国外市场。有关 IMS 的决策是由获得主合同的合作伙伴（总承包商）制定的，这样就把中小型企业拉入了国际市场［布鲁尔（Brewer），2001；威斯赫德（Westhead）等人，2002］。中小型企业通常针对全球顾客（所谓的全球客户）进行销售，这些客户进行全球范围内的运作，它们期望能在多个国家地点交付中小型企业的产品和服务。那些已经在更多的业务中心建立了全球销售网络和生产现场的中小型企业通常处于更有利的位置来供应这些全球客户，例如在汽车行业［迈耶（Meyer），2009］。

7.3 为国际市场选择构建模型

乌普萨拉（Uppsala）学派对于国际化过程的研究提出了公司进行国外市场选择的几个潜在决定因素。这些因素可以被分为两类：（1）环境方面的；（2）公司特征（见图 7.1）。

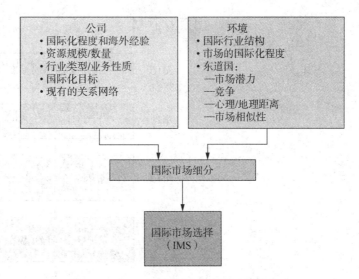

图 7.1 公司选择国外市场的潜在决定因素

让我们首先来看一下环境。我们如何对"国际市场"进行定义？下面的方法提出了两个方面：

1. 国际市场是一个国家或一组国家。

2. 国际市场是有着几乎相同特征的一组顾客。

根据后面的定义，市场可以包括多个国家的顾客。大多数全球营销方面的书籍和研究都试图将世界市场分割为不同的国家或不同的国家集团。这样做有两个主要原因：

1. 以国家为单位获取某个国家的国际化数据更容易（有时是专有的）。要获取精确的跨国统计数据非常困难。

2. 销售管理和媒体也是以国家为单位在某一国家进行组织的。大多数代理商/分销商仍然只是在某一单独国家代表他们的制造商。很少有代理商跨国销售他们的产品。

事实上，国家市场或多国市场并不十分合适。很多情况下，边界线是政治协议或战争的结果，并不能反映边境两边人们的买家特点具有和相似的区分。

7.3.1 展示市场筛选模型

图 7.1 呈现了 IMS 的概要模型。在下文中，我们要更加详细地来看一下被标记为"国际市场细分"的那个方框。图 7.2 展示了 IMS 的要素。

下面讨论了图 7.2 的不同步骤。

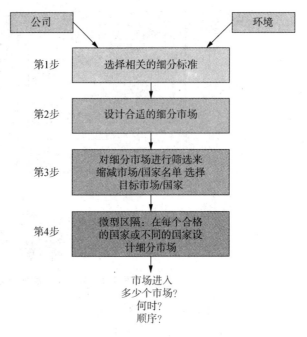

图 7.2 国际市场细分

7.3.2 第 1 步和第 2 步：定义标准并设计细分市场

总的来说，有效市场细分的标准是：

● 可测量性：作为结果的细分市场其规模和购买力可以被测量的程度；

● 可达性：作为结果的细分市场可以被有效接近和服务的程度；

● 持续性/收益性：细分市场足够大并/或可营利的程度；

● 可实施性：组织有足够的资源来形成有效营销项目并"推动事情有结果"的程度。

可测量性和可达成性高说明其作为标准的一般特征多，反之亦然。

应当意识到在市场细分过程中可以同时使用不止一个标准，这点很重要。

第 5 章和第 6 章讨论了国际环境中不同的市场细分标准，并根据 PEST 方法进行了规整：

● 政治的（political）

● 经济的（economic）

● 社会的（social）

● 技术上的（technological）

现在，我们要更加详细地描述图 7.3 中提到的一般和具体标准。这种方法采用了两步模型，将市场划分为一般和具体特征 [加斯顿·布莱顿（Gaston-Breton）和马丁（Martin），2011]：

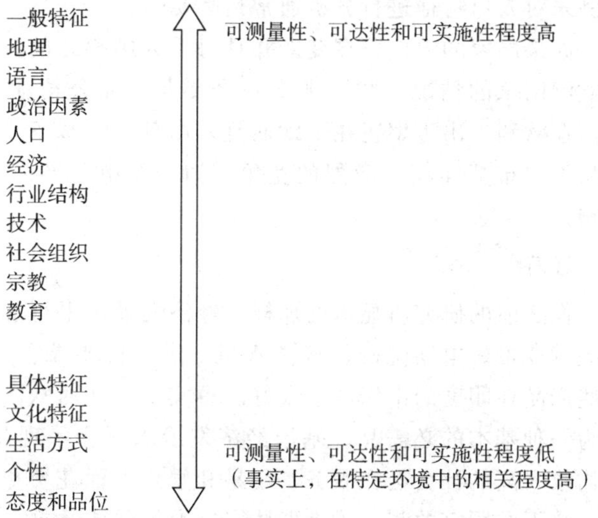

一般特征
地理
语言
政治因素
人口
经济
行业结构
技术
社会组织
宗教
教育

具体特征
文化特征
生活方式
个性
态度和品位

可测量性、可达性和可实施性程度高

可测量性、可达性和可实施性程度低
（事实上，在特定环境中的相关程度高）

图 7.3　国际市场细分的基础

一般特征

地理位置

市场的位置在细分世界市场时可能会很关键。斯堪的纳维亚（Scandi-navian）国家或中东国家可能会根据他们的地理相邻性和其他种类的相似性而集群。事实上，单单是地理位置就可以成为一个关键因素。例如，一些阿拉伯国家的空调需求可能会使一个生产商认为这些国家是特定集群。

语言

语言可以被称为文化的镜子。在某种程度上，它对国际营销者的影响是不言而喻的：广告必须被翻译；必须审查品牌名词在国际上的可接受性；必须通过昂贵的翻译人员或通过获得更加昂贵的外国译者来进行谈判。后一种情况下，真正的流利程度是必不可少的；即使用母语进行说服和合同谈判也会遇到很多困难。

一个不甚明显的事实是外语可能意味着不同的思维方式和不同的客户动机。在这种情况下，关于语言的知识——再次强调，是良好的知识，所能做到的不只是促进交流；它将会提供对于相关文化的自动洞察力。

政治因素

可以根据宽泛的政治特征对国家进行分类并对世界市场进行细分。直到最近，铁幕曾是这样一种区分的基础。通常情况下，中央政府的权利限度可以作为市场细分的一般标准。例如，一个公司生产某种化学产品，但由于政府监管，很多世界市场被认为难以进入，这种情况是可能的。

人口

人口是市场细分的关键基础。例如，依据老年人或儿童在总人口中的比例来对人口特征进行分析通常是必要的。

如果国家的人口正在变老并且每千人中婴儿的数量正在下降，就像一些欧洲国家的情况一样，那么一个婴儿食品公司就不会考虑进入这个国家。在欧洲，出生率正在下跌而且寿命延长。基于婴儿的产业，从玩具到食品到尿布都面临着激烈的竞争。消费量电子产品和住房可能也会受到影响。

经济

像之前的研究所显示的那样，经济发展水平可能会成为国际市场细分的关键变量。电动洗碗机或洗衣机—烘干机要求有一定的经济发展水平，这些产品在印度的市场就不太好。事实上，在西欧国家这些产品几乎正在成为一种基本的必需品。基于经济发展水平会呈现几种具体的消费模式。人均收入高的社会会在服务、交易和娱乐方面花费更多的时间和金钱。因此，将不同国家的某一收入群体安排为集群是可能的。

行业结构

一个国家的行业结构是由它的商业人口的特征来描述的。一个国家可能有很多小的零售商；而另一个国家可能依赖众多的商场来进行零售分销。一个国家可能靠小生产商生长；而另一个国家可能有非常集中并且大规模的生产活动。批发层面的竞争类型可能会成为国际市场集群的关键具体因素。国际营销者可能希望与一系列强大的批发商进行合作。

技术

技术进步程度或农业技术的程度可以很容易地成为市场细分的基础。一个计划进入国际市场的软件公司可能会希望根据每千人拥有的 PC 数量来对它们进行细分，如果一个市场每千人拥有的 PC 数量低于一定的量，那么这个公司有可能就不值得进入这个市场。例如，它可能会发现要进入巴基斯坦、伊朗和大多数阿拉伯国家、所有非洲国家和整个东欧都不尽如人意。

社会组织

在任何一个社会，家庭都是一个重要的购买群体。在欧洲，营销者习惯于所谓的核心家庭：父亲、母亲和孩子都在一个屋檐下生活，或者是随着社会变革，有越来越多的单亲家庭；在其他国家，主要单位是大家庭，三代或四代人都在同一所房子里。

例如在美国，人们广泛使用社会经济组群作为市场细分的工具。人们使用一种六个类别的分类：上游上层、下游上层、上游中产、下游中产、上游底层和下游底层。美国的高收入专业人士被归为下游上层，被称为那些"挣得他们的地位而不是通过继承的人"，新富人。

相比之下，在俄国，除了白领工人、蓝领工人和农场工人就难以找到有用的社会经济组群。

宗教

宗教习俗是营销中的一个主要因素。最明显的例子可能就是基督徒在圣诞节赠送礼物的传统，但即使是这个简单的事情也有陷阱存在等待着国际营销者：在一些基督教国家，传统的礼物交换不是发生在圣诞节而且在12月或1月上旬的其他日子。

伊斯兰教中宗教对营销的影响最明显。基于《古兰经》的伊斯兰律法对大量的人类活动都给予了指导，包括经济活动。

教育

教育程度从两个主要方面对国际营销者具有重要意义：年轻市场的经济潜力和发展中国家的识字水平。

各个国家的教育体系差别很大。在职培训的报酬也有很大区别。因此，各个国家的年轻市场的经济潜力是非常不一样的。

在大多数工业化国家，识字率接近100%，并且所有的沟通媒介都对营销者敞开。在发展中国家，识字率可能低至25%，有一两个国家是15%或更少。虽然识字率如此之低，但实际数字也不可能比预测的多。在这些国家，电视机甚至是收音机都超出了大多数人的经济范围，虽然有时能获得共用的电视机。顾客营销人员在决定这些国家的推销策略时会面临真正的挑战，而且可视材料的使用会更加适当。

具体特征

文化特征

文化特征可能在细分世界市场中发挥重要作用。要利用全球市场或全球细分市场的优势，公司需要全面了解是什么驱动了不同市场的顾客行为。它们必须学习探测相似性存在的程度，或者是可以通过营销活动来达成的相似性。某一社会的成员的文化行为经常是由一系列动态变量塑造的，这些动态变量可以作为市场细分标准：语言、宗教、价值观和态度、物质因素和技术、审美观、教育和社会机构。这些不同的因素在第5章和第6章中有更广泛的论述。

生活方式

通常情况下，活动、兴趣和观点研究被当作分析生活方式的工具。事实上，这样一个研究工具尚未形成国际化用途。可能某些消费习惯或做法可以作为所研究的生活方式的象征。食品消费习惯就可以作为一个这样的大概指标。食用食品的种类可以很容易地指出一个国际化食品公司应当准备考虑的生活方式。例如，意大利风格的热咖喱不大可能会在德国流行，因为它的烹饪实在是太单调了。很辣的阿拉伯菜不可能在西欧非常流行。

个性

个性反映在某些行为类型中。一个普遍的特性可能是性情，因此市场细分可以建立在人们的普遍性情上。众所周知，拉丁美洲人或地中海人有一些个性特征，或许这些特征可以作为世界市场细分的合适基础。其中一个例子是进行讨价还价的倾向。例如在价格方面，在讨价还价盛行的地区，国际化公司必须使用一种非常具有弹性的价格。在有些国家，例如土耳其，讨价还价几乎是一种全国性的消遣方式。在伊斯坦布尔的地下市场，如果顾客接受了第一次的开价，就几乎等于冒犯了卖主。

态度、品位或倾向

这些都是复杂的概念，但是说它们可以被用作市场细分却是合理的。地位象征可以作为一种指示，来说明一种文化中的某些人认为什么可能加强他们的自我意识及他们在其他人中的认知程度。

7.3.3 第 3 步：筛选细分（市场/国家）

这个筛选过程可以分为两部分：

* 初步筛选。这里要根据外部筛选标准（市场状况）对市场/国家进行初步筛选。对于中小型企业来说，有限的内部资源（例如金融资源）必须被考虑到。这样可以预先排除很多国家，它们不能成为潜在市场。
* 精细筛选。这里要考虑公司在不同市场的竞争力（和特殊技能）。

初步筛选

通过以下标准的粗粒度、宏观筛选方法，就能减少市场数量。

* 对从一个国家到另一个国家货物出口的限制；
* 人均国民生产总值；
* 每千人拥有的汽车数量；
* 政府支出占 GNP 的百分比；
* 每张医院床位的人口数量。

当筛选市场时，对进入一个国家的政治风险进行评估特别重要。近些年来，营销人员已经研究了各种指数来帮助评定潜在市场机遇评估中的风险因素，其中一个就是商业环境风险指数（BERI）。BERI 的一个替代选择是 BMI［国际商业观察（Business Monitor International）］——www.businessmonitor.com. 其他组织例如经济学人信息社（the Economist Intelligence Unit）也有一个国家风险服务（Country Risk Service）（www.eiu.com）。或者你可以参考《欧洲货币》杂志（*Euromoney*）的国家风险指数（country risk index）：它的国家风险调查，每年发布两次，监控 185 个主权国家的政治和经济稳定性。其结果主要关注经济，特别是主权债务违约风险和/或出口商的支付违约风险。这些国家风险分析的用户通常需要为这些订阅服务付费。

商业环境风险指数（Business Environment）：进行粗粒度、宏观国际市场筛选的一个有效工具。

BMI、《欧洲货币》杂志、BERI 和其他服务能够测量一个国家商业环境的总体质量。它们根据不同的经济、政治和金融因素每年数次以 0～4 的等级对国家进行评估。总体指数在 0～100 之间（见表 7.1）。BERI 指数已经被质疑只能作为一个大体的管理决策工具，因此应当由深度国家报告进行补充，然后再制定最终市场进入决策。

表 7.1　整体 BERI 指数所包含的标准

标准	分量	以 0～4* 的等级乘以得分（等级）	总体 BERI 指数[1]
政治稳定	3		
经济增长	2.5		
货币兑换	2.5		
劳力成本/生产力	2		
短期贷款	2		
长期贷款/风险投资	2		
对待国外投资者和利润的态度	1.5		
国有化	1.5		
通货膨胀	1.5		
国际收支平衡	1.5		
合同的可执行性	1.5		
官僚机制拖延	1		
通信：电话、传真、互联网接入	1		
当地管理部门和合作伙伴	1		
专业服务和承包商	0.5		
总计	25	×4（最大）	＝最大 100

* 0＝不能接受；1＝贫乏；2＝平均水平；3＝高于平均水平；4＝高级水平。

[1] 总分数：＞80 对投资者有利的环境，先进经济体系；70～79 不那么有利，但仍然是先进经济体系；55～69 有投资潜力的不成熟经济，可能是一个新兴工业国；40～54 高风险国家，可能是一个欠发达国家。管理部门的质量必须很出众才能发挥潜力。＜40 风险很高。只有在有很特殊的理由的情况下才会投下资本。

在众多宏观筛选方法中，有一种叫作偏离——份额法（the shift-share approach）[格林（Green）和奥拉维（Allaway），1985；帕帕多普洛斯（Papadopoulos）等人，2002]。这种方式的基础是找出各个国家国际进口份额的相对变化。这种方法计算一"篮子"（basket）国家某种产品的平均进口增长率，然后将每个国家的实际增长率和平均增长率进行比较。得出的差距叫作"总移距"（net shift），可以分辨出增长或衰退市场。这个程序的优点是：它既考虑到了一个国家进口的绝对水平，又考虑到了它们的相对增长率。另外，它只检查这些标准而不考虑其他宏观标准。

精细筛选

由于 BERI 指数只关注进入新市场的政治风险，所以经常需要一种能够包含公司能力的更广泛的方法。

为达成这一目的，一个识别"最佳机遇"目标国家的有力助手是市场吸引力/竞争能力矩阵的使用（图 7.4）。这个市场组合模型将波士顿咨询集团（BCG）增长——份额矩阵（growth-share matrix）中的两个单独的维度替换为适用于全球营销问题的两个综合维度。对这两个维度的测量建立在很多可能变量的基础上，像表 7.2 列举的那样。下面，我们会对其中一个重要维度进行描述和评论。

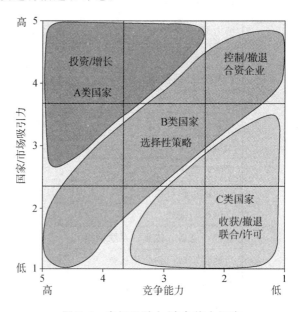

图 7.4　市场吸引力/竞争能力矩阵

市场规模

可以这样计算某一国家/市场的总市场容量：

生产（某个国家的一种产品）

＋进口

－出口
_____

＝理论市场规模

＋/－库存规模的变化
_____

＝实际市场规模

如果是在海关有可识别位置的标准产品，那么生产、进口和出口数据通常可以在具体国家的统计资料中找到。

可以使用图 7.5 中的调查问卷来确定某个国家更加精确的位置（在图 7.4中）。

如我们在图 7.4 中所见的那样，这个过程的一个结果是将国家/市场优先分类为不同的类别：

● A 类国家。这些是初级市场（即关键市场），它们为长期策略性发展提供了最好的机遇。在这里，公司可能会想要建立永久性存在，因此应当着手全面研究项目。

● B 类国家。这些是次级市场，这里有机遇，但是能够意识到的政治或经济分析太高，不能做长期的不可撤销投入。由于存在政治风险，所以要用一种更加实用的方式来对这些市场进行处理。公司需要一个全面的营销信息系统。

● C 类国家。这些是三级或"抓你所能"（catch what you can）市场。它们被认为具有高风险，所以资源的分配是最少的。在这类国家的目标应当说短期和机会主义的；公司不会作出真正的投入。不会开展重大的研究。

表 7.2　市场/国家吸引力和竞争能力维度

市场/国家吸引力	竞争能力
市场规模（总体和部分）	市场份额
市场增长（总体和部分）	营销能力和水平（各个国家的窍门）
顾客的购买力	产品符号市场需求
市场季节和波动	价格
平均行业利润	贡献毛利
竞争条件（集中程度，强度，进入壁垒等）	形象
市场禁止条件（关税/非关税壁垒，进口限制等）	技术地位
政府法规（价格控制，当地内容，补偿出口等）	产品质量
基础设施	市场支持
经济和政治稳定	分销商和服务的质量
心理距离（从本垒到国外市场）	金融资源 行销通路

分析时间：
对产品地区的分析：
国家：

A. 市场吸引力

	1 非常差	2 差	3 中等	4 好	5 很好	% 权重因数	结果 （等级× 权重）
市场规模							
市场增长							
购买结构							
价格							
购买力							
市场准入							
竞争强度							
政治/经济风险							
等等							
总计						100	

市场吸引力=结果：100=…………

B. 相对竞争能力
对于实力最强的竞争者=…………

	1 非常差	2 差	3 中等	4 好	5 很好	% 权重因数	结果 （等级× 权重）
产品符合市场需求							
价格和条件							
市场表现							
营销							
交流							
可获取的市场份额							
财务业绩							
等等							
总计						100	

相对竞争能力=结果：100=…………

图 7.5　基本的调查问卷，将各个国家在市场吸引力/竞争能力方面定位

7.3.4 第4步：微观细分：在每个合格的国家并在不同国家研究细分市场

一旦找到了主要市场，公司就用标准技术在国家内部对市场进行细分，会运用多种变量，如：

- 人口/经济因素
- 生活方式
- 消费者动机
- 地理
- 购买行为
- 消费心态等

因此，基本市场细分的依据是地理位置（根据国家），二级细分是在国家内部。这里的问题是根据信息基础可能难以完整的制定二级市场细分。而且这样一种方法可能有通向差异化营销方法的风险，这样公司的国际化策略就会非常支离破碎。

各种传统方法的缺点在于难以在各个市场对它们进行一致的运用。如果公司试图在它所有的市场达成一个一致并且受管制的营销策略，那么它的市场细分策略就需要一个跨国方法。

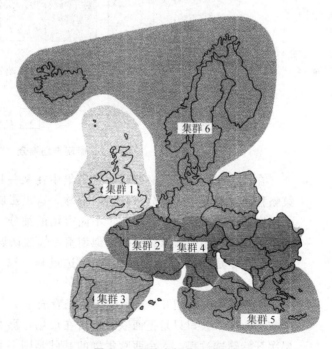

图 7.6 西欧市场的跨国集群

资料来源：威尔福德，R.（Welford，R.）和普莱斯考特，K.（Prescott，K.）(1996)《欧洲商业：一个基于问题的方法》（*European Business：An issue-based approach*），第3版。由培生教

我们可以说在国际上进行竞争的公司应当根据顾客而不是国家来对市场进行细分。单纯依照地理因素的市场细分会导致国家的模式化。它忽视了一个国家内部的顾客区别，并忽视了跨越过境的相同点。

集群分析可以用来确定有意义的跨国细分市场，每个跨国细分市场对任何综合营销策略都应该能够引发相似的反应。图7.6展示的是尝试将西欧市场细分为六个集群。

一旦公司选择了某个国家作为目标市场，微观市场细分过程的下一步就是决定公司想要以哪种产品或服务在各个国家变得活跃起来。在这里做一个仔细的市场细分是必要的，特别是在更大和更加重要的国外市场，目的是能够有区别地挖尽市场潜力（图7.7）。

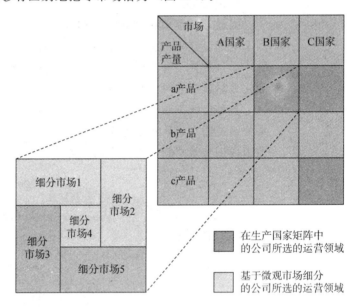

图 7.7　微观市场细分

在这种情况下，有必要将注意力集中在某一具体的策略程序上，这种策略程序针对相似的细分市场面向全球。这里影响具体市场决策的不是各个国家的市场吸引力，而是对于不同市场的细分（可能只有在小的细分市场中）中存在相似需求结构和相似消费习惯的认识。

图7.8是整体国际市场细分/筛选过程（第1～4步在图7.2中）的图示。

图7.8中的模型开始于将世界市场看成是一个公司的产品的潜在市场。事实上，如果公司只是把西欧看作潜在市场，那么公司可以从这个较低的层次开始筛选过程。六个西欧集群的基础是图7.6中的跨国集群。越是在模型的底部，运用的原始数据（面谈调查、实地研究等）和根据内部标准进行的筛选就越多。而且，公司可能会在一些地理细分市场发现很高的市场潜力。事实上，这不等同于公司产品的销售潜力高。可能会有一些对于

出口产品到某一特点国家的限制（例如贸易壁垒）。而且公司的管理部门可能有这样的策略：只选择和本土市场文化上相似的市场。这可能就排除了将遥远国家选为目标市场，虽然它们可能有较高的市场潜力。此外，为了能够将高市场潜力转化为高销售潜力，公司的技能（内部标准）和顾客认为对他们重要的价值链功能之间必须协调。只有在这种情况下，顾客才会将公司作为可能的供应商，和其他可能的供应商一样。换句话说，在制定 IMS 时，公司必须在可能的新目标市场和它自身能力、目标和策略之间寻求协同。公司对新国际市场的选择很大程度上受到互补市场的存在以及在这些市场获得的营销技巧的影响。

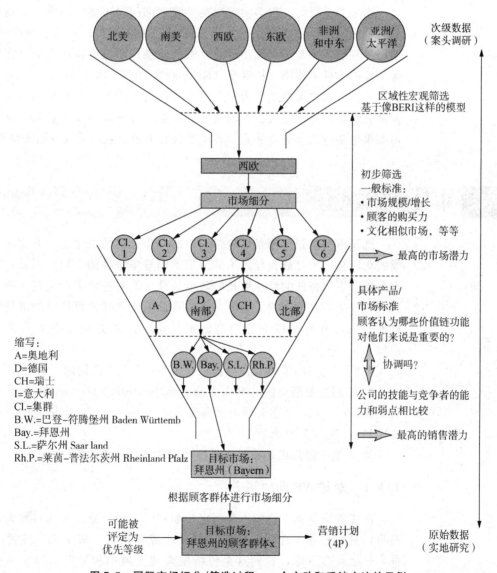

图 7.8 国际市场细分/筛选过程：一个主动和系统方法的示例

总的来说，图 7.8 是基于公司的主动和系统决策行为。这并不总是现实条件，尤其在中小型企业中更不是，中小型企业需要一种实用方法。通常，公司并不能以自己的标准进行细分，而是必须寄希望于被更大的公司测评并选择（为分供应商）。IMS 的实用方法也可能会导致公司选择其背景与管理者自身个人网络和文化背景相似的顾客和市场。偶然性、运气和"管理感觉"（management feel）在 IMS 的早期和晚期阶段都有重要作用。在对澳大利亚公司进行定性研究时，拉赫曼（Rahman）（2003）发现，公司在对国外市场吸引力进行测评的最后阶段会考虑的一个重要因素是"管理感觉"。一个公司这样表示：

当一天结束时，很多决策取决于管理部门对市场的感觉。市场中总有一些不确定性，特别是在你决定未来时，在这一方面国际市场没有例外。所以，我们管理者不得不用目前有限的信息作出决策，在这个过程中"直觉"发挥了巨大作用［拉赫曼（Rahman），2003，p.124］。

公司也需要考虑竞争者在潜力市场的当前位置。即使是在潜力市场非常巨大而且显然具有吸引力的情况下，竞争者可能会非常强大，以至于公司如果想要进入市场以从竞争者那里获取市场份额的话就特别需要资源。

7.4 市场扩张策略

选择市场扩张策略是出口营销中的一个关键性决定。一方面，不同的模式久而久之很可能会导致不同市场不同竞争条件的发展。例如，以产品寿命周期短为特征的快速增长的新市场进入能对竞争者造成进入壁垒，并且能够产生较高的利润。另一方面，有目的地选择相对较少的市场以进行更加密集的开发可以创造更高的市场份额，这也就意味着更强的竞争地位。

要设计它们的策略，公司就必须回答两个基本的问题：

1. 它们是要渐进的［瀑布方法（the waterfall approach）＝扩散效应（trickle-down）］，还是要同时［淋浴方法（the shower approach）］进入各个市场？（见图 7.9）

2. 在整个国际市场，进入是集中式的还是分散式的？

7.4.1 渐进 VS 同时进入

瀑布方法是基于这样一个假定：起初，一种产品或技术可能太新或太昂贵，只有先进（富裕）国家才能使用或买得起。事实上，随着时间流逝，价格就会下降，直到这个价格便宜到发展中和欠发达国家都能买得起。因此，根据这种方法，公司可能会决定渐进性或试验性地进入国际市场，首先进入一个重点市场以积累国际运营的经验，然后相继进入其他市场。或者，公司可能决定同时进入很多市场，以快速在更广阔的市场基础中利用它的核心技能和资源。

当一个公司缺乏国外市场经验并希望逐渐移动到国际化运营中去时，渐进式的进入，尤其是进入小市场可能是首选。这样就可以逐步获取关于国外市场运营的信息和熟悉度。如果一个公司进入国际市场较晚并且面临强势的当地竞争时，这个策略可能是可取的。同样，如果一个公司很小而且资源有限时，或者它高度规避风险，它可能就愿意进入一个或有限数量的市场，并以一系列渐进的行动逐步扩张，而不是立即重点致力于国际扩张。

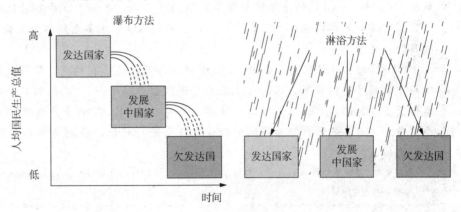

图7.9　渐进策略（瀑布方法）和同时策略（淋浴方法）

资料来源：基根·沃伦·J.（Keega Warren J.），《全球营销管理》（*Global Marketing Management*），第5版，© 1995。经培生教育股份有限公司（Pub. Pearson Education, Inc），新泽西州（New Jersey）上萨德尔里弗（Upper Saddle River）许可印刷并电子复制。

示例7.1　一个"向上渗透（trickle-up）"策略的例子

根据瀑布方法（扩散效应），跨国公司除去了最初的新产品或技术特点，将它们以低价位提供给发展中国家的人们，通常在对用户习惯和需求进行当地调研后加入了一些细节。现在，一个与此相反的过程，叫作"向上渗透策略"正在发生。跨国公司正在对最初为新兴市场开发的低成本产品进行改装，来服务北美、欧洲、日本和澳大利亚的那些爱好折扣的客户。让我们来看一下行动中的向上渗透。

XO 笔记本电脑

尼古拉斯·尼葛洛庞帝（Nicholas Negroponte）于2005年创立了"每个孩子一个笔记本电脑"（One Laptop per Child）（OLPC），其宗旨是向不能接受

XO 笔记本电脑（XO Laptop computer）
——向上渗透的一个例子

资料来源：ABACA/ABACA/联合社图像（Press Association Images）

正规教育的孩子销售小且简单的笔记本电脑（可连接网络）。这个概念之后被发展为简单的"XO 笔记本电脑"，于 2007 年推出并（通过国际机构）销售给很多发展中国家。

2008 年，其他主流 PC 制造商受到了 XO 在发展中国家低价推出的启发。例如，戴尔推出了其便宜的上网本，面向发达国家对价格敏感的顾客，也就是戴尔灵越（Inspiron）mini 9，在美国以 300 美元的价格推出。

2010 年 5 月，OLPC 宣布了一个改变市场供应的计划。OLPC 和电子产品制造商美满形成了合作伙伴关系，以开发并生产高容量的 XO-3 平板电脑并因此降低设备成本，有可能低至 75 美元。OLPC 预想降价并提高产品的灵活性，包括和 Adobe Flash 合作的能力，能够吸引更多的顾客，包括政府客户，他们会购买 XO 笔记本电脑作为它们对发展中国家援助项目的一部分。

OLPC 的主要供应商，中国台湾 OEM 制造商广达，在构建"规模经济"和扩展上网本市场中发挥了关键作用。广达（Quanta）说服宏碁（Acer）（广达的另一个客户）营销一个类似于 XO 笔记本电脑的上网本。这样，广达既是 OLPC 的生产组件供应商，同时又是一个竞争者，为其他客户努力将他们的设计理念进行转化，特别是那些已经成为 OLPC 的对手的上网本。

资料来源：基于宇州果（Yujuico）和格尔布（Gelb）（2011）以及 http：//image.businessweek.com/ss/09/04/0401_pg_trickleup/11.htm

一些公司喜欢快速进入世界市场以抓住新兴机遇或垄断竞争。快速进入可以在很多市场获得早期的市场渗透，并使公司能够迅速地积累经验。它也可以使公司通过在这些市场进行整合和合并运营来达到生产和营销中的规模经济。如果所涉及的产品或服务是创新型的或代表了技术上的巨大进步，那么这就更加可取，可以预先阻止抢占或其他竞争对手的限制。虽然全球信息技术的发展使得可行性逐渐增加，但同时进入多个市场要求大量的金融和管理资源，而且导致更高的运营风险。

7.4.2　对中小型企业合适的扩张策略

中小型企业经常开发国内市场机遇以加强公司资源，将来可以运用于国际市场（图 7.10）。公司的市场扩张策略应当重点关注产品市场细分，在产品市场细分中，公司的核心技能给了它竞争优势（这里是产品 A、B、C 和市场 1、2）。

这个过程可能会逐步发展，每次选取一个市场，市场 1，定位 1，从中学习，然后将它作为一个滩头阵地将这种技能传递到下一个市场的相同地位中（市场 2、定位 1）。公司可以不断地以逐步过程开发新市场，由此形成它的国际化运营，同时在前进之前能够保证巩固性和收益性。

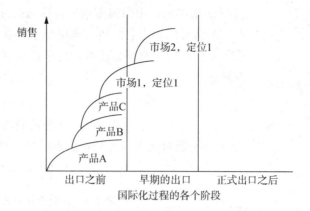

图 7.10 对中小型企业合适的全球营销策略

资料来源：布兰德利·F.（Bradley，F.）(1995)《国际营销策略》(*International Marketing Strateg*)，第 2 版。由培生教育有限公司（Pearson Education Ltd.）许可复制。

7.4.3 集中 VS 分散

公司也必须决定是将资源集中于有限数量的相似市场，还是在多个不同市场进行分散的操作。公司可以集中精力进入那些在市场特征和基础设施方面和国内市场高度相似的国家。管理部门也可以重点关注一组近似的国家。或者，公司可能更愿意通过进入在环境和市场特征方面不同的国家来分散风险。一个国家的经济衰退可以通过另一个市场的增长来抵消。各个市场的竞争强度通常也不一样，相对受到保护或竞争较小的市场的利润可能会流入竞争更加激烈的市场。在更广泛的地理基础上展开运营并在世界上的不同区域进行投资也可以分散风险，因为在某些行业不同区域的市场并不是相互依赖的（也就是说，一个区域的趋势不会发展到另一个区域中）。

国家层面的集中或分散问题可以与顾客（细分）层面的集中或分散相结合。由此产生的矩阵（图 7.11）显示了四个可能的策略。

		市场/顾客目标群体	
		集中	分散
国家	集中	1	2
	分散	3	4

图 7.11 市场扩张矩阵

资料来源：阿亚尔·I（Ayal，I）和兹弗·J.（Zif，J.）(1979)，p. 84.

从图 7.11 中可以找到四个扩张策略：

1. 少数国家中的少数顾客群体/细分市场；

2. 少数国际中的很多顾客群体/细分市场；

3. 很多国家中的少数顾客群体/细分市场；

4. 很多国家中的很多顾客群体/细分市场。

公司可以集中它的出口集中程度并在不同时间进行比较或与其他公司进行比较，使用赫芬德指数。这个指数被定义为每个国家销售百分比的平方和。

$$C = \sum S_i^2 \qquad\qquad i = 1.2.3.4\cdots n \text{ 国家}$$

其中 $C =$ 公司的出口集中指数

$S_i =$ 对 i 国家的出口占公司总出口额的百分比（以从 0 到 1 的小数计量）

$$\sum S_i = 1$$

表 7.3　国际市场分散 VS 市场集中

对国家分散有利的因素	对国家集中有利的因素
公司因素 管理部门风险意识高（接受风险） 通过市场开发达成增长目标 市场知识少	管理部门风险意识低（风险规避） 通过市场渗透达成增长目标 有能力挑选"最佳"市场
产品因素 有限的专业用途 容量低 非重复 在产品寿命周期中早或晚 标准产品在很多市场畅销 重大创新可以引发新的全球客户解决方案	一般用途 容量高 重复购买产品 产品寿命周期的中间 产品需要适应不同的市场 渐进式创新——市场范围狭窄
市场因素 市场小——专业市场细分 市场不稳定 很多类似市场 新的或萎缩市场 各市场的增长率低 大市场竞争很激烈 知名竞争对手拥有关键市场中的巨大份额 顾客忠诚度低 国家之间的协同效应高 知识可以在市场之间传递 有竞争力的交货期短	市场大——高容量市场细分 市场稳定 市场数量有限 成熟市场 各市场的增长率高 大市场竞争并不过度 很多竞争者分有关键市场 顾客忠诚度高 国家之间的协调效应低 缺乏对全球机遇和威胁的意识 有竞争力的交货期长

续表

对国家分散有利的因素	对国家集中有利的因素
营销因素	
增加市场的通信成本低	增加市场的通信成本高
增加市场的订单处理成本低	增加市场的订单处理成本高
增加市场的物流成本低	增加市场的物流成本高
很多市场都有标准化的通信	通信需要适应不同的市场

资料来源：基于阿亚尔（Ayal）和兹弗（Zif）(1979)；皮尔西（Piercy）(1981)；凯特西起亚（Katsikea）等人（2005）。

当所有的出口都只针对一个国家时，就会产生最大集中程度（$C=1$），当出口均等的分布在很多国家时，就会有最小集中程度（$C=1/n$）。

表 7.3 展示了对国家分散和集中有利的因素。

示例7.2　巴贾杰（Bajaj）正在挑选被全球领导者所忽视的新国际市场

专注于被全球领导者所忽视的市场也能获取成功。印度摩托车制造商巴贾杰汽车公司通过重点关注能提供额外金钱价值的小型摩托（200cc 或更小的引擎）扩张至 50 多个国家；巴贾杰众多的一系列简易摩托车以广泛的价格点范围定位于不同的顾客偏好。

资料来源：巴贾杰汽车有限公司（Bajaj Auto Ltd.）

2011 财务年度，巴贾杰售出了大约 340 万摩托车，其中 1/3 出口。当世界三大摩托车公司（本田、雅马哈和铃木）重点关注像美国和西欧这样的发达市场时，世界第四大摩托车生产商巴贾杰选择以发展中国家为重点。

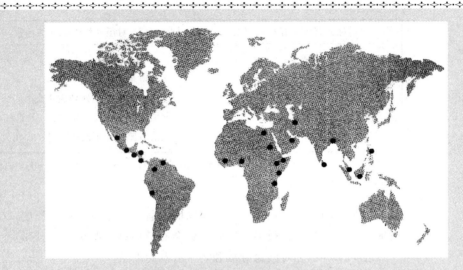

图 7.12　巴贾杰的国际经销商的位置

资料来源：www.bajajauto.com.

巴贾杰的销售网络覆盖 50 个国家。它在斯里兰卡、哥伦比亚、孟加拉、中美洲、秘鲁和埃及占有主导位置，并且在非洲也正获得更多的立足点（尼日利亚、乌干达和安哥拉的市场领导者）。因此，公司已经在尼日利亚委派了一个装配部门，它的经销商会帮助这个部门满足非洲市场日益增长的需求。

公司的策略是离运营市场更近一些，作为这个策略的一部分，除了它在印度尼西亚的子公司 PT BAI，巴贾杰汽车在蒙特雷（墨西哥），迪拜和科伦坡（斯里兰卡）还有自己的销售办公室。

资料来源：基于希尔金（Sirkin）等人（2008）和 www.bajajauto.com。

7.5　全球化产品/市场组合

公司组合分析为评估如何分配资源提供了一个重要工具，资源分配不仅跨越地理区域而且跨越不同的产品经营范围［道格拉斯（Douglas）和克雷格（Craig），1995］。全球公司组合代表了最高程度的聚合分析，它可能包括根据产品经验范围或根据地理区域进行的运营。

如图 7.13 所示（基于图 7.4 中的市场吸引力/竞争能力矩阵），联合利华最高的聚合分析层次是它的不同产品经营范围。将这个全球公司组合作为一个出发点，对单个公司产品经验范围的进一步分析可以从产品或地理维度或两者的结合进行。

从图 7.13 中的全球公司组合来看，联合利华食品业务的特征是市场吸引力高且竞争能力高。事实上，通过分析潜在的层面可以得到这种形势的不同图像。这种更加细致的分析通常要求针对具体营销计划决策提供和运营有关的信息。

通过产品和地理维度的结合，我们就可以从以下这些层面对全球公司组合进行分析（图 7.13 中的例子中用箭头进行了表示）：

1. 各个区域的产品类别（反之亦然）；

2. 各个国家的产品类别（反之亦然）；

3. 各个品牌的区域（反之亦然）；

4. 各个品牌的国家（反之亦然）。

当然，我们也可以进行进一步的详细分析。例如，在国家层面分析某些国家的不同顾客群体（例如食品零售商）。

因此，跨国家或区域对各种组合单位的相互关联性进行评估可能很重要。一个顾客（例如一家大的食品零售连锁店）可能在其他国家有销售点，或者大零售商在零售方面可能已经形成了跨境联盟，从供应商（例如联合利华）那里集中采购。

7.6 总结

特别是在中小型企业中，国际市场选择只是简单地针对促变因素带来的刺激作出反应，促变因素以主动提供的订单形式出现。

IMS 的一个更加主动和系统的方法需要：

1. 选择相关的市场细分标准；

2. 设计合适的细分市场；

3. 对细分市场进行筛选，缩减合适国家的清单（选择目标）；

4. 微观细分：在每个合格的国家或跨国设计子细分市场。

事实上，IMS 的实用方法通常能被公司成功运用。巧合和高层管理者的个人网络在公司的第一个出口市场的"选择"中发挥重要作用。在制定 IMS 时，公司必须在可能的新目标市场和它的自身能力、目标和策略之间寻求协同。公司新国际市场的选择很大程度上受到互补市场的存在以及在这些市场获得的营销技巧的影响。

完成以上四个步骤之后，所选市场的市场扩张策略是一个关键性决定。在设计这个策略时，公司必须回答两个基本的问题：

1. 它们是要渐进的（瀑布方法）还是要同时（淋浴方法）进入各个市场？（见图 7.9）

2. 在整个国际市场，进入是集中式的还是分散式的？

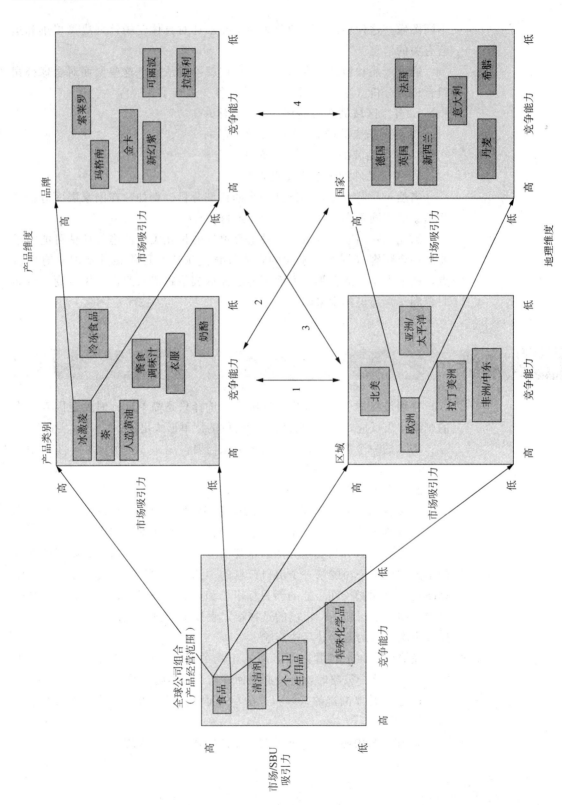

图7.13 联合利华的全球组合

　　公司组合分析代表了一种将国际市场选择（地理维度）和产品维度进行结合的非常好的方法。对如何在各个地理区域/产品经营范围进行资源分配进行评估很重要。事实上，跨越地理边界对各种组合单元的互联性进行评定也很重要。例如，一个顾客（位于某个国家）可能在几个国家有业务。

案例研究 7.1

斯卡恩设计（Skagen Designs）：成为设计师手表的国际化参与者

　　2012 年春季，夏洛特（Charlotte）和亨瑞克·乔斯特（Henrik Jorst）就可以回顾忙碌但成功的 20 年了。他们的公司成立于纽约的一个公寓中，在这里开始了公司的首次营销推广。这两位企业家开始销售相对昂贵的手表，上面有一个标志，美国公司可以用来作为公司礼物。在海湾危机期间，事实上很难售出那个价值范围的手表。1990 年，夏洛特和亨瑞克参加了巴塞尔（Basel）的一个手表展会，想要找到一个能够以较低成本价格生产手表的制造商。他们找到了一个丹麦公司——科通手表（Comtech Watches），总部在奥尔胡思（Aarhus），并且在中国香港有一个钟表和手表工厂。

夏洛特和亨瑞克·乔斯特

资料来源：斯卡恩设计（Skagen Designs）。

　　1992 年，夏洛特和亨瑞克的年营业额达到了 80 万美元，主要是通过在一个父亲节的大型邮购目录的封底上做广告。从那时开始，很多大事就很快地接连发生了。1995 年，连锁店布鲁明戴尔（Bloomingdale's）将斯卡恩设计手表囊括入它的分类中，之后其他的连锁店例如梅西（Macy's）、诺思壮（Nordstrom）和名表世界（Watch World）也效仿了。另外，这些手表还在大的礼物和设计商店销售。

　　1998 年，斯卡恩设计的年销售额几乎达到 3 000 万美金；2011 年增加到 1.2 亿美金，营业毛利约为 17％。

斯卡恩设计——简要故事

　　● 1986 嘉士伯（Carlsberg）聚会。虽然亨瑞克·乔斯特带了他的女朋友，但他还是设法在晚宴时坐在了夏洛特·克乔比的旁边，并且他们死心塌地地相爱了。聚合结束后不久，嘉士伯把亨瑞克送到了纽约。在纽约，亨瑞克管理嘉士伯的美国销售。夏洛特在丹麦待了一年半，期间通过电话与亨瑞克保持紧密的联系。

- 1986　夏洛特来到美国和亨瑞克在一起，并在夏季和秋季的几个月成为了嘉士伯小姐。一个丹麦同事送给他们了几块他的公司手表样品以在美国进行销售，之后夏洛特和亨瑞克开展自己的业务并在手表世界开始工作的梦想就启航了。他们5月份结了婚。

- 1990　亨瑞克辞去了他在嘉士伯的工作。夏洛特走遍了纽约试图将丹麦雅各布·彦森（Danish Jacob Jensen）手表卖给钟表公司。他们几乎没有钱。夏洛特生下了他们的女儿克莉丝汀。

- 1991　乔斯特设计了几款公司手表样品并在春季的纽约奖品和动力展会上进行了展览。在这个展会上，几个零售商注意到了这些手表并思考为什么两个丹麦人将它们作为公司手表而不是品牌产品。零售商宣称如果能够获得没有公司标志的手表，他们就会购买这些手表。整个夏天，他们以丹麦斯卡恩这个名字生产了800块手表，有四种不同款式。几个月之后，所有的手表都卖光了，并且生产了更多数量的手表。

- 1992　坐在餐桌旁，亨瑞克和夏洛特设计了30种不同的型号，标签都是"丹麦斯卡恩"（Skagen Denmark）。在纽约的一条街道上，夏洛特遇见了邮购巨头《夏普尔图像》（The Sharper Image）的一个经理。她尝试了一下，是的，他把斯卡恩手表作为了父亲节目录封底的特写。所有的东西被卖光了。在纽约的公寓中，亨瑞克和夏洛特的营业额达到了80万美金。

- 1993　在美国没有很多州的营业税几乎为零。事实上，在佛罗里达（Florida）和内华达（Nevada）的确是这样的。一天，他们飞往太浩湖（Lake Tahoe）的斜坡村（Incline Village）——世界上最好的滑雪胜地之一。他们爱上了这个地方，于是买了一所特别贵但是很大的房子。公司搬进了从厨房碗柜到车库的每一所房间。所有的事情仍然由他们自己来做。夏洛特生下了他们的女儿卡米拉（Camilla）。

- 1995　公司创建五年之后。现在，公司变得很大了。布鲁明戴尔试用了这些手表。一天之内——全卖完了。他们在离他们湖边的家不远的一间租来的小办公室里雇佣了员工。一年之后，这个办公室实在太小了，又一年后，同样的事情又发生了。

- 1998　Inc 杂志将斯卡恩设计列为250个快速增长的私有企业之一。五年间的营业额几乎增加了1 200%。最后，公司的其余部分搬出了太浩湖的别墅。新总部设于内华达州的里诺（Reno）。并在丹麦开设了一间办公室处理欧洲的销售，还有丹麦境内的80多家商店也开始销售丹麦斯卡恩系列。

- 1999　员工数量将近100人。Inc 杂志的"Inc.500"将公司列为美国增长最快的公司之一。亨瑞克送给夏洛特一匹马作为他们结婚十周年纪念的礼物。他们把家从太浩湖搬到了里诺郊区一个650平方米的大房子里。这所房子位于一座小山顶部，能够看到内华达雪山的美景。斯卡恩开始在主要杂志例如 Instyle 和 GQ 中持续出现。在英国的销售开始了。

- 2000　开始在德国和荷兰销售。

- 2001　斯卡恩设计首次在世界钟表——瑞士巴塞尔（BaselWorld）的手表和珠宝展会中进行展览。

- 2002　开始在其他国家进行销售，包括芬兰、冰岛、乌克兰和科威特。

- 2003　更多的国家加入了斯卡恩设计团队，开始在比利时、塞尔维亚、黑山共和国、阿拉伯联合酋长国、挪威、法国和意大利销售。
- 2004　为处理快速的增长，位于哥本哈根的欧洲总部办公室搬到了更大的机构中。欧洲总部把德国和法国的大型商场作为目标。
- 2005　销售和产品开发部门的前主管斯科特·兹巴拉（Scott Szybala）被任命为总裁。斯科特的责任是监督日常运营和斯卡恩设计的策略方向，并直接向夏洛特和亨瑞克汇报，两人仍然密切参与公司的产品开发和销售。
- 2006　斯卡恩设计成为了 CSC 团队的官方赞助商，CSC 团队是职业自行车赛最好的团队之一，有破纪录的夺胜次数。现在，亨瑞克和夏洛特仍然审批斯卡恩设计的所有产品。
- 2009　斯卡恩继续它在产品（珠宝和太阳镜）和地理市场的扩张，例如在东欧和远东。斯卡恩正在整个亚洲太平洋地区进行扩张，现在它在中国香港有一个销售办公室。
- 2012　2012 年 1 月，斯卡恩设计有限公司被美国时尚设计公司化石股份有限公司（Fossil, Inc.）收购，价格约为 2.25 亿美元，外加一些化石股份。化石（www.fossil.com）是一个时尚饰品的全球销售商，产品包括手表、珠宝、手提包、鞋和衣服。其产品通过销售子公司、公司所有零售店、独立分销商和国际电子商务网站在美国市场和世界上大约 120 个国家进行销售。2011 年，化石的净销售额将近 26 亿美元，营业收入为 4.72 亿美元。

内部策略

斯卡恩设计的名字起源于丹麦渔村斯卡恩，这是受到世界各地艺术家欢迎的一个休养处。很多人说这个地方有极好的自然光源，去过的人发现它拥有自然赋予和人为创造浪漫情调相融合的独特魅力。这个地方不仅给了品牌名称以灵感，而且也启发了乔斯特（Jorst）设计哲学。色彩、形状和简洁激发了设计团队。设计团队紧跟当前时尚的脉搏，经常访问世界各地的设计中心，包括瑞士、意大利、法国、纽约和中国香港。斯卡恩设计尽力忠于它的经典设计哲学，从不满足于跟随现有的趋势。

斯卡恩设计的标志代表了斯卡格拉克海（Skagerak）和卡特加特海（Kattegat）在斯卡恩村庄周围相汇聚。

夏洛特和亨瑞克两人划分了工作范围。夏洛特主要负责销售和市场，而亨瑞克负责公司的金融和管理。

在美国，手表的售价相对于其他设计手表非常具有竞争力：通常水平是 100～120 美元。以下是对斯卡恩设计的核心技能的评估：

- "把握脉搏"根据时尚趋势开发新的手表理念。
- 人力资源策略——夏洛特和亨瑞克都花很多时间四处走动并和员工进行交流，让他们感觉到斯

斯卡恩系列手表

资料来源：斯卡恩设计。

卡恩设计是一个大团队，在世界范围内组织的所有部分中都有一样的家庭导向价值观。

● 快速灵活的管理决策。

● 每年五次引入新产品（11 月、1 月、3 月、5 月和 8 月），为零售商提供季节性更新，并给顾客每季更新风格的机会。

● 和远东的"上游"专业团队保持良好的合作伙伴关系，他们负责以具有竞争力的价格进行生产。

营销手表

在美国，斯卡恩设计的产品通过时尚杂志例如 Vogue，InStyle 和 Accessories 进行推广。《危机边缘》（Jeopardy）和《幸运之轮》（Wheel of Fortune）等电视节目以及电视剧《甜心俏佳人》（Ally McBeal）和《律师本色》（The Practice）中的演员也受到了赞助。

公司的国内广告也被放在了主要的行业出版物中和户外广告机会包括广告牌、巴士和电话亭中，以支持高峰销售期，例如春季时尚、母亲节、父亲节、秋季时尚和圣诞节。

2006 年，斯卡恩设计成为了专业自行车赛团队 CSC 的官方赞助商。丹麦斯卡恩的 CSC 团队手表系列包括六种新样式的带有性能灵感的瑞士制造手表，其特点是超轻量耐用钛机壳和防水皮表带。斯卡恩对 CSC 团队的赞助在 2006 赛季之后结束了。从那之后，斯卡恩没有认真地参与体育赞助。

竞争者

作为一个时尚公司，斯卡恩设计（现在是化石股份有限公司）正在与所有的主要国际设计手表公司进行竞争，例如卡尔文·克莱恩（Calvin Klein）、盖尔斯（Guess）、西铁城（Citizen）、精工手表（Seiko）和斯沃琪（Swatch）。在被化石收购之前，这些公司中大多数都有比斯卡恩设计强大很多倍的金融力量。

资料来源：基于通用官方信息，并从 www. skagen. com 和 www. fossil. com 中收集信息。

问题：

作为国际化营销的专家，夏洛特和亨瑞克请你来，想要获取关于斯卡恩设计国际化扩张的有价值的信息。因此，你需要回答下面的问题。如果必要的话，提出你自己的要求并为你的答案阐明原因。对于问题1、问题2和问题3，你应当考虑2012年被化石收购之前的情况。

1. 在为它的手表系列选择新市场时，斯卡恩设计应当使用什么筛选标准？

2. 斯卡恩设计已经推出了其他产品生产线（例如太阳镜、家庭品牌产品），获得了不同程度的成功。将其他产品生产线纳入斯卡恩设计系列的原则应该是什么？

3. 斯卡恩设计在选择未来的赞助合作伙伴时应使用哪种标准？

4. 斯卡恩品牌处在化石股份有限公司新的所有权之下，对此你看到了它什么样的未来机遇和问题？

更多练习和案例，请登录本书的网站 www. pearsoned. co. uk/hollensen。

讨论问题

1. 为什么对国外市场进行筛选很重要？概述很多公司不系统地筛选国家/市场的原因。

2. 探究影响国际市场选择过程的因素。

3. 讨论在 IMS 过程中只是用次级数据作为筛选标准的优点和缺点。

4. 对国际市场进行机会主义的选择有何优点和缺点？

5. 全球市场细分和国家市场细分之间有什么区别？这些区别对于一个在世界范围内服务细分市场的公司来说有什么营销方面的启示？

6. 讨论一下公司对于地理扩张策略的选择会对国外子公司的当地营销经理设计和完成营销项目的能力产生什么样的影响。

参考文献

Andersen, O. and Buvik, A. (2002) "Firms internationalization and alternative approaches to the international customer/market selection", International Business Review, 11, pp. 347-363.

Andersen, P. H. and Strandskov, J. (1998) "International market selection", Journal of Global Marketing, 11 (3), pp. 65-84.

Ayal, I. and Zif, J. (1979) "Market expansion strategies in multinational marketing", Journal of Marketing, 43, Spring, pp. 84-94.

Brewer, P. (2001) "International market selection: developing a model from Australian case studies", International Business Review, 10, pp. 155-174.

Brouthers, L. E. and Nakos, G. (2005) "The role of systematic international market selection on small firms' export performance", Journal of Small Business Management, 43 (4), pp. 363-381.

Douglas, S. and Craig, C. A. (1995) Global Marketing Strategy, New York: McGraw-Hill.

Gaston-Breton, C. and Martin, O. M. (2011) "International market selection and segmentation: a two-stage model", International Marketing Review, 28 (3), pp. 267-290.

Green, R. T. and Allaway, A. W. (1985) "Identification of export opportunities: a shift-share approach", Journal of Marketing, 49, Winter, pp. 83-88.

Johanson, J. and Vahlne, J. E. （1977） "The internationalization process of the firm: a model of knowledge development and increasing foreign market commitment", Journal of International Business Studies, 8 (1), pp. 23-32.

Katsikea, E. S. , Theodosiou, M. , Morgan, R. E. and Papavassiliou, N. (2005) "Export market expansion strategies of direct-selling small and medium-sized firms: implications for export activities", Journal of International Marketing, 13 (2), pp. 57-92.

Meyer, K. E. （2009） "Global focusing: corporate strategies under pressure", Strategic Change, 18, pp. 195-207.

Papadopoulos, N. , Chen, H. and Thomas, D. R. (2002) "Toward a tradeoff model for international market selection", International Business Review, 11, pp. 165-192.

Piercy, N. (1981) "Company internationalization: active and reactive exporting", European Journal of Marketing, 15 (3), pp. 26-40.

Rahman, S. H. (2003) "Modelling of international market selection process: a qualitative study of successful Australian international businesses", Qualitative Market Research: An International Journal, 6 (2), pp. 119-132.

Sirkin, H. L. , Hemerling, J. W. and Bhattacharya, A. K. （2008） "Globality: challenger companies are drastically redefining the competitive landscape", Strategy and Leadership, 36 (6), pp. 36-41.

Sylvest, J. and Lindholm, C. (1997) "Små globale virksomheder", Ledelse & Erhvervsø fkonomi, 61, April, pp. 131-143.

Vernon, R. (1966) "International investment and international trade in product cycle", Quarterly Journal of Economics, 80, pp. 190-208.

Welford, R. and Prescott, K. (1996) European Business: An issue-based approach, London: Pitman.

Westhead, P. , Wright, M. and Ucbasaran, D. (2002) "International market selection strategies selected by 'micro' and small firms", Omega, 30, pp. 51-68.

Yip, G. S. , Biscarri, J. G. and Monti, J. A. (2000) "The role of the internationalization process in the performance of newly internationalizing firms", Journal of International Marketing, 8 (3), pp. 10-35.

Yujuico, E. and Gelb, B. D. (2011) "Marketing technological innovation to LDCs: lessons from One Laptop per Child", California Management Review, 53 (2), pp. 50-68.

案例研究（II.1）

红牛（Red Bull）：能量饮料全球市场领导者正在考虑进一步市场扩张

开端

能量饮料很可能以 IRN 布鲁（Irn-Bru）的形式起源于苏格兰，首先于 1901 年以"Iron Brew"的形式生产。在日本，能量饮料现象至少起源于 20 世纪 60 年代早期力保美达（Lipovitan）的推出。日本的大多数这样的饮料和软饮料几乎没有相似之处，被装在小的棕色玻璃药瓶或和这种容器风格相似的金属罐里进行出售。这种所谓的"元气饮料"（genki drinks）也在韩国生产，能帮助员工工作很长时间，或者是在晚下班回家时保持清醒。

在英国，拉克扎德能量（Lucozade Energy）饮料起先于 1929 年引入，作为"帮助复元"（aiding the recovery）的医院饮料；20 世纪 80 年代早期，它被作为"补充失去的能量"（replenishing lost energy）的能量饮料推广。

红牛起源于 1962 年，原始配方是由一个泰国商人许书标（Chaleo Yoovidhya）研制的，通过一个当地制药公司以水牛（Krating Daeng）这个名字进行销售，用来治疗时差综合征并给卡车司机增加能量。

迪特里希·马特希茨（Dietrich Mateschitz）生长在奥地利施第里尔（Styria）的一个小村庄。当他 18 岁时，他就读于维也纳大学（the University of Vienna）。马特希茨花了 10 年的时间最终获得了世界贸易的学位并毕业。他的朋友说马特希茨喜欢玩、聚会和追求漂亮女人。毕业之后他决定严肃起来，成为一个"非常好的营销人"（really good marketing man）。他天生的魅力帮他得到了联合利华中的一个培训职位，不久之后他就在整个欧洲推销餐具洗涤剂和香皂了。同事们把他描述为这样一个人——"风趣、野心勃勃并总是有疯狂的想法"（funny, full of ambition and always filled with crazy ideas）。

马特希茨对销售有天生的才华。他富于创造性并有本事将事情搞定。他不久就被晋升为名为 Blendax 的领先国际牙膏品牌的市场总监。

在世界各地旅行并销售牙膏数年之后，马特希茨开始着迷于创造他自己的公司这个想法。1982 年夏天，马特希茨读了一个有关日本十大纳税人的故事。他惊讶地发现一位大正先生（Mr Taisho）名列榜单首位，他将高能量饮料引入日本。在他销售旅程的下一站——泰国——他从一个当地牙膏分销商那里得知能量饮料对在加油站停车的疲惫司机来说是热门商品。顶级品牌是 Krating Daeng，意思是水牛。产品成分被清晰地写在罐上。像最初的黄页一样，上面没有商标，也没有保护配方的专利。

不久之后，迪特里希·马特希茨和许书标（水牛的所有者）见了面，他们决定一起开办一家能量饮料公司。每个合作伙伴提供大约 50 万美金的启动资金。许书标提供饮料配方，他的合作伙伴以其营销天赋作出贡献。

迪特里希·马特希茨和许书标于 1984 年成立了红牛，总部位于奥地利。

创立于奥地利并进行进一步国际化扩张

年已 40 且性格乐观的马特希茨辞去了工作并在奥地利申请了销售高能量饮料的执照。事实上，奥地利的行政系统不允许没有科学检测的饮料进行销售。他们花了三年时间并打了很多销售电话来得到执照以销售产品。在等待官方执照的同时，马特希茨请他的老校友约翰内斯·卡斯特纳（Johannes Kastner）设计了罐体和商标。卡斯特纳在德国法兰克福经营一家广告中介。在定下两只红色公牛相向往前冲这样一个有男子气概的商标之前，马特希茨否决了成打的样板。卡斯特纳为获得一个生机勃勃的广告口号而勤奋地工作，但马特希茨却一个又一个地拒绝了，每次都说"还不够好"。

卡斯特纳让马特希茨找其他人来想更好的广告口号，但马特希茨却恳求他"考虑一晚上，再给我一个口号"。第二天早上，卡斯特纳打来电话说："红牛——给你翅膀。"（Red Bull-gives you wings.）这个口号成了红牛品牌的预言，它继续在全球翱翔。

马特希茨还需要找到一个装瓶公司来生产他的饮料。他打了电话但每个瓶装公司都告诉他红牛没有成功的机会。最后，马特希茨在奥地利领先软饮料包装公司罗马劳赫（Roman Rauch）找到了一个持赞成态度的人，不久，闪亮的银色金属罐就从生产线上下线了。两年内，在进行了很多有创意的推广之后，销售开始增长，但他仍失败了。两年内损失 100 万美元可能会吓到一个企业家使他停止业务。但马特希茨无所畏惧。他在没有外来资本的情况下为所有项目提供资金，到了 1990 年，红牛有了盈余。不久之后，他意识到奥地利这个市场不够大，1993 年他扩展到邻国匈牙利，然后集中精力征服德国市场。

红牛销量不断推进的消息在欧洲一经传播，就有很多盲目模仿的竞争者来到了市场上。红牛在进入德国市场之初是非常成功的。事实上，在需求增长三个月之后，马特希茨在整个欧洲都不能够得到足够的铝来生产金属罐，红牛的销量下降很快。一个名为飞马（Flying Horse）的竞争者成了市场领导者。红牛花了四年时间重新得到了德国市场的榜首地位。

1995 年，红牛在英国取得了成功；1997 年，美国，始于加利福尼亚州。在那里，在一次典型的运用他独特风格的营销把戏中，马特希茨雇佣了一些学生身着超短裙制服开车到处转，车顶上有一个红牛金属罐，以这种方式来推广饮料。

剩下的就是历史了。最近几年，红牛变得特别流行，2000 年售出了 10 亿罐 250ml 装，2006 年在 130 多个国家售出了 30 多亿罐。2006 年，红牛在 3 900 多名员工的帮助下产生了超过 26 亿欧元的价值。

2010 年，世界范围内共售出了 42 亿罐红牛，相比 2009 年增加了 8%。事实上，由于货币和价格因素，公司营业额增长了 16%，从 33 亿欧元增长到 38 亿欧元。

销售额、收入、生产能力和运营利润不仅达到了 2006 年的水平，还很大程度上超过了 2006 年的水平，数据记录是公司历史上至今为止最好的。

如此积极的数字主要原因包括红牛在土耳其（+86%）、日本（+80%）、巴西（+32%）、德国（+13%）和美国（+11%）市场不凡的销售，以及即使是在近几年具有挑战性的经济环境中进行的高效成本管理和持续品牌投资。

增长和投资将会——像红牛一贯的那样——由经营现金流提供资金。

2010 年末，红牛在 161 个国家雇佣了 7 758 人（2009 年末：在 160 个国家雇佣 6 900 人）。

另外，每年有 5 000 多名学生在红牛推广团队获得第一次工作经验。

虽然金融和全球经济环境仍然非常困难并带有不确定性，但红牛对 2011 年的增长和投资做了计划，除了保持一样的雄心勃勃，而且还期望有持续的上升趋势。

红牛用奥地利唯一的生产设备进行生产，然后通过一个当地子公司和经销商网络在全世界进行销售。截至 2010 年底，红牛在以下国家有子公司：

- 欧洲：德国、瑞士、爱尔兰、意大利、荷兰、芬兰、希腊、葡萄牙、捷克共和国和斯洛伐克。
- 欧洲以外：澳大利亚、新西兰和阿拉伯联合酋长国。

营销导向和顾客

红牛发明了一种创新性的传染式（viral）营销方法，主要定位于寻求提升能量的顾客：年轻人（16～29 岁）、城市中的年轻专业人士、大专及以上学历的学生和常去俱乐部的人。

公司也开展了直接针对 Y 代人，即所谓的"千禧一代"的红牛品牌推广，这些人在 1981 年之后出生，被认为对传统的营销策略持怀疑态度。这个想法的一部分涉及招收"学生品牌经理"，这些人会被用来在大学校园里推广红牛。这些学生会被鼓励开办宴会，宴会期间会分送成箱的红牛。然后，品牌经理会反馈给公司，这样就给了公司一种低成本的市场调研数据。

红牛试图将它的产品描绘为精力充沛、体力活跃并且有健康意识的顾客的饮料，以它的无糖型饮料为特征。需要提升能量的人包括但不限于俱乐部的嘻哈人士、卡车司机和学生。

红牛营销策略

红牛基本上将传统的营销书籍扔出了窗外。它备受赞誉的策略被不同形式地描述为：草根、游记、口碑营销、传染式营销、地下、蜂鸣式营销，并且无疑很成功。

红牛起初的营销路线悲惨的失败了。调查对象不喜欢饮料的口味、颜色和"刺激大脑和身体"的概念。对于这一点，很多公司都会放弃它们的计划或进行修订改正使产品对顾客更具吸引力。事实上，马特希茨反对对顾客口味的检测应当成为他们营销策略的基础这一观点。马特希茨的信息是红牛不是在卖饮料，而是在销售一种"生活方式"。红牛给你翅膀……红牛能够实现你的欲望。红牛需要在合适的环境下被饮用——一个需要提高能量的地方。

一个有效的品牌创建行动并不是由公司发起的。由于它的独特成分，红牛在几个国家获得注册审批时面临很多障碍。在此期间，一个谣言传播开来：饮料所使用的牛磺酸来自公牛的睾丸，红牛是"液体伟哥"，这使得这个饮料更加神秘。饮料居然在好几个国家，如法国和丹麦被禁止更是增加了这种魅力。

产品

红牛作为一种能对抗精神和体力疲惫的能量饮料出售。有效成分包括但不限于：27g 糖分、复合维生素 B、80mg 咖啡因——比一杯普通咖啡所含咖啡因稍少一些，是很多领先可乐饮料所含咖啡因的两倍。除了水、糖和咖啡因，饮料还含有一种叫作牛磺酸的成分，这是一种氨基酸，根据日本人的研究，它对心血管系统有益。

从 2003 年初开始有了一种无糖品种。这种饮料尝起来有柑橘和药草的味道，它经常被作为酒精饮料，如红牛翅膀（Red Bull Wings）（红牛和伏特加）的调酒软饮料，或是作为著名的 Jagerbomb（一种鸡尾酒，将一小杯 Jagermeister 滴入一瓶红牛中）的基本成分。

红牛专注于能量饮料。红牛是公司的主打品牌，只有两个口味选择和一种包装型号，这使得公司能够集中精力快速扩大它的足迹，同时营销其他区域的营销和推广。在大多数国家和区域，红牛都是第一个能量饮料品牌，因此，在它进行销售的几乎所有区域都是领导品牌。

红牛和众多饮料市场不同，它只提供一种容量的产品，8.3 盎司（250ml）罐装，这比典型的软饮料小一些。罐体是小而光滑的器皿，上面有鲜明的印刷图案，被描述为更有"欧洲"风格。除了规定的警告标签，各个国家的罐体设计都是一样的。而且，与软饮料和伏特加不同，红牛只提供两种品种：基本型和无糖型。可识别的包装给红牛提供了优势，并且在全世界使用一种容量创造了生产效率。

2008 年 3 月 24 日，红牛引进了"简易可乐"（Simply Cola），或叫作红牛可乐（Red Bull Cola），含有天然调味料和咖啡因，被引进到若干国家（至 2008 年，在荷兰、奥地利、捷克共和国、埃及、瑞士、西班牙、波兰、德国、比利时、意大利、英国、爱尔兰、泰国、罗马尼亚、匈牙利、俄国和美国都有红牛可乐）。红牛可乐不是由红牛公司自身生产的，而是在瑞士由劳赫贸易公司（Rauch Trading AG）为红牛股份有限公司生产的。它是公司自己的可乐饮料。这个产品是自从 2003 年引入无糖红牛之后首次主要的品牌扩张。它既有 250ml 的罐装，又有新型的 355ml 品种。红牛可乐也含有比可口可乐（34mg）和百事可乐（37.5mg）稍多一些的咖啡因，每 355ml（12 盎司）罐装中有 45mg，但比健怡可乐（Diet Coke）（47mg）要少。

2009 年 5 月，德国的食品管理者在红牛可乐中发现了微量的可卡因。发现的量非常小，每罐红牛可乐中有 0.13mg，也就是说要喝 12 000L 的可乐才会造成危害。尽管如此，饮料还是被命令从一些德国商店下架。产品在中国台湾也由于同样的原因被禁。2009 年夏天，"红牛能量饮料"（the "Red Bull Energy Shots"）在全球引进。它是小型的普通饮料，有着同样的能量动力。

能量饮料的想法数十年之前起源于远东，主要是日本，在那里"补品"在消费者中间变得非常流行，高度浓缩且不含碳酸。20 世纪 80 年代引入能量饮料之后，这些能量饮料的效力开始作为一种新产品形式在全世界流行。2004 年，第一批供应商，例如 5 小时能量（5-Hour Energy），接受了这一想法并在美国推广这些能量饮料，在能量饮料市场开创了一个子细分市场。2008 年，仅在美国就有 25 个品牌供应能量饮料。2011 年 9 月，美国大约有 250 个能量饮料品牌，其中 5 小时能量占有 70% 的市场份额。虽然首先是在美国进行的营销，但能量饮料正在世界的其他地方变得更加流行，例如欧洲、亚洲和澳大利亚。

资料来源：埃文·卡夫卡（Evan Kafka）/盖蒂图像娱乐（Getty Images Entertainment）/盖蒂图像（Getty Images）。

事实上，2011 年 7 月，红牛北美部宣布停止功能饮料和可乐的生产。红牛会通过现有的红牛可乐和红牛能量饮料存货进行销售，但不会进行额外的生产。它会转而在扩大的能量饮料范围中重新聚焦它核心品牌的增长。

自从 2008 年出现在市场，红牛可乐已经尽力激发了美国顾客和零售商，部分原因是可乐的高价成为了成功的最大障碍。一瓶 12 盎司罐装红牛可乐的售价约为 1.5 美元，而相似容量的可乐或百事产品只有 1 美元或更少。

虽然红牛进入能量饮料细分市场的时间晚，它却是一个知名的生产商，因此很多专家预测它的罐装能量饮料将会有延期成功。事实上，美国的能量饮料市场似乎已经过分拥挤了。虽然是能量饮料的著名品牌，对于红牛能量饮料来说竞争却更加激烈，因为很多竞争者已经目录中存在，而且能量饮料的货架空间相当有限——更不用说它的高价位点了（比 "5 小时能量" 和其他竞争者高 50 美分），如果它的绝对价值点在 2.49～3.49 美元之间，这就是一个更强的阻碍。

直到现在（2012 年初），除了北美，红牛国际市场中红牛可乐和能量饮料的销售并没有停止。

价格

这个清晰的定位已经在关键市场例如英国、德国和美国创造了立足点。关键市场的销售帮助带动了公司的全球定位，并为红牛提供了以高于其他品牌的价格进行销售的机会。一罐的价格一般是 2 欧元，是其他品牌软饮料成本的 5 倍。

高价位是能量饮料类别的一个特点，对红牛来说尤其是这样。从一开始这个类别的定位就是提供的产品不仅能够使你提神，而且给你能量和相应的脑力来充分利用你的时间。虽然我们从来不说能量饮料把自己定位于健康，但毫无疑问的是，它们声称为顾客提供功能性利益，这也是它们能够获得高价的主要原因。2010 年，全世界每升能量饮料的平均价格约为 6.00 美元，几乎是一升碳酸饮料平均价格例如可乐（1.50 美元）的 4 倍，同样的，在软饮料这个整体类别中也超过了每升的平均价格。

原版红牛（Red Bull Original）

资料来源：红牛股份有限公司（Red Bull GmbH.），经由©红牛媒体之家（Red Bull Media House）提供。

无糖红牛（Red Bull Sugarfree）

资料来源：红牛股份有限公司，经由©红牛媒体之家提供。

红牛简易可乐（Red Bull Simply Cola）

资料来源：红牛股份有限公司，经由©红牛媒体之家提供。

红牛能量饮料（Red Bull Energy Shot）

资料来源：红牛股份有限公司，经由©红牛媒体之家提供。

销售

红牛的关键增长策略增加了国际销售。它坚持致力于增加国际销售，首先于 1992 年开始走出国内市场，仅仅是第一罐红牛在奥地利出现五年之后。现在全世界 100 多个国家都有红牛，它在关键市场有一个发达的当地子公司网络来监督任意区域的销售。这些子公司负责从奥地利的红牛股份有限公司进口红牛，然后建立一个独立的销售网络或是与合作伙伴合作，例如在奥地利红牛奥地利分部就使用吉百利史威士（Cadbury Schweppes）公司的网络。在这种情况下，红牛奥地利分部进口并卖给吉百利史威士，然后吉百利史威士用它的网络销售给供应商。

和所有其他方面一样，典型的红牛新市场的国家销售策略也是非典型的。红牛不是定位于范围最广的最大的经销商，而是定位于那些经常变成红牛专属销售商的小经销商。它甚至采取雇用青少年/大学生并给他们货车来销售产品的极端手段。

独立的小场馆是首要目标。红牛会找一些小酒吧、饭店和商店，给它们一个小型冷却箱来销售饮料。这是它更喜欢的方法，而不是去对付那些大商店的要求，那些大商店最终会请求销售它的产品。

促销/广告

很多产品推广是与大型广告活动相结合的：在印刷物和电视上、口感测试、赠品和名人代言，将品牌和产品带给公众。红牛不采用这样的技巧。

红牛不采用传统的广告方法进入市场。只有产品在市场上存在之后，广告才被用来作为一个提醒物。而且它从不使用平面媒体，因为它们对产品的表达太单调和平淡了。电视广告经常是使用"红牛给你翅膀"口号的卡通绘画，并且被精心放置。电台和节目都经过精心挑选以使得对目标观众的曝光率最大化，例如深夜电视节目。

红牛不雇佣名人代言人，但却使得名人代言成为可能。红牛在美国的一些最早的发货是运往好莱坞的电影摄影棚，供长期拍摄过程中饮用，这一过程甚至发生在饮料能够被很容易地获取之前。这就创造了一种方案，在这个方案中名人们在尽其所能地得到红牛，立即成为了品牌面向大众的代言人。名人不是唯一能够代言的人。同样的，在产品能够被广泛获取之前，公司把它提供给了纽约最赶时髦的地点的调酒师，供他们自己饮用。这就使得调酒师面向俱乐部的顾客做了免费的代言。

每年公司都会赞助很多极限运动赛事，例如艾奥瓦州（Iowa）的冰下发射井攀爬（the climbing of iced-down silos）或夏威夷州（Hawaii）的风筝航行（kite sailing），还有很多文化活动，如霹雳舞竞赛（break-dancing contests）和摇滚乐即兴演奏（rock music jam sessions）。红牛还发起了一个 DJ 营，有前途的 DJ 们可以从大师那里学习，由红牛提供。红牛在世界范围内还赞助了大约 500 个运动员，都是类似 1 月份在新斯科舍（Nova Scotia）冲浪或从飞机里跳出来"飞"越英

红牛 X 斗士（Red Bull X Fighters）

资料来源：© Balazgardi.com/红牛照片文件。

吉利海峡这样的类型的人。

它也举办"红牛Flugtag"[德文的"飞行日"(flight day)或"航行日"(flying day)]之类的赛事，在这种竞赛中竞争者用自制的"飞行器"使自己从30英尺的斜坡上起飞并降落到一片水中。这种赛事在伦敦这样的大城市中举行。

当地子公司也负责当地营销内容，例如蜂鸣式营销、当地赞助和媒体安排包括电视、广告牌和收音机。除了当地营销和广告，当地子公司也从红牛股份有限公司和它的独家广告商卡斯特纳&合作伙伴那里获取营销材料。

红牛也参与更流行的运动，例如足球和赛车。红牛在运动方面已经扩展至购买多个运动团队并对它们进行整体品牌再造。

红牛还拥有四个足球队：纽约红牛（New York's Red Bulls）（和他们的运动场）、红牛萨尔斯堡（Red Bull Salzburg）、红牛巴西（Red Bull Brasil）和红牛莱比锡（RB Leipzig）。

红牛还有一个纳斯卡（Nascar）团队和两个F1车队。有时，一个F1车队就足够使一个亿万富翁的财力陷于瘫痪，但就像红牛的所有事件一样，它用公司的健康营业收入提供F1车队每年2亿美元的花费。

伦敦海德公园（Hyde Park）的红牛飞行日（Red Bull Flugtag）

资料来源：©马塞尔·莱蒙赫特（Marcel Lammerhirt）/红牛图片文件（Red Bull Photo Files）。

红牛第一车队（Red Bull Racing）是红牛拥有的两个F1车队之一[另一个是红牛第二车队斯库德里亚公牛恺撒（Scuderia Toro Rosso）]。第一车队位于英国的米尔顿·凯恩斯（Milton Keynes），但持有奥地利执照。

2010年，红牛赛车队赢得了建造者（constructors）和赛车手（drivers）的F1冠军，选手是德国驾驶员塞巴斯蒂安·维特尔（Sebastian Vettel）。

除了体育赞助，红牛还开发了移动能量团队项目（the Mobile Energy Team programme），这个项目主要由性格外向的大学生组成，他们驾驶着特别设计的红牛迷你库伯（Red Bull Mini Coopers），车顶上有蓝色的罐体，以此来推广饮料。他们去参加各种各样的赛事并安排提供能量饮料样品。红牛经常以兼职的形式雇佣他们，并通常让团队以24/7的形式运行。

总而言之，红牛在传统印刷物和电视广告方面的花费相对较少，转而依赖体育赞助或是在当地赛事中分发样品。自从它被引入之后，红牛在品牌构建方面投资很大，将40%左右的收入用在了营销和推广上。作为比较，可口可乐花费了9%。

竞争

根据定义，红牛在功能饮料市场进行运作，而功能饮料主要由能量饮料和运动饮料的销售组成——红牛只是活跃于能量饮料市场。不能将运动饮料与能量饮料相

红牛迷你（Red Bull Mini）

资料来源：红牛股份有限公司。

混淆。运动饮料是用来补充电解质、糖分、水和其他营养物质的，并且通常是等渗的（含有和人体内相同的比例），在艰苦训练或竞赛后使用。能量饮料主要提供糖分和咖啡因来增加精神和体力的集中程度。最有名的运动饮料是"佳得乐"（Gatorade）［桂格燕麦公司（Quaker Oats Co.）］，于1965年引入。

红牛虽然作为一种能量饮料被众所周知，但它还有其他用途例如咖啡、茶或苏打的替代品，维生素/能量补充剂和酒精饮料的混合物。

大部分顾客将红牛用作维生素补充剂或能量兴奋剂来代替人参这样的首选兴奋剂。红牛以它的液体维生素B补充剂在维生素利基市场进行竞争，并且现在正在和大型制药公司进行竞争。红牛也和各种混合饮料例如果汁、酸味剂和补药进行间接竞争。红牛起初面向普通的常去俱乐部的人营销它的能量饮料和酒精饮料的混合物。事实上，由于各种健康问题以及红牛与酒精饮料混合之后产生的死亡事故，产品标签上已经有明确的警告阻止不当使用。

能量饮料市场的特点是既存在专业的生产商，也存在饮料巨头。市场上的主力竞争者包括百事（Pepsi）、可口可乐（Coca-Cola）、达能（Danone）、汉森饮料公司（Hansen Beverage Company）、蒙那多饮料公司（Monarch Beverage Co.）、红牛（Red Bull）、黑狗（Dark Dog）、葛兰素史克（GlaxoSmithKline）、极限饮料（Extreme Beverages）、大正制药（Taisho Pharmaceuticals）和大冢制药（Otsuka Pharmaceuticals）。从市场份额来说，佳得乐和红牛分别主导着运动和能量饮料细分市场。大多数软饮料跨国公司（例如百事、可口可乐、达能、葛兰素史克）也涉及了功能饮料市场。例如，可口可乐于2006年在它的能量饮料系列中增加了"凡达驰"（Von Dutch）和"标签能量"（Tab Energy）品牌。虽然事实证明较小的参与者最有创新性，但主要跨国公司的生产、销售和营销资源对红牛造成了很大的威胁。

功能饮料（functional drinks）的总市场［包括能量饮料（energy drinks）］

如表1所示，全球软饮料市场可以被划分为不同类型的软饮料，"功能饮料"部分是其中的一个。事实上，功能饮料的市场规模份额只有3%（见表1）。

表1　全球软饮料市场（市场规模份额，2012）

饮料类型	百分比
瓶装水	37
碳酸饮料（主要是可乐）	35
水果/蔬菜汁	11
功能饮料（运动饮料和能量饮料）	3
其他（即饮咖啡、即饮茶、浓缩液等）	14
总计	100

资料来源：基于Euromonitor.com信息。

在功能饮料这个类别中，"运动饮料"（sports drinks）的市场规模份额是能量饮料的两倍。

全球运动饮料市场

在全球运动饮料中，百事可乐是世界市场领导者（世界市场份额为46%），这是由于它在北美主导地位的影响，百事可乐的品牌佳得乐在它的区域中有 75％ 的渠道市场容量份额。

世界第二大运动饮料是可口可乐公司，占有 22％ 的世界市场。它的主要品牌动乐，比百事公司拥有更加区域平衡的运动饮料业务。例如，在澳大利亚，动乐是占有 50％ 市场份额的领导品牌，而佳得乐只有 36％。

全球能量饮料市场

虽然运动饮料的全球市场规模更大，但能量饮料的细分市场增长比运动饮料要快。从 2005 年到 2010 年，能量饮料的复合年增长率为 16％，而运动饮料仅为 5％。

北美在能量饮料市场占有最高的市场容量份额（37％——见表 2），但它并不像在运动饮料市场那样强势。

澳洲也很发达。能量饮料的品牌竞争比运动饮料更为多样化。红牛是唯一的全球品牌，在全球渠道市场容量销售中占有 25％ 的份额（见表 2）。通常，红牛比市场上的其他公司价格要高出 20％～30％。这也就意味着红牛在世界市场的价值份额高于 25％ 的市场容量份额。

两大顶级能量饮料公司红牛和汉森共占有 35％ 的世界市场，而汉森几乎所有的销售额都来自北美（美国）。2010 年，世界能量饮料的总市场达到了 45 亿升，其总价值（约为 150 亿美元）。

表 2　不同区域的能量饮料市场份额（渠道市场容量）（2010）

	西欧	东欧	北美	澳洲	其他地区 （拉美、非洲）	世界总计
能量饮料的区域销售—— 2010 年市场容量％	23	7	37	25	8	100
制造商的市场份额（品牌）	％	％	％	％	％	％
红牛，奥地利（红牛）	29	24	20	27	25	25
汉森，美国 [怪物（Monster）]	1	—	27	—	—	10
百事可乐，美国 (SoBe, AMP, Adrenaline Rush)	—	9	17	—	8	9
可口可乐，美国 [Burn, 挑战者（Full Throttle）]	6	12	8	17	8	8
摇滚之星（Rockstar）， 美国（摇滚之星）	1	—	12	—	—	5
三得利（Suntory）， 日本（V）	—	—	—	48	—	3
GSK，英国 [葡萄适（Lucozade）]	38	—	—	—	—	8

续表

	西欧	东欧	北美	澳洲	其他地区（拉美、非洲）	世界总计
私有商标	12	6	1	—	15	6
其他［例如波兰的老虎（Tiger）］	13	49	15	8	42	16
总计	100	100	100	100	100	100

资料来源：基于欧洲透视（Euromonitor）和其他公共资源。

在西欧，GSK的葡萄适名列第一，原因是它在英国和爱尔兰占据主导地位。在英国和爱尔兰以外，红牛是市场主导者。在东欧，竞争非常分散，但总体上红牛是市场领导者。在北美，汉森的怪物在渠道市场容量中是主导品牌，于2008年超过了红牛。事实上，怪物在北美之外没有重大销售和市场份额。汉森已经达成协议要在西欧销售怪物。

在澳洲，三得利的"V"是第一名。三得利是全球能量饮料活动领域的新参与者。通过从达能收购当地强势品牌"V"和法奇那的销售网络，它在日本以外扩展了它的销售。

现场消费和非现场消费的挑战

最初，红牛的定位是现场消费（酒吧、迪厅等），在西班牙现在还是如此，例如，红牛作为调酒软饮料很流行，这就支持了现场消费渠道占到2010年能量饮料市场容量销售55%这一事实。时尚在现场消费渠道中对产品选择的决定作用给了红牛机会，可以通过开发与酒精饮料的新组合来产生销售额。

非现场消费（零售）现在成了能量饮料的主要渠道，世界上大约2/3的市场容量是通过这些渠道销售的。这个情况在世界范围内都相当一致，除了在中美洲和南美洲这个比例更为均匀，而北美的重点更依赖于零售渠道（85%）。在很多市场，英国就是一个很好的例子，通过现场消费渠道卖出的量很大程度上受到能量饮料作为烈性酒，主要是伏特加的调酒软饮料销售的影响。

整体来看，通过在超市/大型超市的扩张，能量饮料市场似乎在从冲动依赖型购买向计划购买转变。非冲动导向型非现场销售的发展为设计新的包装形式创造了机遇，包括更大的罐装、优惠组合装和瓶装。而且，向超市/大型超市销售的转变可以进一步鼓励红牛参与与主要跨国公司的协议，这些跨国公司和大型并有影响力的零售商有牢固的关系。非冲动型非现场消费的扩张带来了削弱红牛的时尚形象的风险，特别是在出现了竞争品牌定位于前沿利基市场的情况下。

红牛在美国市场受到了"怪物"的挑战

当"怪物"和其他品牌推出了更大的16盘司罐装时，红牛的反应太慢了。其代价是昂贵的：从2001年到2006年，红牛的美元市场份额从91%下降到50%以下，很多损失都成了怪物的利润。

从2006年到2008年，总部位于加利福尼亚州的汉森天然饮料公司的怪物能量饮料系列从红牛那里得到了更多的市场份额，目前在重要的便利商店渠道中，不管是单位销量还是价值（美元），怪物都是美国领先的能量饮料。怪物在美国所有的渠道中都有强劲的势头。事实上，加起来（非现场消费和现场消费），怪物仍然是这个国家的第二大能量饮料（在价值上）品牌，仅次于红牛。2008年，两个公司都有大约25%的市场份额价值。摇滚之星作为第三名差距较大，2008年的市场份额约为14%。

2008年10月，怪物和可口可乐控股公司（可口可乐的瓶装商）达成了一个为期20年的协议，在美国大约20个州、加拿大和六个西欧国家销售怪物能量饮料。和怪物的协议可以使可口可乐在增长的能量饮料市场有更强的地位。反之，它可以通过使怪物接触可口可乐在西欧的销售系统来帮助怪物。2009年1月，可口可乐开始在法国、摩纳哥、比利时、荷兰、卢森堡和加拿大销售怪物［马奇（Much），2009］。

2009年2月，美国第三大能量饮料品牌"摇滚之星"宣布与百事可乐公司签署了十年的销售协议，将来会将摇滚之星销售到美国和加拿大的大部分地区（大约80%）。两个公司都希望这个协议能够在美国给品牌带来更一致的覆盖范围，并增加百事可乐在能量饮料类别的进驻。摇滚之星实际上在2005年已经和可口可乐控股公司签署了销售协定，并在2008年就协定重新进行了谈判，因为可口可乐那时正在与怪物的母公司汉森天然饮料进行谈判［凯西（Casey），2009］。

相比于怪物和摇滚之星，红牛对它自身在美国的销售模式仍然有很强的信心，它通过红牛北美销售子公司负责整体的销售策略，然后依赖小型经销商（通常是年轻、效忠的企业家）渗透当地市场。

策略选择

迪特里希·马特希茨（Dietrich Mateschitz）正在为下一次高层管理会议做准备：他以随机顺序总结了红牛一些现有的策略选择：

（a）在新兴市场扩张。红牛的高层管理团队正在考虑将它的下一步扩张集中在像印度、土耳其、俄罗斯、墨西哥、日本、中国和中东这样的新市场。在这些市场中能看到：由于购买力的提升、生活节奏加快以及销售条件改善，城市地区对能量饮料的需求增长强劲。红牛的主要顾客年龄在20多岁，这些地区众多的年轻人在长期内可能会变成能量饮料的消费者。印度20~24岁的人口最多（9 800万），其次是中国（8 200万）和印度尼西亚（2 100万）。中国和印度经济的开放致力于提高生活水平和可支配收入水平，这将会有利于高价值消费产品的销售。随着软饮料消费量的总体增长，中国、印度和印度尼西亚在未来的几年会继续出现能量饮料销售的高增长，这对红牛来说是乐观的商业前景。

（b）国际化生产。扩大红牛的生产设施可以帮助公司减少汇率变动的消极影响，并在国际化扩张中提供更多的价格灵活性。

（c）更加健康的产品品种。提高顾客的健康意识就是创造机会来开发成分更加健康并且功能特性更加具体的能量饮料。

（d）混合产品。由于顾客寻求快速的能量补充，现在开发混合产品的机会越来越多，这些混合产品将能量给予特性和其他饮料类别相结合，例如茶、水果/蔬菜汁和瓶装水。另一个例子是已经出现了增加了能量成分的麦芽酒精饮料品牌。2005年在美国，安海斯布希（Anheuser-Busch）推出了"B to E"，一种加了人参和瓜拉纳（guarana）的啤酒。2006年，米勒酿酒

（Miller Brewing）收购了斯巴克斯（Sparks），一种加了咖啡因、人参和牛磺酸的麦芽饮料。这类饮料对红牛在现场消费机构作为酒精饮料调酒软饮料的地位造成了特定的威胁。

（e）策略联盟。红牛可以考虑参与更多与主要跨国公司合作伙伴的协定，例如澳大利亚的吉百利史威士（Cadbury Schweppes），这个公司能够使红牛利用已有的销售网络并加快它在新市场的渗透。这也是主要的美国竞争者怪物的策略，运用这个策略，怪物将自己和可口可乐控股公司联合作为它在美国和欧洲的销售商。

迪特里希·马特希茨对你关于如下任务/问题的看法感兴趣：

资料来源：《饮料世界（Beverage World）》（2008）"能量饮料正处于稳定轨道（Energy drinks are on steady track）"，《饮料世界》，15-17；凯西，M.（Casey, M.）（2009）"百事可乐公司签署协议通过百事瓶装商销售摇滚之星（PepsiCo signs deal to distribute Rockstar via Pepsi Bottlers）"，bevnet. com（www. bevnet. com/news/2009/2-19-2009-rockstar _ pepsi）；《数据监测（Datamonitor）》（2007）红牛控股公司（Red Bull GmbH），公司概况（company profile），《数据监测（Datamonitor）》，4月25日；《欧洲透视国际版（Euromonitor International）》（2006）功能饮料：日本（Functional drinks：Japan），欧洲透视（Euromonitor），10月，1-11；《欧洲透视国际版（Euromonitor International）》（2007）红牛控股公司（Red Bull GmbH）：软饮料——世界、全球公司概况（softdrink—world, global company profile），《欧洲透视（Euromonitor）》，3月，1-15；葛史汪德纳，G.（Gschwandtner, G.）（2004）"红牛背后强大的销售策略（The powerful sales strategy behind Red Bull）"，《销售力杂志（Selling Power Magazine）》，9月；霍齐亚，M.（Hosea, M.）（2007）"和公牛一起奔跑（Running with bulls）"《品牌策略（Brand Strategy）》，9月，20-23；勒纳，M.（Lerner, M.）（2007）"和红牛一起奔跑以及特殊饮料的竞赛场（Running with 'Red Bull' and an arena of speciality drinks）"《美国金属市场（American Metal Market，）》，8月，20-22；《营销周刊（Marketing Week）》（2006）"红牛展开翅膀（Red Bull spreads its wings）"，1月6日，33；马奇，M.（Much, M.）（2009）"可乐销售协议可能成为怪物饮料制造商的助推器（Coke distribution deal could be a Monster boost for drink maker）"，invester. com（http：//beta. investors. com/NewsAndAnalysis/Article. aspx？id＝459831）。

问题：

1. 你怎样描述红牛的整体营销策略（全球化、全球本地化或本地化）？
2. 论证红牛在国际市场选择（IMS）过程中应使用的最相关的市场细分（筛选）标准。
3. 红牛这样做是明智的决定吗？
4. 推出红牛可乐和红牛能量饮料？
5. 同时在很多市场推出红牛可乐和红牛能量饮料？
6. 红牛应该抵抗它的美国竞争者怪物的新营销方案吗？如果应该的话，红牛应该作出什么样的反应？
7. 对于红牛将来的策略，你会在五种策略选择中推荐哪一个？提出能支持你所建议的优先列表的论据。

案例研究（Ⅱ.2）

绿色玩具公司（Green Toys Inc.）：一个生态友好型玩具生产商正在走向国际化

2006 年，罗伯特·冯·格本（Robert von Goeben），旧金山的一位风险资本家兼电动玩具设计师，又在打算改变路线。他没有制造更多需要电力和复杂零件的玩具，而是听从他妻子的建议创造了一种简单系列，这种产品对那些认同绿色运动的父母具有吸引力。越来越多的父母开始用看待食物的方式来看待玩具。过去玩家就是一种塑料制品，父母们不去询问里面有什么。现在绿色成为了主流，父母们想知道他们孩子的玩具里面有什么。

2006 年 8 月，美泰公司（Mattel Inc.）召回了 1 000 多万件中国制造的玩具，其中包括流行的芭比娃娃（Barbie）和芭莉口袋娃娃（Polly Pocket），原因是含铅油漆具有危害性而且小部件可能被吞食。美国政府警告父母要确保孩子们不会玩任何被召回的玩具。

随着 1 700 万中国制造的玩具被召回，2007 年玩具安全问题更多地成为了头条新闻。冯·格本和一个生意上的熟人，前销售主管劳里·海曼（Laurie Hyman）进行了合作。绿色玩具股份有限公司从第一年开始就营利了。2006 年罗伯特·冯·格本和劳里·海曼创立了绿色玩具股份有限公司，并立即用再生塑料牛奶罐生产了生态玩具。

绿色玩具股份有限公司的创始人

绿色玩具的两个共同创立者——冯·格本（负责生产）和海曼（负责营销）——有着不同的背景和能力。

罗伯特·冯·格本是螺旋桨头工作室（Propeller-head Studios）的创始人，这是硅谷一个领先的专注于电子玩具和游戏的设计工作室。在螺旋桨头工作室，他和很多主要的玩具公司进行合作，包括美泰（Mattel）和野生星球（Wild Planet）。在那之前，他是启动液（Starter Fluid）的总经理，启动液是一个由机构和公司投资人包括康帕电脑（Compaq Computers）和芝加哥大学（the University of Chicago）支持的种子期的风险投资基金。罗伯特的职业生涯开始于娱乐产业，在那里他开始出发并管理格芬唱片（Geffen Records）的在线业务。他

资料来源：绿色玩具股份有限公司（Green Toys, Inc.）。

获得了南加利福尼亚大学（the University of Southern California）的 MBA 学位和纽约州立大学（the State University of New York）的数学学士学位。罗伯特在玩具和游戏领域拥有两项美国专利。

劳里·海曼以前作为销售主管在几个在线顾客营销公司工作，其中最近的是因赫尼奥（Ingenio），一家将互联网和电话进行组合以联系买家和卖家的先锋公司。在那之前，她是网路货车（Webvan）营销团队的第一个成员，在那里她管理着和一些世界上最大的包装消费品公司的关系，包括美国宝洁公司（P&G）、雀巢（Nestle）、可口可乐（Coca-Cola）、卡夫食品（Kraft）、通用磨坊（General Mills）和品食乐（Pillsbury）。她也是互联网首批在线社交网络 Goodcompany.com 的营销主管。她获得了南加州大学的 MBA 学位和印第安纳大学（Indiana University）的商学学士学位。

现在的绿色玩具股份有限公司

绿色玩具股份有限公司制作了一系列经典儿童玩具，这些玩具是用回收的塑料和其他环境友好型材料构造的。这帮助减少了化石燃料的使用和温室气体的排放，改善了地球的整体健康状况。2010 年，公司的营业额约为 1 750 万美元。2010 年，员工的平均数量为 75 人。

和它的六个环境友好型竞争者不同，绿色玩具不为它的玩具从海外生产或购买原材料，而是只和加利福尼亚的公司签订合同。从当地采购意味着燃烧较少的化石燃料并能创造或保持更多的美国工作岗位。绿色玩具还可以比同行更好地了解玩具的化学成分。

资料来源：绿色玩具股份有限公司。

绿色玩具的顾客和营销策略

绿色玩具的主要客户市场是年龄在 25～40 岁之间的父母，大部分是女性。这些母亲中的大部分都受过良好教育并且是在线状态。博客使用者，尤其是使用博客并在线搜索有关他们孩子产品和趋势的父母，这一群体数量是巨大的。

绿色玩具的产品比主要竞争者的相似玩具要贵大约 30%。随着公司的壮大，绿色玩具可以缩减至少 2/3 的价格差距，而且它可以利用"规模经济"，虽然将来它的细分市场的受欢迎程度还不清楚。去年，环境友好型玩具在美国零售端创造的销售额仅为 2 100 万美元，只是美国玩具行业整体 220 亿美元的一小部分。绿色玩具的产品在美国 5 000 个商店进行销售，包括陶瓷大库房（Pottery Barn）、巴诺书店（Barnes & Noble）、全书店（Whole Food）和买买宝贝（Buy Buy Baby）。一些最大的绿色玩具零售商也在网上进行销售。因此，绿色玩具的营销预算大部分花在了线上。

绿色玩具的国际化策略

绿色玩具在 35 个国家有经销商，但直到现在 90% 的绿色玩具销售来自美国市场。至今为止，绿色玩具没有将生产转移出美国的计划。事实上，将来它们不会排除用当地采购的原料在国外进行生产的机会。

下面的报告解释了全球玩具行业现在和将来的趋势。

全球玩具行业

开发绿色玩具的终端客户：世界上的儿童

由于家庭人数减少，全球儿童数量已经开始下降：全球来说，2010 年的千人出生率是 19.6%，而 2000 年是 21.8%；而生育率（每个妇女的平均孩子数量）2010 年为 3.0，2000 年为 3.4。在新千年的第一个十年中，全球 0～14 岁的儿童总数量减少了，每年平均减少 0.1%。这是相对近来的一个趋势,因为 1990 年到 2000 年之间儿童数量经历了每年 0.6% 的增长,而 1980 年到 1990 年每年的增长率为 0.1%。到 2010 年,0～14 岁人口占到了全球人口的 26.3%,而 1980 年这一数字为 35.2%(见表 1)。

这个趋势反映了发达市场和发展中市场中向更小家庭规模转变的文化和社会变革。从区域上来看,东欧的儿童人数减少最多,2000 年到 2010 年间年平均率为 2%,部分原因是人口大规模地迁移到西欧,也有部分原因是 20 世纪 90 年代和新千年的第一个十年中从共产主义的过渡阶段使得经济困难造成了生育率和平均寿命的下降。

事实上,很多发展中国家仍然有相当大且不断增长的儿童人口数量。一些发达国家的儿童数量也在增长。全球儿童人数的总体衰减意味着家庭规模变小且每个孩子的消费支出增大,这就为儿童非必需品方面的可自由支配开支创造了更多津贴。这对那些定位于 0～14 岁儿童父母的玩具和游戏公司来说有着重要意义。全球 65 岁及以上人口的数量从 2000 年到 2010 年年平均增长率为 2.5%,到 2010 年占到了全球总人口的 7.9%。到 2020 年,这个群体占全球人口数量的比例预计将几乎达到 10%。

表 1　按年龄分组的全球人口(1980—2020 年)

年龄组	1980(%)	1990(%)	2000(%)	2010(%)	2020(%)
0～14 岁	35.2	32.6	29.8	26.3	24.5
15～64 岁	58.9	61.2	63.2	65.8	65.9
65 岁及以上	5.9	6.2	7.0	7.9	9.6
总计	100	100	100	100	100

资料来源:基于 Euromonitor.com 和公共资源。

从绝对数值来说,亚洲太平洋地区和中东以及非洲是 0～14 岁人口最多的地区,其次是拉丁美洲。2009 年,全世界共出生了 1.26 亿名婴儿,亚洲太平洋地区占了其中的一半多。菲律宾、埃及和沙特阿拉伯是出生率最高的三个国家,每千居民中为 23～25 个。2003 年到 2009 年,大多数国家的出生率都下降了,但在像印度和南非这样的年轻的快速增长市场中,出生率还是很高,2009 年每千居民中有 22 个新生儿。

相比之下,在德国和日本这样的老龄化发达市场,出生率则非常低,2009 年每千居民中仅有 8 个新生儿。俄国很特殊,它是少数几个在审核期间出生率大幅增加的市场之一,从 2003 年每千居民中 10.2 个新生儿增加到 2009 年的 12.4 个。2004 年到 2009 年之间,俄国、西班牙、澳大利亚和英国 0～4 岁人口数量都有 10% 以上的增长。在过去的五年中,西班牙 5～9 岁人口数量增加了 15%,名列全球第三。

多年之间,全世界的出生率已经开始下降,因为妇女在生孩子之前会等待更长时间。不仅是在比较富裕的国家,在很多发展中国家年轻人都可以负担得起与大家庭不相容的兴趣和生活方式。他们通常选择延迟生育,决定要开展事业或是简单的享受他们的自由。

在西欧,特别是英国、德国、瑞士和荷兰,母亲第一次分娩婴儿的年龄最大。相比之下,美国妇女第一次分娩的平均年龄则相对较低,2009 年为 25.7 岁。这种情况部分原因在于拉美裔人口的重要性,他们趋向于从较早的年龄起组建较大的家庭。

绿色玩具目标终端客户：世界上 0～3 岁的婴幼儿的支出

表 2 展示了 0～3 岁婴幼儿总支出（婴儿护理、婴儿服装、儿童食品、纸尿裤/尿布和玩具）的分布情况。

表 2　0～3 岁婴幼儿平均总体支出细目列表，根据产品类别（2009）

	法国（%）	英国（%）	德国（%）	俄国（%）	美国（%）	巴西（%）	南非（%）	中国（%）	日本（%）	印度（%）
婴儿护理	5	5	5	6	4	18	3	4	5	12
婴儿服装	18	35	30	12	35	16	30	10	20	6
儿童食品	35	18	20	37	22	18	22	40	18	45
纸尿裤/尿布	22	26	27	37	22	40	40	20	40	15
玩具	20	16	18	8	17	8	5	26	17	22
总计	100	100	100	100	100	100	100	100	100	100

资料来源：基于欧洲透视（Euromonitor）和其他公共资源。

支出情况分为"两个世界"：西欧、北美和日本的高支出市场，这些地方尽管出生率低但支出很高；而在亚洲太平洋地区、拉丁美洲和中东以及非洲的快速增长市场，儿童数量很多，支出却低了很多。前五名的国家（德国、英国、法国、日本和美国）0～3 岁婴幼儿的人均支出都超过了 1 500 美元。

当一个家庭出生的婴儿数量减少时，通常他们就会被更加爱护，父母和祖父母都会在他们身上花更多的钱。一个最好的例子就是中国所谓的"小皇帝们"。中国的儿童在他们年龄小时通常会被玩具和衣服宠坏了（根据表 2，0～3 岁儿童的玩具占这个年龄组总支出的 26%）。当他们长大了，就会以其他方式被宠爱，例如手机、教育和休闲活动。即便如此，还有很多儿童，特别是农村地区的儿童，根本就没有被溺爱。

很多亚洲的父母相信学龄前玩具可以增加孩子的智力并改善他们的认知能力，将来对孩子上学有好处。很多城市的父母在玩具和游戏的作用上花费更多精力，来支持他们孩子的教育并刺激他们的智力开发，这就鼓励生产商开发了过多的学龄前年龄段玩具。

中国是世界上最分散的传统玩具和游戏市场。虽然 2009 年整体产品单价下降，但多亏了中国的"小皇帝们"，更加昂贵的玩具获得了利润。几乎所有的跨国公司，包括美泰、南梦官万代、乐高和孩之宝在中国的销售都有了大幅增长。

在那些每个家庭的平均孩子数量超过一人的国家，每年每个孩子传统玩具和游戏的支出不超过 50 美元。

总的来说，妇女分娩的平均年龄越大，每个孩子在传统玩具和游戏上的支出就越高。现代妈妈由于各种原因会继续工作，这就要求产品能够填补父母时间有限这一空白。

单亲家庭通常是最贫困的，这就创造了对便宜产品的需求。价格低、容量高的玩具常常能够在单亲家庭很普遍的市场中取得成功。

玩具的销售

超市/大型超市仍然在继续扩大它们的玩具和游戏供应及它们的自有品牌系列。事实上，通过以店面为主要通道的零售商进行玩具和游戏的销售已经受到了新的销售渠道日益流行的影响，像互联网零售和电视家庭购物。

在北美，零售巨头沃尔玛和塔吉特的力量为2009年综合零售商所持有的大市场份额做出了贡献。2008年和2009年，沃尔玛市场份额的增幅下降了，原因是超市、药店、硬件零售商和在线销售点扩大了它们的传统玩具和游戏的供应。

以店面为主要通道的零售商正越来越多的通过提供在线购物来援助它们的实体销售。它们发现在线网点能够帮助它们推广利基品牌并获得更广泛的市场曝光率。在线网站也可以帮助顾客比较新玩具和游戏的价格和特性。在日本，互联网零售的快速增长帮助促进了最新视频游戏版本的销售。在家购物的方便性吸引力很多顾客，尤其是老年顾客。经销商们认为这个渠道的重要性在日益增长，因为它能帮助构建品牌形象。

总的来说，很多国家中杂货零售商在玩具和游戏部门占有的份额正在增加。在西欧的零售部门，杂货店零售正在逐渐变成最受欢迎的渠道。

意大利人仍然更喜欢在商店里购买东西。在过去的十年，这个国家的销售渠道中唯一得到重大发展就是杂货零售商的增强，零售杂货商们正日趋将他们的非杂货供应多样化，其中就包括玩具和游戏。

在法国，增长最快的渠道是休闲和个人产品零售商，专业玩具和视频游戏中心的发展推动了其增长。2004年到2009年间，大约有800多家专业的玩具和游戏商店开张，这是这个部门活力的一种迹象。

德国主要的玩具销售渠道也是休闲和个人产品零售商。虽然德国的在线购物增长了，但大多数顾客还是喜欢在购买时能够看到并感觉到产品。而且，顾客喜欢有机会从商店员工那里得到专业的关于产品质量和特性的看法和建议。

在俄罗斯，专业零售商发展迅速。最受欢迎的购买玩具和游戏的地方是零售连锁店，其次是购物中心。专业销售渠道在俄国的主要城市中更受欢迎，这些城市的人口大都在100万以上。在较小的城市中，非店内销售仍然很流行。

在拉丁美洲，大型超市和其他杂货店零售商的玩具销售都有增长，特别是在年假结束和儿童节时，那时会进行重大的广告活动，并提供更多的折扣和特价。

在巴西，由于大城市中玩具商店的扩张，专业商店控制着市场的重要部分。这种形式的集中增强了竞争环境，鼓励产品供应更具多样性并减少了季节性销售的影响。

总的来说，在拉丁美洲专业玩具零售店仍然是最重要的渠道，因为它们提供更多的产品种类。而且，它们也易于找到，因为它们位于更多的零售场所，特别是购物中心。

玩具行业的竞争

世界前十的玩具和游戏公司占到了总销售额的几乎一半。任天堂、索尼和美泰是前三名。

2010年，美泰仍然是传统玩具部门最重要的生产商。在为芭比品牌注入新活力并将它移除传统玩具市场的行动中，美泰通过着手设计合作，将芭比强有力的作为一个时尚品牌进行营销。

2010年，相对之前的年份，美泰在德国和意大利的销售增长了。公司用交互式设备来吸引年轻顾客的努力支持了公司在这些市场中的销售。美泰大部分非常具收藏价值的玩具［网娃（Webkinz）、尼奥宠物（Neopets）］和大多数主要玩具［芭比（Barbie）、贝兹娃娃（Bratz）］都出现在了线上世界，玩具迷们可以沉浸其中。

2010 年，乐高（LEGO）在世界市场（尤其是西欧和东欧）中的良好地位部分是基于高销售额。乐高的名气在于它的组装/活动玩具，但它的哈利波特系列在 2010 年帮助公司取得了更高的销售额。

孩之宝（Hasbro）在玩具和游戏部门有很多标志性商标，并且公司继续在营销方面进行投资以确保它的产品在如今更加现代化的顾客市场中获得持续相关性。特许经营交易对公司的成功起到了主要作用，最近它获取了几项协议来开发以知名角色为基础的产品。

在亚洲太平洋地区，区域领导者南梦官万代（Namco Bandai）提升并重新上市了很多它的产品，包括机动战士高达（Gundam）、数码兽（Digimon）和吃豆人（Pac-Man），以及山脊赛车驾驶游戏（the Ridge Racers driving game），以使它们在当今市场中更具竞争力。

事实证明，特佳丽多美（Takara Tomy）在传统玩具和游戏部门非常具有创新性。例如在 2008 年，公司引入了环境友好型玩具和游戏，包括"我自然"（My Natural）品牌产品，由 100％天然棉花纤维制造；生态天使品牌，它是由天然植物材料制成的玩具和游戏。

总结和将来趋势

婴儿和学龄前玩具将仍会保持对经济衰退的免疫力，因为父母们会继续在他们孩子的娱乐和教育方面投资。

环境友好型和无害特点将继续成为传统玩具和游戏的主要卖点之一。

跨国公司将会渡过全球金融危机带来的难关。这个行业期待整合，也需要对小的独立公司进行合并和收购。

在预测期限内，通过互联网进行的销售预计会有大幅增长，特别是在小而独立的玩具和游戏零售商终止的情况下。

基于这个案例和玩具行业的趋势，你被要求回答下面的问题。

资料来源：www.greentoys.com 和公共资源。

问题：

1. 世界玩具行业的关键成功要素是什么？
2. 绿色玩具在国际玩具市场的重点竞争优势是什么？
3. 绿色玩具股份有限公司应当考虑对它们的产品进行更高程度的国际化扩张吗？
4. 如果应该的话，它们应当定位于哪些国家/区域？如何定位？

第三部分 市场进入战略

第三部分 目录

第三部分 视频案例研究

塔塔（Tata）：塔塔奈米（Tata Nano）——全世界最便宜的汽车——应采用哪一种市场进入模式？

第三部分 简介

8 选择进入模式的方法

9 出口、中间商和分层模式

10 国际买卖关系

第三部分 案例研究

Ⅲ.1 宜家家居（IKEA）：通过在南美市场建立特许经销区扩大市场？

Ⅲ.2 奥托立夫安全气囊公司（Autoliv Airbags）：将奥托立夫发展成国际公司

第一部分
向国际化迈进的决定
第1~4章

第二部分
确定目标市场
第5~7章

第三部分
市场进入战略
第8~10章

第四部分
设计全球营销方案
第11~12章

第五部分
实施并协调全球营销计划
第13~14章

第三部分 视频案例研究

塔塔（Tata）：塔塔奈米（Tata Nano）——全世界最便宜的汽车——应采用哪一种市场进入模式？

未来十年内，全球汽车行业的发展将主要集中在印度、中国和东欧等一些新兴的发展中国家，尤其是小型车的快速增长，将成为汽车行业发展的中坚力量。要想实现小型车的发展，关键要提高发展中国家中层阶级人口的可支配收入。然而，对于美国和西欧等发达国家而言，在严格的环境标准要求下，消费者对节能型汽车的需求日益增大。

塔塔汽车公司

印度塔塔集团（www.tata.com）拥有包括来自 85 个国家、总数接近 30 万的员工，2006 年到 2007 年总收入达 280 亿美元（占印度国内生产总值的 3.2％），到 2007 年年底总市值达 730 亿美元，是印度最大的集团公司。塔塔集团由分属在七个商业部门的 98 个子公司组成。塔塔汽车公司是塔塔集团其中一个子公司。作为印度最大的汽车、商用货车和牵引式挂车、轿车（Indica、Indigo、Safari、Sumo 和超低价奈米）、轻型商务车和多用途汽车的生产商和制造商，塔塔汽车公司正在为进入国际市场做准备。塔塔汽车的主要市场在印度，但是在亚洲、非洲、澳大利亚、欧洲、中东美洲和南美的销售额也达到 20％左右。2008 年，塔塔汽车公司耗资约 23 亿美元，收购福特公司旗下的捷豹和路虎两大品牌。在印度，塔塔汽车公司有三个工厂和一些地区办事处，总员工数达 2.2 万员工。

在印度轿车市场，塔塔汽车公司的轿车市场占有率不足 20％，并且最近正处于销售低迷期。2007 年，塔塔汽车公司生产了 237 343 辆汽车、30 多万公共汽车和卡车。塔塔汽车公司在海外市场的销售量则仅有几辆，造成了其国际营销经验方面的不足。

但是，与其他跨国竞争者相比，塔塔汽车公司具有明显的优势。首先是成本优势，塔塔汽车公司的劳动成本占销售额的 8％～9％，这一比例在发达国家是 30％～35％。其次，塔塔汽车公司有广泛的前后向产业关联，且与塔塔集团其他子公司的机械工具和金属部门之间有千丝万缕的联系。另外，政府实施的优惠政策法规也推进了汽车行业的发展，其中包括对研究和开发的奖励措施。

塔塔奈米的替代品

资料来源：大卫·皮尔森（David Pearson）/阿拉米图片社（Alamy）。

收购捷豹和路虎两大品牌后，塔塔汽车公司声明在未来四年中将投入 15 亿美元，购买设备，制造这两大奢侈品牌汽车，这一举措给塔塔带来了不小的财政压力。但是，收购捷豹和路虎让塔塔拥有全球知名的产品，而且让塔塔顺利进入了美国市场。而通过与菲亚特的合作，塔塔已经成功地将意大利车引入印度市场，将来甚至可能将其引进菲亚特大本营——南美。

塔塔奈米的发展

2008 年，在新德里举办的国际车展上，塔塔公司揭开了全球最便宜的车——奈米（Nano）——的神秘面纱。该车可坐 5 人，每加仑油能跑 55 英里，售价约 2 230 美元。起初，奈米只在印度市场出手，但经过几年的发展，塔塔公司希望可以将奈米引入国际市场；奈米最早将于 2012 年在欧洲面世。2009 年中旬，塔塔公司向印度运送了第一批奈米车。

塔塔奈米的提出者塔塔，即塔塔汽车公司总公司塔塔集团的总裁，希望为印度消费者量身定做一款超低价车。当时市场上最便宜的汽车标价 5 000 美金，超出了很多印度家庭的购买能力，因此他们只能花 1 000 美金买来摩托车，带家人出行。这也是很多印度驾驶员能买得起的代步工具，在印度看到一家四口骑着摩托车外出也就不足为奇了。

仅在印度就有 5 000 万到 1 亿的消费者购买了摩托车，遗憾的是，这一现象没有引起印度汽车制造商的注意。从这一方面来说，奈米是蓝海战略的一个很好的例子。

在奈米的发展轨迹中，消费者永远是被考虑在内的一个因素。塔塔公司在为奈米标价时，并不是进行生产成本加利润的简单运算，而是首先考虑到 2 500 美金的汽车在大众消费者的购买能力范围内，然后把奈米的标价定在这个价位，之后在愿意接受挑战的合伙人帮助下，逆向核算成本和制作程序，与此同时保证所有参与者都能获得微薄的利润。

雷诺公司收购罗马尼亚汽车生产商达契亚（Dacia）后 Logan，只对达契亚进行了简单的拆卸后，就以 10 万美金左右的标价在印度市场出售。奈米的工程师和合伙人没有效仿雷诺，而是将目光投向了其目标消费者的生活理念——节省。比如，由于印度交通拥挤，平均车速只有 10～20 英里/小时，大型引擎不仅提不了速反而费油，所以奈米的引擎设计的比其他车都小。

奈米旨在满足千千万万印度消费者的购车愿望，如同大众甲壳虫满足了德国人、迷你满足了英国人的购车愿望。但这一举措也吓坏了环保人士。他们担心在这个总人口达 11 亿的大国，在 5 000 万中层阶级的消费带领下，人们对汽车的需求增大，从而加重环境污染和温室效应。

塔塔奈米

资料来源：P 考克斯/阿拉米图片社（P Cox/Alamy）。

全球汽车行业和当前危机

2007 年全球汽车总销量是 7 190 万辆，其中欧洲汽车销量是 2 290 万辆，亚太地区 2 140 万辆，美国和加拿大 1 940 万辆，拉丁美洲 440 万辆，中东 240 万辆，非洲 140 万辆。北美和日本汽车市场不景气，而南美和亚洲发展强势。主要国际市场中，俄罗斯、巴西、印度和中国发展势头最为猛烈。

从 2008 年中旬开始，受全球经济危机的影响，全球汽车行业的销量直线下降。

全球低成本汽车（low-cost car）（LCC）市场

细分

毫无疑问，全球汽车市场的竞争格局出现了戏剧性的永久变化。

奥克赛尔（Oxyer）等人（2008）预言：2008 年全球低成本汽车（定义为超低成本＋图 1 中的普通低成本汽车市场）的数量是 200 万，到 2020 年将增长到 1 750 万。

此外，市场的巨大潜力吸引了全世界制造商和供应商的目光，世界各地的人们正在参与到低成本汽车领域。毫无疑问，首批"吃螃蟹"的人将有机会占领市场份额，建立消费者忠诚度。而面对强大且充满活力的超低成本汽车（ULCC）市场，其他汽车制造商不得不重新思考其销售战略。如果还采用传统的设计、制造和销售方法，显然很难将汽车标价控制在 3 500 美元以内。即使汽车的标价低，利润小——只在普通版的基础上加 3% 的利润，也会在超低成本汽车市场面临激烈的竞争。

塔塔奈米在中国和印度市场的前景最为广阔，这两个市场对小型汽车的生产消费能力将占未来整个超低成本汽车市场的 60%～70%。

塔塔奈米的商业模式

塔塔奈米在生产初期，有 600 家供应商，供应商之间联系密切，现在仅有 100 家留了下来。奈米汽车的零部件，80% 由独立供货商提供，97% 产自印度。供应商与塔塔合作，聘用在摩托车设计而非汽车设计方面经验丰富的印度工程师，对零部件进行工艺创新，以达到低成本的目的。

减少零件数量，降低零件复杂度

塔塔抓住基本要领，鼓励创新，以求实现零件的小巧、量轻和低成本，避免使用无功能性的零件。

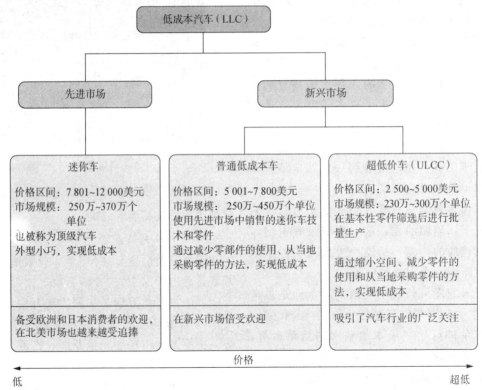

图 1　低成本汽车市场细分

资料来源：基于奥克赛尔（Oxyer）等人的观点（2008）。

当塔塔汽车公司抛出寻求合作开发奈米汽车的橄榄枝时，印度的欧洲供应商凭借强大的生产能力，彰显出强于竞争对手的巨大优势。奈米成为全世界最便宜汽车的原因之一，在于其97%的零部件产自印度。不管是欧洲之外的哪个地方需要低成本的零部件，都不可能千里迢迢从西欧进口。

价值链各个阶段的标准化

同亨利·福特的"无论你想要什么颜色的车，都只有黑色"的方法类似，奈米留给消费者的选择余地也很小，而这些选择中只有少数会对生产过程产生影响。

奈米针对印度市场的特点，实行了全新的分配模式。塔塔公司计划调动大量第三方人员到偏远地区，为那里的消费者量身定做产品，提供配套服务，满足其消费需求，通过辅助服务为其核心产品或服务增加价值。例如，将工厂生产的汽车部件送到小型战略定位卫星工厂，进行奈米组装，组装完成后送到消费者手中。备用零配件则由仓储中心集中管理。

塔塔奈米出口欧洲和/或北美

塔塔奈米要想出口到欧洲或北美，主要面临两大障碍：

● 排放标准。早在一百年以前，西欧、日本和北美就已经有了排放标准。中国和印度等新兴国家正在适应欧洲的排放标准，但在这一方面仍有5～7年的滞后期。轻型、低成本车引擎小，且耗油量不大，可以满足当前排放标准。

● 安全规则。针对系安全带、防止翻车和追尾的保护标准，北美和欧洲提出了类似的政府开发安全规则。与之相比，发展中国家对汽车排放标准要求较低，超低成本车基本可以满足这一标准。随着欧洲和北美政府继续出台更为严格的排放标准，人们只能顺应新标准。

由于上述原因以及其他壁垒（关税），原本在印度市场目标底价为2 500美元的奈米，进入欧洲市场后价格暴涨近一倍。

看视频回答以下问题。

问题：

1. 塔塔汽车公司能够进入国际超低价汽车市场的主要原因有哪些？

2. 在新兴市场，塔塔汽车公司开发的奈米车具备哪些竞争优势？

3. 如果塔塔奈米要开拓国际市场，你认为应该从哪些地区（和国家）开始？

4. 你推荐哪种"进入模式"进入选定市场？（塔塔汽车公司已经收购了路虎和捷豹）（请参考第二部分简介中的视频案例研究。）

资料来源：带文字资料的视频，www.tata.com；www.tata.motors；http://tatanano.inservices.tatamotors.com/tatamotors/；索坦·J（Thottan, J.）（2009）'奈米的力量－印度拉塔·奈米信守承诺，生产处世界上最便宜的车。这代表汽车行业革命由此开始吗？（Nano power-India's Ratan Tata kept his promise to produce the world's cheapest car. Is this the start of an auto-industry revolution?'），4月6日，《时代周刊（Time）》，5-43；《印度经济时报（Economic Times of India）》（2009）"印度见证了塔塔奈米竞争对手的挫败（In India, a setback for small car rival to Tata's Nano）"，5月22日，万·德恩·瓦按伯格·S（Van Den Waeyenberg, S.）和亨斯，L.（2008）（Hens, L.）"没钱也可以拥有低成本车（Crossing the bridge to poverty with low-cost cars）"，《消费者营销学刊（Journal of Consumer Marketing）》，25（7），45-439；奥克赛尔，D.（Oxyer, D.），迪恩斯，G（Deans, G）.施瓦拉曼，S（Shivaraman, S）.，高希，S.（Ghosh. S.）和普雷斯，R.（Pleines, R.）（2008）"人眼便是奈米车？如何成功占领超低成本汽车市场（A Nano car in every driveway? How to succeed in the ultra-low-cost car market）"，A. T.《尼克尔商业杂志》—经营管理计划（A. I Kearney Business Journal-Executive Agenda），XI（2），55-62；公共信息来源。

第三部分　简介

一旦选定了目标国际市场（参考第二部分），就需确定进入这些市场的最好方式。在第三部分，我们将讨论主要的市场进入模式，以及选择标准。国际市场进入模式是一种体制安排，是公司产品、技术和人力资本打入另一个国家或市场的必需条件。

图2可以帮助我们把第三部分与后面的章节区分开。从该图中我们可以看到国内消费者市场中存在的传统分配制度。

在这个前提下，对市场进入模式的选择（这里指自己的销售子公司），可以看作是垂直链的第一个决策层，该层为垂直链中后面的参与者提供销售和。在12章节，我们将更直观地分析单一国家层次中的可替代分销体系。

有公司发现，如果在国际化初始阶段中选择了错误的市场进入模式，将直接威胁到其未来市场进入和市场扩张。公司在经过一段时间后通常可以实现其初始模式选择的制度化，而随着产品销售途径的同一化，以及市场进入方式的同一化，有问题的初始进入模式仍然可以在该模式的制度化过程中存活下来。进入模式在替换过程中存在惰性，这不利于公司向新的进入模式转变。很多公司进入正轨后不愿改变进入模式，而且要改变这一模式困难重重，所以进入决策模式成为一个公司在当今世界高速发展的国际化市场中取胜的关键战略战术。［霍林森（Hollensen），1991］。

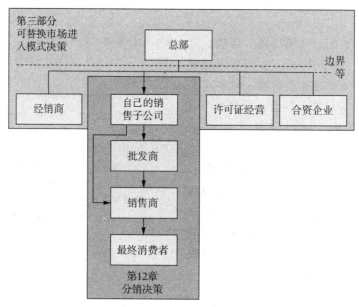

图2　不同市场进入模式和分配决策的例子

　　对大多数中小企业而言，市场进入是至关重要的第一步，但是对知名大公司而言，关键问题不在于如何进入新兴市场，而是在现有国际业务条件下如何更有效地寻求机会？

　　然而，没有任何一个市场进入战略是理想的，不同的公司在进入同一个市场时可能选择不同的市场进入方式，或者同一个公司在进入不同的市场时可能选择不同的市场进入方式。很多公司通常联合采用多种模式进入或发展某一特定的国外市场［彼得森（Petersen）和韦尔奇（Welch），2002 年］。这种"模式打包"（mode packages）通过协调互补的方式实现不同操作模式的联合使用［弗里曼等人（Freeman），2006 年］，在有些情况下，一个公司联合使用几种具有竞争关系的模式。当一个公司试图恶意收购出口市场时，可能采取这种方式。

　　如图 3 所示，根据与不同进入模式相关的控制程度、风险大小和灵活性，现有国际市场进入模式共分为三大类。比如，层次模式（投资模式）的使用体现了企业所有权，导致控制程度高，但是将大量资源投入国外市场也会带来更高的潜在风险。与此同时，大量资源投入导致退出壁垒，削弱了公司快速有效地改变选定进入模式的能力。鉴于一个公司不能同时兼有高度控制力和灵活性，公司在选择进入模式时会进行一定的权衡。

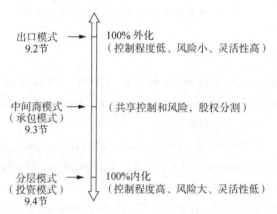

图 3　市场进入模式分类

　　图 4 表明主要的市场进入模式类型的三个例子。通过采用层次模式，独立参与者之间的交易被公司内部交易替代，市场价格则被内部公司内部调拨价格替代。

　　在选择适当的市场进入模式时，需要综合考虑各种因素后。这些因素（标准）随市场情况和公司的变化而变化。

　　第 8 章将探析不同决策标准，及其这些决策标准对一个公司选择进入模式类型时发挥的作用。第 9 章将深入讨论三大主要进入模式类型。中小企业面临的一个特殊问题是，如何将其国际化进程与大客户以及来源和进入模式决策联系在一起。在第 10 章中，我们将进一步探讨这个问题。

　　在第 9 章，我们将利用简单的价值链（见图 1.7）解析不同进入模式的构成。

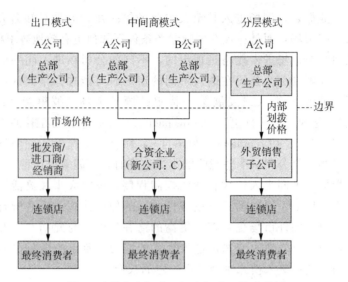

图 4 消费者市场中不同市场进入模式举例

参考文献

Freeman, S., Edwards, R. and Schroder, B. (2006) 'How smaller born-globals firms use networks and alliances to overcome constraints to rapid internationalization', *Journal of International Marketing*, 14 (3), pp. 33-63.

Hollensen, S. (1991) 'Shift of market servicing organization in international markets: a Danish case study', in Vestergaard, H. (ed.), *An Enlarged Europe in the Global Economy*, EIBA's 17th Annual Conference, Copenhagen.

Petersen, B. and Welch, L. S. (2002), 'Foreign operation mode combinations and internationalization', *Journal of Business Research*, 55, pp. 157-162.

第8章　选择进入模式的方法

目录

8.1　简介

8.2　交易成本方法

8.3　影响进入模式选择的因素

示例 8.1　扎拉（Zara）根据距离新市场的心理距离，正在改变其优先的进入模式选择

8.4　总结

案例研究

8.1　安塞尔避孕套（Ansell condoms）：收购是获得欧洲避孕套市场份额的正确方式吗？

讨论问题

参考文献

学习目标

学完本章之后，你应该能做到以下几点：

- 识别和区分不能市场进入模式
- 探讨选择进入模式的不同方法
- 解释机会主义行为如何影响制造商/中间商的关系
- 在选择市场进入战略时，应该考虑到哪些因素

8.1　简介

进入模式（Entry modes）：公司产品和服务进入新的国际市场的体制安排。主要分为出口、中间商和层次模式。

一个公司如果想要进入国际市场，可以选择以上几种市场进入模式。针对这一点，我们又提出了一个问题：在选择进入模式时，应该采取什么战略？

根据鲁特（Root）的观点（1994），可分为三种不同规则。

1. 幼稚规则。决策者对所有国外市场采取同一种进入模式。这一规则忽视了单一国外市场的差异性。

2. 务实规则。决策者对不同的国外市场采取适当的进入模式。在出口初期，公司通常采用低风险的进入模式开展业务。只有在初始模式行不通或无利可图时，公司才会寻求其他可行性进入模式。在这种情况下，并非所有的可选择模式都是适用的，而适用的进入模式也不一定是"最好的"。

3. 战略规则。该方法要求在作出选择前，对所有可用的进入模式进行系统地比较和评估。在选择进入模式时采用这一决策规则，受（a）公司可用资源，（b）风险和（c）非营利目标的影响，可以实现战略规划期间利润贡献的最大化。

尽管很多中小企业采用务实规则，甚至幼稚规则，但这一章节主要基于一种分析方法，而这种分析方法体现了战略规则背后的主要原则。

8.2　交易成本方法

第 3 章已经表述了交易成本分析原则（3.3 节）。这一章将继续深入探讨"摩擦"和机会主义。

分析的单位是交易而非公司。交易成本方法的基本理念是，现实世界中的买卖双方在进行市场交易时总会产生摩擦。这一摩擦产生的原因，在于生产者和出口中介之间存在机会主义行为。

就代理商来说，出口中介为了获取佣金，需要完成生产商规定的销售—促销任务。

就进口商来说，因为出口中介在某种程度上可以操纵销售价格，然后根据生产商的销售价格（进口商的购买价格）以及进口商的销售价格之间的利润计算营利，所以出口中介的自由度更高。

无论出口中介是谁，一些周期性元素都可能会导致冲突和机会主义行为。

- 出口中介股份多少；
- 出口中介为其消费者提供的技术和商业服务程度；
- 生产商和出口中间商之间的市场成本划分（广告宣传、展销会等）；
- 定价：从生产商到出口中间商，从出口中间商到其消费者；
- 给代理商的佣金定价。

8.2.1 出口中间商的机会主义行为

在这一点上，出口中间商的机会主义行为体现在两大活动上：

1. 在大多数生产商—出口中间商关系中，销售—促销成本是固定的。因此，如果出口中间商销售促销活动过多（比如造假发票），说明生产商给出口中间商较高的报酬。

2. 为了从生产商那里获得更低的出厂价，出口中间商会故意夸大产品市场规模、降低竞争产品价格。当然，如果生产商只支付给出口中间商已有营业额的佣金（代理商案例），那这种机会主义是可以避免的。

所以，为了保护品牌资产不受当地合作伙伴经营不善的影响，控制程度高的模式（例如以子公司的形式存在的独资外贸公司）更受公司青睐。

8.2.2 生产商的机会主义行为

在这一章，我们假设出口中间商存在机会主义行为。但是，由于出口中间商在为生产商的产品建立市场时同样需要资源（时间和金钱），所以生产商也可以表现出机会主义行为。这一点尤其在生产商想要卖出高价的高科技产品时表现得更为明显。

由此可见，出口中间商在经济风险中扮演了十分重要的角色，并且会一直威胁到产品进入模式的改变。如果出口中间商的销售额没有达到生产商的预期目标，那么中间商会有被替换的危险，或者生产商会更改为自主出口组织（销售子公司），这种情况下增加的交易频率（市场规模）可以轻易地弥补成本增加。

最后一个案例也是生产商深思熟虑的战略的一部分：即向出口中间商寻求市场信息和顾客联系，以期建立自己的销售组织。

为了应对当前形势，出口中间商应该怎么做？

海德（Heide）和约翰（John）（1988）认为，代理商应该进行一系列深入弥补性投资，达到平衡双方关系的目的。这些投资有利于建立联系，致使生产商必须付出昂贵的代价才能与代理商解除关系。换句话说，代理商对生产商（委托人）设置了"推出壁垒"。这类投资例子如下：

- 与生产商的重要员工建立私人关系。
- 塑造一个与销售生产商产品相关的独立身份（形象）。
- 增加产品的附加值，如售前—售中—售后服务，这样的话可以与代理商的顾客密切联系。

如果不能进行这类弥补性投资，海德和约翰（1988）提出，代理商可以通过代理更多的产品减小风险。

这些情况生产商都可能面对，而当这几种情况同时出现时，该理论建议公司（生产商）进行内化操作，放弃外部化。

8.3 影响进入模式选择的因素

针对特定的产品或目标国家，在多种进入模式中作出选择，是一个公司多种力量，并且经常是多种相互冲突力量的最终结果。在制定进入模式决策时，需要在各种模式之间不断权衡，这也导致决策的过程尤为复杂。

总体而言，在选择进入模式时需要以预期利润为基础。但是说起来容易做起来难，尤其对于那些缺少相关数据的国外市场。大多数选择标准在本质上是定性的，实现量化具有很大难度。

如图8.1所示，四组因素对进入模式的选择过程产生影响。

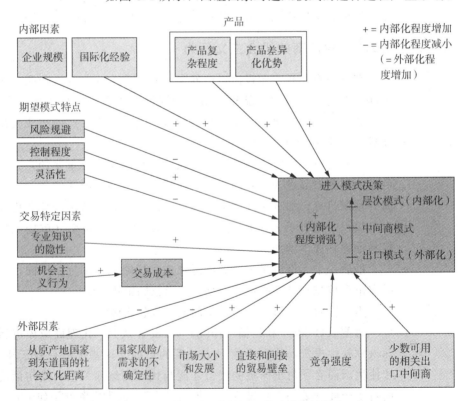

图8.1 影响国外市场进入模式决策的因素

1. 内部因素
2. 外部因素
3. 期望的模式特点

4. 交易的特定行为

在下文图表中，我们提出了一个议题，即这些因素都是如何对国外市场进入模式的选择产生影响？然后针对这一观点对每一个因素进行阐释。正文和图 8.1 同样指出了影响的方向。由于进入模式决策的复杂性，议题的前提条件是其他条件不变。

8.3.1 内部因素

公司规模

公司规模是一个公司资源可用性的指标；资源可用性的增加，为一个公司国际参与程度的加深打下基础。中小企业希望加大国际业务的控制力度，也希望将大量资源投入国际市场，但由于资源不足，它们无法加大控制力度或资源承诺力度，所以中小企业更有可能通过出口模式的方式进入国际市场。出口进入模式（市场模式）由于资源投入较小，可能更适合中小企业。但随着公司业务发展，更多公司会更倾向于采用层次模式。

国际化经验

另外一个影响模式选择的公司特有因素是管理者以及公司的国际化经验。经验指一家公司在国际化操作中的参与程度，可以通过在某一特定国家经营运作或在国际大环境中获取。国际化经验可以降低成本，减少服务市场的不确定性，增加公司对国外市场投入资源的概率，有利于发展以全资子公司的形式进行的直接投资（层次模式）。

道（Dow）和拉瑞玛（Larimo）（2009）通过研究得出结论：从业者应该懂得，并非所有形式的经验都是相等的。从相似国家（低感知性心理距离）得到的国际经验肯定与控制程度高的进入模式有关（例如通过全资子公司的形式进入）。这说明公司可以对一个地理区域进行连续开发，而应该避免在不同地区间“跳跃”。这样做可以最大程度地实现群内经验的好处。

在发展国际化理论的过程中，约翰逊和瓦伦（1977）认为，在国际市场中进行实际操作（经验性知识）减少了国际市场的不确定性，而学习客观知识却不能。约翰逊和瓦伦认为，正是由于国际市场方面的直接经验，才增加了公司对国外市场的额外资源投入。

产品或服务

产品或服务的物理特点是决定生产区域的重要因素，例如价值重量比、易腐烂性和组成。价值重量比高的产品，如昂贵的手表，通常直接出口，尤其是直接出口到生产经济规模大的国家，如果管理层希望保持对生产的控制，也会直接出口；相反，像软饮料和啤酒等行业的公司，基于对高装运成本特别是远地市场高装运成本的考虑，通常会签订特许证协议，或者投资当地瓶装或生产设备。

由于不同的产品特性不同、用途广泛且市场营销截然不同，所以产品本质会影响进入模式的选择。例如，一种产品（高复杂性）的技术性要求售前和售后服务。但是在很多国外市场中，产品营销中间商无法提供相应的服务，这时公司可以采用层次模式。

布罗姆斯特莫（Blomstermo）等人（2006）对硬服务和软服务进行了区分。硬服务是指生产和消费是分离关系。例如，软件服务可以转化到 CD 或其他有形媒介中，这些媒介可以通过大批量生产实现标准化。而对软服务而言，其生产和消费同时进行，消费者在其中充当共同生产者，不能对其进行分离。从国外业务开展的第一天开始，软服务提供者必须跟着出国。布罗姆斯特莫等人（2006）总结道，硬服务和软服务供应商选择的国外市场进入模式截然不同。相比硬服务而言，软服务管理者更有可能选择控制程度高的进入模式（层次模式）。软服务提供者与国外消费者之间的互动很重要，所以他们一般选择控制程度高的模式，以便对服务的合作生产进行监控。

以物理变化、品牌、广告宣传和售后服务（例如保修、维修和更换）为特征且借助这些特征优于其他产品的产品，有助于其公司吸收在国外市场的较高成本。由于产品差异化优势的存在，公司可以将价格提高到高于正常利润（准租）。公司也可以通过发展进入壁垒，控制市场竞争，这是其竞争战略的基础，也可以更好地满足消费者需求，提高公司竞争能力。产品差异化优势代表"自然垄断"，所以为了防止其竞争优势外传，公司通常采用层次进入模式。比如，路（Lu）等人（2011）强调指出控制程度高的进入模式对时装零售商具有重要意义，有利于保证公司专用资产和品牌价值在国际市场的成功转化，这也是时尚品牌作出国际扩张决策的重要考虑因素。

8.3.2 外部因素

从原产地国家到东道国之间的社会文化距离

社会文化背景相似的国家，其商业和工业活动相似，语言相同或相似，教育水平和文化特点相当。公司所属的原产地国家和东道之间存在的社会文化差异为公司内部带来不确定性，这种不确定性会影响其所需的进入模式。

从文化、经济体系和商业活动角度来看，原产地国家和东道国之间的感知距离越大，公司避开有利于合营协议的直接投资或低风险的进入模式（如代理商或进口商）的可能性越大。这是因为公司一旦不适应新的市场环境，后面的体制模式可以帮助其迅速撤离东道国。总之，在其他条件不变的情况下，当原产地国家和东道国质检的感知距离大时，公司一般选择资源投入相对较小、灵活性较高的进入模式。道和拉瑞玛（2009）发现，感知文化距离（心理距离）远远大于霍夫斯泰德的五个文化维度理论。特别是语言差异，似乎是最不重要的因素之一。其他因素，如宗教、民主化程度、工业发展水平等都对进入模式的选择产生较大影响。

国家风险/需求的不确定性

人们通常认为，国外市场比国内市场风险大。公司面临的风险不仅来自市场自身的运转，而且和其参与方式有关。除了投资，公司还冒着存货和收不回货款的风险。公司在规划进入方式时，必须对市场和其进入方式做一份风险分析。汇率风险是另外一个可变因素。此外，公司面临的风险不仅仅来自经济，还有政治。

当某个国家风险比较高时，公司同样可以限制其在该国家资源投入比例，从而达到避免风险的目的。换句话说，在其他条件不变的情况下，当某个国家风险较大时，公司会选择资源承诺相对较低的市场进入模式（出口模式）。

东道国政治和经济环境具有不可预测性，这也增加了公司感知风险和需求的不确定性，所以越来越多的公司不愿通过资源投入大的进入模式进入市场。另外，公司都喜欢灵活性高的进入模式（路等人，2011）。

市场规模和发展

国家大小和市场发展速度是决定市场进入模式的主要参数。一方面，国家和市场规模越大，发展速度越快，管理者越可能投入更多的资源促进发展，并考虑建立全资子公司或加入持有多数股权的合资企业。管理者保留对经营管理的控制，通过直接接触更有效地规划和促进发展。

另一方面，市场如果规模小，再加上地理位置偏远无法接受邻国提供的服务，可能无法吸引公司或获取资源。因此，供应这类市场最好采用出口或许可证协议的方式。虽然这种方法不能刺激市场发展，也无法最大程度地提高市场渗透率，但可以使公司投入最少的资源进入市场，为更有利可图的市场保留资源。

直接和间接的贸易壁垒

关税和配额对国外商品和部件的限制，有利于在当地建立生产或装配业务（层次模式）。

产品或贸易规则和标准以及不同公司对当地供应商的偏好，都对进入模式和经营决策产生影响。如果消费者偏好当地供货商，或者倾向于"购买国货"，公司会考虑建立合资企业或与当地公司（中间商模式）签署契约协议。与当地公司合作，有利于发展当地消费者，发展业务，建立销售渠道，宣传自身企业形象。

同样地，产品和贸易规则以及海关手续也鼓励当地公司的参与，当地公司可以提供市场和消费者信息，并且可以轻易打开这一市场。如果某些国家的产品规则和标准要求进口产品进行大的调整和适应，则公司需要在当地建立生产装配或加工设备（层次模式）。

因此，直接和间接贸易壁垒的净影响，使得公司开始在当地市场履行采购、生产和营销策略等不同职责。

竞争强度

如果出口国市场竞争很激烈，公司更应该避免内部化，因为这类市场通常利润较低，无法确保资源承诺。因此，在其他条件不变的情况下，出口国市场竞争越激烈，公司越倾向于资源承诺较小的进入模式（出口模式）。

少数可用的相关出口中间商

高度集中的市场导致"少数讨价还价"，如果少数出口中间商意识到其目前正处于"垄断局势"，可能会进行讨价还价。在这种情况下，市场领域受少数出口中间商机会主义行为约束，为了减少这种行为的范围，最好采用层次模式。

示例8.1　扎拉（Zara）根据距离新市场的心理距离，正在改变其优先的进入模式选择

扎拉（www.inditex.com）是由西班牙大亨阿曼西奥·奥特加创建的印第纺织时尚零售链。扎拉的优先进入模式是欧洲大多数国家采用的层次模式（即直接投资），可以掌控其名下店铺的完全所有权。2008年，87%的扎拉店铺实现了自主经营管理。采用层次模式的市场的特点是，具有高速发展潜力，西班牙和目标市场的社会文化距离相对较小（国家风险低）。

中间商模式（通常是合资企业和特许经营）主要用于社会文化距离相对较大的国家。

中国上海的一家扎拉专卖店

资料来源：Qilai Shen/ /彭博社盖蒂图片。

合资企业

合资企业是当地公司的设备和专业技术与国际时尚大亨扎拉实现联合的合作战略。在有些竞争激烈的大型市场，企业很难获准创建零售店，或者与当地公司合作遇到其他阻碍，需要采用这一特殊模式。比如，1999年

扎拉与德国公司奥托邮购（Otto Versand）联合成立各持股50%的合资企业，奥托邮购对欧洲最大市场之一德国的分销渠道和市场知识非常熟悉。

特许经营

扎拉选择特许经营这一模式，以进入高风险、社会文化距离大、市场规模小、销售额预测低的国家，如科威特、安道尔共和国、波多黎各、巴拿马或菲律宾。

无论扎拉选择何种进入模式，其特许经营模式的主要特点是专卖店自主经营管理，在产品、人力资源、培训、橱窗布置、室内设计、物流优化等方面实现一体化。这样做，可以保证店面管理标准和国际形象在全世界消费者眼中保持一致性。

资料来源：基于霍林森（Hollensen）（2010）关于扎拉的案例研究，第146～151页和其他公共媒体。

8.3.3 预期模式特点

风险规避

进入模式（例如，直接和间接出口）或特许经营（中间商模式）通常不需太大的财力和管理资源承诺，所以如果决策者不想承担风险，会选择这两个模式。虽然合办合资企业的双方需要花费大量的时间和精力进行协商和管理，但合资企业可以实现共享风险，包括共享金融风险和在当地创建销售网络和雇佣当地雇员的费用。但是，如果某种模式只需要付出极少的资源投入，并且风险度极低，那么这种模式不仅无法促进国际业务的发展，反而会导致公司丧失很多机会。

控制

选择进入模式时，同样需要考虑到对国际市场操作的控制程度。控制一般和资源承诺多少有密切联系。资源承诺最低的进入模式，如间接出口，很少或对产品或服务的海外营销条件几乎没有或没有控制。在特许经营和合同制造的例子中，管理者必须确保生产满足质量标准。合资企业同样限制了国际贸易中经营管理的控制程度，是合伙人在合作目标上产生分歧和重大冲突的原因。全资子公司（层次模式）的控制程度最高，但是同样需要大量的资源投入。

灵活性

股本（Equity）：确定财政价值的投资。

管理者也必须权衡特定进入模式的灵活性。层次模式（包括大量股本投资）通常最昂贵，但灵活性最差，且在短期内最难改变。中间商模式（契约协议和合资企业）限制了公司在面对市场条件快速变化时适应或改变战略的能力。

8.3.4 交易特定因素

第3章（3.3节）和本章前一部分讨论了交易成本分析方法，所以我们这里只涉及其中一个因素。

专门知识的隐性

当公司特定的专门知识在转移过程中是隐性的，按照定义是很难表述清楚的。这也使得起草合同（转移此类复杂的专门知识）时遇到很多问题。转移隐形专门知识过程中会遇到的困难，花费大量财力，这也成为公司采用层次模式的诱因。投资模式可以更好地促进企业内部隐性专门知识的转移。通过使用层次模式，公司利用人力资源和组织框架解决知识转移问题。因此，公司特定专门知识的隐性成分越大，公司从层次模式中受益越多。

> 隐性（Tacit）：很难用语言清楚地表述—隐性知识经常与技术复杂的产品和服务有关，其功能很难表述清楚。

8.4　总结

> 中间商模式（Intermediate modes）：介于使用出口模式（外部合作者）和层次模式（内部模式）之间。

从制造商（国际营销厂商）的角度来看，市场进入模式可以分为以下三类：

1. 出口模式：控制程度低，风险小，灵活性高；
2. 中间商模式（契约模式）：控制和风险共享，股权分裂；
3. 层次模式（投资模式）：控制程度高，风险大，灵活性小。

我们无法确定哪一种替代模式是最好的。公司作出这一选择受很多内部和外部条件的影响，需要强调的是，制造商如果想要参与到国际营销中，可能需要同时采用多种方式。生产线不同，需要的进入模式可能也不同。

案例研究 8.1

安塞尔避孕套（Ansell condoms）：收购是获得欧洲避孕套市场份额的正确方式吗？

安塞尔有限公司，其前身是邓禄普有限公司（Pacific Dunlop Limited）。

2002年4月，邓禄普公司进行战略性重新定位，将其核心业务、防护产品和服务集中在广阔的卫生保健领域，随后对其他一系列不适应这一战略的业务单位进行重新定位，然后改名为安塞尔。安塞尔有限公司是澳大利亚一家上市公司，公司总部在澳大利亚里士满（Richmond）。

1905年，前邓禄普职员艾瑞克·安塞尔（Eric Ansell）带着设备，创建了自己的公司安塞尔橡胶制品公司（The Ansell Rubber Company）。该公司位于澳大利亚墨尔本市，主要生产玩具气球和避孕套。安塞尔的历史进展为：进行战略性收购和扩张，投入研究与开发，为其系列产品打开国际市场。

现如今，安塞尔有限公司是生产安全防护产品的全球领导者。随着在美洲、欧洲和亚洲业务的开展，安塞尔在世界范围内雇佣员工1.1万，在天然乳胶和合成聚合物制成的手套和避孕套市场保持国际领先地位。

安塞尔避孕套品牌通过安塞尔医疗保健（Ansell Healthcare）中的个人医疗保健部门（the Personal Healthcare division）进行全球营销，其总部位于美国新泽西州雷德班克市（Red Bank，NJ）。在创建一百年的悠久历史中，安塞尔鼓励并促进橡胶避孕套和手套的创新。安塞尔生产和销售不同香味、颜色、杀精剂、超薄浮点型和螺纹型避孕套。安塞尔在全球范围内销售品牌避孕套，每一款都针对特定国家或地区制定独有的营销战略。安塞尔全球知名的品牌包括：生活形态（LifeStyles）（针对美国市场）、伴侣牌（Mates）（针对英国市场）、爱经（KamaSutra）（针对印度市场）、金宝洋行（Contempo）、玛尼仕（Manix）、普瑞麦克斯（Primex）、快感（Pleasure）和杰情人（Chekmate）。

此外，安塞尔加入公用部门市场，以健康和社会福利节目以及代理商为供应渠道，主要销售市场是世界各地的发展中国家。安塞尔也参与了范围广泛的研究和学术活动，并继续通过推出新产品扩大市场。例如，带杀精剂的生活形态和超敏感避孕套，为了满足市场需求推出超薄避孕套，并发展了加入杀精剂最大程度地防止性传播疾病。

三款安塞尔避孕套品牌

全球化制造

避孕套全球年度（2008年）生产量预计在1 500万只。目前，全世界大约有100家避孕套生产工厂。其中大多数工厂只生产由天然乳胶制造的避孕套，有些工厂也生产其他乳胶制品，如手套、手指套和导管。所以大多数工厂将厂址选在天然乳胶种植园，这类种植园劳动力成本通常比较有竞争力。

由于避孕套需要更严格的测试、更复杂的包装程序并具有更显著的产品差异，所以与手套生产相比，避孕套生产属于劳动密集型。

2008年每个国家避孕套预计生产量如表1所示。

男性用避孕套的国际市场

避孕套既可以防止意外怀孕（避孕），又可以防止感染性传播疾病（预防）。后一个特点是避孕套所独有的。尽管市面上现有的避孕套在外观上有很大的区别（例如，螺纹型、超薄型和厚避孕套），但经过这些年的发展，橡胶避孕套在功能上的变化非常小。

目前，构成全球公共卫生部门的组织免费或按成本价发放男性避孕套约1 000万只，其中大部分发放给发展中国家性行为活跃的人群。据估计，另外500万男性避孕套通过商业渠道在美国、日本和欧洲等发达国家出售。男性避孕套国际市场规模和组成如表2所示。

表1 不同国家避孕套生产量估算（2008年）

国家	年度生产量（百万只）
印度	3.3
泰国	2.8
中国	2.5
日本	2.0
马来西亚	1.5
美国	1.0
欧洲	1.0
韩国	0.5
印度尼西亚	0.3
越南	0.2
其他国家	0.1
合计	15.4

资料来源：不同公共渠道和作者的个人估算。

表2 男性避孕套的国际市场（2008年）

	每年（百万）
全球公共卫生部门（联合国、世界卫生组织和当地政府）	10
商业渠道（主要在美国、日本和欧洲国家）	5
世界市场	15

资料来源：不同公共渠道。

2008年，35%的避孕套被联合国人口基金会购买。世界卫生组织（WHO）同样也购买了避孕套。

除了如表3所示的直接竞争对手，生产替代品的间接竞争对手也起到重要作用。

表3　男性避孕套国际市场中的公司份额（2008）

公司	所属国家	主要品牌	主要战略 （MS＝市场份额）	市场份额 （%）
伦敦西顿爽健（Seton Scholl London）（SSL）	英国	杜蕾斯（Durex）、杜蕾斯两代情（Durex Avanti）、杜蕾斯乐趣（Durex Pleasure）、杜蕾斯超薄装（Durex Fetherlite）、杜蕾斯超敏感（Durex Extra Sensitive）等	成为除美国市场（占15%）和日本市场（占5%）之前全球著名品牌。在英国，杜蕾斯市场占有率为85%	25
安塞尔有限公司	澳大利亚/美国	生活形态（LifeStyles）、伴侣（Mates）、金宝洋行（Contempo）、玛尼仕（Manix）、普瑞麦克斯（Primex）、爱经（Kama-Sutra）、快感（Pleasure）和杰情人（Chekmate）等	在美国、英国、亚洲和澳大利亚/新西兰市场拥有相对强大的市场地位的半全球公司	14
同丘奇杜威公司（Church & Dwight Co.）	美国	特洛伊（Trojan）、特洛伊马格南（Trojan Magnum）、特洛伊快感（Trojan Pleasure）、特洛伊尖端（Trojan Enz）	美国市场领导者，在英国市场占有率较小	8
冈本实业公司（Okamoto Industries）	日本	红腰带（Beyond Seven）、如丝顺滑（Skinless Skin）	以国内市场为导向：日本市场份额为60%，主要出口美国，但出口额很少	10
其他公司：相模橡胶实业公司（JP）（Sagami Rubber Industries（JP））、不二橡胶（JP）（Fuji Latex Co（JP））、DKT印度尼西亚（DKT Indonesia）（印度尼西亚）、迈尔实验室（Mayer Laboratories）（JP）和大约70个其他全球制造商			国内导向型和地区导向型公司，在当地市场占据有利地位	43
总计：				100

资料来源：根据各类公共来源估算。

根据全球性调查，男性避孕套是全球最流行的避孕方式（41%的人口使用）。另外，59%非避孕套使用者中，19%的人采用药物避孕，8%的人采用安全期避孕法，75%的人不采取任何避孕措施。

避孕套在全世界的市场占有率是14%，其中安塞尔是世界第二大避孕套制造商。安塞尔公司在波兰市场的占有率是50%，在德国市场的占有率是8%，在巴西市场的占有率是20%（第三大市场），在澳大利亚的市场占有率排名第一，在加拿大市场是增长速度最快的品牌。

在商业领域，男性避孕套的销售渠道经历了从药店到连锁店（超市）的逐渐转变。例如，20世纪90年代，超市销售额占英国避孕套零售额的25%左右，药店销售额则占50%多。现在，超市销售额超越药店，占避孕套销售额的40%左右，药店销售额占有率则下滑到30%。因此，现在国际零售链（超市、Boots和超级药店）销售额占英国市场的65%以上。

国际男性避孕套市场的主要竞争对手

消费者健保国际（SSL International）

1929年，伦敦西顿爽健公司（LRC）注册"杜蕾斯"避孕套商标，杜蕾斯从耐久性、可靠性和杰出性这三个词衍生而来。作为国际避孕套提供商，杜蕾斯踏出的关键一步是1951年推出首个全自动生产流程，并在两年后研发了首台电子测试机。

20世纪80年代，为了消除艾滋病恐惧，西顿爽健公司开始在英国公共场所销售杜蕾斯避孕套（如超市和酒吧）。随着1982年杜蕾斯海报宣传活动的首次开展，以及避孕套广告在电视中的首次播出，杜蕾斯销售量在十年间得以迅猛增长。

20世纪90年代，杜蕾斯遵循其旨在加强品牌认知度的营销策略，安装带独立门的杜蕾斯自动售货机（1992年）；赞助音乐电视活动；开展杜蕾斯性研究（1995年）；首次从同一个包装中选择带颜色、香味和带螺纹的避孕套（1996年）；推出首个无乳胶避孕套"两代情"。

21世纪初期，杜蕾斯在30多个国家创建了网站www.Durex.com网站。这些网站的特点是：采用本地化页面和本地语言，提供性知识，开通客户咨询专家的渠道，提供杜蕾斯避孕套的详细信息和其他赞助活动。

目前，杜蕾斯隶属于消费者健保国际公共公司，后者于1999年并购西顿爽健和伦敦国际，即伦敦西顿爽健的前身。杜蕾斯是国际知名公司，生产一系列名牌产品，如西顿和金盏花牌手套，并打入医疗保健和消费者卫生保健的销售市场。

杜蕾斯凭借25%左右的市场份额，成为这一领域国际市场的领导者。当然在不同国家，其市场地位也有些许不同。例如，杜蕾斯占英国避孕套市场份额的80%～85%，占意大利市场份额的55%～60%，占美国市场份额的10%～15%，占日本市场份额的5%左右。

杜蕾斯避孕套在全球范围内有17所生产工厂。

同丘奇杜威股份有限公司

Armkel、LLC以及与私人股本集团凯尔索公司各持股50%的合资公司同丘奇杜威，于

2001 年共同收购卡特莱华士（Carter-Wallace）消费品业务的剩余股份，包括特洛伊避孕套。

在美国，特洛伊品牌占市场份额的 60%～70%，是当地最大的避孕套供应商。

同丘奇杜威公司的避孕套销售市场包括加拿大和墨西哥，最近更是蔓延到英国部分市场。在加拿大，特洛伊品牌在当地避孕套市场具有领先优势。2003 年，特洛伊品牌进入英国避孕套市场，但目前市场份额仍然比较小。同丘奇杜威公司采用与国内销售类似的方式销售避孕套。

冈本

冈本株式会社创建于 1934 年。该公司在日本市场具有领先优势，占其市场份额的 60%。在日本，采用避孕套避孕是计划生育的首选。

1988 年末，冈本将其避孕套品牌打入美国市场，但是反应平平。直到最近，冈本在美国市场才开始大受欢迎。

最新发展——存在收购欧洲主要避孕套制造商的可能性

由于欧洲有些知名避孕套制造商正面临经济问题，所以安塞尔正在考虑收购其中一个制造商。

资料来源：www.ansell.com；www.durex.com；http://www.churchdwight.com/conprods/personal/. http://www.okamoto-condoms.com/；《波兰避孕套制造商收购 condomi（Polish Condom Producer Acquires Condomi）》，《波兰新闻公告（Polish News Bulletin）》，2005 年 1 月 21 日；公平交易办事处（Office of Fair Trading）（2006 年）避孕套—伦敦西顿爽健公司进行的承诺审查（Condoms-Review of the undertakings given by LRC Products Limited），公平交易办事处 837，皇家文书局（OFT837, HMSO）；http://www.wikinvest.com/stock/Ansell_（ANN-AU）.

问题：

1. 安塞尔采用的全球战略与其他三家竞争对手相比有哪些不同？
2. 对安塞尔避孕套货源安排（采购或生产），你推荐采用何种进入模式？
3. 安塞尔收购欧洲竞争对手的利弊分别是什么？你认为这一举措明智吗？

你可以登录该书网址 www.pearsoned.co.uk/hollensen，查找更多练习题和案例。

讨论问题

1. 对从事国际营销的公司而言，为什么选择最合适的市场进入和发展战略是最难的决策之一？
2. 你同意在进行进入模式决策时，大企业采用理性分析方法（战略规则）而中小企业采用更实用或更投机取巧的方法吗？
3. 根据图 8.1，说明影响国外市场进入模式选择的最重要因素并按顺序一一列出这些因素。

参考文献

Blomstermo, A., Sharma, D. D. and Sallis, J. (2006) "Choice of foreign market entry mode in service firms", International Marketing Review, 23 (2), pp. 211-229.

Dow, D. and Larimo, J. (2009) "Challenging the conceptualization and measurement of distance and international experience in entry mode choice research", Journal of International Marketing, 17 (2), pp. 74-98.

Heide, J. B. and John, G. (1988) "The role of dependence balancing in safeguarding transaction-specific assets in conventional channels", Journal of Marketing, 52 (January), pp. 20-35.

Hollensen, S. (2010) Global Marketing: A Decision-Oriented Approach, Harlow: Pearson Education.

Johanson, J. and Vahlne, J. E. (1977) "The internationalization process of the firm : a model of knowledge and increasing foreign market commitments", Journal of International Business Studies, 8 (1), pp. 23-32.

Lu, Y., Karpova, E. E. and Fiore, A. M. (2011) "Factors influencing international fashion retailers' entry mode choice", Journal of Fashion Marketing and Management, 15 (1), pp. 58-75.

Root, F. R. (1994) Entry Strategies for International Markets, revised and expanded edition, Lexington, MA: The New Lexington Press.

第 9 章 出口、中间商和分层模式

目录

9.1 简介

9.2 出口模式

9.3 中间商模式

9.4 层次模式

9.5 总结

案例研究

9.1 莱肖尔姆赤道威士忌 Lysholm Linie Aquavit：威士忌的国际
营销

讨论问题

参考文献

学习目标

学完本章之后，你应该能做到以下几点：

- 区分直接、间接和合作出口模式
- 说明并理解直接和间接出口的五种主要进入模式
- 讨论制造商如何使中间商成为其有效的营销合作伙伴
- 说明并理解主要中间商进入模式
- 解释合资企业形成中的不同阶段
- 探索合资企业中两家合作关系破裂的原因
- 探索管理合资企业或战略联盟的不同方法
- 说明并理解主要层次模式
- 对照和比较两种可替换的投资方式：收购和绿地投资
- 解释对企业从国外市场撤离投资的不同影响因素

9.1 简介

出口模式
(Export modes)：
企业将当地营销
活动外包给外部
合作伙伴（通常
是代理商、进口
商或经销商）。

在初期，大多数企业采用出口模式（9.2 节）进入国际市场。在出口模式中，企业在国内市场或第三方国家进行产品生产，然后以直接或间接的方式将产品转移到东道国市场。

由于东道国市场的特点以及可用的中间商数量和类型不同，出口途径是千变万化的。

中间商模式
(Intermediate modes)：介于使用
出口模式（外部
合作伙伴）和层
次模式之间。

中间商模式（9.3 节）不同于出口模式，是因为中间商模式虽然也可以创造出口机遇，但在初期是用作知识和技能转移的工具。中间商模式区别于层次模式的原因在于其不涉及全部所有权（由母公司所有），但母公司和当地合作伙伴可以共享所有权和管理。这是（股权）合资企业的案例。

层次模式
(Hierarchical modes)：企业拥有
并控制国外市场
进入模式或
组织。

最后一种模式是层次模式（9.4 节），在这种模式下，企业对国外市场进入模式具有全部所有权和管理。企业的管理和控制体现在哪里，这是一个问题。总部对子公司的控制程度取决于转移到市场的价值链数量和种类。这又取决于总部和子公司的责任分配和能力，同时也取决于一家企业在国际市场中寻求发展的渴求。

9.2 出口模式

在建立出口渠道时，企业必须决定哪些职责需要外部代理商去履行，哪些职责需要企业亲力亲为。虽然出口模式有多种不同形式，但为了简单起见，这里只介绍三种主要的类型：间接、直接和合作出口营销团体。

1. 间接出口。当制造企业不直接参与出口活动时，即间接出口。在制造企业不参与其产品在国外市场营销的前提下，另一家国内公司代而执行这些活动，比如出口公司或贸易公司。

2. 直接出口。当制造企业执行出口活动并直接联系国外目标市场的第一个中间商，即直接出口。该企业通常处理文件、安排发货和定价，并将产品卖给代理和经销商。

3. 合作出口。在这种模式下，企业会和其他企业签订有关履行出口职能的合作协议。

在图 9.1 中的价值链中，举例说明了不同的出口模式。

9.2.1　合作伙伴头脑占有率

头脑占有率（Partner mind-share）：制造商生产的产品在其出口合作伙伴（如代理商或分销商）心中的份额。

不管制造商采用这三种中的哪一种出口模式，都必须考虑其在出口合作伙伴心中的份额，即头脑占有率。合作伙伴头脑占有率是衡量其关系在信任感、承诺和合作方面的标准。头脑占有率的程度与出口中间商将一家公司的品牌置于其他品牌之前的意愿，或中间商解除合作关系的可能性之间有密切关系。通过头脑占有率，我们也可以清楚地看到中间商的销售额。通常情况下，头脑占有率高的中间商，其销售额比头脑占有率低的中间商高。

头脑占有率可以分为三方面 [吉布斯（Gibbs），2005 年]：

1. 承诺和信任
2. 合作
3. 利益和共同目标互利共生

只有各个方面表现都很好，才会有高的头脑占有率高。例如，有的制造商沟通能力强，但是不可靠。

除了头脑占有率的这三个方面，还有第四个方面我们需要权衡，产品、商标和利润。第四个方面衡量了中间商对供应商产品的感知吸引力。制造商可以将其看作保健因素（hygiene driver）。一般来说，制造商需要表现得和其竞争对手一样优秀，只有这样才能从头脑占有率高的供应商那里获取更高的利益。

很多制造商虽然生产的产品名气大，质量好，效益高，但因为出口合作伙伴认为其自大傲慢、不可信赖且无益，所以这些制造商也需要付出很多努力。换句话说，出口合作伙伴认为这些制造商的头脑占有率很低。

我们可以将这三个方面进行进一步分类。例如，实现合作的基础部分取决于制造商在合作销售产品过程中的表现，一部分取决于其合作营销的能力；另一部分取决于是否能及时对相关信息进行沟通、实际可以实现合作的程度以及出口中间商对这一合作的重视程度。

当供应商提出拒绝与合作伙伴共享资源，头脑占有率会遭到严重破坏。合作伙伴可能感觉受排挤——感觉不是这个大家庭中的一员。如果中间商对制造商没有长期投资，并且对其竞争对手的头脑占有率更高，那么制造商会选择慢慢减少和该中间商的业务。制造商也有可能将其产品和宣传活动合并到中间商商务规划中，并想方设法向中间商表明其承诺。例如，在甲骨文公司，它们就是采用这种方式并称："我们的方法是将营销材料送给我们的合作伙伴的手中，我们企业内部职员手里有什么资料，他

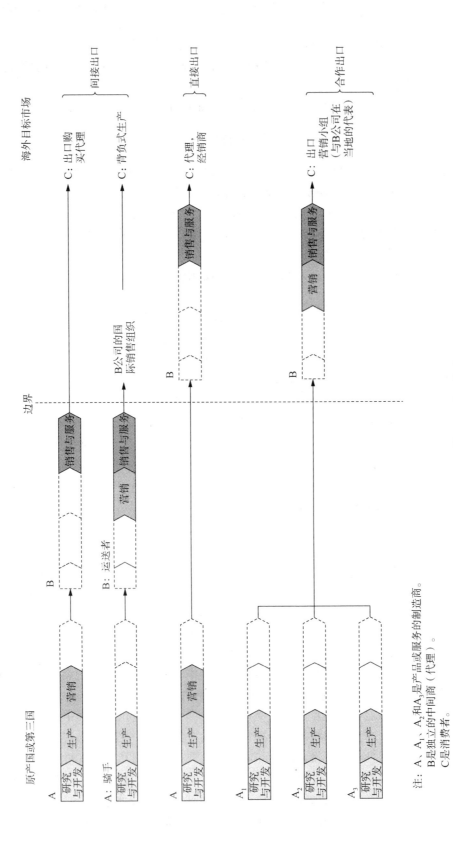

原产国或第三国

海外目标市场

边界

A
研究与开发 | 生产 | 营销

B
销售与服务

C: 出口购买代理
间接出口

A: 骑手
研究与开发 | 生产

B: 运送者
营销 | 销售与服务

C: 背负式生产

B公司的国际销售组织

A
研究与开发 | 生产 | 营销

B
营销 | 销售与服务

C: 代理, 经销商
直接出口

A₁
研究与开发 | 生产

A₂
研究与开发 | 生产

A₃
研究与开发 | 生产

B
营销 | 销售与服务

C: 出口营销小组
（与B公司在当地的代表）
合作出口

注: A、A₁、A₂和A₃是产品或服务的制造商。
B是独立的中间商（代理）。
C是消费者。

图9.1　出口模式

们的手里就有什么资料。"（霍托夫，2005 年）。

制造商需要理解合作伙伴的商业模式、商业目标、合作伙伴对其的价值以及更换合作伙伴的代价。但是，制造商同样需要考虑合作关系的长期价值（终生价值＝与上年同期相比的价值×制造商与出口中间商合作的年限）。我们可以用长期价值证明合作关系中的投资。

9.2.2 间接出口模式

间接出口模式（Indirect export modes）：制造商选择本国（或第三个国家）的独立出口组织。

如果出口制造商通过本国的独立组织出口，则是间接出口模式。在间接出口下的销售类似内销。实际上，因为制造商的产品由他人安排出口，该企业并没有真正进入国际市场。这种出口方式更适合那些不打算国际市场扩张目标的企业。如果企业的主要目的是处理过剩生产，或者国际贸易只是企业销售方式中微乎其微的一种方式，那么选择间接出口模式是正确的。如果企业想通过最低限度的资源投入进行国际市场扩张，也会采用这种方式。在这种情况下，企业可以慢慢打入国际市场，并在了解市场动向后再投入较多资源和精力，以开发出口组织。

然而，企业必须清楚地意识到通过代理或出口管理公司的风险性，这是非常重要的。首先，企业完全或几乎无法控制产品或服务在海外市场的销售方式。产品可能通过不适当的渠道进行销售，服务差劲、售后糟糕、产品推广力度不够、定价偏低或偏高。这种方式有损产品或服务在国外市场的名声或形象。而且，中间商开发市场的积极性不高，会丧失潜在发展机会。

对那些想逐渐挤进国际市场企业而言，采用间接出口，企业与国外市场之间建立不了或基本建立不了联系。因此，企业对国外市场发展潜力知之甚少，不能为国际市场扩张规划投入足够资源。企业将无法为其产品选择有潜力的销售代理或经销商。

相比其他进入模式，这种出口方式虽然可以实现成本最低化和风险最小化，但是企业不能控制其产品营销的方式、时间、地点和销售人员。在有些情况下，国内公司甚至可能不知道自己的产品正在出口。

此外，对于在传统出口贸易方面有经验的中小企业来说，其已有资源可能会限制自身开发大量出口市场的能力。所以通过间接出口模式，中小企业可以借助其他有经验的出口商将自身业务扩大到很多国家。

间接出口共分为五种主要进入模式：

1. 出口采购代理商
2. 经纪人
3. 出口管理公司/出口公司
4. 贸易公司
5. 背负式生产（如图 9.1 间接出口的特殊案例中所示）。

1 出口采购代理商（出口代办行）

只有当自身的产品或服务被国外公司采购，有些企业或个人才会意识到其产品或服务具有的潜在出口价值，国外公司可能采取最初的办法——从工厂购买产品，然后出口到一个或多个海外市场并进行产品营销和经销。

出口购买代理商代表出口商国家的购买者。同样地，这种代理商本质上属于海外消费者在出口商国内市场雇佣的采购代理，负责操作消费者下的订单。既然出口购买代理商维护的是消费者的利益，那么需要支付佣金的就是消费者。出口制造商不直接参与购买条件的决策；出口购买代理商和海外消费者共同决定购买条件。

出口代办行本质上属于国内购买者。代办行针对购买者需要购买的特定商品进行市场调研，然后告知相关制造商产品标准信息并进行招标。在其他条件不变的情况下，代办行将订单下给出价最低的投标者，中间不涉及情感、友谊或销售游说因素。

从出口商的角度看，通过出口代办行出口是一种简单易行的办法。采用这种方式，不仅可以确保及时付款，而且出口商通常不必负责货物运输问题。另外，出口商只需要按照产品标准完成订单即可，信用风险非常小。但其中存在的一个主要问题是，出口商基本不能直接控制其产品的全球营销。

在小型企业看来，这种方式是获得国外销售订单最简单的方式，但是如果完全依赖购买者，他们无法敏锐地觉察到某些变化，比如消费者行为和竞争对手活动方面的变化，或者采购企业想终止合作的意图。如果一家公司想寻找长期可靠的外贸业务合作关系，必须采取更主动的方法，这样必然会受到其销售产品所属市场的深刻理解。

2 代理人

另一种代理是出口/进口代理。代理的主要作用是将买卖双方联系在一起，这也说明代理是履行合同的专家，而且不需要负责产品销售或购买。代理为委托人提供此类服务，委托人为其支付佣金（约5%）。通常情况下，代理人专门代理特定产品或产品类别。作为商品代理专家，代理人一般只代理一种或两种产品。鉴于代理人主要代理基本产品，所以对很多潜在的出口市场营销者而言，这类代理并不代表实际的可替换经销渠道。出口代理人的显著特点是他们可以成为买卖任意双方的代理人。

3 出口代理公司/出口行

出口代办行或出口代理公司（EMCs）是为众多公司专门创建的"出口部"。出口代理公司以其代理的制造商的名义开展业务。如果涉及买方

出口购买代理商（Export buying agent）：代表出口商国家的购买者。代理商为国外购买者提供服务，如寻找潜在卖方和议价。

和合同相关的事宜，代理公司都以制造商的名义进行沟通解决，所有与报价和订单相关的事宜也必须经过制造商的确认。

出口代理商可以将其销售和管理成本延伸到更多产品和公司，同时由于需要从很多公司装运大量货物，可以减少运输成本。

出口代理商处理必要的文件资料，所以如果想进入难度较大的市场，了解当地购买业务和政府规定的相关信息是很有用的。所以选出口代理商做代理，可以允许个人公司生产的产品在国外市场获取更广泛的曝光，其总成本也远远低于当地市场，当然这种方式也有弊端：

● 出口代办行可能在地理区域、产品或消费者类型（零售、工业或机构）比较专业，但可能与供应商的目标不一致。所以在选择市场时可能会考虑对出口代理商而非制造商有利的因素。

● 既然出口代理商的酬劳是佣金，在利益的驱使下，他们的注意力可能更集中在如何立即提高销售额，而不是如何借助消费者的高学历和持续性市场营销获得长久成功。

● 在利益的驱使下，出口代理商可能会代理太多种产品，这样制造商的产品不会吸引推销员的足够目光。

● 出口代理商可能会代理有竞争力的产品，这种产品会凸显某一特定企业的劣势。

所以，制造商应该认真选择合适的出口代理商，并准备投入资源以便维护双方关系，监控对方表现。

当销售额增加，制造商会认为如果能通过自主出口的方式更多地参与到国际市场交易中，他们会更受益。然而，要开展这种交易并非易事。第一，除非这家企业已经与国外消费者建立业务联系并已经积累了市场经验和信息，否则企业有可能更加依赖出口行并越来越难摆脱出口行。第二，企业很难撤回与出口代理商之间的合同契约。第三，代理出口商可以用其他家制造商的产品替代现有代理产品，然后销售给现有消费者，造成其与原制造商生产的产品相互竞争的局面。

4 贸易公司

贸易公司属于殖民时期历史遗产的一部分，虽然两者在本质上有差异，但在亚洲和远东还可以看到重要的贸易力量。虽然国际贸易公司在全球表现都很活跃，但在日本贸易公司这一概念应用的最成功。在日本有成千上万家进出口贸易公司，最大的公司（由于来源不同，数量从 9 家到 17 家不等）被称为综合商社（general trading companies）或 Soge Shosha。这些公司包括伊藤忠商事（C. Itoh）、日本三井会社（Mitsui & Company）和三菱商事会社（Mitsubishi Shoji Kaisha），负责日本 50% 的出口业务和 67% 的进口业务。在日本，规模较小的贸易公司通常在外贸方面受限，所以较大的综合商社也极大地参与到国内经销和其他活动中。

贸易公司在不同区域都发挥中心作用，如运输、仓储、金融、技术转移、资源规划与开发、建筑和区域发展（如全包工程）、保险、七旬、房地产和一般交易（包括设备投资和合资企业）。实际上，要想将综合商社与其他公司区别开，主要看其提供的金融服务范围。这些服务包括贷款担保、应付与应收账款的筹措、本票发行、主要外汇交易、股本投资甚至直接贷款。

其业务的另一个方面是管理补偿贸易活动（以物易物），即在一个市场中某种产品由该市场中其他产品交换而来的。贸易公司的本质作用迅速为用作交换的产品找到买家。有时这是一个资源—需求的过程。

补偿贸易具有不需要硬通货支付的特点，所以这一贸易形式仍被东欧和发展中国家广泛使用。东欧国家青睐补偿贸易的原因之一，在于资源生产和企业自身生产所用原材料的低成本化［奥科洛佛（Okoroafo），1994年］。

5　背负式生产

背负式生产
(Piggyback)，即
"大公司带小公
司"的缩写，例
如选择一个背骑
上去。这一方式
与骑手利用运送
者的国际销售组
织有关。

在背负式生产中，没有出口经验的中小企业［骑手（the 'rider'）］与规模较大、有一定海外市场且愿意代表想出口到这些市场的骑手的公司（运送者）做生意。这种方式允许运送者充分利用已建立的出口设施（销售子公司）和海外经销。运送者如果扮演代理的角色，可获得佣金，或直接购买商品，扮演独立经销商的角色。一般而言，背负式生产营销用于非竞争性（但相关）且互补（同盟）的不相关公司所生产的产品。

考虑到"现场"处理技术查询和售后服务的问题，运送者有时会坚称骑手的产品与自己的产品有相似之处。在背负式生产中，商标和推销策略各有不同。在有些案例中，运送者购买商品，贴上自己的商标，然后当成自己的产品（自有品牌）进行营销。更常见的是，运送者保留制造商的商标名称，然后双方共同制定出营销方案。选择适合的商标和营销策略对体现商标对产品的重要性以及商标的完善非常重要。

对运送者和骑手而言，背负式生产有如下优点和缺点。

运送者 (Carrier)

优点：对于在其出口业务中的产品线或产能过剩方面有差距的企业而言，有两个选择。一个选择是在内部研发产品，增加产品线，增强出口能力。另一个选择是从外部背负式生产中采购必要产品（或收购）。背负式生产可以让企业缩短产品交货期（有人已经有了），所以这种方式对企业有吸引力。采用这种方式也可以帮助运送者节省成本，因为他们不需要为新产品的研发、生产设备或市场测试投资。运送者可以直接从另一家公司提货。这样的话，企业无须研发和生产附加产品，即可扩大其产品范围。

缺点：虽然背负式生产对运送者极具吸引力，但运送者也对其质量管理和担保存在担忧。运送者可以保证另一家公司销售的产品质量吗？这在某种程度上取决于产品上的商标名称。如果产品上贴的是运送者的商标，可以更好地保证产品质量。另一个担忧是能否保证产品的持续供应。如果运送者开发了广泛的海外市场，在必要情况下运送者公司会提高其生产能力吗？双方在签署协议时会将这些问题一一列出。如果背负式生产进展顺利，运送者又具备了一个潜在优势：运送者会是一个优秀的收购候选人或合资企业合作伙伴，并建立更牢固的合作关系。

骑手

优点：骑手无须建立属于自己的销售系统便可以随时安排出口。骑手可以仔细观察运送者处理货物的过程，学习运送者的经验，最后甚至可以独立操作其出口交易。

缺点：对于规模较小的公司，签署这种协议意味着放弃对产品营销的控制。很多公司都不喜欢控制产品营销，至少在长远看来是这样的。此外，运送者缺少承诺，无法把握不受运送者控制的地区中的有利可图的销售机会也是缺点之一。

总之，背负式生产营销为公司提供了一种出口营销操作方法，不仅简单易行，而且风险系数小。这种方式特别适合不能直接出口的小规模制造商，或者不想在外贸营销方面大量投资的制造商。

9.2.3 直接出口模式

当制造商或出口商直接向国外市场的进口商或买方销售产品，即直接出口模式。在关于间接出口模式的讨论中，我们探讨了省时省力的国外市场进入方式。事实上，间接出口中的国外市场销售采取与国内销售同样的方式；制造商只通过代理（也就是将其产品运送到国外市场的公司）进行全球营销。然而，采用间接出口方式，公司获得的全球营销技能和销售额有限。

当出口商发展日益成熟后，他们可能会独立操作出口业务。这样需要确定国外市场负责人、进行市场调研、处理文件资料、安排货运以及制定营销组合战略。通过国外代理商和经销商（独立中间商）进行出口也属于直接出口。

直接出口模式（Direct export modes）：制造商直接向国外目标市场的进口商、代理或经销商销售产品。

"经销商"（distributor）和"代理商"（agent）经常被看作同义词。但是这种想法并不可取，因为两者存在明显不同：经销商拥有产品，为库存融资并承担业务风险，而代理商不具有上述特点。经销商的酬劳来自买价和卖价之间的差价，而不是佣金（代理）。如果某中产品或服务需要售后服务，出口商通常选择具备必要资源的经销商，而非代理商。

经销商

出口企业可能通过经销商（进口商）出口，经销商是该公司产品在国外市场的独家代理，通常也是唯一进口商。作为独立贸易商，经销商出资进货，可以完全自由地选择消费者并制定销售条款。出口商在每个国家选择一个经销商做业务，承担一个信用风险，给一个目的地运输货物。很多时候，经销商拥有并经营产品的批发和零售机构、仓库和维修以及服务设备。一旦经销商与出口商在价格、服务和销售等方面达成一致，其注意力就会转移到自身的子操作和经销商上。

经销商种类繁多，差别更大，但是经销商通常寻求某一特定销售领域的专有权，并且在涉及该领域的所有销售和服务时一般都代表制造商。作为交换，经销商需要投入大量资金以管理和销售产品。

经销商（进口商）：储备制造商产品的独立公司。经销商可以完全自由地选择消费者和定价，并从制造商的进价与其卖价的差值中得到好处。

代理商：代表制造商（出口商）将产品或服务销售给消费者的独立公司。通常情况下，代理商既看不到也无须存储商品。在之前同意的基础上，代理商向制造商收取佣金（一般在 5% 到 10% 之间）。

代理商

代理商可以具有排他性，即在特定销售领域具有专有权；或者半排他性，即代理商处理出口商的产品以及为其他公司代理的非竞争性产品；或者非排他性，即代理商负责处理多种产品，包括可能与出口商产品形成竞争的产品。

代理商代表出口公司将产品销售给进口国家的批发商和零售商。出口商直接将产品运送到消费者手中，出口商和买方共同负责筹资、信誉和促销等问题。很多公司通过独家代理进入国际市场。在子代理的帮助下，它们将业务覆盖到偏远地区。代理商和子代理商在之前同意的基础上分享佣金（由出口商支付）。有些代理提供金融和市场信息，另一些同时也保证结清消费者账款。根据代理商提供的服务水平、市场规模和重要性以及出口商和代理之间的竞争激烈程度不同，代理商收到的佣金也各有不同。

代理商和经销商的优势在于熟悉当地市场、消费者群体和习俗，手中有业务联系，可以雇佣外籍职员。他们有直接动机通过佣金或利润率进行销售，但既然其酬劳与销售额有关，他们可能会勉强花费大量时间和精力为新产品开发市场。同样地，由于代理或经销商可能将其看作消费者的采购代理而非出口商的销售代理，所以市场反馈数量可能有限。如果代理商或经销商表现良好，可以开发市场，其可能面临被委托方子公司替换的危险。所以，需要制定长期战略，以便将代理商纳入新的进入模式决策（例如子公司的出现），从而避免被替换的不利局面。

选择中间商

在选择适合中间商的过程中可能会遇到一些问题。但是，以下来源可以帮助企业找到适合自己的中间商：

- 请求潜在消费者推荐合适的代理
- 通过贸易协会、商会和政府贸易部门等机构获取建议
- 通过商业代理机构
- 挖走竞争对手的代理
- 在相关的商业报纸中刊登广告

在选择中间商时，出口商需要考察每一个候选公司对产品和当地市场的了解、经验和专业知识、对利润的要求、信用等级、消费者服务设施和能否以高效和吸引人的方式推销出口商的产品。

图 9.2 表明，制造商的匹配和其"愿望"曲线，以及潜在中间商和其在特定市场中表现的曲线图。

如果制造商只拥有合作伙伴 1 和 2 两个潜在候选公司，该制造商可能会选合作伙伴 2，因为合作伙伴 2 的表现曲线图与制造商预期的市场表现（"愿望"曲线图）更接近。

图 9.2 中的标准可能不是选择过程中的唯一标准，（参与决策过程的）中间商还有其他可取的特点，如下所示 [鲁特（Root），1998 年]。

- 企业规模
- 物理设备
- 接受库存
- 促销知识或运用

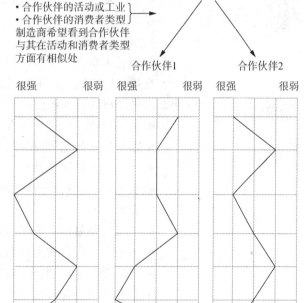

图 9.2　制造商和两个潜在经销商合作伙伴之间的匹配图示例

- 信誉与供应商、消费者和银行同在
- 销售情况记录
- 经营成本
- 总体经验

- 掌握英语或其他相关语言
- 对制造商所在国家商业方式的了解

出口制造商在确定中间商后，双方需要协商并签署协议，这一点很重要。国外代理协议是出口商和中间商之间关系的基础。所以该协议需要清楚地列出所有相关问题，并写明双方关系存在的基本条件。双方互相协议商定权利和义务，协议的主旨必须是双方互利互惠。

对多数出口商而言，在与国外代理签署协议时需考虑以下三大方面：独占权或独家代理权、有竞争力的产品和协议终止。由于很多市场的经销商数量减少，规模变大，活动专业化，这也日益凸显了同意领域的重要性。区域化倾向的出现，导致越来越多的经销商通过有机增长以及合并和收购的方式实现领域扩张，增加了企业在单个临近市场中指定不同经销商的难度。

总之，在所有国家都能找到适合代理行为法的原则：

- 在未通知委托人或未经委托人批准的前提下，代理商不能以高于与委托人约定的价格重新卖给委托人。
- 代理商必须严格保密其委托人的商业信息，而且必须传递相关信息。
- "在他或她的权威下"由于代理商所犯错误对第三方造成的损失由委托人负责（例如，如果代理商采用欺骗手段曲解委托人的企业）。

在履行协议期间，中间商提供的支持和激励非常重要。通常是根据销售额提供经济奖励，但还有其他方式。

- 供应商在当地进行广告宣传，并树立品牌意识。
- 参与当地展览和商品交易会，或许有可能与当地中间商合作。
- 定期实地拜访或打电话给代理商或经销商。
- 代理商和经销商所在国的供应公司为两者付酬劳，并安排与其定期会面。
- 与销售额最高的中间商竞争现金奖励、假日等。
- 为中间商提供技术培训。
- 从代理商和经销商方面收集反馈意见的建议方案。
- 概述供应企业的现有活动、员工变动、新产品开发、营销方案等。

评估国际销售合作伙伴

即使企业在选择中间商时非常小心谨慎，但如果这种关系无法继续进展下去，企业需要迅速从中脱离。

在评估国际销售合作伙伴时，需要用到图9.3。

根据图9.3，评估国际销售合作伙伴最主要的两个标准如下：

1. 销售合作伙伴的表现
2. 合作伙伴运作的市场具有的总体吸引力

评估合作伙伴的表现，可以根据以下标准：已经完成的营业额、市场占有率、为制造商创造的利润以及已建立的潜在消费者网络等。评估一个国家（市场）吸引力时，可以参考第 7 章（表 7.2 和图 7.5）讨论的标准，例如市场规模和市场发展。

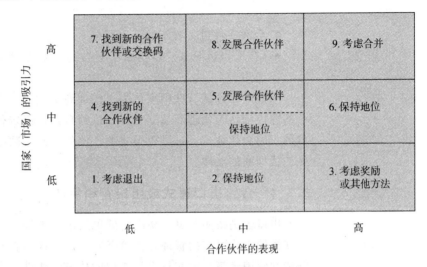

图 9.3 国际合作伙伴

如果合作伙伴的表现水平低，再加上国家吸引力低（1 单元格），公司应该考虑退出该国家市场，尤其在吸引力低成为一种常态的情况下。

如果合作伙伴的表现水平高，但是国家吸引力低（3 单元格），公司应该考虑选择更优秀的合作伙伴或更换另一种进入模式（如合资企业）。这样面对如此残酷的市场（低吸引力），公司可以给其合作伙伴一份比例较大的利润池，以减少对合作伙伴的不满。

如果合作伙伴在有吸引力的市场中表现欠佳（7 单元格），公司应该考虑更换（更好的）合作伙伴，或者公司应该转变方法（如建立自己的销售子公司），这样可以加大控制程度。

如果市场具有吸引力，合作伙伴表现也很好（9 单元格），公司应该考虑向前一体化，即将现有进入模式（经销商）转变为子公司，将经销商提升为子公司的新总裁，前提是他或她能够胜任该职位并具备足够的管理天赋。

图 9.3 中的其他单元格主要与保持现有地位或"发展"现有合作伙伴有关。为了向公司证明你为占领当地市场所付出的努力，可以到总部提供有关公司产品或服务解决方案的培训，或者拜访当地合作伙伴。

终止与经销商合作关系的协议

通常情况下，经销商合作伙伴协议中的撤销条款会涉及当地立法规定的权利，所以在签署协议之前最好请当地律师审核一下，避免在协议终止后为了赔偿金打官司。

终止法律因各国而异，但是由于 1994 年之后在所有欧盟成员国生效且与代理商有关的指令，在很大程度上和解了欧盟状况。根据指令，终止协议的代理商享受以下权利：

- 对于代理商谈来的所有业务，必须全额付款（即使代理关系已经结束）
- 全额支付过去一年的平均佣金
- （在适当情况下）赔偿由于擅自终止协议对代理商商业信誉造成的损失

除西欧之外的有些国家认为，代理商本质上是客户组织的职员，另外一些客户则认为代理商独立且可以自给自足。确定代理协议在企业考虑出口国家的法律地位，这是很必要的。例如，沙特阿拉伯制定了非常严格的保护代理商的法律。

9.2.4 合作出口模式或出口营销集团

出口营销集团常见于初次尝试进入出口市场的中小企业。由于当地市场规模较小或可用的管理和营销资源不足，这些企业无法发展自给自足的制造和营销经济。这些特点是典型的传统、成熟、高度零散型企业，如家具和服装业。同样的特点也常见于刚创建的小型高科技企业。

图 9.1 表明出口营销集团，包括制造商 A_1、A_2 和 A_3，每家制造商都有单独的上游功能，但也会通过常见的外国代理与下游功能合作。

中小企业加入其他企业最重要的目的之一是将其补充产品计划介绍给大客户。以下案例来自家具行业。

制造商 A_1、A_2 和 A_3 在以下补充产品线的下游功能中具备核心竞争力：

A_1 起居室家具

A_2 餐厅家具

A_3 卧室家具

同时，他们提出了更广泛的产品概念，其整体概念的目标是为最终客户提供特定生活方式，从而吸引更多的家具零售连锁店。

制造商之间的合作可松可紧。在比较松散的合作关系中，集团中的单个企业通过同一家代理推广其品牌，而在比较紧密的合作关系中，他们一般会建立新的出口协会。这种协会代表制造商形成打入国际市场和获得显著规模经济的统一战线，成为所有成员公司的出口武器。其主要作用如下：

- 以协会的名义出口
- 合拼出运、谈判价格和包船
- 进行市场调研
- 获取信用信息和讨债
- 制定出口价格

- 制定统一格式的合同以及销售条款
- 允许合作投标和销售谈判

加入协会的企业可以更高效地进行国外市场调研，并找到更好的办事处。协会的建立不仅替代了个体卖家，而且可以制定更稳定的价格，减少销售成本。通过合拼出运和避免重复操作，企业可以节省运费，组织可以实现产品等级的标准化，创造更强势的品牌，正如加利福尼亚果农与新奇士产品的案例。

中小企业加入出口营销组织有这么多优点，但现在这种相关组织的数量很少，这种现状令人吃惊。其中一个原因在于企业对组织的职责和功能存在矛盾意见。很多中小企业在其创始人和创业伙伴观念的影响下，非常看重企业的独立性，这与出口营销组织设定的共同目标等相悖。出口组织的主要任务之一是平衡组织中不同股东的利益关系。

9.3　中间商模式

中间商进入模式包括一系列安排，如许可证经营、特许经营、管理合同、全包合同。合资企业和技术知识或合作生产安排。图9.4从常见价值链的角度说明了相关性最强的中间商模式。

总体而言，当有竞争力的企业由于资源局限性无法发挥其优势但可以将该优势转移到另一方时，需采用合同管理。这种安排为企业建立了长久的合作伙伴关系，通常为了实现不同国家企业之间知识和或技术等中间产品的转移。

9.3.1　合同制造

鼓励企业将产品生产搬到国外市场的几个因素有：

- 希望拉近与国外消费者之间的距离。在当地建厂生产，可以更好地了解当地消费者对产品设计、发货和服务的需求。
- 国外生产成本（如劳动力）低。
- 重量或体积大的产品运输成本高，没有竞争力。
- 关税或限额会阻止出口商产品的进入。
- 有些国家对国内供应商表现出更大的偏爱。

合同制造（Contract man-ufacturing）：制造外包给具有专业生产技术的外部合作者。

通过合同制造，企业无须作出最后承诺，即可获取国外货源（生产）。管理者可能缺少资源或不愿投资股权去建立和完成制造和销售活动。然而，当时机成熟时，合同制造为长期国外发展战略的实现提供了方法。对资源有限的公司而言，这些考虑可能至关重要。合同制造允许企业进行和控制其产品在国外市场的研究与开发、营销、经销、销售和服务，同时负责当地企业的生产（见图9.4）。

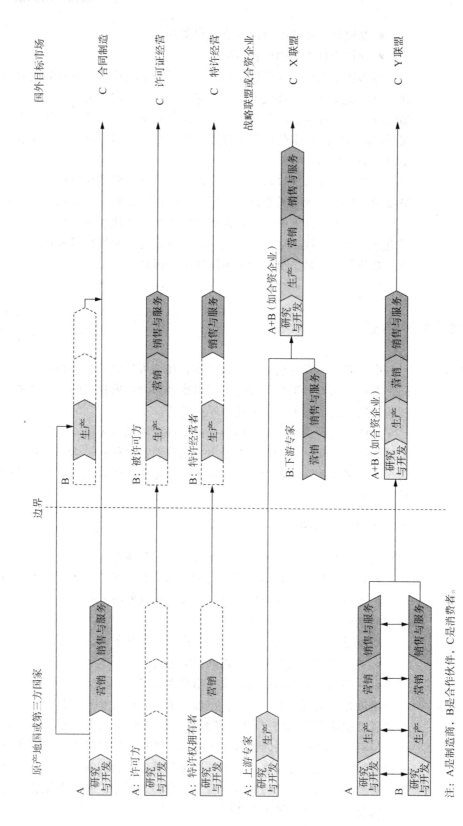

图9.4 中间商模式

立合同者给承包方付款时一般按单位计算，且非常看重其产品或服务的质量和规格要求。立合同者可以将其产品销售到制造商所在国、原产地国或其他国外市场。

在特殊行业中，商业组织形式非常普遍。比如，贝纳通和宜家家居非常依赖国外小型制造商的合同网络。

合同制造同样具有高度灵活性。如果企业对产品质量或交货稳定性不满，可以更换制造商，这取决于合同的有效期。此外，如果管理者决定退出该市场，在有生产设备方面不会有损失。从另一方面说，企业需要控制产品质量，以达到公司标准。企业可能在交货、产品保质期或完成额外订单方面遇到难题。制造商可能没有合同企业那么划算，或者可能达到生产能力，或者可能尝试利用这一合同。

所以，虽然合同制造具备很多优点，尤其对在营销和经销方面耗费很大精力的企业而言优点多多，但在协商合同时必须小心谨慎。由于企业无法直接控制产品制造过程，应制定有关机制以确保合同制造商达到企业质量和交付标准。

9.3.2　许可证经营

许可证经营：被许可方付款后，许可方即授予其权利，如可以生产某种专利产品的特许权。

许可证经营是企业在无须投资的前提下在国外市场建立当地生产基地的另一种办法。许可证经营与合同制造的区别在于前者更长远，而且由于许可方将更多价值链功能转移到被许可方，所以其对国内企业负的责任更大（见图9.4）。

许可证经营协议

许可证经营协议是许可方为换取被许可方的表现和付款，让后者获取一定价值的方法。许可方可能给予被许可方以下一种或多种权利：

- 允许其使用产品或生产流程专利；
- 提供非专利性的制造技术；
- 提供技术建议和帮助，有时包括产品制造中必需的零部件、材料或工厂；
- 营销建议和帮助；
- 允许其使用商标或商品名称。

在商标许可案例中，许可方应该尽量避免对产品的过度许可。比如皮尔卡丹允许800种产品在获得许可证的基础上使用这一商标，从而稀释了其品牌价值。过度许可会带来短期效益，但从长远角度看，这一行为无异于杀鸡取卵。

作为协议的一部分，许可方有时会继续向被许可方销售重要部件或服务。在这种情况下可以扩展协议内容，成为交叉许可，这样双方可以相互交换知识和或专利。交叉许可可能不涉及现金付款。

因为许可证的存在允许原许可方使用被许可方的技术和产品，所以可以把许可证经营可以看作一条双向路。由于被许可方依赖于许可方提供的信息，所以这一点很重要。有些许可方对回授感兴趣，甚至会主动减少专利权使用费以求改进产品并从新产品中获利。被许可方负责特定市场中的生产和营销，此次风险投资中风险与利益并存。作为交换，被许可方向许可方支付专利税或费用，这是许可方从许可证经营中获取的主要收入，该费用通常包括：

- 与产量无关的一次性付款。包括签订协议时最初转让特殊设备、零部件、设计图纸、知识等所付的钱。
- 最低特许权使用费—可确保许可方每年都有收入。
- 变动特许权使用费—通常用正常销售价格的百分比或固定的产出金额表示。

付款的其他方式包括将特许权使用费变成股权、管理和技术费用以及互购，常见于东欧国家的许可证经营。

如果国外市场潜在的风险系数太大，许可方应明智地提高首期付款并缩短许可证的经营时间；反过来，如果市场相对没风险，被许可方也已经准备好抢占强健的市场份额，那么许可方相对可以放松付款条件，付款条件也有可能受其他许可方竞争对手的影响。

许可证经营或合同需要制定正式的书名文件。合同细节包括双方的具体谈判和谈价还价，这一过程没有标准。

在下文中，我们分别从许可方（对外授权）和被许可方（接受授权）的角度看许可证经营。这一部分主要从许可方的角度描述的，但接受授权可能是小型企业发展战略中的一个重要因素，所以我们对此也给予关注。

出口授权

总体而言，采用许可证的战略原因很多。出口授权的最主要动力如下：

- 许可方企业在产品研发过程中保持技术的先进性。企业希望专注于其核心竞争力（产品研发活动），然后将生产和下游活动外包给其他企业。
- 许可方规模太小，缺乏财力、管理或营销专业知识以进行海外投资（自己的子公司）。
- 在发达国家，因为技术或模型一直在更新换代，所以产品位于其产品生命周期的最末端。在欠发达国家，通过签署特许权协议，可以延长产品全生命周期。
- 虽然直接的特许权使用费并不高，但被许可方在关键部件（由许可方生产）上获取的利润非常可观。
- 如果政府法规限制了国外直接投资，或者如果政治风险比较高，许可证经营可能是唯一可行的进入模式。

● 在进口到被许可方国家时，可能会有限制因素。

进口许可

实验证据表明［杨（Young）等人，1989年，第143页］，很多许可协议其实起源于被许可方提出的方法。这说明在与许可方谈判过程和整体关系中，被许可方处于明显劣势。在其他情况中，进口许可是很方便的选择，只需定期更新许可证，被许可方非常依赖技术支持（许可方）。

如图9.5所示，进口许可可以改善被许可方的净现金流量，但从长远来看利润较低。因为技术许可允许企业早一点将产品引进市场，所以企业受益于正向现金流。此外，许可意味着发展成本低。许可证经营的好处包括：快速获取新技术带来的直接利益、低发展成本和相对较早的现金流。

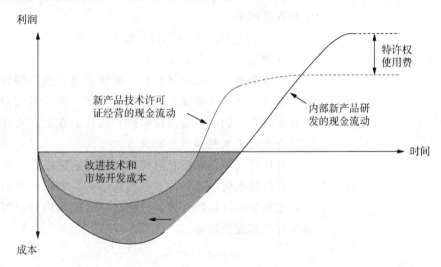

图9.5 许可证经营整个生命周期的益处

资料来源：劳氏（Lowe）和克劳福德（Crawford）（1984年）；布兰德利（Bradley）（1995年），第388页。

表9.3（见总结）总结了许可证经营对许可方的利弊。

9.3.3 特许权经营

"特许权经营"源自法语，表示"免于奴役"。从20世纪初开始，欧洲才慢慢开始了解特许权经营活动。该定义盛行于美国，其中超过1/3的零售销售来自特许权经营，相比而言，在欧洲只有约11％的零售销售来自特许权经营。

特许权经营的快速发展得益于以下几个因素。首先，全球整个传统制造业都在衰退，其替代物服务行业的出现促进了特许权经营的发展。这一方式特别适合服务行业和劳动力密集的经济活动，特别是需要大量分散地专卖店以服务当地市场。其次，个体经营越来越流行，也促进了特许权经

特许权经营
（Franchising）：
被许可方付费
后，许可方授予
其权利，如在支
付议定的费用后
可以使用整体经
营理念或体系，
包括使用商标
（品牌）。

营的发展。很多政府为提高就业率，改善了小型商业的整体气候。

瑞典家具制造商宜家宜居通过向西方世界，尤其是欧洲和北美出售特许经营权，很好地体现了特许权经营的价值。根据零售范围和去零售店购物的消费者数量可以看出，宜家宜居最近几年通过特许权经营发展迅速。

特许权经营以市场为导向，通常向有周转资金但缺少业务经验的小型独立投资人销售业务服务。但是在某种意义上，特许权经营属于涵盖性术语，表示有权将一个名称用于整个商业理念中。因此，主要有两类特许经营权方式：

1. 产品和商标的特许经营。这种方式和商标许可经营很类似。一般情况下，供应商与经销商洽谈购买或销售产品或产品系列，经销商使用商标名、商标和产品系列。采用这种特许权经营方式的例子是饮料，如可口可乐和百事可乐。

2. 商业模式"打包"特许经营。

后者是这一章节的中心内容。

国际商业模式特许经营是一种涉及进入者（特许者）和东道国实体之间关系的市场进入模式，在这一模式下，进入者按照合同规定将自己研发并具有所有权的业务包（或模式）转让给东道国实体。东道国实体可以是被特许方或主加盟商（子特许方）。

特许经营系统可以是直接的也可以是间接的（见图 9.6）。

在直接系统中，特许方直接控制并协调被特许方的活动。在间接系统中，主加盟商（自特许方）被指定在其范围内建立属于自己的被许可方子系统并为其提供服务。

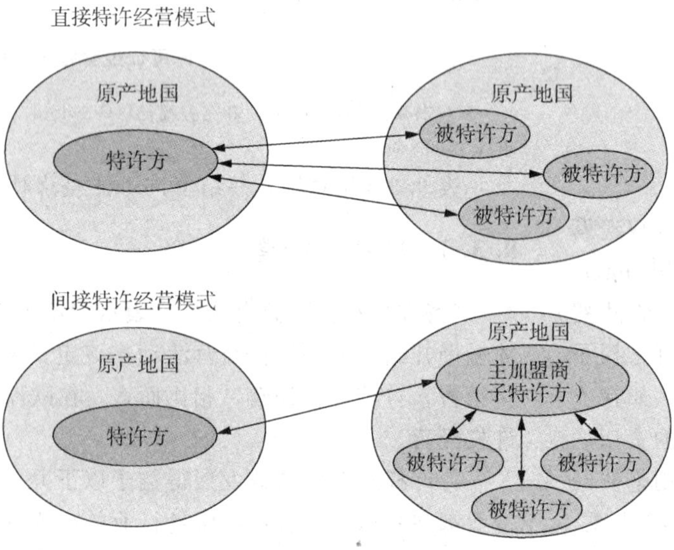

图 9.6　直接和间接特许经营模式

资料来源：基于威尔士（Welsh）等人（2006 年）。

直接系统的优点包括获取当地资源和信息，适应性更强，开发主加盟商（自特许方）并将其作为向该国其他潜在被特许方销售该定义的一种手段，成功的可能性更大。间接系统的缺点包括对失控导致的问题进行监控。持有子被特许方抵押品的主加盟商有时会与特许方竞争。最终，间接系统成功与否取决于主加盟商的能力和保证［威尔士（Welsh）等人，2006 年］。

特许方转让的打包包含了大多数有利于当地实体在原产地国加盟并按照约定方式进行有利可图运营的因素，但是这个过程受特许方的管理和控制。打包包括以下内容：

- 商标或商标名称
- 版权
- 设计
- 专利
- 商业秘密
- 商务知识
- 地理排他性
- 加盟店设计
- 针对该地区的市场调查
- 选址

除了这个打包，特许方一般还会给当地实体提供建立和管理当地运作方面的管理帮助。所有归当地所有的被特许方也将从特许方或主加盟商（次特许方）那里获取次级供应，并从集中制作的广告宣传中受益。作为接受该商业打包的回报，被特许方或次被特许方预先给特许方加盟费和/或者根据年营业额的比例给特许方连续加盟费。

目前关于特许经营和许可证经营两者区别的争论仍在继续，但是如果我们在一个更广泛的"商业模式"（就像现在）中定义特许权经营，可以看到两者的不同，如表 9.1 所示。

商业模式特许经营类型包括商业和个人服务、便利店、汽车维修和快餐。美国快餐特许经营是全球知名的几个特许经营模式之一，包括麦当劳、汉堡王和必胜客。

图 9.4 将快餐模式作为价值链方法中的特许经营的例子。特许方将生产（如组合汉堡包）、销售和服务功能转让给当地直销店（如麦当劳餐厅），但仍然控制核心研究与开发和市场营销（如麦当劳的总部设在美国）。特许方会制定整体营销方案（与整体广告宣传方案），从而适应当地环境和文化。

如前文所说，商业模式特许经营权是一种不间断的关系，这种关系不仅包括提供产品或服务，也包括提供商业概念。商业概念通常包括发展和营销、商业运营指导、标准和质量控制的详解、对被特许方持续的引导以及一些控制被特许方的措施。虽然特许方为被特许方提供了多种帮助，但是每个特许方提供的支持程度不同。特许方提供的帮助可以使经济、位置选择、房租洽谈、合作广告、培训和加盟店开业帮助等方面。特许方对被特许方提供的不间断支持范围也各有不同。支持领域包括中心数据处理、集中采购、实地培训、现场运行评估、实时通信、地区和国家会议、咨询热线和特许方—被特许方咨询委员会。这些服务的实用性通常是决定购买特许经营权的关键因素，从长远来看可能对边际区域或边际准备所有者的成功起关键作用。

表 9.1　许可证经营和特许权经营的不同

许可证经营	特许权经营
通常使用术语"许可证使用费"。	"管理费"被看作是合适的术语。
共同要素是产品，甚至可能是一个产品。	覆盖整个商业，包括专业技术、知识产权、商业信誉、商标和业务联系。（特许权经营无所不包，而许可证经营只是其中的一个部分。）
已建立的企业通常领取许可证。	倾向于新建，当然与被许可方有关。
常见期限是 16～20 年，尤其在技术知识、版权和商标方面。这些术语与专利权类似。	特许经营协议期限通常是 5 年，有时会延长到 11 年。特许经营可频繁续签。
许可证一般是企业自己选择的。通常情况下，许可证是已建立的商业，它可以凭借强大的实力运营有问题的许可证。被许可方通常将其许可证传递给伙伴或无关联的公司，与原许可方无关或基本无关。	特许权经营的选择者无疑是特许方，特许方同时也操纵其最终替换。
通常与特定的现有产品有关，许可方传递给被许可方的进行中的研究带来的利益很少。	特许方将进行中的研究方案利益作为协议的一部分送给被特许方。
因为许可方完全保留商业信誉，所以许可证与商业信誉完全无关。	虽然特许方保留主要的商业信誉，但被特许方代表该企业在当地市场的商业信誉。
被许可方享受自由谈判的相当措施。作为谈判利器，被许可方可以利用其贸易手段和在市场上已经建立的地位。	有标准的费用结构，单个特许权经营体系中的任何变动都会带来困惑和混乱。

资料来源：基于铂金斯（Perkins）（1987 年），第 22 页到第 157 页；以及杨（Young）等人（1989年），第 148 页。

特许经营的全球扩张

特许方像其他商业一样，在决定进行特许经营体系的全球扩张之前，必须考虑相关的成功因素。其目标是寻求促进合作和减少矛盾的环境。考虑到特许经营协议的长期性，国家稳定性成为一个重要因素。

国际扩张应该从哪里开始呢？在感知到当地市场有发展机遇时，特许经营得以发展，或许是作为特许经营概念应用于另一个国外市场。在这种情况下，市场最初的焦点肯定放在当地。此外，当地市场为特许经营模式的测试和发展提供了更好的环境。在轻松的环境中，市场和被特许方的反馈更加稳定。而且由于与当地客户联系方便，可以快速作出调整。

在随后选择战略特许经营合作伙伴（被特许方）的过程中，影响这一选择的关键因素包括：财政、商务知识、当地市场信息、在商业和品牌方面达成的共识以及最重要的双方之间的默契程度［多尔蒂（Doherty），2009 年］。

由于特许经营选择、培训地点选择、供应商组织、促销和加盟店装修等方面的早期经验，可能需要对模式进行一系列微小的改动。特许经营发展初期对特许方而言是非常关键的学习期，这一时期不仅涉及如何使整个打包适应市场需求，同时也与特许经营模式自身的特点有关。最终，在打包发展成熟和对其操作的理解更深入后，特许方可以更强势地进入国外市场，而且因为在国内市场获得成功，所以更加自信。

发展和管理特许方—被特许方之间的关系

特许经营提供了一种独特的组织关系，在这种关系中，特许方和被特许方各自为商业带来重要特质。许可方根据当地市场信息和被许可方的创业能力创造了规模经济优势，而特许经营体系正是综合了这一优势。这一共同贡献可能会给双方带来成功。特许方在企业的快速发展、特许经营加盟费以及被特许方每年支付的特许权使用费收益流方面依赖于被特许方。同时，如果被特许方在当地建立了良好的商业信誉并且提出适合的改进建议，特许方也会从中受益。但是，最重要的因素是被特许方努力开创成功独立商业的积极性。被特许方在商标的影响力、技术建议、支持服务、营销资源和涉及耳熟能详的全国性广告宣传方面依赖特许方。

此外，还有两个成功的关键因素，在于特许方和被特许方之间的相互依赖关系。

1. 整个商业体系的整体性
2. 商业体系的更新换代能力

商业体系的整体性

只有当特许方为被特许方提供良好成熟的商业概念，并且被特许方积极遵守这一体系的设计理念，即保持该体系的整体性，才会在多变的市场中取得成功。

标准化是实现特许经营的基石：消费者希望在所有地方买到同样的产品或享受同样的服务。如果单一被特许方在经营时偏离特许经营商业理念，会损害特许方的商业声誉。特许方对体系完整性的需求，要求其对特许经营的关键运营施加控制［多尔蒂（Doherty）和亚历山大（Alexander），2006 年］。

商业体系更新换代的能力

虽然多数特许方选择在母公司进行产品开发和研究，但被特许方进行改革创新的比例最高。被特许方最了解消费者的喜好，他们可以敏感地感知市场新动向，并能抓住最佳时机引进新产品和服务。问题是如何让被特许方将新观点转达给母公司。出于一些原因的考虑，有些被特许方并不愿意与特许方分享观点。最常见的原因是特许方与被特许方联系不紧密，最伤脑筋的原因是被特许对特许方缺乏信任感。为了实现互利共赢，特许方需要创建一个相互信任、配合协作的环境。

处理潜在冲突：鉴于对特许方有利的因素并非对被特许方也有利，所以冲突是特许方与被特许方关系中所固有的。最基本的冲突之一是特许方或被特许方达不到双方签署的法定协议的要求。

双方在目标上存在的异议可能是特许方沟通不足，或者被特许方不了解特许方的目标要求。特许方和被特许方在寻求商业利润方面达成一致，不仅为了挣钱也是为了保持竞争力。然而，双方可能在获取利润的方式上有不同意见。为了减少特许方与被特许方之间发生冲突的次数，可以对被特许方进行大量监控（如在电脑上记账、采购和建立库存系统。）减少冲突的另一个办法是将特许方和被特许方看作管理上的合作伙伴；目标和操作步骤需要保持一致。这种观点需要强大的文化和共享价值，这也是不同国家的特许方和被特许方之间不断沟通的结果（如跨国或扩地区会议、跨国或跨地区咨询委员会）。

9.3.4　合资企业或战略联盟

合资企业 (Joint venture)(JV)：一般是两方之间的股本合资。包括两"方"共同创造"孩子"（"合资企业"扮演市场的角色）。

合资企业（JV）或战略联盟是两方或三方之间的合作关系。国际合资企业的几方来自不同国家，这也无形中增加了管理难度。

建立合资企业的原因有很多，包括：

- 双方提供的补充技术或管理技术在现有行业创造了新的机会（如在多媒体行业，出现了信息处理、通信和传媒）。
- 很多企业在东道国寻找合作伙伴，以便更快地进入当地市场。例如，来自成熟经济体的企业经常在中国和俄罗斯等主要新兴国家寻求当地合作伙伴。这样做可以帮助这些企业在当地进行生产和销售，以节省成本、增加销售额和促进出口。然而，企业必须意识到，新兴国家当地的合作伙伴并非都有同样的目标，这一点很重要。国外企业需要了解当地合作伙伴想要什么，而他们又想从合作伙伴那里得到什么［杨（Young）等人，2011 年］。

- 很多欠发达国家，如中国和韩国，试图限制外国股权。
- 虽然全球进行研究和开发以及生产非常昂贵，但对实现竞争优势是必要的。

合资企业和战略联盟之间的区别在于，战略联盟通常是非股权合作，也就是说，合作伙伴不对联盟投入股权或资金。合资企业或者是契约性非股权合资企业或股权合资企业。

在契约性合资企业中，合资企业没有独立法人资格。两个或多个公司形成合作关系，以共同承担投资成本、风险和长期利润。股权合资企业创建新公司，在新公司中外国和当地投资者共享所有权和控制权。所以根据这些定义，战略联盟和非股权合资企业多多少少有相似之处（图 9.7）。

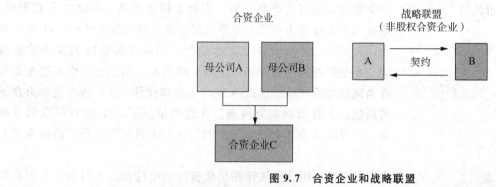

图 9.7 合资企业和战略联盟

是否使用股权或非股权合资企业的问题，是如何使合作形式化的问题。更有趣的是考虑合作伙伴在这一合作中应该扮演的角色。

图 9.8 从价值链的角度说明了两种不同类型的联盟。这些联盟基于价值链中的潜在合作模式。在图 9.8 中，我们看到两个合作伙伴 A 和 B，每一方都有自己的价值链。价值链合资企业的三种不同类型如下：

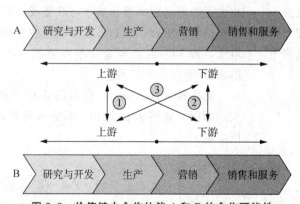

图 9.8 价值链中合作伙伴 A 和 B 的合作可能性

资料来源：摘自罗伦吉，P.（Lorange，P.）和鲁斯，J.（Roos，J.）（1995 年），第 16 页。

1. 基于上游的合作。A 和 B 在研究与开发和或生产上合作。

2. 基于下游的合作。A 和 B 在营销、配销、销售和服务上合作。

3. 基于上游或下游的合作。在价值链的每个末端，A 和 B 有不同但又互补的能力。

表 1 和表 2 代表所谓的 Y 联盟，类型 3 代表所谓的 X 联盟。［波特（Porter）和福勒（Fuller），1986 年，第 7—336 页］：

- Y 联盟。合作伙伴共同承担一个或多个价值链活动的实际表现，例如，合作生产型号或部件有助于实现规模经济，降低每单位的生产成本。另一个例子是合资营销协议，在该协议下两家企业的互补产品线通过现有或新的销售渠道进行销售，扩大了两家企业的市场覆盖率。

- X 联盟。参与方将他们之间的价值链活动进行划分。例如，其中一方负责开发和制造产品，另一方负责销售产品。在建立 X 联盟时，需要识别企业实力和核心竞争力所在区域的价值链活动。就拿 A 来说，A 的核心竞争力位于上游功能，但在下游功能的实力比较薄弱。A 想要进入国际市场，但不了解当地市场信息，也不清楚如何在当地销售其产品。所以 A 在寻求合作伙伴，B 的核心竞争力在下游功能，上游功能实力薄弱。在这种情况下，A 和 B 可以形成联盟，B 帮助 A 在国外市场分派和销售，A 帮助 B 进行产品研究开发或生产。

总之，X 联盟说明合作伙伴在价值链活动中的能力不对称：一方在某领域实力强大；另一方在该领域实力薄弱，反之亦然。但是在 Y 联盟中，合作伙伴在价值链活动中基本势均力敌，实力强大和薄弱的领域更类似。

管理合资企业

近年来，出现越来越多的跨领域合资企业。只要合作伙伴的经济利益超出了管理联盟的潜在成本，联盟或合资企业能为企业间的交易保持结果并保持有效机制。但如果忽视联盟的平均生命周期只有 7 年的事实，后果堪忧，近 80% 的合资企业最终被其中一家合作伙伴独有［瓦惠尼（Wahyuni）等人，2007 年］。

哈里根（Harrigan）提出的模型（图 9.9）可以用来解释"离婚率"高的原因。如图 9.10 所示，双方最终协议由预期合作伙伴双方的议价能力所决定。

议价能力变化

根据布力克和恩斯特（1994 年），理解造成双方"离婚"的关键在于其各自议价能力的变化。假设我们建立了一家合资企业，任务是将新产品打入市场。在这一关系的初始阶段，产品和技术提供者一般能力最强。但如果这些产品和技术不属于品牌专卖，也没有独一无二的特点，销售渠道

Y 联盟（Y coalition）：联盟或合资企业中的每一方都提供产品线或服务。每一方都负责其产品线内的价值链活动。

X 联盟（X coalition）：价值链参与方将他们之间的价值链活动进行划分，如制造商（出口商）专门负责上游活动，而当地合作伙伴负责下游活动。

参与者会慢慢承担起这一议价能力，然后是消费者。

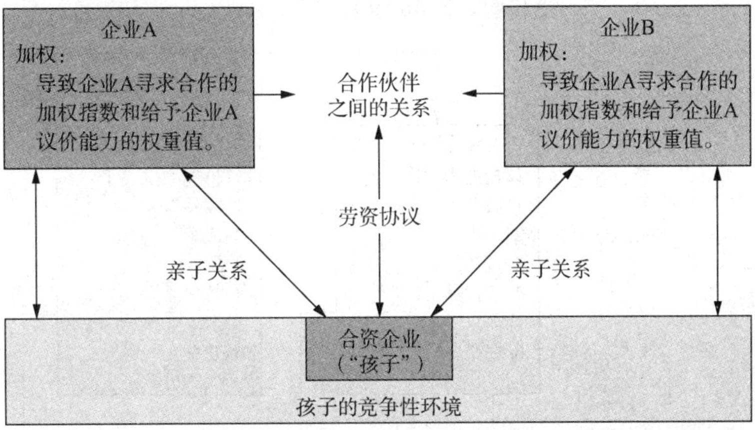

图 9.9 创建合资企业的合作伙伴之间的关系

资料来源：K. R. 哈里根（K. R. Harrigan）（2003 年），《合资企业、联盟和企业战略》（*Joint Ventures, Alliances and Corporate Strategy*），pub 出版，胡子书（Beard Books）。

议价能力在很大程度上也受学习和教学之间平衡关系的影响。善于学习的公司能够更容易地利用其合作伙伴的能力并将这一能力应用于公司内部，而且随着联盟的出现也会减少对其合作伙伴的依赖性。在进入合资企业之前，有些公司将其看作收购其他合作伙伴的中间阶段。通过进入合资企业，合作伙伴的潜在买方可以更好地了解商标、销售网络、人群和体系等无形资产。这么做可以帮助买方理智决策，避免购买昂贵的"柠檬"（南达和威廉姆森，1995 年）。

其他变化的促进因素和潜在冲突

有分歧的目标：随着合资企业的发展，双方目标可能会出现分歧。例如，当其中一方的自身利益与合资企业的整体利益发生冲突时，当地市场会出现不可接受的变动，如单一来源或原材料的定价。

一般来说，有分歧的目标出现在当地市场准入的合资企业。当跨国企业（MNEs）联合当地合作伙伴进入国外市场时，即出现了合资企业。跨国企业通常希望实现全球收入，也即实现其所有联盟净收益的最大化。这意味着，即使有些联盟出现亏本但其存在有利于增加整个网络的净收益，跨国公司仍愿意继续经营该联盟。然而，只有部分拥有特定联盟，当地合作伙伴才愿意实现该联盟利润的最大化。当这两个目标不相容时即会出现冲突，因为全球收入的最大化不一定与每一个联盟单独利润的最大化相容。例如，当涉及合资企业在跨国公司网络中发挥的作用时（尤其在出口市场定位方面），可能会出现冲突。通用汽车（GM）针对韩国市场创建大宇集团，推出微型车，并向美国市场出口庞蒂亚克。既然通用汽车的德国欧宝子公司在欧洲市场销售类似的微型车，通用汽车限制了合资企业向美国庞蒂亚克子公司的出口量。大宇对庞蒂亚克的表现不满意，为了与德国欧宝竞争，决定向东欧市场出口。这一决策最终造成合资企业解体（赫尼特和曾，2005 年）。

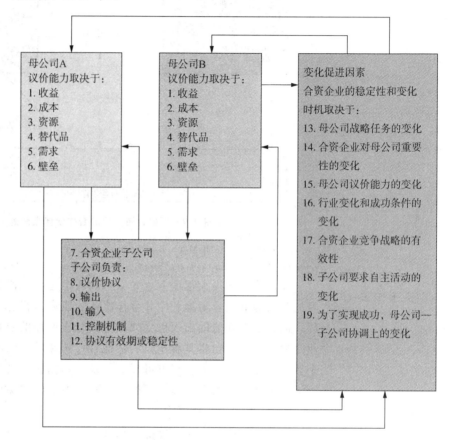

图 9.10　合资企业活动模型

资料来源：K. R. 哈利根（K. R. Harrigan）（2003 年）《合资企业、联盟和企业战略》（*Joint Ventures, Alliances and Corporate Strategy*），pub 出版，胡子书（Beard Books）。

双重管理：控制是一个潜在问题。通过定义可知，合资企业必须实行双重管理。如果一方拥有的股权少于 50%，这一方需要让拥有多数股权的合作伙伴决策。如果董事会各持 50% 的股权，则很难作出任何决策。

利润汇回：如果当地合作伙伴想对合资企业进行再投资，而其他合作伙伴希望调资或将资金投入别的方面时，利润汇回的问题上也可能出现冲突。

不同文化交融：企业文化是价值观、信仰和习俗的综合，这些因素对员工的行为和目标产生影响。这与东道国和合作伙伴组织的文化截然不同。所以，发展共享文化是合资企业走向成功的中心。

合作伙伴具有以人为本的特点。如果合作伙伴各自的文化不同，可能会给联盟带来困难［巴克（Buck）等人，2010 年］。文化差异经常导致"我们对他们"的局面。文化规范应与联盟理想文化中的管理理念保持一致。这样的话可能需要创造文化规范并培育已有规范。文化发展的关键在于认识到其的存在并用心管理。简单地将两个组织合并在一起，并任其发展，这样最终会导致失败。

如果忽视当地文化，十有八九会错失接受联盟产品或服务的机会。在建立合资企业之前，需要认真研究当地文化，这是至关重要的。此外，应该大量雇佣当地管理者。

共享股权

在共享股权中，也可能出现不均等责任分担。在合资企业中持50％股份的跨国公司，可能会认为自身在科技、管理等方面投入超过50％的资金和精力，却只分到一半的利润。当然，国际合作伙伴提供的当地市场信息和其他无形资产有可能被低估。即便如此，有些跨国公司仍认为当地合作伙伴"占了大便宜"。

在合资企业中建立信任感：信任感的建立需要时间。不同公司之间的首次合作，成功率非常低。但是一旦找对方法，合资企业会增加很多发展机会。首次合作如果选择相对较小的项目，有助于建立相互信任感，确定兼容性并在最大程度上降低经济风险。每家合作公司都有机会考察其他合作者的技术水平和贡献，然后进一步考虑是否参与投资。当然，在任何规模的项目上实现共赢，都可以更好地建立信任感，克服差异。通常情况下，只有合作企业之间互相建立了信任感，才会进行野心勃勃的付出。

退出投资战略：如前文所提到的，新建立的合资企业很有可能会破产，即使它们遵循了上述主要原则。市场没有按预期地发展，高估了其中某个合作伙伴的能力，某个合作伙伴的企业战略发生变化或者合作伙伴之间出现矛盾，都可能造成破产局面。无论是什么原因，合作企业都应该在合作伙伴契约中注明这一可能出现的结果。在契约中，还应该说明合作资产的清算或分配，包括对合资企业共同技术的清算或分配。

其他中间进入模式

管理契约强调了服务和管理知识的日益重要性。管理契约的典型案例是：一家企业（立契约人）提供管理知识，而另一家企业提供资金并负责合资公司的操作价值链。一般情况下，合作伙伴履行的契约内容涉及管理操作或控制系统以及对当地员工的培训，这样做有利于完成契约后当地员工可以接管该企业。如果契约到期，立契约人通常不会继续经营该合资企业，而是将经营权和专业技术转移给当地人，然后离开。这样做，当地会为争取其他管理契约展开激烈竞争。

当一家公司向另一家在某一领域具备丰富经验的企业寻求管理知识的帮助时，双方一般会签署管理契约。在发展中国家，企业普遍缺乏管理能力。立契约人在管理服务方面获得的经济补偿是管理费，不考虑其财政情况，或者是利润率［罗斯德瑞恩（Luostarinen）和韦尔奇（Welch），1990

年]。管理契约的优缺点如表9.3所示（见总结）。

9.4 层次模式

这里的非全资（例如，100%）组织被看作出口模式或中间商模式。但是下面这个例子揭示了这一严格区别中的某些问题：根据定义，持有多数股权（如75%）的合资企业是中间商模式，但事实是拥有75%股份的企业基本拥有了所有控制权，与层次模式类似。

如果制造商想对当地营销造成相比出口模式更大的影响和控制，可以考虑在国外市场建立自己的公司。然而，这种转变需要投资，除非该企业有自己的销售力量，否则还要考虑运营成本（见图9.11）。

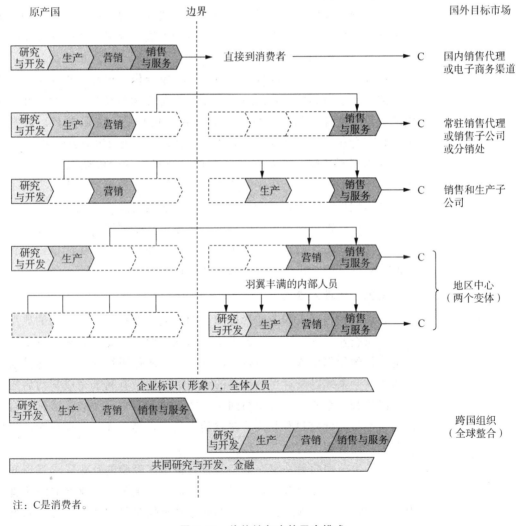

注：C是消费者。

图9.11 价值链角度的层次模式

当企业经历图 9.11 流程图时，会选择将其更多的活动分散到主要国外市场，换句话说，企业将履行价值链的职责转移到不同国家的当地管理者手中，当企业慢慢进入图 9.11 时，意味着该企业从一种国际化阶段进入另外一种国际化阶段〔佩尔穆特（Perlmutter），1969 年〕。

- 民族中心主义倾向，代表者国内销售代理。这种倾向代表了从原产国进入到国外市场营销手段的延伸。
- 多中心倾向，代表者国家子公司。这一倾向基于以下假设：全球市场或国家的情况各不相同，在国际市场获得成功的唯一办法是将每个国家都看成一个有自己的子公司和调整营销组合的独立市场。
- 区域中心导向：由世界各个地区代表。
- 全球中心导向：由跨国组织代表。这种倾向基于以下假设：全球市场既有相似之处，也各有不同，可以采用跨国经营战略，即充分利用不同市场的相似之处所产生的协同效应，在全球范围内进行学习。

以下对层次模式进行了描述和讨论，并以图 9.11 为切入点。

9.4.1　国内销售代理或电子商务渠道

国内销售代 理（Domestic-based sales repre-sentative）：销售代理定居在制造商的母国，经常出国履行销售职责。

国内销售代理指定居在一个国家（通常是雇主的母国）并经常出国以履行销售职责的人。销售代理是公司员工，所以相比独立中介，采取这种方式可以更好地控制销售活动。

利用公司职员（自身的销售力量）也表明了公司对消费者的承诺，这是代理或经销商所缺少的。所以这种方式常见于制造业市场，在制造业市场中，通常只有几个大客户要求与供应商保持密切联系，其订单量也足以换回销售代理出国的费用。如果客户的订单量不足以抵消出国的费用，或者如果公司将比较简单的产品销售给大量国外消费者，也可以选择电子商务渠道。很多传统企业将互联网作为其自身销售力量的辅助渠道，所以其销售渠道也是多种多样的。相反，"专营公司"只通过互联网进行销售活动。

电子商务渠 道（e-commerce channel）：企业通过互联网直接对国外消费者进行销售活动。

9.4.2　驻地销售代理/国外分销处/国外销售子公司

在上述所有情况中，销售活动实际都转移到国外市场进行。与国内销售代理相比，采用以上三种方式可以给予消费者更好地承诺。企业在进入某一特定国外市场时，无论是选择可随时出差的国内代理还是选择驻地销售代理，都应该考虑以下因素。

- 下订单或接订单。如果企业认为其国外市场所需的销售工作类型更倾向于接订单，可能会选择可随时出差的国内销售代理。如果国外市场倾向于下订单，则企业可能会优先选择国外市场的销售代理，这样有利于了解更多的当地市场信息。

● 产品特性。如果产品具有科技性和复杂性的特性，并且需要提供大量服务或产品配件，出差式推销员并不是一种有效的进入方式。企业需要更永久性的国外驻地。

如果企业认为可以建立正式的分公司，就会指定一个常驻销售员。国外分销处是一家企业的扩展，也隶属于其法律部分。国外分销处一般雇佣推销员所在的职员。如果国外市场销售发展势头良好，企业（在某种意义上说）可能会考虑建立全资子公司。国外子公司归当地公司所有，并根据东道国的法律由国外公司进行运营。

销售子公司全面控制销售。企业也经常在国内进行中心营销，但有时当地营销职责由销售子公司负责。如果销售子公司履行销售职责（或销售子公司决定销售时间），说明所有国外订单都以子公司为渠道，子公司收到订单后按照正常批发或零售价卖给国外买方。国外销售子公司从母公司高价购买产品。当然，这样做会产生公司内部转让定价。本书第 11 章将继续深入探讨这个问题。

选择销售子公司的主要原因之一，是可以将更大的自主权和责任转移给子单元，拉近与消费者的距离。另一个原因可能是税务优势。这一点对于总部设在高税收国家的公司而言非常重要。如果规划合理，公司可以在企业所得税较低的国家建立子公司，除非在国外赚取的收入回流到自己手中，该公司无须在国内缴税。当然，此类子公司带给企业的精确税务优势取决于与东道国相比的原产国税法。

对在国外市场有业务的企业而言，需要做的最有意思的决定之一是何时从代理身份转变为建立自己的销售子公司和自己的销售力量（罗斯等人，2005 年）。图 9.12 表明使用这两种不同进入方式的总销售额和营销成本：

国外分销处 (Foreign branch)：制造商的扩展，隶属于其法律部分（通常被称为销售办事处）。企业所得税在制造商所在国缴纳。

子公司 (Foreign branch)：归当地公司所有，并根据东道国的法律和税制规定由国外公司进行运营。

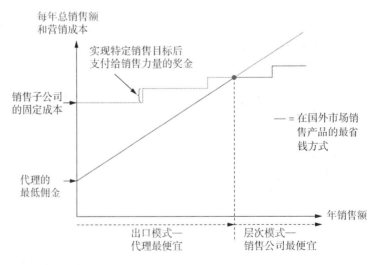

图 9.12　从代理到销售子公司的收支平衡点

- 代理。该曲线建立在合同的基础上，合同规定了在不考虑年销售额的前提下，代理每年可获取的最低佣金。无论其年销售额是多少，代理每年都可以得到相同比例的佣金。
- 销售子公司。该曲线的建立基于以下假设：销售子公司的销售力量每年工资固定（无论年销售额是多少），但是如果他们能完成某一个销售目标，即可得到额外奖金。

在这种情况下，总会有一个明确的收支平衡点，在这个平衡点下如何以更有利的方式（从金融的角度）实现从代理到建立自身销售子公司的转变。当然，在进行转变之前，还需要考虑控制程度、灵活性和投资金额等因素。

9.4.3　销售和生产子公司

特别是在发展中国家，销售子公司可能被看作从该国家拿钱，并对其东道国没有任何价值可言。在这些国家，销售子公司通常不会存活太久，除非当地对其制造或生产基地有需求。

一般而言，如果一家公司认为其产品在政治相对稳定的国家有长期市场潜力，那么销售和生产的全部所有权是唯一能够控制并完全满足该公司战略目标的因素。然而，这一进入模式要求公司投入大量的管理时间、承诺和资金。公司也承担相当大的风险，尤其是最后从该市场撤离时成本昂贵——不仅仅是财政支出方面的耗资，还会损害其在国际和国内市场的商业信誉，尤其是消费者和职员眼中的商业信誉。

长期以来，很多日本公司利用该战略在国际市场建立了强大的地位。它们耐心的付出得到了回报，即高市场份额和数目可观的利润，但这些回报并非一日而成。有的日本公司可能花费 5 年多的时间，只为了了解市场、消费者和竞争情况，或者为制造基地选址，然后才会迈出重要的一步。

在当地市场进行生产的主要原因如下：

- 为了保护现有业务。鉴于欧洲对日本进口车有限制，当其销量在当地市场增加时，日本车的地位会变弱。随着单一欧洲市场的发展，尼桑和丰田在英国建立了办事处。
- 为了寻找新业务。在当地市场建立生产，有利于强调其强有力的承诺，也是说服消费者更换供应商的最好办法，尤其对工业市场而言，在制定购买决策时公司的服务和可靠性一般是最主要的考虑因素。
- 为了节省成本。通过在国外建立生产基地，可以节省很多领域的成本，如劳动力、原材料和运输。
- 为了避免政府出台限制某种产品进口的规定。

装配操作

装配操作是生产子公司的变体。在国外市场建立生产工厂，可能只是为了装配由国内市场或其他地区生产的组件。企业可能会继续让国内工厂制造关键零部件，集中研发，提高生产技术和进行投资，并维护规模经济的利益。为了利用不同国家的相对优势，有些零件或组件可能由好几个国家生产（多方外包）。资本密集型零件可能由发达国家生产，劳动密集型零件可能由劳动力充足且成本低的发展中国家进行装配。这一战略在消费性电子产品制造商中很常见。当某种产品技术成熟，价格竞争激烈，该公司应该将其所有的劳动密集型业务转到发展中国家进行。这是国际产品生命周期（IPLC）的原则。

区域中心（区域总部）

到目前为止，本文已经讨论了进入某一特定国家的方式。如果暂时忽略这一情况，我们可考虑图 9.13 中的选项 3，其中"地理位置上的集中启动"是满足全球某一特定区域专门需求的一项尝试。因为某一特定区域价值链活动涉及隐性知识并具有社会复杂性，所以其竞争对手很难模仿这一活动的成功合作过程。

随着很多群体的形成，如欧盟、北美自由贸易区（NAFTA）和东南亚国家联盟（东盟），世界区域化特征越来越明显。

		参与的国家数量	
		很少	很多
在价值链活动方面的协作	几乎有很少的活动是跨国界完成的	新国际市商 启动出口或进口 ①	新国际市商 跨国贸易商 ②
	很多活动都是跨国界协作完成的	③ 地理位置上的集中启动	④ 全球启动

图 9.13　国际新企业类型

资料来源：重印获麦克米伦出版公司（Macmillan Publishers Ltd）的许可，《国际商务研究期刊》（*Journal of International Business Studies*）第 25 卷，1 号，《国际新企业的理论探讨》（Toward a theory of international new ventures），B. M. 欧瓦特（B. M. Oviatt）和 P. 麦克杜格尔（P. McDougall），1994 年版，麦克米伦出版公司出版（Macmillan Publishers Ltd.）。

区域中心（Region centres）：区域总部（"带头国家"）通常在整个区域扮演协作和刺激销售的角色。

图 9.11 表明中心区域的两个例子。第一个变体说明了下游功能已经被转移给该地区。第二个变体表明对该地区做出了更大的承诺，因为所有的价值链活动都转移到该地区，而该企业也据此成为该地区羽翼丰满的内部人员。这一阶段，企业已在该地区具备所有功能来有效对抗当地和区域竞争对手。同时，企业可以回应区域消费者的需求。图 9.13 中的下半部分也举例说明了这种情况，即很多活动都是跨国界协作完成的。

扮演协作角色需要确保以下三件事：

1. 国家和商业战略相互连贯。

2. 任何一个子公司不能伤害其他子公司的利益。

3. 充分识别并开发跨行业和跨国家的协作。

刺激物的角色具有以下两种功能：

1. 促进"全球"(global) 产品向当地国家战略的转化。

2. 对当地子公司的发展提供相关支持。［拉塞尔（Lasserre），1996年］。

图 9.14（总部设在德国的跨国公司例子）表明，不同国家或子公司可以对不同产品组产生一个主导作用。在该图表中，对于世界市场中的产品 A 和 E，一个国家或分公司在全球范围内有协调功能（分别是法国和英国）。对于产品 D，共有三个地区，每个地区有一个带头国家。

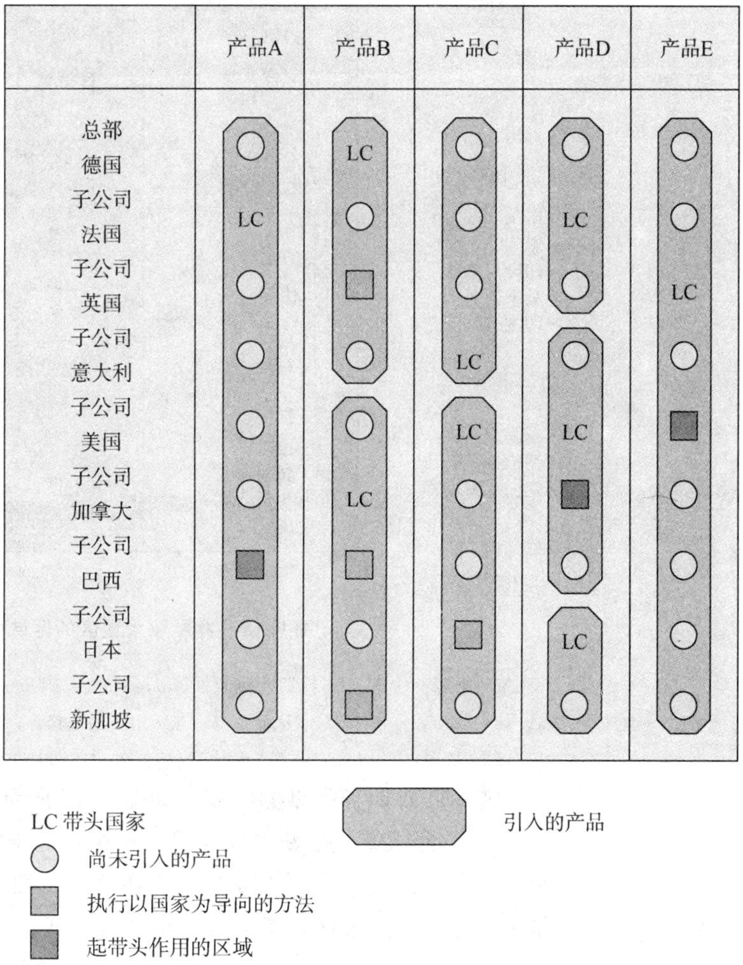

	产品A	产品B	产品C	产品D	产品E
总部 德国	○	LC	○	○	○
子公司 法国	LC	○	○	LC	○
子公司 英国	○	□	○	○	LC
子公司 意大利	○	○	LC	○	○
子公司 美国	○		LC	LC	■
子公司 加拿大	○	LC	○	■	○
子公司 巴西	■	□	○	○	○
子公司 日本	○	○	□	LC	○
子公司 新加坡	○	□		○	○

LC 带头国家 　　　　　　　　　　　　　　引入的产品

○ 尚未引入的产品

□ 执行以国家为导向的方法

■ 起带头作用的区域

图 9.14　带头国家的概念

资料来源：拉菲，H.（Raffée, H.）和克罗采，R.（Kreutzer, R.）（1989 年）。出版经艾莫瑞德出版有限公司（Emerald Publishing Ltd.）许可：www.emeraldinsight.com。

带头国家的选择受几个因素的影响：

- 国外子公司的营销能力
- 代表国家的人力资源质量
- 代表国家的战略重要性
- 生产地址
- 东道国的法律限制

具备最好"带头"能力的国家应该被选为带头国家。

图9.15表明企业如何在亚太地区发展区域中心的概念。亚太地区的国家之间差异很大，必须逐个按顺序进行。这个例子按照一个接一个国家的方式，同时发展了区域角度（拉塞尔，1995年）。

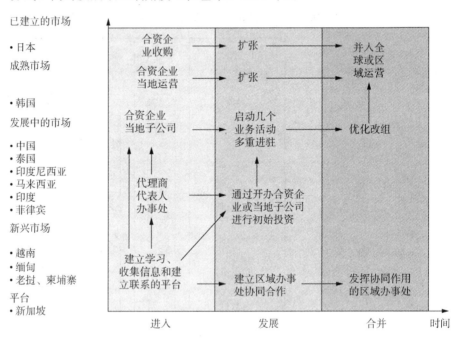

图9.15　发展亚太地区的区域中心概念

资料来源：转载自《长期规划》（*Long Range Planning*），第29卷，1号，拉塞尔，P. (Lasserre, P.) (1996年)，《区域总部：亚太市场的先锋》（*Regional headquarters: the spearhead for Asian Pacific markets*），第21页，版权1996，重印获艾斯维尔（Elsevier）批准。

亚洲共有四种类型的国家，如图9.15所示：

1. 平台国家，如新加坡。当一家企业处于收集情报和初次接触市场的起步阶段，此类国家可以成为企业在这一阶段的平台，并逐渐成为区域协作中心。例如，某区域毫无经验的中等规模公司可以通过在此类国家建立"监听点"立足于市场。

2. 新兴国家，如当今的越南、缅甸以及不久后的柬埔寨。这些国家的任务是借助当地经销商进驻市场，并采用直接或通过开办合资企业的方式建立必要的关系，从而有利于开展本地业务。

3. 发展中的国家，如中国和东盟各国。在经济高速发展的环境下，这些国家急需建立重要地位，以便充分利用各种机会。

4. 发展成熟的国家，如韩国。这些国家已经具备重要的经济基础设施和完善的当地和国际竞争对手。在市场进入阶段，企业的任务是通过大量投资，获取必要的运营能力，以追赶其竞争对手。

企业发展的独特进入方式和途径取决于其自身的先备经验和能力，同时也取决于一个国家工业部门特定的战略吸引力。

因为有些活动，尤其是战略、情报、金融、工程、研发、培训和专门服务等方面的活动仅仅服务整个区域，就可以创造规模经济的利益，所以企业开始慢慢着眼于一个区域的所有国家。

9.4.4　跨国组织

跨国组织 (Transnational organization)：为了在全球范围内实现协同效应，进行跨国界合并和协作（研究与开发、生产、营销以及销售和服务）。

在国际化的最后阶段，公司尝试进行跨国界的协同和综合运作，从而在全球范围内形成协作局面。管理者将世界看作一系列相互关联的市场。在这一阶段，公司职员应该更好地维护其所在公司，而不是所在国家。

跨界共同研发和人力资源的频繁交换是跨国组织所具备的两个特点。跨国组织的整体目标是通过辨别跨市场的相同和不同之处，并结合跨国组织的能力，从而提高国际竞争力。联合利华是少数几个实现这一目标的公司之一，见 7.5 部分。

总之，管理跨国组织，需要对以下因素具有敏感性：

- 全球品牌何时被消费者认同并接受，或当地市场何时具有优先权；
- 何时将创新和经验从一个市场转移到另一个市场；
- 当地理念何时具备全球潜力；
- 何时快速地将国际团队团结一致，专注于关键机遇。

9.4.5　建立全资子公司——收购或绿地投资

本章介绍的所有层次模式（除了国内销售代理）都在国外投资建设施。当企业决定在某个国家建立全资子公司时，可以通过收购现有公司的方式，或者从零开始建立自己的新公司（绿地投资）。

收购

采取收购的方式，可以迅速进入市场，获取销售途径、现有客户群以及已建立的品牌名称或企业知名度。有时前公司的管理者也会继续留在全资子公司，这也为进入市场提供了桥梁，并且让公司在处理当地市场环境上有据可依。这一点对国际管理经验不足或不熟悉当地市场的企业而言特别有利。

当市场饱和时，这一行业竞争激烈，或者存在大量进入壁垒，所以留给新进入该行业的公司很少空间。在这种情况下，收购可能是在东道国奠定基础的唯一可行方法。

收购的方式多种多样。根据鲁特的观点（1987年），收购可以是水平的（被收购企业和收购企业的产品线和市场类似）、垂直的（被收购企业成为收购企业的供应商或消费者）、同心的（被收购企业面对的市场相同但技术不同，或者技术相同但市场不同）或集团的（被收购企业与收购企业属于不同领域）。无论收购形式有什么变化，国外投资者和当地管理团队之间的协作和管理类型都可以出现问题。

绿地投资

企业在意识到收购过程中可能遇到的困难后，可能会从头开始操作，尤其是企业的成功与否在于生产物流，或者企业没有找到合适的收购对象，或者收购成本太过昂贵，都会出现这种情况。

在很多情况下，虽然建立工厂比收购花费的时间更长，但跨国界的综合运营能力以及对未来国际扩张方向的决策都是建立全资运营的主要动力。另外，东道国的鼓励政策也进一步促进了绿地投资。

此外，如果企业建立了新工厂，不仅要投入最新技术和设备，还要避免出现改变已建立公司传统做法的局面。对跨国公司而言，投入新设备是新的开始和机遇，这代表企业将自己的形象和要求注入当地企业。

9.4.6　总部地址或迁址

出发点是考虑总部地点选择标准的传统清单〔巴埃（Baaij）等人，2005年〕：

- 公司所得税优势；
- 投资鼓励；
- 投资环境；
- 公司规定（公司内部限制—必须遵守所有者的规定）；
- 经营成本；
- 劳动力素质、供给情况和成本；
- 生活质量和水平（大型宾馆和饭店、高级住宅的接近程度、文化生活和娱乐活动、教学质量、文化多样性、安全性、犯罪和健康因素、个人所得税以及生活成本等）；
- 基础设施水平（尤其是交通运输、通信和信息技术）；
- 高级商业服务（例如会计、法律和管理咨询）；
- 充足的代表办事处空间；
- 其他大型企业的出现。

使用这一清单不是为了寻找合适的地点，而是为了淘汰不合适的地点。在对以上因素逐一进行评估后，总部在选址时会考虑更多战略评判标准。

影响总部选址的三大战略性动力如下:

1. 企业的合并与收购
2. 领导能力和所有权的国际化
3. 战略性更新

企业合并与收购

当规模相同的企业合并后,两方需要为合并后的公司总部寻找中间地带。1987 年,来自瑞典韦斯特罗斯(Västerås)的阿西亚公司(ASEA)和瑞士的布朗勃法瑞公司(BBC Brown Boveri of Baden,)合并成立了ABB 阿西亚布朗勃法瑞公司(ABB Asea Brown Boveri)。新的总部设在苏黎世(Zurich),两个原址都不适合建总部。

领导能力和所有权的国际化

在收购的情况下,一个显而易见也是最有效的解决方案是新总部属于收购者,被收购企业迁址[例如戴姆勒·克莱斯勒(DaimlerChrysler)]。第二个动力——领导能力和所有权的国家化——降低企业对民族情感的敏感性行跨国界迁移。国外董事会主管和股东不依赖于传统产地国,也不抗拒跨境迁移总部。

战略性更新

进行战略性更新是总部迁址的最终原因。这也是创建于埃因霍温(Eindhoven)的飞利浦电子公司(Philips Electronics)在 106 年之后选择重新迁址到阿姆斯特丹(Amsterdam)的一个重要原因。重新迁址是一种变化机制,标志着过去的结束和新的开始。

9.4.7 国外投资:退出国外市场

大量理论和实证文献检验了进入国外直接投资的决定性因素,这在很大程度上导致很少有人关注退出国外市场的决策。

大多数研究证明国外子公司遭受相当大的"损失"。

- 从 1967 年到 1975 年,美国 180 家大型跨国公司新建了 4 700 家子公司,在此期间,共有 2 400 多家子公司倒闭[鲍德温(Boddewyn),1979 年]。
- 从 1966 年到 1988 年间,荷兰大型跨国公司总进行了 225 项对外直接投资,截至 1988 年,仅有一半的投资项目仍然存在[巴克马(Barkema)等人,1996 年]。

关闭国外子公司或将其卖给其他企业属于战略性决策,这一结果可能改变了国外进入模式(例如从集销售和生产于一身的当地子公司到出口模式或合资企业),或者彻底退出东道国。

最明显的退出原因是利润太低（反过来也可能是成本太高）、当地市场需求的永久性降低或者该领域市场进入实力更为强大的竞争对手。除了自愿退出，也可能由于国外市场的征收或国有化政策。

为了进一步调查出现国外撤资的原因，需要考虑可能影响退出动机和障碍的特定因素，以及从国外子公司退出的可能性。贝尼托（Benito）（1996 年）将这些特定因素划分为四类（图 9.16）。

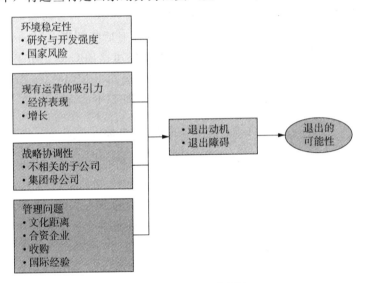

图 9.16 从国外运营撤资

资料来源：贝尼托，G. R. G.（Benito, G. R. G.）（1997 年），第 309—304 页。

环境稳定性

这是对国外子公司运营环境（竞争性或政治性）预测的问题：

● 研究与开发的强度。由于对产品研发和营销进行了大规模市场投资，可能增加已知的退出障碍。

● 国家风险。一般而言，这些风险不在企业的控制范围内。政治风险可能导致被迫撤资，继而导致征收。

现有运营的吸引力

● 经济表现。不尽人意的经济表现（例如不能创造整体利润的净增长）是关闭或转让子公司的最明显原因。换句话说，如果子公司可以创造良好的经济效益，所有者可能会看到获取利润的好机会。

● 增长。东道国的经济增长通常会吸引更多的国外直接投资，从而也增加了从该国退出的障碍。然而，如果位置比较好，可以吸引更多投资商。

战略协调性

不相关扩张（例如分散投资）增加了管理成本，而不相关子公司也不利于形成规模经济和范围经济。所以，这些因素加速了企业退出步伐。

同样地，集团母公司也是一样的道理。

管理问题

- 文化距离。如果产地国和东道国在文化方面相似，有利于对不同地点的生产和营销活动进行监控和协调。所以在文化距离较小的国家，会遇到更大的退出障碍；相反地，对文化距离较大的国家而言，企业一般为了规避风险会退出这些国家，所以在文化距离较大的市场，退出障碍比较小。

- 合资企业和收购。与当地合作者合办的合资企业可以在短时间内了解当地市场信息，这一点有利于降低打入国外市场的障碍。另外，当合资企业随着合作伙伴创建时，不同国家和企业文化可能影响其成功。合资企业和收购在一体化进程中最初关键阶段中处于困难时期。因此，如果母公司或公司缺少承诺，会加速企业退出该市场。

- 经验。企业吸取经验，学习如何在国外环境中经营，如何应对出现的各种问题。随着经验的积累，企业可以更好地避免国外子公司管理中可能出现的很多问题，当问题不可避免地出现时，企业也可以找到可行方案，当然也包括作出宣布子公司倒闭等令人不快的决定。

9.5　总结

表 9.2 到表 9.4 列举了三种主要的市场进入模式优缺点：

表 9.2　对制造商而言，不同出口模式的优点和缺点

出口模式	优点	缺点
间接出口（例如，出口采购代理商、经纪人或出口管理公司）	需要的承诺和投资有限。市场高度多元化，因为企业通过经验丰富的出口商实现国际化发展。风险系数最低。无须出口经验。	除了产品以外，不能控制行销组合要素。参与经销链的额外国家成员可能增加成本，并减少制造商的利润。与市场接触的机会较少（不熟悉市场情况）。产品经验有限（基于商品推销）。
直接出口（例如经销商或代理商）	可以获取当地市场经验，与潜在消费者建立联系。经销链较短（相比间接出口）。可以了解市场信息。加大对行销组合的控制力度（特别是与代理商）。当地可用的销售支持和服务。	由于关税和缺少对经销过程的控制，市场价格不受控（尤其与经销商）。需要对销售组织进行投资（联系国内经销商或代理商）。文化差异、沟通障碍和信息过滤（导致交易成本）。可能的贸易限制。

出口模式	优点	缺点
出口营销集团	共同承担国际化成本和风险。为消费者提供完整的产品线或系统销售。	不平衡关系（目标不同）带来的风险。参与企业不愿放弃其全部独立性。

表 9.3　不同中间商模式的优缺点

中间商进入模式	优点	缺点
契约制造（从立契约者角度来看）	允许低风险市场进入。 没有当地投资（不管是资金、时间还是管理才能），不存在国有化或征收的可能性。 保留对研究与开发、营销和销售或售后服务的控制。 避免通货风险和金融问题。 在当地塑造企业形象，有利于促进销售，尤其是在政府或官方机构的帮助下。 进入市场并受关税或其他壁垒保护。 如果当地成本比较低（主要是劳动力成本），则具备成本优势。 可以避免企业内部以及子公司出现转移定价的问题。	转移生产技术的难度加大。 只有找到满意且值得信赖的制造商，才可以进行协议制造，而要找到这样的制造商并非易事。 需要经常对当地工厂的职员进行大量技术培训。 在协议到期时，次立协议者可能发展成对其构成威胁的强大竞争者。 虽然企业不接受不合格产品，以示惩罚，但其很难控制或保证生产质量。 如果在发展中国家进行产品生产，可能遭遇供应限制。
许可证经营（从许可方的角度来看）	由于产品的研发成本较大，增加了已研发产品的收益。 针对高税率、高进口配额等，可以进入封闭市场。 提供了制造商靠近消费者市场的可行选择。 不需太多资本投资，动用资金的回报率高。 如果许可方可以销售其他产品或部件给被许可方，可能会创造有价值的衍生产品。 如果这些部件用于当地生产的产品或机械设备，在进口时也会享受关税优惠。 许可方置身于资产国有化或征收的危险之外。 由于不需太多资金，可以促进新产品在全球范围内开发，抢占市场先机。 借助被许可方在当地市场的营销和分配组织以及现有销售途径，许可方可以直接从中受益。	在契约有效期内，许可方让出一部分销售领域给被许可方。如果被许可方在该领域没有达到预期业绩，此时双方再重新协商，成本会比较高。 当特许权协议到期的时候，许可方发现他或她已经在前任被许可方建立了竞争对手。 被许可方在营销或其他管理活动中表现出的能力可能不尽人意。利润低于成本。 即使被许可方实现双方约定的最低销售额，也可能没有完全开发市场潜力，使竞争对手有机可乘。在这种情况下，许可方失去对营销运作的控制。 被许可方可能面临资金短缺的困境，尤其当为了维持某个项目，工厂进行大规模扩张或资本注入。当许可方通过合作伙伴关系获取足够的资本进行业务拓展，这个困境也可以转化成优势，许可费一般只占营业额的很小

续表

中间商进入模式	优点	缺点
	保护专利权，尤其是对外来产品保护不足的国家，更是加强专利权的保护。 在当地进行生产，也有利于获取政府合同。	一部分，大约 5%，与企业自身制造运作相比相形见绌。 缺少对被许可方经营的控制。 实现产品质量控制难度较大，很多时候产品以许可方的品牌进行销售。 与被许可方或当地政府的沟通协商成本昂贵。 政府经常对使用费转移或零部件供应施加条件。
特许经营 （从特许方角度来看）	与许可经营相比，控制度高。风险系数小，进入模式成本低（被特许方只需投入必要的设备和专业技术）。 可以选择工作积极性高、有资本、了解当地市场情况、具备相关经验的业务联系人。 有能力开发距离较远的新国际市场，与其他方式相比，开发速度快且市场规模大。 在与全球消费者做交易的过程中创造了规模经济。 为未来向国外市场直接投资开创了先导。	无法完全控制被特许方的运作，导致合作、沟通、质量控制等方面出现问题。 国际公认的独特综合性产品和服务的研发和营销成本。 保护商业信誉和商标的成本。 地方立法带来的问题，如资金转移、特许经营费的支付和政府对特许经营协议的限制等。 内部商业信息的共享可能导致以后出现潜在的竞争对手。 如果某些被特许方表现不佳（搭最有价值品牌的"顺风车"），可能会破坏公司的国际形象和信誉。
合资企业（从母公司的角度来看）	可以了解当地市场的状况和客户群。 合资企业的每个参与方都可以共享其他参与方的技术和资源。一般而言，国际合作伙伴投入金融资源、技术或产品。当地合作伙伴提供在该国管理运营的技巧和知识。 在企业核心竞争力所在的价值链中，每个合作方都履行自己的职责。 降低市场和政治风险。 共享知识和资源：与全资子公司相比，不需投入太多资金和管理资源。 联营技能和资源创造了规模经济（可以降低营销成本等）。 克服东道国政府的限制。 可以避免当地关税和非关税壁垒。 共同承担倒闭风险。 与收购方式相比，成本较低。 在当地寻找合作伙伴，有利于与当地政府建立良好关系（克服东道国对当地参与的压力）。	合作伙伴各自追求的目标不同，可能导致冲突。 不同合作伙伴对合资企业的贡献不成比例。 无法控制国外运营情况。与监理合资企业相比，通过大量投入金融、技术或管理资源的方式，比更有利于加大控制力度。 为了实现目标。公司职员可能需要超负荷工作。 合作伙伴可能受困于长期投资，无法脱身。 当产品在合作伙伴之间流通时，可能导致定价转移问题。 随着时间的流逝，合资企业对每一个合作伙伴的重要性可能产生变化。 文化差异可能导致合作伙伴之间存在不同的管理文化。 丧失灵活性和机密性。 产生管理结构和双重母公司人力资源的问题。 裙带关系可能是已制定的规范。

续表

中间商进入模式	优点	缺点
管理契约（从立契约者角度来看）	如果通过直接投资或出口的方式比较冒险（在商业或政治方面），这种替代方式比较实际。 和其他中间商进入模式一样，管理契约可能与国外市场中的其他运营方式联系在一起。 允许公司保持市场介入，所以可以更好地定位，以便开发潜在机会。 组织学习：如果公司处于国际化发展的初期阶段，管理契约可能提供高效的国外市场和国际业务学习方式。	培训未来的竞争对手：管理转让打包的最后结果，可能为立契约者创造了竞争对手。 大量需求主要管理人员。这种职员数量少，尤其对中小企业而言更难找到。 在当地建立通信线路需要投入大量努力和精力。 立契约者和当地政府在合作契约政策方面可能出现冲突。 控制力度很小，限制了立契约者发展企业能力的潜力。

表 9.4　不同层次进入模式的优缺点

层次进入模式	优点	缺点
国内销售代理	与独立中间商相比，国内销售代理可以更好地控制销售活动。 与靠近产地国的国外市场中的大客户保持密切联系。	差旅费高。 国外市场远离产地国，花费高。
国外销售子公司、分支或销售以及生产子公司	可以完全控制经营。 排除国内合作者"搭顺风车"的可能性。 市场准入（销售子公司）。 直接获取市场信息（销售子公司）。 减少运输成本（生产子公司）。 减免关税（生产子公司）。 获取原材料和劳动力（生产子公司）。	创办资本投资大（子公司）。 丧失灵活性。 风险系数大（市场、政治和经济方面）。 纳税问题。
区域中心/跨国组织	在某区域或全球实现潜在协作。 实现区域或全球范围内的效益。 可以在全球范围内进行学习。 资源和人力资源灵活性高，可以在全球范围内随意支配。	促使官僚之风高涨。 国家层面的响应有限，灵活性不足。 全国经理认为他或她没有影响力。 总部和区域中心缺乏沟通。

续表

层次进入模式	优点	缺点
收购	可以快速进入新市场。 可以快速获取： ·经销渠道； ·高质量的劳动力； ·现有的管理经验； ·当地市场信息； ·建立与当地市场和政府之间的关系； ·已建立的商标或商业声誉。	这种方式成本昂贵。 风险系数大（接手那些被视为属于国家遗产的公司会招致全国人民的普遍不满，他们会认为这些公司被外资收购）。 现有经营运作缺少一体化。
绿地投资	可能以"最佳"格式建立，例如采用满足企业利益的方式（例如实现生产与国内生产的一体化）。 可能融入尖端技术（从而提高运营效率）。	投资成本高。 进入新市场的时间长（费时的过程）。

案例研究 9.1

莱肖尔姆赤道威士忌（Lysholm Linie Aquavit）：威士忌的国际营销

挪威烈酒制造商阿克斯集团（Arcus Group）（www.arcus.no）销售莱肖尔姆赤道威士忌。2010 年，其销售额达 16 亿挪威克朗（2.12 亿欧元），净利润达 1.32 亿挪威克朗，拥有员工 450 人。阿克斯约一半的销售额来自挪威之外的市场。

威士忌，翻译为"生活之水"（water of life），一种颜色微黄或无色的酒精液体，产自斯堪的纳维亚（Scandinavian）国家，通过再蒸馏粮食或马铃薯等中性酒精并用葛缕子籽调味的方式制成。通常被用作开胃酒。

不同威士忌的酒精含量不同，但是最低也有 37.5％。多数酒含 40％左右的酒精，莱肖尔姆赤道威士忌的酒精含量是 41.5％。[莱肖尔姆是位于特隆赫姆市（Trondheim）一个酿酒厂的名字，也是莱肖尔姆酿制的地方，所以起名"赤道威士忌"（Linie Aquavit）]

威士忌的起源

威士忌最初出现在药用领域，但是从 18 世纪开始，斯堪的纳维亚国家的人们普遍开始使用初蒸馏器。

若想区分威士忌和流行于北方的其他烈性酒，你会发现威士忌的定义很难理解。例如，术语"杜松子酒"（schnapps）被广泛用于德国、瑞典和斯堪的纳维亚（丹麦语念"snaps"），用来表示任何类型的中性烈酒（有味或无味）。还有术语"brannvin"，它同样用于瑞典。（就像荷兰单词"brandewijn"，我们据此得出单词"brandy"，意思是烧酒。）1879 年，著名的瑞典伏特加品牌"绝对"（Absolut）进入市场，当时被称为"Absolut Renat Bann-vin"（即绝对纯净的伏特加酒），翻译成"绝对纯杜松子酒"（absolutely pure schnapps），据说这种酒经过 10 次蒸馏过程。然而，1979 年瑞典政府酒精垄断者将"绝对"作为国际品牌投向市场，并为其注册商标"伏特加酒"（vodka）。

酿制"赤道威士忌"

葛缕子是酿制威士忌最重要的香草，但是不同牌子的香草比例不同。赤道威士忌源自混合了香料和草药汁的挪威马铃薯酒精，主料是葛缕子和茴香。酒精和香草充分混合后，将威士忌倒进容量为 500 公升的橡木桶。挪威专家专门到西班牙，从多年用于生产奥罗索雪莉酒（Oloroso sherry）的橡木桶中挑选最好的。挑选西班牙雪莉桶的原因在于，这种桶可以去除液体中未加工和易挥发的成分。威士忌带有贵族色调，残留的雪莉酒则带有淡淡的清香。

目前，人们提出各种理论，解释了赤道威士忌和乔真·B. 莱肖尔姆（Jørgen B. Ly-sholm）背后的人如何想到将威士忌装在西班牙雪莉桶中，并通过海运送到世界各地，用这种方式赋予其独特的味道。19 世纪初期，该公司打算将威士忌出口到西欧，但是当时装货的船"特隆赫姆的证明"（Trondheim's Prøve）又原封不动地把所有威士忌运了回来。也就是那一次，他们发现远洋航行和特殊的储存方式对威士忌的好处：旅途时间长短、旅途中持续的轻轻晃动以及甲板上气温的变化，都有助于形成赤道威士忌独特的味道。最后，莱肖尔姆将这一成熟的方法商业化，并一直沿用至今。

挪威一家历史悠久的船公司是赤道威士忌稳定的海运合作伙伴。1927 年，华轮威尔森（Wilhelmsen）第一次载着赤道威士忌启航。从此华轮威尔森成为这一著名产品的唯一指定船公司。开船前，酒桶被特殊设计的栅栏牢牢固定在集装箱内，并且在整个航行过程中都放在甲板上。该船从挪威出发，两次横跨赤道（或线，水手们更喜欢称之为线），历时四个半月，抵达澳大利亚。实际上，在每个酒瓶的背面都标有船名以及这条船首次横跨赤道的日期。

赤道威士忌和维京伏特加的国际销售

阿克斯公司是挪威烈性酒的独家制造商，也是赤道威士忌的制造商。这家公司也把各国生产的烈性酒装进瓶中，并进口一系列瓶装葡萄酒。阿克斯公司占市场份额的 30%，是挪威葡萄酒和烈性酒市场的领头羊。

当地威士忌品牌在国际威士忌市场（主要是瑞典、挪威、丹麦、德国和美国）占主要地位（除了美国）。目前，赤道威士忌占挪威市场份额的 20%，是该市场的领军者；占丹麦和瑞典市场份额的 5%。赤道威士忌最重要的出口市场是德国，在与"Malteserkreutz"和"Bommerlunde"等品牌的竞争中抢占 10% 的威士忌市场份额。

阿克斯公司在瑞典建立了子公司，但在其他国家只采用出口模式（基于外国的中间商）。

2009 年之前，德国百人城销售赤道威士忌。2009 年 4 月之后，阿克斯选择 Rocke Eggers & Franke［位于德国不莱梅港市（Bremen）］为德国经销商，该公司是位于德国美因茨

（Mainz）的 Racke GmbH＋Co. KG 的子公司。Racke 为德国乃至整个欧洲提供了种类繁多的烈性酒品牌，尤其对零售商和饭店、宾馆以及餐饮业而言。2009 年，德国赤道威士忌销售量达 75 万瓶，在未来三年的销售目标是冲破 100 万瓶。在与 Racke 的合作经销下，阿克斯希望提高赤道威士忌在德国南部和整体贸易（酒吧、饭店和宾馆）的市场地位，这一部分是迄今为止赤道威士忌相对比较薄弱的环节。

赤道威士忌一直是挪威的国酒，也是阿克斯系列产品中的王牌产品。然而，阿克斯有 80 多年供应和生产烈性酒以及葡萄酒的经验，其产品系列种类繁多，包括国际高端品牌 Vikingfjord 伏特加。虽然美国市场通常被看作全球伏特加竞争最激烈的市场，但 2008 年 Vikingfjord 伏特加销售增长了约 30％，在几年内成为八大伏特加进口品牌之一。

资料来源：www. arcus. no；《2010 年阿克斯财务报告》。

问题：

1. 与其他进入模式相比，阿克斯采用出口模式销售赤道威士忌的优缺点分别是什么？
2. 在新的市场，阿克斯为赤道威士忌选择新经销商或合作伙伴的主要标准是什么？
3. 赤道威士忌可以追求国际品牌战略吗？
4. 美国市场的主要品牌是哪一个：赤道威士忌还是 Vikingfjord 伏加特？

更多练习和案例请登录本书网站 www. pearsoned. uk/hollenson。

讨论问题

1. 为什么出口通常被看作进入国外市场的最简单方式并因此备受中小企业的青睐？
2. 企业在选择经销商时应该按照什么程序？
3. 为什么很难从金融或法律上终止与海外中间商的关系？应该怎么做才能预防或尽量减少此类难题的发生？
4. 直接和间接出口的区别是什么？
5. 探讨激发国外经销商积极性的财政和定价方法。
6. 出口商应该在国外市场实现的营销任务是什么？中间商的营销任务又是什么？
7. 载体和骑手如何从背负式安排中收益？
8. 讨论"当向某市场出口时，只有你选择的中间商有销售业绩，你才会有销售业绩"。
9. 为什么东道国喜欢将建立合资企业作为其进入国外企业的一种进入战略？
10. 为什么通过建立战略联盟来进行新产品开发？
11. 在什么情况下应该考虑特许经营？选择特许经营还是许可证经营

的情况又有什么不同？

12. 你认为，对一家公司而言许可证经营是一种切实可行且长期的产品研发战略吗？与内部产品研发对比并讨论。

13. 为什么一家企业会考虑与竞争对手建立合作关系？

14. 除了管理费，企业进入国外管理协议还有什么好处？

15. 如何判断某一项国外直接投资活动成功了还是失败了？有什么标准？

16. 企业决定在国外建立制造设施的主要动机是什么？

17. 建立国外全资子公司，对中小企业而言是合适的国外市场发展渠道吗？

18. 在某一地区指定"带头国家"这一行为背后的理念是什么？

参考文献

Baaij, M., van den Berghe, D., van den Bosch, F. and Volberda, H. (2005) "Rotterdam or anywhere: relocating corporate HQ", *Business Strategy Review*, Summer, pp. 45-48.

Barkema, H. G., Bell, J. and Pennings, J. M. (1996) "Foreign entry, cultural barriers and learning", *Strategic Management Journal*, 17, pp. 151-166.

Benito, G. (1996) "Why are subsidiaries divested? A conceptual framework", Working Paper No. 3793, Institute of International Economics and Management, Copenhagen Business School.

Benito, G. R. G. (1997) "Why are foreign subsidiaries divested? A conceptual framework", in Björkman, I. and Forsgren, M. (eds) *The Nature of the International Firm*, Handelshøjskolens Forlag/Copenhagen Business School Press.

Bleeke, J. and Ernst, D. (1994) *Collaborating to Compete: Using Strategic Alliances and Acquisitions in the Global Marketplace*, New York: John Wiley.

Boddewyn, J. J. (1979) "Foreign divestment: magnitude and factors", *Journal of International Business Studies*, 10, pp. 21-27.

Bradley, F. (1995) *International Marketing Strategy* (2nd edn), Hemel Hempstead: Prentice Hall.

Buck, T., Liu, X. and Ott, U. (2010) "Long-term orientation and international joint venture strategies in modern China", *International Business Review*, 19, pp. 223-34.

Doherty, A. M. (2009) "Market and partner selection processes in international retail franchising", *Journal of Business Research*, 62, pp. 528-534.

Doherty, A. M. and Alexander, N. (2006) "Power and Control in International Retail Franchising", *European Journal of Management*, 40 (11/12), pp. 1292-1316.

Gibbs, R. (2005) "How to measure and master mindshare", *The Routes to Market - Journal* (www. viaint. com), June, pp. 2-5.

Harrigan, K. R. (2003) *Jouit Ventures, Alliances and Corporate Strategy*, MD: Beard Books/Beard Group, Inc..

Hennert, J.-F., Zeng, M. (2005) "Structural determinants of joint venture performance", *European Management Review*, 2, pp. 105-115.

Hotopf, M. (2005) "Winning partner mindshare", *The Routes to Market - Journal* (www. viaint. com), February, pp. 13-16.

Lasserre, P. (1995) "Corporate strategies for the Asia Pacific region", *Long Range Planning*, 28 (1), pp. 13-30.

Lasserre, P. (1996) "Regional headquarters: the spearhead for Asian Pacific markets", *Long Range Planning*, 29 (1), pp. 30-37.

Lorange, P. and Roos, J. (1995) *Strategiske allianser i globale strategier*, Oslo: Norges Eksportråd.

Lowe, J. and Crawford, N. (1984) *Technology Licensing and the Small Firm*, Aldershot : Gower.

Luostarinen, R. and Welch, L. (1990) *International Business Operations*, Helsinki: Helsinki School of Economics.

Nanda, A. and Williamson, P. J. (1995) "Use joint ventures to ease the pain of restructuring", *Harvard Business Review*, November-December, pp. 119-128.

Okoroafo, S. C. (1994) "Implementing international countertrade: a dyadic approach", *Industrial Marketing Management*, 23, pp. 229-234.

Oviatt, B. M. and McDougall, P. P. (1994) "Toward a theory of international new ventures", *Journal of International Business Studies*, 25 (1), pp. 45-64.

Perkins, J. S. (1987) "How licensing and franchising differ", *Les Nouvelles*, 22 (4), pp. 155-158.

Perlmutter, H. (1969) "The torturous evolution of multinational corporations", *Columbia Journal of World Business*, January-February, pp. 9-18.

Porter, M. E. and Fuller, M. B. (1986) "Coalition and global strategy", in Porter, M. E. (ed.), *Competition in Global Strategies*, MA: Harvard Business School Press.

Raffée, H. and Kreutzer, R. (1989) "Organizational dimensions of global marketing", *European Journal of Marketing*, 23 (5), pp. 43-57.

Root, F. R. (1987) *Entry Strategies for International Markets*, Lexington, MA: Lexington Books.

Root, F. R. (1998) *Entry Strategies for International Markets*; revised and expanded edition, Lexington, MA: The New Lexington Press.

Ross, W. T., Dalsace, F. and Anderson, E. (2005) "Should you set up your own sales force or should you outsource it? Pitfalls in the standard analysis", *Business Horizons*, 48, pp. 23-36.

Wahyuni, S., Ghauri, P. N. and Karsten, L. (2007) "Important Factors in strategic alliance development: a study on alliances between Dutch-American companies", *Thunderbird International Business Review*, No. 6, Nov-Dec, pp. 671-687.

Welsh, D. H. B., Alon, I., Falbe, C. M. (2006) "An examination of international retail franchising in emerging markets", *Journal of Small Business Management*, 44 (1), pp. 130-149.

Young, M. N., Ahlstrom, D., Bruton, D. and Rubanik, Y. (2011) "What do firms from transition economies want from their strategic alliance partners?", *Business Horizons*, 54, pp. 163-174.

Young, S., Hamill, J., Wheeler, S. and Davies, J. R. (1989) *International Market Entry and Development*, Hemel Hempstead: Harvester Wheatsheaf/Prentice Hall.

第10章 国际买卖关系

目录

10.1 简介

10.2 国际外包的原因

10.3 次级承包的类型学

10.4 买卖双方的互动

10.5 关系发展

10.6 反向销售：从买方到卖方的主动性

10.7 次级承包商的国际化

示例10.1 日本网络外包的案例：马自达汽车座椅外包案例

10.8 项目出口（总承包合同）

10.9 总结

案例研究

10.1 巴诺书店（Barnes & Noble (BN)）："努克"（Nook）威胁到亚马逊"点燃"（Kindle）在电子阅读器市场的全球领先地位了吗？

讨论问题

参考文献

学习目标

学完本章之后，你应该能做到以下几点：

- 描述垂直链中次级承包商的角色
- 探讨国际外包的原因
- 解释买卖方之间的关系发展
- 讨论外包国际化的可选途径
- 解释全包合同与传统外包的区别

10.1 简介

近期有关次级承包和竞争性研究中，强调了外包的重要性：脱离某个组织的功能或活动。一般而言，外包更高效，除非企业的核心竞争力被视为其成功的核心。所以，问题在于一个组织应该独立履行某些功能（制造）还是从外部寻找（购买）这些活动。如果大企业不断增加外包的价值链功能，将为其承包人——中小企业——提供商业机遇。

次级承包商的定义是：同意按照另一份合同的要求为另一方（总承包商）提供所需的半成品或服务的个人或企业，在该合同中次级承包商不属于其中任何一方。我们发现，根据次级承包商的特点可以将其与其他中小企业区分开，这些特点如下：

- 一般情况下，次级承包商产品不是完成品，属于最终产品的一部分。
- 因为总承包商通常对消费者负责，所以次级承包商与最终消费者之间没有直接联系。

次级承包商在垂直生产链中的地位如图 10.1 所示。

OEM：代表"原始设备制造商"（Original equipment manufacturer），次级供应商的消费者（例如，案例研究 3.2 中的奥托立夫公司是其原始设备制造商——大众或宝马等汽车制造商的安全气囊次级供应商）。

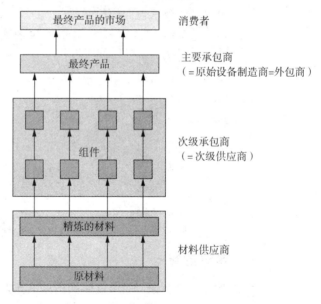

图 10.1 次级承包商在垂直链中的位置

资料来源：引自莱特宁·U（Lehtinen, U.）（1991），第 22 页。

在原始设备制造商（OEM 代表原始设备制造商）合同中，承包商被称为原始设备制造商或"来源"，而零部件供应商被称为原始设备制造商产品的"制造商"（＝次级承包商＝次级供应商）。通常情况下，原始设备制造商合同与其他买卖关系不同，因为前者（承包商）与次级承包商相比具备更强大的议价能力。然而，在基于合作伙伴的买卖关系中，这种能力更趋于相同。次级承包商如果提高其自身谈判能力，也可以继续成为该市场中的主要力量［曹（Cho）和楚（Chu），1994 年］。

本章节剩余部分的结构如图 10.2 所示：

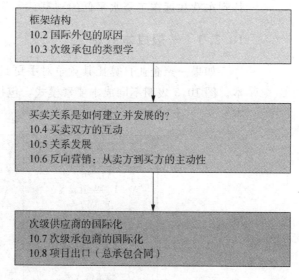

框架结构
10.2 国际外包的原因
10.3 次级承包的类型学

买卖关系是如何建立并发展的？
10.4 买卖双方的互动
10.5 关系发展
10.6 反向营销：从卖方到买方的主动性

次级供应商的国际化
10.7 次级承包商的国际化
10.8 项目出口（总承包合同）

图 10.2　第 10 章结构图

10.2　国际外包的原因

越来越多的国际企业选择从国际次级承包商购买配件、半成品部件和其他物资。很多原因使得买方（承包商）离不开供应商，所以造成了次级承包商的竞争。

10.2.1　专注于内部核心竞争力

承包商希望将管理实践和努力更多的投入核心商业活动中，以便充分利用内部技巧和资源。但是，在组织内部寻找技术娴熟的职员也并非易事。

10.2.2　更低的产品或生产成本

就这一点而言，共有两个选择外包的深层原因：

1. 规模经济。在很多情况下，次级承包商为不同的消费者生产类似的部件，与此同时，借助于经验曲线，次级承包商降低了每单位的生产成本。

2. 较低的工资成本。由于国内产生的劳动力成本，使得内部运营不划算，从而促进了国际外包的发展。例如，在服装制造业中，其80%的劳动力成本产生于缝制阶段。如果是不同大小服装的短期生产运营，其机械化程度必然低。此外，每次运行都需要调整模具，相对而言是劳动密集型生产［希伯特（Hibbert），1993年］。所以，大部分劳动密集型服装生产转移到东欧和远东工资水平低的国家。

10.2.3 一般成本效率

如果一家企业打算比其竞争对手更具备成本效率，必须尽量降低总成本。图10.3表明不同成本要素模式，包括从材料基本价格到最终消费者成本。

图10.3 总成本或价值层次模式

资料来源：商业物流期刊（Journal of Business Logistics），作者J. L. 卡维纳图（J. L. Cavihato），版权©1992归供应链管理专家委员会（Council of Supply Chain Management Professionals）所有，转载经约翰威立国际出版公司（John Wiley & Sons, Inc.）批准。

供应链的每一个组成部分都是外包的潜在候选人。质量成本、库存成本（图10.3没有明确指出）和买方——供应商之间的交易成本都是成本的例子，且在每次计算中都应该算在内。然而，其中有些成本不易计算，所以在评估次级承包商的时候很容易被忽视。

例如，次级承包商产品或服务的质量对买方的质量而言至关重要。然而，这不仅仅是产品或服务质量的问题。发货过程中的质量状况同样对买方的表现产生很大影响。交货期的不确定性会影响买方的库存投资和成本效率，导致买方自身交货期的延迟。所以买方给最终消费者的交货时间取决于次级承包商以及发货情况。组件和零部件成本也很重要，这两者的成本在设计阶段已经基本确定。所以，在这一阶段买卖双方之间如果能保持密切合作，有利于极大地减少生产和分配成本。

10.2.4 提高了创新潜力

基于对组件更深入的理解，次级承包商提出创新理念。次级承包商的其他消费者也可以提出新的创新理念。

10.2.5 波动需求

如果主要承包商面临波动需求层次、外部不确定性和短产品生命周期，可以将部分风险和库存管理转移给次级承包商，从而节省成本，实现更好的预算管理。

最后应该提及的是，当从国外外购时，汇率波动非常重要，尤其从签订合同到付款这一段时间的汇率波动更为重要。如果主要承包商的货币比某特定国家坚挺，会促使主要承包商从该国购买。

总之，价格是选择（国际）外包的一个重要原因，但越来越多的主要承包商将与关键次级承包商之间的合作视为购买企业竞争力和盈利能力的有利因素。

10.3 次级承包的类型学

一般而言，次级承包商的定义是：企业的日常生产取决于另一家企业（主要承包商）的规格要求。各种各样次级承包关系的出现，需要更加差异化的类型学。

图 10.4 表明基于承包商——次级承包商之间差异的次级承包商类型学。类型学说明所需协作和需要解决的任务复杂性之间的互动。

- 标准次级承包。规模经济一般在全球市场的标准化产品中运营，这种情况下不需要适应特定消费者。
- 简单的次级承包。因为承包商指定了贡献标准，所以信息交换很简单，一般而言，承包商的内部能力是其面对的主要竞争对手。
- 扩充次级承包。双方之间若存在某些相互专业化，退出成本更高。这样的话，单一承包（一个供货商提供一种产品或组件）可能代替多方外包（多个供货商提供同一种产品或组件）。
- 战略发展次级承包。这一点对承包商而言很重要。次级承包商在承包商的价值链关键能力中占有重要地位。承包商的长期规划离不开次级承包商，并且与次级承包商通过沟通进行活动合作。

● 基于合作伙伴的次级承包。这种关系建立在双方强烈的共同战略价值和相互依赖的基础之上。次级承包商在相当大的程度上参与了承包商的研发活动。

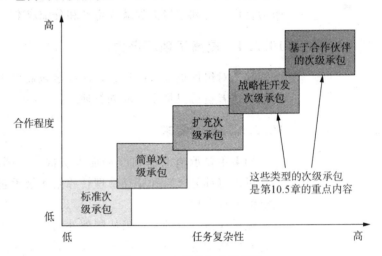

图 10.4　次级承包的类型学

资料来源：摘自布兰克，P.（Blenker, P.）和克里斯坦森，P.R.（Christensen, P.R.）（1994 年）。

不同类型的次级承包商之间有部分重叠，在特定关系中，如果想把一个次级承包商放在某种类型学中并非易事。首先，根据任务的复杂性，主要承包商可能选择标准次级承包商和基于合作伙伴的次级承包商。同样地，一个次级承包商可能扮演图 10.4 中的多种角色，但是一次只能扮演一个角色。

10.4　买卖双方的互动

一般而言，次级承包的定义如下：一家企业按照另一家企业的日常规范进行生产活动。越来越多的外包活动参与到价值链的研究与开发、设计和其他职责。所以，在一段时间内，如果简单交易（所谓的插曲）重复进行，可能会演化成买卖关系。

互动论起源于瑞典，后来一群志同道合的研究者共同成立小鬼集团（IMP Group），将其研究建立在互动模型的基础上，此理论传播到法国、英国、意大利和德国（图 10.5）。

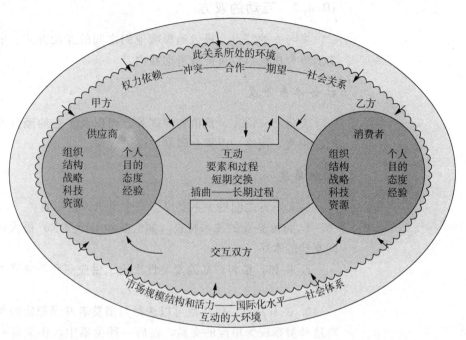

图 10.5　买卖双方的互动

资料来源：特恩布尔，P. W.（Turnbul, P. W.）和瓦拉，J. P.（Valla, J. P.）（1986 年），经英国泰勒圣弗朗西斯出版公司（Taylor and Francis Books）批准转载。

互动模型有四个基本要素：

1. 互动过程，这一过程描述了两个组织之间的交易，也包括一定时期内的发展和演化。

2. 互动过程的参与者，即互动过程中供应商和消费者的特点。

3. 影响互动和被互动所影响的环境。

4. 互动发生的环境。

10.4.1　互动的过程

分析互动过程时，可以从长期和短期两个角度分析。这种关系通过一系列使其制度化或使其不稳定的插曲或事件得以发展，并建立在互动两家企业所进行的评估基础之上。根据不同的交易方式，这些插曲可能不同：商业交易、发货带来的危机时期、价格争议、新产品研发阶段等。

通过与供应商的社会交流，消费者减少了决策的不确定性。随着时间的推移和相互适应，出现了关系专用性经营模式，在危机来临时作为缓冲装置。经营模式采用的形式包括特殊程序、相互发展、个人之间的沟通方式和或多或少的隐性规则。这些规则在过去的交易中得以修改，并为未来的交易建立框架。

10.4.2　互动的双方

参与方的特点会极大地影响他们之间的互动方式。三种不同等级的买卖双方分析视角也可能被考虑在内。

社会体系角度

文化——语言、价值和惯例等方面以及企业的经营模式影响参与方之间的距离，而这一距离会限制或促进合作。

组织角度

买卖双方之间的关系受以下三个组织因素影响：

1. 每家企业的技术特点（如产品和生产技术）极大地影响两家企业之间互动的本质。

2. 例如，销售产品的复杂性决定了供应商和消费者之间互动的本质和密度。

3. 关系特点：供应商可以选择与消费者发展稳定的关系，或者供应商将这种关系视为单纯的交易，在后一种关系中，供应商一般与消费者进行"一次性"交易，增加了销售额但没有进一步交易。

个人角度

个人特点、目地和经验会影响社会交换和联系方式，并最终影响到供应商——消费者互动的发展。

10.4.3　关系环境

环境是两家企业之间形成的"气候"。描述这一环境时，可以从权力依赖、合作——冲突和信任——机会主义以及理解和社会距离方面考虑。环境定义的中心在于对供应商——消费者关系的理解。在关键的账户管理案例中，环境发挥了特别重要的作用。当买方和卖方相互接近时，市场交易从单一交易变为一种关系。表 10.1 和图 10.6 描述了这两种情况的深层次特点。

表 10.1　市场交换理解

	交易	关系
目标	进行销售（销售是最终的结果和成功的措施）；满足顾客的需求（顾客的购买价值）。	创建一个客户（销售是关系的开始）；客户整合（互动价值生成）。

	交易	关系
消费者理解	匿名用户；独立的买方和卖方。	了解客户；相互依存的买方和卖方。
营销人员的任务和性能标准	产品和价格基础上的评估；获得新客户。	解决问题能力基础上的评估；重点是现有用户的价值提升。
交换核心方面		

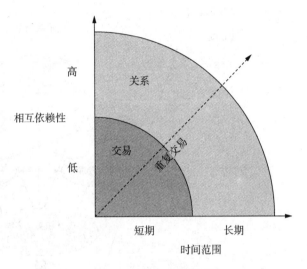

图 10.6　市场交易理解

资料来源：于特纳，U. （Jüttner, U.）和威利，H. P. （Wehrli, H. P.）（1994 年）。出版经英国翡翠出版集团（Emerald Publishing Ltd.）（网址：www.emeraldinsight.com）许可。

10.4.4　互动环境

供应商——消费者关系处于一般宏观环境中，这种环境会影响到双方的性质。政治经济环境、文化社会环境、市场结构、市场国际化和市场活力（发展和创新率）等分析方面一般会被考虑在内。

10.5　关系发展

两家企业关系的开始、成长和发展或失败和人与人之间的关系类似。关系的发展分为五阶段模式：认知、探索、扩张、承诺和解散，如图 10.7 所示。

图 10.7 表明买方和卖方（分属不同的国家和文化）之间的初始心理距离，这一距离受买卖双方心理特征、企业组织文化和企业所在国家和行业

文化的影响。例如，如果进入心理距离远的市场，该企业会感受到两个国家巨大的差异，带来很多不确定性（马格努松和泊伊尔，2009年；索萨和拉热斯，2011年）。由于对该市场认识的严重不足，为了减少心理距离，企业需要投入更多的资源进行研究和规划。图 10.7 也表明关系初期的初始心理距离 1 通过双方互动过程减少到心理距离 2。然而，这种关系不会一直持续下去。合作伙伴可能"相互分离"，彼此之间的心里距离可能增加到距离 3。如果互动关系中的这一问题没有解决，可能导致"离婚"。

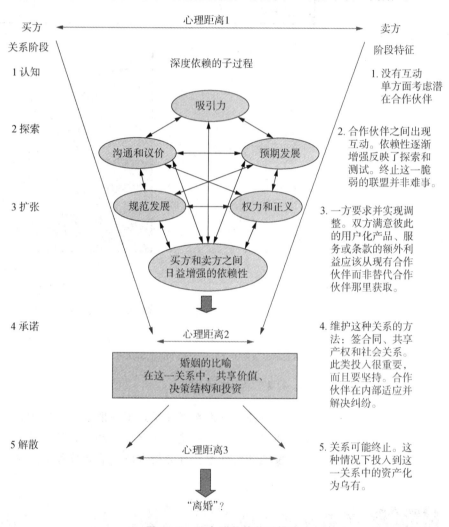

图 10.7　五个阶段的关系模式

在这种框架结构中，我们可以很容易将一种市场关系看做买方和卖方之间的婚姻（解散阶段被视为"离婚"）。婚姻的比喻说明商业关系包括组织间的关系，当然也包括人际关系［玛萨斯（Mouzas）等人，2007年］。德维尔（Dwyer）等人（1987年）将这一关系中的第一阶段成为"认知"，即合作伙伴将彼此视为潜在合作伙伴。换句话说，他们合并了合作和选择合作伙伴的决策。在合作初期，两类决策同时存在，但很难界定确切的时间顺序。

中小企业的决策过程具有活力，因为中小企业可能第一个发现潜在的合作伙伴（可能是一见钟情），然后决定合作。然而，如果企业寻求关键标准，可能更有利于这一选择过程［坎特（Kanter，1994 年）］。

婚姻的比喻（The marriage metaphor）：减少心理距离＋增加买卖双方的相互依赖性＝共享这一关系中的价值和投资。

1. 自我分析。当合作伙伴对自身和所在行业有一个清晰的认识，而且理解变化莫测的行业情况后决定寻找联盟，买卖关系会有一个好的开端。如果主管经验丰富，能够正确评估潜在合作伙伴，对买卖关系也有帮助。第一印象"形象好"不会轻易吸引企业？

2. 化学反应。强调商业关系中的个人方面，并不是否认健全的金融和战略分析的重要性。但是成功的关系一般建立在高级主管融洽的人际关系之上。其中涉及个人和社会利益。对高语境的国家而言，管理者的利益、承诺和尊重具有特别重要的意义。在中国和其他华人占据主导的亚洲地区，西方国家的总经理应该投入个人时间，对潜在的合作伙伴的决策表示敬意和尊敬。

3. 相容性。求爱期从历史、哲学和战略基础上测试相容性：共同经验、价值和原则以及对未来的期望。当分析师审查财务可行性时，管理者可以对相容性的较抽象方面进行评估。起初的个人关系、哲学和战略相容性以及两家公司高级主管的共同愿景最终都要实现制度化并公布于众（"订婚"）。其他股东参与其中，这时这一关系开始变得失去个人自我感。如果想成功实现一个新联盟"订婚"阶段的成功，必须保持个人和制度之间的平衡。在图 10.7 中的探索阶段，可能出现试验购买，而交易结果为测试其他能力和意愿提供了满意度。此外，电子数据的交换有利于减少打印合同、生产计划、发票等资料昂贵的纸张成本。

探索阶段末期，需要安排"见家长"。来自两家企业的少数领导必须征得其企业的其他人和股东的正式或非正式的同意。每一方如果有其他外部关系，也需要其同意建立这一新关系。

解散阶段（Dissolution phase）："离婚"代表关系的终止。关系终止后，之前投入到这一关系中的资产作废。

当一方（就像探索阶段的例子）履行感知交换义务并充当典范的角色，这一方对其他方的吸引力会随之增加。其他方会更有动力去维护这种关系的动力，特别当出现高级结果时可以缩小交换方的可选择范围。

浪漫的求爱之后，合作伙伴开始生活在一起（"组织家庭"），随即而来的是日复一日的现实生活。在承诺阶段，两方可以通过交易过程达到一定程度的满意，在这个交易过程阻止了其他可以提供类似益处的主要交易合作者（供应商）。买方并没有停止与其他可替换供应商的交易，而且在没有进行持续且频繁的测试前提下意识到可替换供应商的存在。

这一关系的发展描述中暗示了退出的可能性。以下问题可能造成解散阶段：

- 合作过程中出现经营和文化差异。这种差异经常突然出现。在这一阶段，权威、报告和决策类型变得比较引人注目。

- 其他职位的职员可能不具备首席执行官的吸引力。执行主管在很多正式或非正式的场合待在一起。但是其他职员之间没有联系，有时甚至被迫与海外同行共事。
- 在与来自不同文化环境的人共事时，公司中其他等级的职员可能没有总经理那么有远见，经验也没有那么丰富。他们可能不太了解这一关系运行所需的战略环境，只清楚何种运行方式不利于这种关系的运行。
- 来自高层的一两级职员可能反对这种关系并想办法破坏这种关系。这一点对实力强大且独立性较强的商业单位而言更是如此。
- 因为管理者离开自己的职位，造成个人关系的终止，这对合作伙伴关系而言可能是一个潜在危险。

在建立一种关系之前企业必须意识到这些潜在问题，只有这样他们才可以采取措施防止解散阶段的出现。通过共同分析衰减因素的范围和重要性，虽然面临困难，但合作伙伴会更加清楚的意识到维持这一关系的原因。此外，这种意识促使合作伙伴更愿意采取恢复健康的措施，从而防止这种关系解散［塔提嫩（Tähtinen）和瓦蓝德（Vaaland），2006 年］。因此，很多企业允许它们的联盟以最初的形式继续很长时间，而在无法预料的情况下当初的条件会发生变化，有时有利于新的结构。例如，2004 年麦肯锡咨询公司研究表明，超过 70％的公司属于需要重建的主要联盟。麦肯锡咨询公司的结果进一步表明改变其范围的联盟成功率为 79％，而基本保持不变的企业成功率只有 33％。

10.6 反向营销：从卖方到买方的主动性

反向营销描述了采购如何主动区分潜在次级承包商并为合适的合作伙伴提供长期合作的建议。类似的条款是积极购买和买方积极性［奥特森（Ottesen），1995 年］。近年来，买卖双方关系有了很大改变。在传统关系中，买方主动地销售产品，现在则越来越多地被另一种关系所替代，即买方积极寻找可以满足其需求的供应商。

反向营销：买方（和不是传统营销中的卖方）主动需找可以满足其需求的供应商。

如今购买的使用功能发生了很多变化：

- 次级承包商的数量较少。
- 产品生命周期缩短，由此增加了减少市场时间的压力（只是准时）。
- 对次级承包商（零缺陷）的需求升级。此外，企业要求其供应商有保证，并从批准的供应商名单中删除那些不符合要求的企业。

- 不仅仅满足低价的采购。传统目标的长度关系越来越被相互信任、相互依赖和相互受益的长期合作伙伴所代替。

	现有活动	新活动
现有供应商	增加现有活动	开发和增加新活动
新的潜在供应商	代替现有供应商 增加供应商：保证交货	开发没有现有供应商 参与的新活动

图 10.8　供应商发展战略

反向营销战略开始于基础市场调研和反向营销选择评估（如可能的供应商）。在选择供应商之前，企业可能同时分析现有和潜在供应商，以及现有和所需活动（见图 10.8）。

在这一分析的基础上，企业从中选择一系列适合的合作伙伴和供应商，并按照优先次序排列。

10.7　次级承包商的国际化

第 3 章将国际化进程看做学习过程（北欧生态学派）。整体而言，国际化进程是一个渐进的过程。根据这一观点，企业的国际化发展伴随着所掌握管理知识的积累以及不断发展的管理国际事务的能力和倾向。这种思维方式带来的主要结果是，随着企业拥有越来越丰富的经验，其对国外市场的承诺也不断增加。更多的企业信奉这一理论，当然也不乏反对者。

这一模式的主要问题在于其暗示了企业在执行国际化战略时必须遵守确定和机械的道路。有时，企业越过发展链中一个或多个阶段；或者一起停止国际化进程［韦尔奇（Welch）和罗斯德瑞恩（Luostarinen），1988年］。

承包商和次级承包商之间的国际化存在根本性差异。次级承包商的国际化与其消费者紧密相连。次级承包商的概念表明此类企业的战略（包括国际化战略）必须与其合作伙伴——承包商——的战略作为一个整体看待。这也说明次级承包商的国际化没有规律可言，有时会跳跃某个或某些阶段。

安德森（Andersen）等人（1995 年）提出国际化的四种基本路径（请注意有时不同的路径，如路径 2 和路径 3 之间会有跳跃）。

路径 1：跟进国内消费者

如果承包商正在国际市场实现并建立生产单位的国际化，有些次级承包商（如图 10.4 中的标准或简单）可能被当地供应商所代替，因为当地供应商可以提供更便宜的零部件。然而，图 10.4 上半部分中显示的次级承包商以及对承包商有战略价值的次级承包商如果能致力于国外直接投资，那么承包商会保留这些次级承包商。如果要求直接为国外生产单位交货或要求对已出零部件提供售后服务，结果可能是次级承包商建立当地销售处和或生产子公司。在大多数情况下，这种与特定承包商直接相关的国外投资建立在几年内的采购担保基础上（直到回收期已过）。

当家具连锁店宜家家居在北美市场建立后，它拉动了一些位于斯堪的纳维亚且具有战略意义的次级承包商，其中有些也在北美市场建立了子公司。此外，日本汽车制造商也在美国建立了生产单位，并拉动了许多日本次级承包商在美国建立了子公司。

路径2：跨国企业供应链的国际化

发货给跨国企业的一个部门，可能会导致发货给其他部门，或者其网络部分。例如，企业之间进行合并收购，而且为有活力的次级承包商提供新的商业机会。

其中一个例子是法国汽车制造商雷诺和瑞典沃尔沃战略联盟，在这一联盟中，瑞典次级承包商参与到雷诺的次级承包系统，法国次级承包商有机会进入沃尔沃的次级承包系统中［克里斯坦森（Christensen）和林德马克（Lindmark），1993年］。

路径3：国内或国外系统供应商合作的国际化

与其他专业次级承包商合作时，系统供应商可能通过接管整个次级系统的供应商管理，参与到国际系统供应商中（见图10.9）。

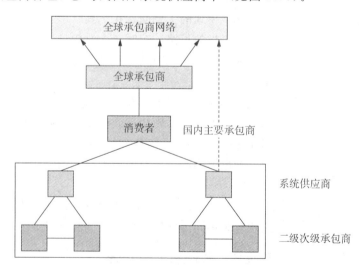

图10.9　系统供应商的可能国际化

系统供应商可以促进次级承包商（二级次级承包商）新图层的发展。通过系统供应商和国内主要承包商的互动，系统供应商可以根据承包商和全球承包商之间的网络或合同使用全球承包商网络（见图10.9中的虚线）。例如，日本汽车座椅供应商日本丰田工厂（国内主要承包商）。这样有助于供应商使用世界其他丰田工厂（全球承包商）以及其全球网络。

在很多情况下，次级承包商之间的合作具有不易转移的隐性信息交换的特点。原因在于整个次级系统一般建立在具备几个领域的能力基础之上，在运用这一能力时必须与隐性知识和沟通相结合。在日本汽车座椅供应商的例子中，为了使其汽车座椅适用于个人汽车型号，系统供应商应该与其次级承包商（如皮革头枕等）联系密切（见示例10.1）。

示例10.1 日本网络外包的案例：马自达座椅外包案例

马自达将其座椅采购承包给两个供货商，分别是Delta Kogyo和东洋座椅公司（the Toyo Seat Company）。目前Delta大约占60%，东洋约占40%。两家公司分别负责生产不同型号的座椅。需要注意的是，每一种座椅（如马自达626座椅）都是单个来源，产品生命周期一般是3~5年，不过总体而言，座椅生产有第二来源。

Delta Kogyo和东洋座椅公司作出非正式的保证，即保证马自达座椅在任何时间一定比例的业务量。这一比例大约占马自达总座椅购买量的1/3。所以每家企业都拥有长期的马自达座椅业务份额。在问及马自达与其供应商的关系时间长短问题时，马自达营销部的那卡米基（Nakamichi）先生说，无论供应商是分支机构、次级承包商还是普通零件供应商，马自达与他们的合作时间都是"不确定的"。此外，最后1/3的座椅业务给了之前销售的汽车型号中生命周期最长的供应商。

这两家座椅制造商在业务上非常依赖马自达。对Delta Kogyo而言，马自达占其总销售额的2/3。此外，这两个供应商都是马自达日式企业联盟（网络），所以会保持定期的直接联系。另外，既然这两个供应商只在占马自达座椅1/3的业务上是竞争对手关系，两方有很大的开放性。因为一方可以提供比马自达本身更好的意见，所以这种开放性有时促使双方合力解决共同或另一方的问题。

然而，两方对马自达座椅剩余的1/3业务展开了激烈的竞争，因为他们知道两方中只有一方每隔3~5年才有机会拿到新汽车型号的订单。这一竞争中最有趣的事情是给谁订单取决于上次合同签署后的业绩表现。竞争区域包括设计能力、管理能力、削减成本进展、质量记录和一方供应商在日式企业联合的支持下或单独场合给其直接竞争对手提供的帮助（这一点可能比较让人诧异）。所以只要一家供应商销售额不低于马自达坐骑总采购量的33%，双方都可以拿到新订单。采用这种方式可以在双方的合作和竞争中制造创新危机。

事实上，当一个供应商几乎完成最低要求的33%业务，马自达一般会使用其自己的工程师，还有可能使用其供应商竞争对手的工程师，以便在共同价值分析或价值工程计划方面帮助实力较弱的供应商。由于两家供应商都不想面对这种窘境，双方都选择勤奋工作以避免以上遭遇——同时也为了加强自身竞争力。

如果两家供应商无利可图，马自达会在很长一段时间内遭受损失，所以马自达作出谨慎的保证——保证双方可以受益。但这并不代表供应商可以从中牟取暴利。销售利润在供应商网络中基本是均衡的，包括马自达自身在内也是如此。在经济衰退时期，马自达及其供应商网络仅仅赚取2%的销售利润。供应商网络成员共进退，这也增加了共同债券和帮助网络中其他成员的意愿。

资料来源：转载经出版商约翰·威利国家出版公司（John Wiley & Sons, Inc.）许可，"网络来源：混合方法"（Network Sourcing: A Hybrid Approach），《供应链管理期刊》（*International Journal of Purchasing and Materials Management*）（前身是《采购和材料管理国际期刊》（*The International Journal of Purchasing arid Materials Management*）），彼特·海恩斯（Peter Hines），1995年3月1日，第17页到第24页。

路径4：独立的国际化

获取生产过程中规模经济的需求促使标准承包商走独立国际化路径。在其他情况下，我们不建议小型次级承包商走独立道路。小型企业资源有限，无法解决独立国际化中的障碍。对这些企业而言，路径3（与其他承包商合作）应该是更为现实的国际化道路。

10.8 项目出口（总承包合同）

本章节主要阐述了工业市场中的采购（次级承包）。尽管次级供应商在向国际工程营销方面与次级供应商在整个工业市场中有很多相似性，但其在项目市场中的特殊营销具备特点。例如，帮助特别供应商进行冗长且官方的次级供应商挑选。

不过，项目出口的次级供应商市场也很国际化，营销地点应该主要选择在主要承包商定居的国家或中心。例如，很多建筑构建活动选择在伦敦进行，这一点同样适用于曾属于大英帝国的那些国家。

项目出口属于很复杂的国际化活动，包括很多市场主体。项目出口的前提条件是出口和进口国家存在科技差距，以及出口商具备进口国家所需要的特定产品和技术知识。

项目出口涉及供应或发货，而供应和发货同时包含软件和硬件。当涉及发货时，就构成了完整的生产买方所需产品和或服务的体系。其中一个例子是在发展中国家建造牛奶场。

硬件是项目供应中有形的、物质的或实物资产的概括性术语。硬件由建筑物、机器、库存、交通设备等构成，在买卖双方报价或签署合同时以图纸、单位清单、描述等形式进行详细说明。

软件是项目供应中无形资产的概括性术语。软件包括专业知识和服务。专业知识包括以下三种：

1. 技术知识，由产品、工艺流程和硬件知识组成。
2. 项目知识，由项目管理、装配和环境知识组成。

项目出口（Project export）： 硬件（如建筑和基础设施）和软件（如技术和工程知识），比如生产冰激凌的工厂。

3. 管理知识，一般而言包括战略和运营管理，特别还包括营销和行政系统。

服务包括与不同应用和批准（环境批准、项目融资，规划许可等）有关的咨询服务和帮助：

- 采购决策除了涉及当地商业利润以外，一般还包括国内和国家发展组织中的决策过程。这说明会有大量人员和官僚主义严重的系统。
- 在谈判期间设计和创建产品，并提出相关要求。
- 从公开需求到采用购买决策一般需要几年的时间，所以营销总成本很大。
- 当项目买方接收该项目后，买卖双方之间的关系结束。然而，通过之前对这一关系的培养，在项目进行中和项目结束后，这一"睡眠"关系可能在下次项目被唤醒［海德吉克哈尼（Hadjikhani），1996 年］。

资助一个项目是买卖双方都需要面对的关键问题。项目的规模和规划所需时间以及实施带来金融需求，这种需求要求使用外部融资。在这一点上可以区分以下主要部分。这些部分起因于项目融资来源上的不同：

- 以世界银行或区域发展银行等跨国组织为融资主要来源的项目。
- 以两边组织为融资主要或基本来源的项目。
- 以政府机构为买方的项目。这种项目在指令性经济中比较常见，其中政府公司扮演买方的角色。然而，自由经济中也有这种项目，比如与社会基础设施或桥梁建造发展有关的项目。
- 个人或企业扮演买方的项目，比如联合利华在越南建造的冰激凌生产工厂。
- 如果是建造新机场等大型项目，众多合作伙伴可能会形成一个联盟，并从中选出"领导企业"，但是每一家企业都会根据其领域特长负责项目的某一部分，如融资、组织、监督和或建造等。

组织出口项目，一方面需要为来自西方国家的不同企业之间建立互动；另一方面也需要为发展中国家的企业和官方建立互动。项目营销的一个前提条件是创建或适应这种能够按照上述条件履行职责的组织。

10.9　总结

这一章从国际化环境的不同角度分析了买卖关系。表 10.2 总结了承包商和次级承包商建立买卖关系后对双方的优势和劣势。

表 10.2　买卖关系的建立对承包商和次级承包商的优势和劣势

	优势	劣势
承包商（买方）	承包商无须投资购买生产设备，所以具有灵活性。与自己生产相比，次级承包商可以用更低的价格（因为劳动力成本更低等原因）购买产品。 承包商可以专注于内部核心竞争力。 可以补充承包商的产品系列。 次级承包商会向承包商提供新的产品创新理念。	无法确定是否可以找到合适的制造商（次级承包商）。外包的稳定性相对而言不如内部操作。承包商对次级承包商活动的控制力较小。 次级承包商可能发展成竞争对手。 外包产品如果出现质量问题，会损害承包商的生意。 对次级承包商的帮助可能会增加整个运营过程的成本。
次级承包商（卖方）	借助于承包商的（特别是与所谓的后起之秀有关的）国际化，可以进入新的出口市场。 通过更高的产能利用率开发规模经济（每单位的成本较低）。 学习承包商的产品技术。 学习承包商的营销实践活动。	为了满足承包商的需求，次级承包商扩大生产能力并同时进行海外销售扩张以及营销活动，可能会增加对承包商的依赖性。

资料来源：基于数字时代研究（Digitimes Research）（www. digitimes. com）。

该项目的出口情况与"正常的"买卖关系是不同的，表现在以下方面：

- 购买决策过程通常涉及国内和国际开发组织，而这往往会导致在次级承包商的选择上存有官僚性质。
- 项目的融资是关键问题。

案例研究 10.1

巴诺书店（Barnes & Noble）（BN）："努克"（Nook）威胁到亚马逊"点燃"（Kindle）在电子阅读器市场的全球领先地位了吗？

　　到 2011 年 2 月，威廉姆·林奇（William Lynch）已担任巴诺书店总裁将近一年了（www. barnesandnoble. com）。或许巴诺公司的股票价格并没有像他希望的那样发展。但终于，巴诺公司推出的新型电子阅读器似乎能够真正对电子书市场的领导者—亚马逊的"点燃"产生威胁了。正如阿维斯在 20 世纪 60 年代断言出租车市场时所说："我们仅是第二名，我们将会更努力。"巴诺公司正在尽一切所能动摇亚马逊的主导地位：推出新型电子阅读器，进行价格促销以及创建巴诺阅读器网上社区，等等。但是这些能够让巴诺位居第一吗？或者这并不是巴诺公司所追求的市场目标？

　　自 2007 年亚马逊点燃推出以来，电子阅读器在美国就盛行起来。虽然第一代点燃的价格高达 399 美元，但还是在短短的时间内销售一空。只要是在有移动服务的地方，热爱读书的人们就能通过点燃不断下载他们喜爱的书籍，这使该产品获得了成功。电子书已经出现多年，但是点燃的尺寸和规格正好符合美国市场的需要，事实证明点燃是一种改变游戏规则的产品。产品的重量为 10 盎司（283 克），屏幕大小为 6 英寸（15 厘米），在用户的手中正合适，电子墨水屏幕看起来足够舒服，适合长时间阅读。亚马逊的成功刺激了其他商家涌入电子阅读器市场。

目前，亚马逊拥有 50％～60％的市场份额，成为电子阅读器行业的领导者。该公司是网上书店零售商的领导者，这公司在该行业中具有先行优势。2010 年夏，为了回应和巴恩斯诺布尔公司"努克"的价格战，亚马逊将"点燃 2"的价格削减至 200 美元以下。现在（2011 年 12 月），两家公司都提供一款专用的电子阅读器，价格在 100 美元以下，试图让产品更易接受，并扩大用户基础。

虽然巴恩斯诺布尔公司和索尼公司推出的新型电子阅读器代表了一个威胁，但苹果公司的"平板电脑"（iPad）被视为是亚马逊点燃生存能力的最大威胁。尽管平板电脑价格相当昂贵，但它有其他电子阅读器不具备的彩色屏幕，而且和传统的电子阅读器相比，它有更多的功能。

巴诺书店的"彩屏努克"

资料来源：雅各·开普勒（Jacob Kepler）/彭博社通过盖蒂图像获取的图片（loomberg via Getty Images）。

巴诺书店的"努克"——简单的主屏阅读器

资料来源：大卫·保罗·莫里斯（David Paul Morris）/彭博社通过盖帝图像获取的图片（loomberg via Getty Images）。

电子书为陷入困境的便携式媒体播放器行业带来了最大的发展机会。许多分析人士怀疑电子书行业的生存能力，尤其是随着 2010 年春平板电脑的问世。彩色的液晶显示屏幕和增添的互动特征让只能提供单色"电子墨水"的电子阅读器面临很大的挑战。

另外，除了读书、看报之外，专门阅读器的功能非常有限，与之相比，平板电脑可以提供除了阅读功能之外的更多功能。平板电脑收到了好评，而且销售量也达到了苹果公司的预期目标，但是点燃及其竞争产品并没有退出。虽然平板电脑在杂志和报纸阅读方面比传统的电子阅读器更加高级，但是点燃及其竞争产品更能给予读者一种读书体验。平板电脑的背光液晶屏可能会让读者几分钟之后感觉眼睛疲劳，而且很难适应门外明亮的光线。快速查阅邮件和阅读报纸文章时眼疲劳是可以接受的，但是对于那些想蜷卧看书的人们来说，是不可取的。尽管平板电脑是"酷的"，但可以说，专门的电子阅读器和电子墨水屏提供了一种更好的阅读体验。

除了电子阅读体验之外，专门的电子阅读器比平板电脑更加轻便，价格也更便宜（平板电脑的定价是 450 美元起）。电子书领导者之间的价格战已经使电子阅读器的价格降至 150 美元，一些只有无线功能的电子阅读器售价仅为 100 美元。价格下降的部分原因是将来电子墨水显示器的平均生产成本每年会下降 15%～20%。

电子书运营模式是一种代理模式，其中出版商制定价格大约在 5～15 美元之间，并获得零售价 70% 的利润，电子书零售商（如巴诺书店）获得售价 30% 的利润。

随着电子书价格即将上涨，美国的电子阅读器市场可能会转变成一种'剃刀和刀片'模式，其中"剃刀"（阅读器）亏本销售，"刀片"（电子书）以高价出售。在这种环境下，制造商需要和出版商，即内容的创造者保持紧密的联系。

虽然电子阅读设备的版式还没有确定，但数字出版将会是一个强劲市场。随着越来越多的消费者倾向于通过电脑屏幕而不是报纸来阅读新闻和娱乐，包括新闻和图书在内的印刷媒体，在过去几年里一直陷入困境。最糟糕的情况是，如果出版行业持续低迷，那么电子阅读器作为图书和杂志零售商的替代品将会持续上升。最好的情况是，通过为消费者阅读书面文字提供纸质书不能提供的即时方便的渠道，电子阅读器能够重新激活出版行业。

早期的黑白电子阅读器只是这个正在成长中的产业的冰山一角。缺少色彩是电子阅读器市场面临的最大威胁之一，因为这限制了它们为图书和报纸提供的内容。比起液晶屏幕，基于光滑的印刷广告和图片传播的杂志能够带来更好的阅读效果。为了解决这一问题，制造商正积极研发彩色的电子墨水屏。

2010 年 11 月，巴恩斯诺布尔书店引进的"彩色努克"是对这一需要的回应。

智能手机因其屏幕小，对专门的电子阅读器来说威胁不大。表 1 显示了电子书阅读器在世界市场中的演变过程。

表 1　电子阅读器在世界市场中的演变

	2008	2009	2010	2011
总的电子阅读器市场（单位：百万）	0.8	2.5	12.0	25.0
市场份额（%）				
亚马逊公司的点燃	80	70	60	50
巴诺书店的努克	—	5	15	20
索尼（Sony）公司的 PRS—350	5	10	10	15

续表

	2008	2009	2010	2011
其他〔如，华唯（Havon），高宝（Kobo）〕	15	15	15	15
总计	100	100	100	100
总的电子阅读器的销量在地理上的分布（%）	2	4	6	16
欧洲	2	4	6	16
北美洲	90	85	82	72
亚洲	4	6	10	10
其他	4	5	2	2
总计	100	100	100	100

资料来源：基于电子时报（Digitimes Research）的调查（www.digitimes.com）。

亚马逊的"点燃"仍然在世界市场中占据主导地位。到现在为止，北美地区（尤其是美国）已经成为电子书阅读器的目标市场。但现在，欧洲和亚洲也正在扩大在世界市场中的份额。

巴诺书店的营销战略

像巴诺书店这样的实体书商已经受到了来自单一网上零售商的威胁，如亚马逊股份有限公司及其不断增加的电子书销量。2010年，随着苹果股份有限公司和谷歌股份有限公司加入到电子书领域，电子书销售的空间变得更加紧张了。

美国最大的书商巴诺书店正在试图改变这种趋势。尽管它最大的传统竞争对手鲍德斯（Borders）已经以破产告终，在此动荡之际，巴诺书店正制订一个可靠的增长计划。与2010年同期相比，几乎整个2011年，全行业的图书销量下降了2.5个百分点。印刷的图书销量下降，而电子书的销量则以每年150%的增长速度急剧上升。巴诺书店正通过下面四种途径大胆迈向这种未来，任何面临混乱局面的公司都可以从中汲取经验教训。

- 与传统业务竞争。巴诺书店没有反电子书潮流而上，而是推出自己的"努克"阅读器来迎接这一不可避免的趋势。其他实体书商提供网上电子书，鲍德斯授权读者从一个名为高宝的外部公司阅读自己的电子书。但是，巴诺书店是唯一的创造自己设备的传统零售商——它并没有以单一的阅读器作为一种防卫措施，而是对那些主要在店内搞促销的不断更新的家庭产品表示不满。该公司快速进入阅读器市场，其电子书市场也上升至第二位，位于亚马逊之后，并且，2010年10月的消费者报告将最新版本的努克（以稀薄的优势）评价为该行业最佳阅读器。
- 专注于目标客户。亚马逊推出"点燃"试图使其产品多样化，"点燃"可以将用户个人电脑中的pdf文件进行转化，而且还有简单的文本注释。巴诺书店推出的"彩屏努克"作为一种主要专注于阅读的设备，它的目标更为实际，但它在处理时尚杂志和儿童读物方面非常突出。该设备在功能、设计和营销方面目标非常明确，以热爱阅读的女性为目标。越是基础的黑白样式，因其大小、重量适中和操作超直观而越受到人们的赞扬。虽然有传言称亚马逊正忙于成熟平板电脑的开发（参见案例 14.1，亚马逊股份有限公司），但是巴诺书店对自己的选择非常谨慎。巴诺书店在热爱阅读的消费者身上下了一个大胆的赌注，而它的巨大对手还没有解决这个问题。

- 坚持不懈地实验。巴诺书店一直是图书销售行业的先驱。它首创先例实行折扣畅销书，发布自己的标题，为作者提供自主出版选择权，创建书店超市，并在公司建立咖啡店。最近，它又成功地销售了玩具和游戏。巴诺书店也犯过一些错误，比如购买道尔顿的商城连锁书店，而道尔顿的书店现在全部都倒闭了。追溯到几世纪之前的图书行业，它会很容易地尝试新的方法，并根据市场反应调整途径。

- 对可能知道的保持谦虚。尽管巴诺书店已经选择了爱好读书的人群为目标市场，但是它没有假装知道他们具体的爱好习惯都有哪些。所有大型零售商都会进行长远的财政预测来评估店址的可行性，但巴诺书店知道，最近它所做的预测一定会异常不确定。通常，它会为书店签订 10 年的租约，但是由于现在 100 多家书店的租约都会每年续约，公司正在协商短期租赁合同，以便它快速关店。有时候，公司因为对模糊的未来进行了清晰的预测而受到赞美，但最勇敢、最真实的预测可能是"我们不知道"。巴诺书店愿意在近期内承担较高的租费，以便在中期为其提供所需的灵活性。

一个企业从实体产品到虚拟商品的转变会经历经营模式的转型。很多公司没有成功转型。陪审团仍不确定巴诺书店能否成功，但是投资商好像愿意相信。

到现在为止，巴诺书店已经将图书销售集中到北美市场（尤其是美国）。巴诺书店正打算将努克打入欧洲市场，但这会需要一段适应时间，就像亚马逊公司通过设计"点燃国际版本"来适应欧洲和亚洲市场一样。

巴诺书店的财政状况

和强大的竞争对手相比，巴诺书店一直处于低利润状态，这使它处于竞争劣势。该公司的毛利润比沃尔玛和亚马逊的高，这表明该公司能够溢价出售它的产品。但是它的营业毛利和净利润非常低，从 2006 年到 2010 年呈下降趋势，这表明其成本费用较高。巴诺书店的营业毛利在 2010 年是 1.3%（见表 2），而沃尔玛和亚马逊当年的营业毛利分别是 5.9% 和 4.6%。和竞争对手亚马逊相比，巴诺书店的固定成本也比较高，这进一步减少了巴诺书店在营收低增长时期的银行储蓄。巴诺公司一半以上的资产属于周转速度较慢的库存，这是图书行业经常遇到的状况。加之较低的营业毛利，这使投入资本很难产生客观的回报。沃尔玛和亚马逊较高的利润能使他们更好地应对价格战，而巴诺公司银行储备少，不能承受营业收入中任何不利的变动。

表2 巴诺公司的财政情况（2006—2010）

	2010	2008	2006
总销量（百万、美元）	5 811	5 122	5 140
营业利润（百万、美元）	73	143	248
营业毛利	0.3	2.8	4.8

资料来源：基于巴诺公司的年度报告。

2011 年年底，公司员工数量约为 38 000 人。尽管销量不断增加，但利润从 2008 年到 2010 年是不断下降的。原因之一可能是销售成本（营销成本）在不断增加，由 2006 年的 354.3 万美元增加到 2010 年 413.4 万美元。这些销售成本包括商品成本、配送中心成本、租金费用以及地区维持费用（巴诺公司财务报告，2010）。

竞争

如表 1 所示，在电子书阅读器市场中最重要的竞争对手就是亚马逊公司。

亚马逊公司

亚马逊是一家上市公司，是美国和世界最大的网上零售商。1995 年，起初该公司是一家网上书店，近几年，公司的产品开始呈现显著的多样化趋势，现在提供的产品种类达 40 余种，包括书籍、音乐、DVDs、家用电子产品、家居用品以及美食。

亚马逊网店的突出特色就是可以编辑顾客评论，看到生产商的产品信息，具有愿望清单、一键购物、广泛的搜索功能，并能够根据个人喜好制定网页。订单可即刻发货，通过一封跟进的电子邮件可以很容易获得包括包裹跟踪信息在内的客户服务。

该公司通过八大国际经营公司继续获得了相当大的国际成功：Amazon.com；Amazon.com.uk；Amazon.com.de；Amazon.co.jp；Amazon.fr；Amazon.at；Amazon.ca 及在中国的 Joyo.com（2007 年，Joyo 正式更名为 Joyo 亚马逊）。

2010 年 1 月，亚马逊推出了"全球无线点燃 DX"（Kindle DX with Global Wireless），这款新型的点燃能够在 100 多个国家提供无线内容传输。该公司通过电子商务网站 amazon.com 和其他国际网站提供多种多样的产品。这种网上交易平台促使亚马逊的库存快速更新，降低了它的库存管理成本，因此，它的商品价格相对较便宜。另外，这种网上零售平台能为顾客提供更多的选择，获得更多的信息，因而能提高客户的满意度。亚马逊在网上零售平台中处于领导地位，这使得它拥有更大的客户基础，并能提高它的营收。

2010 年 8 月 27 日，被人们称为"点燃 3"的新一代电子书阅读器问世。"点燃 3"（提供更加清晰明亮的视觉体验）自上市以来普遍受到好评。

资料来源：基于各种公共资源以及网址 www.barnesandnoble.com。

问题：

作为一名国际市场营销专家，你被要求回答一些关于巴诺书店战略国际化的一些问题。

1. 巴诺书店应该：

(a) 基本上将它的图书销售业务国际化吗？如果是，那么应该投向哪个国际市场？以及如何进入这些目标市场？

(b) 让电子书阅读器努克的销售国际化吗？如果是，那么应该在哪个市场开始销售努克？以及如何进入该目标市场？

2. 一些行业分析人士认为巴诺书店应该在电子书阅读器市场中和一家大型科技公司联盟，对此，你是同意还是反对？

了解更多的练习和案例，请参看本书网址：www. pearsoned. co. uk/hollensen。

讨论问题

1. 促使外包业务逐渐向国际次级承包商转移的原因有哪些？
2. 基于承包商/次级承包商之间的差异，描述一下次级承包商的类型。
3. 解释一下次级承包的主动权由买方到卖房的转移。
4. 解释一下美国和日本的次级供应商体系的主要区别。
5. 在工业市场中，工程出口/全包工程和一般的次级承包有什么不同？
6. 项目出口通常具有一个复杂耗时的决策过程。这对潜在的次级承包商有什么样的市场营销启示？

参考文献

Andersen, P. H., Blenker, P. and Christensen, P. R. (1995) Internationalization of Subcontractors: in Search of a Theoretical Framework, Kolding: The Southern Denmark Business School.

Blenker, P. and Christensen, P. R. (1994) "Interactive strategies in supply chains: a double-edged portfolio approach to SME", Subcontractors Positioning Paper presented at the 8th Nordic Conference on Small Business Research.

Cavinato, J. L. (1992) "A total cost/value model for supply chain competitiveness", Journal of Business Logistics, 13 (2), pp. 285-301.

Cho, Dong-Sung and Chu, Wujin (1994) "Determinants of bargaining power in OEM negotiations", Industrial Marketing Management, 23, pp. 342-355.

Christensen, P. R. and Lindmark, L. (1993) "Location and internationalization of small firms", in Lindquist, L and Persson, L. O. (eds.), Visions and Strategies in European Integration, Berlin/Heidelberg: Springer Verlag.

Dwyer, R. F., Schurr, P. H. and Oh, S. (1987) "Developing buyer-seller relationships", Journal of Marketing, 51, April, pp. 11-27.

Gulati, R., Sytch, M. and Mehrotra, P. (2008) "Breaking up is never easy: planning for exit in a strategic alliance", California Management Review, 50 (4), pp. 147-163.

Hadjikhani, A. (1996) "Project marketing and the management of discontinuity", International Business Review, 5 (3), pp. 319-336.

Hibbert, E. P. (1993) "Global make or buy decisions", Industrial Marketing Management, 22, pp. 67-77.

Hines, P. (2006) "Network sourcing: a hybrid approach", Journal of Supply Chain Management, formerly The International Journal of Purchasing and Materials Management, 5 April, pp. 17-24.

Johanson, J. and Mattson, L. G. (1988) "Internationalization in industrial systems", in Hood, N. and Vahlne, J. E. (eds), Strategies in Global Competition, Beckenham: Croom Helm, pp. 287-314.

Jüttner, U. and Wehrli, H. P. (1994) "Relationship marketing from a value system perspective International" Journal of Service Industry Management, 5, pp. 54-73.

Kanter, R. M. (1994) "Collaborative advantage", Harvard Business Review, July-August, pp. 96-107.

Lehtinen, U. (1991) Alihankintajarjestelma 1990-luvulla [Subcontracting system in the 1990s] Publications of SITRA, 114, Helsinki.

Magnusson, P. and Boyle, B. A. (2009) "A contingency perspective on psychic distance in international channel relationships", Journal of Marketing Channels, 16 (1), pp. 77-99.

Mouzas, S., Henneberg, S. and Naudé, P. (2007) "Trust and reliance in business relationships", European Journal of Marketing, Vol. 41, No. 9/10, pp. 1016-1032.

Ottesen, O. (1995) "Buyer initiative: ignored, but imperative for marketing theory", Working Paper, Department of Business Administration, Norway: Stavanger College.

Sousa, C. M. P. and Lages, L. F. (2011) "The PD scale: a measure of psychic distance and its impact on international marketing strategy", International Marketing Review, 28 (2), pp. 201-222.

Tähtinen, J. and Vaaland, T. (2006) "Business relationships facing the end: why restore them?", Journal of Business & Industrial Marketing, 21 (1), pp. 14-23.

Turnbull, P. W. and Valla, J. P. (1986) Strategies for International Industrial Marketing, London: Croom Helm.

Welch, L. S. and Luostarinen, R. (1988) "Internationalization: evolution of a concept", Journal of General Management, 14 (2), pp. 36-64.

案例研究（Ⅲ.1）

宜家家居（IKEA）：通过在南美市场建立特许经销区扩大市场？

2011 年年初，瑞典家居零售业巨头的创始人英格瓦·坎普拉德（Ingvar Kamprad）担心"他的"公司可能发展得太快了。他曾经赞成迅速扩张，但现在他担心如果经济持续低迷，公司可能会被迫关闭一些商店。另外，宜家家居在几乎所有的世界大陆都积极扩张，但在南美洲却不是很活跃。英格瓦·坎普拉德不知道这个大陆，尤其是巴西能否成为宜家家居一个未来的增长市场。

尽管宜家家居是瑞典最知名的出口商之一，但如果从法律意义上来讲，直到 20 世纪 80 年代早期它才属于瑞典。该商店因为以亚洲的价格提供斯堪的纳维亚（Scandinavian）的设计而出名。它毫无障碍地实现了国际扩张。确实，它的品牌代表干净、绿色，设计具有吸引力并且物有所值，就像在 60 多年的营业中的任何时期一样，今天它的品牌效应依旧是强有力的。

所有的宜家公司和宜家商店的总公司都是英格卡控股有限公司（the Ingka Holding Group）。英格卡控股有限公司（以创建者的名和姓命名）完全隶属于斯地廷英格卡基金会（Stichting Ingka Foundation）。这是一个注册在荷兰，免税的，非营利合法实体。1982 年，英格瓦·坎普拉德入股到该基金会。基础（Stichtingen），或基金会是荷兰非营利组织最常见的形式；成千上万的这种组织是经过注册的。

荷兰的大部分基金会规模都很小，但是如果在斯地廷英格卡基金会上榜上有名，那这个基金会按照市场值则位于荷兰十大公司之列。斯地廷英格卡基金会的主要资产是英格卡控股集团，该集团保守融资，而且盈利能力很强。

评估英格卡控股集团是很尴尬的，因为宜家公司并没有全球经营的直接竞争者。美国一个大型成功的商店产业链占了家居用品销量的五分之一，其目标股价标价是商店最近全年收入的 20 倍。按照这个价格/收入率，英格卡控股集团的市值达到 350 亿欧元。

现在，英格瓦·坎普拉德听说宜家集团的董事会打算准备进一步国际扩张，打入南美市场，因为那里有更多的发展机会。坎普拉德对这些计划深表怀疑，他的私人助理已经向你——一名国际市场营销专家——询问对这些计划的专家意见。

宜家家居——发展历程

宜家瑞典区，创建于 1943 年，是世界最大的家具零售商，专门研究时尚但不昂贵的斯堪的纳维亚风格的家具。1943 年，宜家家居的创始人，来自瑞典阿根娜瑞德（Agunnaryd）的英格瓦·坎普拉德以宜家家居的名字进行注册，宜家是由创始人姓名的首字母（IK）和他长大的农场［艾姆瑞特（Elmtaryd）］的名字——以及村庄［阿根纳瑞德（Agunnaryd）］名字的第一个字母组成。

1958 年，第一个宜家家居商店成立于瑞典的艾尔姆胡尔特市（Älmhult）。然后就开始了国际化进程。

关于宜家家居

自从 1958 年第一家商店在艾尔姆胡尔特市开业以来，宜家公司已经成为世界最大的家具零售商，在 38 个国家拥有 313 家商店（2010），共有职工人数达 127 000 人。该公司因其快速的国际扩张而出名，并且最近在东欧、俄罗斯和亚洲也建立起了商店。2010 年的总收入是 235 亿欧元。

宜家公司在零售行业的成功得益于它在零售市场中的丰富经验，实行产品差异化和成本领导战略。该公司是世界上最成功的跨国零售公司之一，它以家具成套销售，客户在家组装的独特理念实行全球组织经营。

宜家家居总的产品类别大约有 12 000 种。每个商店根据店面的大小在这 12 000 种产品中进行选择，并且核心系列产品全世界都是一样的。

在每个宜家家居经营的国家，宜家家居仅占家具市场的 5%～10%。更重要的是，宜家家居品牌的认知度比公司的规模大小更重要，因为宜家不仅只是一个家居零售商。它销售的是一种全世界客户都接受的斯堪的纳维亚式的生活方式。

宜家家居的经营理念是提供大量设计精良、功能齐全、质量上乘并耐用的家居用品，其售价低廉，大部分人都能够负担得起。公司的目标客户是那些注重价值，并愿意自己动手将家居用品运到家里并进行组装的人群。宜家家居典型的客户是低收入和中等收入家庭的年轻人。

如前所述，宜家的零售业是基于特许经营体系之上的。位于代尔夫特（Delft）（荷兰）的国际宜家系统 B. V 是宜家理念的所有者和特许人。宜家集团是一家企业私人组织，所有权归荷兰的一个慈善机构所有。它积极开发、购买、分配和销售宜家产品。但是宜家家居体验的并不只是产品，而是一种零售理念。至于工作理念，各方面必须全部到位。因此，宜家产品只在国际宜家系统 B. V 授权的宜家商店中销售。但是，大部分全球产品政策（包括产品发展）和全球化市场都集中在瑞典的宜家公司——瑞典分公司。

宜家公司在内部进行一些价值连活动，同时，利用和供应商的关系，结合内部和外部资源来提升效率，促进发展。例如，通过与供应商进行密切互动开发产品，但同时也考虑到涉及的原材料、零件和设备，因为这些资源消耗成本，并对产品的质量、设计和功能产生影响。实际上，除了低成本之外，质量过关、设计具有吸引力和足够的产品功能是宜家公司的主要目标。这些目标诱使公司不断促进产品和科技的发展，这有助于塑造其创新型和时尚型的公司形象，但这在很大程度上取决于公司整个网络供应商的努力。

为了应对这样的任务，宜家公司在市场营销、零售业、物流、购买、产品发展和技术方面需要更加先进的技术。宜家复杂的组织体制反映了对这种能力的需要。但是，和内部和外部的工业网络相比，宜家组织体制的复杂性就显得相形见绌了（见图 1）。该工业网络包括 1 380 个直接供应商以及大约 10 000 个次级供应商，遍布 60 多个国家；287 家宜家商店（2007 年，253 家自主经营商店和 34 家授权经营商店）遍布于包括欧洲、澳大利亚、美国和中国在内的 30 个国家。

在宜家网络中，宜家商店和供应商之间存在一个重要但不起眼的部分，即批发和物流公司，其中包括 16 个国家的 27 个分配中心和 11 个客户分配中心。由于宜家公司本身没有运输设施，所以，实际上，这个网络是通过一个外部部门集团来连接的，该集团大约有 500 个物流合伙人。

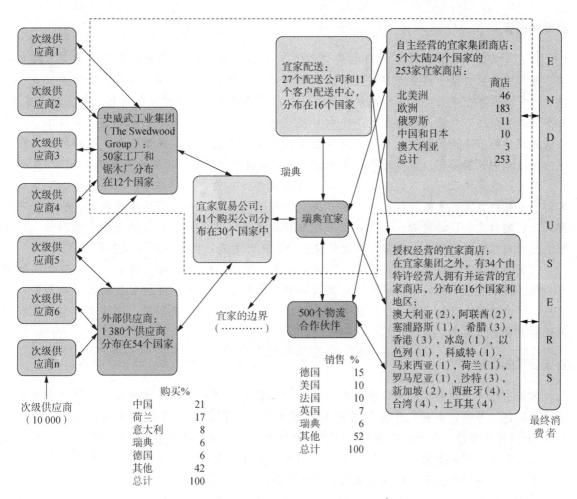

图1 宜家公司及其内部外部网络（2007年）

在这个网络中，瑞典宜家家居（位于瑞典艾尔姆胡尔特市）起着关键作用，它是一个主要的经营单位，不仅负责宜家的产品范围，而且监督着整个宜家集团，开发长期的市场营销、物流和购买战略。瑞典宜家家居既担负着整体责任，又在每个产品的开发、购买、分配以及市场营销方面起协调作用。

产品开发及生产

每个产品背后的团队是由设计者、产品开发者和购买者构成的，他们共同探讨产品的设计、材料以及合适的供应商。每个人发挥自己的专长。例如，购买者通过宜家贸易服务部门联系全世界的供应商。谁能以合理的价格在规定的时间内创造质量最好的产品？产品开发通常需要和供应商密切合作，并且通常仅指定一家供应商为世界各地的商店供货。

宜家公司没有自己的生产设备。1991年，它拥有了自己的锯木厂和生产设备，并成立史威武工业集团来生产木制家具和木质零件。其背后主要的原因是为了确保宜家公司的生产能力。但是，大部分生产由遍布世界的次级承包商所取代。

最终消费者

为了降低成本，宜家顾客的角色是"产销合一者"，即半个生产者，半个消费者。换句话说，他们必须亲自动手组装产品。为了方便购物，宜家提供产品目录、卷尺、购物单以及一个网址来帮助顾客把家具安装在房间里。顾客可以付费使用车顶行李箱进行购物，并且还有皮卡/微型货车供租用。宜家的成功基于一个相对简单的理念，即降低制造商和顾客之间成本。在增值链的设计环节就开始控制成本。而且，宜家公司在配送过程中以及配送后，把家具打包在平坦的标准化的包装箱中，并尽可能高地堆积起来，以减少储存空间，以此来降低成本。

通常，能首先吸引顾客的方法是通过产品目录进行有效的市场营销，而良好的服务是让顾客再次光顾的方法。宜家相信，保持客户满意的关键是拥有一个良好的库存状况，能够正确预测最流行的款式和设计趋势。为此，宜家依靠前沿技术，并开发了自己的全球分销网络。通过利用分销网络中的控制点，宜家公司能够确保产品及时运送到世界各地的零售商店。

宜家公司认为全球客户的审美观正逐渐一体化。例如，自 1985 年以来，公司一直向美国出口一批"流线型现代化的北欧风格"的家具，并且发现了将美国风格的家具到出口欧洲的一些商机，因为欧洲人开始了解一些美国家具的理念。为了回应这种新需要，现在宜家公司正在欧洲销售"美式"家具。

宜家公司的战略

组织中的各个级别都反对官僚作风。坎普拉德认为，规划和战略方向应该以简约和直觉决断力为特色。另外，企业文化强调效率和低成本，但不能以牺牲产品质量或服务为代价。像"只乘坐飞机经济舱，住经济型酒店，雇佣年轻执行官，赞助大学项目"的标志性政策已经形成了企业文化，并进一步激发了组织的企业家精神。例如，所有设计团队享有其作品的完全自主权，但是要定期设计出新型的且具有吸引力的产品。

宜家公司将合作重点放在供应商和顾客之间，以此来改善价值链。公司强调集中控制化以及产品结构标准化。

为了保持在市场中的成本领导地位，内部生产效率必须高于竞争者。在宜家全球战略之下，供应商通常位于低成本的国家，这样可以接近原材料，并且有可靠的分销渠道。这些供应商生产高度标准化的产品，打算供应全球市场，这给公司利用规模经济提供了机会。宜家公司的目标不仅是实现全球运营，集中设计产品，而且也是要找到一种集低成本、标准化、技术和质量为一体的有效组合。

在宜家这个案例中，标准化的产品战略并不意味着整体的文化不敏感；相反，公司正采取措施应对顾客品味和喜好正逐渐一体化的趋势。世界各地的零售商店销售那些大众普遍接受的基本的产品类别，但同时也把重点放在吸引当地客户喜好的生产线上。

宜家公司已经对价值链进行了修改，它将顾客融入生产过程中，在客户、供应商和宜家总部之间采用双向价值体制。在这个全球采购战略中，顾客是时间、劳动、信息、知识和交通的供应商。另一方面，供应商是通过各种业务服务从宜家公司技术总部获得技术援助的顾客。公司想让顾客明白，他们不是在消费产品价值，而是在创造产品价值。

在价值链中，宜家的任务是将供应商和顾客动员起来，帮助他们进一步为这一体制增值。

顾客在产品目录中可以清楚地知道公司业务体制提供的内容，以及公司期望他们对最后的过程加入什么。

为了给顾客提供质优价廉的产品，公司必须有能力找到每单位以低价运输高质量产品的供应商。通过技术援助、租赁设备以及生产高质量产品所需的必要技能，公司总部提供精心挑选的供应商。这种长期的供应商关系不仅能产出更高级的产品，而且还能为供应商增加内部价值。另外，价值链的修改使得宜家不同于它的竞争者。

通过这些方法，宜家已经建立起成本领导地位。它为顾客提供高质量的产品，利用多元竞争优势、低成本物流以及郊区的大型简易零售商店，从自世界各地获得产品组件。而且，通过高效的生产过程，成本领导战略已经有效融入组织文化中。宜家高销量的代价就是要接受低利润率。另外，宜家的市场营销强调预算价格，并且超值策略无疑将成本领导转向顾客。宜家的战略表明"成本领导意味着产品和服务质量低劣"这一观念是不正确的。高质量与投入和过程变量有关。另外，降低成本并不意味着降低这些变量的质量，而是要做得更好，更有效。成本领导是管理程序和文化的一部分。

基于这个讨论，我们可以得出这样的结论：宜家有效地调整它的成本领导平台，关注其目标市场细分的需要。正如价值链的修改所表明的，差异化战略也以这个特殊领域为重点。

宜家公司的国际化

在国际化方面，宜家采取了一个保守策略。一般情况下，公司是通过建立零售商店进入新的潜在市场。但相反，公司在东道国成立一个供应厂商。这是一个具有战略性、降低风险的方法，当地供应商可以在政治、法律、文化、财政和其他方面提供宝贵的投入，这给宜家理念带来了机会也带来了风险。20 世纪七八十年代，宜家主要通过自己的子公司和商店，集中在欧洲和北美地区进行国际扩张。20 世纪 90 年代和 21 世纪初，国际化进程集中在俄罗斯和远东地区。到现在为止，宜家在发展中国家的商店很少。拉丁美洲地区的第一家宜家商店在 2010 年 2 月 17 日成立于多米尼加共和国。

巴西能成为一个未来的发展地区吗？（参见下面关于巴西家具市场的部分）

通过特许经营权进行扩张

宜家家居主要通过特许经销权的方法进入未知的、相对较小和高风险的市场。公司仔细调查并评估特许经销权的申请人，只有那些拥有强大的财政背景，且在零售业有良好记录的公司和/或个人才被授权为特许经销人。特许经销人必须销售基本的家具，但也有为迎合当地市场需求而设计其余产品组合的自由。基本的核心家具大约有 12 000 个简单又实用的产品。总部积极参与到选择程序中并提出建议。另外，所有产品必须从宜家生产线上购买。为了保证服务、质量和物流标准，个体特许经销人要定期接受审核，并和公司整体绩效比较。总部提供集中培训和业务支持。所有特许经销人向宜家控股公司缴纳特许经营费。所有产品目录和促销广告都由总部负责。公司将特许经营权当作一种通用的集中化战略的工具。

自主经营和战略指挥之间的平衡

随着宜家继续海外扩张，集中战略指挥变得越来越重要。自然而然地，快速国际化进程将会对总部带来一系列的挑战。

- 物流体系的复杂程度会加大。
- 应对国家需要和文化敏感性会更困难。
- 新兴的人口趋势迫使公司扩大其集中战略，以应对不断变化的国家层面的客户群体。

随着这些挑战的出现，维持一个中心组织文化可能会很困难。应对这些挑战的最好方法就是在国家级自主经营权和集中干预两者之间找到合适的平衡。宜家长期的供应商关系，并控制其供应商以换取质量保证、技术转移和规模经济因素可能会让潜在的供应商联合起来为宜家当地的竞争者生产竞争产品。由于物流具有复杂性，且需要较长的准备时间，宜家被迫保持对其供应商进行严格的控制。例如，如果负责桌子螺丝组件的供应商不能按时送货，桌面的供应商不得不调整生产以适应新的方案。如果没有宜家的集中物流体系，这种情况可能会造成严重的库存短缺，从而导致销量损失。

巴西的家具市场

从 2006 年到 2010 年，巴西的 GDP 平均每年以 5.5% 的速度增长（也可参见第五章，5.5 部分中关于金砖四国的讨论）。巴西家具生产商协会（ABIMOVEL）估计巴西家具市场 2008 年的价值约为 45 亿美元，其中 1.5 亿是进口的。市场可分为三大类：住宅家具（60%），办公家具（25%），以及像学校、医院和酒店这样的事业单位家具（15%）。

巴西的人工林有 460 万公顷，几乎全部位于巴西南部。这些森林产出的木头主要用来家具和造纸业。主要的家具生产中心，同时也是最重要的市场，也位于巴西南部。

随着巴西家具市场不断从出口获得越来越多的利润，家具生产正逐渐量身定做以满足那些需要多样化产品的市场区域。为了满足这种需要，巴西的企业在设计和开发领域的投资越来越多，尽管和在美国、意大利和德国的投资相比，这种投资要少一些。另外，巴西也正进口最先进的设备来解决国外市场，如美国、意大利和德国市场要求的质量问题。现在，该市场需要进口像木材干燥机器、整理机以及精加工道具。

根据巴西家具生产商协会，巴西家具生产商大约有 14 500 个，大部分的规模都很小。这些公司是典型的家族式企业，其资金专属巴西。在历史上，大部分巴西的生产商被集中到巴西南部人口密度较大的地区。

1990 年发起的贸易自由化进程对巴西的贸易体制带来了巨大变化，使经济更加开放、更具竞争力。

2008 年，美国出口到巴西的家具达到 5 000 万美元（占整个巴西家具进口额的 35%）。美国出口到巴西的家具主要是座椅、新型办公家具、高端的、高附加值的住宅家具。市场分析人士估计，在未来的 3～4 年内，像医院和酒店使用的公用家具会大幅增加，而这些家具主要是从美国进口。

进口

2008 年，巴西家具进口总额达 1.5 亿美元，占整个巴西家具市场的 3%，在这些进口的家具市场中，美国占 35%，其次是德国占 30%，意大利占 20%，其他国家占 15%。

最终用户分析

不同的行业部门——住宅、商业和事业单位——构成了巴西市场。每个部门有自己的购买方法。例如，事业单位可能直接从总部进口，并且，就家具行业来说，最终用户可能是一个进口商或一个连锁商店。

巴西没有主要的连锁经销商，提及这一点是很重要的。大部分家具是通过直接进口商进口的，并且只有一小部分当地生产商希望完善生产线。

通常，高端家具和床垫是通过直接进口商或家具商店进口到巴西的。室内设计者和建筑师也被认为是决策者，因为是他们给最终客户建议品牌和样式的。

进口思潮

巴西拥有一套关税进口体制，并且因为获得了进口执照而简化了进口程序。进口关税根据进口货物的成本、保险和运费（CIF）的价值进行从价征收。家具的进口关税（IPI——见下文）的范围在5%～10%之间。

工业产品税（industrial products tax）（IPI）指的是对大部分国内和进口工业产品征收的联邦税。对于国内生产的产品，在生产商或加工商的销售点进行征收，对于进口的产品，则在通关的时候进行征收。不同的产品征收的税率也不同，税率是根据产品的到岸价和关税进行计算的。

从2008年到2010年，巴西的利率呈下降趋势（2010年6月估计的每年利率是8%），但这个利率仍属于一个较高水平，这就降低了银行贷款的需求。通过租赁经营和国外政府出口机构，国家经济和社会发展银行（the National Bank for Economic and Social Development）（BNDES）提供长期融资的少量资金来源。

销售及商业惯例

家具的主要最终用户只从知名的和可靠的供应商那里购买。尽管大的最终用户可能直接在海外供应商那里购买，但是他们总会关注与产品的售后服务。技术援助及更换零件的可行性是人们决定购买的重要因素。在一些商业和公共机构区域，这是最终用户从哪里购买的决定因素。市场中的有形存在，通过成立一个代理商或生产厂，将会增加最终用户对供应商承诺的信任，从而促进销售。

巴西的零售业

多年以来，巴西人民普遍认为大型购物中心只为有钱人开放。1984年在圣保罗（Sao Paulo）开业的北方中心（Center Norte）商场改变了打破了这些观点。它的选址具有战略性，毗邻地铁和公交站：靠近公共交通是至关重要的，因为很多低收入顾客没有车。像里约热内户（Rio de Janeiro）和贝洛奥里藏特（Belo Horizonte）购物中心纷纷效仿北方中心。

经济的不稳定、获得合理利率融资的困难和某些进口商品的关税壁垒都减慢了海外零售商进入巴西的脚步。在国际连锁公司中，吸引巴西8 000万顾客的是引领时尚界的杰西潘尼（JC Penney）、扎拉（Zara）、荷兰的西雅衣家公司（the Dutch chain C&A）。像贝纳通（Benetton）、鳄鱼（Lacoste）、雨果波士（Hugo Boss Polo）、拉夫劳伦（Ralph Lauren）和麦当劳（McDonald's）这样的国际特许经营商也在巴西购物中心营业，其中一些规模很大。

那些在巴西建立商店的公司运营结果不尽相同，直接原因在于它们适应当地条件的能力。以西尔斯公司为例，由于其在芝加哥实行决策集中化战略，而带来了巨大的消极结果。类似地，扎拉公司试图把欧洲的管理政策和市场引入到巴西，从而导致了最初财政状况不佳。相比之下，西雅衣家公司取得了出色成绩，它所采取的战略和程序在巴西当地市场得到了诠释。杰西潘尼拥有当地的连锁店（伦纳）并加速了公司的扩张〔2000 年国际购物中心协会全球大会（ICSC Worldwide Commission）〕。

资料来源：2010 年宜家年度报告（IKEA Annual Report 2010）；巴瑞帝·E.（Baraldi, E.）2008 "工业网络战略：宜家的经验"（Strategy in industrial networks：experiences from IKEA'），加利福尼亚管理评论（California Management Review），50（4）页码.99-126；www.ikea.com；英国广播公司新闻（BBC News）（2003）news.bbc.co.uk，"宜家创建者对成长的担忧"（IKEA founder worried over growth）1 月 3 日；（2000 年）国际购物中心协会全球会议（ICSC Worldwide Commission）"商业中心：一个世界的机遇"（Shopping centres：a world of opportunities'），www.icsc.org。

问题：

1. 至今为止，宜家的国家市场营销战略还是由公司总部集中控制。然而，由于人口和文化差异带来的地方高压可能会迫使当地的宜家商店采取战略行动以应对当地市场的需求。在这一点上，将地区总部和跨国组织（306 页，第九章）作为分层进入来自宜家总部的集中管理战略的模式选择。

2. 宜家还没有开发合资企业和战略联盟政策。关于这两种进入战略和传统的宜家进入模式——自营店和特许经营店，评估一下它们的优缺点。

3. 宜家是否应该通过在巴西建立商店渗入南美市场？

4. 根据南美的政治经济形势，概述南美市场应该贯彻怎样的采购理念。

案例研究（Ⅲ.2）

奥托立夫安全气囊公司（Autoliv Airbags）：将奥托立夫发展成国际公司

在 2010 年 12 月斯德哥尔摩（Stockholm）召开的董事会议上，奥托立夫集团的首席执行官杨·卡尔森（Lars Westerberg）讨论了怎样进一步推动奥托立夫的全球化。他做了一个关于安全气囊业务领域的情况报告。鉴于董事会中有几个新成员，杨利用这个机会对业务领域做了一个比以往更广泛的介绍。下面是他的现状报告。

关于安全气囊业务领域的情况报告

企业理念

奥托立夫股份有限公司是一家财富 500 强公司，是世界上最大的汽车安全供应商，为世界主要汽车生产商提供产品。奥托立夫的股票在纽约证券交易所（the New York Stock Exchange）和斯德哥尔摩证券交易所（the Stockholm Stock Exchange）上市。公司开发、销售并生产安全气囊、安全带、安全电子产品、方向盘、防止颈部扭伤系统、座椅组件以及儿童座椅。奥托立夫集团在 30 个生产汽车的国家中拥有 80 个子公司和合资企业，员工数量约为 34 000。另外，奥托立夫在 9 个国家设立了技术中心，有 20 个碰撞测试专用路线—多于任何一个汽车安全供应商。

奥托立夫集团的宗旨是向全球的汽车个人安全开发、生产、销售系统及其组件。其中包括减轻对汽车乘员和行人的伤害，避免交通事故的发生。奥托立夫集团想成为这个系统的供应商，并想成为汽车生产商的发展合作伙伴，以满足个人安全领域的所有需要。为了实现企业理念，奥托立夫集团建立了强大的生产线。

- 正面和侧面碰撞安全气囊（包括所有的关键组件，如充气器引发剂、纺织垫、电子传感器以及软件、钢和塑料组件）；
- 安全带（包括像织带、伸缩装置和皮带扣在内的关键组件）；
- 安全带特性（包括预紧器、负荷限制器、高度调节器、织带夹紧装置）；
- 座椅子系统（包括防止颈部扭伤系统）；
- 方向盘（包括一体化的驾驶员安全气囊）；
- 防滚翻保护（包括传感器、预紧器和帘式安全气囊）；
- 带有行人探测和预警夜视系统（该产品在 2008 年的宝马车上开始使用）；

奥托立夫的短程和中程雷达系统提供全天候的目标检测和跟踪，这能提高安全性能并能为司机提供帮助。雷达可用于盲区检测、协助变换车道、自适应巡航系统、碰撞制动系统以及倒车、停车协助功能。另外，雷达也能提供前面和侧面撞击预警侦测系统，该系统能够扫描到车辆周围 30 米的范围，提前提醒即将发生的碰撞。多余的时间能够用来准备安全气囊和安全带。（主动安全带有一个电动预紧器，能在危险情况下处于防范而勒紧安全带。）奥托立夫已经向三个客户的四大高端品牌汽车模型销售了主动安全带。

2008 年，在欧洲，正面和侧面安全气囊的渗透率接近 100%。新型汽车中的帘式安全气囊的渗透率在欧洲是 70%，在北美是 50%，在日本是 30%，在世界其他地区是 20%。

生产战略

　　为了及时供货，奥托立夫集团将控制系统的装配部设立在主要客户工厂附近（见图1）。在过去的去年中，大部分的组件生产（织物和金属冲压组件等）实行外包生产。

　　既然主要的汽车生产商开始逐渐将生产扩展到更多的国家，奥托立夫集团也相应地制定策略，要在主要汽车生产商建立或将要建立生产设备的地方保证生产能力。因此，和其他任何一个供应商相比，奥托立夫在更多的国家拥有更多的生产汽车安全产品的工厂。

产品：安全气囊

　　在严重的正面撞击中，即使是最好的安全带也不能避免头部和胸部受伤害。此时，安全气囊通过在成员上半身和方向盘、仪表板或挡风玻璃之间形成一个缓冲能量气垫来发挥作用。独立研究表明，在正面撞击中，在装有正面安全气囊的汽车中，司机死亡的概率比在那些只有安全带的汽车中要低20％。在各种撞击死亡案例中，超过15％的生命是靠安全带拯救的。

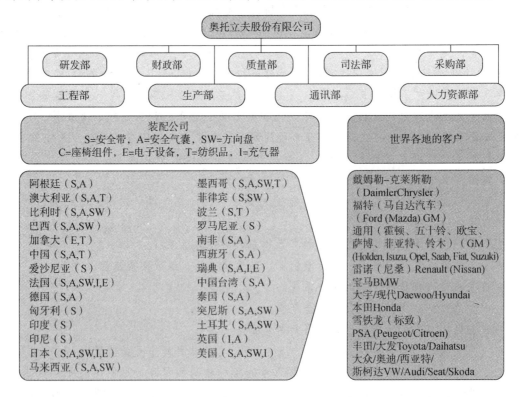

图1　奥托立夫集团的企业结构图

　　虽然安全气囊似乎可能很复杂，但事实上它们较为简单。在轻微的以及严重的正面撞击中，传感器用信号通知充气机用无害气体充满气袋。气袋顷刻间就会充满气体，而且一旦人们靠上气袋，它们就开始收缩。在不到1/20秒的时间内，气袋就能膨胀到极点，比眨眼的速度都要快。安全气囊膨胀的速度和压力有时可能会造成伤害，主要是轻微脑震荡或擦伤，但在美国，一些乘员死于充气时压力过大的安全气囊造成的颈部受伤。那些由于安全气囊而受伤最大的人是那些没系安全带驾驶、儿童、个子矮小或肥胖的成人，当然还有残疾人。

通过选择一个远离脸部或胸部的方向盘或仪表板的驾驶位置或乘员位置可以降低安全气囊带来的损伤风险。安全带和安全气囊的组合提供对各种撞击最大的保护。

和沃尔沃一起，奥托立夫集团也开发了首个侧面安全气囊，来保护司机和前排乘客免受来自侧面撞击的危险。这些气袋比前置气袋小一些，并且充气速度更快。沃尔沃是第一家在1994年为它的850个模型提供侧面安全气囊的生产商。沃尔沃的安全气袋安装在驾驶员的一侧，以及前排乘客座位的背后。自1996年以来，所有的沃尔沃模型都安装上了侧面安全气囊。

安全气囊的历史可以追溯到20世纪50年代早期。该产品创意是由来自慕尼黑的沃尔特·林德尔（Walter Linderer）在1951年提出的。但是，由于北美人不愿使用安全带，而且这个理念一开始受到了汽车生产商的嘲笑和阻碍，所以这个理念是在美国形成的。1981年，只有2 636个安全气囊系统产生。

但是，1989年年末，美国所有轿车的驾驶员一侧必须安装自动约束系统，这一系统中包括自动扣紧安全带，但是安全气囊似乎最后才安装上。截至1992年，1 000万装有安全气囊的汽车被运往美国。1993年颁布要求，1999年生产的所有新的轻型车辆必须为驾驶员和前排乘员安装正面安全气囊。下一阶段将会强制要求为驾驶员和前排乘员的侧面安装安全气囊。

资料来源：www.autoliv.com。

1990年，奥托立夫集团首次推出它的第一代安全气囊系统。这是为满足美国的要求而设计的一套系统，在美国并不是所有州的法律规定要系安全带。因此，安全气囊必须较大。奥托立夫集团为必须系安全带的市场开发了一个特殊系统［欧洲气囊系统（the Eurobag system）］。在这个系统中，安全气囊的体积较小（但仍然有效），因此，它的价格比竞争者的要低。欧洲气囊系统中，驾驶员一侧的气袋体积是30~45升，乘员一侧的气袋体积是60~100升。而且，欧洲气囊系统更加轻便，体积更小。

安全气囊系统包括一个电子控制装置和一个气袋模型。电子控制装置包括（其他东西中）一个传感器，而根据安全气囊模型的位置，气袋模型主要包括一个气体发生器，尼龙袋和一个方向盘中心或仪表板的盖子。通常，奥托立夫集团根据每个汽车模型提供全套系统。

组织

在法国、德国、西班牙、瑞典、英国、美国，本地管理呈现区域化，负责他们周围国家的奥托立夫的运营。因此，无论是在国内市场还是当顾客在其他市场建立生产，顾客都很方便与奥托立夫集团进行沟通。随着两个区域协调办公室的建立，该组织有助于降低企业管理费用，并节省对客户的回应时间。（奥托立夫集团在斯德哥尔摩的全球总部只有 40 个员工。）奥托立夫集团的业务总监和他们的组织机构在全球基础上协调主要客户的所有活动。

安全组件的世界市场

基于它成功的成长战略，奥托立夫集团在 180 亿美元的汽车乘员约束市场（automobile occupant restraint market）中（包括安全气囊、安全带以及相关的电子设备）成为全球领导者。在这个市场中，正面和侧面安全气囊占 55%，安全带占 25%，电子设备占 20%。

20 世纪 90 年代期间，安全气囊的世界市场获得了可观的成长。

在美国，联邦法律规定，1998 年 9 月 1 日起所销售的所有新的轻型汽车中必须在驾驶员和乘员一侧安装正面安全气囊。因此，美国的正面安全气囊市场随着汽车生产循环而变化，但现在侧面的安全气囊的销量开始起飞了。2001 年，它们的渗透率在新的美国轻型汽车中低于 20%。福特和通用汽车对帘式侧面安全气囊，如奥托立夫集团的充气式帘式侧面安全气囊宣布激进计划。另外，美国出台的新规定要求汽车生产商逐步采用更加昂贵的"先进安全气囊"（advanced air bags）。

在欧洲，奥托立夫集团估计或多或少的新型汽车都安装了双气囊。侧面安全气囊的安装始于 1994 年，但在 2001 年，欧洲 2/3 的新型汽车才安装了这种系统保护胸部。另外，25% 的汽车为了保护头部安装了一个独立的侧面安全气囊（比如充气式帘式气囊）。2009 年，欧洲在新汽车的正面和侧面安全气囊的渗透率基本达到了 100%。

在日本，安全气囊的发展起步比欧洲晚一些，正面安全气囊的渗透率几乎和欧洲的持平，但侧面安全气囊的渗透率比欧洲低。

在世界其他地区，每个国家的渗透率都不同，但是驾驶员和乘员的安全气囊的平均渗透率仍低于 50%。

从表 1 中可以看到，新的汽车总产量（轻型汽车）分成了不同的区域，并且提及了每辆车的安全值。

尽管成熟市场中的安全内容预计扩大，但由于该行业的价格下行压力，据估计，未来全球每辆车的平均安全内容将基本维持不变，大约在 272 美元（见表 1）。例如，2006 年，中国引进了一个和欧洲的项目类似的撞击测试评级项目，巴西计划打造正面安全气囊的受托管理国。但是，只有一小部分人预计安全市场在未来几年会扩大，由于低安全内容的低档汽车的数量不断增加，主要是在东欧和亚洲的新兴市场。例如，现在印度的平均每辆车的安全内容不及北美或西欧平均安全值的 1/5。

　　至于在 1994 年由奥托立夫集团发明推出的侧面安全气囊，其全球市场份额仍然是 40％（见表 2）。至于其他最近的安全改善措施，如安全带预紧器和载荷限制器，奥托立夫集团的全球市场地位也很强大。

表 1　车辆安全（安全气囊、安全带及电子设备）的世界市场份额，
以及奥托立夫集团在每个主要地区中的市场份额

	轻型车辆的产量，百万（%）	每个车辆的安全值（美元，每辆车）	车辆安全总的市场份额（十亿，美元）	每个地区奥托立夫集团的市场份额（%）	每个地区奥托立夫集团总额销量（十亿，美元）
欧洲	2 100 万（32）	350	7.4	43	3.2
北美	1 300 万（19）	330	4.3	39	1.7
日本	1 100 万（16）	290	3.2	18	0.6
世界其他地区	2 200 万（33）	150	3.3	28	0.9
总计	6 700 万（100）	272	18.2	35	6.4

资料来源：2008 年的奥托立夫集团的财政报告（Autoliv Financial Report 2008）；奥托立夫集团的演示文稿（Autoliv Power-Point presentations）。

表 2　奥托立夫的顾客组合（2008）

汽车制造商	总的全球汽车产量的份额（6 700 万辆汽车）（%）	奥托立夫集团总销量占的份额（64 亿美元）（%）
通用汽车公司	11	10
雷诺/尼桑汽车公司	9	13
福特汽车公司（福特＋沃尔沃）	7	12（8＋4）
戴姆勒汽车公司	3	5
克莱斯勒汽车公司	1	4
雪铁龙（标致雪铁龙）汽车公司	5	8
大众汽车公司	11	11
日本丰田汽车公司	14	6
宝马汽车公司	2	6
现代/起亚汽车公司	6	4
本田汽车公司	7	6
其他	24	15
总计	100	100

　　在北美地区，奥托立夫估计在 2001 年，它会占据安全气囊产品市场和安全带市场的三分之一弱，而 1999 年的比例只有 10％。（直到 1993 年，奥托立夫才在美国开始销售安全带）莫顿安

全产品（Morton Automotive Safety Products）当时是北美地区最大的安全气袋生产商，奥托立夫在 1996 年获得该产品之后开始进入到北美市场。安全气袋业务为奥托立夫集团扩大其安全带业务范围提供了机会，现在形成了完整的采购系统。2000 年，奥托立夫获得了日本精工株式会社（NSK）在北美地区的安全带业务。随着新合约的签订以及装有安全带预紧装置的新型美国汽车数量的增加，奥托立夫的安全带市场份额也呈上升趋势。

在欧洲，奥托立夫估计它的市场份额约为 43%，安全带的市场份额略高于安全气袋的市场份额。在日本，奥托立夫在安全气囊充气器市场中占据强硬的市场，但是它的市场份额仍低于欧洲市场份额。安全气袋模型的地方组装始于 1998 年，2000 年，奥托立夫以超过 20% 的市场份额获得了日本第二大方向盘公司，并选择分两步，在 2002 年和 2003 年取得了其余的股份，获得了日本精工株式集团的亚洲安全带业务。包括日本精工株式集团的销量在内，奥托立夫集团大约占了日本安全带市场的 1/5。

奥托立夫早期在其他国家，如阿根廷、澳大利亚、中国、印度、马来西亚、新西兰、南非和土耳其，建立了生产体系，该公司在多个国家占据了强劲的市场地位。

竞争者

20 世纪 90 年代末，乘员约束系统的主要供应商数量由 9 个减至 4 个。由于轻型汽车生产商之间的合并，形成的新实体要求供应商具有成本效益，并能够为世界各地的公司工厂运送相同的产品。

现在，四大领先的汽车乘员约束供应商大约占世界市场的 80%（价值为 1.82 亿美元），而十年前仅占世界市场的 50%。在此期间，奥托立夫公司的市场份额超过了 35%，取代天合汽车集团（TRW）（一个美国上市公司）成为市场的领导者。另一个重要的汽车安全供应商是高田汽车公司（Takata）（日本一家民营公司）。天合汽车集团和高天汽车公司都拥有 25% 的市场份额。

德尔福（Delphi）（世界最大的汽车零配件供应商）以及凯士士（Key Safety Systems）（关键的安全系统）的市场份额少于 5%。

在日本、韩国和中国，很多当地的生产商通常和国内汽车制造商关系密切。以日本丰田为例，在日本，内部供应商负责丰田的大多数业务，生产座椅安全带、安全气袋和方向盘。因此，这些安全产品供应商是这些市场中最强劲的竞争对手。

顾客

奥托立夫客户中包括几个世界上最大的汽车生产商（见表2）。在顾客购买的安全带和安全气囊中，奥托立夫的市场份额通常在 25%～75% 之间，并且，奥托立夫为世界上所有的主要汽车制造商和大部分汽车品牌供应产品，在这个持续了几年的过程中，对于汽车制造商来说，奥托立夫在很大程度上是他们的一个发展伙伴。这通常意味着，奥托立夫对新的提高安全性能的产品提出建议，并协助安全系统的调整和产品测试（包括车辆的全尺寸碰撞试验）。

奥托立夫早期主要依赖于福特汽车、通用汽车以及克莱斯勒汽车公司，而如今这种依赖程度已经降低了，尤其是在北美地区。2008 年，在全球范围内，这些顾客占他们总销量的 26%（除了沃尔沃之外的顾客占 22%），而 1997 年的占比为 42%。这种演变在一定程度上反映了一个事实，即他们在全球范围内的轻型车辆生产份额已经从 1997 年的 33% 下降至 2008 年的 21%。

表2中，"其他"类别代表奥托立夫从中国制造商，如奇瑞、长城及其他当地中国汽车制造商那里获得的不断增加的订单额。亚洲其他的原始设备制造商也是同样的趋势。结果，现在亚洲的汽车制造商占奥托立夫全球销量的29%，而在1997年，仅占20%。本田汽车公司和现代起亚汽车集团已经成为他们发展最快的顾客。

沃尔沃和宝马汽车公司证明了高级汽车对于奥托立夫特别重要，沃尔沃和宝马公司在全球汽车生产中分别占0.6%和2.2%，而在奥托立夫的销量中分别占4%和6%。

在奥托立夫销量中，没有一个客户所占的比例超过13%（见表2）。大部分汽车制造商可以称为是奥托立夫公司的全球账户——也可参见12章。越来越多的传统顾客也开始转向全球承包商，而不是像之前那样依赖地区承包商。因此，奥托立夫相信，从长远来看，汽车行业中的这些趋势会巩固奥托立夫的竞争地位。

一个汽车制造商的不同汽车模型一般由多个承包商负责，每个承包商会终生生产一种汽车模型。在总销量中，承包商所占的比例没有超过5%的。

表3显示，在2010年的总销量中，欧洲占38%，北美占29%，日本占11%，世界其他地区占22%。现在，仅中国就占了奥托立夫总销量的13%。

表3 奥托立夫股份有限公司五年中的经济发展状况

主要数据	2010	2009	2008	2007	2006
销售额（美元，百万）	7 171	5 121	6 473	6 769	6 188
税前利润（美元，百万）	806	6	249	446	481

资料来源：基于 www.autoliv.com ；2006—2010年的财政报告。

2010年12月员工总数（包括子公司在内的整个奥托立夫集团）约为43 000人。

说完这个好消息，杨·卡尔森（Lars Westerberg）完成了关于奥托立夫在全球汽车安全市场的陈述。他乐意参与你被要求参加的下列问题的讨论。

问题：

1. 描述一下在合并市场中，奥托立夫（Autoliv）作为大型汽车制造商的次级供应商的作用。
2. 为了巩固全球竞争地位，奥托立夫应该把哪个汽车制造商作为目标？
3. 为了巩固欧洲以外的竞争地位，奥托立夫有什么战略选择？

第四部分　设计全球营销方案

第四部分　目录

第四部分　视频案例研究

伊莱克斯（Electrolux）：试图建立一个全球品牌标识

第四部分简介

11 产品和价格决策

12 分销和传播决策

第四部分　案例研究

Ⅳ.1　健力士黑啤（Guinness）：怎样才能弥补标志性爱尔兰啤酒品牌在国内市场销售下降的情况？

Ⅳ.2　戴森真空吸尘器（Dyson Vacuum Cleaner）：著名的无袋式真空吸尘器从国内到国际营销的转变

第二部分
确定目标市场
第5~7章

第四部分
设计全球营销方案
第11~12章

第一部分
确定国际化方向
第1~4章

第三部分
市场进入战略
第8~10章

第五部分
实施并协调全球营销计划
第13~14章

第四部分　视频案例研究

伊莱克斯（Electrolux）：试图建立一个全球品牌标识

伊莱克斯是家用电器和专用电器的全球领先者，其4 000万产品卖给150个国家的顾客。该公司在大约60个国家拥有生产和/或生产子公司。在欧洲，伊莱克斯有位于法国、德国、匈牙利、意大利、波兰、罗马尼亚、瑞典、瑞士和乌克兰的工厂，且目前在欧洲中东部的销量增长较快。2011年，伊莱克斯销售额达1 020亿瑞典克朗（115亿欧元），营业利润达32亿瑞典克朗（3.6亿欧元），并拥有58 000名员工。伊莱克斯的产品包括电冰箱、洗碗机、洗衣机、真空吸尘器和厨具，这些产品都在知名品牌旗下出售，知名品牌包括伊莱克斯、AEG、扎努西、尤里卡、富及第。

2003年至2004年开始了全球范围内的品牌整合，伊莱克斯仍然是主要品牌。同时，该公司开启了一场加速的和消费者洞察力驱动的产品研发战役。全球沟通致力于在每个产品目录和每个区域市场中塑造伊莱克斯的全球形象。在伊莱克斯品牌旗下出售的产品份额已从2002年销售额的16％上升到2012年的接近50％。

伊莱克斯通过分销和零售将产品卖给其终端客户。许多出售伊莱克斯产品的零售商都是其巨大的跨国零售连锁店的一部分。这些零售连锁店近几年得到了整顿，且越来越多的伊莱克斯产品通过它们出售。整合的趋势在美国主要的电器市场尤其明显，在这里，四个最大的零售连锁店份额约占所有制造商的主要家电全部销售额的70％。在欧洲，零售连锁店还没有如此清晰明了的整顿。

伊莱克斯的产品售向不同的地区时最重要的竞争者如下：

欧洲—博世—西门子、意黛喜、惠而浦（主要家电）、戴森、美诺、三星（地板护理）。

北美—惠而浦、通用电气、LG、三星（主要家电）、戴森、创科集团、必胜（地板护理）

拉丁美洲—惠而浦、马贝（主要家电）、赛博集团、惠而浦、百得、飞利浦（地板护理）

亚太地区—LG、三星、海尔、松下、美的、好而迪（主要家电）、三星、LG、戴森（地板护理）

请看视频并回答问题。

问题

1. 伊莱克斯为什么以及如何建立全球品牌标识？

2. 伊莱克斯在欧洲、北美、拉丁美洲以及亚太地区成立八个设计工作室的目的是什么？

3. 从视频中举例说明，哪里的文化差异对适应伊莱克斯产品的设计和研发有影响？

4. 互联网是如何有助于伊莱克斯产品的全球营销和销售的？

第四部分　简介

公司一旦决定将如何进入国际市场（请参见第三部分），下一个问题就是如何设计全球营销组合。

第四部分主要以传统的 4P 营销组合为例：

- 第 11 章：产品和价格决策
- 第 12 章：分销和传播决策

最初的 4P 营销组合主要来源于商对客（B2C）公司的研究，营销组合概念的实质是对一系列可控因素的看法，或是一种能够处理影响客户的营销管理的"工具包"（4Ps）。然而，特别是在企业对企业（B2C）的营销中，营销组合也受到买卖双方互动过程本身的影响，以至于影响过程的是谈判而不是传统的 4P 组合所隐含的说服。此外，大家一直担心传统的 4Ps 不包含服务的特征，即内在的无形性、易逝性、异质性（可变性）、不可分割性和所有权。

然而，该选择性框架最具影响力的是布姆斯（Booms）和比特纳（Bitner）（1981）提出的 7Ps 组合，他们提议传统的 4Ps 需要扩展而包含另外三个 Ps：参与者（人）（participants (people)），实物证据（physical evidence）和过程（process）。将对该框架做如下讨论。

参与者（人）[participants (people)]

任何人与客户接触都会对整体满意度产生影响。在与不同文化的客户相互交流的过程中尤其如此［津科特（Czinkota）和萨姆利（Samli），2010］。参与者都是在传递服务的过程中扮演角色的人类演员，即公司员工和其他顾客。由于生产和消费具有同时性，公司员工在影响顾客对产品质量的认知方面起到了关键性的作用。这特别是在"频繁接触"的服务当中，如饭店、航空公司和专业咨询服务。事实上，公司员工是产品的一部分，因此产品质量与服务提供者的质量是分不开的。所以，特别注意员工质量和监督他们的行为是很重要的。这在服务业中尤其重要，因为员工的表现往往是变化多端的，从而导致质量多变。

参与者概念还包括购买服务的顾客和处在服务环境中的其他顾客。因此营销经理不仅需要管理服务提供商的用户界面，还要管理其他顾客的行为。例如，人们的数量、类型和行为在一定程度上也会决定在饭店就餐的乐趣。

过程

这是一个涉及为顾客提供服务的过程。这是获取和传递服务的程序、机制和活动流程。

在自助餐厅和麦当劳这样的快餐店吃饭的过程与在全方位服务的餐厅吃饭明显不同。此外，在服务环境中，顾客可能需要排队等候才能享受服务，且传递服务本身也可能需要花费一定的时间。市场营销人员需确保顾客能够理解获取服务的过程以及顾客能接受排队和服务传递时间。

实物证据

与产品不同，服务在被送达之前无法体验，这使它具有无形性。这意味着潜在客户在决定是否使用该项服务时会感知更大的风险。为减少顾客对这种风险的感觉，从而提高成功概率，有必要为顾客提供一些有形线索来评估公司提供的服务质量。这些可通过实物证据如案例研究或证明书来实现。自然环境本身（如建筑物、家具、规划图等）有助于顾客对期望的服务质量和水平作出评价，例如在饭店、旅馆、零售商店和其他服务业中。自然环境实际上是产品本身的一部分。

可以说，没有必要修改或扩展4Ps，因为已存在的框架中可包含布姆斯和比特纳提议的"扩展"。问题是顾客体验了关于产品各个层面的满意和不满，无论是有形的还是无形的。该过程可包含在分销过程中。例如，巴特尔（Buttle）（1989）提出产品和/或生产元素可包含参与者［在布姆斯和比特纳（Booms and Bitner）框架中］，且可以将实物证据和过程看成是产品的一部分。实际上，布姆斯和比特纳（1981）两人也提到过产品决策应包含他们提议的组合中的三种扩展元素。

因此，本书的第四部分仍然使用4Ps结构，但同时，第11章和第12章将包括另外三种扩展的Ps。

全球化

自20世纪80年代初，"全球化"一词就备受争议。在《市场全球化》（1983）一文中，在关于公司走向国际化最合适的方式的讨论中，莱维特（Levitt）的想法引发了很多争议。大家对莱维特支持全球化战略褒贬不一。争论双方实质上代表了区域营销对抗全球营销以及争论的中心问题，即是标准化的全球营销方法最优还是特定国家的差异化的营销方法最优。在第四部分，我们已了解到国际环境存在不同的影响力，可能支持不断发展的全球化，也可能支持公司不断地适应环境。出发点是通过图1标尺上现有的平衡点来说明的，哪一方能获胜不仅取决于环境影响力还取决于公司可能支持的特定的国际营销策略。图2展示了两种战略的极限值。

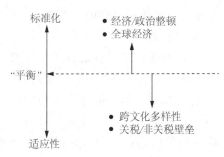

图1 影响标准化和适应性平衡的环境因素

因此，关于全球营销策略，管理层需要做的基本决定在一定程度上是应该标准化还是应该采用全球营销组合。下面三种因素为标准化营销提供了大量的机会［梅弗特（Meffert）和博尔兹（Bolz），1993］：

1.**市场全球化。**顾客越来越多地在全球范围内运营，其特点主要表现为集中协调的采购过程。为了应对这种情况，制造商要建立全球关键客户管理，以避免个别国家的子公司与对方单独谈判，例如全球零售商。

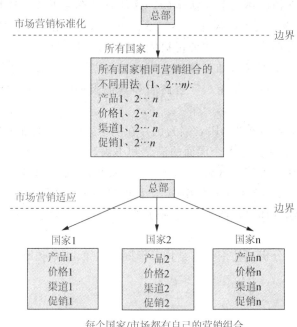

图 2　国际营销组合的标准化和适应性

2. 产业全球化。为了有足够规模的经济和经验曲线效应，许多公司不再依靠国内市场。许多产业，诸如计算机、制药业和汽车业，具有研发成本高的特点，它们只有通过大范围的批量销售才能赚回成本。

3. 竞争全球化。随着需求的全球均一化，不同的市场都是相互关联的。因此，公司可在世界范围内计划自己的活动并且尝试创建优于其他全球竞争者的公司简介。因此，国家的子公司不再作为盈利中心来运营，而是作为全球投资组合的一部分。

标准的市场营销概念有以下两大特点：

1. 对跨国市场的营销计划来说，市场营销过程的标准化主要与标准的决策过程有关。通过规范新产品的研发、控制活动等，就能发现大致合理的营销过程。

2. 标准化的方案和在一定程度上与 4Ps 单个因素有关的营销组合可以统一为不同国家市场的通用方法。

标准化的这两个特点通常是互相关联的：对于许多战略业务单位来说，以过程为主导的标准化是实施标准营销方案的前提。

许多作者谈论到标准化和适应性是两个明显不同的选择。然而，商业现实性却是很少有完全标准或完全适合的营销组合。反而更倾向于标准化。因此，图 3 向我们说明了同一公司（宝洁公司）两种不同产品的规范化曲线。

结果说明，在营销组合范围内有多种不同的方式可实现标准化。在两种产品的案例中，至少能在平均水平上达到包装标准化。只要与价格政策有关就会出现困难。这里只能对一次性尿

布达到标准的价格定位。所以宝洁公司只选择那些在目标价格范围内可以为此付出代价并拥有
必要购买力的市场。酒精饮料几乎是不可能的。

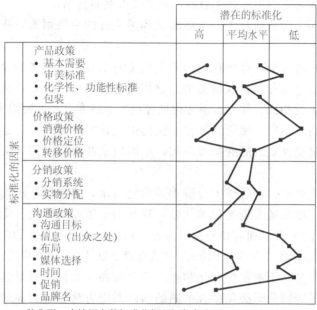

- 一种典型一次性尿布的标准化概况（如帮宝适）
- 一种典型饮品的标准化概况（如尊尼获加威士忌）

图3 一个公司潜在的标准化分析

资料来源：根据克罗伊策（Kreutzer）(1988) 改编。转载于翡翠出版集团有限公司 (Emerald Group Publishing Ltd.)

表1 支持标准化跟适应性的主要因素

支持标准化的因素	支持适应性的因素
研发的经济规模、生产和营销（经验曲线效应）	局部环境产生的适应性，社会文化、经济和政治差异（没有经验曲线效应）
全球竞争	地方竞争
体验趋同性和顾客需要（顾客的偏好是同性质的）	顾客需求的多变性（由于文化差异，顾客需求也多种多样）
国际运营的集中管理（可能跨国传递经验）	各个国家子公司的零散不集中的管理
竞争者使用标准化概念	竞争者使用适用性概念
市场间竞争优势的高度传播	市场间竞争优势传播不广泛
进一步的问题：更容易沟通、计划和控制（通过网络和手机技术）	进一步的问题：法律问题—技术标准的不同
股票成本降低	

因为有法律约束，所以要有一个标准化的价格定位。例如，在丹麦，由于税收调节，消费

者需要比在德国多付两倍的价钱才能买到同样的尊尼获加威士忌酒 (Johnny Walker whisky)。在多数情况下，大家可能在世界范围内使用同一品牌名。只在少数情况下与特定名称相关才会产生负面影响；为了让大家知道你是无意的，你需要改变品牌名。

通过列出表 1 说明支持全球营销方案标准化和适应性的主要因素，我们结束对第四部分的介绍。

标准化观点的支持者认为，市场在范围和规模上越来越趋于一致和全球性，并认为存活和发展的关键是规范商品、服务和过程的能力。整体概念性的讨论就是，从环境因素和顾客需求方面来说世界变得越来越相似。并且若不考虑地理位置，顾客有相同的需求。

适应性观点的支持者指出了使用标准化方法的困难，因此他们支持适应性来调整不同的国际市场独有的方面。适应性观点的拥护者声称，不同国家甚至同一国家的不同地区都有很大的差异性。

自从竞争性优势在全球营销战略中扮演重要角色以来，跨越国际市场的竞争性优势在本质上的相似性会支持不同的市场使用类似的战略，这有助于策略规范化。竞争性优势来自核心竞争力（第 4 章也有介绍），所以拥有核心竞争力的公司比没有核心竞争力的公司在规范营销策略方面更具优势［维斯瓦纳坦（Viswanathan）和迪克森（Dickson），2007］。

进行全球化经营的公司不能在标准化和适应性之间做一次性的极端选择。在使用不同进入模式的多个国家经营的跨国公司必须整合不同的国际营销方法。他们应该专注于要求全球标准化的商业面（价值链活动）和其要求的地方适应性方面［乌兰蒂斯（Vrontis）等人，2009］。

参考文献

Booms, B. H. and Bitner, M. J. (1981), "Marketing strategies and organization structures for service firms", in Donnelly, J. H. and George, W. R. (eds), Marketing of Services, American Marketing Association, Chicago, IL, pp. 47-51.

Buttle, F. (1989), "Marketing services", in Jones, P. (eds), Management in Service Industries, Pitman, London, pp. 235-259.

Czinkota, M. and Samli, A. C. (2010) The peopie dimension in modern international marketing; neglected but crucial', Thunderbird International Business Review, 52 (5), pp. 391-401.

Kreutzer, R. (1988) "Marketing mix standardization: an integrated approach in global marketing", European Journal of Marketing, 22 (10), pp. 19-30.

Levitt, T. (1983) "The globalization of markets", Harvard Business Review, May-June, pp. 92-102.

Meffert, H. and Bolz, J. (1993) "Standardization of marketing in Europe", in Halliburton, C. and Hünerberg, R. (eds), European Marketing: Readings and cases, Addison-Wesley, Wokingham, England.

Viswanathan, N. K. and Dickson, P. R. (2007) "The fundamentals of standardizing global marketing strategy", International Marketing Review, Vol. 24, No. 1, pp. 46-63.

Vrontis, D., Thrassou, A. and Lamprianou, I. (2009) "International marketing adaptation versus standardization of multinational companies". International Marketing Review，26 （4/5），pp. 477-500.

延伸阅读

Berman，B. （2002） "Should your firm adopt a mass customization strategy?"，Business Horizons，July-August，pp. 51-60.

Biemans，W. （2001） "Designing a dual marketing program"，European Management Journal，19 （6），December，pp. 670-677.

Solberg，C. A. （2000） "Educator insights：standardization or adaptation of the international marketing mix：the role of the local subsidiary/representative"，Journal of International Marketing，8 （1），pp. 78-98.

第 11 章 产品和价格决策

目录

11.1 简介

11.2 有关国际产品价格的方面

11.3 开发国际服务战略

11.4 产品的生命周期

11.5 产品的沟通组合

11.6 产品定位

示例 **11.1** 中国的钢琴制造商正经历着"原产地"（Country Of Origin）（COO）效应

11.7 品牌资产

示例 **11.2** 杜莎夫人蜡像馆（Madame Tussauds）——一个让大家更接近世界名人的品牌

11.8 品牌决策

示例 **11.3** 联合利华（Unilever）的"贴身"织物柔软剂——一个在多重市场中拥有当地品牌的例子

示例 **11.4** 凯洛格（Kellogg）迫于压力而生产阿尔迪（Aldi）品牌的产品

示例 **11.5** 壳牌（Shell）与法拉利（Farrari）及乐高（LEGO）的联合品牌

11.9 顾客与互联网关于产品合作的含义

示例 **11.6** 杜卡迪（Ducati）摩托车——通过网络沟通来开发产品

11.10 绿色营销战略

11.11 影响国际定价决策的因素

11.12   国际定价战略

示例 11.7   柯达（Kodak）的打印机和墨盒分开遵循了相反的"后续购买"战略

11.13   将欧元用于跨国定价的含义

11.14   总结

案例研究

11.1   芝宝制造公司（Zippo Manufacturing Company）：打火机之外的产品多样化之路能走多远？

问题讨论

参考材料

学习目标

学完本章之后，你应该能做到以下几点：

- 讨论引领公司产品标准化或适应性的影响
- 探索如何发展国际服务战略
- 讨论在国外市场开发新产品的挑战
- 解释说明在产品沟通组合中的选择
- 定义和解释不同的品牌选择
- 解释"绿色"产品意味着什么
- 讨论备选的环境管理战略
- 解释国内外变化因素如何影响国际定价决策
- 解释在出口销售中为什么价格会逐步升高以及如何逐步升高
- 讨论在决定新产品的价格等级方面的战略选择
- 说明随着价格下降，有必要使销量上升的原因
- 解释经验曲线定价的含义
- 探索在全球营销中转移定价扮演的特殊角色和存在的问题
- 讨论变化的货币状况是如何向国际市场营销人员提出挑战的

11.1   简介

为了发展全球营销组合，产品决策是营销管理人要做的第一选择。该章会研究与产品有关的问题并提出解决问题的概念性方法。同时也会讨论国际品牌（加标签）战略和服务政策。

价格决策一定要与营销组合的其他 3 个 Ps 相互融合。价格是在全球营销组合中，不受大型直接成本的影响，政策就可迅速改变的唯一领域。这

个特点，再加上海外消费者通常对价格变化较为敏感的事实，会导致风险的出现，即定价行为可能采取快速解决的方式而不是改变公司营销方案的其他领域。因此，管理层要意识到应避免海外市场价格的不断调整，并且定价行为并不能使许多问题得到最好的解决。

一般来说，价格政策是营销组合中一个重要的元素但却是最不受重视的。营销组合的其他元素都会产生成本。

只有公司的利润来源于收入，它反过来又取决于价格政策。本章我们将关注一些对国际营销人员有特殊利益的价格问题。

11.2　有关国际产品价格的方面

为了制定一个国际市场能接受的产品价格，首先有必要确定是什么有助于"总"产品的定价。科特勒（Kotler）（1997）建议为使产品能够吸引国际市场的眼球，营销人员应考虑产品价格的五个方面。在图 11.1 产品方面，我们不仅包含核心的物理性质，还有一些其他元素，诸如包装、品牌和售后服务，这些构成了购买者所需的全部包装。

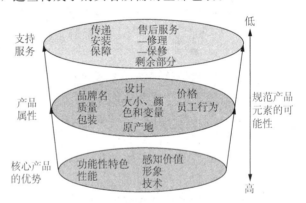

图 11.1　产品的其他三个方面

从图 11.1 我们还得知，规范核心产品的优势（功能性特点、性能等）比规范支持服务更容易，因为后者通常要为企业文化，有时甚至是个别顾客量身定做，即个性化［韦萨宁（Vesanen），2007］。

11.3　开发国际服务战略

从产品的定义中可以看到，服务通常都与产品相伴，但是在自己管理之下的服务也日益成为国际经济中重要的一部分。如图 11.2 所示，产品和服务元素的组合会发生大量的变化。

11.3.1　服务的特点

在考虑可能的国际服务策略之前，有必要考虑全球服务营销的特殊本质。服务有如下特点：

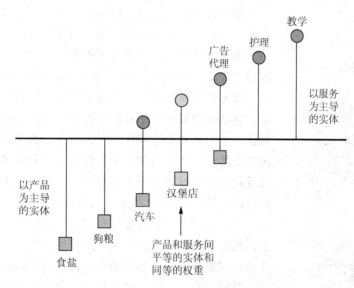

图 11.2　支配元素的规模

资料来源：津科特（Czinkota）和罗凯宁（Ronkainen）（1995）《国际营销学》（*International Marketing*）第 4 版，第 526 页。

- 无形性。像航空运输或教育这样的服务无法触及或测试，服务的购买者就无法索要所有权或传统意义上有形的东西。付款是因为产品的用途或其性能。为了确认服务提供的好处和提高其感知价值，服务中的有形元素，如飞机上的食品和饮料，都可作为服务的一部分。

- 易逝性。我们不能存储服务以备将来使用——例如，飞机一旦起飞，没有坐满的座位就浪费了。因为要使供需匹配，所以这个特点在计划和促销方面导致了大量的问题。要使服务能力一直保持在有需求的水平上来满足高峰需求，对此要付出昂贵的代价。因此，营销人员必须尝试估计需求水平以优化服务的使用能力。

- 异质性。因为涉及人与人的互动，所以服务很少是一样的。此外，在生产服务的过程中有很高的顾客参与度。这会导致保持质量的问题，特别是在国际市场中大家对客户服务的态度不尽相同。

- 不可分割性。生产时间与消费时间是非常接近的甚至是同时进行的。销售的同时提供服务。这意味着很难实现规模经济和经验曲线效益，并且向分散的市场提供服务的代价是很昂贵的，特别是在初期的成立阶段。

11.3.2 以服务为主导的逻辑（S-D逻辑）

与传统的以产品交换为中心的市场观点（指以产品为主导的逻辑或G-D逻辑）相比较，以服务为主导的逻辑代表了一种更广阔的看市场的视野。

据S-D逻辑［瓦戈（Vargo）和卢施（Lusch），2004，2008］可知，顾客价值是买卖双方在共同创造的过程中产生的。

在此过程中，顾客成为了服务的共同生产者，同时也消费服务。结果顾客变成了"产消者"（生产者和消费者的结合）。

服务是交换的基础。弄清楚"服务"这一术语是很重要的，对顾客来说，它是收集资源的一种应用程序，顾客将卖方提供的资源加以组合，该组合会给顾客和卖方提供好处或服务。为产生价值，这种由卖方和顾客共同带来的资源收集包含一起工作的整个网络资源。资源"汇合"和资源处理过程的结果就是会产生新的价值，对卖方和顾客来说，它会以服务（附加价值）的形式体现出来。因此，在S-D逻辑的观点中［瓦戈（Vargo），2009，2011］，顾客在创造价值的过程中扮演了积极的参与者的角色。顾客成为主要性的资源（共同生产者），而不是一般性的资源（目标）并参与到整个的价值链活动中。瓦戈（Vargo）（2009）在S-D逻辑中辩论说，公司（卖方）无法创造价值，而只能提供有价值的建议，然后由顾客来决定选择和使用必要的价值建议解决问题并最终创造顾客价值。

顾客是共同的生产者，为实施这种S-D逻辑方法，公司组织全球营销活动的方式必须支持该方法。例如，在开发产品时，全球供应商与制造商合作的过程中，供应商要设立全球客户管理团队（14.3部分也有介绍：全球客户管理组织），这是一个围绕"全球"顾客而与顾客共同提出解决问题的方案和为双方创造共同价值的组织。一些团队甚至就位于顾客全球工作地点的附近。这其中包含来自制造业、销售业、物流业、金融业、会计学和人力资源学的成员。供应商需要使售货员与购买者相匹配，使财政和有会计人员和付款人的会计学相匹配，使顾客服务与其用户相匹配。供应商的全球客户管理团队与顾客的全球组织的多样的跨国实体相互作用［格伦（Gruen）和霍夫施塔特（Hofstetter），2010］。这也是从所谓的"蝴蝶结"（bow-tie）组织转向"钻石"（diamond）型组织背后的原理（请见第14章图14.7）。

11.3.3 全球服务营销

国际营销服务存在着一些特定的问题。在偏远的地区实现不同营销参数的一致性是很困难的，对其施加控制更是个问题。定价也是极其困难的问题，因为固定成本在总服务成本中占了很大一部分。顾客的购买能力和对接受服务的认知会因市场不同而有很大的变化，导致设定的价格和产生的利润明显不同。此外，因为要提供个性化服务，所以为不断接到业务而保持顾客的忠诚度也是很困难的。

11.3.4　服务类别

所有的产品，无论是商品还是服务，都含有一个核心元素，其周围是一些补充元素。如果我们首先看到的是核心产品服务，我们可以依据它们的无形性和在服务生产过程中顾客需要实际存在的程度，从而把它们归于三大类别之一。在表 11.1 中可看到这些类别。

11.3.5　补充服务的类别

核心服务的提供者，无论是睡觉用的床还是银行账目，都有一些典型的补充元素，可以将其分为八大类别〔洛夫洛克（Lovelock）和伊普（Yip），1996，克瓦克斯基（Kowalkowski）等，2011〕。

表 11.1　三大服务类别

服务类别	特点	例子（服务提供者）	世界范围标准化的可能性（因此利用规模经济、经验效应、较低成本）
人的处理	顾客成为生产过程的一部分。服务公司需要保持当地的地理格局。	教育（学校、大学）乘客交通（航空公司、汽车租金）健康护理（医院）食品服务（快餐、饭店）住宿服务（旅馆）	没有好的可能性：因为"生产中的顾客参与"需要许多当地的场所，使得这类服务很难在全球范围内开展
物的处理	需要实物的切实行动来提高顾客使用它们的价值。生产过程要包括物体，但不用包括物体的所有者（顾客）。要求有当地的地理格局。	汽车修理（修车厂）货运交通（通过代理）设备安装（比如电工）干洗服务（自动洗衣店）	较好的可能性：与"人的处理"服务相比较，这个需要的顾客与服务人员的交流程度低。这类服务对文化不是很敏感。
以信息为基础的服务	收集、处理、解释和传递数据以创造价值。最小的有形性。生产过程中最低的顾客参与度。	电信服务（电话公司）银行新闻市场分析网络服务（万维网上首页的设计者，数据库的提供者）	非常好的可能性：因为这些服务具有虚拟性，所以有来自一个中心位置（单一来源）的世界标准化。

- 信息。为获得产品或服务的全部价值，顾客需要其相关信息，无论是从进度表到操作指令，还是从用户警告到价格。全球化影响了信息的本质（包括它提供的语言和形式）。新顾客和新的展望对信息尤其渴望，并且需要有关如何使用不熟悉的服务的训练。

- 咨询和建议。在咨询和建议的过程中会探索顾客需求，并为他们量身定做提出解决方案。顾客对建议的需要在世界范围内可能大不相同，这反映了一些因素，如经济发展水平、当地基础设施的性质、地势和气候、技术标准和教育水平。

- 订单。顾客一旦决定购买，供应商就需要确保顾客能够通过电信或其他渠道，在他们方便的时间和地点，以他们选择的语言来下订单或预定产品更加容易。

- 热情友好：照顾好顾客。当顾客非要参观供应商的设施时，经营良好的企业至少要在一些小方面上视顾客为客人，（在许多"人的处理"操作中尤其实用，这个过程会延长几个小时甚至更多）。对于恰到好处的热情友好的文化定义，各个国家都是不同的，如等候时间的容忍长度（巴西比德国长很多），以及期望的个人服务的程度（在斯堪的纳维亚不是很多，但在印尼就很过分）。

- 保管。照看好顾客的财产。参观服务场所时，顾客经常想有人帮助照看他们的私人财产，从停车场到包装到新买的物品。国家间的这种期望值也许不同，反映了文化和富裕水平。

- 例外。例外不属于正常的传递服务的程序。它们包括特殊的要求，解决问题，对抱怨、建议、称赞的处理以及赔偿（因为性能缺陷而向顾客赔偿）。特殊的要求在"以人为处理对象"的服务中尤其常见，比如旅游业和住宿业，并且可能因文化标准不同而比较复杂。例如，国际航空公司，发现有必要对一系列的医疗和饮食需求作出回应，因为这有时反映了宗教观和文化观。对于一些在海外旅行的人来说，问题的解决会比在本土国家熟悉的环境中更加困难。

- 账单。顾客需要清晰及时的账单来说明费用是如何计算的。很多国家已取消了货币交换限制，账单可转换成顾客所在国的货币。因此，在账单说明中要澄清货币和转换率。有些情况下，价格可能通过几种货币形式标示出来，即使这种政策鉴于货币波动可能会有不断地调整。

- 付款。顾客越来越希望在购买广泛的服务时会有简单方便的付款方式（包含信用卡）。主要的信用卡和旅行支票解决了购买零售商品支付外国资金的问题。但团体购买者可能更喜欢用自己选择的货币进行电子资金转账。

供热承包服务就是一个很好的例子。传统做法中，办公楼的业主会买一套供热系统并对其进行终生维护。然而，随着承包服务的革新，供热公司不会将供热设备卖给业主，而是以预定的等级一年到头地为他们提供保证的温度。在旅游业中，所有的度假胜地都喜欢把为全部行程付固定价格的人当成目标客户，而不是那些依据个人的购买力而付款的客户［米歇尔（Michel）等人，2008］。

并不是每一项核心都含有八项补充元素。实际上，是产品的本质、顾客的要求以及竞争压力等帮助决定必须要提供哪项补充服务。在多数情况下，补充服务的提供者位于世界的一角且该服务通过电子传递的方式送达给对方。例如，订单/预定服务及付款都可通过通信渠道来解决，无论是有声电话还是网络。只要选择的语言合适有效，许多类似的服务都可以从世界上的任何地方进行传递。

总之，以信息为基础的服务为全球标准化提供了最好的机遇。其他两种服务类型（人的处理和物的处理）都不能跨国传递竞争优势。例如，欧洲迪士尼在巴黎开业时，迪士尼无法将美国公园具有高度积极性的员工转移到欧洲。

信息技术（网络/万维网）的快速发展促使了新信息服务类型（如关于国际航班计划的信息）的出现，这为标准化提供了更大的机遇。

11.3.6 在企业对企业的市场中的服务

企业对企业的市场在很多方式上都不同于顾客市场。

- 少量的大型买家，通常在地理区域上较为集中
- 一种派生的、波动的和相对无弹性的需求
- 众多参与者出现在购买过程中
- 专业购买者
- 一种更近的关系
- 中间人的缺失
- 技术连接

在消费者市场中，对于另一种服务不满意的顾客总是存在于供应商和消费者的关系之中，随着提供同类产品的公司越来越多，使得消费者很容易在产品和公司间进行转换。

然而，在企业对企业的市场中，公司更不愿意破坏买卖双方间的纽带关系。当然，在企业对企业的市场中，一定程度上也会存在退出的情况，但投资债券的损失或承担的损失往往会产生退出障碍，因为改变供应商要付出很大的代价。而且很难找到新的供应商。

专业服务公司，如工程咨询公司，与典型的企业对企业的服务公司具有相似性，但它们专业化程度高，面对面交流的成分较大。这种服务通常是1亿美元的工程项目且公司间具有长期合作的关系，并且施工期间还要打理日常关系。比起它所销售的具体的个人服务来说，一个专业的服务公司（无论是会计、建筑师、工程师还是管理咨询师）却很少销售本公司的

服务。结果就是需要高技能的人才。

服务的内在特征说明了当地的地理格局和顾客与供应商间的互动比传统的产品报价更重要［克瓦克斯基（Kowalkowski）等人，2011］。

菲利亚特罗（Filiatrault）和雷帕尔（Lapierre）（1997）在欧洲（法国）和北美洲（加拿大）做了一项关于工程咨询项目文化差异的研究。在北美，工程咨询公司一般都很小，它们在经济环境中工作更接近于完全竞争（与欧洲相比）。在欧洲签的合同比较大且经常受到政府奖赏。法国顾问意识到北美比欧洲更具管理上的灵活性。合同分包在北美也较受欢迎。

11.4 产品的生命周期

产品的生命周期（简称 PLC）这一概念为作出产品决策和形成产品战略提供了有用的信息。

像个人一样，产品也经历了一系列的发展阶段。每个阶段都是由销售业绩确定的，并且以营利水平、不同的竞争水平和独特的营销方案为特征。产品生命周期的四个阶段分别是导入期、成长期、成熟期和衰退期。产品生命周期的基本模式如图 11.3 所示，其中也包含早于实际销售的阶段。总之，这些阶段代表了所谓的"上市时间"。

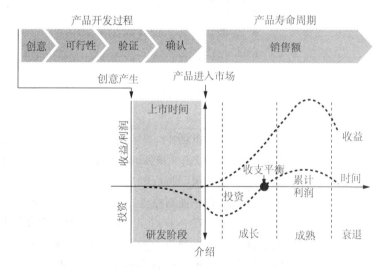

图 11.3 产品周期与上市时间

上市时间（简称 TTM）是指从产品构思到产品可以销售所花费的时间。上市时间对那些更新较快的产品比较重要，比如 IT 产业。

快速的上市时间对很多公司的竞争性成功非常重要，原因如下：

● 较快进入市场的竞争性优势

- 生命周期初期的高价
- 较快实现投资发展的盈亏平衡和降低金融风险
- 更大的整体利润和高额的投资回报

实现快速的上市时间关键过程的要求：

- 在项目的初期就要明确顾客的需要，保持产品要求或特定要求的稳定性
- 有特色的、最优化的产品研发过程
- 以该过程为基础实际的工程方案
- 需要有效的资源来支持该项目，任用全职专业人员
- 及早地介入和快速地建设员工队伍，来支持产品和过程的并行设计
- 虚拟的产品研发包括数字装配建模和早期的分析模仿，以减少耗时的物理实物模型和测试
- 设计重用和标准化，以减少项目的设计内容

尽快地将产品引入市场对快速发展得产业来说是很有益的，但单纯追求速度并不总是最好的目标。许多管理者都推测产品研发项目时间越短，成本就越低，所以他们尝试将上市时间作为削减费用的一种方式。遗憾的是，减少上市时间首要的方法是要为该项目配备大量人员，所以一项进展较快的项目可能需要更高的费用。

产品生命周期强调在产品的不同阶段审查营销目标和战略的必要性。在产品的寿命期内考虑营销决策是很有益处的。然而，有时很难知道一项产品什么时候离开该阶段进入到下一个阶段。生命周期这一概念有助于管理者视产品线为投资组合。

大多数公司不止提供一种产品或服务，且许多公司还在多个市场运营。优势就是不同的产品（产品投资组合）都能够得到管理，使得它们不会全部处于生命周期的同一阶段。产品跨越生命周期进行均衡的传播使现金和人力资源得到了充分利用。

图 11.4 举例说明了产品生命周期的管理，以及伴随产品生命周期不同阶段的对应战略。

处于成熟期的 B 产品早期产生的利润覆盖了处于成长期的 C 产品当前的投资。该产品早期由处于衰退期的 A 产品提供资金，现也通过新产品得以平衡。一个寻求增长的公司可以引进新产品或新服务，相比那些已成功的公司，它们希望成为更大的销售方。然而，如果这种扩张进行得太快，很多品牌在生命周期的初期需要投资，那么即使在早期也不会快速地创造利润以支持后续的产品开发。因此，生产者要在投资得到回报之前找到另一种资金来源。

然而，管理者还需要意识到产品生命周期的局限性，以至于不受其说明的误导。

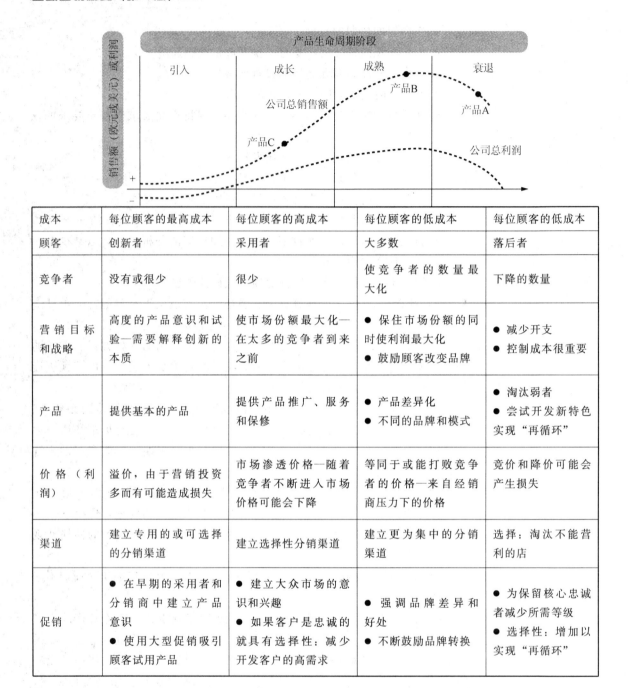

成本	每位顾客的最高成本	每位顾客的高成本	每位顾客的低成本	每位顾客的低成本
顾客	创新者	采用者	大多数	落后者
竞争者	没有或很少	很少	使竞争者的数量最大化	下降的数量
营销目标和战略	高度的产品意识和试验—需要解释创新的本质	使市场份额最大化—在太多的竞争者到来之前	● 保住市场份额的同时使利润最大化 ● 鼓励顾客改变品牌	● 减少开支 ● 控制成本很重要
产品	提供基本的产品	提供产品推广、服务和保修	● 产品差异化 ● 不同的品牌和模式	● 淘汰弱者 ● 尝试开发新特色实现"再循环"
价格（利润）	溢价，由于营销投资多而有可能造成损失	市场渗透价格—随着竞争者不断进入市场价格可能会下降	等同于或能打败竞争者的价格—来自经销商压力下的价格	竞价和降价可能会产生损失
渠道	建立专用的或可选择的分销渠道	建立选择性分销渠道	建立更为集中的分销渠道	选择：淘汰不能营利的店
促销	● 在早期的采用者和分销商中建立产品意识 ● 使用大型促销吸引顾客试用产品	● 建立大众市场的意识和兴趣 ● 如果客户是忠诚的就具有选择性：减少开发客户的高需求	● 强调品牌差异和好处 ● 不断鼓励品牌转换	● 为保留核心忠诚者减少所需等级 ● 选择性：增加以实现"再循环"

图 11.4 产品生命周期及其营销战略的含义

资料来源：郝林森·S（Hollensen，S)（2010）营销管理（Marketing Management），第 2 版，FT / Prentice Hall，图 7.5。

11.5　产品的沟通组合

既然已经决定了最优的标准化或适应性的路线以及新颖的产品，下一个要考虑的最重要的（以及文化上较敏感的）因素就是国际促销。

在国外市场上产品和促销是携手并进的，并且都能在短期内打造或毁灭一个市场。

		产品		
		标准化	适应性	新产品
促销	标准化	直接延伸	产品适应	产品发明
	适应性	促销适应	双重适应	

图 11.5　产品/沟通模式

资料来源：基于基冈（Keegan），1995，第 489-94 页和第 498，表 13.1。

综上考虑，我们可以得出一个组织规范或适应国外市场的产品系列。促销和公司对目标市场作出的产品或服务的绩效承诺同等重要。促销可以伴随着产品决策规范化或适应国外市场。

基冈（Keegan）（1995）强调将产品标准化或适应性与组合元素的推广加以结合，是营销战略关键的一个方面，并且要提供产品政策的五种备选方案以及更具体的方法。这些方法如图 11.5 所示。

11.5.1　直接延伸

这种方法要引进与世界市场有同样营销战略的标准化产品（一种产品，一种信息的世界）。成功运用该战略，可以在市场研究和产品开发上节省很多费用。可口可乐公司自 20 世纪 20 年代起就采用了一种全球化的方法，为公司节约了巨大的成本，以及不断强化同一信息而从中受益。与此同时，一部分作者提到这将是未来多种产品会采用的战略，但实际上，只有少数产品能做到。一些公司也尝试过但失败了。例如，坎贝尔（Campbell）公司的汤产品发掘顾客对汤的口味绝不可能全球化。

一个成功的例子是联合利华在全球范围内推出有机物洗发水，由曼谷和巴黎的联合利华秀发创新中心（Unilever's Hair Innovation Centres）联合开发，并于 1993 年年底在泰国上市。到了 1995 年，该品牌被销往全球40 多个国家，销售额达 170 万英镑。你可以从下面一杂志看到两页的广告，该产品在阿根廷的推广过程。世界各地（包括阿根廷）的基础广告概念一直是"有机——有史以来第一款滋养发根的洗发水"。

11.5.2 促销适应

运用此战略不会改变产品，但调整促销活动要考虑市场间的文化差异。这是一个与节约成本有关的战略，因为改变产品信息不会像适应产品那样昂贵。下面力士香皂的例子对该战略的运用作了说明。

力士香皂（联合利华）：英国与印度

英国版本的力士广告以典型的跨国广告宣传为基础，"影视明星的美容香皂"，在很大程度上已经被标准化了。在印度却为力士宣传赋予了特殊的当地特色。

向阿根廷"直接延伸"（Straight extension）的有机洗发水

力士在英国和印度的广告

力士有三支广告以过去时代的、当前时期的以及未来潜在的电影明星关系为踪迹，印度版的广告就是其中之一。这则广告以在印度电影中支持该品牌的三位传奇女性为中心。用电影海报中创意性的解说词让大家将该品牌铭记心中，并且用一种深褐色的色调给人以怀旧的感觉。

11.5.3 产品适应

制造商要想在不同的市场上保持产品的核心功能，就只能对该产品加以改进。例如，电器需要进行更改来适应不同国家的电压。产品也应适应不同物理环境条件下的功能。埃克森（Exxon）为适应极端的气候条件而改变了汽油的化学成分，但还是使用了"把老虎放进你的油箱"（Put a tiger in your tank）这种活动，使其在世界各地主旨维持不变。

11.5.4 双重适应

为使产品和促销适应每个市场，公司正在采取一种完全不同的方法。当公司以前的三种战略都没有成功的时候，通常会采取这种战略，特别是公司没有居于领导地位时，因此，它需要对市场作出反应或跟随竞争者。它适用于世界市场的大多数产品。产品和促销的更改是昂贵的，但却是必要的战略。

双重适应的示例有，凯洛格（Kellogg）在印度早期的谷物早餐市场上研发的"印度香米片"（Basmati Flakes）。这种产品专为适用印度人的口味，印度是个很大的大米消费国。这种广告活动是一种基于国际定位的适合当地的概念。注意该产品只适合孟买地区。

凯洛格（Kellogg）对印度市场的双重适应

11.5.5 产品发明

公司发明产品，通常都是发达国家向欠发达国家提供产品，专门研发产品满足个人市场的需求。现有产品在欠发达国家操作起来可能会有技术难题，这些国家电源不稳定以及当地能力有限。手动洗衣机就是一个产品实例。另外一个例子就是惠普公司发明的太阳能，为数码相机和照片打印机提供便携式充电系统。惠普公司凭借这项技能成功地进入到印度农村市场。这种渐进式创新使惠普成功地将数码相机和打印机卖给了那些还没有从农村电气化工程中受益的印度乡村消费者。

11.6 产品定位

产品定位在任何市场任何组织中对营销成功来说都是一个关键因素。没有明确定位的产品或公司在顾客心中没有任何代表性，并且几乎不能控制一件简单的商品或效用价格。高昂的价格和竞争性优势很大程度上取决于顾客的认知，所提供的产品或服务在某些方面明显不同于竞争报价。我们如何在国际市场中取得一个可信任的市场地位呢？

既然买方或用户对所产生的好处这种属性的认知很重要，那么产品定位就是一种活动，通过该活动顾客在心中产生了对产品想要的"定位"。为国际市场中的产品定位，首先要说明包含不同属性，且能为买方和用户产生一系列利益的特定产品。

全球营销的筹划者将三个属性归于一体，以使产生的利益与特定市场的特殊要求相匹配。这种产品设计问题不仅包括产品的基本成分（外形、包装、服务和原产地），还有品牌名、风格和相似性。

从多维空间来看（通常指"感性映射"），一件产品可以通过图表方式按其属性指定的点来表示。在知觉空间的产品点的位置就是它的"定位"（position）。竞争者的产品在地理位置上有相似性［约翰逊（Johansson）和托雷利（Thorelli），1985］。如果代表其他产品的那些点接近原点，那么这些其他产品就接近竞争者的原型。在某些国际市场中，如果原型定位远离其最近的竞争对手，而且它的位置向消费者指出了重要的特点，那它可能有很强的竞争优势。

原产地效应（Country-of-origin effects）

产品的原产地，会以典型短语"产于（某国）"加以标示，原产地对产品的质量认知有很大的影响。对某些产品来说，有些国家名声很好，有些则很差。例如，日本和德国在生产汽车方面声誉很好。原产地效应对东欧消费者尤其重要。一项研究（藤森（Ettensén），1993）调查了俄国、波兰和匈牙利消费者对电视品牌的决策。这些消费者不论品牌如何，对国内生产的电视估价都比西方产品低。大家一般都偏爱日本、德国和美国制造的电视机。

示例 11.1　中国的钢琴制造商正经历着原产地(Country Of Origin)(COO) 效应

　　中国的钢琴产业对说明中国品牌面临的机遇和挑战是一个很有用的例子。中国已超越日本和韩国成为世界上最大的钢琴生产国。品牌生产商之一珠江钢琴，已成为世界上最大的钢琴生产商，年销售量大约有 10 万架。由于钢琴制造业仍然是劳动密集型产业，所以中国制造商享有很大的成本和价格优势。他们还鼓励国际经销商贮存中国钢琴，因为有很大的利润率。然而，中国的钢琴制造商面临的最大的品牌困境是对"中国制造"标签的消极看法。个体企业很难改变这种看法，并且要求一个国家改变整体印象可能要经历一代人的时间。日本雅马哈历时 30 多年将一件便宜的"米兔（'me-too'）"产品变成了全球领先品牌。音乐老师也会对购买力产生重要的影响，很多老师建议学生不要买中国制造的乐器。

　　为克服这种困难，中国制造商想办法将其品牌与西方价值观和名称相联系。例如，龙凤（Longfeng）钢琴强调其金斯伯格（Kingsburg）模式是由世界著名德国设计家克劳斯·芬纳（Klaus Fenner）设计的。

资料来源：改编自凡（Fan）（2007）。

　　原产地比品牌名更重要，这对于西方国家来说是个好消息，他们正打算用大家还不太熟悉的进口品牌进入到东欧地区。尽管对原产地有消极看法，但另一项研究（约翰逊（Johansson）等人，1994）表明东欧的一些产品在西方做得很好。例如，白俄罗斯的拖拉机在欧洲和美国都卖得很好，不仅仅因为它们价格合理，还因为它们的耐用性。缺乏有效的分销网络才会在更大程度上妨碍公司进入西方市场。

　　当考虑到产品定位的含义时，重要的是要意识到市场间的定位是有变化的，因为国家间产品的目标客户不同。在对特定市场或地区确认产品或服务的定位时，有必要让消费者正确感知产品代表了什么以及现有的和潜在的竞争有何不同。在开展特定市场的产品定位时，公司可集中在全部产品的一个或多个元素，不同之处可能基于产品和质量、一个或多个属性的、特定的应用，目标客户或与竞争对手直接对比。

11.7　品牌资产

　　1997 年花旗银行和国际品牌的研究发现，基于品牌生意的公司连续 15 年来都比股票市场表现出色。然而，同样的研究注意到，有风险趋势的品牌所有者在 20 世纪 90 年代中期减少了品牌投资，因为不良品牌对其业绩产生了消极影响［胡利（Hooley）等人，1998，第 120 页］。

下面两个例子向顾客说明品牌增加价值：

1. 典型的例子是，在一次盲测中，51％的消费者比起可口可乐更喜欢百事可乐，但在开放测试中，相对于百事可乐说，65％的人更喜欢可口可乐：对软饮料的偏好是因为品牌印象而不是口味［胡利（Hooley）等人，1998，第 119 页］。

2. 斯柯达（Skoda）汽车一直是英国众所周知的不良笑话的笑柄，反映了人们普遍认为其汽车质量很差。1995 年，斯柯达准备在英国推出一种新模式，并在消费者中做了汽车的"盲视"测试。该汽车因设计良好而受到好评，那些不知道制造者的人认为其价值较高。随着斯柯达名字的透露，大家对设计的看法越来越不支持，估计值大幅度下降。这从公司名声到品牌对我们进行了引导。

示例 11.2　杜莎夫人蜡像馆（Madame Tussauds）——一个让大家更接近世界名人的品牌

这是一段丰富且具有吸引力的历史，其根基可追溯到 1770 年的巴黎。就是在这里，杜莎夫人（Madame Tussaud）在其导师菲利普·柯歇斯（Philippe Curtius）博士的指导下学习制作蜡像模型。法国大革命期间，她的技能受到了考验，被迫制作执行贵族的死亡面具来证明自己的忠诚。19 世纪早期，她来到英国，并对革命遗产和公众英雄与恶棍的模拟雕像进行了巡回展览。

2007 年 3 月，杜莎集团以 10 亿英镑的价格卖给了黑石集团（Blackstone Group）。该公司现已合并成默林娱乐集团（Merlin Entertainments Group）。2009 年默林吸引了 3 000 万参观者到其景点，成为继迪士尼的世界第二大游客集中地。默林娱乐集团在 12 个国家都有开展业务，有 13 000 多名员工。

品牌体验

未来的品牌是关于打造难忘的消费体验的。像杜莎夫人蜡像馆这样的以体验为主的公司需要做一些超越产品的事情。杜莎夫人蜡像馆的卖点不是蜡像作品，而是让大家更接近名人并了解他们的生活。

选择新位置

选择新位置有很多标准。杜莎夫人蜡像馆有个产品研发团队，他们会调查一个城市会有多少游客，它们是否适合吸引游客以及是否有足够的空间。

详细的研究对于将概念引进到新市场是很重要的。继在香港开业之后，2006 年杜莎夫人蜡像馆又在上海开办了亚洲第二大分支机构。作为中国最大最富有的城市，约有 2 000 万居民和每年约 4 000 万的游客，上海对杜莎夫人蜡像馆来说是个很好的机遇。

与蜡像人物互动

上海分支机构提供了与所有景点展览最大程度的互动,里边的蜡像人物很少,更多的是在其周围做些什么。老虎伍兹的展览允许游客在球穴区轻轻一击看到成绩上升。能一次击中的最新游客将被记录在积分榜上。游客还可进入卡拉OK厅与中国著名歌星Twins的模型一同唱歌并能在视频中看到自己。游客还可以扮成查理·卓别林的样子并能在黑白荧屏上看到自己。

平衡地方品牌和全球品牌

杜莎夫人蜡像馆的研究表明在英国市场有98%的品牌认知度。然而,在亚洲,"杜莎夫人"一词对很多消费者来说有时就是个酒吧或俱乐部,并且在亚洲市场上这个品牌就是个"蜡像景点"而没有其他含义,因为传统上没有这种类型的博物馆。

资料来源:杜莎夫人蜡像馆集团授权许可,特别是来自伦敦的全球营销总监尼基·马什(Nicky Marsh)(www.madame-tussauds.com)和上海对外事务顾问王凯茜(Cathy Wong)(www.madame-tussauds.com.cn);马什·N(Marsh, N.)(2006)世界各地的翻译经验,品牌战略,6月,11页('Translating experiences across the world', Brand Strategy, June, p. 11);麦卡利斯特·T.(2005)《杜莎夫人蜡像馆在上海开馆》,卫报(伦敦),9月19日,20页(Macalister, T. (2005) 'Madame Tussauds to open in Shanghai', The Guardian (London), 19 September, 20页)。

杜莎夫人蜡像馆确保其品牌保持本地内容和全球内容有良好的组合是非常重要的。这是个微妙的平衡过程:太多的本地内容不适合全球品牌的想法,太不注重全球人物会使国际顾客失望。上海的展馆以很多当地面孔为特色:像演员葛优、功夫星成龙、流行组合Twins和篮球巨星姚明;它还有国际人物如大卫·贝克汉姆(David Beckham)、迈克尔·杰克逊(Michael Jackson)以及布拉德·皮特(Brad Pitt)。伦敦馆引人入胜的国际巨星有安吉丽娜·朱莉(Angelina Jolie)、碧昂斯·诺尔斯(Beyonce Knowles)、巴拉克·奥巴马(Barack Obana)(请见图),但国际游客也喜欢玛格丽特·撒切尔(Margaret Thatcher)、戴安娜王妃(Princess Diana)、温斯顿·丘吉尔(Winston Churchill)和维多利亚女王

（Queen）。这些照片说明了杜莎夫人蜡像馆是全球内容（像奥巴马）和本地内容（像 Twins）的混合。

将杜莎夫人品牌推广到全球是个挑战，但还要回归到它的本质——杜莎夫人蜡像馆不是有关蜡像作品的，它是一种消费者体验，并让大家与名人进行互动。

"品牌资产"的定义

品牌资产 (Brand equity)：一系列有关品牌的资产和负债，可以概括为 5 类：品牌忠诚度、品牌知名度、感知质量、品牌联想和其他专有的品牌资产。品牌资产是消费者或顾客为某品牌的产品或服务所支付的比其他无品牌的同等产品或服务多出的附加费用。

尽管品牌资产的定义经常受到争议，但这一术语解决了与生产有关的有形资产以外的品牌价值问题。

加州大学伯克利分校（University of California at Berkeley 为研究品牌资产的领先权威机构，该校的戴维·艾克（David Aaker），为品牌资产术语做了定义，即"品牌的名字与象征相联系的资产和负债的集合，它能够使通过产品或服务提供给公司或公司客户的价值增大或减小"（艾克（Aaker），1991，第 15 页）。

艾克已将这些资产和负债集中为五类：

1. 品牌忠诚度。鼓励消费者不断购买一个特定的品牌并对竞争对手的产品不敏感。

2. 品牌认知度。品牌名称会吸引注意力并传达形象熟悉性。可以解释为：顾客了解品牌名的程度有多大。

3. 感知质量。"认知"意味着是顾客而不是公司决定了质量水平。

4. 品牌联想。与品牌有关的价值和个性。

5. 其他专有的品牌资产。这些都包括商标、专利和营销渠道关系。

我们可以视品牌资产为额外的现金流动，它可以通过品牌与服务或产品的潜在价值相联系而实现。在此关系中，与同样产品或服务相同的无品牌版本相比，将品牌资产认为是顾客或消费者愿意为品牌产品或服务付的额外费用是很有用的（尽管不完整）。

因此，品牌资产指的是强度、深度和消费者与品牌关系的特点。一份雄厚的资产指的是在面对阻力和张力的时候能使消费者和品牌紧密相连的正能量。强度、深度和消费者与品牌关系的特点指的是品牌关系质量 (brand relationship quality)（营销科学机构（Marketing Science Institute），1995）。

11.8 品牌决策

与产品定位密切相连的是品牌问题。品牌的基本目的在世界各地都是一样的。一般说来，品牌的功能如下：

- 区分一个公司的产品，与竞争对手区分一种特定的产品；
- 产生认同感和品牌认知度；
- 保证一定水平的质量和满意度；
- 帮助提升产品。

所有的这些目的最终目标都是一样的：创造新的销售额（从竞争对手那赚取市场份额）和引起重复销售（保持顾客忠诚）。

图11.6所示为品牌决策的四种水平。四种水平中，每一项都有优点和缺点，表11.2对此有所说明。我们将在下面作详细地讨论。

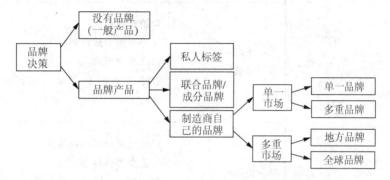

图 11.6　品牌决策

资料来源：摘自昂基维士特（Onkvisit）和肖（Shaw），1993，p. 534。

表 11.2　品牌选择的优点和缺点

	优点	缺点
没有品牌	较低的生产成本。 较低的营销成本。 较低的法律成本。 质量控制灵活。	激烈的价格竞争。 缺乏市场认同。
品牌	较好的认同感和意识。 较好的区分产品的机会。 可能的品牌忠诚度。 可能的高价。	较高的生产成本。 较高的营销成本。 较高的法律成本。
私人标签（Private label）	可能获得较大的市场份额。 没有促销问题。	激烈的价格竞争。 缺乏市场认同。
联合品牌/成分品牌（co-branding/ingredient branding）	为品牌增加更多价值。 分担生产和促销成本。 在进入零售商货架时提高生产者的实力。 在互相承诺的基础上形成长期合作关系。	顾客可能会有疑惑。 合作供货商会非常依赖最终产品的成功。 合作供货商的促销成本。

	优点	缺点
制造商自己的品牌（manufacturer's own brand）	由于较高的价格无弹性而获得较好的价格。 保留品牌忠诚度。 较好的讨价还价的能力。 较好的分销控制。	对不知名的小制造商来说有困难。 需要提升品牌。
单一市场 单一品牌	营销有效性。 允许更集中地营销。 消除品牌困惑。 有好名声的好产品（光环效应）。	假设市场一致性。 交易上升或下降时现有的品牌形象会受损。 有限的货架空间。
单一市场 多重品牌	有变化需求的市场部分。 打造竞争精神。 避免现有品牌的消极内涵。 获得更多的零售空间。 不破坏现有品牌的形象。	较高的营销成本。 较高的库存成本。 损失了规模经济。
多重市场 当地品牌（也可见示例11.4）	有意义的名称。 当地的认同感。 避免对国际品牌的征税。 允许跨越市场的数量变化和质量变化。	较高的营销成本。 较高的库存成本。 损失了规模经济。 分散的形象。
多重市场 全球品牌	使营销有效性最优。 减少广告成本。 消除品牌困惑。 有利于文化中立的产品。 有利于有声望的产品。 国际旅行者容易认同或认知。 统一的全球形象。	假设市场一致性。 营销问题（并行进口）。 消极内涵的可能性。 要求质量和数量一致。 不发达国家的反对和不满。 法律复杂性。

资料来源：改编自昂基维士特·S（Onkvisit，S.）和肖·J.J（Shaw，J.J.）（1989）。由翡翠出版公司（Emerald Publishing Ltd.）出版并许可。www.emeraldinsight.com。

示例 11.3 联合利华（Unilever）的"贴身"织物柔软剂——一个在多重市场中拥有当地品牌的例子

联合利华的"贴身"织物柔软剂说明了促销适应的有效性。该产品最初是作为经济品牌在德国发布的，当时的产品类别中保洁公司产品占主导地位。为了抵消与低价有关的负面质量推断，联合利华强调要把柔软作为产品不同的关键点，对柔软的联想是通过名字"Kuschelweich"来传达给大家的，意思是"被柔软包围"，并通过包装上泰迪熊的图片加以说明。

该产品在法国发布时，联合利华仍保持经济柔软的品牌定位，但将名字改成了"Cajoline"，法语是柔软的意思。另外，在德国不太活跃的泰迪熊已作为柔软和质量的品牌标志登上了法国广告的中心舞台。

在法国的成功带来了产品的全球扩张，并且每一次名称都会有所改变，用当地语言表达柔软之意，同时配以泰迪熊为特色的广告，以此保证全球市场的内涵相同。到20世纪90年代，联合利华用十几个名字在全球市场上营销织物柔软剂，且所有的产品定位和广告支持都一样。最重要的是，该织物柔软剂在每个市场上一般都占据数一数二的地位。

资料来源：基于凯勒（Keller）和苏德（Sood）（2001）。

11.8.1 品牌 VS 没有品牌

确定品牌与营销、贴标签、包装和促销形式产生的附加费用有关。有些商品是"没有品牌"或没有差别的。没有品牌的产品例子有水泥、金属、盐类、牛肉和其他农业产品等。

11.8.2 私人标签 VS 联合品牌 VS 制造商自己的品牌

这三个选项可以如图 11.7 所示划分等级。

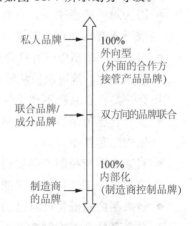

图 11.7 三种品牌选择

消费者有品牌忠诚度和商店忠诚度是一个关键的问题。生产商和零售商之间的激烈竞争让我们更好地理解了购物行为。

所有参与者都需要意识到影响商店选择、购物频率和在商店里行为的决定因素。制造商很少注意消费者的购物行为，它有助于预测某些零售连锁店的实力提升。

私人标签
（Private label）：
零售商自有品牌，例如玛莎百货公司的圣迈克尔（St Michael）。

私人标签

私人标签在英国发展最快。例如，玛莎百货（Marks&Spencer）只卖贴有自己标签（私人标签）的产品。塞恩斯伯里超市自己的标签占了全部销售额的60%。与北欧高份额的私人标签相比，南欧（像西班牙和葡萄牙）的份额没有超过10%。

零售商的观点

对零售商来说，做贴有自己标签的生意有两大主要优点：

1. 自己的标签会有更大的利润率。产品成本通常会占零售商总成本的70%~85%（经济学家（Economist），1995.3.4，第10页）。所以如果零售商能从制造商那里买到物美价廉的产品，零售商就会有更大的利润率。事实上，私人标签已帮助英国食品零售商达到了销售额的约8%的利润率，这按国际标准来说已经很高了。法国和美国典型的数字是1%~2%。

2. 自己的标签加深了顾客对零售商的印象。许多零售商试图通过提供质量好的产品来建立特定连锁商店的忠诚度。实际上，与竞争对手的高端品牌在质量方面相比，昂贵的私人标签的产品的市场份额已有所增长；反之，没有品牌的便宜产品市场份额较小且在下降。

制造商的观点

尽管自有品牌对制造商构成了威胁，但它也有可能是一种更好的选择[埃尔斯坦（Herstein）和卡米尔（Gamliel），2006]：

- 因为对生产者来说，自有品牌没有促销费用，该策略特别适用于财政资源有限和在下游功能竞争能力有限的中小企业。
- 自有品牌的制造商有机会在零售连锁店找到货架。大型零售连锁店日益国际化，这可能使从没有进入国际市场的中小企业获得进口业务。

还有一些自有品牌不利于制造商的原因：

- 没有自己的品牌认证，制造商主要通过价格进行竞争，因为零售连锁店总是换供货商。
- 制造商不能控制产品促销的方法。如果制造商在将产品推给顾客时没有做好工作，那这可能是关键之处。
- 如果制造商既生产自己的品牌又生产自有品牌，就会存在风险，即自有品牌会影响制造商的名牌产品。

示例11.4给出了凯洛格（Kellogg）从品牌战略向自有品牌战略转移

的实例。

奎尔奇（Quelch）和哈丁（Harding）（1996）提出生产商对自有品牌的威胁反应过度。越来越多的生产商为占用过剩的生产能力开始生产自有品牌的产品。据奎尔奇和哈丁（1996）看来，超过50％的品牌消费品的制造商也已开始制造私人标签的产品。

管理者也会在增加的边际成本的基础上审视私人标签的生产机遇。与过剩生产能力有关的固定成本也会用来制造私人标签的产品。但如果以全部成本为基础而不是增加的成本为基础来评价个人标签的生产商，很多情况下会显得利润很少。私人标签的生产在总生产中占的比重越大，基于全部成本的分析相关度就越高。

示例11.4 凯洛格（Kellogg）迫于压力而生产阿尔迪（Aldi）品牌的产品

2000年2月，凯洛格（谷物类巨人）与德国连锁超市做了一笔有自己标签的交易。这是凯洛格第一次提供自己的标签。

凯洛格谷物包装上的标语写道："如果你在盒子上没有看到凯洛格的标志……那么盒子里也不是凯洛格的产品。"但现在凯洛格已与阿尔迪达成协商，在德国提供有不同品牌名称的产品。德国新闻称这是在阿尔迪宣布它不再付款给品牌供货商，并威胁说将把高端品牌撤下货架后才达成该协议的。

资料来源：基于不同公众媒体。

制造商自己的品牌

自"二战"至20世纪60年代以来，品牌制造商设法建立一座零售商与消费者间的桥梁。他们通过复杂的广告（以电视广告结尾）和其他促销手法为其特定品牌打造顾客忠诚度。形成一个全球品牌并不是件容易的事。公司必须决定怎样管理跨越不同地理区域和产品线的品牌，并决定由谁控制该品牌的定位和营销。企业对企业的品牌对全球品牌来说也是个不错的选择。通常，卖方的声誉加上买方自己的意识水平和向制造商（卖方）展示的忠诚度在购买决定中都是重要的考虑因素［贝弗兰（Beverland）等人，2007；科特勒（Kotler）和弗沃德（Pfoertsch），2007］。

自20世纪60年代起，社会不断变化鼓励了大型有效的零售商的崛起。现在的分销系统已被颠覆。传统的供货连锁店受到生产者"推力"的影响正变成受消费者"拉力"驱动的需求连锁店。零售商已赢得了分销的控制权，不只是因为他们决定了销售产品的价格，还因为个人商店和零售公司变得越来越大和越来越有效。他们能批量购买并获得规模经济，主要是交通便利和现在信息技术发达。大多数零售连锁店不仅在每个商店和分销仓库间建设立了计算机连接，还通过电子数据交换系统将公司主要供货商的电脑相连。

在经过几十年的缺失后，私人标签作为大众产品在 20 世纪 70 年代重新出现，由法国家乐福超市开拓先锋但很快被英国和美国的零售商采纳。十年前，私人标签和品牌产品的质量水平还是有很大差距的。但现在差距已缩小：私人标签的质量水平比以前高得多，并更加一致，特别是在传统类别中产品创新不多。

联合品牌/成分品牌

尽管联合品牌和成分品牌之间有相似性，但也有差异，正如下面所示。

联合品牌（Co-branding）： 两个或更多个品牌之间的合作形式，它可以为所有参与者创造协同效应与价值，在此价值基础上，它们期望产生属于自己的价值。

联合品牌

联合品牌是有重要顾客认知度的两个或多个品牌的合作形式，它要保留所有参与者的品牌名称。它是个中期向长期发展的过程，它的净值创造潜力太小，不足以证明成立一个新品牌和/或合资企业。联合品牌的动力是协同为所有参与者创造价值的期望，在此价值基础上，他们期望产生属于自己的价值［本特松（Bengtsson）和塞外斯（Servais），2005］。

在联合品牌的情况下，产品都是互补的，一种方式下使用或消费的产品可以独立地适用于另一种方式（如百加得朗姆酒（Bacardi Rum）和可口可乐）。因此，联合品牌对传统的品牌延伸战略来说可能是一种有效的选择。

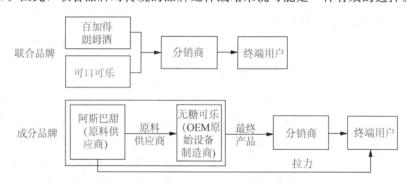

图 11.8 联合品牌和成分品牌的说明

示例 11.5 壳牌（Shell）与法拉利（Farrari）及乐高（LEGO）的联合品牌

从 1999 年到 2000 年，壳牌与法拉利和乐高合作打赢了一场 5 000 万欧元的战役。有些人可能会想这是一次说服西方国家人民的尝试，说明在北海（North Sea）布伦特·斯帕尔石油平台（Brent Spar oil platform）外泄的备受争议的做法不是公司真实做法的反映。

然而，更准确地说是壳牌在追求"品牌形象转换"。在汽油零售商市场上，受到传统价格促销的驱动，壳牌既想拥有法拉利迷人运动的形象又想有乐高能创造家庭价值的特点。此外，壳牌不会只在汽油和石油这些在营销活动中以价格促销为主要焦点的领域开展业务。公司也会涉足忠诚度很重要的食品零售业。

法拉利和乐高会有什么好处呢？法拉利会从汽车模型销售中获得赞助和特权收益，同时乐高会改善全球布局。合作品牌战略要用到十个小的专用盒装玩具和带有壳牌标志的大型法拉利乐高汽车。壳牌想在全球卖出 2 000 万到 4 000 万辆乐高。这使壳牌成为全球最大的玩具分销商之一。

资料来源：基于不同公众媒体。

成分品牌

成分品牌 (Ingredient branding)：供应商提供给最终 OEM（原始设备制造商）产品的关键组成部分，例如英特尔为主要 PC 厂商提供其处理器。

顾客通常认为是最终产品的营销人员（原始制造商）创造了所有的价值。但在英特尔和阿斯巴甜的案例中，原料供应商正试图通过对终端产品的关键成分进行品牌化和促销来创造产品价值。当原料供应商发起关键成分的品牌促销时（"拉力"战略：请见图 11.8），目标就是建立消费者对该组成品牌的意识和偏好。同时，制造商（原始制造商）可能从认知的原料品牌中寻求利益。一些计算机制造商正从大家对英特尔芯片质量较好的印象中受益。

但是，成分品牌并不适用于每种成分的供货商。原料供货商应满足以下要求：

- 原料供应商提供的产品要比现有产品多很多优点。杜邦特富龙（DuPont's Teflon）、阿斯巴甜（NutraSweet）、英特尔芯片（Intel chips）和多尔比（Dolby）噪音降低系统都是主要的技术创新的例子和在研发上大规模投资的结果。
- 组成成分对最终产品的成功至关重要。阿斯巴甜不仅是一种低卡路里的甜味剂，还与那种糖有几乎一样的味道。

11.8.3 单一品牌与多重品牌（单一市场）

单一品牌或家族品牌（对一些产品来说）有助于使消费者相信产品质量都一样或都符合一定的标准。换句话说，单一市场中的单一品牌被生产者推销时，该品牌肯定会在最大程度上受到充分的关注。

公司也可能会选择在单一的市场中推销几种（多种）品牌。这要假设市场多种多样并有多个组成部分。

11.8.4 地方品牌与全球品牌（多重市场）

公司可选择使用大多数或所有国外市场的相同品牌或使用个别的地方品牌。单一的全球品牌也可称为国际品牌或通用品牌。欧洲品牌就是对这种方法稍微做了修改，因为它是 15 个或多个欧洲国家单一市场中的单一品牌，其重点是寻找市场间的相似性而非差异性。

当产品名声很好或质量较好时，全球品牌就是很适合的方法。在此情况下，公司将该品牌名扩展到产品线上的其他产品是很明智的。全球品牌的例子有可口可乐、壳牌和签证信用卡（Visa credit card）。尽管有可能发现全球品牌的例子，但大型跨国公司中的地方品牌比人们想象的更常见。博兹（Boze）和帕顿（Patton）（1995）已研究了世界上 67 个国家的 6 个跨国公司的品牌实践。

1. 高露洁－帕尔莫立夫（Colgate-Palmolive）——总部位于美国
2. 卡夫通用食品（Kraft General Foods）（现在是菲利普莫里斯（Philip Morris）的一部分）——总部位于美国
3. 雀巢（Nestlé）——总部位于瑞士
4. 宝洁（Procter & Gamble）——总部位于美国
5. 桂格燕麦（Quaker Oats）——总部位于美国
6. 联合利华（Unilever）——总部位于英国和荷兰

在 67 个国家发现的 1 792 个品牌中，只有 44% 的品牌在一个国家销售。只有 68 个品牌（4%）能在一半以上的国家找到。在这 68 个品牌中，只有以下 6 个品牌能在 67 个国家中全部找到：高露洁（Colgate）、利普顿（Lipton）、力士（Lux）、马奇（Maggi）、雀巢（Nescafé）和帕尔莫立夫（Palmolive）。因此，这些才是真正的世界品牌。这些结果也在 2008 年米尔沃德·布朗（Millward Brown）赞助的一项研究中得到了证实。结论就是真正的全球性品牌相对较少，并且设法与多个国家的消费者形成紧密联系的仍是少数［霍利斯（Hollis），2009］。

11.9 顾客与互联网关于产品合作的含义

公司正意识到合作对于打造和保持竞争性优势的重要性。与合作伙伴甚至是竞争对手的合作对网络世界中的公司来说已成为必要的战略。最近，营销战略专家已致力于同顾客合作共同创造价值［普拉哈拉德（Prahalad）和拉马斯瓦米（Ramaswamy），2004］。

互联网是一种开放的、节约成本的和普遍存在的网络。这些属性使它成为了史无前例的全球媒介。有利于减少地理位置和距离的限制。互联网提高了公司的能力，使顾客能够以多种方式参与到合作创新中。它使得公司从与顾客零散单向的互动转变到能与顾客进行持久地对话。以互联网为基础的虚拟环境允许公司与更多顾客进行互动，在互动的丰富性上不需要太显著的妥协［埃文斯（Evans）和伍斯特（Wuster），2000］。

11.9.1　用户化和更紧密的关系

新的商业平台意识到产品和服务用户化日益重要。日益标准的商品化特色只能通过用户化来应对，这是分析复杂的客户数据受阻时最有效的方法。

大众营销专家，如耐克正在体验用数字技术实现用户化的方式。例如，可以展示三维影像的网站定会提高为顾客量身定做的吸引力。

挑战很明显：用信息技术接近顾客。顾客也可以参与到产品研发的早期阶段以使他们的输入能形成产品特色和功能。制药公司正在体验用分析病人基因的可能性来准确地决定哪些药物该用什么剂量。

现在，计算机也能通过网络远程控制和修复；许多其他电器很快也会如此。现在，航空公司会通过邮件和特殊网站与优先客户就特价机票进行沟通。汽车也很快会有互联网协议地址，使一系列个人车载信息服务成为可能。

商业平台的转变可以在出版的大学课本中看到。这种产业（自印刷机问世以来已小有创新）正处于大型变化的中期。出版商正建立补充网站链接为学生和老师在课程沟通上提供附加方式（例如 www.pearsoned.com 和 www.wiley.com）。出版商的角色，就是传统意义上在学期开始时销售课本的人，现在通过使用对学生有用的不同的补充方式在整个学期变成了教育顾问和附加价值的合作人。

示例 11.6　杜卡迪（Ducati）摩托车——通过网络沟通来开发产品

成立于 1926 年的意大利杜卡迪公司制造了赛车风格的摩托车，其特征是独特的引擎特色、创新的设计、先进的工程和全面的技术优势。该公司在 6 个市场部分生产摩托车，在技术、设计特点和目标客户上都有所变化：超级摩托车（Superbike）、超级运动车（Supersport）、怪兽（Monster）、运动旅行车（Sport Touring）、杜卡迪（Multistrada）、新经典运动（the new SportClassic）。公司的摩托车卖向全球的 60 多个国家，主要集中在西欧、日本和北美市场。在上次 15 个世界超级摩托车冠军头衔中，杜卡迪赢得了 13 个，并比所有的竞争对手获得了更多的个人胜利。

杜卡迪很快意识到使用互联网让顾客参与到开发新产品努力中的潜力。公司成立了网络部门和专门的网站，www.ducati.com，2000 年初，受 MH900 互联网销售的启发，杜卡迪销售限量成产的摩托车。不到 30 分钟，全年的生产量都卖光了，使杜卡迪成为全球领先的电子商务操作者。

自那时起，杜卡迪就将其网站发展成一个强大的虚拟用户社区，到 2011 年 6 月已有 17 万名注册用户。社区管理变得如此集中以至于管理层已用"社区"和"粉丝"取代了"营销"和"顾客"。杜卡迪将粉丝社区看成是公司的一项重要资产，并努力用互联网提高"粉丝经验"（fan experience）。杜卡迪使粉丝在系统的基础上加强表达其生活方式和想得到的品牌形象的地点、事件和人物。社区功能和产品开发紧密相连，而且社区中粉丝的参与直接影响了产品开发。

虚拟社区在帮助杜卡迪探索新产品概念方面起了关键的作用。为了利用杜卡迪粉丝强烈的社区意识，杜卡迪三年多来都在推广使用特别的网上论坛和聊天室。

杜卡迪也意识到大量的粉丝在业余时间不只是骑他们的摩托车，还会维护它们并使它们个性化。因此，有深厚的技术知识的杜卡迪粉丝就急于同其他粉丝分享。为支持这种知识分享，公司成立了"技术咖啡馆"（Tech Café），即一个交流技术知识的论坛。在这种虚拟的环境中，粉丝们可以分享定制摩托车的方案，为提高杜卡迪下一代产品提供建议，甚至推出自己的机械技术设计图，还有在审美属性和机械功能方面的创新建议。

然而，并不是所有的粉丝都参与网上论坛，那些不参与的也会在开发新的产品概念和技术方案上提供丰富的信息。这些论坛还有助于杜卡迪提高顾客忠诚度，因为粉丝们会更加积极地买他们帮助打造的产品。

杜卡迪管理层也会监督为摩托车手创立的垂直门户，包括 Motorcyclist.com 和 Motoride.com；杜卡迪也会监督与杜卡迪品牌有生活方式联系的其他虚拟社区。例如，杜卡迪已与时尚公司唐娜·凯伦（DKNY）形成合作关系是，杜卡迪可以利用唐娜·凯伦的社区并和其成员互相交流。

为证实其见解，杜卡迪使用网上客户调查来测试产品概念和量化顾客偏好。为证明杜卡迪有能力进行一场持久的顾客对话和产生粉丝参与度，杜卡迪通常在调查顾客时会有超过 25％ 的非凡响应率。除了开发产品外，杜卡迪利用顾客反馈举办了一些活动。

杜卡迪在新产品开发过程的背后也追求与顾客进行以互联网为基础的合作。虚拟社区在产品设计和市场测试阶段起到了重要作用。例如，在 2001 年初，杜卡迪网站的社区管理者在网站上确认了一批与该公司关系极其密切的客户。他们决定将这些客户转变成积极的合作伙伴，让他们参与到与杜卡迪专业的研发、产品管理和设计团队相合作的虚拟团队中。

这些虚拟的顾客团队和公司工程师一起确定"下一辆车"（next bike）的属性和技术特点。

在虚拟社区内，当前的和将来的杜卡迪车主讨论和回顾被提议的产品修改内容，可以以虚拟原型的方式在网上测试。他们甚至可以投票拒绝被提议的修改内容，按照自己的偏好使产品个性化，并向杜卡迪技师就按自己品味将车个性化的问题征求建议。

资料来源：基于 www.ducati.com 和索尼（Sawhney）等（2005）。图像来自杜卡迪。

11.9.2　产品和服务的动态定制

顾客互动载体的第二个阶段集中在产品和服务动态定制的机遇和挑战上。由于价格竞争，有竞争力的市场正在迅速填补空白，并且公司试图通过提供定制产品提高利润。动态定制基于三个原则：模块化、智能化和组织性。

1. 模块化。一种有效组织复杂的产品和过程的方法。产品或服务模块化要求将任务细分成独立模块，在总体结构中作为整体发挥作用。

2. 智能化。与顾客不断进行信息交流会使公司用最好的模块创造产品和过程。网站运营者可以匹配买卖双方的资料并对他们的共同爱好提出建议。结果就是智能网站可了解访问者（潜在的买家）的品位以及传递关于产品和服务的动态的和个性化的信息。

3. 组织性。产品和服务的动态定制需要一种以顾客为中心的灵活的方法，要以这种新方法从根本上致力于运营。

11.9.3　如何将互联网与未来的产品创新相结合

图 11.9 说明了互联网用于未来产品创新的一些含义。公司将互联网视为通过每个"盒子"与研发功能交流的媒介。

- 设计。数据直接从产品处收集并作为产品设计和开发的一部分。新的产品特色（如软件项目的新版本）可能直接通过互联网内置于产品中。

- 服务和支持。服务部可通过互联网装置直接排除故障和纠正错误。比如，在高速路上行驶的梅塞德斯车可能直接与其服务部相连。它会监控该车的主要功能，如果有必要的话可进行网上修理。例如，该车的软件。

- 客户关系。从产品中收集的数据可能成为统计的一部分和客户间的对比等。在此方式下，顾客可以将该产品的性能（如一辆车）与竞争对手的产品相比较（一种标杆学习）。这可能会巩固现有的客户关系。

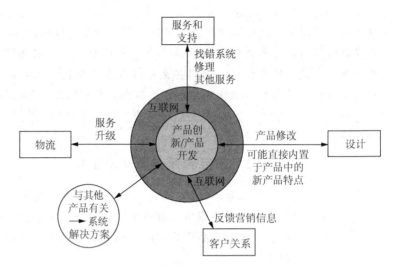

图 11.9 通过互联网的产品创新

- 物流。伴随着对交货及时的要求日益提高，互联网能以最便宜、最有效的方式（且准时）自动找到分配和运输，将产品从分供货商带给生产者再提供给顾客。

思想上的基本转变就是用"需求链"（supply chain）代替"供应链"（demand chain）一词。关键的不同在于需求链是从顾客和背后的工作开始的。这突破了只致力于减少运输成本的狭隘做法。它支持"大规模定制"（mass customization）的观点，以支持客户个人目标的方式提供大量的产品和服务。

这并不意味着产品差异化。事实上，服务方面经常要求差异化。像联合利华这样的公司将为特斯科和塞恩斯伯里超市提供一样的人造奶油。但是，交付产品的方式、处理的交易，管理该关系的其他部分可以并且应该不同，因为这两个竞争性的连锁超市都有其各自评价业绩的方式。要求协调公司和需求链的信息系统需要个别公司内部所需的与众不同的方法。一些管理层认为，如果他们和供应商选择同样的软件包如 SAP（企业管理解决方案软件），它们就能整合其信息系统。

- 与其他产品有关。有时，一种产品是另一种产品的子成分。通过互联网链接，这些子成分可能成为复杂的产品解决方案的重要信息。汽车产业就是在这个方向上做了目标性努力的产业例子。新"时尚"汽车通过互联网连接在一起。伴随着这种发展出现了一种新产业，目的是提供整体运输。在这种新兴产业中，开发和生产汽车只是重要服务之一。相反，即将要开发的系统能够在汽车行驶时作出诊断（并纠正错误），交通管理系统、互动系统使司机无论何时何地，只要有需要就可在无需烦人的租金协议的条件下获得理想的运输方式。

音乐产业也正在经历着一场改变。现在你可以买到便携式"播放器"（player），用 MP3 格式从互联网上下载音乐，然后播放存储在"播放器"中的音乐。光盘还有整个的配电设备是被跳过的。音乐产业在不同的经济条件下完全可以改变。此次努力是为打造互联网最好的门户，消费者可以找到最好的音乐信息和最大化地选择音乐。然而，关于权益问题仍然受到争议，律师和政客要在市场大幅度增强前找到最终的解决方案。

因此，未来的创新产品开发要求公司具有以下特点：

- 创新产品开发和战略思想。为了发现应以哪种新服务为目标，产品开发将包含更多的技术，并需要跨领域的、战略性的观点和知识。
- 管理联盟。很少公司有全部有必要的资格——创新产品开发和所得到的服务要求各公司以一种有组织的方式结成动态联盟。
- 新的客户关系。上面提到的汽车产业的例子明确说明顾客不再是汽车购买者而是运输服务的购买者，那完全是另一回事。这意味着公司要以一种完全不同的方式集中理解顾客需求。

11.9.4　在互联网上发展品牌

很明显，像宝洁（Procter & Gamble）、高露洁（Colgate）和卡夫食品（Kraft Foods）这些消费者产品公司，以及通用汽车（General Motors）、通用电气（General Electric）、联合信号（Allied Signal）、卡特彼勒（Caterpillar）这些消费者耐用产品公司和企业对企业的公司，利用实物资产和发展由大众广告和大众分销支持的强大的全球品牌来制定商业战略。但与顾客远程连接同样适用于这些企业。因为互联网重新明确了品牌标识和品牌资产的定义，所以与顾客建立远程持续的连接很重要。

卡夫互动厨房（Kraft Interactive Kitchen）（www.kraftfoods.com）就是一个消费者产品公司的例子，这个公司通过饮食计划、食谱、温馨提示和烹饪技巧这些基于信息的服务而与客户保持联系。卡夫的目的是以全新的方式与客户远程联系和互动。

然而，一些公司发现很难将强大的线下品牌（如耐克（Nike）和李维斯（Levi's））转化为互联网产品，因为很多知名品牌以广泛的"实体"（physical）零售分销系统为基础，以及很多零售商害怕脱媒而不愿意支持线上品牌（请见 12.5 节，对此问题进行了展开讨论）。

据福里斯特研究（Forrester Research）的一项报告可知，事实上，很多网站上经营的顶级品牌注册的在线业务并不多。福里斯特研究了 16～22 岁年龄段之间的品牌意识和上网行为，这类人是广告商认为最有品牌意识的。

公司正采用广泛的方法推广品牌，使其与广告战略和营销战略相结合。网上品牌不仅仅是标志和配色方案，而是关于创造经验和理解顾客的。因此，网上品牌建设不便宜。建立品牌需要持久在线。一些品牌需要有吸引大众的网站；其他品牌建设需要结合从标语广告到赞助的主动权。

11.10 绿色营销战略

随着对人类活动对地球生态系统的影响的不断理解，消费者将加剧关于环境以及它与健康和安全的关系的担忧。同时，人类的消费激情会一直持续下去。公司面临的挑战是设计环境友好型同时又能满足消费者需要的实践和产品。

环境学家曾经认为人们只关心自然资源的消耗、废物堆积和污染。世界上的经济学家在操作范围和规模上正变得全球化。他们的目标是提高人们保护全球环境重要性的意识，以及缺少这种意识会对我们的地球产生怎样有害的影响。

因为基层生态运动得到了广泛的认可和支持，以及全球媒体网络如 CNN 不断报道环境问题和环境灾难，如今的消费者正变得越来越有环境意识。各种各样的民意调查和研究表明消费者在购买、消费和处理产品时都会考虑到环境问题。因此，公司吸引并留住客户的能力与发展并执行健全的环境战略的能力有直接的联系。

消费者偏好和政府政策越来越支持一种针对环境的平衡型商业方法，管理层正更多地关注环境决策的战略重要性。一些公司不负责任的行为已引起消费者的联合抵制、冗长的诉讼和大额罚款。这些行为会以间接的方式危害公司，如负面的公共关系、分散管理层注意力以及很难雇佣高级员工。

尤其是在欧洲，绿色消费者运动规模正在发展壮大，而且可以认为一些国家是绿色意识的领导者和标准制定者。

绿色营销（Green marketing）：对环境友好的实践和产品的整合业务，同时能够满足消费者需求。

例如，80% 的德国消费者愿意为可回收利用、可循环再用以及对环境无害的家庭用品支付额外的费用；50% 的法国消费者将在超市里对他们认为的环境友好型产品花更多的钱。这种趋势在其他国家也有所上升。据一项欧洲研究来看，经济合作与发展组织（OECD）地区的消费者愿意为绿色产品多付钱［温德梅尔（Vandermerwe）和奥利夫（Oliff），1991］。

一些零售商已致力于营销绿色产品（绿色营销）。很明显，没有考虑战略性决定对环境的作用可能会影响到该公司的金融稳定和在产业中与其他人竞争的能力。

11.10.1 战略性选择

企业意识到它们一定要为顾客提供有关产品和生产流程对环境影响的信息。

表 11.10 介绍了有环境顾虑的公司可能的四种战略性选择。战略性环

境立场的选择将取决于一个公司想如何为绿色客户创造价值和它的方法将以怎样的改变为方向。

从图 11.10 可以看到，对顾客来说，如果一个公司比起提高效益来说，更多地以减少成本为主导，可能会偏向选择污染控制战略（选项 3 和选项 4）来开发绿色产品，比如用天然的或可回收利用的材料。

尽管超越常规做法（如根据环境法规要求多做一些）通常被认为是非常可取的，但中小企业没有资源积极应对，因此需要专注于常规性以及把产品修改最小化（选择 2 和选项 4）。

然而，因为顾客购买产品和服务首先是为了满足个人要求和想法，因此公司应该不断强调产品的直接利益。他们不应忘记去强调价格、质量、便利性和可能性这些传统的产品属性，以及在环境属性的基础上对消费者仅进行第二次吸引［金斯伯格（Ginsberg）和布卢姆（Bloom），2004］。

改变方向		价值创造方法	
		提高顾客利益	减少成本
	积极主动	绿色产品创新（主要的修改）	超越常规的污染控制
	善于适应	绿色产品差异性（小的修改）	控制污染的常规性做法

图 11.10　环保战略态势的类型

资料来源：改编自斯塔里克（Starik）等人（1996），越来越多的环境战略（Growing an environmental strategy），企业战略与环境（Business Strategy and the Environment），5，p. 17。

11.10.2　企业和环境组织间的绿色联盟

与环境组织（如绿色和平）进行绿色联盟可以为消费者产品的营销人员提供五大好处［门德力森（Mendleson）和波兰斯基（Polonsky），1995］：

1. 他们增强了消费者对绿色产品和其要求的信心。可以推测，如果环境组织支持一个公司的产品或服务，消费者更有可能相信该产品的环境要求。

2. 他们为公司提供环境信息。作为信息交换场所这一角色，环保团体与那些组织形成战略联盟可能有巨大的利益。面临环境问题的生产者可能求助于战略伙伴得到建议和信息。在某些情况下，环境合作方会真正提供技术人员协助解决组织问题或实施现有的解决方案。

3. 他们让营销人员进入新的市场。大多数的环保团体都有广泛的支持基础，在很多情况下接受通信和其他组织的邮件。他们的成员接收一些营销许可产品的目录，这些产品比起其他商业选择来说对环境的危害更小。环保团体的成员代表了可以由生产者利用的潜在市场，虽然这些团体不生产专门的目录。一个环保团体的通信可能讨论公司如何与组织形成战略联盟，以及公司的对环境危害较小的产品。这条信息的结论就是通信是一种有效的公众信息宣传形式。

4. 他们提供积极的公众信息和减少公众批评。与环保团体形成战略联盟可能会刺激加大宣传。当悉尼奥运会申办委员会宣布绿色和平组织是 2000 年奥运村成功的设计者时，这则报道出现在各大主要报纸和国家新闻上。如果指定一名更加传统的建筑师为奥运村的设计者，就不会产生这种高度的公共宣传性。另外，与联盟有关的公众信息是积极可信的。

5. 他们使消费者理解有关该公司及其产品关键的环境问题。环保团体是有教育意义的信息和材料的价值来源。他们使消费者和一般大众接受相关的环境问题，并告知他们潜在的解决方案。很多情况下，这些团体将公众观点视为可靠地信息来源，没有既定的利益。营销人员也可以在整个的营销活动中为提供环境信息发挥重要作用。在此过程中，他们创造了具体问题、产品和组织的环境意识。例如，挪威的凯洛格通过出售与不同的区域环境问题相关的谷物包装上的环境信息和教育消费者和提高环境关注度（世界自然基金会，1993）。

选择一个正确的联盟伙伴并不是个简单的任务，因为环保团体有不同的目标和形象。一些团体可能愿意形成独家联盟，在给定的产品目录中只进行一种产品的合作。其他团体可能愿意形成与其特定标准相符的所有产品的联盟。

营销人员必须决定一个联盟伙伴能为联盟带来哪些能力和特点。在任何的共生关系中，每一位合作伙伴都要有助于活动的成功。对这些特征定义不当可能导致公司寻找错误的合作伙伴。

麦当劳就是公司通过合作获得可信性的例子。公司在 20 世纪 90 年代初与 EDF（Environmental Defense Fund 环境保护基金会）合作，作出从聚苯乙烯泡沫塑料改成纸包装的决定同样使公司增加了消费者对环境问题的可信度［阿金狄（Argenti），2004］。

11.11　影响国际定价决策的因素

中小型企业（SME）第一次出口时，对即将进入的市场环境了解得不是很多，有可能在制定价格时使产生的收益至少要超过发生的成本。公司意识到产品成本结构的重大意义是很重要的，但不应视他们为定价的唯一决定因素。

与全球营销组合的其他元素相比，定价政策是一种重要的战略性竞争武器，它具有高度可控性，而且改变和实施起来并不昂贵。因此，定价战略和行为应与全球营销组合的其他元素相融合。

图 11.11 展示了国际定价策略的基本框架。据这种模式来看，影响国际价格的因素可以分成两大主要部分（国内因素和国外因素）和四个分部分，现在我们将做详细思考。

11.11.1　公司层面的因素

国际定价受到过去和现在的企业理念、组织和管理政策的影响。定价使用的短期战略是打折，管理层经常强调产品报价和降价是以其战略角色为代价的，而且近几年的定价在许多产业重组中发挥了重要的作用，导致一些企业增长另外一些衰退。尤其是，日本公司在过去的一段时间通过降低价格水平、建立品牌名、成立有效的分销网络和服务网络，以建立市场份额为目的已进入新的市场。日本公司关于市场份额的目标通常是以短期利润为代价完成的，作为日本国际公司一贯以长期观点来看待利润。比起西方的一些同行，它们通常会为投资回报等待更长的时间。

对国外市场进入模式的选择也会影响定价政策。在国外，有子公司的生产商会对那个国家的定价政策有很高的控制力。

11.11.2　产品因素

价格上涨（Price escalation）：所有的成本因素（例如公司的净出厂价的价格、运费，关税、经销商加价等）在分销渠道积少成多，导致价格升级。分销渠道越长，国外市场的最终价格将越高。

关键的产品因素包括产品独特创新的特点和替代品的可利用性。产品生命周期的阶段受这些因素的影响较大，同时也依靠目标市场的市场环境。无论产品是一种服务、一种生产、卖给消费者的良好产品还是产业市场都很重要。

一个组织必须要适应或修改产品或服务的程度，市场围绕核心产品要求的服务水平，都会影响成本并因此对价格产生影响。

成本有助于估计竞争对手对具体价格的制定将作出怎样的反应，假设对自己成本的了解有助于评估竞争对手的反应。综合上述就是中介费用，它取决于渠道长度、中介因素和物流成本。所有的因素相加就会导致价格上涨。

表 11.3 的例子说明，由于额外的运费、保险费和配送费用，在出口市场中的出口产品成本比进口市场高约 21%。通过使用额外的配送链接（进口商），国外的产品成本比国内高约 39%。

许多出口商没有意识到价格上涨很快；他们只专注于向进口商收取的价格。然而，最终的消费者价格应该极其重要，因为消费者在这个水平上比较不同竞争产品的价格，并且这个价格在决定国外需求方面起了关键的作用。

价格上涨单对出口商来说不是个问题。它影响了整个公司的跨国交易。公司承担大量的跨国公司内部的货物和材料运输会面临很多额外费用导致价格上涨。

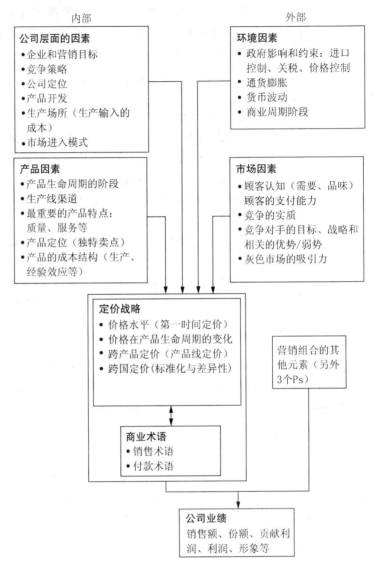

图 11.11 国际定价结构

下面的管理选项有可能应对价格上涨：

- 理顺分配过程。一种选择是减少分配过程的环节数量，或是在公司内部多做一些，或是规避渠道成员。
- 从工厂降低出口价格（公司的净价），因而减少所有加价的乘数效应。
- 为减少一些成本，在出口市场内建立产品的当地生产。
- 迫使渠道成员接受较低的利润率。如果这些中间人为有更多的营业额而依靠生产者，这种方法可能比较适合。

忽视传统的渠道成员可能比较危险。例如，在日本，复杂的分销系统的本质通常涉及不同的渠道成员，使它吸引大家去考虑根本的改变。然而，现有的中间人不喜欢被忽视，他们与其他渠道成员和政府间存在的网络对于试图将他们排除在外的国外公司是很危险的。

表 11.3 价格上涨（举例）

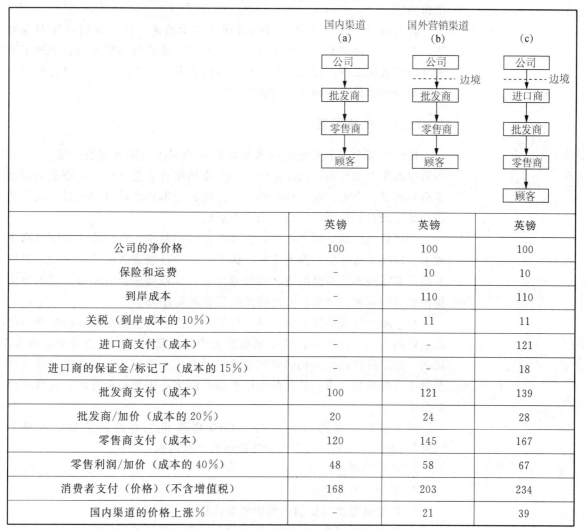

	国内渠道 （a）	国外营销渠道 （b）	（c）
	英镑	英镑	英镑
公司的净价格	100	100	100
保险和运费	-	10	10
到岸成本	-	110	110
关税（到岸成本的 10%）	-	11	11
进口商支付（成本）	-	-	121
进口商的保证金/标记了（成本的 15%）	-	-	18
批发商支付（成本）	100	121	139
批发商/加价（成本的 20%）	20	24	28
零售商支付（成本）	120	145	167
零售利润/加价（成本的 40%）	48	58	67
消费者支付（价格）（不含增值税）	168	203	234
国内渠道的价格上涨%	-	21	39

11.11.3 环境因素

环境因素是公司外部的，因此在国外市场中是不可控制的变量。国家政府对进出口的控制通常以政治考虑和战略考虑为基础。

一般来说，为保护国内生产者或减少外汇流出，会有进口管制限制进口。直接性的约束通常会有关税、定量和非关税壁垒等形式。关税会直接增加进口价格，除非出口商或进口商愿意承担税收和接受较低的利润率。定量对价格有间接的影响。他们限制供货，因此引起进口价格上涨。

因为各国之间的关税水平不一样，出口商就有在各国之间稍微变动价格的动机。一些国家的关税和价格弹性都比较高，如果该产品在这些市场中达到了令人满意的销量，它的基本价格就会比在其他国家低一些。如果需求弹性很小，价格制定水平就高，数量损失较小，除非竞争对手愿意以低价出售。

政府对价格的管制也会影响公司的定价战略。许多政府往往对与健康、教育、食品和其他基本项目有关的具体产品进行价格控制。其他主要的环境因素是汇率的波动。货币相对值的上升（升值）或下降（贬值）可以影响公司的价格结构和盈利情况。

11.11.4　市场因素

国外市场中一个关键的因素是顾客的购买力（顾客付款的能力）。竞争对手的压力也会影响国际定价。如果市场中有其他销售方，那么公司就不得不提供一个更具竞争性的价格。因此，竞争的实质（需求过于供用的市场情况或垄断）会影响公司的定价战略。

在接近纯粹竞争的条件下，价格在市场中制定。价格往往是刚好高于成本，以保持边际生产商的业务。因此，从价格制定者的角度来看，最重要的因素是成本。产品的可替代性越接近，价格就越接近相等，成本决定价格的影响就越大（假设有足够多的买方和卖方）。

在垄断竞争或不完善的竞争条件下，卖方为适应全部产品的价格为提前选好的市场部分服务，就要慎重变化产品质量、促销努力和渠道政策。然而，制定价格的自由仍然受到竞争对手费用的限制，并且在微分效应的基础上，与竞争对手有任何的价格差异在顾客心中都是合理的：这就是感知价值。

当考虑消费者将对给定的价格战略作出怎样的回应时，内格尔（1987）提出了影响消费者对价格敏感的 9 种因素：

1. 更多的特色产品
2. 更加认可产品质量
3. 消费者很少意识到市场中的替代品
4. 做对比的困难性（如咨询业或会计业这种服务业的质量）
5. 产品的价格代表了顾客全部支出的一小部分
6. 他们认为顾客的利益提高了
7. 把使用的产品与以前购买的产品相联系，例如，通常成分和代替品的定价极其高
8. 与其他伙伴分担成本
9. 不能存储产品或服务

这 9 种情况都降低了价格敏感度。

下面的部分我们会讨论不同的可用定价战略。

11.12 国际定价战略

在决定一项新产品的价格水平时，基本的选项如图 11.12 所示。

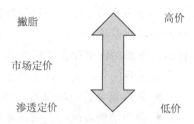

撤脂　　　　　　　　　　　　　　　高价

市场定价

渗透定价　　　　　　　　　　　　　低价

图 11.12　新产品的定价策略

11.12.1　撤脂定价

在这一战略中，制定高价从高端市场"取其精华"，以在短期内尽可能多地作贡献为目的。对使用这种方法的营销人员来说，其产品一定要独一无二，且部分市场必须愿意支付高价。随着越来越多的部分被目标化，以及更多的产品价格可能降低。撤脂定价的成功依靠对竞争反应的能力和速度。

产品设计要对富裕的和有需求的消费者有吸引力，提供额外的功能、更大的舒适度、有可变性或操作方便。有撤脂定价的公司以低市场份额对高利润进行交易。

撤脂定价的问题如下：

- 小市场份额使公司在积极的局部竞争中易受伤害。
- 维持高质量的产品需要很多资源（促销和售后服务）和明显的地理格局，偏远市场实现起来可能比较困难。
- 如果产品在国内或其他国家卖得很便宜，很有可能形成灰色营销（并行进口）。

11.12.2　市场定价

如果类似的产品已在目标市场存在，就可用到市场定价。最终的客户价格是以竞争性价格为基础。这种方法要求出口商全面了解产品成本，还要有信心保证有足够长的生命周期进入市场。这是一种被动的方法，并且如果销量从未上升到足够的水平产生令人满意的结果，它可能会导致一些问题。尽管公司以典型的定价作为差异化工具，但全球的营销管理者可能别无选择，只能接受普遍的世界市场的价格。

从顾客愿意支付的价格来看，很有可能形成所谓的逆行计算，公司用"反向的"价格上涨（从市场价）向后计算所需的（出厂价格）净价。如果这种净价能产生令人满意的边际贡献，那么这个公司可以继续运营。

11.12.3 渗透定价

渗透定价政策故意以低价提供产品，用来刺激市场增长和抓住市场份额。这种方法需要贯穿规模经济和经验曲线效应的大众市场、对价格敏感的客户和降低单位成本。

如果主要的竞争对手将价格降到相对低的水平上，那么较低价格将会上涨的基本假设就不会成立。另一种风险就是把价格设得很低，让消费者都不相信。下面的价格存在"可信赖程度"，使消费者对产品质量失去了信心。

在某些国外市场，低水平定价的动机如下：

● 来自竞争公司的强烈的局部竞争。

● 当地消费者较低的收入水平。

● 一些公司提出，因为国内销售额覆盖了研发成本和其他间接费用，所以出口代表了一种边缘活动，仅仅为了通过出低价尽可能多地获得额外收入。

日本公司已采用渗透定价法，目的是为在一些市场中获得市场份额的领导地位，如汽车、家庭娱乐产品和电子元件。

11.12.4 价格变化

当推出一款新产品或整个的市场状况有所变化时（如外汇汇率的波动），现有产品才会发生价格变化。

表 11.4 说明了在要求保持利润的水平上，销售量百分比上升或下降的情况。一个例子（表 11.4 中很明显的数字）说明了这个表格是如何发挥作用的。一个公司的产品有 20% 的边际利润。公司可能知道，如果它想保持同样的总利润贡献，由于价格下降了 5%，那么销售量应该上升多少。计算如下文所示。

表 11.4　需要保持总利润贡献的销售量的增加或减少（%）

价格降低（%）	利润边际贡献（价格－每单位变动成本占价格的百分比%）								
	5	10	15	20	25	30	35	40	50
	需要维持总利润贡献的销量增长百分比%								
2.0	67	25	15	11	9	7	7	5	4
3.0	150	43	25	18	14	11	6	8	6
4.0	400	67	36	25	19	15	13	11	9
5.0		100	50	33	25	20	17	14	11
7.5		300	100	60	43	33	27	23	18
10.0			200	100	67	50	40	33	25
15.0				300	150	100	75	60	43

价格增长（%）	利润边际贡献（价格 - 每单位变动成本占价格的百分比%）								
	5	10	15	20	25	30	35	40	50
	需要维持总利润贡献的最大销量减小百分比%								
2.0	29	17	12	9	7	6	5	5	4
3.0	37	23	17	13	11	6	8	7	6
4.0	44	29	21	17	14	12	10	9	7
5.0	50	33	25	20	17	14	12	11	9
7.5	60	43	33	27	23	20	18	16	13
10.0	67	50	40	33	29	25	22	20	17
15.0	75	60	50	43	37	33	30	27	23

降价之前

单位产品　　销售价格　　　£100

　　　　　　单位可变成本　£80

　　　　　　边际贡献　　　　£20

总边际贡献：100 台@£20 ＝£2000

降价之后（5%）

单位产品　　销售价格　　　　£95

　　　　　　单位可变成本　£80

　　　　　　边际贡献　　　　£15

总边际贡献：133 台@£15 ＝£1995

由于价格下降了 5%，销售额就要上涨 33%。

如果决定改变价格，一定也要考虑相关的变化。例如，如果价格上涨，就要求至少在初期有相应增加的促销努力。

在降价时，决策制定者对现有产品享有的灵活性程度往往少于新产品。现有的产品独特性少、面临激烈的竞争、以广泛的市场为目标，这些都有很大的可能性。在这种情况下，决策制定者被迫对定价过程中的竞争因素和成本因素多加注意。

价格变化的时间几乎与变化本身同等重要。例如，在宣布价格上涨时，时间滞后的竞争者使用一种简单的策略可以让消费者产生认知——认为你是最响应客户的供货商。时间滞后的程度也很重要。

在一项公司对顾客的独立研究中表明［加尔达（Garda），1995］，哪怕对客户具有最敏感响应的供应商也会滞后六个周才能产生有效感应，跟随竞争对手上调价格的有效感应时间为滞后六个月。这不必要的四个半月的延迟宣布价格上涨会损失相当一部分资金。

11.12.5　经验曲线定价

经验曲线定价（Experience curve pricing）：经验曲线（产品的累积产量降低单位成本）与某一行业内典型的市场价格发展的组合。

价格变化通常伴随着生命周期产品阶段的变化。因为日益增长的竞争和日渐减少的差异，随着产品日趋成熟，为保持产品的竞争性，价格方面的压力会更大一些。

我们也将成本纳入讨论的话题。经验曲线在一般的所观察到的现象里，即学习曲线有其自己的根基，这说明当人们在重复学习一项任务时，他们会学得又快又好。学习曲线适用于生产成本的劳动力部分。波士顿咨询公司将学习效应延伸成包含所有与产品有关的附加价值——生产加上营销、销售、管理等。

因此而发生的经验曲线，包含了所有的价值链活动（请见图 11.13），说明实际产品的总单位成本随着累计产量每增加一番，就可按一定比例减少。尽管较大较小的下降值都能看到［蔡丕尔（Czepiel），1992，第 149 页］，但典型的成本下降值是 30%（称为 70% 曲线）。

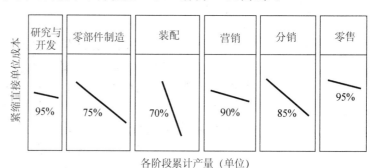

图 11.13　价值链活动的经验曲线

资料来源：蔡丕尔（Czepiel），竞争营销战略（Competitive Marketing Strategy），第一版，1992 年，由皮尔森教育公司（Pearson Education, Inc.）许可转载印刷版和电子版，上马鞍河，新泽西州（Upper Saddle River, New Jersey）。改编自战略管理（Strategic Management）：阿诺德·C. 海克斯（Arnold C. Hax）和尼古拉斯·S. 麦吉罗夫（Nicholas S. Majluf）的整合性视角，1984 年版权，第 121 页。

如果我们将一个产业中的经验曲线（平均单位成本）与典型的市场价格的开发方法相结合，我们会得到如图 11.14 所示的类似的关系。图 11.14 说明在引进阶段之后（在价格低于总单位成本的那部分），利润开始流动。因为供不应求，价格不会像成本下降地那样快。因此，成本和价格之间的差距扩大，事实上产生了价格伞，吸引了新的竞争对手。然而，竞争的情况并不稳定。在某一时刻，该伞会被一个或多个竞争对手折叠降价以试图获得或保持市场份额。结果就是将开启调整阶段：没有效率的生产者会被迅速下降的市场价格赶出市场，只有那些有竞争性价格/成本关系的才能留在市场。

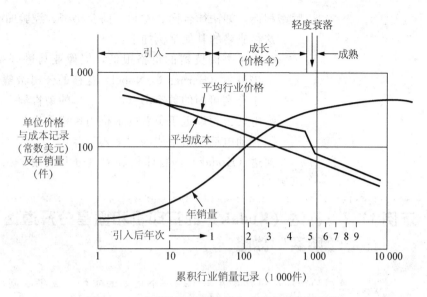

图 11.14　产品生命周期阶段和产业价格经验曲线

资料来源：蔡丕尔（Czepiel），竞争营销战略（Competitive Marketing Strategy），第一版，1992 年，由皮尔森教育公司（Pearson Education，Inc.）许可转载印刷版和电子版，上马鞍河（Upper Saddle Rive）。改编自改编自波士顿经验曲线（The BCG Experience Curve），经验透视（Perspectives on Experience）。C1968，波士顿咨询集团（Boston Consulting Group）。

11.12.6　跨产品定价（产品线定价）

在跨产品定价中，为产品线上不同产品恰当定价可能会使产品价格有所区别。比如，经济版本、标准版本和顶级系列版本。为产品线上的产品定价是为保护竞争者从现有的竞争对手那里获得市场份额。

为贴补产品线上的其他部分，竞争力较小的产品可能定价较高，以便弥补这些"竞争商标"（fighting brands）不能发挥的作用。另一种战略是捆绑价格（全部"套装"价格），为同时购买产品线上的几种产品的顾客制定一定的价格（例如带有软件和打印机的个人电脑套装的价格）。

在所有的例子中，一个重要的考虑因素是在不同的国家会有多少消费者想省钱，想花时间寻找"最值得买的产品"等。此外，产品线上的很多产品定价很低，来作为亏本出售的商品或诱导顾客尝试该产品。这其中一个特殊的变形就是后续购买战略［韦甘德（Weigand），1991］。这种战略的一个典型例子就是剃刀刀片套装。例如，吉列（Gillette）对剃刀采用渗透定价（买进）但对剃刀刀片采用撇脂定价（相对地高价）（后续）。因此，连接的产品或服务（后续）以较大的边际利润出售。这不可避免地吸引了那些想搭顺风车的人，他们既试图卖出后续产品又不想发生买进成本。

后续购买战略与引进低价不同，这是基于希望顾客以更高的价格一次次地回来。在后续购买战略中，两种产品或服务的销售额会有因素使他们紧密相连，如法律合同、专利、商业秘密、经验曲线优势和技术连接。

这种战略的其他举例如下：

- 电子书阅读器的价格很低，但像亚马逊（Amazon）以及巴恩斯和诺贝尔（Barnes & Nobel）这样的公司希望连续多年都创造远远高于有利可图的数字书（电子书）的销售额。
- 电话公司以近于免费的价格销售移动电话，希望顾客在有利可图的移动电话网络中成为"重要"客户。

柯达（Kodak）的打印机和墨盒分开使用了相反的定价方法——请见示例 11.7。

示例 11.7　柯达（Kodak）的打印机和墨盒分开遵循了相反的"后续购买"战略

柯达（美国的跨国公司）现在集中在一个主要的市场：数字印刷。2010 年的收入是 72 亿美元，但却有 5.6 亿欧元的负营运收入。为在打印机市场建立新的一席之地，柯达为其最新打印机的墨水盒以低价向行业惯例提出了挑战。这种战略为购买者提供了价格机遇。印刷机生产商传统的做法就是上述提到的"后续购买"价格战略（打印机便宜但墨盒贵），然而，柯达对打印机收费稍微多一些，实质上是对其替代品墨水盒收费少一些。

与此同时，大批量的用户正有效地贴补了小批量的用户，柯达以大批量的打印机用户，在不同的价格体系上达成了较好的交易。价格的作用是柯达在这个环节的商业模式中的一个关键的因素。

Kodak Hero 7.1 All-in-One 打印机

资料来源：伊士曼柯达公司（Eastman Kodak Company）

资料来源：基于皮尔西（Piercy）等人（2010）。

与数码产品或数码服务定价有关的是，数字盗版是一项很有意思的挑战。由于一些市场和区域的非法复制和分销，使一些娱乐业、商业信息和教育出版社损失了高达 80% 的销量。减少这种损失的一种方法就是施行两级定价。例如，玩 Xbox LIVE 的银级水平是免费的，但想得到更多的金级功能（以合法方式很难复制），消费者就更容易选择付款（多克特斯（Docters）等人，2011）。

11.12.7　产品与服务捆绑定价

产品与服务捆绑定价（Product-service bundle pricing）：一种将产品和服务捆绑在一起的系统解决方案。如果客户认为入账价格是主要障碍，可以将服务协议价格定高，降低产品入账定价——许多软件企业采用这种方式。

在嵌入式服务中，定价的结构和水平可能是最关键的设计选择。为得到定价权，一个公司需要清楚地掌握其战略意图和竞争优势的来源，并经常在其服务行业的产品渗透、增长和利润间进行平衡。

一个公司的战略意图很大程度上决定了产品与服务捆绑的合适程度，以及在这种捆绑中属性服务的价值。为提高产品渗透力，致力于提高或保护核心产品的公司应该给它们的服务制定价格。这种实现产品牵引的定价战略会根据顾客的购买决定而变化。公司可以提高产品的使用价值，并通过将产品和服务绑定产生更高价值的解决方案来提高牵引力。如果入账价格是关键的因素，服务协议可以有较高的定价，这允许较低的产品定价——这在很多软件公司都得以实践。在某些情况下，公司可以提高维修服务合同的价格以加速产品升级的等级。产品牵引力的战略目标也意味着销售额和现场主体应在服务定价中有一定的灵活性和权威性。但是，这些公司仍然积极使用定价原则，确保这些销售人员对他们所销售的捆绑产品的总营利情况负责。

相比之下，公司旨在创造独立的、以增长为中心的服务行业，应发行价格以实现利润增长，并制定价格目标，同竞争对手替代品许可证一样接近顾客的服务价值。这些公司应该制定定价原则并集中代表权威机构，相对限制销售和现场人员的自由，且有明确的打折规则。为产品和服务绑定价格对服务中的成长平台并不总是好主意，因为在任何指定的顾客组织中，购买服务的人可能并不是购买产品的人。同时掌握产品和服务的，负责他们的独立销售和利润目标企业单位也很难捆绑价格。

基于价值的定价（Value-based pricing）：基于顾客愿意支付一个特定的产品/服务的信息来提供价值给客户。

企业竞争优势的来源（规模或技能）主要影响定价结构。如果规模经济驱动一个企业，它的定价应以标准单位为基础（如存储管理的百万兆字节），并且它应提供批量折扣鼓励使用。对于标准的服务产品以外的任何定制化服务，这些公司应该标以极高的价格，因为是这些例外提高了整个企业的成本。

相比之下，如果一个服务公司大部分依靠特殊的技能，它的价格应当基于避免顾客放弃使用其服务的成本或基于顾客其他最佳选择方案的成本。

这种基于价值的定价需要对客户部分所有权的总成本进行复杂的分析，对服务行业的成本结构深入了解。竞争基准和有效利用这些技能的成本应分别决定了这些价格水平的上下界限。在最好的情况下，公司可以将这种智能化打包成价格工具，允许销售和现场主体更准确地估计顾客价值，然后提高主体水平的价格决策［奥古斯特（Auguste）等人，2006；欣特胡贝尔（Hinterhuber）和贝尔蒂尼（Bertini），2011］。

11.12.8　跨国定价（标准化与差异化）

公司主要的问题是如何协调不同国家的价格。有两大根本对立问题：首先，通过大规模采用标准定价来实现不同市场的相似定位；其次，使定价适应不同的市场情况而使利润最大化。在决定跨国标准化定价的程度时，两种基本方法如下：

1. 价格标准化。这是以产品离开工厂时为其定价为基础。它包括在最简单的时候在公司总部制定一个固定的市场价格。在考虑各种因素之后，如外汇汇率和监管环境的变化，就可将这个固定的市场价格应用到所有的市场中。对公司来说，这是一种低风险策略，但没有尝试去适应当地条件，也没有努力将利润最大化。但是，如果公司卖给在几个国家都有公司的大客户，这种定价战略可能就比较适合。在这种情况下，公司可能会有来自顾客方面的压力，只能通过顾客的跨国组织向每个国家的分公司以同样的价格提供货物。这在图11.13中有举例说明，例如，大型零售组织的国际活动。价格标准化的另一优点包括从国际市场较快引进新产品的潜力，以及在跨国市场中呈现一致的（价格）形象。

2. 价格差异化。这允许每一个当地的子公司或合作伙伴（代理、分销商等）制定一个最适合当地条件的价格，并且无需试图在国家之间协调价格。跨文化的经验研究发现不同国家的顾客特点、偏好和购买行为大有不同［西奥多西（Theodosiou）和凯塞克斯（Katsikeas），2001］。价格差异化的弱势在于缺乏控制，总部有超过附属业务或外部合作伙伴制定的价格。值得注意的是，不同的价格可能在相邻的市场间制定，并且这可以极差地反映跨国公司的形象。通过买进一个市场的产品再在另一个市场卖出，在此过程中削弱已建立的市场的价格，它也促进了并行进口/灰色市场的产生。

支持标准化或差异化的动因如图11.15所示。

11.12.9　国际定价分类

正如我们前边所讨论的，国际环境中的定价决策往往是一种功能，是体现公司经营的外部的、与市场相关的复杂性与公司能够有效应对这些偶然事件的能力之间的相互作用。索尔伯格（Solberg）（1997）框架以有效的方式捕捉到了该接口，并对公司国外市场的出口定价行为产生了足够重要的结论。索尔伯格提出国际战略行为主要体现在两方面：（a）公司产业全球化的程度（衡量市场相关因素）；（b）对国际化准备的程度（衡量公司对这些因素做出的回应）。这两个方面在第一章有所讨论（图1.2），目的是建议公司在这种情况下应该"留在国内"、"加强全球地位"或兼而有之。图 11.16 中，连同这两方面提出了国际定价分类（索尔伯格等人，2006）。

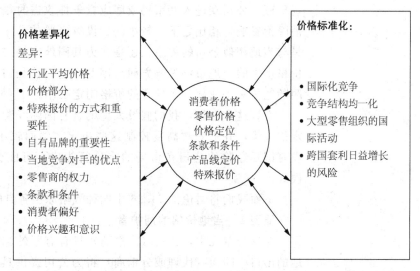

图 11.15　欧洲消费者市场中，标准定价与差别定价的结构因素

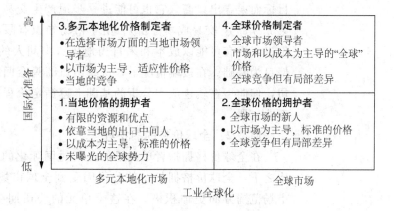

图 11.16　国际定价工作的分类

资料来源：改编自索尔伯格 Solberg 等人（2006），第 31 页，在原文中，索尔伯格用的是"全球性"（globality），而非"全球化"（globalism）。

　　一些主要的竞争对手控制着全球性的行业，他们在自己的产品种类范围内"管理"着世界市场的种类。因此，全球化程度以及产业全球化方面被认为在两种极端条件下变化：一端是垄断（右边），另一端是小企业竞争（左边）。这种观点的战略意义是垄断和寡头垄断的全球玩家就是价格制定者，然而原子论（多元本地化）市场环境中的企业会暴露在当地力量之下，发现在任何情况下都要跟随市场价格。尽管大多数企业陷入中间位置以及这种连续统一体，但我们相信正在制定定价战略的个体国际公司，将会极大地受到它将运营的竞争环境的全球化的影响。

　　另外，国际化的准备，有经验的公司发现国际定价将成为一个更加复杂的问题，即使它们把额外的资源专用于收集和处理更大的信息量。为了更有信心地制定定价战略，总的来说，是为了在出口市场中享有更高的市场份额，公司在进入新市场或回应竞争性攻击时很有必要有国际准备来抵消降价影响。相比之下，较小的、没有经验的公司似乎显得很微弱，无论是与当地相似公司的关系，还是在为其国外市场的产品产生能够决定有效价格水平的当地市场见解方面。因此，它们往往占有很小的市场份额，并跟随竞争对手或部分领导者的价格制定工作。

看到这个框架，我们假设大型的、有国际经验的出口商将有可能集中定价决策，并更喜欢高度控制这些决定，然而较小的，通常是新出口的，没有国际经验的公司在市场的定价行为中，可能会尝试分散的机会主义模式。

下面我们将讨论图11.16中四种战略原型各自的特点。

原型1：当地价格的拥护者

在这个单元中，公司（生产商）只有有限的国际经验，结果，公司当地的出口中间人（代理或分销商）将为公司提供具体信息。这种信息的不对称会承担风险，出口中间人通过行使机会主义或追求与出口商相矛盾的目标而误导出口商。它也可能进一步地产生交易成本，导致全球化（请见第3.3部分 交易成本分析）。由于市场知识有限，出口商容易粗略地计算价格，更有可能以成本和来自当地出口中间人的（有时不充分或有偏见）信息为基础。在极端情况下，这些出口商只会回应那些国外主动报价的公司，偏向于在轨迹成本分析的基础上遵循定价程序因此错过了潜在的国际商业机遇。

原型2：全球价格的拥护者

在全球价格拥护者单元里的公司对国际化的准备是有限的。然而，相比之下，全球价格拥护者的公司因受到全球市场的"推动"，在扩大全球市场范围方面更加积极。在这个单元的公司期望管理所有国家的标准价格，因为互相联系的国际市场或多或少会有相同的价格水平。

考虑到他们在全球市场的边缘位置，这些公司讨价还价的优势有限，可能要被迫采用全球市场领导者，通常是大型的全球客户制定的价格水平。原型2中的公司通常根据他们更有效的分销和全球品牌同行不断地压力来调整自己的价格。

原型3：多元本地化价格制定者

在这个单元中，公司都是有备而来的国际营销人员，在当地市场都有根深蒂固的地位。它们通常通过深入分析和评价市场信息来评估当地市场的条件，建立市场智能系统和/或根深蒂固的市场知识。通过信息反馈系统，他们往往对当地市场的分销网络控制地很紧。鉴于每个局部市场的不同要求，原形3单元中的公司会使一个市场的价格去适应另一个市场的价格，并管理他们在很多市场（多国化）要应对地具有相对复杂性的不同市场和定价结构。

　　然而，与当地价格拥护者的伙伴相比较，这些公司在当地市场通常都是定价领导者，其定价战略主要基于每个当地市场的条件。考虑到它们的多国化方向，这些公司往往将定价决策权转给当地的分公司经理，即使总部人员也在密切关注着每个局部市场的销售趋势。在这个单元的公司面临着来自当地市场的灰色市场进口的挑战，这是由利用不同市场间的价格差异能找到更廉价的生产商的机会所激发的。

　　原型4：全球价格领导者

　　在这个单元中的公司在关键的世界市场中占据很有利的位置。它们管理着顺利运行的营销网络，主要通过等级进入模式，或与中间模式如合资企业结合，或与主要的世界市场联盟而开展业务。

　　原型4中的公司与各大市场中数量有限的竞争对手竞争，类似于全球的（或地区的）寡头垄断。典型的寡头垄断玩家，它们往往受到跨国的透明的价格机制的挑战；管理全球的（或地区的）约束如需求模式和市场管理机制；跨区域定价（如跨越欧洲）。全球价格领导者在其市场中往往会保持相对高的价格水平，尽管可能不如多元本地化的同行的做法有效。与全球价格领导者的公司相比，多元本地化的价格制定者能更有效地建立当地的进入壁垒，比如品牌领导与当地的分销商密切相连，并能深入了解每个当地市场的条件，以使自己免受国际价格竞争的负面影响［索尔伯格（Solberg）等人，2006］。

建立全球定价合同（GPCs）

　　全球定价合同（Global pricing contract）：客户所需的一个供应商的所有外汇业务和子公司的全球价格（单位产品）。

　　随着全球化日益加强，在全球供应商和全球顾客中会经常听到以下对话："给我一份全球定价合同（GPC），我将加强与你的全球采购。"越来越多地，全球顾客都在向供货商索要这样一份合同。例如，1998为向通用汽车收取同其他地区的部件一样的本地区的部件费用，通用汽车的动力系统组告诉供应商通用汽车的引擎、传输和零部件使用的成分。

　　顾客全球化时供应商不需要发生损失。最吸引人的全球定价机遇是供应商和顾客共同参与确认和消除会伤害双方的无效率事件。然而，有时供应商没有选择——他们不能将规模最大、顾客发展最快的业务关闭。

　　在全球定价合同中，供应商和顾客有不同的优势和劣势，表11.5对此加以说明。

　　化学品生产商集中在精选的客户关系上。它决定将重点放在附加价值的服务上，但新兴市场的潜在顾客仍对价格念念不忘。然而，那些精选的顾客对省钱的供货和与供应商一同形成的库存管理措施比较感兴趣。

表 11.5　全球定价合同（GPCs）：优点和缺点

	顾客	供应商
优点	全球较低的价格加上较高水平的服务。 跨市场提供标准化产品和服务。 整个过程的效率，包括开发新产品、生产、存货、物流和客户服务。 快速传播全球创新。	更容易进入新市场，增长业务。 加强业务，实现规模经济。 把他们用作展示账户与行业领导者一起影响市场开发。 与顾客合作，并形成潜在的竞争对手很难打入的关系。 纠正跨国市场的客户关系中的价格和服务的异常现象。
缺点	随着时间的推移，顾客可能不太能适应当地市场的变化。 供应商可能没有能力跨市场提供始终如一的质量和业绩。 供应商可能利用顾客的过度依赖来获取更高的价格。 当地的管理层可能会抵制全球合同，更喜欢与当地的供应商交易。 监督全球合同的成本可能超过利益。	当地的管理层有时会抵制改变，供应商可能会卷入顾客的总部和所在国家管理层的争执中。 供应商可能失去为其他有吸引力的顾客服务的能力。 顾客可能不能兑现承诺。 顾客可能利用在此关系中共享的成本信息。 供应商可能过度依赖一位顾客，即使可以为其他更具吸引力的顾客服务。 供应商可能与新市场中现有的分销渠道有冲突。

全球顾客需要详细的成本信息也会将供应商置于风险中。丰田汽车、本田汽车、施乐公司和其他强有力的供应商公开账簿以备检查。它们规定的目标是：帮助供应商降低成本的同时确定提高过程和质量的方法，并建立信任。但在经济衰退的过程中，全球顾客可能会寻求削价和补充服务。

欧洲的定价战略

1991年，整个欧洲同样的消费品的价格差异平均在20%左右，但有些产品的价格差异比较明显［西蒙（Simon）和库彻（Kucher），1993］。另一项研究中［迪勒（Diller）和布哈拉（Bukhari），1994］，相同的冰淇淋产品也存在大量的价格差异。

价格差异的原因在管理、竞争、分销结构和顾客行为如付款意愿等方面有所不同。货币波动也会影响短期的价格差异。地区化压力也正在加速推动统一定价，但西蒙和库彻（1993）警告说这是潜在的定时炸弹，因为统一定价的压力是它处在最低的定价水平上。

只要市场分离，欧洲就是价格差异的乐园，但要维持原有的价格差异日渐困难。主要有两大发展迫使公司在欧洲国家将价格标准化：

1. 跨越欧洲的零售集团的国际购买力

2. 并行进口/灰色市场。因为不同国家价格不同，一个国家的购买者会在另一个国家以更低的价格购买。结果，较低价格市场的顾客会向较高价格市场销售产品以赚取利润。

西蒙和库彻（1993）提出一种价格"走廊"（图11.17）。个别国家的价格只可以在这个范围内变化。从欧元来看图11.17也很有趣，已在2002年1月得到全面实施。然而，价格差异只能通过运输成本和短期的竞争条件等得以证明。可能仍然要维持下去。如果有必要保持大市场，如法国、德国、英国和意大利可接受的价格水平，他们建议应牺牲较小国家的业务。例如，对于药品生产商来说，由于从葡萄牙并行进口，所以比起德国市场10%的降价，在葡萄牙药品市场销售更有利可图。

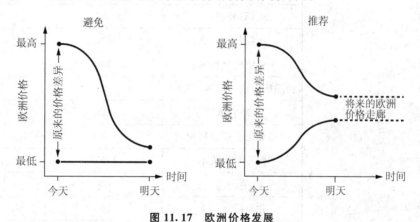

图 11.17 欧洲价格发展

11.12.10 转移定价

转移定价（Transfer pricing）：价格来自公司内部运动的货物和服务。虽然转移定价来自于公司内部，但其对外部跨境税务相当重要。

转移价格是向公司内部的商品和服务的转移收取费用。当商品在不同的国内公司间转移时，许多纯粹的国内公司需要作出转移定价决策。虽然转移价格对于公司是内部的，但他们对外很重要，因为在不同国家间转移的商品要有跨境税收目的的价值。

在这种情况下，公司的目标是确保支付的转移价格能优化公司而不是分离公司。这可以证明一家公司从国际上被组成利润中心的困难。为使利润中心有效地发挥作用，要为转移的一切制定价格，可能是劳动资料、零件、完工的产品或服务。高转移价格（例如从生产部门到外国子公司）明显地在外国子公司不佳的表现中得以反映（请见表11.6高标记政策），然而国内提供商品的部门不能接受低价（请见表11.6低标记政策）。这个单独的问题会成为子公司之间不信任的原因。

从统一的观点来看，表11.6中两种标记政策"最好的"是高标记政策，因为比起低标记政策475美元的收入，它创造了550美元的净收入。"最好的"解决方案取决于生产和分销子公司（子公司）所在国家的税率。

有三种基本方法实现转移定价：

1. 转移成本。转移价格是在生产成本的水平上制定的，并且国际分工要记入公司创造的全部利润中。这意味着要依据效率参数而不是盈利情况来评价生产中心。生产部门一般不喜欢以生产成本销售，因为他们认为这是在贴补销售子公司。生产部门不高兴的时候，销售子公司也会得到缓慢的服务，因为生产部门首先会为更具吸引力的机会服务。

表 11.6　高、低转移价格对净收入的税务影响（美元）

	制造业子（分）公司	分销/销售子公司	综合公司总量
低标记政策销售额	1 400	2 000	2 000
扣除销售成本	1 000	1 400	1 000
毛利润	400	600	1 000
扣除营运开支	100	100	200
应纳税所得额	300	500	800
扣除所得税（25%/50%）	75	250	325
净收入	225	250	475
高标记政策销售额	1 700	2 000	2 000
扣除销售成本	1 000	1 700	1 000
毛利润	700	300	1 000
扣除营运开支	100	100	200
应纳税所得额	600	200	800
扣除所得税（25%/50%）	150	100	250
净收入	450	100	550

注：制造业子公司缴纳所得税的 25%。分销子公司缴纳所得税的 50%。

资料来源：艾特曼（Eiteman），跨国商务金融（Multinational Business Finance），第 4 版，© 1986。印刷版与电子版受培生教育公司，上马鞍河，新泽西州（Pearson Education, Inc., Upper Saddle River, New Jersey）授权。

2. 转移距离。在这里国际部门同公司外的任何买家一样接受管理。当价格不具竞争性或产品质量低劣时，允许国外部门在任何地方都可购买就会出现问题，如果没有国外买家也会引起进一步的问题，很难建立相关的价格。尽管如此，"手臂长度"的原则已作为制定价格的首要（不是要求的）标准被世界所接受［弗雷德里克（Fraedrich）和贝特曼（Bateman），1996］。

3. 转移成本加成。这是常见的折中方案，它将利润在生产部门和国际部门分开。用于评价转移价格的实际准则可以变化，但这种方法通常能减少转移定价分歧的执行时间，优化企业利润，激励国内国际分工。高级行政官通常被任命裁决纠纷。

良好的转移定价方法应该考虑总的企业概况并鼓励分工合作。它也应减少转移定价分歧的执行时间，并使会计责任降至最低。

11.12.11　货币问题

出口定价的一个难题是关于报价应该用哪种货币的决定。出口商有以下选择：

- 买方国家的外币（当地的货币）；
- 出口商所在国的货币（国内的货币）；
- 第三国家的货币（通常是美元）；
- 一种货币单位如欧元。

如果出口商以国内货币报价，那么不仅管理起来更容易，而且顾客承担与汇率变化有关的风险；反之，以外币报价，出口商要承担汇率风险。然而，出口商以外币报价是有好处的。

- 以外币报价可以成为一种合同条件；
- 它可以以较低的利率使用国外资金；
- 良好的货币管理可能是获得额外的利润的一种方式；
- 为做竞争性比较和准确知道最终价格，顾客通常更喜欢以本国货币报价。

出口商面临的另一难题是由波动的汇率引起的。在货币贬值国家的公司（其他都一样）可以加强其国际竞争地位。它还可以选择用外币降价或保持价格不变而提高利润率。

当意大利里拉对德国马克贬值15％～20％时，它使意大利汽车生产商菲亚特汽车集团在价格方面获得竞争性优势。德国汽车出口商如大众汽车却受到反面影响，并被迫降低价目表价格。从这个方面来说，生产和销售子公司的地理模式与其主要竞争对手相比变得很重要，因为当地的子公司可以吸收大部分贬值的负面影响。

11.13　将欧元用于跨国定价的含义

欧洲单一的货币——欧元，经过十多年的计划和准备之后变为现实。在这一举动中，单一的货币创造了世界上最大的单一经济，其全球贸易的份额大于美国，消费者数量也多于美国。

欧元带来的影响有欧洲在2000年底突然变成了单一的市场，这使人们购买另一个国家的产品就像穿过马路从商店购买一样容易，使用同样的货币，只是仍然存在语言问题。欧洲人的观点是，随着越来越多的人上网以及欧洲开始启用新的单一货币，网上购物将会有较大的增长。

欧元是欧盟16个成员国使用的货币：比利时、德国、希腊、西班牙、法国、爱尔兰、意大利、卢森堡公国、荷兰、奥地利、葡萄牙、芬兰、斯洛文尼亚、塞浦路斯、马耳他和斯洛伐克。这些国家组成了"欧元区"，共有 3.26 亿人口。

欧元的主要影响包括，它将：

- 通过使欧洲价格透明而为消费者降价；
- 通过减少由高交易成本和货币波动引起的贸易"摩擦"而创造真正的单一市场；
- 通过迫使公司致力于价格、质量和生产而不是躲在弱势货币后面来提高竞争力；
- 使中小企业和消费者受益，让前者更容易进入"国外"市场，并允许后者日益通过互联网在价格最低的市场上购物；
- 通过新的欧洲中央银行建立通货膨胀和稳定的利率；
- 通过降低价格、降低利率来降低做生意的成本，通过兑换货币没有交易成本或损失，以及没有汇率波动。

总之，单一的货币应极大地增强竞争力、减少交易成本、带来更大的确定性。这些新生力量将使欧洲产生结构改革。几乎欧洲企业和政治环境的每个方面都会受到影响。

也许，最重要的是，需要重新考虑营销战略和定价战略。因为在欧洲很容易对欧元作出价格对比（特别是通过互联网），它将揭示高价市场和低价市场的差异。

对于那些通过网络销售的，欧元使做生意很容易并鼓励这些公司将产品卖给欧洲顾客。既然欧洲人鼠标轻轻一点就能购物和对比价格，那么他们也将更倾向于电子商务。

在任何一个单一的欧洲国家，对既定的产品通常没有太多的竞争，因为购买习惯总是会本地化（在自己的国家）。既然欧洲人能通过互联网进行网上购物，他们也会意识到其他的选择和以前不知道的相同产品的价格。竞争将使买方的欧元升温，这会对价格产生下行压力。

然而，最近的研究还表明，互联网不是建立以降低价格为结果的完全竞争状态。事实上，在很多情况中，网上的价格比传统的零售商店的价格要高一些。研究还表明，网上消费者不如以前那样对价格敏感。消费者对价格敏感度降低，而是更加忠诚于网站信息质量水平的提高［荣格（Kung）和门罗（Monroe），2002］。

11.14　总结

在决定国外的产品政策时，重要的是要决定将哪一部分（产品层面）标准化，让哪一部分适应当地的环境。这一章主要讨论与这一决定有关的各种因素。

　　一个重要的问题是品牌问题。我们已讨论了不同的品牌选择。例如，因为大型（通常是跨国的）零售连锁店已赢得了分销控制权，所以他们尝试形成自己的标签。对零售商来说，私人标签有更高的利润率，并提升了零售商在顾客心中的形象。因为权力转移到零售商，从自有品牌得到的零售店销售的百分比在近几年已有提高。

　　本章还讨论了实践中越来越受关注的问题。例如，绿色营销战略，包括产品在"绿色"方向上适应的需要。公司将环境友好与营销战略相融合时，消费者、股东和整个社会一般都会受益。如果实施得当，绿色营销有助于增强消费者和品牌的情感联系。被冠以绿色企业还可以形成更积极的公众形象，这也会相应地增加销售额和提高股票价格。绿色形象还可以引导消费者与公司或特定的产品有更紧密的联系，提高品牌忠诚度。

　　本章涵盖的主要价格问题包括价格的决定因素、定价战略、国外价格如何与国内价格有关联、价格上涨、报价元素和转移定价。

　　制定价格时要考虑几个因素，包括成本、竞争对手的价格、产品形象、市场份额/市场容量、产品生命周期的阶段，以及涉及的产品数量。这些元素的最优组合会根据产品、市场和企业目标而有所变化。在国际背景下制定价格会因一些因素而更加复杂，如国外的汇率、各出口市场不同的竞争环境、不同的劳动力成本、不同国家有不同的通货膨胀率。此外，在制定价格时还要考虑当地的和地区的法律法规。

案例研究 11.1

芝宝制造公司（Zippo Manufacturing Company）：打火机之外的产品多样化之路能走多远？

历史

　　芝宝（www.zippo.com）成立于 1932 年，宾夕法尼亚州（Pennsylvania）的布拉德福（Bradford）。当时，乔治·G. 布雷斯代（George G. Blaisdell）决定生产一款既好看又易于使用的打火机。布雷斯代获得了顶端可移动的奥地利防风打火机的专利，并按自己的要求将其重新设计。他把小盒子做成矩形，用焊接铰链连接盖与底部，四周用单独的蜡烛芯包围。因对另一项最近的发明的名字发音"zipper"很着迷，布雷斯代把他的新打火机叫作"芝宝"（zippo），并提供终生保修。如今已有 80 年品牌声誉的它在第二次世界大战期间得以腾飞，当时芝宝全部的产品都由美国军队经营的商业网点分销。

现在

　　自 1932 年成立以来，芝宝已生产了 3.75 亿多个防风打火机。除了打火轮上有所改进和已完成的修改外，布雷斯代最初的设计实质上没有发生改变。陪伴每一个芝宝打火机的终生保修仍然保证"不好用我们就免费修理"。

　　尽管防风打火机是最受欢迎的芝宝产品，但芝宝已受到反吸烟战役的伤害。它的业务基本与吸烟者有关，并已受到美国烟草法规的惩罚。香烟制造商订购成千上万的芝宝来推广他们的品牌，将它们分给吸烟者以换取优惠券。公司最近的一则宣传广告提出了使用芝宝的 101 种方式。暖手和为车锁除冰都列在名单上，但点烟不在其中。

　　该产品的成功使芝宝将生产线扩展到当前的产品系列，如卷尺、小折刀、钱夹、书写工具、钥匙套以及其最新产品多功能打火机。这些产品都可印上公司的标志或商标。

　　1993 年，芝宝将其名称授权给一家日本的服装生产商——伊藤忠商社有限公司（Itochu Fashion System Co.）。芝宝皮夹克、芝宝牛仔裤和芝宝手套现在在东京都是可以看到的，并且芝宝可能将服装也授权给美国。现在日本仍然是芝宝最大的出口市场。

　　芝宝已通过广泛的销售代表网络在国内和国际上都扩大了销售业务。在世界上 120 多个国家中，芝宝是美国制造的质量和工艺的代名词。

　　芝宝防风打火机作为有价值的收藏品，已享有广为传播的和令人羡慕的声誉。公司生产芝宝打火机收藏者指南，包括打火机和该系列的说明，还有每个芝宝打火机底端关于时间编码的说明。英国、意大利、瑞士、德国、日本和美国已为打火机收藏者成立了俱乐部。芝宝也赞助了它自己的收藏者俱乐部——芝宝点击（Zippo Click）。

资料来源：zippo. com.

问题

1. 芝宝最近遵循的产品多样化战略有何优点和缺点？

2. 在 20 世纪 90 年代末期的美国营销战役中，芝宝被重新定位成酷爱户外运动的人的必备工具。独特的锡制和套筒包装得以利用，以反映打火机的"工具"地位。为使其具有传承性，芝宝打火机液罐也开发利用了类似的包装和图形，然后以方便的自发货柜台显示系统（self-shipping countertop displays）将打火机和液体传送给零售商。为支持国家开展此项工作，广告公司［斯旺森罗素（Swanson Russell）］研发了交流方案，包括向主要的户外产品分销商直接发送邮件，还有在贸易层面和消费者层面上做广告。然而，户外市场对习惯拜访烟草制品零售店和便利店的芝宝销售人员来说是一次全新的体验。

在这个案例故事中你将怎样运用产品生命周期的概念？

3. 如果芝宝生产公司在其他国家重复该户外活动，它会面临怎样的阻碍？

其他练习与案例，参见教材网站 www. pearsoned. co. uk/hollensen。

问题讨论

1. 你如何区分产品和服务？对全球的营销服务来说，这种差异的主要含义是什么？

2. 应以何种程度向国际市场提供与市场之间大相径庭的标准化服务和保修政策。

3. 比起全球营销组合的其他元素，大多数公司为什么要首先考虑国际产品政策。

4. 一定要满足什么要求才能使一件产品有效地转变成品牌产品。

5. 讨论为国际产品线制定包装决策时，要考虑哪些因素。

6. 服务的显著特点是什么？解释为什么这些特点让销售服务在国外市场很困难。

7. 确定开发国际品牌的主要障碍。

8. 讨论增加或减少产品及来自国际市场上的产品线的决定。

9. 好的国际品牌名有什么特点？

10. 国际价格上涨的主要原因是什么？提出为解决这个问题可能采取的行动。

11. 解释汇率和通货膨胀如何影响你为产品定价的方式。

12. 为保护自己，营销人员在通货膨胀高的国家应如何为产品定价？

13. 国际技术的买家和卖家经常在知识的合适价格上有分歧，为什么？

14. 可以用什么方法来计算转移价格（附属公司间的交易）？

15. 为什么通常很难计算合理的转移价格？

参考文献

Aaker，D. (1991) Managing the Brand Equity: Capitalizing on the Value of the Brand Name, The Free Press, New York.

Argenti，P. A. (2004) "Collaborating with activists: how Starbucks works with NGOs", California Management Review, 47 (1), pp. 91-116.

Auguste, B. G., Harmon, E. P. and Pandit, V. (2006) "The right service strategies for product com-panies", McKinsey Quarterly, 1, March, pp. 10-15.

Bengtsson, A. and Servais, P. (2005) "Co-branding on industrial markets", Industrial Marketing Management, 34, pp. 706-713.

Beverland, M., Napoli, J. and Lindgreen, A. (2007) "Industrial global brand leadership: A capabilities view", Industrial Marketing Management, Vol. 36, pp. 1082-1093.

Boze, B. V. and Patton, C. R. (1995) "The future of consumer branding as seen from the picture today", Journal of Consumer Marketing, 12 (4), pp. 20-41.

Czepiel, J. A. (1992) Competitive Marketing Strategy, Prentice-Hall, Englewood Cliffs, NJ.

Czinkota, M. R. and Ronkainen, I. A. (1995) International Marketing (4th edn), Dryden Press, Fort Worth, TX.

Diller, H. and Bukhari, I. (1994) "Pricing conditions in the European Common Market", European Management Journal, 12 (2), pp. 163-170.

Docters, R., Tistone, L., Bednarczyk, S. and Gieskes, M. (2011) "Pricing in the digital world", Journal of Business Strategy, 32 (4), pp. 4-11.

Eiteman, D. K. and Stonehill, A. I. (1986) Multinational Business Finance (4th edn), Addison-Wesley, Reading, MA.

Ettensén, R. (1993) "Brand name and country of origin: effects in the emerging market economies of Russia, Poland and Hungary", International Marketing Review, 5, pp. 14-36.

Evans, P. B. and Wuster, T. S. (2000), Blown to Bits: How the new economics of information transforms strategy, Harvard Business School Press, Boston.

Fan, Y. (2007) "Marque in the making", Brand Strategy, June 2007, pp. 52-54.

Filiatrault, P. and Lapierre, J. (1997) "Managing business-to-business marketing relationships in consulting engineering firms", Industrial Marketing Management, 26, pp. 213-222.

Fraedrich, J. P. and Bateman, C. R. (1996) "Transfer pricing by multinational marketers: risky business", Business Horizons, 39 (1), pp. 17-22.

Garda, R. A. (1995) "Tactical pricing", in Paliwoda, S. J. and Ryans, J. K. (eds), International Marketing.

Reader, Routledge, London. Ginsberg, J. M. and Bloom, P. N. (2004) "Choosing the right green marketing strategy", MIT Sloan Management Review, Fall, pp. 79-84.

Helmig, B., Huber, J. A. and Leeflang, P. S. H. (2008) "Co-branding: the state of the art", Schmalenbach Business Review, 60, pp. 359-77.

Herstein, R. and Gamliel, E. (2006) "Striking a balance with private branding", Business Strategy Review, Autumn, 39-43.

Hinterhuber, A. and Bertini, M. (2011) "Profiting when customers choose value over price", Business Strategy Review, 22 (1), pp. 46-49. Hollis, N. (2009) "Rethinking globalization", Marketing Research, Spring, pp. 12-18.

Hollis, N. (2009) "Rethinking globalization", Marketing Research, Spring, pp. 12-18.

Hooley, G. J., Saunders, J. A. and Piercy, N. (1998) Marketing Strategy and Competitive Positioning, 2nd edn, Hemel Hempstead: Prentice Hall.

Johansson, J. K. and Thorelli, H. B. (1985) "International product positioning", Journal of International Business Studies, 16, Fall, pp. 57-75.

Johansson, J. K., Ronkainen, I. A. and Czinkota, M. R. (1994) "Negative country-of-origin effects: the case of the new Russia", Journal of International Business Studies, 25, 1st quarter, pp. 1-21.

Keegan, W. J. (1995) Global Marketing Management (5th edn), Prentice-Hall, Englewood Cliffs, NJ.

Keller, K. L. and Sood, S. (2001) "The ten commandments of global branding", 8 (2), pp. 1-12.

Kotler, P. (1997) Marketing Management: Analysis, planning, implementation and control (9th edn), Prentice-Hall, Englewood Cliffs, NJ.

Kotler, P. and Pfoertsch, W. (2007) "Being known or being one of many: the need for brand man-agement for business-to-business (B2B) companies", Journal of Business & Industrial Marketing, Vol. 22, No. 6, pp. 357-362.

Kowalkowski, C., Kindstrom, D. and Brehmer, P. O. (2011), "Managing industrial service offerings in global business markets", Journal of Business & Industrial Marketing, 26 (3), 181-192.

Kung, M. and Monroe, K. B. (2002) "Pricing on the Internet", Journal of Product & Brand Management, 11 (5), pp. 274-287.

Lovelock, C. H. and Yip, G. S. (1996) "Developing global strategies for service business", California Management Review, 38 (2), pp. 64-86.

Marketing Science Institute (1995) Brand Equity and Marketing Mix: Creating customer value, Conference Summary, Report no. 95-111, September, p. 14.

Mendleson, N. and Polonsky, M. J. (1995) "Using strategic alliances to develop credible green marketing", Journal of Consumer Marketing, 12 (2), pp. 4-18.

Michel, S. , Brown, S. W. and Gallan, A. S. (2008) "Service-logic innovations: how to innovate customers, not products", California Management Review, 50 (3), pp. 49-65.

Nagle, T. T. (1987) The Strategies and Tactics of Pricing, Prentice-Hall, Englewood Cliffs, NJ.

Narayandas, D. , Quelch, J. and Swartz, G. (2000) "Prepare your company for global pricing", Sloan Management Review, Fall, pp. 61-70.

Onkvisit, S. and Shaw, J. J. (1989) "The international dimension of branding: strategic considerations and decisions", International Marketing Review, 6 (3), pp. 22-34.

Onkvisit, S. and Shaw, J. J. (1993) International Marketing: Analysis and strategy (2nd edn), Macmillan, London.

Piercy, N. F. , Cravens, D. W. and Lane, N. (2010) "Thinking strategically about pricing decisions", Journal of Business Strategy, 31 (5), pp. 38-48.

Prahalad, C. K. and Ramaswamy V. (2004) The Future of Competition: Co-creating Unique Value withCustomers, Harvard Business School Press.

Quelch, J. A. and Harding, D. (1996) "Brands versus private labels: fighting to win", Harvard Business Review, January-February, pp. 99-109.

Sawhney, M. , Verona, G. and Prandelli, E. (2005) "Collaborating to create: The Internet as a platform for customer engagement in product innovation", Journal of Interactive Marketing, Vol. 19, No. 4, pp. 4-17.

Simon, H. and Kucher, E. (1993) "The European pricing bomb - and how to cope with it", Marketing and Research Today, February, pp. 25-36.

Solberg, C. A. (1997) "A framework for analysis of strategy development in globalizing markets", Journal of International Marketing, 5 (1), pp. 9-30.

Solberg, C. A., Stottinger B. and Yaprak, A. (2006) "A taxonomy of the pricing practices of exporting firms: evidence from Austria, Norway and the United States", Journal of International Marketing, 14 (1), pp. 23-48.

Starik, M., Throop, G. M., Doody, J. M. and Joyce, M. E. (1996) "Growing on environmental strategy", Business Strategy and the Environment, 5, pp. 12-21.

Theodosiou, M. and Katsikeas, C. S. (2001) "Factors infiuencing the degree of international pricing strategy standardization of multinational corporations", Journal of International Marketing, 9 (3), pp. 1-18.

Vandermerwe, J. and Oliff, M. D. (1991) "Corporate challenges for an age of reconsumption", Columbia Journal of World Business, 26 (3), pp. 6-25.

Vesanen, J. (2007) "Commentary: What is personalization? A conceptual framework", European Journal of Marketing, Vol. 41, No. 5/6, pp. 409-418.

Varadarajan, R. (2009) "Fortune at the bottom of the innovation pyramid: the strategic logic of incremental innovations", Business Horizons, 52, pp. 21-29.

Vargo, S. L. (2009) "Toward a transcending conceptualization of relationship: a service-dominant logic perspective", Journal of Business and Industrial Marketing, 24 (5), pp. 373-378.

Vargo, S. L. and Lusch, R. L. (2004) "Evolving to a new dominant logic for marketing", Journal of Marketing, 68 (1), pp. 1-17.

Vargo, S. L. and Lusch, R. L. (2008) "Service-dominant logic: continuing the evolution", Journal of the Academy of Marketing Science, 36 (1), pp. 1-12.

Weigand, R. E. (1991) "Buy in-follow on strategies for profit", Sloan Management Review, Spring, pp. 29-38.

World Wide Fund for Nature (1993) Corporate Relationships, Sydney.

第 12 章 　分销和传播决策

目录

12.1　引言

12.2　渠道决策的外部决定因素

12.3　渠道结构

12.4　管理和控制分销渠道

12.5　网络分销决策的含义

　　示例 12.1　移动钱包服务（M-Pesa）是在肯尼亚推行的一种服务于消费者的移动货币，同时也在向国际扩展

12.6　传播过程

12.7　传播工具

　　示例 12.2　植入式广告升级

　　示例 12.3　百利奶油力娇酒：通过市场和产品研发扩大销售

12.8　实践中的国际广告策略

　　示例 12.4　起士（Jarlsberg）奶酪——跨国传播

12.9　网络传播决策的含义

12.10　社交媒体营销

　　示例 12.5　使用中的 6C 模型——"多芬（Dove）真美行动"，在 YouTube 上播放的多芬的《蜕变》视频

　　示例 12.6　亚马逊在线社区

12.11　开展病毒式营销活动

　　示例 12.7　雪佛兰梦想车库：一个病毒式营销活动

12.12　众包

　　示例 12.8　无线（Threadless）公司 T 恤的众包业务

12.13　总结

案例研究

12.1 戴比尔斯：前向整合的钻石矿业价值链
　　　　讨论问题
　　　　参考文献

学习目标

学完本章后，你应该能做到以下几点：

- 探索渠道决策的决定因素
- 在整合和管理全球营销渠道中讨论关键点
- 讨论影响渠道宽度的因素（密集型，选择性或独家覆盖）
- 阐述整合营销渠道的意义
- 定义和划分传播工具的类型
- 描述并阐释广告决策中的主要步骤
- 描述可用于设定国外市场广告预算的适当方法
- 通过网络讨论市场营销的可能性
- 阐释个人推销和销售人员管理在国际市场中的重要性
- 定义和阐释"传染性营销"的观念
- 讨论国际广告推销标准化的利端和弊端

12.1　引言

　　21 世纪，面对日益激烈的公司竞争，进入国际市场成为了一个关键的决策区。在第二部分中，我们把公司的选择称为一种恰当的市场进入模式，该模式可以确保公司产品和服务进入国外市场。当公司选定一种策略来使自己的产品进入国外市场之后，接踵而来的挑战（本章主题：见图12.1）便是在这些国外市场中进行产品分销。本章节的第一部分涉及国外分销的结构和管理，第二部分涉及国际物流的管理。

　　在一个行业中，分销渠道通常占产品和服务批发价格的 15%～40%。

　　在接下来的几年中，随着科技发展推动渠道的演化，我们面临的渠道管理方面的挑战和机遇也将大幅度增加。日前，数据网络正在日益使终端用户绕开传统渠道，直接与生产商和服务供应商进行交易。

　　如下展示的便是一套用于国际市场分销重大决策的系统方法。其中，图12.1对主要渠道决策及其决定因素进行了阐述。

　　分销渠道是生产商和最终消费者之间的连接环节。一般来说，一个国际营销者可以进行直接分销或间接分销。正如我们在第九章节所看到的，直接分销实际上就是与外国公司打交道，而间接分销指的是与作为中间商的同一国家的其他公司进行商业活动。图12.1展示的就是主体市场的各种特征强烈地影响着某种特定渠道环节的选择。现在，我们将对这些因素进行更加详细的分析。

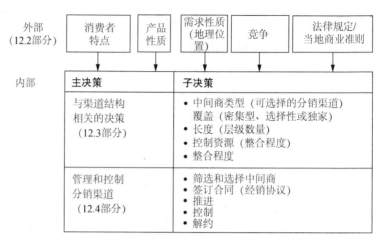

图 12.1　渠道决策

沟通是制订全球营销方案的第四个也是最后一个决策，其在全球营销中的作用与国内操作中的类似：与客户进行沟通，提供买方所需信息，以便其正确做出采购的决策。虽然传播组合承载着客户感兴趣的多种信息，但是最终都是由营销者设计用来说服客户在当下或将来购买某种产品的方式。

为了与消费者沟通并对其产生影响，我们可以借助一些工具。通常来说，广告是促销组合中最常见的组成部分，但是人员推销、各种展会、促销活动、公开宣传（公共关系）和直接营销（包括网络）也是一种常见的国际促销组合的组成部分。

一个重要的战略思考不是全球标准化而是要根据每个国家的环境采用适合的促销组合。除此之外，另一个思考指的是利用世界各地的各种有效媒体。

12.2　渠道决策的外部决定因素

12.2.1　消费者特点

在任何渠道设计中，消费者或最终最终都是根本所在。因此，在做分销决策时，一定要把消费群体的规模、地理分布、消费习惯、购买偏好和使用模式考虑在内。

由于消费者的人数更多，分布更广，购买数量灵活，因此消费者产品渠道要长于工业产品渠道。另外，购买偏好和使用模式随国家区域变化而不同，受到了社会文化因素的强烈影响。

12.2.2 产品特性

产品特性在决定分销策略中起着关键作用。对于低价格高周转率的便利产品而言，需求就是一个密集型分销网络；相反，一种昂贵的产品没有必要或不需要占有广阔的分销渠道。在这种情况下，生产商可以缩短和缩小其分销渠道。消费者在购物时很喜欢作对比，而且还会积极搜集涉及所有考虑在内品牌的相关信息。因此，有限的产品曝光率不是实现市场成功的有效方法。

在分销和销售诸如散装化学品、金属和水泥这些工业产品的过程中，运输和仓储费用也是一个重要的问题。而在诸如电脑、机械产品和航空器这些工业产品的分销中，直销、服务和维修以及备件储存占据主要位置。产品的耐用性、易腐蚀性、数量、消费者所需服务的类型、单位成本，处理要求（如冷藏）也都是重要的因素。

12.2.3 需求性质/地理位置

我们要认识到目标消费者保有一定的特定产品需求量，这种认知力可以促进分销渠道的修正。另外，消费者的收入、产品体验、产品最终用途、使用寿命定位和国家经济发展的阶段均对产品认识产生了影响。

一个国家的地理位置和运输基础设施的发展也能够影响渠道决策。

12.2.4 竞争

正因为服务于同一市场的渠道布置经常是与其他的进行竞争，所以用于产品和近似代用品竞争的渠道显得格外重要。一般来说，消费者希望在特定的商店找到特定的产品（比如专卖店）或者他们已经习惯从特定的渠道购买特定产品。而且，在国外，实际上主要批发商经常制造壁垒，将参与竞争的公司从关键渠道中排除，为此，本地和全球竞争者就要与这些批发商签订协议，达成约定。

有时需要选择一种与常规竞争截然不同的分销方式，以此形成一种竞争优势。

12.2.5 法律规定/当地商业准则

每个国家都有自己的特定法律，约束着特定渠道的使用或中间商。比如，到最近为止，在瑞典和芬兰所有酒精饮料的销售都是由国营店代理的。还有一些国家明令禁止上门推销。因此，法律也影响着渠道范畴。一般而言，独家代理均被视作贸易限制，尤其是在一种产品占据市场支配地位的情况下。欧盟反垄断当局加强了包销协议的审查。《罗马公约》命令禁止那些影响贸易或限制竞争的经销协议（如独家经销权的授予）。

　　另外，当地商业准则也干涉了市场效率和生产力。这些准则可能会迫使生产商采用一种比其预想的更长更宽的分销渠道。由于日本的多层分销体制依赖于多层中间商，因此长期以来，外国公司都把日本复杂的分销体制视为日本市场最有效的无关税壁垒。

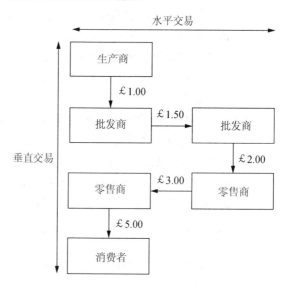

图 12.2　日本消费者市场的假设渠道序列

资料来源：经准许，改编自英国翡翠出版集团出版的《物流配送和物流管理国际期刊》（*International Journal of Physical Distribution and Logistics Management*，*Emerald Group Publishing Ltd.*），Pirog III，S. F. and Lancioni，R（1997），第 57 页。

　　图 12.2 展示了日本复杂的分销体制是如何通过水平交易和垂直交易（比如从一个批发商到另一个开发商）将商品价格推升到因数 5。

　　现在，我们还回到关于分销渠道这个主要决策上来。

12.3 渠道结构

市场覆盖率
（Market coverage）：用来表示地理范围或零售渠道商店的数量。目前有三种市场覆盖率方式以供选择：密集型覆盖、选择性覆盖、独家覆盖。

12.3.1　市场覆盖率

　　渠道成员提供的市场覆盖率是极其重要的。覆盖率是一个弹性术语。它可以指代国家的地理区域（不如城市和主要城镇），也可以指代零售商店的数量（所有零售商店的百分比）。一个公司不管采取了何种市场覆盖率的方式，一定要创建一个分销网络来完成其覆盖目标。

　　如图 12.3 所示，有三种不同的获得市场覆盖率的方法。

　　1. 密集型覆盖。这就要求通过尽可能多的不同类型的中间商和每种类型的个体中间商来分销产品

　　2. 选择性覆盖。这就要求针对每个领域选择选择一些中间商，逐步

渗透。

3. 独家覆盖。这要求在一个市场中只选择一个中间商。

渠道覆盖（宽度）可以定义为沿着连续统一体由宽渠道（密集型分销）向窄渠道变化。图 12.4 阐述了一些有利于密集型分销、选择性分销和独家分销的因素。

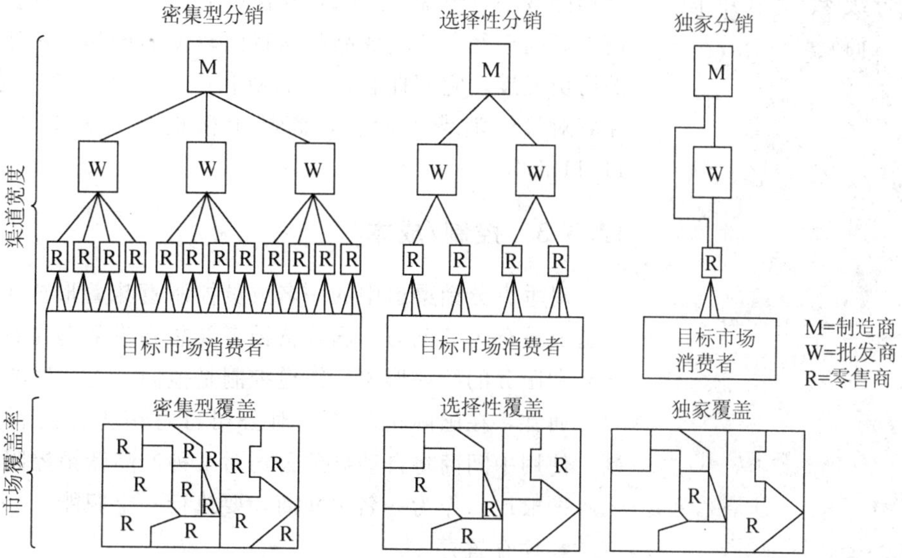

图 12.3 获得市场覆盖率的三种策略

资料来源：刘易森·D. M. （Lewison，D. M.）（1996）. 第 271 页。

		渠道宽度		
		密集型分销	←→ 选择性分销 ←→	独家分销
因素	产品类型	便利产品	←→	特定产品
	产品生命周期阶段	成熟产品	←→	新产品
	产品价格	低价产品	←→	高价产品
	品牌忠诚度	首选品牌产品	←→	坚挺品牌产品
	购买频率	频繁购买产品	←→	非频繁购买产品
	产品独特性	普通产品	←→	非凡产品
	销售要求	自助产品	←→	人员推销产品
	技术复杂性	非技术型产品	←→	技术型产品
	服务要求	有限服务产品	←→	广泛服务产品

图 12.4 影响渠道宽度的因素

资料来源：改编自刘易森·D. M. （Lewison，D. M.）（1996）. 第 279 页。

12.3.2　渠道长度

渠 道 长 度
(Channel length)：
分销渠道中的层
级 数 量 （中 间
商）。

渠道长度是由层级数量或中间商的不同类型决定的。一个国家的经济发展为更多高效渠道提供了需求。首先，随着更多中间商进入分销体系，渠道延长；之后，随着渠道层数的减少，渠道也缩短。因此，这就提高了分销的效率（贾菲（Jaffe）和伊（Yi），2007）。较长的渠道拥有若干中间商，倾向于经营便利商品和消费面较宽的产品。由于日本和中国自身体系的历史发展，它们拥有较长的便利产品分销渠道（见图 12.2）。这也就意味着对最终消费者而言，商品价格也会大大上涨（价格升级：请参考11.11 部分）。

12.3.3　控制/成本

对垂直分销渠道中的一名成员控制意味着形成了一种影响决策和其他渠道成员行为的能力。国际营销者要想在世界范围内创建国际品牌，树立产品和服务的统一形象，渠道控制是他们极为关注的事情。

通常，在国际市场中，对公司自身销售力的利用形成了一种高度控制。使用中间商将自动导致公司对某种产品营销控制的减少。

一般地，作为一名中间商，要执行一定职能：

- 库存置存
- 需求挖掘或销售
- 物流
- 售后服务
- 向客户提供信用贷款

在产品向端使用者转移的过程中，制造商或执行所有职能，或将其中一些职能或全部职能转嫁给中间商。正如一句俗语所说，"你可以去除中间商，但不能忽略中间商的职能"。

在众多营销状况中，生产商控制重要渠道职能的能力和执行控制力所需的金融资源之间存在一种关系。在产品从供应商向消费者转移的过程中，参与的中间商越多，供应商对这种产品分销渠道和方式的控制就会越弱；相反，减少分销渠道的长度和宽度通常要求供应商自己履行更多职能。因此，这就要求供应商为诸如仓储、购物、信贷、现场销售或现场服务这些活动分配出更多的金融资源。

总之，借助中间商或通过公司自身的销售力分销的决策要求在控制全球营销力的欲望和资源投入最小化追求之间要有一定的权衡。

12.3.4　整合程度

控制也可通过整合实行。渠道整合是在人员领导下和一套目标的指导下，将所有渠道成员整合成一个渠道系统，统一他们的过程。这里有两种不同类型的整合方式。

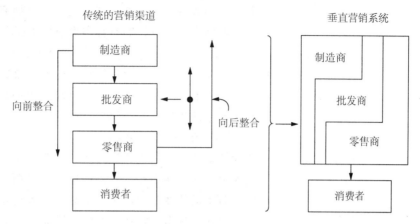

图 12.5　垂直整合

垂直整合
（ Vertical integration）：在渠道的不同层次上对渠道成员寻求控制，例如制造商对经销商的收购。

水平整合
（Horizontal integration）：在渠道的同一层次上对渠道成员寻求控制，例如制造商对竞争者的收购。

1. 垂直整合：在渠道的不同层次上对渠道成员寻求控制。
2. 水平整合：在渠道的同一层次上对渠道成员寻求控制（即竞争者）。

实现整合，或通过收购（所有权），或通过紧密的合作关系。让渠道成员为了共同的利益团结合作是一件难事。不过现如今，合作关系对于高效且有效的渠道运作来说是非常重要的。

图 12.5 给出了一个垂直整合的例子。

图 12.5 中，起点是传统的市场渠道，由独立的和自主的渠道参与人员构成。渠道协作是通过公平谈判实现的。基于此，垂直整合可呈现两种形式—向前和向后。

- 制造商可以通过向前整合实现对渠道中批发商和零售商的控制。
- 零售商可以通过向后整合实现对渠道中批发商和制造商的控制。
- 批发商可以有两种选择：向前或向后整合。

这种策略的结果就是垂直行销系统（图 12.5）。渠道由整合的参与者构成，渠道的稳定性很大程度上取决于成员的忠诚和长期的承诺。

12.4　管理和控制分销渠道

在进入市场的最初阶段，本地区经销商之间的合作关系显得尤为重要：经销商对他们的市场特点了如指掌，而且多数消费者倾向与本地经销商交易。阿诺德（Arnold）（2000）为国际市场营销人员（制造商）提出了以下指导方针，目的是预测并且解决国际经销商的潜在问题。

- 选择经销商—而不是让他们选择你：尤其是，制造商在国际交易会和展会上与潜在的经销商已经有了一定接触，然而，最热切的潜在经销商往往并非合适的合作伙伴。

- 寻找能够开拓市场的经销商，而不是仅有一些商业往来的。这意味着偶尔要放弃一些看似最佳的选择——拥有直接客源并产生快速交易的经销商——选择拥有强烈意愿能够进行长期投资并接受开放性合作关系的伙伴。

- 视本地经销商为长期合作伙伴，而不是临时打入市场的媒介：许多公司积极地与经销商联系但本意却是短期合作，起草的合同允许他们在未来几年后回收经销权。这样的短期合作不足以促动经销商投资必要的长期市场开拓。

- 通过筹集资金、引进管理人才和营销理念打入市场。许多制造商在进入市场的初期不愿投入过多资本。然而，国际营销人员如果期望保持对市场的战略性控制，就必须投入充足的资源。尤其是在进入市场之初，许多公司在海外的发展前景最不明朗的阶段。

- 从最开始，一定要把握市场战略的控制权：应该允许经销商将制造商的营销战略调整适应当地的市场行情。但是，只有那些具备市场领导力的公司能够开发国际市场体系的最大潜能。

- 确保经销商为你提供详尽的市场和财务数据：很多经销商将这些数据视为消费者认同，将本地的价格水平视为与制造商的合作关系中的关键因素。但是制造商在国际市场中开发其竞争力的能力很大程度上取决于市场信息的质量。因此，与经销商的合同中必须包括这类信息的分享，如详尽的市场和财务数据。

- 尽早建立国内经销商之间的联系。具体形式可以是独立的全国经销商协会或者区域性的办事处。与其他国内的经销商体系建立联系，本地区市场内信息的交流有助于提高国际市场营销策略的执行的一致性。这将有利于有效的市场营销手段的传播。

一旦确定了渠道的基本理念，国际市场营销人员必须着手选择最佳的候选者，并确保他们之间的合作畅通。

12.4.1　筛选和选择中间商

图 12.6 将国外经销商最重要的选择标准（资格）分成了 5 类。

将所有重要的标准（见图 12.6）罗列出来后，针对其中一些项目将作出具体评估，在此过程中，潜在的候选者之间、候选者与选择标准将作出比较。

表 12.1 中的例子使用图 12.6 中 5 类标准的前两条对渠道成员进行筛选：共 10 条标准。具体标准的采纳取决于公司的商业性质以及在既定市场中的分销对象。这些标准都应与市场营销人员自身的成功因素——能够打败竞争对手的所有重要条件——高度一致。

表 12.1 中的假定制造商（一家消费者包装货物公司）将经销商的市场管理经验和稳定的财务状况作为最重要的因素。这些因素可以证明经销

是否在盈利以及能否在市场营销中发挥应有的作用，例如客户的延期付款和风险化解。财务报表并非总是完整可靠，有时还可能出现财务说明大相径庭从而需要第三方给出说法的情况。要想对表 12.1 中的条款作出评估，制造商必须对每个可能的经销商进行私人会谈。在表 12.1 的例子中，制造商将选择 1 号经销商。

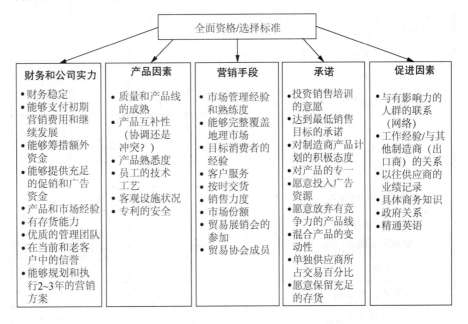

图 12.6　评估国外经销者的标准

资料来源：以卡瓦斯基尔（Cavusgil）等人的理论为基础（1995）（based on Cavusgil *et al* (1995)）。

　　或者，一家工业用品公司也可能考虑经销商的产品兼容能力、技术工艺和技术设备，以及非常重要的服务支持、经销商的基础设施、客户业绩以及对非重要产品的态度。国际市场营销人员发现，在既定市场上最合意的经销商往往已经掌握了高竞争力产品，因此很难与其合作。

　　另一方面，一家高科技商品公司可能更看重财务的稳定、市场管理经验、信誉、技术工艺、技术设备、服务支持和与政府的关系。在某些国家，宗教信仰或者种族差异可能导致找不到适合所有市场领域的代理商。这就需要更多的渠道成员来覆盖整个市场。

12.4.2　合同（分销商协议）

　　当国际经销商找到一家合适的中间商时就会起草一份国外销售协议。在正式签署合同之前，比较明智的做法就是私人拜访未来的渠道成员。

表 12.1 利用图 12.6 的选择标准对分销商进行评价的案例

标准（排名不分先后）	权重	分销商 1		分销商 2		分销商 3	
		评级	得分	评级	得分	评级	得分
公司财务优势：							
财务稳健	4	5	20	4	16	3	12
销售初期和后期增长的融资能力	3	4	12	4	12	3	9
产品因素：							
产品质量和成熟	3	5	15	4	12	3	9
产品互补性（协同还是冲突？）	3	3	9	4	12	2	6
营销技巧：							
营销管理知识和成熟	5	4	20	3	15	2	10
提供市场足够的地理覆盖能力	4	5	20	4	16	3	12
承诺：							
愿意投资销售培训	4	3	12	3	12	3	12
承诺完成最低销售目标	3	4	12	3	9	3	9
促进因素：							
与有影响力的人联系	3	5	15	4	12	4	12
工作经验/与其他制造商（出口商）的关系	2	4	8	3	6	3	6
得分			143		122		97

级别划分：

评级：5 优秀；4 良好；3 中等；2 差；1 不满意

权重：5 成功的关键因素；4 成功的前提因素；3 成功的重要因素；2 某些重要性；1 标准

协议本身可以相对简单些，但考虑到市场环境的种种差异，某些因素必须考虑，请参阅图 12.7。

如果公司和渠道成员之间未能认真草拟合同，分销渠道中涉及的长期承诺将难以实现。通常情况下，除了合同双方的具体关系，还要规定完成最低销售水平的时间期限。如果不能圆满达此目标，公司将陷入执行不力的质疑，从而使合同双方都难以摆脱，或为执行合同而付出昂贵的代价。

合同期限非常重要，尤其是与新的分销商签订协议时更是如此。一般而言，分销协议的有效期要相对较短（一年或两年）。与新分销商签订的首份合同应规定为期 3 个月或 6 个月的试用期，并规定最低的购买要求。合同期限还取决于当地的法律法规对分销商协议的规定。

分销商的地理界限应谨慎界定，小公司尤其如此。如果分销商只要求某些地区的经销权，那么以后产品市场的扩张时可能会变得非常复杂。市场营销人员应保留独立分销产品的权利，保留对某些客户的分销权利。

合同支付条款应规定支付方式以及分销商或代理商获得补偿的方式。分销商可以因各种折扣活动获得补偿，如按销售过程中的不同职能给予的不同折扣，代理商可以获得净销售额的一定比例作为佣金（通常为 10 ～ 20）。鉴于货币市场的价格波动，协议还应明确使用的货币。

- 协议双方的名称与住址。
- 协议生效日期。
- 协议的有效期限。
- 协议展期或终止条款。
- 确定折扣和/或佣金计划，以及规定支付的时间与方式。
- 修订佣金或折扣计划条款。
- 建立控制转售价格的政策。
- 维护适当的服务设施。
- 禁止制造和销售同类和竞争性产品的限制性条款。
- 专利和注册商标的谈判和/或定价的责任指定。
- 协议的转让或非转让以及限制因素。
- 指定合同管辖的国家和州（如果适合）以处理合同纠纷。

图 12.7　与国外中间商（分销商）签订的协议中所包括的事项

资料来源：杰因·S. C（Jain, S. C）（1996）《国际市场营销管理》（*International Marketing Management*），第 5 版，西南出版社（South-Western）出版，第 523 页，经萨布哈什·C. 杰因（Subhash C. Jain）允许重新印刷。

销售的产品与条件需要达成一致。合同中应明确规定产品或产品系列，以及在商品库存、提供与商品有关的服务和促销方面中间商的功能和责任。销售条件确定某些费用（如营销费用）该由哪一方负责，进而影响给分销商的价格。这些条件包括信用和运输条款。

合同双方的通信手段必须在合同中明确规定，以便市场营销人员—分销商的关系得以成功为继。市场营销人员应有权查阅分销商销售区域内有关产品营销的所有资料，包括过往业绩、当前形势评估和营销研究。

12.4.3　激励措施

地域与文化的差异使激励渠道成员的过程难以统一。激励措施实施的困难之处还在于中间商不属于公司所有。因为中间商是独立的公司，所以它们有自己需要实现的目标，而这些目标并不总是与制造商的目标一致。

国际经销商不仅提供物质报酬，还有精神奖励。产品的盈利潜力会对中间商产生很大影响。如果贸易空间小，销售目标难以完成，中间商就会对产品失去兴趣。他们只会把销售精力集中在回报率更高的产品上，因为他们通过分配不同公司的产品和服务开展销售并赚取利润。

重要的是定期与代理商和分销商保持联系。通过各种方式保持一贯的联系可以激发兴趣、提高销售业绩。国际经销商应指派专人负责与分销商有关的通信工作，实施人员交换，以便双方可以进一步了解对方的运转方式。

12.4.4 控制

中间商必须经过精挑细选，这样可以大大减少控制方面问题。然而，需要通过共同制定书面业绩目标达到控制的目的。

这些业绩目标可以包括下列某些方面：年营业额、市场份额增长率、引进新产品、价格以及通信支持。应该通过定期私人会议来实施控制。

业绩评估应根据不断变化的环境因地制宜。在某些情况下，经济衰退或激烈的竞争行为会阻碍业绩目标的实现。但是，如果业绩很差，公司与渠道成员之间的合同将不得不重新考虑，甚至有可能终止。

终止

终止渠道关系的典型理由如下：

- 国际经销商在该国建立了销售子公司。
- 国际经销商不满意中间商的销售业绩。

任何时候都需要公开的沟通，从而实现平稳过渡。比如，可以对中间商作出的投资进行补偿，可以联合拜访大客户使他们相信我们的服务不会中断。

在分销协议中，终止条件是需要考虑的最重要的方面之一。终止的原因各异，对国际经销商的罚款数额也将会异常庞大。尤其重要的是，要找到支持协议终止的地方法律，并检查在某一特定国家中其他公司具有哪些经验。

在某些国家，结束工作效率差的中间商需要耗费大量的时间和财力。在欧盟，如果没有正当理由而和中间商解除协议，所耗费的财力将是一年的平均佣金。协议终止通知应提前3~6个月发出。如果因为制造商在当地建立新销售子公司而解除协议，国家经销商可以考虑聘用中间商的优秀员工在新的销售子公司担任职务，比如经理。这样可以防止在中间商公司所创立的产品知识的损失。如果中间商愿意出售其公司，国际经销商可以考虑购买。

12.5　网络分销决策的含义

互联网有能力根本改变客户、零售商、分销商、制造商和服务提供商之间的全了平衡。该分销链的参与者可以体会到其权力和盈利能力的提高。其他公司的结果正好相反；有些甚至发现自己被忽视，甚至丢失了市场份额。

的确，通过互联网订购和/或交付产品或服务更加方便，因此实体分销商或经销商越来越受到电商所带来的压力的影响。这一去中间化过程随着网络直销的发展导致制造商与分销商的竞争，从而产生了渠道冲突。现实是国际互联网可能会取代传统的"实体"分销商，但在这一价值链的转化过程中，还会出现新形式的中间商。因此，去中间化的过程受到新中介力量的平衡——专门为网络世界量身打造的新中间商的变革（图 12.8）。

国际互联网经济条件下的任何产业结构的转变可能都会经过中间商化—去中间化—新型中间商化（IDR）的循环过程，如图 12.8 所示。IDR 循环必将发生，因为新的技术迫使买方、供应商和中间商之间的关系发生变化。中间商化是在两个产业人士（如买方—供应商；买方—固定中间商；或固定中间商—供应商）之间运行的公司开始之际产生的。

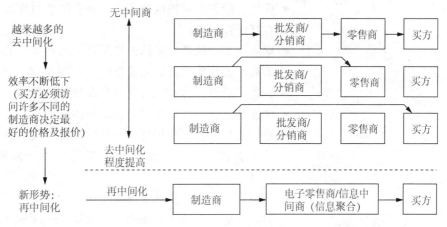

图 12.8　去中间化与再中间化

中间商被挤出价值链，从而产生去中间化。曾经去中间化的分销商如果能够重新建立中间渠道，就产生了再中间化。

12.5.1　电商营销与移动营销

电商营销与移动营销的重要区别在于不同的使能技术。最明显的就是，传统电商营销的促进方式——个人电脑体积较大、难以携带，多数情况下安装在书桌上，通过标准连接的形式接入网络浏览器。即使用手提电脑，移动起来也不方便。面对这一挑战，移动营销开发不同技术环境下的营销能力，但是在单一的流动性的框架内进行。目前，移动装置接入的网络不同——欧洲标准或北美标准。

迅速崛起的创新能够开发出智能手机，利用产品条形码来访问相关的产品信息，并作为电子钱包预付小宗采购或用作全功能信用卡/借记卡单元。

12.5.2　移动营销的好处

引进移动营销应该给消费者、商人和电信公司带来一系列好处。和所有技术一样，许多好处可能只会在无法预见的未来才能看到，而一些好处当时就能显示出来。

比如，对消费者而言

- 货比三家。购物时，根据需要消费者可以到卖场选址最优价格。现在，足不出户，只需要使用如 pricecan.com 之类的网址就可以做到货比三家。
- 填补传统营销模式和网上营销之间的空白。允许用户考察实体店商品和以最优价格从网上购物的服务。
- 选择性加入搜索。当客户选择的商品到货后客户可以收到商家的提示。
- 旅游。能够随时随地改变和监测安排好的旅行计划。

对商家而言

- 即兴购买。消费者可以根据网页上的促销广告或移动提示购买折扣商品，假如他们恰好在商店附近，甚至就在商店内，则会大大刺激其购买意愿，这样就可以提高商家的销售额。
- 增加客流。公司将根据移动设备的时间敏感、店面位置及个性化特点，指导其客户选择比较方便的交易方式：网购还是实体店。
- 消费者教育。公司将为客户寄送有关产品利益或推介新产品的信息。
- 易腐产品。这一点对于那些不使用就无法体现其价值的产品尤为重要。比如，飞机座位如果不使用，不会产生收入，也就没有价值。这就使得公司要更好地管理库存。
- 提高效率。公司要为客户节约时间。因为移动设备可以随时给你提供各种信息，而不必去谈论各产品的优惠及价格。
- 目标市场。公司能更好地将其产品及促销活动针对特定时间及给定区域内的客户进行投放。

对电信公司而言，他们的利益所在就是消费者占用更多的通话时间及对内容提供商提供的每一笔移动商务交易所收取的较高的服务费。移动营销要求直接营销人员重新思考自己的战略，利用已经存在的团体，比如运动爱好者、冲浪和音乐爱好者；以时间为背景团体，如体育赛事、节日庆祝的观众；以及对位置敏感的团体，如美术馆的参观者、小额购物者，并寻找方法让这些团体的人员能够选择移动营销。使用时必须对位置、客户需求和设备能力作出积极响应。比如，对时间和位置敏感的应用如旅游预订、电影票及银行业务则是年轻人、工作忙碌以及城市居民们的最好载体。

最后，正如强调的那样，移动营销能够使产品信息在最有效的时间和地点，在适当的条件下传播给消费者。这也意味着移动营销通过移动装置能进一步巩固交互式营销关系。

示例 12.1　移动钱包服务（M-Pesa）是在肯尼亚推行的一种服务于消费者的移动货币，同时也在向国际扩展

在许多非洲国家，技术带来了一种新的生产冲击波，与发达世界之间的数字鸿沟的的确确地正在缩小。面临的挑战是如何将信息和通信技术（ICT）的影响深入到农村地区。

在过去的 5 年间，非洲移动通信市场的发展超过了全球移动市场的发展，其发展规模为 2：1。到 2009 年底，移动用户接近 4.5 亿。国际互联网用户也表现出类似的增长趋势。在肯尼亚，虽然全国只有 10％的人口通过银行账户进行理财，但却有将近 60％的人使用移动电话。然而，移动电话用户的迅猛增长在这片大陆上开启了众多创新潜能。其中最为重要的与信息和通信技术有关的创新计划就是肯尼亚的萨法利移动钱包服务（Safaricom M-Pesa）项目。

移动钱包服务（M-Pesa）是沃达丰（Vodafone）集团和萨法利（Safaricom）联合开发的产品。M 表示"移动"，Pesa 在斯瓦希里语中是"货币"的意思。2004 年，沃达丰和萨法利从挑战基金会和沃达丰集团获得以人员和部分现金的形式提供的配套资金，这部分资金由尼克·休斯（Nick Hughes）从自己的预算中支出。休斯当时是沃达丰集团全球支付解决方案的领头人，他的同事们时刻准备着将该项目推向前进。项目试点从 2005 年 10 月开始，2006 年 5 月结束。

移动钱包服务（M-Pesa）商业服务最初只有三个特色和相对简单的功能：客户在代理网点的存取款、P2P 货币转账和购买预付费通话时间。客户在注册零售店只需要出示有效身份证明即可注册，很快，他们的移动钱包服务（M-Pesa）账户即可被激活，并出现在电话菜单中。所有对客户的指令以及客户发出的指令全部通过加密的 SMS（短信息服务）渠道实现。移动钱包服务（M-Pesa）账户与电话号码捆绑，并给用户提供一个秘密的 PIN。

一经注册成功，萨法利（Safaricom）公司将用激活移动钱包服务（M-Pesa）的 SIM 卡（如果需要，所有新移动用户都将使用激活移动钱包服务的 SIM 卡）取代 SIM。要想将钱转入移动钱包，用户需要到最近的代理店存入现金，换成"电子货币"。这种电子货币就像货币一样可以进行支付，也可以向他人转账。电子货币可以通过加密的 SMS 向个人或商家转

在肯尼亚内罗毕一家移动钱包服务（M—Pesa）柜台帮助客户办理货币转账业务

资料来源：美联社照片/赛义德·阿卜杜勒·阿齐姆（Sayyid Abdul Azim）/记者协会图像（Press Association Images）。

账。收到虚拟货币的用户可以继续用此进行交易，也可以到指定的移动钱包服务网点兑换现金。

存款不收取任何费用，但每一笔转账或取款将收取30肯尼亚先令（折合0.36美元）的手续费。移动钱包服务用户的账户中一次可以存入10万肯尼亚先令（折合1 200美元），一天的交易额可达14万肯尼亚先令（折合1 680美元）。每笔交易的存款、寄款或取款的额度在50肯尼亚先令（折合0.6美元）到7万肯尼亚先令（折合840美元）之间。

自从引入移动钱包服务业务后，几乎一半的肯尼亚人都在使用这一业务进行转款。比如，当他们想给家在农村的父母寄钱时不再手递现金或给将现金交给巴士司机代转。

沃达丰的萨法利不仅通过移动钱包服务系统为数百万肯尼亚用户提供服务，肯尼亚也成为另外3家移动货币供应商之家。各组织利用这项技术帮助妇女计划妊娠支出，帮助农民们购买农作物保险。2010年底，每月通过移动钱包服务系统的交易额达到4亿美元，占肯尼亚GDP的29%。

从萨法利的角度来看，移动钱包服务减少了用户的切换（即用户从活跃状态向闲置状态的转换），从而提高了客户基础的黏度。但是，在某种程度上，由于向客户收取的费用较低，同时还要向代理商支付佣金，移动钱包服务的业务收入只有上千万欧元，按照沃达丰的全球标准来看，这点收入少得可怜，不过对于萨法利的底线而言已经相当可观。尽管其业务提升非凡，但服务一项也只是在2009年初才取得收支平衡。

截至2010年3月31日，在肯尼亚，移动钱包服务服务拥有大约1 400万用户，全国拥有23 000个代理网点。大约700个组织机构开始接受通过移动钱包服务进行账单支付。

而且，2011年4月，国际银行西方联盟允许其45个国家和地区的国际客户可以将钱直接转入肯尼亚萨法利公司的移动钱包服务用户的移动"钱包"，这是其首例国际同类业务。该项业务与在国外工作的数以千计的肯尼亚人有关。肯尼亚中央银行的统计数据显示，2010年，在国外工作的肯尼亚人向国内的汇款金额达到6.42亿美元。

当移动运营商试图将这一增值内容和服务进行国际扩张时，比如移动钱包服务这样的移动货币转账服务，分销就变得更加重要。萨法利公司的移动钱包服务业务取得成功的一个关键因素就是为使用该项服务的客户建立了广泛的代理网点。如果没有广泛而可靠的代理网点供客户存取款，像移动钱包服务这样的服务就不可能有效开展。

在地域如此广阔、政治形势敏感、不同种族和语言的背景下发展稳健的分销模式所面临的挑战将会是该项业务进行国际扩张时面临的最大的挑战之一。

资料来源：根据各种公共和其他资源，如尚迪（Chandy）和纳拉辛汉（Narasimhan）（2011）。

12.6　沟通过程

在探讨沟通过程时，我们通常会想到制造商（发送者）通过任何媒介形式向可识别的目标段客户传送信息。这里，卖方是沟通过程的发起者。然而，如果卖方和买方已经建立了某种关系，沟通过程中，买方很可能会表现很主动。如果在一定时间内买方对某一给定的服务有积极的购买后体验，买方会在以后的场合继续购买该项服务，即主动咨询或下订单（所谓的反向营销）。

图 12.9 所示由买方主动和卖方主动所产生的总销售额之间的不同。买方主动产生的销售额所占的相对市场份额会随着时间的推移而增长。现在和未来的买方主动是公司过去的市场业绩各方面共同作用的结果，即卖方主动的程度、性质和时机的把握、报价的竞争力、购买后的体验、与买方培养的关系以及处理买方主动的方式（奥特森（Ottesen），1995）。

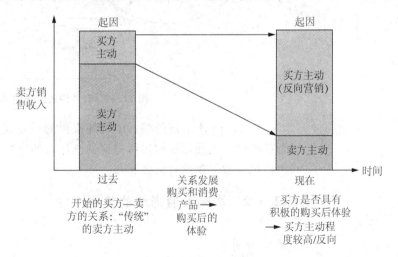

图 12.9　在买方—卖方关系中卖方主动到买方主动的转换

12.6.1　有效沟通的重要特征

本章接下来将主要讲述沟通过程和基于卖方主动的沟通工具。所有有

效的市场营销沟通都具有 4 个因素：信息传递方、信息、沟通渠道、和受
众（听众）。图 12.10 所示的沟通过程突出了有效沟通的重要特征。

要想有效沟通，信息传递方需要清楚地了解信息的目的、信息沟通的
听众、听众如何诠释听到的信息以及对此信息会作出怎样的反应。但是，
有时听众可能会听不清楚信息传递方对其产品特点的描述，那是因为听众
受到了对手制造商所发出的"噪声"的干扰，他们对其自身的产品作出类
似甚至是对立的宣传。

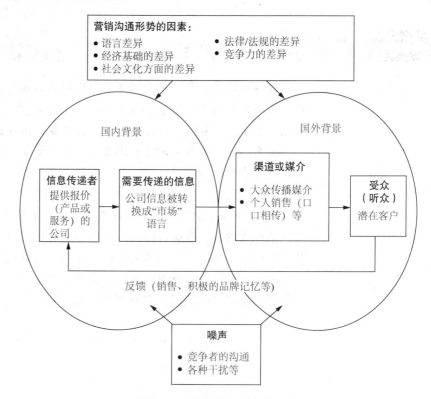

图 12.10　有意沟通过程的要素

图 12.10 所描述的模式中另外重要的一点就是媒介和信息之间的"符
合"程度。比如，平面媒体与视觉媒体，如电视、电影相比，复杂而冗长
的信息对前者要比对后者有利。

12.6.2　影响沟通形势的其他因素

语言差异

在某一语言环境中具有良好宣传效果的一条标语或广告文案在另一语
言中情况可能完全相反。因此，公司在国内市场上的商标名称、销售演示
材料和广告在其他市场使用时需要进行调整或翻译。

有许多商标名称和宣传标语经过翻译后失去原有宣传效果的惨痛例

子。通用汽车公司有一种型号的汽车，其品牌名称为"沃克斯豪尔诺瓦"（Vauxhall Nova）。然而，这款汽车在说西班牙语的市场中表现很差，因为在这里的意思是"no go"（寸步难行）。在拉丁美洲，"Avoid embarrassment—Use Parker Pens"（想避免尴尬——就用派克钢笔）被翻译成"Avoid pregnancy—Use Parker Pens"（不想怀孕——就用派克钢笔）。斯堪的纳维亚空调制造商 Electrolux 在美国的广告促销活动使用的是下列标语："Nothing sucks like an Electrolux"（遍寻吮吸能手，唯有伊莱克斯）。

一家丹麦公司在英国市场上使用这样的标语作为其猫沙的宣传标语："Sand for cat piss"（细沙，花猫小便专用）。不足为奇的是，这家公司的猫沙销量没有增加！另一家丹麦公司将"Teats for baby's bottles"（宝宝奶瓶的专用奶头）翻译成"Loose tits"（松散的山雀）。在哥本哈根机场，直到最近仍然能看到这样的标语："We take you baggage and send it in all directions"（我们拿了你的行李，送往四面八方）。使用这样一条标语来表达为旅客提供优质服务的愿望，最后的结果却只能使人担心自己的行李会飞往何方（约恩森（Joensen），1997）。

经济基础的差异

与工业化国家相比，发展中国家会有收音机，但不可能有电视机。在文化水平不高的国家，文字沟通不会比视觉或口头沟通更有效。

社会文化方面的差异

文化的各个方面（宗教、态度、社会条件和教育水平）直接影响到个人如何感知周围的环境，如何诠释所看到的信号和符号。比如，广告中使用颜色时必须注意其文化规范。在许多亚洲国家，白色代表着悲伤。因此，在强调"白"这一概念的洗涤剂做广告时，要在其促销活动中加以改变，如在印度。

法律和法规方面的限制

当地广告规章制度和产业法典直接影响媒体的选择和促销宣传资料的内容。广告产品的类型也有相关的规定。烟草产品和酒精饮料在促销广告中就受到严格的限制。然而，这些产品的制造商们并未放弃在促销宣传方面的努力。"Camel"就以"Joe Camel"的形式出现在了公司形象广告中。工业化经济中的广告限制比发展中经济更为常见，因为后者的广告业不如前者那样发达。

竞争力的差异

在数量、规模、类型和促销策略方面，竞争对手因国而异。因此，公司的促销策略和时机的把握应适应当地的环境。

12.7 沟通工具

本章开始我们就介绍了主要的促销形式。本节将进一步探讨不同的沟通工具，如表 12.2 所示。

表 12.2 典型的沟通工具（媒体）

单向沟通				双向沟通
广告	公共关系	促销	直销	个人推销
报纸	年报	返点和折扣	直邮广告/数据库营销	促销演示
杂志	企业形象	商品目录和宣传手册	互联网营销（WWW）	销售人员管理
期刊	企业内部刊物	样品、优惠券和礼品	电话营销	贸易博览会和会展
号码簿	新闻关系	竞争	病毒性营销	
广播	公共关系		社会化媒体	
电视	赛事			
电影	游说集团			
户外广告	赞助行为			

12.7.1 广告

广告是最显而易见的沟通形式之一。其广泛的使用性及其作为国际市场通信传播的单向方法的局限性为其使用带来形形色色的困难。广告通常是消费品通信附加值的最重要组成部分，有大量的小规模客户通过大众媒体了解产品。对于大多数企业对企业（business-to-business）市场而言，广告的重要性要低于个人销售功能。

目标的设定

尽管各个国家的广告方法存在差异，但是主要的广告目标却是一样的。主要广告目标（手段）可包括下列内容。

在现有客户身上增加销售额 这一点可以通过以下 3 种方式得以实现：鼓励客户增加购买频率；通过某种策略，即提醒客户其产品的关键优势从而保持对品牌的忠诚度；以及刺激即兴购买。

争取新客户 这一点可以通过以下 2 种方式得以实现：增加客户对公司产品的了解以及提高公司在新目标客户团体中的企业形象。

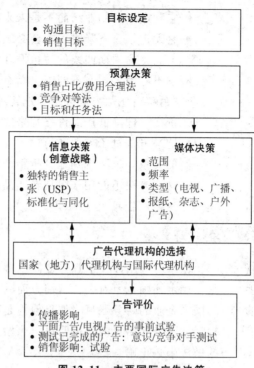

图 12.11 主要国际广告决策

预算决策

广告引起争议的方面包括明确适当的方法来决定促销预算的规模及其在市场和时间内的分配。

就理论而言，公司（在各个市场）应该持续增加广告投入，因为广告方面的花费所带来的回报要超过其他方面的花费所带来的回报。就实践而言，不可能会作出最佳的广告预算。因此，各公司制定了更加符合实际的指导方针。经理还必须牢记，广告预算不能被孤立地看待，而是应该被看作整个营销组合的一个因素。

费用合理/销售占比法

销售占比法
（ Percentage of sales method ）：公司会自动地拨付一定比例的销售额作为广告预算。

这些预算技巧将广告支出直接与某种利润措施，或者更普遍的做法是与销售联系在一起。最受欢迎的方法就是销售占比法，据此，公司可以拨付一定比例的销售额作为广告预算。

此方法的优势如下：

● 对于在许多国家都有产品销售的公司来说，这一简单的方法似乎可以保证各市场的公平性。每个市场似乎得到它应得的广告。

● 在预算会议上容易证明这笔支出的合理性。

● 保证公司的广告费用尽可能合理。这一方法能够避免资金的有去无回。

这一方法的劣势如下：

- 它利用过去的业绩而不是未来的业绩。
- 它无视销售下降时可能会必须增加额外的广告支出，以便通过建立产品生命周期曲线的"再循环"实现销售趋势的反转。
- 它不考虑公司在不同国家具有不同的营销目标。
- "销售占比"方法鼓励当地管理层通过最容易和最弹性的营销工具：价格（即降低产品价格）来实现销售的最大化。
- 这一方法过于方便和简单，使管理层不再费心调查广告与销售之间的关系，也不批判地分析整个广告活动的有效性。
- 这一方法不能用来策划新产品的销售，也不能开发新市场（零销售＝零广告）。

竞争对等法
（Competitive parity approach）：复制主要竞争对手在广告方面的投入。

竞争对等法

竞争对等法涉及估算并复制主要竞争对手在广告方面的投入。遗憾的是，确定外国竞争对手在营销方面的支出远比监测国内企业困难得多，因为国内企业的财务账目（如果他们是有限公司）接受公开检查，他们的促销活动一经开始目的就很明显。照搬竞争对手的另一个危险就是竞争对手的做法未必正确。

而且，该方法并未认可公司所处的形势和市场完全不同。如果公司对一个市场是陌生的，那么它与客户的关系与现有的国内公司与客户的关系是完全不一样的。这一点也要在促销预算中加以体现。

目标和任务法（Objective and task approach）：首先确定广告目标，然后明确实现这些目标所需要完成的任务。

目标和任务法

上述方法的缺点使不少公司尝试目标和任务法，这一方法就是首先确定广告目标，然后明确实现这些目标所需要完成的任务。这一方法还包括使用成本—效益分析法，将目标与实现目标所耗费的成本联系起来。要想使用这一方法，公司必须很好地了解当地市场。

一项研究（Hung 和 West，1991）表明，在美国、加拿大和英国，只有 20％的公司使用目标和任务法。尽管"从理论上讲"是确定促销预算的"正确"的方法，但更重要的是还要具有操作性，因此更喜欢使用"销售占比法"。如果公司经验能够说明取得了合理的成功，那么该方法未必不是一种好方法。如果该比例具有弹性，就要允许不同的市场就要占不同的比例。

12.7.2 信息决策（创意战略）

这一战略所关注的是独特的销售建议（unique selling proposition USP）需要沟通的内容是什么；就所关注国家的消费者行为而言，沟通想要达到什么目的。在选择广告媒体时，这些决策具有重要的暗示作用，因为某些媒体比其他媒体能够更好地适应特定的创意要求（颜色的使用、文字描述、高清晰度、产品展示等）。

国际营销人员的另一个重要的决策领域就是国内开展的广告促销活动是否可以移植到海外市场，只需做些小的改动，比如翻译成适当的语言。很少有人做到将一场广告促销活动的各个方面完全标准化后再应用到几个海外市场。标准化意味着普通信息、创意理念、媒体和策略，但它还要求公司的产品能够拥有独特的销售建议，让跨文化环境中的客户能清楚地了解。

销售建议
(Unique selling proposition, USP)：独特的销售主张就是让客户购买产品的决定性销售论点。

将国际广告标准化可以给公司带来许多好处。比如，将广告促销活动集中在公司总部，并将相同的活动转到各个市场，与过去由各不同的地方分公司举办促销活动相比，这种做法减少了广告成本。

然而，在多元化的市场中，执行广告促销活动需要在传情达意和允许存在地方差别方面寻求平衡。可以通过各种策略实现全球观念的适应性，比如采用模块化方法、适应国际性符号以及使用国际广告公司。

12.7.3　媒体决策

看见的机会
(Opportunity to see, OTS)：在目标市场中在某一特定时间段至少接触一条广告的总人数（"范围"）。

随着信息主题的开展，同时就需要选择实施广告促销活动的媒体。选择媒体时的一个关键问题就是选择大众方法，还是目标方法。如果普通大众中很大比例为潜在客户，大众媒体（电视、广播和报纸）还是具有很好的宣传效果。由于不同国家的收入分配制度不同，所以对大多数产品而言，这一比例在不同国家也有很大差异。

在某一特殊的广告促销活动中选择媒体时，典型的做法就是从目标市场的人口统计学和心理学特点、产品的区域性实力和销售的季节性等方面入手。选择的媒体必须是认真谨慎的结果，要符合当地广告目标、媒体属性和目标市场的特点。此外，媒体的选择可以根据以下标准来进行。

- 范围。指在目标市场中在某一特定时间段至少接触一条广告的总人数（"看见的机会"，(opportunity to see) 或 OTS）。
- 频率。在某一特点时间段，每个潜在客户接触同一广告的平均次数。

频率 (Frequency)：在某一特定时间段每个潜在客户接触同一广告的平均次数。

- 影响。这取决于所选用的媒体和信息之间的融合程度。比如，美国的《阁楼》杂志（Penthouse）继续吸引广告客户推出高附加值的耐用消费品，如汽车、音响设备和服装，这些产品主要针对高收入的男性群体。

影响 (Impact)：取决于所选用的媒体和信息之间的融合程度（对消费者大脑的"影响"）。

广告覆盖范围必须要广，因为当公司进入一个新市场，或者引进一款新产品时，要将新产品实用性的相关信息传播给尽可能多的观众。

当品牌意识已经存在，并且发布通知消费者正在进行促销活动的信息时，就需要频率高的广告宣传。有时，一项促销活动不仅需要高频率的广告，还需要其覆盖范围广，但是广告预算的限制常常需要牺牲广告频率来换取其覆盖范围。

媒体的毛评点（GRPs）是指广告覆盖范围乘以一定时间内该广告在媒体出现的频率而得出的结果。因此，虽然它含有重复播出的次数，但却表明媒体努力的"临界规模"。GRPs可以用来评估个人载体、各类媒体或整个促销活动。

毛评点（Gross rating points，GRPs：毛评点——覆盖范围乘以频率。GRPs可以用来评估个人载体、各类媒体或整个促销活动。

同时，还需要考虑举办媒体促销活动的成本。传统的做法是，媒体规划基于单一的度量，比如"每千个毛评点（GRPs）的成本"。当处理两个或多个全国性市场时，选择媒体时还必须考虑以下两个方面的问题：

● 公司在不同国家之间的市场目标不同；
● 不同国家之间的媒体效果不同。

因为媒体的可用性和相对重要性因国而异，所以在进行跨国促销活动时要调整活动计划。作为通过新的沟通渠道传播广告信息的一种方法，共同推广具有坚实的基础。我们仔细分析以下主要媒体形式。

电视

虽然电视广告价格昂贵，却是普遍采用的媒体形式，通过电视可以将广告信息传播到广阔的全国市场。在大多数发达国家里，电视覆盖不成问题。然而，电视却是受到管制和控制最多的传播媒体。许多国家禁止播放香烟和酒类广告，当然啤酒除外。在其他国家（比如斯堪的纳维亚）则限制每条电视广告的时间。有些国家还禁止在电视节目播出期间插播商业广告。

示例 12.2 植入式广告升级

植入式广告是将贴有商标的产品或服务置于某一环境中而通常不需要广告的一种广告形式，比如植入电影、电视节目的故事情节或新闻节目中。

植入式广告是现实电视节目，比如《美国偶像》（*American Idol*）的普遍做法。随着制作这类电视节目的成本的迅速增加，电视网络试图寻找资助其节目的合作伙伴，然后为其产品挤出一定的播放时间作为回报。

再举个例子，哈雷戴维森（Harley-Davidson）公司决定在植入式广告方面投入更多的精力。美国只有少部分消费者拥有摩托车（主要是年龄35岁以上的男性），但在美国想拥有一辆摩托车的人却多达1 500万到2 000万人（核心目标群体以外）。2009年11月发布的一款摩托车品牌与一家娱乐咨询机构合作，在电影院、电视、音乐和电脑游戏中推出植入式广告。

资料来源：版权所有©世纪福克斯/埃弗雷特/雷克斯 Features。（Century Fox/Everett/Rex Features）

资料来源：根据各种公共媒体。

广播

广播的广告成本要比电视低。在许多国家，商业广播发展几十年后才商业电视才开始起步。广播的覆盖范围通常只限于本地区域，因此通过广播进行的全国性促销活动不得不按地区推行。

报纸（平面）

实际上，世界上所有的城市人口每天都会读书看报。事实上，广告商面临的问题不是报纸太少，而是报纸太多了。大多数国家全国发行的报纸可以说不止一种。然而，在许多国家，地方或区域性报纸占主导地位。因此，这些报纸成为当地广告商发布广告的主要媒体。由此可见，试图利用一系列的地方报纸达到覆盖全国市场的目的异常复杂，而且成本也相当高。

许多国家除了本族语报纸外，还发行英文报纸。例如，《华尔街日报》（亚洲版）（*Asian Wall Street Journal*）的宗旨在于向具有影响力的亚洲商人、政治家、高级政府官员和知识分子用英语提供经济方面的资讯。

杂志（平面）

一般而言，杂志的读者范围要比报纸小。在大多数国家，杂志主要面对特定人群。对于技术和工业产品而言，杂志的广告效果非常明显。技术方面的商业出版物发行范围具有国际化趋势，范围从个体工商户（例如饮品、建筑和纺织行业）到涉及很多产业的世界范围的工业杂志。

国际化产品的经销商可以选择地区版的国际性杂志（如《新闻周刊》（*Newsweek*）、《时代周刊》（*Time*）和《商业周刊》（*Business Week*））。至于《读者文摘》（*Reader's Digest*），则有当地语言版的杂志在发行销售。

电影院

在有些国家，故事片开始放映之前通常播放一些商业广告，以此来贴补放映电影的成本。这种情况下，电影院就成为重要的宣传媒体。例如，在印度，人均影院上座率相对很高（拥有电视的家庭很少）。因此，印度的电影院广告比其他国家，如美国，发挥着更大的宣传作用。

电影院广告具有其他许多优势，最重要的一个优势就是它实实在在地倾倒了许多观众（无更换频道之虞）。当然，电影院广告的问题是观众知晓正式放映前会播放商业广告，因此，他们直到正片开始放映时才会出现在影院。

户外广告

户外广告包括大幅广告/广告牌、商店标识和移动广告。这一媒体的创意所在就是将空间出售给了客户。例如，就移动广告而言，公交车可以作为广告媒体出售。在东欧，移动广告的效果非常明显。在中国，移动媒体的应用也得以迅速扩展。户外大幅广告/广告牌可以对客户造成广告的视觉冲击。法国就是有效利用大幅广告/广告牌进行广告宣传的典范。在一些国家，法律规定对大幅广告可以利用的空间加以限制。

12.7.4 广告代理机构的选择

面对国际性广告所涉及的众多复杂问题，许多企业本能地向广告代理机构寻求建议和实际帮助。广告代理机构会聘请或立即接触在国际广告领域具有娴熟的技巧和丰富经验的专家撰稿人、翻译、摄影、电影制作人、包装设计师和媒体策划。只有大企业中的翘楚才有能力在其公司内部为这些人设立专门的机构。

表 12.3　欧洲广告代理机构选择：全国性（地方性）或泛欧（国际性）

全国性（地方性）机构	泛欧（国际性）机构
支持国家子公司	反映欧洲现实和新趋势
投资在全国处理最好的现有品牌	新产品开发和品牌推广方面的规模经济
更接近市场	横跨欧洲的统一化处理
规模较小更有利于个性化服务和更大的创造性	欧洲或全球主要代理机构的资源和技能
思想多样化	更方便地管理一个代理团体

资料来源：改编于林奇（Lynch）（1994）《欧洲市场营销学》（*European Marketing*），表 11.4，欧文专业出版社（Irwin Professional Publishing）出版。

如果国际经销商决定外包国际广告功能，那么他们拥有多种选择，其中包括：

- 在公司所在的国际市场利用不同的全国性（地方性）代理机构。
- 将大型国际代理机构业务用于国内的海外办事处。

表 12.3 列举了对全国性或国际性代理机构有利的不同因素。

单一的欧洲（泛欧）市场作为国际性代理机构的范例。

与选择全国性或国际性代理机构相关的标准包括以下几个方面：

- 公司政策。公司是否有实行更标准化广告方法的现实计划？
- 待发广告的性质。由一家大型跨国代理机构通过其自己的子公司在全世界范围内广告推广，可以最好地宣传企业形象。对于专家国家领域的小众市场营销而言，当地代理机构可能会优先考虑。
- 产品类型。以标准化形式出现的某一产品的促销活动，因为在各个国家使用相同的广告布局和信息，所以由一个跨国代理机构进行操作会更加方便。

12.7.5 广告评价

广告评价和测试是图 12.11 所示的广告决策过程中的最后一个阶段。通常情况下，测试国际性市场的广告效果要比国内市场更难操作。其中一个重要的原因就是国内市场和海外市场之间的距离和沟通空白。

因此，很难将国内市场的测试方法应用于海外市场。例如，采访人员的条件可能因国家的不同而不同。结果就是许多公司试图利用销售结果作为衡量广告有效性的手段，但在很多情况下，意识测试也有关系。比如，在推出新产品的早期阶段，品牌意识是至关重要的。

很难测试广告对销售的影响，因为它难以分离广告效应。解决这一问题的一个方法就是利用一种试验，将公司的市场根据相似的特征进行组合。每一组中的国家选取一到两个作为测试的市场。用于测试销售的独立的变量可能包括广告的数量、媒体组合、其独特的销售主张和广告植入频率。

这种试验也与测试表 12.2 中提到的其他类型的沟通工具相关联。

示例 12.3 百利奶油力娇酒：通过市场和产品研发扩大销售

1993 年，R&A 百利公司（Bailey and Co.）决定通过扩大该饮品的使用范围增加这一品牌在欧洲的销售。一场跨国广告促销活动——"加冰百利"（Bailey with ice）就此展开，其目的就是要强化该饮品现代的四季适宜形象，将传统力娇酒的"呆板"形象与其主要的餐后引用的作用区别开来。对较年轻的消费者更具吸引力，他们在更多的场合饮百利力娇酒。同时，还开展了特别促销包活动，购买一升百利获赠两只免费力娇酒杯。

在 1993 年年初，经过一段时间的试销售，百利开始进军日本市场。除了经销常规品牌的百利外，为日本消费者专门开发了一种品牌"金百利"（Baileys Gold），这是一款用麦芽威士忌开发研制的迎合日本人口味的一流的酒精饮料。这款金百利的售价也是常规品牌的两倍。

资料来源：麦克纳米（MacNamee）和麦克唐奈（McDonnell）（1995）。百利甜酒露酒（Baileys® Irish Cream Liqueur）形象，经帝亚吉欧（Diageo）许可。

12.7.6 公共关系

口碑广告不仅便宜，而且很有效。公共关系（PR）的目的就是提高企业形象塑造和影响良好的媒体处理。PR（或宣传）是营销传播功能，执行旨在赢得公众理解和认可的程序。它应被视为全球市场营销努力的一个组成部分。

公关活动包括内部和外部的沟通。内部沟通对创造合适的企业文化非常重要。公关目标群体如表 12.4 所示。

在公共关系方面的目标群体范围比在其他沟通工具方面更加广泛。目标群体可能包括主要利益相关者群体如员工、客户、分销渠道成员和股东。对于在国际市场经营的公司来说，其沟通任务的范围非常宽泛。在不同国家的子公司内部，对来自不同国家具有不同文化价值观的员工进行内部沟通则极具挑战性。

从更具市场化的意义来说，公关活动针对的是规模虽小但却很具影响力的目标观众——为报纸和杂志工作的编辑和记者，或针对目标为公司客户和股东的广播。

因为目标观众数量少，所以公关费用相对较低。我们可以通过几种方法进行公关活动。这些方法如下：

- 为不同的活动捐助奖品；
- 对活动进行赞助（体育比赛、文化活动等）；
- 举行关于公司产品、厂房和人员的新闻发布会；
- 宣布故事的促销活动；
- 游说（政府）。

对公关信息控制的程度是完全不同的。记者可以使用公关材料制作长篇大论的文章，或较长时间的采访。

表 12.4　公关关系目标群体

公众或目标群体：国内市场	额外的国际空间：国际市场
与组织直接联系	更广泛的文化问题范围
员工 股东	与公司总部的隔离度
原材料和部件的供应商 金融服务提供商 市场营销服务供应商（如市场营销研究、广告、媒体）	需要不同国家实行不同的处理方法，还是期望整体标准化处理？
组织的客户 现有客户 以往客户 潜在客户	对公司缺乏了解 原产国效应将影响传播
环境 一般大众 政府：地方、区域、国家 普通金融市场	一般大众的广泛范围 东道主政府 区域性团体（如欧盟）、世界性团体

资料来源：菲利普·C.（Phillips，C）等（1994），第 362 页，经汤姆森出版服务有限公司（Thomson Publishing Services Ltd）许可印刷。

材料如何使用将取决于记者以及所需要的剧情。有时，一个完全负面的报道可能来自一次新闻发布会，而新闻发布会的初衷却是为提高公司形象而召开。

因此，公关活动包括预见批判性言论。批判性言论从针对所有跨国公司的一般性批评到更具体的批判。这些言论还可以建立在市场基础之上，如与中国的监狱工厂做生意。

12.7.8 促销

促销是指那些并不直接分为广告或个人销售类的销售活动。促销还涉及所谓的线下活动，如销售点展示和演示、宣传单、免费试用、竞赛和赠品（如"买一送一"活动）。媒体广告属于"线上活动"并赚取佣金，而线下促销与之不同，是不赚取佣金的。对于广告公司来说，"线上"则指传统媒体要受到媒体拥有者的承认并使它们有权收取佣金。

促销是一种短期行为，主要针对消费者和/或零售商，以便实现具体目标：

- 消费者试用产品和/或立即购买；
- 消费者介绍客户到店铺；

鼓励零售商利用购买点展示产品——比如，香奈尔香水制造商专注于店内购买点的信息展示，如墙上显示器以及季节性楼层展示（马勃（Marber）和韦伦（Wellen），2007）。

- 鼓励商铺存货。

尤其是在美国，给予畅销消费品（FMCG）制造商的促销预算要比广告预算多。引起促销活动扩张的因素如下：

- 零售商之间更激烈的竞争，加上愈加成熟的零售方法；
- 消费者的品牌意识水平更高，导致需要制造商捍卫品牌所占的市场份额；
- 零售技术得到提高（比如，电子扫描设备可以随时监控优惠券回收等事宜）；
- 促销、公关和常规媒体活动得到更大程度的整合。

在因为媒体的局限性而导致消费者难以光顾的市场，促销所占总体传播预算的比例还是相对较高。下列是几种不同类型的促销：

- 价格折扣。这种方法使用非常广泛，而且有各种不同的减价技术，如返现交易。
- 目录/宣传资料。海外市场的买方可能离最近的销售公司距离很远。在这种情况下，制造一份外国目录会取得很好效果。通过目录向潜在的买方提供所有必须的信息，从价格、尺寸、颜色和数量到包装、运送时间和可接受的支付方式。除了目录外，各种各样的宣传手册对于销售员、分销商和代理商都非常有用。翻译工作应与海外代理商和/或分销商一起合作完成。
- 优惠券。对于FMCG品牌而言，优惠券是经典的促销工具，在美国尤为如此。优惠券的发送方法也各不相同：挨家挨户派送、绑赠、随报纸赠送。并非所有欧洲国家都允许使用优惠券。

- 样品。样品可以让潜在的外国买方对公司和产品的质量有一个整体概念，这是即使最好的图片也无法达到的效果。样品可以使买方不会在风格、规格、样式等方面产生误解。
- 礼品。大多数欧洲国家对所赠奖品或礼品的价值都有限制。而且，一些国家规定，赠送奖品时附加购买另一产品的条件是违法的。美国不允许提供免费的含酒精的啤酒。
- 竞争。这类促销需要向潜在的客户传播，可以通过宣传手册或媒体广告绑赠及在店内派送的形式进行传播。

促销的成功取决于地方适应性。主要的限制都是来自地方法律，这些法律可能会禁止派送奖品或免费礼品。有些地方法律则控制零售商的折扣额度；其他法律则要求所有促销都要获得许可。因为不可能熟悉每个国家的具体法律，所以国际经销商在发起一项促销活动前应该咨询当地律师和权威部门。

12.7.9　直销

根据昂基维士特（Onkvisit）和肖（Shaw）（1993，第 717 页）的定义，直销就是各项活动的总和，在这些活动中利用一种或多种媒体向市场范围提供产品和服务，其目的是传播信息，或通过邮件、电话或私人拜访的方式获取当前客户或未来客户或买主的直接反应。

直销涉及的范围包括直接邮件（营销数据库）、电话推销和互联网营销。因为鉴于互联网技术的发展，完全可以将网络看作一种直销手段。

12.7.10　个人销售

广告促销和个人销售的区别如表 12.2 所示。广告促销是一种单向传播过程，具有相对较多的"噪声"，而个人销售是双向传播过程，可以立即获得反馈信息，"噪声"也相对较少。个人销售这一方法虽然很有效果，但费用较高，因此它主要用来向分销渠道成员和 B2B 市场推销产品。然而，个人销售还可以用于某些消费者市场。比如，汽车和消费者耐用产品。在某些国家，劳动力成本很低，在这样的国家，个人销售的使用程度要大于成本高的国家。

如果在 B2B 市场上个人销售成本相对很高，就需要节约个人销售资源，只在潜在客户购买过程的最后阶段才采用个人销售的方法（图 12.12）。计算机化的数据库市场营销（直邮等）应用在客户—屏幕过程中，从而支出可能的客户，然后这些客户将被销售人员"接管"。他们的工作就是将这些"热门的"和"非常热门的"客户候选人变成真正的客户。

国际销售队伍组织

在国际市场上，公司常常按照他们与国内类似的结构来组织其销售队伍，而不考虑各国之间的差别。也就是说，销售队伍是按地理位置、产品类型、客户或以上几种类型的组合（表12.5）。

不少公司组织其国际销售队伍时只是简单地按照某一给定国家或地区内的地理区域来进行。那些拥有广泛的产品生产线和大销售额，和/或在大型的发达市场运营的公司可能会青睐更专业化的组织，比如产品或客户分配。公司还可以根据其他的因素来组织其销售队伍，比如文化或外国目标市场所使用的语言。例如，公司经常将瑞士分为法语、意大利语和德语等不同的区域。

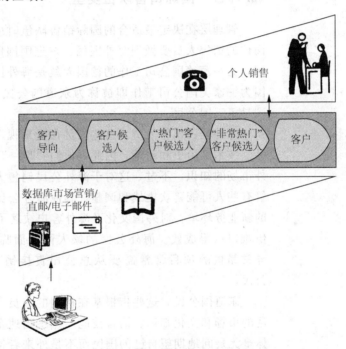

图12.12　直邮（数据库市场营销）和个人销售的组合

表12.5　销售队伍的组织结构

结构	有利于组织结构选择的因素	优势	劣势
地理位置	不同的语言/文化 单一产品线 欠发达市场	清楚、简单 激励培养地方企业和个人关系 差旅费	客户的宽度 产品的宽度
产品	成熟的市场 广发的产品线	产品知识	差旅费 区域/客户重叠 地方企业和个人关系

续表

结构	有利于组织结构选择的因素	优势	劣势
客户 *	广泛的产品线	市场/客户知识	区域/产品重叠 地方企业和个人关系
组合	大销售额 大/发达的市场 不同的语言/文化	最大弹性 差旅费	差旅费 复杂性 销售管理

* 根据产业类型、账户规模、分销渠道、个体公司。

12.7.11　国际销售队伍类型

管理层在决定最适合的国际销售队伍时应该考虑 3 个选择。受聘销售岗位的销售人员要做到海外国民、东道国国民或第三国国民。比如，在美国，为一家德国公司工作的德国人就是海外国民。同一个德国人如果在德国为一家美国公司工作即被称为东道国公民。如果他们被派往法国工作，则是第三国公民。

海外公民销售人员。这些人员很受重视，因为他们已经熟悉公司的产品、技术、历史和政策。因此，他们"唯一"需要准备的方面就是关于海外市场的知识。不过，这对于海外公民销售人员来说可能是个大问题。尽管有些人可能喜欢挑战和调整，其他海外公民人员则认为很难忍受不熟悉的新业务环境。对外国文化及海外客户缺乏了解，从而使海外公民销售队伍难以取得成效。海外公民的家人同样面临适应性的问题。然而，价格异常昂贵的项目常常需要从总公司直接销售，通常情况下会涉及海外公民。

东道国公民。这些指根基在祖国的人员。作为本国人员，他们拥有广泛的市场和文化知识、语言技能、熟悉当地企业传统。因为政府和地方群体毫无疑问地期望自己的国民而不是外来者接受聘用，所以公司既能避免受到剥削的指控，同时又获得友好的名声。使用当地销售代表同样可以使公司在新市场中变得更加积极，因为调整时期减至最少。

第三国国民。这些是指从一个国家调往另一个国家的员工。他们一般出生地是一个国家，受聘公司的基地在另一个国家，而工作地点却在第三国。

这 3 种类型的国际销售队伍的优势和劣势在表 12.6 中进行了概况。

海外公民国民和第三国公民很少用于长期的销售能力。他们的使用主要有 3 个原因：提升分公司的销售业绩、填补管理空白和转移销售政策、程序和技巧。

表 12.6　销售队伍类型的优势和劣势

类型	优势	劣势
海外公民	产品知识 服务水平高 促销培训 国内控制力更强	成本最高 营业额高 培训成本高
东道国公民	经济 丰富的市场知识 语言技能 最好的文化知识 执行活动更迅速	需要产品培训 可能不太受到尊重 语言技能的重要性降低 难以保证忠诚
第三国国民	文化敏感性 语言技能 经济 允许区域销售覆盖 允许向与东道国有冲突的国家销售	面临身份问题 促销受阻 收入差距 需要产品/公司培训 忠诚度保证

资料来源：翻印于《工业营销管理》（*Industrial Marketing Management*），第 24 卷下，洪卡特·E.D（Honecutt, E.D.）和福特·J.B.（Ford, J.B.）（1995）"管理国际销售队伍指南"，第 138 页，版权所有 1995，经爱思唯尔（Elsevier）许可。

　　然而，大多数公司聘用当地国民从事销售，因为他们熟悉当地企业做法，因而便于管理。

12.7.12　商品交易会和会展

　　交易会（trade fair）（TF）或会展是制造商、分销商和其他供应商展示其产品和/或向现有客户和未来客户、供应商、其他同行和新闻记者推介其服务的集中场所。

　　商品交易会能够使公司在几天的时间内集中接触原本需要几个月才能接触的有兴趣的群体。潜在的买方可以在相同的地方在很短的时间内考察和比较竞争公司的产品。他们可以发现最新发展成果，与潜在的供应商立即建立联系。商品交易会还为国际公司提供机会，能够迅速、方便、廉价地搜集重要信息。比如，在很短时间内公司就可以了解关于竞争环境的大量信息，这些信息如果通过其他来源（如二级信息）收集，将会花费更长的时间和更高的成本。

　　经销商是否应该参加商品交易会很大程度上取决于它希望与某个特殊国家发展的业务关系类型。寻求一次性或短期销售的公司会发现，参加商品交易会的开支很高，但寻求长期投资的公司可能会认为这笔投资物有所值。

12.8 实践中的国际广告策略

第四部分的绪论讨论的是整个营销组合的标准化或适应性问题。标准化允许制作广告材料时实现规模化经济，从而减少广告成本和增加利润。

另外，因为广告在很大程度上基于语言和形象，所以主要受到不同国家消费者的社会文化行为的影响。

事实上，这并不是非此即彼的问题。对于具有国际化趋势的公司而言，这更是一个标准化/本地化程度的问题。海特（Hite）和弗雷泽（Frazer）（1988）做的一项研究表明，大多数（54%）具有国际化趋势的公司采用组合策略（在某些市场广告采取本地化策略，而在其他市场采取标准化策略）。只有9%的公司在所有的国外市场完全采用标准化广告形式，这个比例比以前的研究（索伦森（Sorenson）和威茨曼（Weichman），1975；保德威（Boddewyn）等人，1986）结果要低得多。这可能表明标准化趋势越来越少。总共有37%的公司报告称它们只采用本地化广告。许多采用标准化广告的全球公司都是著名公司（如可口可乐（Coca-Cola）、因特尔（Intel）、万宝路香烟的菲利普莫里斯公司（Philip Morris/Marlboro））。

下面国泰航空（Cathy Pacific）的广告表明该公司在东南亚地区采用标准化策略。唯一适应性因素就是将英语文本翻译成日语。

适应性（本土化）策略实例

拿破仑干邑白兰地（Courvoisier cognac）：香港/中国内地与欧洲的对比

中国人对西方洋酒的钟情可以追溯到很久以前。1859年随着第一批轩尼诗的卸货，进口白兰地首次登录上海。随后，在1949年，"东方巴黎"这款人们挚爱的酒突然变成了资本主义颓废的象征；酒类运输突然停了下来，直到30年后才得以恢复。然而，当20世纪70年代末洋酒再次登录中国后，干邑白兰地迅速恢复其在中国酒宴座上宾的地位。

今天，干邑白兰地和白兰地大约占中国所有进口洋酒的80%。大多数进口白兰地都是由水货市场经香港进口（参见12.8节）。中国人对白兰地和干邑白兰地类别的意识在南方特别强，在这里到香港的客商的饮酒习惯给人们树立了强有力的例子。香港电视的酒类广告强化了这一影响，而广东省数百万计的电视观众都能看到这些广告。

中国人消费方式的关键在于他们把"面子"看得非常重要。无论在什么场合，不管是在北京新娘的父亲向其女婿的家人敬酒，还是在深圳企业家寻欢作乐的夜晚，白兰地都显示出其无与伦比的重要性。西方人喜欢拿着一杯白兰地蜷缩在沙发上，而中国人却不同，他们认为喝干邑白兰地是极为社会和突出的消遣。

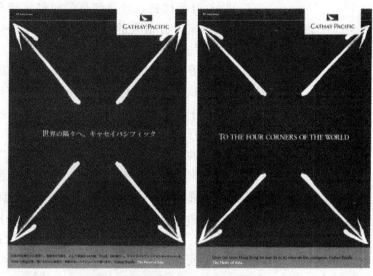

国泰航空的标准化广告。

西欧人和亚洲人对干邑白兰地不同的饮用习惯。

上面是两幅不同的拿破仑干邑广告：一幅是专为西方欧洲市场设计，情侣们一边喝咖啡，一边喝干邑；另一幅是为亚洲人做的广告，显示人们在就餐过程中用啤酒杯饮干邑的情景。

和市场营销一样，民俗推动了干邑白兰地销售量的增长。长久以来，干邑白兰地一直产生不可估量的经济效益，因为中国人广泛认为干邑可以提高男人的性能力。令酒业公司异常高兴的是，中国人认为干邑的年代越久（价格越高），其效果越好。

资料来源：根据《商业周刊》（*Business Week*）（1984）；巴尔弗（Balfour）（1993）。

王子香烟：英国与德国（20 世纪 90 年代开始的广告活动）

20 世纪 90 年代初，丹麦烟草公司皇家烟草（House of Prince）在斯堪的纳维亚国家占有很大的时差份额（50%～90%），但是在这一地区之外的地方其市场份额却很少，只有 1%～2%。

皇家烟草香烟形象的背面显示在英国和德国使用的广告。英国版的广告基于让人尝试该产品的理念（"我爱王子"（I go for Prince）），目标群体为教育和收入中等以上者。而德国版的广告有些不同。王子香烟促销时用的口号是"从丹麦原装进口"（Original import from Denmark）。很显然，针对这一标语的使用，并不存在"购买德国货"的心态。在德国消费者的心目中，与德国的清淡型香烟相比，丹麦香烟的定位非常坚定。因此，该产品的定位被强调为"男人的事"，让人联想到北欧海盗和自由思想。顺便说一句，这两款产品——"王子"（Prince）和"丹麦王子"（Prince Denmark）并不相同，德国产的"丹麦王子"（Prince Denmark）要比"王子"（Prince）更加绵柔。

老丹麦药酒（丹麦蒸馏酒公司/丹尼斯克）：丹麦与德国 [Gammel Dansk (Danish Distillers/Danisco)：Denmark versus Germany]

丹麦的苦酒甜梦——老丹麦药酒（Gammel Dansk）占据丹麦苦啤酒 75% 的市场份额，因此该产品在丹麦的受到高度认可（几乎所有丹麦成年人都知道这个标签）。所以，丹麦广告宣传的目标主要是保持对老丹麦药酒的高度认可。

尽管在丹麦的市场份额很高，但在丹麦以外的市场，老丹麦药酒的地位却乏善可陈。在德国，情况完全不同，这里的人们对老丹麦药酒的了解（和试用份额）少得可怜。德国人有他们自己的"野格力娇酒"（Jägermeister），竞争非常激烈。因此，德国促销活动背后的一直采取的战略让人们填写一张优惠券，然后品尝老丹麦药酒。填完提交后，他们就会收到一小瓶老丹麦药酒和两只原装老丹麦药酒玻璃杯。

乐高自由式（LEGO FreeStyle）：欧洲与远东地区

乐高（LEGO）图片显示的是欧洲和远东地区两个不同版本的乐高自由式（LEGO FreeStyle）宣传广告。亚洲版本的广告词是"塑造孩子的心灵"（Build your child's mind），这样的广告词对那些渴望子女成龙成凤的亚洲父母极具吸引力。

亚洲的教育制度竞争力很大，只有那些成绩优异的学生才能上大学。在许多地方，如果孩子的学习成绩不好，父母就会感到非常失败。亚洲版的广告活动已经在中国香港、中国台湾和韩国开展（更适合使用当地语言，因为大部分消费者并不懂英语）。香港的广告活动使用的是英语或汉语（取决于杂志所使用的语言）。

欧洲版的广告则暗示在搭不同的自由式积木时可以开发儿童的创造力："孩子要用它造什么？"（What will your child make of it?）

20 世纪 90 年代初在英国和德国开始的王子香烟广告。

丹麦和德国对老丹麦药酒的广告［丹尼斯克蒸馏酒柏林有限公司（Danisco Distillers Berlin Gmbh）］。

乐高（LEGO）®自由式（FreeStyle）在欧洲（左）和远东地区（右）做的广告，© 1997。

资料来源：© 2008 LEGO 集团，经过许可后采用。

示例 12.4　起士（Jarlsberg）奶酪——跨国传播

挪威奶酪品牌起士（Jarlsberg）是一种清淡的瑞士艾蒙塔尔型奶酪，上面有不规则的大洞。这款奶酪的历史可以追溯到 19 世纪 50 年代中期。其创始人安德斯·拉森·巴克（Anders Larsen Bakke）是当地农民/企业家，是挪威乳品加工业的先驱。他在位于奥斯陆（Oslo）以南 80 公里处的西富尔德（Vestfold）郡的 Väle 村生产这种奶酪。该奶酪之所以命名为"起士"是因为 1918 年之前该郡名为"亚尔斯贝格与拉威克斯爱慕特 Jarlsberg & Larviks Amt"。

俄罗斯

资料来源：TINE。

英国

资料来源：TINE。

美国

资料来源：TINE。

澳大利亚

资料来源：TINE。

今天，起士（Jarlsberg）奶酪的生产商 TINE SA 成为挪威最大的乳制品生产商、分销商和出口商。从 1961 年年初开始，起士奶酪的出口大幅增长。每年，全世界要消费 23 000 多吨起士奶酪成为当前美国和澳大利亚市场出售最多的外国奶酪。仅在美国就有 3 万家超市出售起士奶酪。

到目前为止，起士奶酪在各出口国的形形色色的代理商和合伙人负责当地广告事宜。所附 4 张图片充分显示了这一方法在本地化广告中的使用情况。

问题

1. 解释不同广告背后的不同文化特点。
2. 起士奶酪的国际广告标准化是否行得通？

12.9　网络传播决策的含义

在现货市场，客户购物过程中会使用各种不同的传播工具（见图 12.13）。传统的大众传播工具（平面广告、电视和广播）可以创造意识，从而导致消费者对其新需求的认可。从那时起，传播组合中的其他因素，如直销（直销、个人销售）和店内促销占据了主导地位。与现货市场的营销不同的是，互联网/电子商务包含了整个"购物"过程。当然，网上市场同样利用传统大众广告形式将潜在的客户吸引到网上购物（图 12.13 从左边开始）。

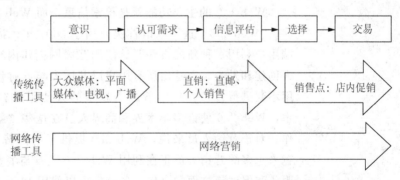

图 12.13　客户购物过程中国际互联网的传播作用

市场传播策略在网络世界会发生巨变。通过国际互联网人们能够比以往更方便地将信息传播给很多人。然而，在很多情况下，要将你的信息透过层层噪声传播给目标观众会变得更难。最近几年已经开发了各种各样的网络营销策略——从最常见的（网站链接）到最昂贵的（横幅广告），再到最令人讨厌的（垃圾电子邮件），以及之间的林林总总。几乎可以肯定的是，随着网络媒体的发展，新的市场传播策略将源源不断地涌现出来。

那么，网络观众将如何产生呢？在这一领域中，一个新的可能性就是社会媒体营销。

12.10 社交媒体营销

口碑（Word-of-mouth）（WoM）：在消费者和朋友、同事或其他熟人之间分享产品信息、促销信息等。

全球销售和购买是社交过程不可分割的部分。它不仅涉及公司与客户之间一对一的互动交流，还涉及客户周围的人们之间发生的信息交换和影响。与电视广告或公司沟通相比，消费者更得其朋友和同事的信任。研究已经证明，在更换品牌的决定中，口碑（WoM）所取得的宣传效果是传统平面广告的7倍（卡普兰（Kaplan）和亨莱因（Haenlein），2011）。

口碑和交谈无论是网下还是网上皆可进行。正如咖啡馆里的交流一样，内容各不相同。有些交流郑重其事，而有些却妙趣横生；有些言简意赅，有些则长篇大论；有些兴高采烈，有些则恶语相加。在网上交流中，消费者们经常公开探讨自己对品牌和服务的经验，而不顾及公司是否会参与其中。通过这种方式，消费者的影响力会越来越大。

很显然，监控网上言论，必要时加以干预，对B2B或B2C公司的品牌经理而言具有很多益处。这样的监控可以促使公司更好地了解消费者的行为以及对市场情绪的感受，并能引起营销组合的不同部分的变化（伍德科克（Woodcock）等人，2011）。

12.10.1 Web 2.0

Web 1.0的主要功能就是检索信息，而Web 2.0用户能做的却不止这些。"Web 2.0"这一术语首次使用于2004年，描述了软件开发人员和终端用户利用一种新的方法开始使用互联网创建内容和应用，这些不再由个人创建和发表，而是由所有用户以共同参与、协作开发的方式对内容和应用不断进行修改。伴随着越来越多的人使用博客、维基网和社交网络技术，Web 2.0使许多学术界和商界人员在这些"新"现象的协助下并肩工作。对于营销人员来说，Web 2.0提供了与消费者建立密切关系的机会。越来越多的营销人员正在利用Web 2.0工具与消费者开展产品开发、加强服务和促销等方面的合作。各公司可以使用Web 2.0工具来改善与业务伙伴和消费者之间的合作关系。另外，公司员工已经创建维基网站，消费者可以对其进行添加和删减内容，并就关于每个产品经常问到的问题进行解答，为此消费者作出了巨大贡献。另一个Web 2.0市场营销的特点就是确保消费者可以利用网络群体就其选择的内容在他们中间建立工作关系。除了生成内容外，Web 2.0互联网用户往往会积极地对既定的过程和方法注入全新的视角，以便用户为公司的未来发展创造出创新理念（沃茨（Wirtz）等人，2010）。

12. 10. 2　社交媒体

社交媒体
(Social media)：一
组基于互联网的
应用程序，允许用
户创建和交换内
容。例如，博客、
YouTube、社交网
站［Facebook、聚
友网（MySpace）、
LinkedIn、推 特
（Twitter）等、照
片 共 享（Flickr
等）及聚合渠道
(aggregating cha-
nnels)（比较网站
(comparison sit-
es)等。］

社交媒体基于互联网技术，促进网上对话和涵盖范围广泛的在线口碑论坛，包括社交网站、博客、公司赞助的论坛和聊天室、C2C 电子邮件、消费产品或服务评级网站和论坛、国际互联网论坛及包含数字音频、图片、电影或照片的网站等，不一而足。

根据 ebizmba.com 网站，世界上最大的社交网站是 Facebook，由马克·扎克伯格（Mark Zuckerberg）建立，最初的目的就是为了与哈佛大学的同学保持联系。2011 年 4 月，最负盛名的 5 家社交网站（不包括 YouTube 和 Google）是（根据每月世界范围内独特访客的数量）：

Facebook	5.5 亿
推特（Twitter）	9 600 万
聚友网（MySpace）	8 100 万
LinkedIn	5 000 万
Ning	4 200 万

虽然 Facebook、YouTube 和 Twitter 继续主宰美国、欧洲和其他一些国家的社交媒体，但从全球范围来看却是完全不同的风景。在德国、俄罗斯、中国和日本，访问量最大的社交网站不是 Facebook，而是土生土长的竞争对手。例如，俄罗斯最受欢迎的社交网站 VKontakte（"近在咫尺的"俄罗斯人）拥有 3 500 万用户，备受追捧，当地的一些公司经常通过该网站发布招聘信息。

并非所有 Facebook 的竞争对手都产自国外：一些是从美国迁移出去的。最著名的例子就是基地位于旧金山的 Friendster，它是美国社交网站的先驱，创办于 2002 年，却在聚友网（MySpace）和 Facebook 崛起的时候凋落了。Friendster 根本没有消失，而是发现新的海外市场，现在它的流量 90% 来自亚洲。

传统上，整合营销传播（IMC）一直被认为在本质上是单向的。在以往的模式中，组织及其代理商开发信息并将其传播给潜在的消费者，他们甘愿或不甘愿地参与传播过程中。对信息传播的控制由营销组织掌控。促销组合（广告、个人销售、公关和宣传、直销和促销）中的传统因素是控制主张得以实施的工具。

21 世纪正在见证通过媒体传播的基于互联网的信息爆炸。它们成为影响消费者行为各个方面的主要因素，其中包括意识、信心获得、意见、态度、购买行为和购后沟通与评价。遗憾的是，流行的商业媒体和学术文献对于将社交媒体并入整合营销传播（IMC）的策略几乎没有提供任何指导性建议。

作为传播工具，社交网络具有两个互相关联的促进作用。（曼戈尔德（Mangold）和福尔兹（Faulds），2009）

1. 社交网络应与传统整合营销传播（IMC）工具的使用一致。也就是说，各公司应该利用社交媒体通过像博客这样的平台与其客户以及 Face-book 和 MySpace 群体进行交流。这些媒体要么由公司赞助，要么由其他个人或组织赞助。

2. 通过社交网络客户能够互相沟通。这是传统口碑传播的延伸。虽然各公司无法直接控制这样的客户对客户（C2C）信息，却能影响客户之间的对话。然而，消费者之间互相沟通的能力限制了各公司对于沟通内容和信息传播方面的控制量。消费者受到控制；他们比以前能获得更多的信息，对媒体消费具有更强的控制力。

营销经理正在寻求将社交媒体并入整合营销传播（IMC）策略的方法。传统的传播模式过去依靠经典的促销组合来制定整合营销传播（IMC）策略，现在必须让位于一种新模式，将所有形式的社交媒体纳入设计和实施整合营销传播（IMC）策略的潜在工具。当代经销商无法忽视社交媒体现象，从中所获得的市场信息基于个人消费者的经验并通过传统的促销组合进行传播。然而，各种不同的社交媒体平台中，虽然很多完全独立于生产/赞助组织或其代理商，但仍可加强消费者之间互相沟通的能力。

12. 10. 3　社交媒体的 6C 模型

图 12.14 定义了 6 种不同但又互相关联的元素，这些元素解释了如何创建和保持消费者约定。

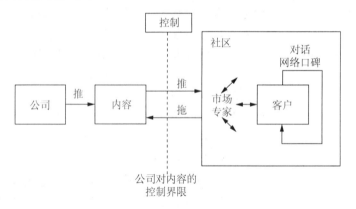

图 12. 14　6C 模型（公司、内容、控制、社区、客户和对话）

资料来源：根据帕伦特（Parent）等人（2011）。

公司

6C 模型开始于公司及其创建的内容。基本上，互联网就是"拖媒"，各公司都想方设法将观众吸引到自己的版面。然而，在"拖"发生之前，必须首先将内容推（播种）到链条上。内容可以采取比如 Facebook 的产品或品牌页面，和/或 YouTube 视频的形式推向观众。结果，某公司推入社交媒体领域的内容就像我们的约定或参与模式的催化剂一样发挥着作用。

控制

6C 模型（图 12.14）中代表控制的虚线代表一个屏障，公司将其对品牌的控制越过该屏障到达网上社区和客户。为了加快公司品牌信息的病毒式吸收，公司有时会放弃数字权利和模块，为的是鼓励网上社区成员复制、修改、重新粘贴和转发相关内容。该内容可以拷贝和/或植入人们自己的网站和博客以及 Facebook 墙上。在该过程中到这一阶段的关键点就是公司（内容创建者）必须接受，甚至欢迎公司已经不再完全控制内容这样一个事实。人们可以对内容自由下载、修改、评论，否则就被有兴趣的社区盗用。这种情况会挑战常规的"品牌管理"的智慧，常规的"品牌管理"主张的是经理必须控制品牌形象和信息。

社区

市场高手（Market mavens）：那些拥有大量市场信息，积极参与其他网上社区成员和客户之间的讨论以将该内容四处传播的个人。

公司创建内容，并将其跨越控制的象征性边界，推到边界的另一边。在这里，一些趣味相投的消费者组成的社区将内容接受下来。此刻，沟通变成了双向行为。图 12.14 中用来表示推和拖的箭头旨在反映发生在社区和代表内容创建者的公司之间的"给予和接受"。它以最简单的形式反映在评论艺术中：在 Facebook 和 YouTube 上粘贴对内容的反映。在某些情况下，公司可能会通过跟踪这些网上社区的讨论迎合市场上的"客户行为"。在理想世界中，社区中发生一系列的反思性对话，社区不受公司的限制，公司通常扮演作为观察者的被动角色。

当将"内容"转移到网上社区时，公司和内容提供者经常会试图将目标对准市场高手。所谓市场高手就是那些拥有大量市场信息，积极参与其他网上社区成员和客户之间的讨论以将该内容四处传播的个人。

一般情况下，市场高手首先收到信息，并将信息传播到他们的直接社交网络。他们的作用是不同文化之间的联系人或桥梁，他们的社交中心网络能够很方便地将信息直接传播到成千上万的网上社区成员（卡普兰（Kaplan）和亨莱因（Haenlein），2011）。

示例 12.5　使用中的 6C 模型——"多芬（Dove）真美行动"，在 YouTube 上播放的多芬的《蜕变》视频

多芬的《蜕变》是 2006 年联合利华（Unilever）推出的一部广告电影，它作为"多芬真美行动"的一部分，其目的在于促进新创立的"多芬自尊基金会"。这部 75 秒钟的广告短片于 2006 年 10 月 6 日在网络上首次播出，后来在荷兰和中东地区作为电视和电影的固定时段播出。

这条广告颇受欢迎，取得巨大成功并带来不菲的收入。它获得许多广告业的奖项，包括夏纳广告节的全场大奖和景程金球（Epica d'Or）奖。许多主流电视节目和平面出版物对此都有讨论，该时段产生的曝光率估值大约1.5亿美元。

短片开始出现一位"好看，但普通的女孩"。接着，这段75秒的视频跟踪该女孩变成一位美艳绝伦的广告模特的全过程。视频渐渐模糊，最后出现广告词——"难怪我们对美的感知会被扭曲"。短片最后邀请观众一起参与"多芬真美工作坊"，多芬自尊基金会徽标，以及联合利华—多芬真美行动的网址，该广告短片就是为这次活动专门拍摄的。人们观看多芬的《蜕变》多达1 200万次。

《蜕变》的走红以及其登录许多视频分享网站必然导致许多其他版本及拙劣的模仿被公众上传到网上。不到6个月，仅YouTube网站上的模仿之作就收到500万以上的点击率。其中，最为成功的就是专业制作的名为《懒汉蜕变》的视频被观看200万次。

《懒汉蜕变》是2006年根据《蜕变》原剧拍摄的一部模仿小电影，获得艾美奖提名。在《懒汉蜕变》中，模特的角色由一位十几岁的男孩扮演。该短片没有按时间顺序安排男孩的成长历程，而是让他吃快餐、喝酒、吸烟，在短短的30秒内就变成身体超重的中年懒汉。然后根据《蜕变》使用的形象编辑界面进行调整。该视频渐渐淡去，最后出现一句广告词："谢天谢地！我们对美的感知被扭曲了，谁也不会欣赏相貌丑陋的人。"

资料来源：经联合利华和集团公司的友好许可复制。

这种情况下，6C模型的表现方式如下：

- 公司和内容。多芬的视频背后站着的是联合利华，它是作为成功的"多芬真美行动"的一部分而拍摄的，然后将内容（即视频）上传到在线社区（YouTube）.

- 控制。多芬选择将内容转到在线社区，并有意放开数字权利和模块，为的就是鼓励人们去对内容进行"改造"。

- 社区。首先接受多芬在《蜕变》中提出的问题的人是那些市场高手。他们很快就融入社区成员的讨论中，将视频迅速传播给他们的直接社交网络。一旦市场高手通过不同的社交中心将他们的信息和对内容的评论传播到在线社区，就会发生病毒式连锁反应。一些社区成员更加积极地创造出他们自己的多媒体内容。因此出现了模仿视频，但多芬对此，甚至对最受欢迎的模仿剧《懒汉蜕变》毫无反应：他们意识到对其视频和品牌最好的做法就是互联网上能出现优秀的模仿片。后来的数据显示他们是正确的：《蜕变》的观看达到1 200万人次，而《懒汉蜕变》只有200万。

- 客户和对话。多芬的"真美行动"针对的是广大女性朋友。联合利华认识到这些潜在的客户没有设备也不愿意去制作和粘贴视频，或参与网上讨论。因此，是主流媒体（平面和电视）报道了《蜕变》视频和围绕该视频所进行的对话、模仿和评论都助了多芬的运动。

资料来源：各种公共媒体。

客户和网络对话

当大量网络对话都围绕这种现象和内容展开的时候，如图 12.14 所示，约定的终极表现就出现了。6C 模型将在线社区和潜在的客户区别开来，因为后者通常是前者的子集。在线社区还可以包括那些听说过基于网络的主动性但并不直接参与其中的人们。

一般而言，客户的参与度似乎越来越高；愿意参与一个让客户可以在销售点之外也能作出购买决定的品牌。社交媒体通过反馈渠道进一步延伸了经销商和客户之间的对话。公司可以与在线社区进行交流，希望能够影响客户的购买决策。而且，社交媒体的主动性也使经销商对"客户对客户"（C2C）沟通世界多了些了解。"客户对客户"（C2C）沟通是传统广告和口碑沟通的巨大延伸。

此外，社交媒体也可以使人洞悉非客户的行为。他们的社交分享使在线社区成员将他们的思想和活动传播给全世界的陌生人。这一社交分享开启了个体客户的生活之门，公司可以据此对他们的需要进行量身定做，更好地迎合客户的喜好（帕伦特（Parent）等人，2011）。

示例 12.6 亚马逊在线社区

Amazon.com 首次提出"协同过滤"程序，根据"购买了本书的读者还可能会买其他图书"这样的信息向客户作出推荐。同时展出的还有未经编辑的客户评论，这一策略使那些趣味相投的人们组成一个社区。通过鼓励客户用这样的方式购买其他产品，客户可能会考虑购买排名前 100 名以外的书籍。如果没有特别推荐，这种情况是不可能发生的。其结果是，亚马逊公司使其三分之一的销售超出前 130 000 书目，而这些书不可能在折扣店出售，也就是说，净利润会非常可观。

资料来源：哈里斯（Harris）和雷（Rae）（2010）。

12.11 开展病毒式营销活动

互联网已经彻底改变了口碑的概念，所以风险投资家 Steve Jurveton 于 1997 年杜撰了病毒式营销这个词。这个术语用来描述 Hotmail 在传送电子邮件时自动在用户发送的电子邮件上附加 Hotmail 广告的做法。按照这一做法，每一封电子邮件都附有这样的信息："从 http：//www. hotmail. com 查看你的私人免费邮件。"

开展病毒式营销活动

病毒式营销
（Viral market-
ing）：在线口碑
是一种营销技
巧，通过寻求利
用现有的社交网
络使品牌意识迅
速增长。

病毒性营销绝不是全面的多元化的营销战略的替代品。利用病毒式营销产生同侪认可，这一技术不应认为是单独的奇迹创造者。

虽然信息和策略在每个活动中都有根本不同，但多数成功的活动都包含一些常用的方法。这些方法经常组合起来使用，这样可以最大限度地发挥一场活动的病毒式效果。

成功的病毒式活动很容易传播。成功的关键就是要让你的客户将贵公司或其促销活动推荐给朋友和同事，这些朋友和同事又会推荐给他们的朋友，以此类推。有效的病毒式营销活动可以使你的营销信息以潮水般的速度传播给成千上万的潜在客户。

当创建活动之初，经销商应该评估人们将如何把信息或活动传播给大家。

1. 创建引人入胜的内容

创建高质量的内容往往比只是提供一件免费产品花的费用要高，但所取得的效果常常会更好。快乐常常是病毒式营销活动的重要组成部分。令人翘大拇指的一般法则就是内容必须引人入胜：必须唤起观看者的情感反应。仅此一项就使许多品牌较小的公司想方设法利用基于内容的病毒式活动。从传统上来讲，大的品牌更保守，更愿意规避有可能出现的负面反应。这些活动成功的核心问题在于下列一项或多项：入场时机（早）、关注程度或创意的简明性。

2. 目标观众准确

如果一项活动偏向某一特定观众或某些地区（国家），营销人员应该确保种子撒向那位观众。如果做不到这一点，那么活动尚未开始就已经注定失败的命运了。

在个人决策中，参照群体或舆论领袖的影响和在某些情况下的权力非常显著。

3. 活动播种

"播撒"原始信息的种子是病毒式活动中的重要部分。播种是将活动植根于初始群体的一种行为活动，通过初始群体继续将活动传播给其他群体。互联网为播种提供一个广泛的选择，包括：

- 电子邮件/SMS
- 在线论坛（Google 群体）
- 社交网络（Facebook.com，MySpace.com）
- 聊天室环境（MSN Messenger）

- 博客
- 播客

当确定在哪里播种时，营销人员重点考虑的是他们将针对怎样的观众。目标观众是否使用以上提及的媒体（技术），程度如何？

各公司常常采用一组技术来"传播病毒"。许多使用短信（SMS）。使用短信（SMS）的经典案例就是喜力啤酒（Heinken），它将短信（SMS）的促销活动与英国酒吧传统的问答游戏结合起来。喜力啤酒通过酒吧里的销售点标志将在线和离线促销结合起来，邀请客户拨打移动电话、输入文字游戏并回答一系列多项选择题。答对问题的客户将得到食物和饮料作为奖励。从促销的角度看，这个创意是成功的，因为客户会将他们正在做的活动告诉其他人，敦促他们也打电话进来。

4. 控制/衡量结果

病毒式活动的目标就是爆炸式宣传覆盖和参与。要判定病毒式营销活动是否成功，确定在一个时间框架内可以实现的具体目标。比如，3 个月内将网站的访问量提高 20%，或一年中电子邮件时事通讯的订购量翻一番。

营销人员还应该做好适当准备在活动成功时满足参与者的要求。在活动启动之前应该充分考虑服务器空间、宽带、客服人员、履行和上架等各方面的问题。

示例 12.7　雪佛兰梦想车库：一个病毒式营销活动

概述

2004 年，在欧洲，雪佛兰（www.chevroleteurope.com）重新推出一系列新车。2010 年，该品牌产品的知晓度仍然很不理想，考虑购买该品牌的客户相对很少。因此，需要提高品牌意识，让购车一族了解这一新车系列以及该品牌的特点。就这样，"雪佛兰梦想车库"计划应运而生，只进行在线活动，设计目的是进军欧洲五大市场。实现这一目标的预算很少：区区 200 万欧元，但必须覆盖所有方面，如媒体、网站、法律、奖品等。"梦想车库"是一项竞赛，获胜者赢得一辆雪佛兰轿车。为此还专门创建了一个微型网站。奖品共计 5 辆轿车，分散在 5 轮竞赛中（每轮竞赛持续时间为 2 周）。网站中展示的 4 辆轿车都覆盖着车罩，参加竞赛人员需要"猜车赢车"（型号名称和颜色）。第 5 辆车是颇负盛名的 Corvette 轿车。

每轮结束时，将揭开覆盖的轿车的面纱，并通过抽奖（彩票）的形式从猜对的参与者中抽取一名获胜者。

资料来源：版权所有© 2010，法国雪佛兰。

奖金轮和 Facebook

第5轮被设定为直接进行抽奖的奖金轮，先前竞赛的参与者对获得克尔维特轿车的机会产生影响。因为在1~4轮中，参与者要猜中所有元素（型号和颜色），但奖金轮则不需要这样复杂。前四轮竞赛均参加的参与者将收到一张奖金轮的"入场券"，参加前几轮竞赛的每个参赛者皆可获得一张特别有效的特别入场券。

然而，为使活动更具传染性，雪佛兰决定向每位参加完一轮竞赛（1~4轮）后就通过电子邮件或 Facebook 介绍给5位朋友的参与者赠送一张特别入场券。因此，一个人最多可以赢得8张参与克尔维特轿车奖金轮的"入场券"＊。

在每个市场的 Facebook 主页上还创建了 Facebook tab 功能，这样，那些通过这一渠道"喜欢"雪佛兰的人们可以参与竞赛而无需离开 Facebook 平台。App 几乎和微型网站一样。

电子邮件

在一轮竞赛结束时将向每位参与者发送一封自动电子邮件，通知他们下一轮邮件开始。

资料来源：版权所有© 2010，德国雪佛兰。

市场和局部/集中执行

总共选择 5 个市场：法国、德国、意大利、波兰和西班牙。他们选择的根据是当地法律（关于在线竞赛和抽奖）、市场上的媒体成本、市场规模和其他品牌活动的以往业绩。

在集中方面，雪佛兰欧洲监管项目概念和执行。所有因素如竞赛机制、概念和设计都进行集中处理。从局部来讲，市场要负责所有文本的文字翻译（微型网站、条款和条件、和旗帜），证明所有意象以确保该车型的内饰水平显示准确以及其他任何局部的产品差异。

管理各自 Facebook 页面的市场将竞赛的消息用它们认为最合适的方式传播给自己的同行。比如，有些市场会及时更新信息，告诉人们某一轮的竞赛还有多久结束；其他市场则回答粉丝们提出的问题，却不会就车型和颜色方面提供任何额外的暗示。

为什么只在线宣传？

决定活动只在网络上进行，原因如下：
- 可测性：雪佛兰可以监测所有互动和表现。
- 延展性：可以将活动复制到另外的市场。
- 病毒性：鼓励参与者与尽可能多的朋友分享其梦想车库。

结果

在为期 8 周的时间内，该项活动在 5 大市场共有 195 000 名竞赛参与者，其中 40% 是反复参与，表明作为此次竞赛组成部分的用户和雪佛兰之间约定的程度。这项活动的表现远远超出了雪佛兰公司的预期，超过以往举办的梦想车库活动（2007 年和 2008 年），那两次都是在线和线下同时进行。

作为这次横幅运动的直接结果，雪佛兰在其主要品牌网站（如 www.chevrolet.fr）上实现了 50 000 多项转变（包括试驾、经销商检索、宣传手册索取等）。

* 一人只能参加一轮（1~4）竞赛。不允许多次参与。

资料来源：案例由佛罗伦萨·卡门森达（Florence Camenzind）撰写，数字和关系营销经理（Digital and Relationship Marketing Manager），瑞士欧洲雪佛兰。

12.12 众包（crowd-sourcing）

众包（crowd-sourcing）：一个公司或机构将过去由员工执行的任务以自由自愿的形式外包给一个大型群体。

有些公司使在线社区（包括不同的元素）更进步，将社区成员直接参与产品开发过程。

杰夫·豪（Jeff Howe）早在 2006 年就创造了"crowd-sourcing"（众包）这个术语，并将其定义为一种公司行为，是公司将过去由员工执行的任务以自由自愿的形式外包给一个大型群体（豪，2006）。

宝洁公司、耐克、百思买集团、无线（Threadless）和星巴克全都创建数字平台，允许客户响应"公开要求"，以让他们创造新产品和信息。

示例 12.8　无线（Threadless）公司 T 恤的众包业务

　　无线公司是一家基地在芝加哥的 T 恤制造企业，其设计过程完全通过在线竞争来完成。

　　今天，无线公司数以百万计的定制的、群众设计的 T 恤销往 150 多个国家。T 恤的设计来自世界各地，社区仔细地挑选最好和最靓丽的设计。（参见图 12.15）

资料来源：www.threadless.com。

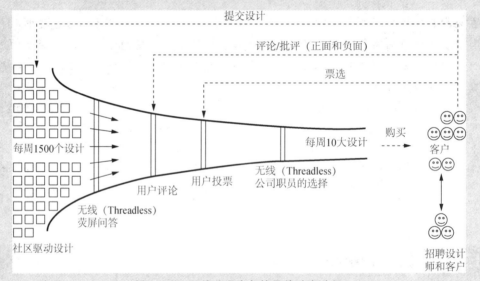

图 12.15　无线公司众包的品牌过滤过程

　　每周，公司都会收到大约 1 500 个来自业余和专业设计师的设计。无线公司将这些设计发布在自己的网站上，每个签约人都可以给每件衬衫打分。每周排名前 10 位的设计将投入生产，但必须有足够的客户预订该设计的服装，以确保不会亏损。每周的获胜者均可获得 2 000 美元的现金和 500 美元的礼券，每一次再版时还会获得 500 美元。获胜的概率非常小——还不到 1%，但是真正的动力是自己设计的作品被发现并可能被大众穿在身上的机会。无线公司将设计师的名字写在每件 T 恤的标签上。对设计师来说，这是一次创造性的机会，他们参与的主要目的是学习、建立信誉、开始打出自己的名声或品牌。对客户而言，无线公司提供的选择范围更宽泛。从无线公司的角度看，公司不必去雇用设计人员，他们只需要根据已经证明的预订单的请求从财务上保证 T 恤的生产。从这一点来看，这是一项风险减少的策略。结果，成本降低了，利润却超过 30%。

无线公司生产的 T 恤没有一件不获得成功，因为某一设计必须由社区和潜在的客户投票支持后才可以考虑生产。实际上，是无线公司的客户开发了公司的产品。

无线公司还安装了所谓的"品牌过滤器"。（见图 12.15）所有设计在无线公司网页（附有内置问答屏）后，社区成员可以发表评论，对不同的设计展开批判。所有设计经过充分讨论后，有些成员会将链接转发给社区其他成员，以此对设计表示支持和推荐，最后进行投票。这一切都在一周内完成。

当然，群众，也就是每个人都可以提交自己的设计，然后社区将投票筛选一周内集中起来的设计图案。无线公司职员仍然会按照民主的过程作出最后的选择，以确保质量和任务的完成。

无线公司在芝加哥的百老汇也有自己的零售店。（参加图片背面）店内不停地滚动播出引人注目的儿童和成人 T 恤的设计图案。零售店每周五会有最新的 T 恤到货，比无线公司网站出售提前 3 天。

资料来源：根据帕伦特（Parent）等人（2011）及其他各种资料如 Threadless.com 改编。

12.13　总结

本章讨论了国际分销渠道和物流的管理问题。本章的主要结构见图 12.1。讨论告诉我们一个明显的事实：国际经销商具有广泛的替代方案用以选择和发展经济、高效、大批量的国际分销渠道。

对现有分销渠道的自相残杀和未来渠道冲突的担忧需要制造商们在通过传统分销网络现有销售和通过互联网的未来销售之间寻求平衡。遗憾的是，历史表明大多数公司往往对业绩不断下滑的分销网络留恋太久。

本章提出国际沟通的 5 个组成部分：

1. 广告
2. 公共关系
3. 促销
4. 直销
5. 个人销售

因为国际经销商们在不同的环境条件下管理促销组合的各种因素，所以必须决定需要什么样的沟通渠道、信息、谁来执行或由谁来帮助执行该项目，以及沟通计划的结果如何评价。目前的趋势是使策略更加协调，同时允许地方级别的灵活性以及尽早地将地方需要纳入沟通计划。

因此，国际市场营销的一个重要决定是沟通过程中的不同元素是否应该全球标准化还是本土化。寻求标准化的主要理由如下：

- 客户不符合国家限制。
- 公司试图建立国际品牌形象。
- 可以实现规模经济。
- 为数不多的高质量创意可以尽可能地加以利用。
- 可以开发和利用特殊的专门技术。

然而，某些传播工具，特别是个人销售，不得不本土化以便适应个性化市场的需要。个人销售工具本土化的另一个原因就是分销渠道成员通常在某一国家扎根已久。

因此，有关招聘、培训、动机和对销售人员进行评估等决策需要在地方级别作出。

选择代理机构的过程也得考虑在内。难以找到地方性知识、文化的理解和国际市场的专业技术管理的必要融合。太多的集中化和标准化会造成不恰当的营销传播。

互联网是未来一个非常重要的传播手段。任何希望在全球范围内利用互联网的公司必须为其互联网企业选择一个商业模式，评估通过这种新的直销媒体传送的信息和进行的交易如何影响其现有的分销及传播系统。

社交媒体营销可以理解为一组建立在 Web 2.0 基础上的基于互联网的应用，从而允许用户创建和交换产生的内容。社交媒体特别适合病毒式营销，因为他们身上的社区元素可以方便地将营销信息发送给大批人群。

病毒式营销绝非全面而多元化的营销战略的一个替代品。病毒式营销是一个可靠的营销策略，作为总体战略计划的一部分，如执行得当就会产生积极的投资回报率。当信息可以配合和支持一个可衡量的业务目标时，营销者应该利用病毒式营销。

案例研究 12.1

戴比尔斯集团（De Beers:）：前向整合的钻石矿业价值链

戴比尔斯集团是一家从事钻石勘探、开采和销售的私人控股公司。该公司主要在非洲经营，将其产品销往全球市场。公司总部设在南非的约翰内斯堡，拥有员工大约 13 500 人。2010 年财政年度，该公司的收入多达 58.77 亿美元，营业利润 4.78 亿美元。

19 世纪末以来，南非跨国戴比尔斯集团（www.debeersgroup.com）规范了工业和宝石—钻石市场，有效地保持了钻石是稀缺资源的幻觉。它让人们相信钻石象征着宝贵而无价的爱情。每位有意向的消费者都认为钻石之所以有今天的地位——至少部分是——因为戴比尔斯集团坚持不懈的努力。

此外，通过监测世界各地的钻石供应量和销售，戴比尔斯使这种普通得令人惊讶的矿物：压缩碳保持价格稳定达到前所未有的程度。这种独特的价格稳定归因于行业联盟对钻石销售的严格控制。戴比尔斯集团的经营策略一直既单纯又简单：在任何给定年份限制释放到市场的钻石数量，永远保持钻石很稀有这样的神话，因此，价格高是理所当然的。

戴比尔斯集团每年都花费 2 亿美元促销钻石和钻石首饰。"A diamond is for ever"（钻石恒久远，一颗永流传），公司控制几乎 70％ 的毛坯钻市场。

表 1　钻石的增长

销售阶段	增长（％）	0.5 克拉宝石的平均值（$/克拉）
开采成本		100
钻矿销售	67	167
毛坯宝石经销商	20	200
切割单位	100	400
批发商	15	460
零售	100	920

资料来源：根据 Ariovich（1985）和 Bergenstock 和 Maskula（2001）。

戴比尔斯集团控制生产者行业联盟，该联盟是家产量固定的实体，给每个联盟成员分配生产配额（正如 OPEC 一样）。戴比尔斯集团成功地说服各生产厂家相信钻石供应量必须加以控制，这样才能保持高价格和高利润。

20 世纪早期，钻石行业联盟的实力大多取决于戴比尔斯集团对南非矿山的控制。今天，动力来源不再仅靠生产毛坯钻，而是依靠一个复杂的生产、营销和推广安排网络，这一切全由戴比尔斯集团管理。

花费 100 美元开采出来的钻石在当地珠宝店消费者的购买价格可能会高达 920 美元。商业周期、个体商业惯例以及宝石质量都会对这些数据产生积极或消极的影响。行业中称为"景观"的钻石销售在伦敦、卢塞恩、瑞士和南非的金伯利一年要举行 10 次。销售仅限于大约 160 个特权的"景观持有者"，主要是来自纽约、特拉维夫、孟买和安特卫普的钻石切割工厂，然后将钻石出售给其余的钻石贸易商。

戴比尔斯自有和自营矿山的钻石产量只占世界毛坯钻总值的 43％。因为它并不是世界上唯一的粗石生产商，所以戴比尔斯集团不得不与其他主要的钻石生产组织联合起来，组成国际钻石行业联盟，该联盟几乎控制了3/4的世界市场。

戴比尔斯集团建立了一条受到严格控制的供应和销售链，所有行业联盟麾下的生产厂家签订合同，将大部分产量出售给单一的经销实体：戴比尔斯控制的中央统售组织（CSO）。（参见图1）

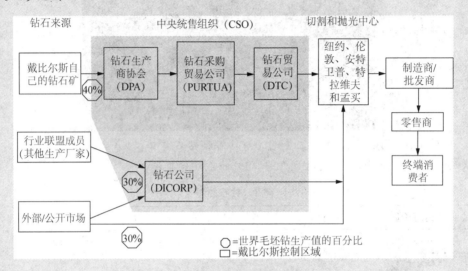

图1 戴比尔斯的钻石分布

资料来源：根据戴比尔斯集团的年报；以及 Bergenstock 和 Maskula（2001）。

由中央统售组织控制的全部毛坯钻的供应主要有3个来源：戴比尔斯/森特纳里拥有的钻石矿、与中央统售组织签约的外部供应商（行业联盟成员）以及通过位于非洲、安特卫普和特拉维夫的采购处进行的公开市场采购（从尚未与戴比尔斯签约的国家购买的毛坯钻）。戴比尔斯成为唯一的钻石分销商。在任何特定年份，大约75%的世界钻石通过中央统售组织销往切割商和代理商。

行业联盟在经济上取得的成功很大程度上取决于严格遵守他们成文的或不成文的规则。只要客户遵守规则，他们采购的毛坯钻无论数量上还是质量上都会不断升级；而那些试图规避这些规则的客户慢慢会发现他们分到的毛坯钻越来越差，并有将来不被邀请之虞。

戴比尔斯集团的"前向整合"决定

直到2001年，戴比尔斯集团才集中向品牌制造商如卡地亚供应钻石。戴比尔斯集团的核心业务仍然是毛坯钻的开采和营销。然而，2001年1月，戴比尔斯集团与法国奢侈品公司路威酩轩集团（Louis Vuitton Moet Hennessy）加入一家各占50%股份的零售合资企业，成立独立经营的戴比尔斯钻饰公司。这家名为戴比尔斯钻饰有限公司（De Beers Diamond Jewellers Ltd.）的合资企业出售钻石首饰。2002年，首家戴比尔斯精品店作为品牌旗舰店在伦敦老庞德街开业。一年后，该品牌东京店开业，拉开进军亚洲市场的序幕。2005年，该品牌进军美国市场，在纽约第五大道和比弗利山庄的罗迪欧大道上开店营业。2007年，戴比尔斯继续进军美国，其店铺开到了拉斯维加斯、休斯敦和弗吉尼亚的麦克莱恩，同时推出一个具有电子商务功能的网站。现在，戴比尔斯的零售店已经遍布英国、法国、美国、乌克兰、俄罗斯、日本、中国台北、中国香港、迪拜和中国澳门。目前，该合资企业的40商铺的全球网络商店现在遍布美国（11家）、欧洲（8家）、中东（4家）、东亚（7家）和日本（10家）。

路威酩轩集团（LVMH）是时装和皮革制品、手表和珠宝、酒制品、化妆品和香水类的顶级品牌之乡。LVMH集团将凭借其丰富的经验在发展奢侈品品牌和推出高端零售概念方面作出了贡献。

"母"公司南非戴比尔斯集团凭借100多年的经验以技术和个人专家的形式入股合资企业合资企业，允许他们选择最漂亮的钻石。

作为合资企业协议的一部分，南非戴比尔斯向拉斯维加斯戴比尔斯转让权利，允许其在消费者市场的奢侈品使用戴比尔斯品牌名称。从这一点开始，戴比尔斯将设计、制造和出售自己品牌的顶级钻饰。载有戴比尔斯品牌名称的钻饰在所有戴比尔斯专卖店均有出售。

资料来源：www.diamonds.net 和 www.debeersgroup.com 网站上公开发表的资料和新闻。

问题

1. 戴比尔斯对零售和消费者市场推行"前向整合"的动机是什么？
2. 这是一个明智的决定吗？
3. "前向整合"策略之后，戴比尔斯将如何开展其互联网策略？
4. 戴比尔斯是否可能凭借其品牌钻石，使跨国之间的国际营销战略标准化？

登录本书网站 www.pearsoned.co.uk/hollensen，查阅更多练习和案例。

问题讨论

1. 讨论当前世界市场的分销趋势。

2. 影响营销渠道的长度、宽度和数量的因素是什么？

3. 在将全球营销渠道业绩最大化的努力中，国际经销商将强调下列哪个方面：培训、动机还是补偿？为什么？

4. 全球化公司集中协调国外市场分销系统什么时候可行和可取呢？什么时候分散化更合适？

5. 比较国内传播和国际传播两种方式的异同。解释为什么在国际传播过程中很可能会出现"噪声"。

6. 为什么没有更多的公司在全球范围内规范广告信息？明确阻碍发展和实施规范化全球广告活动的环境约束。

7. 解释在海外市场和国内市场中，个人销售策略的应用有什么不同。

8. 为什么说全球范围内的广告管理制度各国皆有不同？

9. 评估用"占比销售"法设定国外市场的广告预算。

10. 解释跨国公司与本地公司相比，在培训销售人员和评估其销售业绩方面有哪些优势。

11. 确定并讨论在国外市场分配公司促销预算的相关问题。

参考文献

Ariovich, G. (1985) "The Economics of diamond price movements", Managerial Decision Economics, 6 (4), pp. 234-240.

Arnold, D. (2000) "Seven rules of international distribution", Harvard Business Review, Nov-Dec, pp. 131-137.

Balfour, F. (1993) "Alcohol industry: companies in high spirits", China Trade Report, June, pp. 4-5.

Bergenstock, D. J. and Maskula, J. M. (2001) "The De Beers story: are diamonds forever?", Business Horizons, 44 (3), May-June 2001, pp. 37-44.

Boddewyn, J. J., Soehl, R. and Picard, J. (1986) "Standardization in international marketing: is Ted Levitt in fact right?", Business Horizons, pp. 69-75.

Business Week (1984) "Advertising Europe's new Common Market", July, pp. 62-65.

Cavusgil, S. T., Yeoh, P. -L. and Mitri, M. (1995) "Selecting foreign distributors - an expert systems approach", Industrial Marketing Management, 24, pp. 297-304.

Chandy, R. and Narasimhan (2011) "How micro-entreprenturs could change the world", Business Strategy Review, No. 1, pp. 52-55.

Harper, T. (1986) "Polaroid clicks instantly in Moslem markets", Advertising Age (special report on 'Marketing to the Arab world'), 30 January, p. 12.

Harris, L. and Rae, A, (2010) "The online connection: transforming marketing strategy for small business", Journal of Business Strategy, 31 (2), pp. 4-12.

Hite, R. E. and Frazer, C. (1988) "International advertising strategies of multinational corporations", Journal of Advertising Research, 28, August-September, pp. 9-17.

Honeycutt, E. D. and Ford, J. B. (1995) "Guidelines for managing an international sales force", Industrial Marketing Management, 24 (2), pp. 135-144.

Howe, J. (2006) "The rise of crowdsourcing", Wired, Issue 14. 06. 2006, pp. 1-4.

Hung, C. L. and West, D. C. (1991) "Advertising budgeting methods in Canada, the UK and the USA", International Journal of Advertising, 10, pp. 239-250.

Jaffe, E. D. and Yi, L. (2007) "What are the drivers of channel length? Distribution reform in the People's Republic of China", International Business Review, 16, pp. 474-493.

Jain, S. (1996) International Marketing Management (5th edn), South-Western College Publishing, Cincinnati, OH.

Joensen, S. (1997) "What hedder it now on engelsk?", Politikken (Danish newspaper), 24 April.

Kaplan, A. M. and Haenlein, M. (2011) "Two hearts in three-quarter time: how to waltz the social media/viral marketing dance", Business Horizons, 54, pp. 253-263.

Lewison, D. M. (1996) Marketing Management: An overview, The Dryden, Press/Harcourt Brace College Publishers, Fort Worth, TX.

Lynch, R. (1994) European Marketing: A Strategic Guide to the New Opportunities, Irwin Professional Publishing.

Mangold, W. G. and Failds, D. J. (2009) "Social media: the new hybrid element of the promotion mix", Business Horizons, 52, pp. 357-65.

MacNamee, B. and McDonnell, R. (1995) The Marketing Casebook, Routledge, London.

Onkvisit, S. and Shaw, J. J. (1993) International Marketing: Analysis and Strategy, 2nd edn, London: Macmillan.

Ottesen, O. (1995) "Buyer initiative: ignored, but imperative for marketing management - towards a new view of market communication", Tidsvise Skrifter, 15, avdeling for økonomi, Kultur og Samfunnsfag ved Høgskolen i Stavanger.

Parent, M., Plangger, K. and Bal, A. (2011) "The new WTP: willingness to participate", Business Horizons, 54, 219-229.

Phillips, C., Poole, I. and Lowe, R. (1994) International Marketing Strategy: Analysis, development and implementation, Routledge, London/New York.

Pirog III, S. F. and Lancioni, R. (1997) "US-Japan distribution channel cost structures: is there a significant difference?", International Journal of Physical Distribution and Logistics Management, 27 (1), pp. 53-66.

Rogers, E. M. (1995) Diffusion of Innovations (4th ed), New York: The Free Press.

Sorenson, R. Z. and Weichman, V. E. (1975) "How multinationals view marketing standardization", Harvard Business Review, May-June, pp. 38-56.

The Economist (2006) "The Cutting edge - A Moore's law for razor blades", 16 March.

Wirtz, B. W., Schilke, O. and Ullrich, S. (2010) "Strategic development of business models: implications of the Web 2.0 for creating value on the internet", Long Range Planning, 43, pp. 272-290.

Woodcock, N. Seen, A. and Starkey, M. (2011) "Social CRM as a business strategy", Database & Marketing Customer Strategy Management, 18 (1), pp. 50-64.

WorldNetDaily. com (2005) "Razor wars: 15-blade fever", 26 November.

案例研究（Ⅳ.1）

健力士黑啤（Guinness）：怎样才能弥补标志性爱尔兰啤酒品牌在国内市场销售下降的情况？

啤酒是通过酿造和发酵谷物而制成的酒精饮料，尤其是大麦芽，通常添加啤酒花作为调味剂和稳定剂。啤酒是最古老的酒精饮料之一（考古史料记载可以追溯到大约公元前3000年），在古埃及非常著名，那里可能是用面包在酿造。起初以在家庭和寺院酿造为主，在中世纪晚期成为商品，现在几乎每个工业化国家都在大规模生产啤酒。虽然英国、欧洲和美国的啤酒在口味和成分上都有很大不同，酿造过程却很相似。用粉碎的麦芽（通常是大麦）制成的麦芽浆、水以及谷物辅料，如水稻和玉米，加热并在糖化锅内旋转溶解固体，使麦芽酶将淀粉转化为糖。将被称为麦汁的溶液抽到铜质容器中，用啤酒花（可使啤酒带有苦味）煮沸，然后倒出冷却、沉淀。麦汁冷却后，转到发酵罐中，加入酵母，将糖转化为酒精。现代啤酒的酒精含量大约3%～6%。酿造后，啤酒通常就变成了成品。这时，啤酒就可以进行小桶装、桶装、瓶装或罐装了。啤酒可以分为两大类：

- 淡啤酒（贮藏啤酒（lager））。淡啤酒利用在温度较高的环境下迅速发酵并上升到表面的酵母酿造而成。而贮藏啤酒则是利用在温度较低的环境下慢慢发酵并沉淀的酵母酿造而成，在寒冷的温度中熟化几周或几个月的时间，由此而得名（德语中lager意思是贮藏地点）。贮藏啤酒是世人最常饮用的啤酒，像百威啤酒、喜力啤酒、福斯特斯（Fosters）啤酒、嘉士伯啤酒、贝克啤酒、卡兰（Carling）啤酒、凯旋啤酒和时代啤酒都是贮藏啤酒的品牌。

- 黑啤酒。这类啤酒包括麦芽酒、世涛（stout）啤酒和波特（porters）啤酒。世涛（和波特）啤酒是用烘烤的麦芽或大麦制成的浓色啤酒。波特啤酒是添加烘烤的麦芽以提味和增色而酿造的口感强的黑啤酒。世涛啤酒（现在或多或少地与健力士黑啤相似）通常情况下比波特啤酒颜色更深、麦芽味更浓，而且有更明显的啤酒花香。据记载，在18世纪30年代波特啤酒就开始在伦敦出售。波特啤酒在不列颠诸岛颇受欢迎，代表大型区域性酿酒厂及酒吧的趋势。起初，形容词"stout"的意思是"骄傲"或"勇敢"，但后来，14世纪以后，"stout"渐渐变成"强壮"的意思。第一次用"stout"这个词指啤酒是在1677年，"stout"啤酒就是烈性啤酒。"（世涛波特）Stout-porter"这一说法在18世纪开始应用于烈性波特啤酒，并于1820年被爱尔兰的健力士啤酒所应用，不过吉尼斯早在1759年就开始酿造波特啤酒了。"Stout"这个词仍然指"烈性"的意思，只要是烈性，就可以与各种啤酒扯上关系：比如在英国，就可能会发现"烈性淡色艾尔"（stout pale ale）。后来，"stout"终于专门与波特啤酒有关了，成为浓色啤酒的同义词。19世纪末，世涛波特啤酒（尤其是所谓的"奶香世涛"——一种甜味啤酒）获得健康强化饮料的美誉，因此运动员和哺乳妇女经常饮用，而医生也常常将其推荐为康复饮品。世涛啤酒可以划分为甜味和苦味两大类型，每种类型都有好几种产品。爱尔兰世涛或干性世涛啤酒是最初的产品，相当于健力士啤酒。颜色很深，带有烘焙咖啡味。这类啤酒中的主要品牌有摩菲斯啤酒（喜力啤酒）、南非城堡奶香世涛黑啤（SAB米勒），当然还有健力士黑啤（帝亚吉欧）。

帝亚吉欧（Diageo）

英国的帝亚吉欧创立于 1997 年，是由健力士黑啤（Guinness）和大都会（Grand Metropolitan）两大公司合并而成。这两家公司本身也是并购的产物——健力士黑啤（Guinness）于 1986 年收购蒸馏公司（Distillers），而大都会（Grand Metropolitan）从最初的酒店连锁拆分成酒类（IDV）、食品（Pillsbury）、餐馆（Burger King）和酒吧。帝亚吉欧卖掉皮尔斯伯里（Pillsbury）和汉堡王（Burger King），然后健力士黑啤并入这一全球酒业组织。今天，帝亚吉欧已经成为《财富》500 强公司，并在纽约和伦敦证交所上市。该公司是世界领先的顶端饮料企业，拥有许多可选品牌。目前，该公司占全球 30% 的市场份额，拥有世界 20 大酒类品牌中的 9 个品牌，其中包括斯米诺（Smirnoff）伏特加、布什米尔（Bushmills）爱尔兰威士忌、尊尼获加苏格兰威士忌（Johnnie Walker Scotch）、摩根船长朗姆酒（Captain Morgan rum）、哥顿金酒（Gordon's dry gin）、J&B 苏格兰威士忌、皇冠威士忌（Crown Royal whisky）和百利甜奶油力娇酒（Baileys cream liqueur）。

表 1　帝亚吉欧的主要财政数据（2007-9）

	2008（£m）	2009（£m）	2010（£m）
净销售总额	10 643	12 283	12 958
税前利润	2 015	2 093	2 239

资料来源：根据 www.diageo.com。

产品组合中还包括健力士世涛啤酒。公司拥有员工 2 万人，贸易遍及世界各地 180 多家市场。2010 财政年度的营业额达 130 亿英镑，市场资本总值超过 200 亿英镑。2008 年至 2010 年间帝亚吉欧的财务发展情况见表 1。

帝亚吉欧集团公司有一主要啤酒品牌：健力士，世界领先的世涛啤酒品牌。然而，在世界啤酒市场，世涛啤酒只占世界啤酒销售额的 1%（见表 2）。根据健力士的地位可以看出，帝亚吉欧集团公司在啤酒方面的业绩在很大程度上依赖于健力士品牌所带来的财富。然而，因为激进的涨价政策掩盖了关键市场上的销售额下滑，从而使该品牌开始出现裂痕。帝亚吉欧集团公司未能披露其啤酒部门或旗舰健力士世涛啤酒品牌的营业利润数据。但是据估计，啤酒占公司销售额的 20%，而利润占比会更少，大约 15% 左右。

帝亚吉欧集团高层对该公司主要啤酒品牌健力士忧心忡忡。公司报告说，2010 年该品牌的销售额下滑 2 个百分点，价值销售增长 5%，这只是在主要市场实行激进的涨价政策的结果。接受这样的政策已经引起人们对品牌利润率的持续性产生质疑。健力士品牌已经遭受过多重打击，饮用人数日益减少，年轻人一般不再喝世涛啤酒，转而对葡萄酒和烈性酒青睐有加，加上不再当场饮用（在商店购买啤酒带回家喝），将健力士的现场销售（酒馆和酒吧）处于明显的劣势。

从传统的酒吧消费转向家庭饮用这一转变的一个原因就是英国和爱尔兰禁止公共场所饮酒。这一趋势在这些主要市场表现最为明显。一般而言，帝亚吉欧集团公司 2010 年报告其世界范围的健力士销售额下滑 2 个百分点，而在英国和爱尔兰，下滑更多，达 3 个百分点。然而，在明显的价格上涨的情况下，两大市场的价值增长却达 4 个百分点。

健力士黑啤（Guinness）——爱尔兰的标志性品牌

作为名义上爱尔兰全国性标志（尽管不属于爱尔兰所有），健力士品牌早已举世闻名，甚至非消费者也概莫能外。的确，这是真正意义上的为数不多的全球啤酒品牌之一，品牌覆盖范围横跨所有国际性区域。健力士在50多个国家酿造，配方稍加修改以在型号和烈性方面适应不同市场的口味，世界各地大约有20多个不品种的健力士啤酒。其主要产品就是健力士生啤（Guinness Draught），该产品于1959年推出，行销70多个国家。这一子品牌占健力士世界总销售的大约55％。

小部件（Widget）技术使健力士生啤于1989年推出罐装、1999年推出瓶装产品。为诱使惯常饮用贮藏黑啤的年轻人转饮世涛啤酒，健力士超爽啤酒（Guinness Draught Extra Cold）于1998年在其英国和爱尔兰中心市场扩大了销售范围。这一子品牌实际上与健力士生啤是同一种酒，只是经过一个超级凉爽的方法到达客人的酒杯，饮用温度大约只有常规健力士啤酒的1/3。这一产品一般供应于更现代的专营店，那里的人们喜欢更凉爽的啤酒。

其他延伸产品包括：健力士苦啤酒，主要在英国出售的一种黑啤；健力士特佳烈性啤酒，主要以罐装和瓶装的形式在欧洲出售；以及健力士海外烈性啤酒。最后一种是烈性更强的碳酸世涛啤酒，具有强烈的橡木风味，不上头，主要销往非洲、亚洲和加勒比海。马耳他健力士是一种不含酒精的啤酒，在非洲销售。健力士超滑啤酒是传统的健力士生啤基础上的一种更滑腻的品种，在健力士啤酒产品组合中具有竞争力。

啤酒和世涛啤酒的世界市场

尽管健力士拥有60％的世界世涛啤酒市场份额，该品牌在整个世界啤酒市场的份额却只有0.6％（1％中的60％）（见表2）。

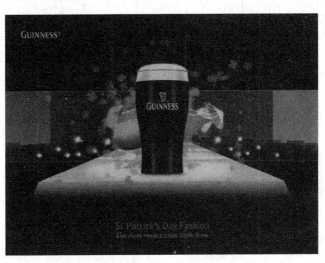

资料来源：健力士®品牌形象，经帝亚吉欧许可。

表 2 啤酒和世涛啤酒的世界市场份额（2010 年）

啤酒/世涛啤酒 2008	西欧	东欧	北美	拉丁美洲	亚太地区	澳大利亚和亚洲	非洲和中东	世界总量
啤酒销售量（百万升）	30 000	20 000	26 000	24 000	48 000	2 000	10 000	160 000
世涛销售量（百万升）	637	121	122	21	88	25	720	1 600（占总啤酒销售的 1%）
品牌（公司）市场份额	%	%	%	%	%	%	%	%
健力士（帝亚吉欧）	80	12	86	5	64	66	45	60
摩菲斯/传奇（喜力）	8	6	3				15	8
Zywiec 波特（喜力）		14						2
Kelt（喜力）		8						1
比美鲜（Beamish）（喜力）	4	1						3
嘉士伯（嘉士伯）	1	1						1
Okocim 波特酒（嘉士伯）		4						4
丹麦皇家世涛（嘉士伯）					5			
Lvivske（BBH）		12				1		
Baltica 6 波特（BBH）		5						
Tyskie 波特啤酒（SAB 米勒）		10				1		
城堡奶香世涛（SAB 米勒）							35	10

续表

啤酒/世涛 啤酒 2008	西欧	东欧	北美	拉丁美洲	亚太地区	澳大利亚 和亚洲	非洲和 中东	世界总量
Morenita (CCU)				94				1
Speight's (Lion Nathan)						12		
Monteith's (亚太酿酒集团)						12		
海特世涛 (韩国海特酿酒公司)					10			1
其他	7	27	11	1	21	10	5	8
总计	100	100	100	100	100	100	100	100
啤酒销售	%	%	%	%	%	%	%	%
现场饮用 (酒吧、酒馆等)	48	22	25	39	33	26	34	34
外卖 (零售)	52	78	75	61	67	74	66	66
总计	100	100	100	100	100	100	100	100

资料来源：根据欧睿信息咨询有限公司（Euromonitor）数据库。

健力士的世界市场份额一直稳定在55%～60%。现在，世涛啤酒在非洲最大的市场增长：尼日利亚、喀麦隆和肯尼亚。

竞争对手

最近尽管出现地域性销售下降，帝亚吉欧集团的健力士品牌的全球实力没有给其他主要品牌进军世涛啤酒市场留下多少空间。它国际上的主要竞争对手是SAB米勒（SAB Miller）公司的城堡奶香世涛啤酒（Castle Milk Stout）、摩菲斯（Murphy）品牌下的喜力（Heineken）和比美鲜（Beamish）（苏格兰和纽卡斯尔品牌）。

城堡奶香世涛（Castle Milk Stout）（SAB 米勒）

城堡奶香世涛啤酒只在南非销售，但却根深蒂固。该国家的基地很大，从规模上相当于美国世涛啤酒环境，再加上全球世涛啤酒的消费量相对较低，这意味着城堡奶香世涛对全球市场具有很大影响，占2010年销售量的12%。该产品最近的业绩非凡。在SAB米勒公司的指导下，该品牌更是成为南非主要的世涛啤酒产品，占有70%的市场份额，与2005年的60%相比，向前迈进了一大步。似乎帝亚吉欧集团公司作出的"削减营销支出施行激进的涨价措施"的决定在南非取得的结果出人意料。

摩菲斯/传奇（喜力）（Murphy's (Heineken)）

摩菲斯啤酒占据多数西欧、东欧和北美市场，但最为显著的是它在最大的世涛啤酒市场——英国占有 7% 的市场份额。这里，最近几年摩菲斯啤酒给健力士带来的压力有限，尽管其自身占的市场份额部分地受到了威胁，面临着吸引年轻消费者的类似问题。相反地，2010 年在斯洛伐克的品牌增长极为显著，而在意大利、法国、荷兰、挪威和俄罗斯却保持着前进的势头。

传奇超级世涛啤酒（Legend Extra Stout）是喜力在非洲最大的世涛啤酒市场——尼日利亚的主要品牌，仅次于健力士，位居第二。

比美鲜（Beamish）啤酒（喜力）

在爱尔兰市场上，比美鲜啤酒是继健力士之后最受欢迎的世涛啤酒，2004 年的销售额增长显著，从 7% 增长到 8%。比美鲜在英国市场威胁较小，在加拿大、葡萄牙、法国、西班牙和乌克兰较小的世涛啤酒市场也有出售。2003 年，比美鲜啤酒被引进到了芬兰零售市场。嘉士伯是另一个国际性世涛啤酒品牌，但它的竞争地位却因为其品牌组合的分裂削弱了，这些组合包括嘉士伯、丹麦皇家世涛和 Okocim 波特。

健力士起泡机

资料来源：健力士®品牌形象，经帝亚吉欧许可翻印。

地方品牌的竞争

其他具有一定销售量的地方品牌包括波兰的波兹南（Zywiec）波特啤酒和斯洛伐克的凯尔特人（Kelt）啤酒。这两种品牌都是喜力集团下的品牌，是销量排在第三位的世涛啤酒，2008 年的销售份额为 8%。也就是说，在某种程度上落后于两大主要品牌。日本的朝日（Asahi）世涛啤酒和麒麟（Kirin）世涛啤酒也是两大颇具实力的地方品牌。在东欧、亚太、澳大利亚、非洲和中东地区，健力士必须与那些实力非凡的地方品牌进行竞争。除了城堡奶香世涛啤酒外，SAB 米勒集团还有一主要品牌——Tyskie 波特啤酒，这款啤酒在波兰非常受欢迎。总体而言，SAB 米勒集团在全球世涛啤酒的销售排名第二，反映了城堡奶香世涛啤酒在其国内市场的抢眼表现。

区域间的健力士市场份额

正如表 2 中所见，健力士在 7 大区域中的 4 个区域市场中占据主导地位：西欧、北美、非洲和中东、亚太和澳大利亚以及亚洲。在其余的 3 大区域，健力士排名第二或第三位。

西欧

帝亚吉欧集团主打世涛啤酒，除了丹麦和希腊市场外，在西欧其他的全国市场上均处于领先地位。尽管实力超强，该公司还是连续两年在该地区出现销售下滑。2008 年下降趋势最为明显的就是爱尔兰的销售下降 5 个百分点以及在英国的销售停滞不前。该地区的其他市场也是如此。销售下滑的关键问题在于世涛啤酒的用户年龄增长，而更年轻一代的消费者并不钟情于该产品。此外，葡萄酒和烈性酒越来越受消费者欢迎，从啤酒市场中抢占份额，非现场消费领域的发展势头强劲，使以现场消费为主的健力士品牌处于不利地位。世涛啤酒增长缓慢的主要原因就是现场消费到非现场消费的转变。在英国和爱尔兰，大约 80％ 的健力士销售是通过现场消费实现的。

东欧

地方品牌的实力同样给健力士在东欧市场的销售带来不小的困难，使其在波兰（2008 年，10％）、乌克兰（3％）和斯洛伐克（4％）等市场的销售非常有限。健力士世涛啤酒在这一地区所占的销售量为 12％，表现之糟糕仅次于其在拉丁美洲的业绩。很明显，帝亚吉欧在 2004 年到 2008 年间世涛啤酒的销售稳步增长，因为随着可支配收入的增加，消费者将注意力从低端产品转向了中端地方品牌。相比之下，在其标准品牌（波兹南（Zywiec）波特啤酒）处于有利地位的情况下，喜力在同一阶段逐渐失去其市场份额。

北美

随着 2005 年销售的下降，健力士在北美同样遭受销售下滑。美国啤酒市场的糟糕形势以及主要竞争对手之间的价格大战是业绩不理想的主要原因，在加拿大的业绩更好。尽管如此，2005 年，该公司在该地区的销售份额为 86％，仍占世涛啤酒市场的主导地位。

拉丁美洲

在拉丁美洲，一个较新的品牌 Cia de Cervecerias Unidas SA（CCU）登录智利世涛啤酒市场，尽管其全球市场占有率可以忽略不计。CCU 正在控制拉美市场，随着其茉莉尼塔（Morenita）品牌的挺进，把健力士从顶端位置拉了下来。

亚太地区

亚太地区对世涛啤酒的需求很不景气，在中国和印度这两大人口密集的市场几乎没有什么需求，这是影响其增长的明显障碍。健力士啤酒在中国香港的销售下降，在印度尼西亚和泰国的下降也同样明显。帝亚吉欧集团销售下滑背后的关键原因还是因为地方公司海特酿酒公司（Hite Brewery Company Ltd.）的成功崛起，该公司生产的海特世涛啤酒在 2000 年登录市场后就迅速而自信地在世涛啤酒市场占了一席之地。鉴于其迄今为止的表现，该产品对帝亚吉欧集团在拉美地区构成了威胁。此外，其他地方品牌在最近几年也表现不俗，直接动摇着帝亚吉欧在该地区的地位。尽管销售量有所下降，帝亚吉欧仍然是世涛啤酒业的龙头老大，甚至在销售急剧下滑的香港也还是稳居第一把交椅。2004 年，另一个积极势头的源泉是在日本，该公司产品的销售量占比超过 40％。在面对来自朝日和麒麟两家公司的激烈竞争的情况下，这一增长速度的成绩还是非常显著的，因为上述两家公司均有健力士的竞争产品（朝日世涛啤酒和麒麟世涛啤酒），而两种产品还有巨大的价格优势。在亚太地区，人参口味的世涛品牌的引进预示着世涛啤酒市场的重新定位。人参口味世涛品牌有 Danish Royal Stout Ginseng（嘉士伯）、Partner Stout Ginseng（巴厘海酿酒厂）和 ABC Extra Stout Ginseng（亚太酿酒集团）。这些人参口味的世涛啤酒是为那些寻求味道浓烈的世涛啤酒而又有额外收入的粉丝们开发酿造。这一产品关键的终端目标市场就是中等收入的男性消费者。

澳大利亚和亚洲

该地区是健力士啤酒最坚固的市场之一，占该地区总市场份额的 66%。

非洲和中东

公司资料记载，自从 19 世纪 20 年代存在奴隶交易的时候起，非洲人就一直在饮用健力士啤酒了。欧洲商船的水手们喜欢装载一些健力士啤酒而不喜欢其他品牌的啤酒，因为其较高的酒精浓度（7.5%）可以使世涛啤酒保存时间更长。到 1827 年，随猪头一起，健力士将其世涛啤酒从都柏林利菲河（Liffey River）两岸的酿酒厂出口到塞拉利昂。

健力士在非洲的酿酒厂员工多达 5 000 人。非洲国家如尼日利亚、肯尼亚、喀麦隆、科特迪瓦和南非占据世界十大健力士啤酒销量市场的 1/2，世界利润的 50%。

就增长潜力而言，这是对公司发展最重要的地区之一，因为世涛啤酒的消费水平是世界上最高的，也期望短期内会有长足的增长。帝亚吉欧集团的世界酿酒设施大部分在非洲，拥有多数资本的酿造业务比如在肯尼亚、尼日利亚、喀麦隆、加纳和塞舌尔群岛既酿造健力士又酿造本地品牌的啤酒。健力士啤酒还在其他非洲国家的第三方酿造厂生产，但销量都不大。

总而言之，健力士啤酒是非洲和中东地区世涛啤酒市场的领导者。健力士最牢固的市场是在东非（肯尼亚、乌干达和坦桑尼亚），不过大部分产品还是在尼日利亚销售，那里是健力士品牌的全球第二大市场。比如，健力士在肯尼亚占的市场份额为 80%，而 SAB 米勒集团的实力则是凭借其城堡奶香世涛啤酒在南非市场占据主导地位。喜力在尼日利亚和喀麦隆势力尤为强大。因此，公司的业绩很大程度上依赖当地的地理条件。帝亚吉欧已经开始开发非洲核心市场以外的区域，比如尼日利亚和肯尼亚。该公司于 2010 年就开始运作此事，购买了坦桑尼亚排名第二的酿造厂——塞伦盖蒂啤酒公司（Serengeti Brewery）的大部分股份。

国际营销策略

接下来，我们将分析健力士在国际营销组合中的主动性。

新产品创新/包装

继新型"火箭起泡工具"开发后，帝亚吉欧公司于 1999 年末将健力士生啤进行瓶装，从而使健力士啤酒在从瓶中倒出的时候仍能保持其独特的白色泡沫。这一产品装入长颈瓶中，与将健力士与顶级的贮藏啤酒以及风味酒精饮料（FABs）并驾齐驱，如帝亚吉欧集团颇受欢迎的斯米诺冰纯伏特加（Smirnoff Ice）。

英国的啤酒市场已经看到了一个从传统的酒吧消费向家庭饮用经历的动态转变，这一转变的部分原因是禁止公共场所吸烟造成的。在英国和爱尔兰的酒吧禁烟所产生的影响也就意味着从现场饮用（酒馆、酒吧）转向非现场饮用，因为更多的人选择到家里吸烟与饮酒。

2006 年 2 月推出"起泡机"，这是一种家中使用的盘状电器，发出超声波，穿过特殊的健力士生啤的酒杯从而产生该啤酒著名的"汹涌和沉淀"效果。通过发布这一新产品，帝亚吉欧的目的是在消费者的家中就可以产生"酒吧体验"，因为允许吸烟的酒吧这一观念将成为过去。买酒回家喝的消费者就是想尽可能地重现即喝即买的那种体验，尤其在表现和品质方面。这款新型的起泡机小玩意非常精确地表现出了这一点，还表现出通过创新性地使用超声装置加强消费者在家中饮酒体验的"共享"因素。这款起动器工具箱在英国的价格是17英镑，包括一个起泡机、一个1品脱的玻璃杯和2罐起泡机啤酒。

健力士生啤起泡机可以帮助帝亚吉欧充分利用日益发生的向非现场消费的转变。该产品已经在日本和新加坡发布成功，并将成为英国250万英镑营销活动的重点。然而，2008年4月，健力士起泡机装置却退出了英国市场，罐装啤酒也在各Tesco商店停止出售。

2009年，起泡机装置在英国和世界范围内又重新销售，包括美国、意大利、法国、西班牙、奥地利、澳大利亚和日本等国家。健力士起泡机罐装啤酒允许在特许场所以不同的规格进行出售——英国和西班牙520毫升装、美国14.9液盎司装、欧洲330毫升装、日本350毫升装和澳大利亚375毫升装。

分销

帝亚吉欧集团公司一般都是亲自处理分销事宜。然而，在许多国家，世涛啤酒在啤酒市场中占的份额相当少，因而使健力士创建自己的生产和销售网络很不划算。因此，它与当地和国际不少酿酒企业建立伙伴关系。有时，该公司委托第三方分销商或同意成立合资企业以便实现这一目的。

分销协议多数情况下要包括啤酒授权和分销协议，包括健力士和竞争品牌之间的协议，比如，和嘉士伯的协议规定，允许嘉士伯在爱尔兰生产其品牌的啤酒。作为回报，嘉士伯帮助健力士在某些国家的销售。日本三宝乐啤酒（Sapporo）同样在健力士酿造厂生产。作为补偿，健力士可以进军日本的分销渠道。

帝亚吉欧同样在非洲南部与喜力和纳米比亚酿酒有限公司创建由三方组成的名为Brandhouse的合资企业，以充分利用消费者转向顶端品牌的机遇。公司还欲将其加纳（健力士加纳有限公司）公司的业务与喜力加纳酿造有限公司合并，以实现协同经营效益。

帝亚吉欧终止了在美国销售Bass Ale的分销权利协议，该协议是从2003年6月30日开始生效的。根据原有的合同，帝亚吉欧2016年之前有权在美国销售Bass Ale。经过协商，该分销权利以6 900万英镑的价格转让给全球品牌业主——英特布鲁（Interbrew）。

健力士广告

最近几年，健力士在广告方面压缩开支，2004年和2005年连续两年减少广告投入。2005年的广告投入是12.23亿英镑，比之10.39亿英镑，下降了2个百分点。在竞争日趋激烈的时代，这种谨慎的行为是否明智目前尚不得而知。作为很大程度上领导其产品类别的独特产品，健力士历来受到创造性和开拓性营销和广告的高度支持。1934年的"梁人"广告"喝健力士黑啤，长自身实力"（Guinness for strength），极其坚韧的杜鹃特性，从1935年到1982年长久不衰。健力士不断开展线下活动，针对现有的和潜在的消费者开展客户关系营销（CRM）。但是，2002年的线上支出却引人注目，健力士首次在全球开展"相信"（believe）活动，致力于"相信自我"（self-belief）和"相信健力士"（belief in Guinness）概念的宣传，这项活动是由BBDO创办的。活动的特色就是用健力士竖琴取代"believe"中的"V"形徽标，设计的目的就是要强化现有客户的品牌忠诚度，当然，还要吸引新客户。

英国和爱尔兰的广告活动

特别是在英国和爱尔兰，健力士啤酒营销活动一向引人注目，用强烈的心灵感召意识，将品牌变成英国最成功和最快速的感动消费者的产品。然而，在爱尔兰，重振健力士品牌的多次努力所获成功有限。2004年2月，帝亚吉欧集团在英国为健力士开展了一次名为"走出黑暗，拥抱光明"（Out of Darkness Comes Light）的新广告活动。这一系列活动中的第一个广告——飞蛾——表示开始了标志健力士广告传统新篇章。该广告由马斯坦（Mustang）执行组全程跟踪，该组熟谙健力士广告的历史演变与规模特点。这条广告总的媒体支出为1500万英镑，于2004年9月在国家电视台播放。

2005年，帝亚吉欧集团推出一项新的广告活动，在当年末在英国和爱尔兰宣传核心健力士品牌。"进化"（Evolution）广告活动中的一则广告描述3个男人在一间酒吧轻啜健力士啤酒，然后穿越时空，将3个男人带回到进化的主要阶段。这则新广告比以前的广告更具现代气息和青春活力，表明帝亚吉欧集团已经在应对影响品牌的日益恶化的人口问题。

2007年，帝亚吉欧推出"手"（Hands）广告促销活动，耗资250万英镑宣传健力士啤酒，广告活动包括在线宣传和传统的电视和平面媒体。

非洲的广告活动

因为健力士发展最快速的市场在非洲国家，所以，帝亚吉欧集团发起的最大的营销创新活动也在非洲举办。健力士在非洲的广告投入超过2500万英镑，通过其品牌名声享有优质定价。随后，1999年盛世长城（Saatchi & Saatchi）创造出迈克尔·鲍尔（Michael Power）这一角色，在一系列5分钟长的动作广告片中，让这一概念在全非洲播放的未经删减的促销电影广告中达到顶峰。健力士尼日利亚新拍摄了一部关于迈克尔·鲍尔的广告电影并于2004年开始播放。这部广告电影进一步展示了健力士尼日利亚为该地区的发展所作出的努力，他们与当地社区一道为地方居民提供清洁和安全用水。健力士赞助拍摄的故事片《重返索马里》突出表现了对清洁饮用水的需要，用这部影片获得的版税资助了一个"生命之水"项目。

如何吸引年轻消费者

尽管以前在营销方面获得过成功，健力士目前还是面临一种困惑：更年轻的消费者并不偏好更时髦的贮藏黑啤和FABs。帝亚吉欧集团的营销策略中一个很有趣的趋势就是公司对其旗舰健力士品牌的营销方法发生了进一步变化。在Guinness.com网站上，公司曾一度积极鼓励消费者将健力士啤酒鱼其他产品混合制造各种"鸡尾酒"。很明显，这一举措的目的就是要进一步喜迎年轻消费者，前提是这个年龄群体的消费者认为健力士口味太苦。公司建议可以与健力士混合的产品有香槟、黑加仑汁、酸橙汁或柑桂酒、可可以及杜邦内酒。

活动赞助

健力士的定位一直集中于该品牌与运动的传统联系。2005年，健力士斥巨资赞助体育赛事，获得2005英国和爱尔兰雄狮橄榄球队新西兰之行的冠名权，投资2000万英镑赞助2005—2006赛季英国橄榄球联盟的国内顶级联赛。此外，该品牌还赞助了在苏格兰格伦伊格尔斯举行的G8峰会。

2008年，帝亚吉欧宣布健力士啤酒为新加坡橄榄球队的冠名赞助商。为期三年的赞助协议将在英国和爱尔兰赞助健力士英超、爱尔兰国家橄榄球队和俱乐部香港七人橄榄球赛。在新加坡，健力士啤酒将赞助三个级别的赛事，以及精英淘汰赛——新加坡杯。

投资新爱尔兰主题酒吧概念

健力士啤酒消费的增长部分原因是因为发展了爱尔兰主题酒吧。2001年，帝亚吉欧集团在英国投资1 300万英镑，提出一个酒吧新概念，鼓励独立的爱尔兰主题酒吧业主接纳。

该创意就是使传统的酒吧少一些拥挤，多一些现代气息，更轻松、更整洁，因此更能吸引女士们的光顾。另外，这一新概念更关注烈性酒而不是生啤。因此，预示着帝亚吉欧集团的烈性酒品牌将带动收入的增长，而不是健力士啤酒。

帝亚吉欧集团的管理高层感到怀疑的是健力士的未来将何去何从。他们应该继续执行撤销营销资源（降低成本）和增加收入（通过提高终端消费者价格）的"挤奶策略"吗？这一做法至少可以在更短的时间内将利润更大化，而且帝亚吉欧可以利用这一财政资源收购其他啤酒品牌。或者，帝亚吉欧集团是否应该通过施行新的全球营销计划，进行长期投资以发展其品牌呢？

资料来源：威金斯·J（Wiggins, J）（2006）"健力士销售增长缓慢仍是帝亚吉欧面临的问题"（Guinness still posing slow sales problems at Diageo)，《金融时报》，6月30日；丘克·M（Choueke, M.）（2006）"黑啤的黑暗时代？"（Dark times for the black stuff?)《营销周刊》（*Marketing Week*），6月15日；凯里·B（Carey, B）（2006）"健力士对帝亚吉欧还有用处吗？"（Is Guinness still good for Diageo?)《星期日泰晤士报》（伦敦），4月9日；www. diageo. com；www. euromonitor. com。

问题

假如你是一位国际营销顾问，请独立评估健力士啤酒在国际啤酒市场的机遇。下面是需要你专门回答的问题：

1. 帝亚吉欧集团2005年的财报说，在英国和爱尔兰，健力士啤酒的销售量下滑3个百分点，价值却增长4个百分点，主要是因为提高了价格。请问，针对上述情况，你如何解释健力士价格策略和对消费者行为的基本假设？

2. 受此次成功的价格策略的影响，帝亚吉欧应该继续提高健力士啤酒的价格吗？

3. 在丘克（Choueke）（2006）的文章中，一位不愿意透露姓名的啤酒零售采购员对健力士啤酒销售量下滑是这样评价的：

健力士的客户群体没有变化，而且随着大陆啤酒的供应日益增多，波普甜酒的应用范围迅速扩大，致使更年轻一代的饮酒者不会购买健力士啤酒。虽然那些小工具和小玩意的创新发明短时间内可以使这一品牌生存下去，但帝亚吉欧的未来将在哪里？风味健力士？不，谢谢。销量下滑，但帝亚吉欧的智者们对此却无能为力。也许再过几十年，这一品牌就不复存在，我得从它身上榨取一切后才能放弃并转向烈性酒。

你同意这段话吗？说出你的理由。

4. 为增加全球的销售额、价值和利润，你为致力于健力士啤酒国际营销策略中的哪些因素？

案例研究 (Ⅳ.2)

戴森真空吸尘器（Dyson Vacuum Cleaner）：著名的无袋式真空吸尘器从国内到国际营销的转变

戴森（Dyson）历史

人们不可能将很英国的戴森真空吸尘器和其很英国的发明者分裂开来。他们是一个整体，是创新和与既定竞争对手斗争的代名词。

詹姆斯·戴森（James Dyson）于1947年出生于诺福克（Norfolk）。从1966年至1970年间在皇家艺术学院（Royal College of Art）学习家具设计和室内设计，他的处女作《大海卡车》就是在上学期间推出的。

戴森涉足开发真空吸尘器技术实属偶然。1978年，在翻修其拥有300年历史的乡村家园时，戴森家里那台传统的真空吸尘器的拙劣性能让他头疼不已。不管什么时候用，总是吸力不足。有一天，他想也许他可以发现设计方面有没有问题。他注意到这款吸尘器是通过口袋抽气的方式产生吸收力的，但即使一层细细的灰尘都会把袋孔堵塞，气流通不过，也就达不到吸尘的效果。

戴森惯常的做法总是利用出其不意的资源寻求解决方案，他注意到附近一家锯木厂使用旋风分离器排出废物。这是一个30英尺高的锥体，锥体急速旋转，通过离心力将灰尘甩出。他经过推理认为，真空吸尘器如果通过气旋运动使气流旋转吸尘的话，就可以不再需要口袋和过滤网了。詹姆斯·戴森着手复制气旋系统。

资料来源：马修·弗恩（Matthew Fearn）/ PA/EMPICS。

在随后的8年时间内，戴森试图将其双气旋分离器概念授权给公认的几家真空制造商，结果遭到拒绝。其中，至少有两家最初接触的厂家迫使他不得不打起了专利侵权官司，最后他赢得了庭外和庭内和解。1985年，一家日本小公司在一本杂志上看到他的真空吸尘器图片后突然和他取得了联系。能抵押的已经全部抵押了出去，几乎濒临破产边缘的戴森购买了最便宜的航班飞往东京洽谈生意。谈判结果是生产"地球引力"（G-force）真空吸尘器，定价2 000美元，成为日本国内电器最终地位的象征。

1993年6月，利用从日本得来的授权资金，戴森在威尔特郡马姆斯伯里开设了一家研究中心和工厂。就在这里他开发了戴森双气旋分离机，2年内变成英国销售最好的真空吸尘器。

申请和保护专利的法律成本使戴森几乎破产。他花了14年多的时间才将自己的第一个产品摆放在了商场里，这一产品现在已经被陈列在科学博物馆里。其他产品都陈列在维多利亚和阿尔伯特博物馆、旧金山现代艺术博物馆和巴黎的乔治斯蓬皮杜中心。

戴森继续开发"根8旋风"（Root 8 Cyclone），这款机器利用8个气旋分离器而不是2个，所以能除去更多的灰尘。2000年，他推出"对销转子（Contra-rotator）"洗衣机，利用两个滚筒朝相反的方向旋转，据说洗衣效果要比传统的洗衣机速度快、效果好。

2010年，公司的销售额达到8.86亿英镑，将近2/3来自英国以外的地方，当年的税前利润是1.98亿英镑，与2009年相比增长了21个百分点。几乎所有的销售收入来自真空吸尘器，一件戴森在美国、日本和澳大利亚拥有巨大销售量的产品。

公司开发了一组创新型产品设计，其中包括扩展其手持式真空吸尘器以及为豢养宠物和身体过敏者专门设计的产品。

2009年，公司推出空气倍增风扇系列。根据2009年推出的戴森空气倍增台式风扇的技术，公司将该技术延伸应用于立式风扇（AM03）和塔式风扇（AM02）。这两款新型风扇的零售价格为299.99英镑。

2010年，公司推出便携式圆筒真空吸尘器——戴森都市宝（Dyson City）（DC26型）。公司宣称，因为英国90%的人口是城市居民，所以这款有A4纸大小的新型机器可以为消费者提供最好的储存解决方案。公司花了5年的时间对DC26型机器的所有275个部件进行了重新设计，以便既方便携带，又不伤及其吸尘功效或性能。

戴森真空吸尘器的营销

戴森认为，最有效的营销工具就是口口相传。公司声称其70%的真空吸尘器是通过个人推荐售出的。作为一位充满热情的自我宣传者，戴森认为如果你制造了某件商品，就应该亲自将它卖出去。所以，他经常出现在自己产品的广告中。当比利时法院禁止戴森诋毁老式真空吸尘器袋时，有人拍到他穿着那件带有商标的蓝色衬衫、手拿戴森真空吸尘器出现在媒体广告上，而广告中"bag"这个词被涂黑了几次。广告下方有一条说明："对不起！但是比利时法院不会让你知道人人都有权知道的事情。"

戴森有时会完全逃避广告。比如，1996—1997年间，公司用其营销预算赞助 Ranulph Fiennes 爵士的南极洲孤身探险之旅，给"乳腺癌进展研究"（Breakthrough Breast Cancer）捐善款150万英镑。

当竞争对手们也在生产无袋式吸尘器时，戴森意识到他得更加积极的进行广告宣传，2000年，他指定一家广告代理商进行这次耗资200万英镑的广告促销活动。然而，营销策略仍然坚持戴森最初的原则，重点强调传播信息和增强教育，而不是品牌建设。而且，效果似乎不错：今天英国每卖出3个真空吸尘器，其中一个就是戴森产品。参见表1。

真空吸尘器的世界市场

真空吸尘器的使用很大程度上与国民更喜欢地毯而不是地面砖有关。在许多气候温暖的国家，地面砖比地毯更常用，而地面砖可以拖扫而不必用吸尘器吸尘。在家装以地毯为主的国家，如欧洲南部地区、东欧和北美，拥有真空吸尘器的家庭数量就很高。2008年，在比利时、德国、日本、荷兰、瑞典、美国和英国，大约有95%的家庭都有真空吸尘器。比利时许多家庭都不止有一台真空吸尘器，因为传统的真空吸尘器顾及不到的地方往往由手持式吸尘器（cleanettes）加以弥补。在东欧某些地区，人们还常常在墙上也铺上毯子，这就额外增加了对真空吸尘器的需求。

在中国和印度，真空吸尘器的销量非常少。真空吸尘器在中国销售不过10年时间，保有量也不高。在印度，许多农村人口用不着这样的电器设备，电力供应也很不正常。亚太市场的真空吸尘器每年也仅有1 400万台（表1中无此数据）。

真空吸尘器的世界市场相当成熟和稳定。2005到2010年间，平均价格持续下滑，所以，总体价值增长只有2个百分点。2010年，全世界收出的真空吸尘器总数为8 500万台。购买需求主要是因为产品生命周期结束前的购买更换（真空吸尘器的商业寿命大约8年），虽然新产品的开发如无袋式型号吸尘器刺激某些市场的增长需求。

销售最好的真空吸尘器是直立式和滚筒式，最近几年，两者之间的区别并不那么清晰了，因为直立式吸尘器加了软管和工具，而滚筒式吸尘器为了将地毯上的灰尘清除干净也模仿直立式吸尘器加上涡轮刷。

滚筒式或筒式真空吸尘器占据全球市场的大部分份额，但其领导地位并不牢固，2008年占欧洲消费额的70%（与直立式吸尘器的30%相比较）（参见表1）。因为直立式真空吸尘器价格比较高，所以其份额就价值而言较高，占市场价值的35%。

总体来讲，2005年到2010年的5年时间里，直立式真空吸尘器的销售增长速度超过了滚筒式吸尘器。这很大程度上反映了美国市场的趋势，因为美国是世界主要的真空吸尘器市场（尤其是直立式真空吸尘器）。在这里，新添加的特色刺激了直立式吸尘器的销售，包括无袋式操作、HEPA（高效微粒空气）过滤和自行移动，在售价200美元以下的型号中可以组合这些功能。

在其他市场，如东欧，滚筒式真空吸尘器最受欢迎，因为用来清扫挂毯时更为使用，俄罗斯的挂毯使用早已习以为常了。

表1　真空吸尘器：市场销售和市场份额（2008年）

市场/%/制造商（品牌）	德国	意大利	瑞典	法国	西班牙	英国	荷兰		西欧总计	美国
总市场销量（百万台）	6.0	2.5	0.6	3.0	0.9	7.0	1.0	+其他 3.0	24.0	35
类型（%）										
滚筒式	80	60	95	90	95	35	90		70	15
直立式	20	40	5	10	5	65	10		30	85
总计	100	100	100	100	100	100	100		100	100
BSH（Bosch-Siemens Hausgeräte）	14		9				28		8	

续表

市场/%/制造商（品牌）	德国	意大利	瑞典	法国	西班牙	英国	荷兰		西欧总计	美国
伊莱克斯（Electrolux）（美国的尤里卡（Eureka））	13		51	19		14	9		14	18
美诺（Miele）	11		12	9		3	23		9	
戴森电器	6	1	2	1	1	22	2		10	4
SEB集团（Rowenta＋Moulinex）	1	18		22	19			8	7	
TTI（胡佛/德沃 Hoover/Dirt Devil）	15	12				7			8	30
必胜（Bissell）										21
飞利浦（Philips）	3		2		7		10		4	
德龙（De Longhi）		15							2	
松下电器 Matsushita（Panasonic）			8		21	5			2	
大宇集团（Daewoo Group）		8							1	
三洋电器（Samsung）		6							1	
Electromomé sticos Solac SA					10				1	
私人标签	8		15	2	5	3	3		4	5
其他	29	40	1	47	37	46	17		30	22
总计	100	100	100	100	100	100	100		100	100

注：在欧洲和美国，胡佛和德沃是由 TTI 北美地板护理（Floor Care North America）（胡佛）和其子公司皇家电器制造（德沃）制造。SEB 集团于 1988 年接管好运达（Rowenta）品牌。2001 年，SEB 集团接管穆里乃克斯 SA（Moulinex SA），现在 SEB 集团经销穆里乃克斯（Moulinex）真空吸尘器。

资料来源：作者自己的研究，根据欧睿信息咨询有限公司（Euromonitor）。

手持式真空吸尘器在市场中并未起到重要的作用，所以本案例研究不去讨论。

真空吸尘器的市场往往由主要的白色家电制造商占主导地位。2008年，伊莱克斯凭借其尤里卡和伊拉克斯两大品牌的14%的销售额毫无争议地成为这一领域的世界霸主。

最近几年，该市场一个最重要的发展就是无袋技术。早在1993年，戴森英国公司就已经首创了双气旋技术并申请了专利保护，但是其他制造商很快就无袋式版本。在美国，无袋式真空吸尘器的市场单位份额从1998年的2.6%增加到2008年的20%。

西欧市场非常分散。戴森的市场份额只有9%（见表1），有点落后于伊莱克斯。尽管戴森的总体市场份额不高，但它过去却是价格高端市场的主导品牌。

亚太地区的真空吸尘器市场高度集中，五大制造商占2008年市场销售的80%。这些全是以松下电器为首的日本公司。松下电器还领导了澳大利亚市场，稍稍领先戴森品牌。有趣的是，虽然三洋电器在东欧市场处于领导地位，却并未跻身2008年亚洲五大制造商行列。

在美国市场目前的销售量是1百万台，相当于总市场份额的4%。然而，在高端价格方面（400美元以上），2008年戴森以21%的市场份额将胡佛挤到了第二的位置，胡佛的市场份额是15%。戴森占据了胡佛过去主导的高端市场份额，同时胡佛还将低端价格市场输给了亚洲不知名品牌的竞争对手。虽然不像超溢价品牌的产品比如美诺、科比（Kirby）那样昂贵，但戴森直立式真空吸尘器也绝对是高端产品，零售价350~550美元。公司不参与价格折扣，保持品牌的高价，作为总体质量形象的一部分。甚至其手持式型号的吸尘器零售价也达到150美元，比其竞争对手的产品高出很多。在美国，越来越多的零售店开始销售真空吸尘器了，如百思买（Best Buy）、西尔斯（Sears）、卫浴寝具（Bed Bath & Beyond）、塔吉特百货和沃尔玛等。

竞争对手

下面介绍在世界真空吸尘器行业五个最重要的制造商。

博世西门子家用电器（BSH（Bosch-Siemens Hausgeräte））

博世西门子家用电器（www.bsh-group.com）于1967年通过合并国内电器部门：罗伯特博世家电和西门子（Siemens）而创建。20世纪90年代，该公司的主要目标是提高国际影响力，这一目标是通过采取谨慎收购的方法取得有机增长来实现的（如尤飞萨（Ufesa））。

尤飞萨是西班牙和葡萄牙的主要制造商，生产制造如真空吸尘器、熨斗、咖啡壶等小家电商品，具有成熟的出口拉丁美洲的网络。对尤飞萨的收购使BSH提高了生产效率，改善了分析渠道。

博世西门子家用电器完全致力于国内电器设备的生产和服务，包括大型的餐厨用具和小电器设备。

BSH将其注意力高度集中在西欧市场，尤其是德国国内市场。2008年，仅德国市场就占其总销售额的28%，比上一年的30%下滑2个百分点，这是由艰难的贸易环境造成的，导致这一市场的总销售额下降4个百分点。

西欧以外的市场销售额占比最小，在北美、东欧和亚太地区的市场各占总销售的6%，拉美市场只有3%。东欧记录的增长在平均增长速度以上，特别是俄罗斯的增长超过21%。

拉美市场的销售继续下滑，这是由发生在阿根廷国内的经济危机造成的，使巴西和阿根廷造成重大的外汇相关损失。然而，在中国市场却实现了两位数的增长，这是公司连续第四年出现销售增长。

伊莱克斯

就营业收入而言，伊莱克斯（www.electrolux.com）是排在美国惠而浦（American Whirlpool）之后的第二大大型餐厨用具制造商。公司总部在瑞典，生产系列大型餐厨用具，以及真空吸尘器、加热和冷却设备。伊莱克斯还制造本报告范围以外的产品，如花园设备、食品服务设备和链锯。

伊莱克斯的历史可以追溯到 1901 年，当时它的前身力士公司（Lux AB）在斯德哥尔摩成立，专门生产煤油灯。1919 年，力士公司和瑞典电子 AB（Svenska Elektron AB）公司进行合作，从而使该公司更名为伊莱克斯 AB（Electrolux AB）。公司于 1912 年转向生产电器设备的，当时该公司推出其第一款家用真空吸尘器 Lux 1。1925 年，又推出了第一款伊莱克斯吸收式制冷机。该公司迅速向国际市场扩张，到 20 世纪 30 年代，其冰箱和真空吸尘器已经销往世界各地。

20 世纪 40 年代至 80 年代，伊莱克斯通过一系列收购案向大型餐厨用具、地板护理、花园设备等领域扩张。20 世纪 90 年代，该公司努力将其电器业务拓展到国际市场。

该公司分成两大业务领域：

1. 耐用消费品，包括大型餐厨用具、空调、地板护理产品（真空吸尘器）以及花园设备（如割草机、花园拖拉机和草坪修剪机）。

2. 专业产品，包括食品服务设备、公寓或洗衣房、自助洗衣店、宾馆和机关等专用洗衣设备、部件，如压缩机、林业设备如锯链和割灌机，以及其他产品如景观维护设备、草坪护理设备和专业的电动切割工具。

伊莱克斯的业务主要分布在欧洲和北美，2008 年两大市场耐用消费品的销售占总销售额的 80%。该公司在这些地区的销售水平相似，实现很好的平衡。

美诺

美诺（www.mielevacuums.com）是一家基地在德国的家庭经营的公司，生产系列顶端家用电器（如真空吸尘器）、商业设备、部件和拆装式厨房。

1899 年，卡尔·米勒（Carl Miele）和莱因哈德·辛肯（Reinhard Zinkan）在德国的居特斯洛（Gütersloh）创建了美诺公司。从创建之初，美诺公司就一直致力于在顶级终端市场生产高质量的家用电器。

1900 年，美诺公司开始生产洗衣机；20 世纪 20 年代，该公司的产品系列组合中有了真空吸尘器和洗碗机。20 世纪 50~60 年代期间，美诺公司开始生产全自动洗衣机、洗碗机，以及转筒式烘干机。20 世纪 70 年代，技术进一步发展，推出内置式洗衣机、冷凝式烘干机和微电脑控制家用电器。

自那以后，他们生产了许多创新性家用电器，其中包括洗毛料衣物时带手洗程序的洗衣机。20 世纪 90 年代期间，研制出了带有 HEPA 过滤器和密封系统的真空吸尘器。HEPA（高效微粒空气）对哮喘和过敏患者有利，因为 HEPA 过滤器能够阻隔诱发过敏和哮喘症的微粒，如花粉。

在过去的十年间，美诺公司致力于扩张其海外业务，尤其是在东欧和亚太地区。1998 年，美诺公司在中国香港开设了分公司，随后，美诺公司又在波兰和俄罗斯设立办事处，并于 1999 年在美国新泽西州普林斯顿建立公司总部。2001 年，美诺公司在新加坡和墨西哥建立营业部。

在美诺的发展历史中，经历了多次收购，其中最大的一次就是 1990 年对帝国公司 (Imperial) 的收购，这是一家德国公司，专门生产内置电器和餐饮设备。

美诺公司的产品销往欧洲各地，通过子公司销往美国、加拿大、南非、澳大利亚、日本和香港，通过授权进口商销往世界其他各地。

美诺公司的家用电器系列产品包括真空吸尘器、大型餐厨用具如家用洗衣电器、制冷电器、大型冷冻电器、微波炉、洗碗机和其他小型家电如旋转式熨斗和咖啡壶。美诺公司专门从事这些领域内的创新性产品的生产。

作为一家私营企业，美诺公司并未发布详细的财务报告。

美诺公司列举的最大的海外市场，如荷兰，其次是瑞士、法国、澳大利亚、英国和美国。尤其是美国，其增长非常迅速，实现了两位数的增长速度。在希腊、芬兰和爱尔兰同样实现了两位数的增长，而其他市场的增长也超过了平均水平，比如英国和挪威。俄罗斯市场的增长势头喜人，尽管到目前为止，美诺公司只是将精力集中在莫斯科和圣彼得堡。

SEB 集团 (Groupe SEB)

法国的 SEB 集团 (www.seb.com) 是世界主要的小家用设备制造商。SEB 集团完全致力于这一领域，制造家用商品 (炊具) 以及小家用电器如烹饪用具 (蒸气高压锅、烤箱、咖啡壶和烤架)、家用器具 (真空吸尘器和风扇)，以及个人护理用具 (吹风机、衡器和电动牙刷)。SEB 集团的主要品牌有 T-Fal/Tefal、好运达 (Rowenta)、Krups 和 SEB。

SEB 集团的由来可以追溯到 1857 年锡器公司安托万·莱斯库 (Antoine Lescure) 的成立。随后，公司业务范围不断扩展，逐渐包括炊具、锡盆等产品，从 20 世纪初开始销售其产品。1953 年，公司推出首批压力锅。

公司从此走上收购发展之路。1968 年公司收购了专门生产不粘锅的 Tefal 公司，拉开了其收购之旅的序幕。1972 年收购了里昂一家公司 Calor，它生产熨斗、吹风机、小型洗衣机和手提式散热器。1973 年，成立了以 SEB SA 为主要控股公司的集团公司，两年后在巴黎证券交易所上市。

SEB 集团于 1988 年随着对好运达 (Rowenta) 公司进行收购，大踏步进军国际市场。好运达公司生产熨斗、电咖啡壶、烤箱和真空吸尘器。1992 年和 1993 年，SEB 集团利用东欧开放的优势，开展营销业务，进军这些国家，并在俄罗斯市场获得了一席之地。

1997—1998 年，SEB 集团收购了巴西市场小电气设备的领军者阿尔诺 (Arno) 公司，从此进入南美市场。阿尔诺 (Arno) 公司专门制作和销售食品制备器具 (搅拌器/粉碎机)、非自动洗衣机和风扇。

2001 年 9 月，SEB 集团的国内主要竞争对手穆里乃克斯 (Moulinex) 申请破产。SEB 集团提交了一份部分收购穆里乃克斯 (Moulinex) 企业资产的申请，最终于 2002 年获得欧盟和法国财政部批准。穆里乃克斯曾在 20 世纪 90 年代买下欧洲一个主要品牌 Krups，这一品牌恰好符合 SEB 集团的现有业务。

SEB 集团表示有意向具有很高发展潜力的新兴市场扩张，比如巴西、韩国、独联体国家和中国，它同样也注意到发达市场高附加值优势产品的发展潜力，比如欧盟、北美和日本。

2008 年所有区域的市场均实现了增长，很大程度上还是因为那一年对穆里乃克斯·Krups（Moulinex-Krups）的部分收购。

惠而浦

2006 年，惠而浦宣布已经正式接管美泰（Maytag）的胡佛真空吸尘器领域。同年 3 月，惠而浦在通过了司法部进行的较长时间的反垄断审查之后，完成了对 Maytag 的接管事宜。胡佛品牌的收购只是对美泰公司 16.8 亿美元收购案的一部分。完成收购的惠而浦经营的品牌有顶级品牌美泰和尊爵（Jenn-Air），以及低端品牌魔术厨师（Magic Chef）、阿马纳（Amana）、海军上将（Admiral）。虽然惠而浦主要的市场在美国，但在加拿大、澳大利亚、墨西哥、波多黎各及英国都有销售子公司。

美泰公司可以追溯到 1893 年，当时 F. L. 美泰开始在爱荷华州的牛顿（Newton）制造农具。为了抵消需求的季节性下降，其于 1907 年引进了木制浴缸洗衣机。1939 年第二次世界大战爆发后，该公司的业务就分成了烹饪用具和冰箱。1949 年推出第一台自动洗衣机，1966 年首台手提式洗碗机问市。

真空吸尘器行业的著名品牌之一胡佛开始于 1907 年，由俄亥俄州的胡佛一家开发而成。胡佛公司于 1921 年开始将其产品销往世界各地。1989 年，与芝加哥太平洋公司（Chicago Pacific Corporation）合并，由美泰公司接管胡佛品牌。1995 年，美泰公司将欧洲胡佛业务出售给意大利电器制造商坎迪（Candy）。2008 年，胡佛和德沃由 TTI 地板护理北美公司（Floor Care North America）及其子公司——皇家电器制造有限公司（Royal Appliance Manufacturing Co.）接管。

在真空吸尘器领域，惠而浦只经营胡佛品牌，这一品牌具有优良的传统，是美国市场的主要品牌。胡佛生产系列真空吸尘器，包括直立式、滚筒式、棍式和手持式真空硬质吸尘器、抽油烟机和其他家用护理产品。

2006 年中期，惠而浦公司出售了胡佛真空吸尘器业务。胡佛品牌，连同其 3 000 名员工不再适应惠而浦的核心产品——洗衣、制冷和厨房设备。

真空吸尘器的分销

戴森国内市场——英国的形势如下：

在英国，购买小家电的最受欢迎的地方莫过于百货商店了，其中许多颇负盛名［比如家居用品合作店（Co-op Home Stores）和约翰—路易斯（John Lewis）］，这些百货商店能够提供各种价格具有竞争力的商品以吸引忠诚的消费者。近几年来，随着一般百货商店的再次回归时尚，他们的市场份额略有增长。

专门连锁商店所占的市场份额位居第二，不过与独立经营者的差距并不大。独立经营者所占的小型家用电器的市场份额要高于大型电器。中小城市主要商业街上的规模较小的商店能够吸引许多消费者购买小型家用电器像真空吸尘器，因为除了购买大件商品如冰箱外，消费者认为不值得为了购买这些小玩意专门驱车跑到郊外的商业中心。

杂货连锁店如乐购（Tesco）和阿斯达（Asda）出售真空吸尘器，通常情况下还会针对小范围的商品提供商品促销交易。目录陈列室如阿尔戈斯（Argos）通过增加产品系列、价格低廉和网上购物设施而获益不菲。

真空吸尘器的分销渠道非常广泛，大型超市和杂货商店将物美价廉的产品销售到中端市场。对于仍在出售小件商品的电器零售商来说，他们的阵地更多地存在于定价更高、更高端的市场。

在大多数其他主要国家，真空吸尘器的分销渠道主要受到专业"家用电器"连锁商店和百货商店的限制。

大型的零售连锁店，如电器城（Electric City）、百思买（Best Buy）和希尔斯（Sears）日趋控制了美国的真空吸尘器的分销渠道。

将生产基地转向马来西亚

最近几年，戴森公司决定将其真空吸尘器的大部分生产从英国转移到远东（马来西亚）。

虽然戴森仍然是真空吸尘器的领军品牌，但它已经开始输给那些自主开发的价格更低的无袋式吸尘器。戴森所面临的困境是降低产品价格，还是加强品牌影响和质量。戴森消费者的忠诚度也已下降，公司在英国的市场份额也已经下滑。

詹姆斯·戴森（James Dyson）和他的新型干手机，"戴森气刀（Dyson Airblade）"。

资料来源：戴森（Dyson）公司。

戴森"气刀"（Dyson Airblade）介绍

2008 年，戴森公司发布新产品——戴森气刀。戴森公司声称这款机器 10 秒钟即可将手烘干，比起传统的热风干手机更加节能。与传统的干手机相比可以节约 83％的能源，因而更环保。按照一年 365 天，一天使用 200 次计算，使用气刀干手机一年只需要花费 30 英镑。

该产品的终端消费者主要是宾馆、酒店、大型企业、机关、机场等。仅在美国，在私人家园以外大约有 2 000 万个公共厕所。美国纸巾的销售额为 20 亿美元，而干手机的销售额大约 540

万美元。戴森的目的就是要从两款产品中抢占市场份额。

戴森气刀干手机的终端价格大约 1 000 美元（不包含安装费和销售税）。

戴森气刀干手机面临的竞争

戴森气刀干手机与三菱的"喷气毛巾"（Jet Towel）产品类似，两者的设计和技术很相似。自 1997 年起，日本的洗手间一直使用"喷气毛巾"。另一家英国公司——优胜烘干机有限公司（Excel Dryer Ltd.）也发布了一款类似机器，"XLerato"，据广告称比使用纸巾要便宜 98%，而且更环保。这些机器目前广泛应用在英国的各大超市，如乐购和阿斯达（Tesco and Asda），取代了老式不节能的烘干机，如世界烘干机公司（World Dryer Corporation）生产的产品。

美国公司美利坚烘干机公司（American Dryer）同样开发出了 10 秒钟烘干的高速干手机。这款名为极限气流（eXtremeAir）的干手机同样很节约，只需 390 美元。它的工作原理就是将一股股热气流以 185mph 的速度吹向使用者的双手，从而打破水的表面张力，使之快速移开和蒸发，只需使用传统的干手机大约 20% 的能量，即可实现传统干手机工作 30～40 秒耗电 2 300W 的效果。

有趣的是，中国台湾公司和光工业（Hokwang Industries）也生产一中高速干手机，不仅快速干手，而且还更有趣和具有多项功能。它们将高亮度的 LED 装入干手机中，使用起来更方便，给人快乐的享受。干手机的传感器可以投射蓝色光，使用者可以清晰地看到其作用范围。

在新西兰，创新性公司全球生态（Eco Global）经销一款名为"生态干手机"（Ecodrier）的干手机，利用 4 个独立的过滤系统 10 秒钟以内即可将双手吹干。

世界烘干机（World Dryer）公司也发布了两款高速干手机："气动力"（Airforce）和"气流极值"（Airmax）。后者据称同类干手机中声音最小，只需 15 秒即可烘干双手；前者则称只需传统干手机 20% 的电力即可快速干手。

资料来源：www.dyson.com；www.electroluom；www.mielevacuums.com；www.seb.com；www.hoove.com；霍罗维茨·B（Horovitz, B）（2007）"真空吸尘器的领军人物戴森将目光投向干手机市场"（Vacuum leader Dyson sets sights on hand dryer market）《今日美国》（*USA Today*），6 月 18 日，http：//www.usatoday.com/money/industries/manufacuteing/ 2007-06-17-dyson-usa _ N.htm；http：//news.bbc.co.uk；March, P.（2006），"清理家电市场的 10 年之奋斗（A 10-year struggle to clean up in the appliance market)"，《金融时报》，6 月 27 日，第 26 页。

问题

1. 到目前为止，戴森的市场主要集中在英国、美国、日本和澳大利亚。在你看来，哪些新国际市场英国分配更多的营销资源，以便将它们发展成为未来的戴森增长市场？

2. 在美国市场，戴森通过进驻大众零售渠道，如电器城（Electric City）和百思买（Best Buy）实现其市场份额。有些行业专家对戴森高价产品的长期战略极为不满。请评价戴森在美国市场的分销策略。

3. 你认为詹姆斯·戴森会在干手机市场营销戴森气刀时，完全复制其真空吸尘器在国际市场上的成功经验吗？为什么？

第五部分　实施并协调全球营销计划

第五部分　目录

第五部分　视频案例研究

皇家恩菲尔德（**Royal Enfield**）：努力建立国际品牌认证

第五部分简介

13　跨文化销售谈判

14　全球营销计划的组织和控制

第五部分　案例研究

V. 1　宝丽来护目镜（Polaroid eyewear）：这个标志性的品牌可以
　　　在全球营销太阳镜市场上东山再起吗？

V. 2　索尼音乐娱乐（Sony Music Entertainment）：全新的世界范
　　　围组织结构、营销方案以及红粉佳人的新唱片

第一部分
确定国际
化方向
第1~4章

第二部分
确定目标
市场
第5~7章

第三部分
市场进
入战略
第8~10章

第四部分
设计全球
营销方案
第11~12章

第五部分
实施并协调
全球营销计划
第13~14章

第五部分　视频案例研究

皇家恩菲尔德（Royal Enfield）：努力建立国际品牌认证

皇家恩菲尔德（www.royalenfield.com）是 1890 年成立的英国恩菲尔德摩托车公司（the British Enfield Cycle Company）的品牌，也是世界上现有的最久的几家摩托车制造商之一。

该公司于 1955 年在印度成立了卫星工厂，以满足印度国内军需。1970 年英国工厂关闭（由于来自日本自行车的激烈竞争）时，印度工厂的生产并未停止。皇家恩菲尔德与印度艾彻（Eicher）结成战略联盟，并于 1994 年被在商业车（卡车和公交车）、机动车齿轮和工程软件、摩托车和机动车齿轮、零件有着浓厚兴趣的艾彻（Eicher）集团（www.eicher.in）收购。

皇家恩菲尔德网站

资料来源：©皇家恩菲尔德，获得皇家恩菲尔德许可。

皇家恩菲尔德的总部设在金奈（Chennai）[原名马德拉斯（Madras）]，该公司的营销办事处遍布印度各地。2011 年，皇家恩菲尔德的总销售额为 74 626 辆摩托车（2010 年 52 576 辆），其中 3 200 辆出口到海外。

皇家恩菲尔德在印度约有 750 名员工，通过遍布全国的 190 个销售网点，将摩托车出口（通过进口商和经销商）到 36 个国家，其中包括发达国家如美国、日本、英国和一些欧洲大陆国家。在英国，皇家恩菲尔德品牌在 125～500 cc 排量的产品中跃居前十。

皇家恩菲尔德子弹 350

资料来源：©皇家恩菲尔德，获得皇家恩菲尔德许可。

"子弹"作为皇家恩菲尔德最知名的品牌，规模不大的组装线上仍然采用手工操作的形式。1949 年首次引进英国，自 1955 年在印度开始生产之后，这款经典的单缸摩托车的设计只经历过很小的改动。市场上对这款老旧式摩托车的需求从未停止过。

1999 年，华生派·思古埃尔（Watsonian-Squire），世界上最老的侧车制造商（成立于 1912 年）接管了皇家恩菲尔德摩托车公司的英国分公司。毗邻原厂，该公司与金奈工厂紧密合作，帮助开发欧洲市场上的几款新车型。

回答问题前请观看视频。

问题

1. 印度和欧洲的皇家恩菲尔德品牌形象和市场有什么不同。

2. 如果皇家恩菲尔德与可能的美国合作伙伴就未来摩托车进入美国市场的目标进行商业谈判，将遇到什么跨文化问题？

3. 你认为皇家恩菲尔德的母公司，艾彻（Eicher）集团应采取何种组织结构用于其全球营销活动？

资料来源：附文视频，www.royalenfield.com。

第五部分 简介

本书的前四部分主要介绍了全球营销活动进行前的准备工作，第五部分将继续讨论具体实施和协调方法。

一个在销售和谈判中获得成功的基本标准就是能否适应每一个商业伙伴、合作公司或应对各种状况。因此，第13章主要讨论了国际谈判专家如何处理不同文化背景下的谈判对象。其中还包括如何在公司内部和合作伙伴之间传播跨国文化和学习理念。

从国内公司转变为跨国企业后，其组织结构、协调和控制体系必须根据新的全球营销战略的变化而变化。第14章主要关于组织结构和营销预算（包括其他控制体系）如何根据公司本身和市场状况的改变进行调整。

第 13 章 跨文化销售谈判

目录

13.1 引言

　　示例 13.1　在日本和中国赠送礼品

13.2 跨文化谈判

13.3 跨文化准备工作

　　示例 13.2　欧洲迪士尼乐园改造成巴黎迪士尼乐园度假区——迪士尼学习适应欧洲文化

13.4 应对外派人员

13.5 知识管理和跨文化学习

13.6 跨文化谈判中的跨国行贿

　　示例 13.3　行贿包括性服务吗？洛克希德马丁（Lockheed Martin）案例和韩国国防合同

13.7 总结

案例研究

13.1 扎姆扎姆（Zam Zam）可乐：伊朗"穆斯林"可乐进军欧洲市场的营销战略

　　讨论问题

　　参考文献

学习目标

学完本章之后，你应该能做到以下几点：

- 为什么跨国销售谈判成为在国际市场营销中的最大挑战
- 解释在跨文化谈判过程中的主要阶段
- 讨论如何将"达成谈判协议的最佳选择方案"（BATNA）应用到国际谈判中

- 讨论如何通过跨国传播的知识和学习提高国际竞争力
- 讨论霍夫斯泰德（Hofstede）的公司跨文化谈判研究项目的实施
- 解释跨文化准备工作的几个重点
- 讨论全球多文化项目集团的机遇和陷阱
- 解释跨国行贿的复杂性和危险性

13.1 引言

文化是一个在谈判的每个阶段都要涉及的因素。因为它是产生矛盾的根源，因而能够帮助人们构想某些，甚至是在无任何讨论之前的场景。它影响着竞争或合作的战略方针。

想要保持竞争力并在复杂多变的国际贸易环境中取胜，公司必须放眼全球，不仅是可能的市场，还包括高质消费者且较廉价物资和劳动力市场。即便是一些从未离开东道国的小企业的商务人员也能够应对各种各样文化背景的市场和团队。那些精通并善于适应不同文化的人员，更有机会在商业活动和世界市场竞争中获得成功。

文化背景影响行为方式，它能够在什么是值得做的和什么是不被接受的之间划一条分界线。它决定着观察的事物所蕴含的含义，并组织和解码相互交流的内容。通过文化背景所赋予的情境的重要性和意义，能够直接影响谈判过程。从根本上讲，想要达到某种目的的谈判过程具备其战略内涵，在文化情境中占据重要地位并为精通文化背景的人士所引导。未加入文化元素的谈判是不现实的。多变的文化背景可以将国际谈判与其他类型严格区分开。为筹建合资项目参与这样一段漫长且复杂的谈判过程，对于国际谈判专家来说，无论是买家还是卖家，将对方的文化元素吸收渗透其中是非常重要。这个任务可以帮助参与者更好地了解在真实环境中谈判桌上确切的进度，避免误解，更顺畅有效地交流，更好地化解僵局，辨别问题的真正所在。可见，与不同文化背景的人进行商业洽谈绝非像在国内那样简单。

在进入国际化的早期，一些中小企业可能将跨文化市场作为将短期商业利益最大化的经济机遇。然而，即便是在早期跨文化商业谈判中，了解文化本质以及对商业活动的影响更有利于提高成功概率。来自两种不同文化背景的人在进行商业往来过程中，对对方文化的无端设想往往是不利的，甚至导致沟通不畅。中小企业的管理者应该在真实的文化体验基础上对其进行合理构想，避免受到文化固定模式的影响。示例 13.1（下面）展示了预测文化影响的困难性。

示例 13.1 在中国和日本的送礼规则

一位美国商业人士曾在他的中国商业伙伴女儿的婚礼上赠送了一只钟，然而在中国送钟是非常不当的礼物，因为它与死亡相关。他的无礼行为导致双方业务关系的终止。在日本，赠送比收到的东西更贵的礼物也是无礼的表现。

资料来源：亨顿（Hendon）先生等（1999）。

所有成功的市场营销员在国外都有其各自表现：与消费者面对面的洽谈是销售行为的核心部分。谈判是促成整个交换活动达成一致的必要条件，就像待交付的货物、待支付的款项、支付排期和服务一样重要。

国际销售谈判的诸多特点可以将其与在国内的谈判区分开。首先也是最重要的一点，谈判双方的文化背景不同。因此成功的谈判需要对各方的文化多加了解，或者也可根据另一方的文化体系制定一套谈判策略。非常有趣的一点是，除此之外，日本谈判者一般还需要美国公司的背景和主要的谈判人信息。从而他们能够提前了解另一方相似的谈判策略和战术。

两种不同的谈判文化：规则文化和关系文化

基本上，我们主要遇到两种截然不同的谈判文化。

1. 基于规则的谈判文化形成于西方世界。西方人比较认可这样的方式，不过其他地方的人更相信朋友和家人。西方人会根据合同或协议起草的规定在法律的约束下组织其交易活动。基于规则的文化正是普遍主义者所推崇的，因为他们本身就是照规办事的人。相比之下，关系文化重视的是人类的权威，而规则文化在于对规则的尊崇。西方统治者从他们所制定的规则中获得权威和地位，而不是他们原本是谁。规则只有在被认为是固有地合乎逻辑并合理的情况下才会被尊重，但逻辑是普遍的，因而值得遵守的规则被视为普遍有效合法的。

2. 关系谈判文化（例如亚洲文化），相比而言，主要是基于对朋友、家人或者上级的忠诚和责任，而不是规则体系。这是一种传统的构建关系的方法，并非做生意，如今这种以关系为基础的方法在很多场合更加有效。在谈判桌上的讨价还价更像是对峙而不是谈判，即便是像在日本那样受到协议的严格限制。对峙型讨价还价在街边市场上非常普遍，因为参与双方一般不存在合作关系。在不需要长期合作的前提下，这种交易是可以接受的。不过，如果开展的主要项目涉及文化元素，那么最好在各方间发展和谐互信的关系，而非像西方那样的谈判方式。

13.2 跨文化谈判

一家想要进入海外市场的公司可能考虑两个国家间巨大的差异从而产生严重的不确定性 [马格努松（Magnusson）和波义耳（Boyle），2009]。面对如此不同的风俗文化、认知和语言，人们最普遍的做法就是消极地以固有模式套用到对方身上。一个非常重要的方法就是在谈判前寻找答案并充分调查某种文化的特点。

首先，寻找时间观念的差异，不同文化背景下人们对时间的概念也大相径庭。所以，全球各地的人类对时间有着不同的看法。一般在西方文化中，尤其是产业大国，认为时间呈直线型发展，因此活动需要有计划性。他们将时间视为宝贵的商品，可以节省、花费或浪费。他们像预算金钱那样安排时间。正如他们的名言"时间就是金钱"。他们看重时效，谴责浪费时间和延误，讨厌等待。他们总是匆忙投入到一桩生意中，在中国和日本的谈判者眼里，他们经常呈现不耐烦的神色。作为一个东方国家，深受儒学思想的影响，中国和日本商人在生意真正着手前非常看重礼仪和人与人之间建立的关系。一般他们不怎么考虑做这些事所耗费的时间。在商务谈判中，面对不大接受的提议或条款他们会一直回应"是的，是的"，而非直接的"不"。他们的时间观念比西方人更具弹性 [梅菲尔德（Mayfield），1997；黄（Huang），2010]。

在中东和非洲，人们对时间没有严格的概念。守时的西方人如果坚持在最后一刻会面，那么一定需要等等了。不过，一旦某位商务人士最终受邀进入经理办公室，那么此次会面将持续到足以将此单生意处理完毕，即使下一个来访者要等很久的时间。

理解其他文化经常需要足够的容忍度。信任和尊重是面对几种文化的根本前提，如日本、中国、墨西哥和多数拉丁美洲文化。日本人可能在真正的谈判事宜开始前需要几次会面，而北美和北欧人更倾向于尽早开始生意。文化影响着一整套策略，包括各种执行方式。以色列人喜欢直来直去的谈判方式，而埃及人则相反。埃及人将以色列人的直来直去看作是激进和无礼，而以色列人对埃及人的绕来绕去的方式毫无耐心，认为其缺乏诚意。这种文化的差异严重危及两国之间商务人士的谈判。

13.2.1 跨文化谈判过程

谈判过程可以被定义为"两个或两个以上实体共同讨论共有和对立的利益以实现互惠互利的过程" [哈里斯（Harris）和莫兰（Moran），1987，p.55]。谈判程序因参与其中的谈判者（尤其是买方和卖方）所受社会化和教育化程度的不同存在很大差异。在国际贸易谈判中，普遍存在的文化谈判过程（Negotiation process）：两个或两个以上实体共同讨论共有和对立的利益以实现互惠互利的过程。

差异对整个过程和结果产生巨大影响。

跨文化谈判过程可分为两部分：非任务相关的相互作用和任务相关的相互作用（见图 13.1）——下文将针对每一部分进行讨论〔斯米提拉（Simintiras）和托马斯（Thomas），1998；斯米提拉（Simintiras）和雷诺兹（Reynolds），2001；萨拉丘斯（Salacuse），2010〕。

非任务相关的相互作用

贸易谈判过程非任务相关的方面（身份差异、印象形成准确性和人际吸引力）是首先要考虑的部分，因为这些因素在建立与买方的关系时显得尤为重要；也就是接近买方。

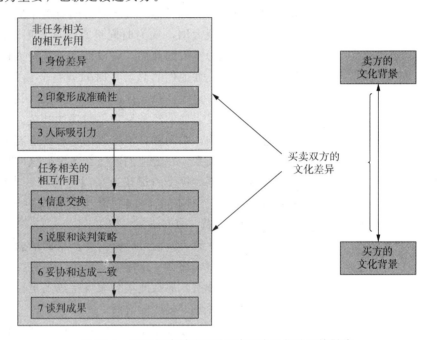

图 13.1　跨文化谈判过程受买卖双方文化差异的影响

资料来源：根据斯米提拉（Simintiras）和托马斯（Thomas）(1998)，斯米提拉（Simintiras）和雷诺兹（Reynolds）(2001)。

身份差异

在跨文化谈判中，买卖双方对各自身份差异的理解是十分重要的。身份差异被定义为人与人之间的等级、年龄、性别、教育、公司职位以及在公司的相对地位。谈判中，身份的重要程度因文化背景的不同而不同。高语境文化以身份为核心，而且交流的意义来自人本身。谈判者在高语境文化中所用的词汇与谈判者本身地位的重要性不能等同。来自高语境和低语境文化中的谈判者身份的差异是潜在问题的根源所在。例如，一位来自高语境文化的卖方与一位来自低语境文化的买方进行谈判，会对买方的地位予以重视。同时，卖方期望买方可以对这份尊重给予回报，虽然这是不大可能的事情。

印象形成准确性

这里指的是谈判双方的最初接触阶段。销售人员与目标消费者相处的前两分钟是最重要的（"关键时刻"）。初次相见时，在理性的思考前，人们通常会形成直观感受；这些感受将引导人们产生以细节为基础的瞬时观点。由于来自不同文化背景的人们观念的差异，那么对谈判者形成准确印象的可能性就降低了。基于不准确的信息而产生的不良印象也将对接下来的谈判环节产生不利影响。

在世界上多数地方，送礼在做生意过程中是一个非常重要的部分，尤其是远东地区，如中国和日本。双方在谈判前或谈判后会互赠礼品，因此了解送礼的礼节是极其重要的。在一些文化中，礼物是被期待的，如果没有赠送可能被认为无礼，然而，在其他一些文化中赠送礼品会被认为带有侵犯性。

在谈判者看来，交换礼物是商业关系在深度和力度上的象征，如日本人。礼物一般在第一次见面时互赠。赠送礼物时，通常期望对方能够作出相同的回应；相反，西欧国家很少赠送礼品，而且一般被认为这种做法有失妥当。同样，中国的送礼习俗不同于英语国家。送礼时也存在各种禁忌。例如，在斋月中不能赠送食物给穆斯林［黄（Huang），2010］。

人际吸引力

此阶段指的是买卖双方受吸引力和喜好的影响产生的直接的面对面的印象。人际吸引力对谈判的结果可产生或好或坏的影响。谈判者间相似的因素会激发信任，反过来也会促成良好的人际吸引力。被吸引的人更有可能在交易过程中让步。因此，如果某位谈判者被与对方的关系所吸引而产生满意的态度，那么很可能放弃一些经济回报。

张（Zhang）和道奇森（Dodgson）（2007）对一家韩国刚起步的IT公司的创始人Lee先生进行了这样一段有趣的文字描述：

我们发现Lee先生受对方影响，有时即便是他知道对方不一定都正确，但还是会遵从他们的意见，因为他接受不了在自己的人际网络中失去这种商业关系（P345）。

韩国谈判文化深受儒家思想的影响，这种影响渗透到社会各个领域。像其他亚洲国家一样，韩国是一个倡导在社会体系中群体和谐的社会，其集体主义的思想十分推崇人与人之间的忠诚和承诺。

任务相关的相互作用

一旦买卖双方成功建立了商业关系，那么跨文化谈判中任务相关的因素将显得尤为重要。不过，值得注意的是，即便是非任务相关因素在此阶段不占主要地位，但仍然能够对谈判过程和最终结果产生影响。

信息交换

此阶段，对谈判者的需要和期望有一个清晰的了解正如双方有效沟通的开始一样重要。这里尤其强调参与者所期待的交流方式。有待准确沟通的信息量随着文化背景的不同而不同，加之全世界几千种语言和地方语言的复杂性，通过语言手段在跨文化谈判中进行交流是非常复杂和困难的。即便是参与者能够互相理解且沟通顺畅，由于跨文化和语言含义的不同也可能造成交换信息意义的丢失。跨文化销售谈判中，除了语言交流的问题还有非语言交流的障碍，如身体语言，它大大降低了谈判者对双方相似点和不同点的准确理解的可能性。

说服和谈判策略

该阶段指其中一方谈判者通过使用不同的说服手段尝试修改预期结果的谈判过程。说服的方式有很多种，每种文化又有其各自的说服方式。根据安杰玛（Anglemar）和斯特恩（Stern）（1978）的研究，谈判过程有两种基本的方法：代表性策略和工具性策略。

采用代表性策略时，交流主要基于对问题的确认、解决方案的研究以及最佳行为的选择。例如，销售人员可以在与买方的合作过程中了解其对当前状况的看法。

使用工具性策略时，交流主要涉及影响另一方的行为和态度。例如，某个销售人员可以通过劝诱性承诺、保证、回报和惩罚规则来影响买方。一个友好合作的谈判环境有利于代表性交易策略的使用。

妥协和达成一致

该部分指谈判者从初始阶段向谈判内容达成一致的结果迈进的策略。来自不同文化背景的谈判者有不同的方法在交易中进行妥协。例如，在低语境文化中，谈判者往往采用逻辑方法，而高语境文化中更多地使用个人辩论的策略。

BATNA（谈判协议的最佳替代方案）这一词汇是在罗杰·费希尔（Roger Fisher）和威廉·尤里（William Ury）1981的畅销书《谈判力：无妥协谈判》中首次提到的。谈判协议的最佳替代方案对谈判具有决定性的意义，因为他们在不了解替代方案之前很难对是否接受这个协议作出明智的抉择。最佳替代方案作为唯一的标准，即可避免接受非常不利的条款也可避免对自身非常有利条款被拒绝。简单地说，如果提出的协议优于谈判的最佳替代方案，那么他们应该重新进行协商。如果谈判者不能提供更好的方案，他们至少应该退出本次谈判，力争得到替代方案，当然这个行为的代价也要充分考虑。另外，谈判者对对方的最佳替代方案了解得越深入，对谈判的准备也越充分。从而能够对谈判的可能结果以及合理的提议形成一个比较现实的想法。

备有一套好的替代方案可以提升谈判的实力。因此，优化最佳替代方案在何时都很重要。优秀的谈判者明白对方在什么时候极度渴望这份协议。到那时，他们将提出更多要求，并且确信对方会妥协。如果对方在除此之外显然有多种选择，他们一般会作出更多的让步以期本次谈判获得成功。谈判前制定一份最佳替代方案，并让对方了解该方案，将有力地巩固在谈判中取得的成果。

最佳替代方案还将影响所谓的"瓜熟蒂落"，此时辩论的准备已经就绪，或者说已经找到了解决的办法。当双方对当前最佳替代方案持有相似的观点或"一致的想法"，那么谈判达成一致的时机已经成熟。对最佳替代方案的一致看法意味着如果双方不同意当前提议，那么他们对如何进行接下来的谈判将十分认同，而不是寻求其他方案。在这种情况下，对协议进行协商将不失为一种更聪明的选择，因为继续辩论过程将产生更多的成本。

从其他方面来讲，当双方了解到现状是负和（或"输—输"）而不是零和（"赢—输"）时，冲突就演变为了解决方案的钥匙。为了避免双方共损，谈判者必须考虑将谈判向正和（或"赢—赢"）的局面上努力。

时机成熟与否是可以被感知的。发现成熟时机需要研究和智能学习，来辨认主客观因素。

另一方面，辩论者可能对当前的最佳替代方案持有"相悖看法"。例如，双方可能认为他们通过法律或暴力手段能够赢得这场争论。如果双方认为各自的最佳替代方案能够帮助自己继续争论并取得胜利，那么最后的结果很可能就是一场实力的较量了。如果一方的最佳替代方案确实优于另一方，那么另一方将很可能获胜。如果最佳替代方案不分高下，那么双方很可能陷入僵局。如果辩论的成本足够高，最终双方将认识到他们的最佳替代方案并非如想象中的优秀。那么这场辩论将再次走向谈判的"完结"。

谈判成果

协议是谈判过程的最后阶段。协议应该是买卖双方关系进一步发展的起点。谈判过程的最终协议可能呈现的是高语境文化中普遍存在的君子协议的形式，或者是低语境国家里较为流行的更正式的合同。

霍夫施泰德（Hofstede）研究成果的意义

从霍夫施泰德（Hofstede）的研究中我们不难发现民族文化间存在差异（差距）。文化四维体系中每个都可以反映到跨国公司文化形式中［霍夫施泰德（Hofstede），1983］。下文将讨论霍夫施泰德（Hofstede）的四个文化维度在企业跨国谈判策略中的应用［罗登（Rowden），2001；麦金尼斯（McGinnis），2005］。

刚柔性

阳刚型文化成员注重自信、独立、任务取向和个人成就。阳刚型文化的谈判策略一般带有竞争性，从而产生赢—输的局面。经常通过争斗而不是妥协解决冲突，体现了其自负的手段。在这种情况下，竞争性更强的一方往往收获更大。另外，阴柔型文化成员更强调合作、养育后代、谦逊、同情和社会关系，更愿意通过合作或妥协的方式或策略确保双方最能接受的结果，以实现赢—赢的局面。

谈判过程中，来自阳刚型社会的成员将注意力主要集中在协议的细节上，而不怎么关心该协议对对方的整体影响；来自阴柔型文化的成员更关注协议的美感和长期影响，他们认为具体细节可以后续完成。

不确定性规避

该维度指的是一个人在不确定或危险情况下的舒适程度。不确定性规避程度较强的文化成员往往有正式的官方谈判规则，依赖惯例和标准，仅信任自己的家人和朋友。他们需要定义清晰的结构和指导方针。不确定性规避程度较弱的文化成员更希望非正式的弹性合作。他们不喜欢等级制度，更倾向于寻求解决方案和作出让步，而非坚持现状。

来自不确定性规避程度较强的文化的谈判者往往寻求量、时间和具体要求方面的承诺。而他们的来自不确定性规避程度较弱的对手对于量、时间的粗略估计以及频繁更改的要求并不介意。例如，在谈判过程中，围绕新产品的延迟到货问题，就可能引起来自不确定性规避程度较强的文化成员的高度重视。然而，这种情况在不确定性规避程度较弱的文化成员看来却是一次不错的临时发挥的机会。

权利距离

该维度指的是对有权利的人和受权利影响的人之间权利差异的接受程度。权利距离大的文化推崇权利主义，协议、手续和等级被认为十分重要。在权利距离大的文化中，公司的CEO一般直接参与谈判并作出最终裁决。

平等双方（权利距离小）之间的商务谈判基本上属于西方文化概念，而非以地位为导向的社会，如日本、韩国或俄国。西欧和北美通常是非正式形式，直呼名字、穿休闲装等足见对地位的高低不大重视。

日本人穿衣十分传统——他们通常选择黑色西服。因此，在与日本人的谈判中穿着随意是不大妥当的。日本人不会直接称呼名字，除非是个人关系特别好的情况下。在亚洲，荣誉、头衔和地位是极其重要的：请称呼对方合适的头衔。坦诚和直率在西方世界十分推崇，但在亚洲却并不怎么受重视。

　　欧洲比较看重的握手形式在日本并不流行，这里的传统是鞠躬。在与虔诚的穆斯林教徒见面时，千万不能用左手握手或以任何目的使用左手——这将被认为是无礼的和对个人的冒犯。

　　当一个来自阳刚型较强文化背景的人与一个来自权利距离大的文化背景的人进行谈判时，如果双方都不愿在理解文化的差异上作出努力，那么冲突很有可能出现。高层人士看重能力，从而形成了咨询型管理模式。处理阳刚型较弱的和权利距离小的文化背景之间的事务通常产生合作和创新的行为。

　　来自权力距离小的文化背景的谈判者，可能由于来自权力距离大的文化背景的谈判者坚持寻求上层领导许可的需要而挫败感剧增。同时，来自权力距离大的文化背景的谈判者也可能由于权利距离小的谈判者的行事速度而倍感压力。处理这种情况的关键点在于理解谈判对方的权力距离的心态。这种理解正是迈向成功交易和期待关系发生实质性改变的第一步。

个人主义和集体主义

　　个人主义文化中趋向在关系建立前开始任务，高度重视独立性。这种文化能够容忍开放型矛盾，将个人需要放置于集体、社区或社会的需要之上。在谈判中，个人主义社会希望对方拥有独立决策的权利。在高度个人主义国家，如美国，在不考虑他人利益的前提下追求个人利益是被社会所接受的；相反，来自集体主义文化背景的管理者，如中国，将寻求长期合作的稳定关系，强调个人关系的建立高于一切。集体主义社会推崇人与人之间的团结、忠诚和相互依赖，社会成员将自己定义为集体成员的一分子。集体主义管理者认为谈判细节完全可以解决，集中于集体目标的实现，表现出对另一方需要的关切。集体主义社会成员对于个人主义社会成员在谈判中强调自身的地位和想法十分反感。

　　另一方面，来自个人主义社会的谈判者将重点放在短期合作上，提供极端报价，将谈判赋予竞争性。这种谈判的关键点在于不仅要关注自身利益，更要了解对方的主要利益所在。

不同的组织模式

　　英国的组织模式与农村市场类似，没有决策等级、弹性规则和谈判问题的解决方案。德国模式更像是运转正常的设备。个人的需求完全没有必要，因为规则可以解决每件事情。法国模式则像执行强制规则的统一指挥的金字塔形等级制度。放眼国际上买卖双方关系，民族文化仅仅是影响买方双方个体行为的文化等级之一而已。来自不同文化背景的成员进行交流，无论是在销售组织关系内部或是临时的买—卖关系，即便形式和行为相似，通常他们所持有的价值观也必然存在差异。双方的共同基础是有限的。这就加大了互动活动的不确定性，局限了交流的效率和效果。为了降低这种不确定性，交流双方必须准确预测对方如何行动，并能够解释对方的行为 ［布什（Bush）和英格拉姆（Ingram），2001］。

国际谈判中的差距模式

在谈判过程中，影响买卖双方之间交往的最根本的差距就是他们各自文化背景的不同（图 13.2 中差距 1）。这种文化差距在交流和谈判活动、时间、空间或工作形态的概念以及社会习俗和规则的性质中以不同形式的差异表现出来（Madscen，1994）。双方之间这种文化差距将增加交易成本，尤其在跨国谈判中将非常之高。

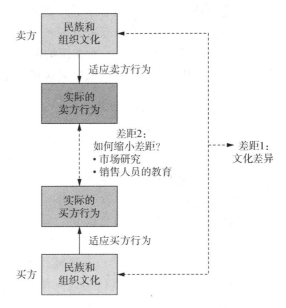

图 13.2　跨文化谈判中的差异分析

文化影响着个人，因此跨国谈判可以根据各种社会等级进行分析。另外，在学习过程中可以获益的一点是，一个人在某个具体文化背景中所形成的文化辨识能力将影响他在其他文化背景下所持的看法。买卖双方都将（至少）受到他们的民族和组织文化的影响。在第六章（图 6.2）中，将发现更多等级的对个人谈判行为的解释。

必要的文化适应程度取决于买卖双方首次交往时的文化相似度。不过，双方之间的文化差异可能小于他们两个国家的文化差异。在某种程度上，他们拥有相同的"商业"文化。

民族文化的影响

民族文化属于大型/社会文化，在某个国家的某个居住群体中以一种显著的生活方式表现出来。民族文化包括成员所遵循的规则和价值观，以及他们的经济发展水平、教育体系、国家法律和监管环境下其他部分的发展状况［哈维（Harvey）和格里菲思（Griffith），2002］。所有这些因素以一种具体的观念形式在很大程度上影响着个人的社会化过程［安徒生（Andersen），2003］。因此，当个人处在国际交往/关系中，非常典型的想法是将来自不同文化背景的人视作陌生人——也就是，属于不同群体的未知人员。这种差距的想法将直接影响互信和团结程度，从而增加谈判中买卖双方产生冲突的可能性。早于霍夫施泰德文化四维研究的讨论文章中，介绍了几个民族文化差异的例子以及它们如何影响双方的跨文化谈判。

组织文化的影响

组织文化是一种共享的行为、价值和信仰的形式，为理解组织运作过程发挥基础作用［施恩（Schein），1985］。如果两个或两个以上组织参与谈判，那么组织文化间的核心要素的相对尊崇程度将直接影响交流和谈判的成效。

在分析民族文化和组织文化时，公司交往环境的整体复杂程度相差巨大。例如，买卖双方的民族文化差距很大，且组织文化相异（即跨组织文化差距大），那么谈判过程将相当复杂，急需认真规划和监管本公司的跨文化谈判策略；相反，如果买卖双方的民族文化差距很小，且组织文化相似，那么双方将很容易实施有效的谈判策略，无须太多的适应过程［格里费特（Griffit），2002］。

在买卖双方的民族和组织文化"差距"中，双方尤其是卖方需要以一种可以接受的方式努力将自身的行为适应对方的行为。在这种情况下，通过对行为的适应差距1将弱化为差距2。卖方调整自身行为以适应对方文化交流方式的程度是其自身销售技能和经验的一部分。必要的技能包括应对压力的能力、开始交谈的能力和建立有意义的关系的能力。

不过，如果卖方或买方都不能完全理解对方的文化，那么最终的结果通常是买卖双方文化行为的差距（差距2）。这种差距将在谈判和交流过程中引发摩擦，继而产生交易成本。

通过市场研究和对销售人员的教育，差距2可以缩小（见下一部分）。不过，销售人员因个人态度和技能不同也将导致跨文化意识的差别。例如，培训师选择为已经处于接受阶段而且希望进一步了解行为策略的销售人员，培训基本的文化知识，那么将很难激发他们的兴趣，而且他们也意识不到多样性培训的重要性。

另外，面对面的交流技能也是国际销售培训中重要课题。尤其在咨询式销售中，提问和倾听能力在全球营销环境中至关重要。不过，通过培训项目了解文化差异性将帮助销售人员和营销执行者更好地适应不同的消费者及合作人员的行为。然而，很多销售人员质疑培训及其背后的价值。事实上，雇员可能将多样性培训看作简单的时尚潮流或"政治立场上正确的做法"。可是，由于准备不够充分许多销售人员将很难理解文化差异性，直到他们遭遇到不熟悉的文化情形。

对包括文化差异性（差距）在内的销售人员的有意义的教育体验产生频繁影响的其中一个关键因素就是很难提供经常性现场学习体验的机会。这是由于时间和资源的缺乏。尽管做法很值得，但在很多情况下，很难在分析和反省销售人员的行为之前将其带入实际的文化环境中。应对这种窘境另一套可行的方案就是让培训者处于模拟的多样性文化中。这种方法的优点是更有效率而且激发个人参与的积极性，从而进行经验性学习。基于角色扮演和结果导向型学习的模拟过程在销售人员和管理者的教育实践中已经取得很大成功（Bush 和 Ingram，2001）。

谈判策略

谈判的基本点就是，既要清楚自身的优势和劣势，也要尽可能多的知晓对方的实力，并能够了解对方其他可能的方案，预测他们的想法和目标。即使在开始的时候处于劣势，通过销售人员采取的谈判策略也可能助其转化为自身优势。

13.3　跨文化的准备

许多销售人员意识到，在他们的工作环境中，文化差异性是一个很重要的问题。然而，在实际工作中发生了很多有关文化误解的故事，这充分证明销售人员没有意识到文化差异性对其预测销售行为能力的影响。因此，个人通过在实际工作中展示自己所领悟的技巧，见证这些技巧是如何影响自己与不同文化背景的同事或买方的交流就会慢慢进步。对销售和营销人员而言，参与一些这样的模拟练习有助于他们通过不同的方式开始理解文化差异性的影响。

示例 13.2　欧洲迪士尼成为巴黎迪士尼乐园——迪士尼学会适应欧洲文化

20 世纪 80 年代中期，华特迪士尼公司开始为欧洲主题公园物色地址，当时法国和西班牙成为了最有可能建造该主题公园的国家。最终，马恩河谷新城（巴黎以东约 20 英里）凭借全新的米老鼠之家赢得这场竞争之战。1987 年，迪士尼设立迪士尼欧洲子公司。第二年，一个斥资 44 亿美元的工程开始破土建造。1989 年，欧洲迪士尼对外开放（华特迪士尼持有 49％的股份）。

1992 年，在筹备欧洲迪士尼开业时，该公司首任主席自豪地宣布其公司将推动欧洲化学的改变。

然而，一些跨文化的重大错误发生了：

公园开放之前，迪士尼执意让员工遵守一套详细的有关穿着，首饰佩戴及个人仪表其他方面的成文规定。女士必须要穿适合的内衣，保持短指甲。迪士尼坚持维护这一举动，也在毫无更改地在其他乐园执行这一规定。这样做的目标就是让游客获得一种如迪士尼名字似的经历。尽管是这样声明的，但是法国人认为这样的规定是对法国文化、个人主义及隐私的侮辱。

从美国扩张而来的迪士尼标准"无酒政策"规定欧洲迪士尼乐园不得供应酒水。同样，在一个以生产和消费酒水而著称的国家中，这也被视为不合理。

迪士尼也采取了一系列的改变措施，如更名为巴黎迪士尼乐园，增加了一些特殊景点。自1996年起，巴黎迪士尼乐园才开始盈利。

现在，巴黎迪士尼主题乐园是欧洲最吸引游客的景点。迪士尼乐园凭借每年超过1 200万人次的接待量，超过埃菲尔铁塔成为欧洲第一的旅游目的地。

在2006财政年度中，巴黎迪士尼吸引了约1 280万名游客：其中40%来自法国，15%来自比利时、卢森堡和荷兰，20%来自美国，9%来自西班牙，5%来自德国。

在2006年这一年中，巴黎迪士尼乐园上报收益为10.877亿欧元，公司合并净亏损8 900万欧元。在所获的收益中，主题公园占53.2%，酒店和迪士尼乡村小镇占37.9%，不动产及其他占8.9%。

该乐园以50个娱乐设施及景点、60多家饭店、54家商店和大量现场娱乐演出为特色。另外，公司还经营7家宾馆，2个会展中心和娱乐中心，这也是公园到场内宾馆的连接路径。欧洲迪士尼向华特迪士尼支付使用费用和管理费用。

2005年初，欧洲迪士尼重组债务，而且还将工作重点转至销售和市场效能。为此，欧洲迪士尼对宾馆和游乐设施做了全面升级：2005年底，重新修整星际历险过山车，之后再次以天空飞车的名字亮相；2006年，开创了一套以任务2和玩具总动员为主题的游乐设施——巴斯光年激光大爆炸（Buzz Light-year Laser Blast）。

资料来源：T. W. O. 旅行/阿拉米图片社（Alarmy）。

2007年，巴黎迪士尼乐园用一种特殊的方式庆祝了自己开业15周年。游客们可以在睡美人城堡中好好享受一番，这是专门为周年庆设计的。另外，迪士尼故事也以一种全新方式来到了游客身边，给游客一种特殊的人物体验，同时也向游客们展示了新景点及演出。阴阳魔界之恐怖塔于2008年在华特迪士尼影城向游人开放。2007年，在这个位于华特迪士尼影城的卡通工作室的新区域中增设了两个激动人心的景点。它们是：

- 冲天飞车（Crush's Coaster）——游客逐步穿过影棚的悉尼港场景，从迪士尼的主打影片/皮尔斯影片、《海底总动员》（Finding Nemo）到进入旋转的贝壳进行冒险，冲浪于东澳大利亚海流之上。
- 四轮汽车拉力赛（Cars Quatre Roues Rallye）——游客可以在一个八字形的野外赛道兜风，沿途观看沙漠景观。对游客及其新秀车而言，这是一个严格的测试，但如果游客有赛车技巧和勇气，这将是一次刺激的尝试，您也成为迪士尼的主打影片/皮尔斯影片的明星——《闪电麦昆和他的朋友们》（Lightning McQueen and Mater）——让您体验引擎轰鸣之感。

多年来，公司将乐园调整的越来越贴近欧洲人的品位。比如，供应如香肠和酒这样的食物和饮品。另外，迪士尼影棚的虚幻导游也使用的法国人物。

资料来源：塔利亚布（Tagliabue）（2000）；德拉·卡瓦（Della Cava）（1999）；www.eurodisney.com；胡佛公司记录（Hoover Company Records）；欧洲迪士尼，2006年12月，迪士尼版权所有。

13.3.1 一般性的跨文化准备

如下推荐的五步法可以在公司进入不同国际市场之际，帮助公司培训销售人员如何处理文化差异性。［布什（Bush）和英格拉姆（Ingram），2001］

1. 建立一种意识，文化差异性是如何影响销售组织的活动的。
2. 鼓励销售人员和经理重新考虑自己的对待顾客的行为和态度。
3. 在心理安全环境中，让销售人员测试自己的心理偏差。
4. 分析一下文化定势是如何形成的，又是如何在买方和卖方之间制造误解的。
5. 明确国际销售组织中那些需要强调的差异性问题。

对学习交流类型和文化差异性而言，模拟是一个很有价值的起点。文化差异性培训需要比我们预想的更多时间。在培训个人在主体文化和次文化之间进行沟通交流的过程中，我们会遇到很多困难，其中一个就是我们不能只在2小时的课堂上将文化差异性处理得很好，要扩展到实际生活与工作中。尊重不同文化背景的成员并与他们成功交流这是一个长期过程。只有通过长期的训练与实践，销售人员才开始意识到文化差异性观念超越了"那些要做的正确的事情"或满足了肯定行为的要求。重视差异性也对一个组织的底线产生了影响。

13.3.2 伙伴跨文化交流和谈判能力的具体评估

为了解决谈判过程中那些关于合理行为，减少差距的问题，公司必须积极主动地制定出一套具体策略来提高交流效率。虽然大多数公司都没有形成一套自己的关于跨文化交流的管理方法，但是如下介绍的三个步骤对销售公司提高自己在谈判中的跨文化交流和能力是十分必要的。

1. 评估销售人员的交流能力：明确销售人员交流能力在关系成功中的重要性，评估这些人员的能力，这对销售公司来说十分关键。一旦开始技术水平（比如，行业性标准语言能力）的评估，公司就可采用前面介绍的模拟法和经验法来衡量行为能力。

2. 评估购买公司中的谈判者的交流能力：如果可能的话，处在外国文化中的买方也应该执行（1）中所描述的相同步骤。然而，要得到关于购买公司的谈判者的这些信息是相当困难的。

3. 匹配购买公司和销售公司的交流和谈判能力：只有这两种公司的之间的跨文化交流能力水平相当（差距不是特别大），这样才能有望实现国际谈判和未来关系的成功。当然，在这里要指出的是，销售公司只能掌控自己的内部的能力，而不能掌控购买公司的这些能力。

交流评估这个问题还可以融入公司合作伙伴选择和维系的标准之中。正因为销售公司选择和维系自己合作伙伴的标准之中融合了这些交流能力。因此，在与其合作伙伴（购买公司）的关系中，要展露出提高现有交流能力的灵活性和意愿，这是十分重要的。

13.4 应对外派人员

外派人员（Expatriates）：由总部派出的在国外市场为公司工作的员工，经常服务于附属公司。

接下来讨论的问题不仅适用于外派销售人员而且适用于那些在国外建厂的公司中的其他工作（比如，外国子公司的行政管理职务）。面对买家时，外派销售人员深处外国文化与客户进行谈判经常会遭遇文化冲击。正因为外派人员的文化与他们一起工作的伙伴截然不同，因此他们对这种文化冲击体会更深，也接触最广。

那么，面对这种状况，国际公司的管理层应该做些什么来将这种文化冲击的风险降到最小呢？接下来我们将对这个问题展开思考与探索。

13.4.1 聘用外派销售人员的策略

对于公司，要确定的第一个主要决策就是雇用同一个国家的外派人员是否是打入和服务外国市场的最佳选择。首先，公司要审视一下自己有关文化冲击和其他文化中的销售代理的调节措施的经历。

对于那些缺乏经验的公司，最好的建议就是对可能的经销商或代理商进行评估而不是雇用同一个国家的外派人员。另外，对于那些拥有自己销售队伍的公司，可以选择雇用地主国人员或第三国员工（见表12.6）。

公司应试着辨别国外销售工作中那些有可能引起文化冲突的因素。如果这项工作技术性较高，而且所在区域中要与其他本国人员一起工作，这时，雇用外派销售人员是十分恰当的做法。

然而，如果外派人员不熟悉这项工作，而且工作环境也其期望相悖，这时，公司就要考虑其他选择。随着文化差距的增大，发生更大文化冲突和进行问题调整的概率也增加。高语境/低语境的反差越大，遇到困难的机会也越大。当进入一种不同文化时，我们熟悉的许多标志和提示都会消失。这样，日常信心的缺失会导致我们形成挫败感、压力感和焦虑感。

13.4.2　外派人员选择

当一名外派销售员是一项十分重要的任务，选择外派人员时也需要进行大量考量，不能轻率地作出决定。选择时不应主要根据销售人员的技术能力，还必须强调下面这些特性：

- 外语技能
- 处理一般关系的能力
- 情绪稳定性
- 教育背景
- 指定文化方面的过去经验
- 应对压力的能力

以前的研究（盖尔（Guy）和巴顿（Patton），1996）表明，外派人员的以下特点与较低水平的文化冲击有关：

- 开放的思想
- 执着
- 文化敏感性
- 坚韧性
- 放低自我身份

13.4.3　培训

为每个外派人员选择最合适的培训课程需要根据其不同层次的跨文化交际能力进行划分。每一层次都需要不同的培训计划。

最初的要求是培养外派人员以及陪同的家庭成员了解派往国家主要的社会文化、经济、政治、法律和技术因素。

培训活动包括：

- 地区/国家概述
- 文化同化培训
- 角色扮演
- 处理紧急事件
- 案例研究
- 现场体验
- 广泛的语言培训

很显然，很多公司不可能在公司内部或通过单一资源提供需要的所有培训，但他们可以协调各种方法和外部程序，让外派人员在接受外派任务之前及在执行外派任务过程中加以领悟。

13.4.4　支持

很重要的是，总公司要提供坚实的网络支持，这样，外派人员不会感到孤单，被放任沉浮。外派期间的支持比较下列这些因素：

- 适当的货币补偿或其他福利。
- 与国内基地保持联系，就总公司及外派国/地区所发生的经营进行沟通。
- 提供定期回国的机会，以便与公司保持联络和关系。国内基地也可以发布所需工作职位信息，外派人员对此也许会感兴趣。

外派人员应该明确并跟东道国的人员保持联系，因为这些人可以成为外派人员社交网络的一部分。外派人员的配偶及家人对其社交网络的支持也相当重要。

13.4.5　归国

聘用外派人员的公司应该制定一套完整的职业规划，明确未来可能会面对的工作岗位和职业发展。在职业生涯中，如果外派人员需要经常接受一系列的国际任务，那么每一项任务都要精心选择，以培养其对不同文化的意识。比如，对于一家英国公司来说，第一个外派任务应选择在文化方面与英国相似或接近的国家，比如德国货美国，接下来可以是南非或澳大利亚，然后日本等以此类推。用这一方法，文化冲击将会降到最低程度，这一过程鼓励在越来越遥远的国家内驾驭形势的能力。

有时，要外派人员回国比较困难。没有职业保证是外派人员面临的最大挑战。归国前的几个月就需要开始寻找合适的内部岗位，安排外派人员回国以便会见掌握合适岗位的经理们。还需要在公司总部内寻找后援，一来可以不断保持联系；二来可以帮助外派人员锁定一回国就可以得到理想的岗位。

有时外派人员的家人回国后也会经历文化冲击；因此，归国时需要获得某些支持，其中包括配偶求职帮助以及回归工作岗位前的调整。

13.5　知识管理与跨境学习

全球管理知识，即对于在地理位置上分散于各大洲之间的跨越边界的业务单位、子公司和部门的管理的管理是高度复杂的，需要考虑不同的问题和因素。全球策略通过全球传播和适应利用母公司（总部）的知识。通过总部和子公司之间的动态相互依存，努力实现"放眼全球思考，立足本地行动"（think globally but act locally）的口号。遵循这一战略的组织共同努力，利用全球一体化的效率与效益的同时，确保地方的灵活性，以及确保全球范围内的创新传播 [德索萨（Desouza）和埃瓦里斯托（Evaristo），2003]。

知识管理中的一个关键因素是不断总结经验教训 [斯图尔特（Stewart），2001]。具体而言，作为以学习为重点的跨国活动，知识管理的目标是记录应用于某一市场但可以在其他地方复制（在其他地方的市场）的有价值的能力，从而使企业能够不必"另起炉灶"就可以不断更新自己的知识。参见图 13.3 的例子，了解在公司不同的国际市场转移最佳实践的全球学习的系统方法。

将公司的最佳实践转移到其他国际市场的步骤如下：

1. 通过标杆学习（比较）公司在国际市场上的不同程序，公司应该可以选择最佳实践——图 13.3 中，最佳实践即在英国和瑞典的做法。另外，最好实践可能产生的影响在"高层管理者"团队进行讨论。

2. 最佳实践传播的程序在高层管理团队中确立之后，下一个步骤就是确定这些最佳实践是否可以用在公司国际市场的其他地方。为了传播全球知识和最佳实践，应该建立会议（来自所有国际市场的代表）制度和全球项目组。如果取得成功，标杆学习可能会引发一场全球学习过程，不同的全球营销经理会选择从所提出的最佳实践中选择最有用的元素，使它们适应于当地市场。

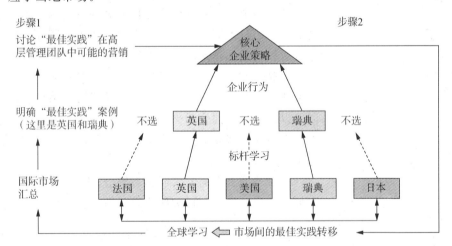

图 13.3　全球营销"自下而上"的学习

然而，正如在本章前面提到的，一种文化背景中开发和使用的知识不能轻易转移到另一个文化背景。人际关系的缺乏、缺乏信任和文化距离共同形成跨文化知识管理中的阻力、摩擦和误解 [贝尔（Bell）等人，2002]。

随着全球化成为许多公司的业务战略核心——不管企业是从事产品开发还是提供服务——能够管理"全球知识引擎"，在当今知识密集型经济中取得竞争优势是可持续竞争力的关键之一。在全球营销的背景下，知识管理实际上是一种跨文化的交际活动，其主要任务是培养并不断进行更加复杂的跨文化合作学习［贝利尔（Berrell）等人，2002］。当然，作为组织战略并需要管理以提高竞争力的知识种类和/或类型是不同的，取决于企业背景与之相联系的不同类型的知识。

13.5.1　显性和隐性知识

　　新的知识是通过隐性和显性知识之间的协同关系和相互作用产生的。

　　显性知识是指可以使用一套符号系统正式表达，因而可以很容易地沟通或传播的知识。它以对象或规则为基础。以对象为基础的知识要么使用符号（如词汇、数字、公式）解码，要么使用具体实物（如设备、文件、模型）解码。基于对象的知识的例子有产品规格、专利、软件代码、数据库、技术图纸等。当知识被编纂成规则、程序，或标准操作程序时就是基于规则的显性知识［邱（Choo），1998］。

　　隐性知识是指由组织成员用来进行工作、了解世界的知识。它是未曾解码又很难跨越国界和子公司进行传播的知识。这种知识难以用语言描述，因为它是通过基于动作的技能表现出来，但又不能流于规则和方法。而隐性知识是通过长时间的体验和做任务学习到的，在这一过程中，个人会产生一种感觉和能力，对有关活动的成功执行做出直观的判断。隐性知识对组织非常重要，因为组织只能通过某种方式撬动其成员的隐性知识进行学习和创新。当隐性知识转变成公司的新能力、产品、服务或新市场时就会非常有价值。组织知识创造是这样一个过程，即从组织内部将在不同国家和子公司的个人创造的知识进行放大，并使之成为公司国际知识网络的一部分。推动国际知识放大的过程有两个方面的动力（Nonaka and Takeuchi，1995）：

　　1. 将隐性知识转变为显性知识；

　　2. 将知识从个人向群体、组织和组织间（不同国家的子公司之间）转换。

　　国际化企业的一个中心问题就是关注知识的创造和传播：创造卓越的知识中心的能力可以在某些子公司形成。例如，对于特定的功能如产品开发和国际市场营销。

13.5.2　全球项目组

　　今天的企业越来越强调全球化，越来越要求人们打破文化和地理界限，工作中同心协力。多元文化的工作组趋势成为创造变化的经济条件，迫使企业开发新结构，以最大限度地减少成本，增加灵活性。

　　这些变化的一个后果就是，随着知识的迅猛增长和日益复杂的工作环境，越来越多的任务只能以国际项目组的形式由功能和文化不同的专家合

显性知识（Explicit knowledge）：利用符号系统正式地表达，并能很容易地跨界沟通的知识。

隐性知识（Tacit knowledge）：未曾解码又很难跨越国界和子公司进行传播的知识。

作完成。基于多元化创造价值的假设，因此，通过汇集不同的创意和共享知识的竞争优势，多元文化项目组已经成为跨国公司的流行趋势。然而，在实践中使用这些小组往往会出现许多意想不到的问题。看来，通过多样化的员工可以获得的认知优势被误解和不信任等关系问题抵消了，因此周转率变高了 ［沃尔夫 （Wolf），2002］。然而，今天的经济面越来越需要跨越各种边界，因此多元文化项目组的存在已经成为必然。

由于沟通和信任问题给全球项目组带来特别困扰，所以构建项目团队对成功特别重要。企业高层管理人员需要解决三个问题 ［戈文达拉扬 （Govindarajan） 和古普塔 （Gupta），2001］。

1. 目标是否界定明确？任何一个全球项目团队首要关心的问题是必须明确讨论小组的议程，并确保清楚、正确地定义目标和问题。许多项目组如果不充分解决和讨论所涉及的问题，就会立即遇到问题。同一问题的不同结构会产生不同的结果。因为项目组通常有来自不同子公司的成员，常常互相竞争稀缺的企业资源，因而内部往往冲突很大，也缺乏信任。因此，最好根据公司的地位和外部市场，而不是强调内部问题在来解决项目组出现的问题。外部导向鼓励标杆管理，培养创造力和提供令人信服的理由，证明所作出的艰难决定与生产合理化和裁员有固有的关系。鉴于全球项目组可能出现的沟通问题，项目组成员必须了解项目组的议程：项目范围、预期成果和时间表。文化和语言方面的差异会使完成团队成员同意就议程和亟待解决的问题上达成协议的任务变得复杂。要明确地促进承诺和加强责任。

2. 选择团队成员。创建成功的全球团队的另一个关键是正确选择团队成员。两个问题特别重要：如何平衡团队中的多元化以及团队应该具有怎样的规模？通常情况下，多元化程度会很高。为什么？首先，团队成员来自不同的文化和国家背景——这就是所谓的行为多元化。其次，通常情况下，成员所代表的公司的议程可能不一致。最后，因为成员经常代表不同的功能单位和部门，所以他们的优势和前景也会有所不同。后两个问题指所谓的认知多元化。

接下来仔细分析一个行为多元化的例子。比如，我们研究一个瑞典—中国合资企业的跨国项目团队。按照大多数中国团队的做法，代表团队的观点的是最资深的团队成员，但在瑞典队中却是最年轻的团队成员。除非你的团队成员意识到这些差异，否则很容易产生误解，阻碍沟通。因此，行为多元化被视为一种必要的邪恶：没有哪个全球性的项目团队能够避免，但团队必须通过文化敏感性培训，尽可能地减小它造成的影响。

让我们仔细看看认知多元化的一个例子。这种多元化是指成员感知团队机遇和挑战的实质内容中存在的差异。功能背景的差异可以解释为"市场拉动"（市场营销部门的人员更喜欢）和"技术推动"问题的实质性认知差异（工程部门的人员更喜欢）。因为没有一个成员能够垄断智慧，所以认知多元化几乎总是力量的源泉。不同的观点培养创造力和更全面的寻求和评估各项选择，但团队必须能够整合各观点，然后得出统一的解决方案。

3. 选择团队领导。构建一个全球项目团队的领导包括对三个角色作出重要的决定：**项目负责人、外部教练和内部协助人员。** 项目组长在跨国项目团队中起着举足轻重的作用。他们必须促进成员之间信任的发展，并对项目的结果具有最大的影响。他们必须拥有解决冲突和整合能力以及过程管理的专门知识，包括诊断问题、评估形势、生成和评估方案。外部教练是项目组的特别成员，是过程而非内容方面的专家。当现有最好的项目领导的过程管理技能不足时，很可能非常需要这样一位教练。如果被任命的项目组长在项目结果中具有很大的话语权。比如，如果一个跨国任务小组需要将全球的子公司减少30％，才可以达到一个比较合理的数字，这种情况才有可能发生。全球性项目团队的内部后援通常对团队的成功有强烈兴趣的高级执行官。后援的职责之一就是提供现行的指南方便利用资源。

任何给定时间内，全球化公司通常都会有很多项目组，解决不同的跨境协调问题。因此，公司积极主动地在各子公司的关键管理人员之间建立和谐、信任的氛围是很有道理的。例如，联合利华使用几种方法做到这一点——如将各子公司经理聚在一起参加执行发展教育培训。

当一个项目组成员来自不同国家的子公司并具有卓越的知识和技能时，这个团队就具有很高的认知多元化潜力，这也是竞争力的源泉。然而，知识的多样性几乎总是会带来一定程度的人际交往的不相容性和沟通困难。过程机制可以识别和预测这样的陷阱，整合最好的个人创意和贡献。因此，需要这样的过程机制来帮助项目组协调不同的观点，形成更好的、更有创造性和新颖的解决方案。

13.6　跨文化谈判中的过度行贿

行贿（Bribery）： 工业化国家的公司给发展中国家可以影响合同的政府官员支付非法款项，以从中牟利。行贿包括赠送小礼品，甚至大笔金钱。

乍一看，行贿是不道德的和非法的行为，但仔细一看，行贿绝非一个简单明了的问题。与行贿有关的伦理和法律问题相当复杂。因此，对行贿的界定范围可以是相对无害地付给小官员或业务经理几英镑以便加快文件的处理或货物的装载，或支付数百万英镑给某国家元首，从而保证公司的优惠待遇。斯科特（Scott）等人（2002）通常将行贿定义为"工业化国家的公司给发展中国家可以影响合同的政府官员支付非法款项，以从中牟利"。

必须区分润滑和行贿之间的区别。润滑支付公司要求员工更迅速、更有效地工作。它们向某国家的低级别的官员送出小额现金、礼品或服务，这样的行为法律不禁止，其目的就是使这类官员在处理正常而合法业务时能尽快办理。这是许多国家普遍的做法。另一方面，行贿通常涉及大笔金钱，常常无法自圆其说，目的为了诱使某一官员为了行贿者的利益作出违法行为。

另一类可能出现行贿（也可能不是）的付款就是代理费。当一个生意人对某个国家的规则和条例没有把握时，可以聘任代理人代表公司处理所在国的一切事宜。代理人坏比那些不熟悉国家特殊程序的人能够更有效和更彻底地解决问题。有许多中介机构（律师、代理、分销等），其作用仅仅是作为非法支付的渠道。法律规范因国而异，从而使这一过程更加复杂：在一个国家非法的事情，在另一个国家可能会被不屑一顾，而在第三国可能就是合法的。在一些国家，非法款项成为主要的业务费用。中国香港公司的报告说行贿约占在中国做生意成本的 5％。在俄罗斯的成本为 15％～20％，而在印度尼西亚高达 30％ ［杰斯特兰德（Gestland），1996，第 93 页］。

对于受贿问题的解答也是有限制的。很容易概况政治贿金和其他类型支付的道德规范；当不支付这笔费用有可能影响公司的业务是否盈利时，更难作出拒绝支付这笔款项的决定。因为不同文化具有不同的伦理规范和道德标准，面对开展国际业务时所遇到的伦理和实用主义的困境，直到更多国家决定有效处理这一问题时才能获得解决。

示例 13.3　行贿包括性服务吗？洛克希德马丁公司和韩国国防合同

2003 年，美国一家法院裁定对武器制造商洛克希德马丁公司进行起诉，据称该公司涉嫌利用提供性服务和行贿等方式赢得韩国国防合同。

该案件由韩国供应公司（KSC）提起诉讼，因为在其竞争 1996 年韩国飞机雷达系统的合同中，输给了洛克希德公司劳拉（Loral）分公司。

KSC 的诉讼声称，劳拉公司的员工金琳达（Linda Kim）——前模特和歌手——行贿韩国军事官员并向国防部长，李壤和（Lee Yang Ho）提供性服务。他承认自己与金女士有不正当的关系，却否认这一关系影响到他的决策。他们被牵连进另一个行贿丑闻后，金女士给国防部长的情书成为韩国各媒体的头条新闻。

美国《反海外贿赂法》禁止美国公司行贿外国官员来影响官方的行为或决定。

资料来源：本金 BBC 新闻，"Lockheed sex suit to go ahead"，2003 年 5 月 3 日，http：//news.bbc.co.uk/1/hi/business/2820939.stm。

13.7　总结

在国际市场营销方面很需要谈判技巧。谈判技巧和个人销售技巧有关的。个人销售通常发生在现场销售人员的层面以及正式的谈判过程中。文化因素是理解外国人谈判风格的关键。

谈判过程受文化影响非常显著,不同文化内的谈判代表(通常为买方和卖方)具有丰富的社会经验和受到良好的教育。文化差异在国际销售谈判过程中普遍存在,对谈判过程本身及其他结果具有重大影响。

跨文化谈判过程可以分为两个不同的部分:非任务相关的互动与任务相关的互动。销售谈判过程中的非任务相关方面(地位的区别、印象形成的准确性和人际吸引力)被认为是首要的方面,因为当接近买家时,更相关的正是这些因素。一旦成功建立联系,销售谈判过程中任务相关的方面(交换信息、说服与谈判策略、让步和达成协议)就会开始。

两个合作伙伴的谈判过程之前,他们之间存在文化上的距离。这一文化距离可能会造成相当高的交易成本。要缩小文化距离就需要对谈判人员进行培训。外派人员感受到的文化冲击表明将谈判代表和销售人员派往国外市场往往很困难,要成功实施也很复杂。有 5 个实施领域:(1)聘请外派销售人员的初始决策;(2)明确和选择合格的候选人;(3)提供适当的培训;(4)维持不断的支持;(5)归国时取得令人满意的结果。

在全球知识管理中,一个关键因素是在不同的市场中不断地学习经验。具体而言,作为以学习为重点的跨国活动,知识管理的目标是记录应用于某一市场但可以在其它地方复制(在其他地方的市场)的有价值的能力,从而使企业能够不必"另起炉灶"就可以不断更新自己的知识。什么是正确的,什么是合适的,这一伦理问题使全球营销面临许多难题。不同的国家对行贿这一问题的界定也截然不同。一个国家可接受的事情可能在另一个完全不可接受。

案例研究 13.1

扎姆扎姆(Zam Zam)可乐:伊朗"穆斯林"可乐进军欧洲市场的营销战略

扎姆扎姆可乐是可乐口味的软饮料,由扎姆扎姆软饮料制造有限公司在伊朗生产。本公司创建于 1954 年,最初是百事可乐的一家分公司,是伊朗第一家碳酸软饮料生产商。1979 年伊斯兰革命后,扎姆扎姆成立了自己的公司。

产品名称借鉴了位于麦加的扎姆扎姆之井,这是麦加伊斯兰朝圣中的一站(通往麦加)。

扎姆扎姆可乐在伊朗和阿拉伯世界的部分地区特别受欢迎,作为"西方"产品如可口可乐和百事可乐在穆斯林世界的替代品备受推崇,虽然可口可乐和百事可乐这两家制造商在中东和非洲的可乐市场仍几乎占总市场份额的 80%。

艾哈迈德·汉达德·穆加达姆(Ahmad-Haddad Moghaddam)是扎姆扎姆软饮料制造有限公司的董事。该公司由受压迫者和残疾人基金会拥有(Bonyad-e Mostazafen va Janbazan),

这是一家由神职人员管理的强大的国家慈善机构。

继2002年沙特阿拉伯抵制可口可乐之后，扎姆扎姆就非正式地成为朝圣软饮料。由王子图尔基·阿德巴拉汗·费萨尔（Turki Adballah al-Faisal）拥有的沙特阿拉伯的一家公司于2003年1月与扎姆扎姆集团签署了一份协议，让这家沙特公司在沙特阿拉伯、埃及和其他一些阿拉伯国家拥有独家经销权。该饮料也在欧洲和亚洲一些地区少量出售。

扎姆扎姆集团的总部设在伊朗德黑兰。在德黑兰，装瓶厂是一个受欢迎的景点，因为人们在那里可以亲眼看到饮料是如何装入瓶中的。由于瓶装厂设备就在Mehrebad机场附近，游客经常驻足观看。

起初，只有一个单一的生产线。现在，在伊朗

拥有17个饮料厂以及一些国际公司，经扎姆扎姆集团特许生产和销售该公司的产品。扎姆扎姆公司已经在中东开发出最精良的浓缩饮料厂。扎姆扎姆伊朗有限公司已经成为国内和国际市场的重要存在，产生100多种不同产品，包括可乐、柠檬、橙汁、柠檬饮料、杧果、矿泉水、不含酒精的啤酒饮料等。扎姆扎姆饮料也在阿拉伯联合酋长国和其他周边国家出售。

竞争形势

可乐碳酸盐饮料仍然是中东许多国家最受欢迎的软饮料。尽管存在抵制百事可乐和可口可乐的各种活动，可乐业仍然是美国两大巨头的摇钱树，大约在2002年，似乎就已经从抵制活动中恢复了其市场份额。百事可乐和可口可乐公司在市场营销和促销活动中似乎比以往更加积极。2010年，可乐饮料在中东市场总量约为80亿升，其中的18%在扎姆扎姆的故乡——伊朗。对于整个中东地区，预计从2010到2015年度，可乐的年总消费的增长每年将超过10%。整个中东地区的市场份额（2010）如表1所示。

表1 中东市场的可乐市场份额

中东公司	市场份额（%）（非即买即用市场）（2010年）
可口可乐	51
百事可乐	27
扎姆扎姆	5
其他	17
总计	100

资料来源：根据Euromonitor.com和公开发表的资料。

在伊朗，扎姆扎姆大约占可乐市场份额的16％。在阿拉伯和穆斯林世界的可乐饮料，如扎姆扎姆可乐公司、阿拉伯可乐、帕西（Parsi）可乐和麦加可乐的崛起，已经使阿拉伯和穆斯林可乐在可乐市场占有一席之地。麦加可乐鼓励消费者喝饮料时要"摇醒你的良知"（Shake your conscience），并提醒消费者苏打不能与任何酒精饮料混用。大多数伊斯兰国家禁止饮酒，《古兰经》中是明确禁止的。

最近发展成果

扎姆扎姆计划在2012年在迪拜投资公园建设一家1 000万美元的生产厂，设计年生产能力为8 000万瓶。扎姆扎姆可乐已经在巴勒斯坦、伊拉克、阿曼和约旦拥有制造厂，总生产能力为6亿瓶。下一期迪拜项目将是水和果汁灌装线——全部装入玻璃瓶、罐和PET瓶。艾哈迈德·汉达德·穆加达姆（Ahmad-Haddad Moghaddam）还在考虑如何确保扎姆扎姆可乐的未来增长，他认为欧洲将成为未来的市场，因为有大量的穆斯林生活在欧洲。2010年，在欧洲（不包括土耳其）生活的穆斯林总人数大约是5 300万（占整个欧洲人口的7％）。欧洲穆斯林人口最多的是俄罗斯（2 500万人）和法国（600万人）。2010年，欧洲联盟（欧盟）的穆斯林总人数为1 600万（占欧盟总人口的3％）。

如果扎姆扎姆选择大举进军英国可乐市场，那么它将面对来自其他基地在英国的"穆斯林可乐"的竞争对手，如Evoca可乐和麦加可乐（这一品牌似乎已经撤出欧洲市场）。艾沃克（Evoca）可乐制造商，艾沃克企业有限公司（Evoca Enterprises Limited）于2003年5月在英国成立，并于2004年1月推出其旗舰品牌艾沃克可乐。目前，艾沃克可乐销往英国、法国和阿尔及利亚。艾沃克突出了黑色种子的存在（黑种草），因为黑色种子在伊斯兰文化（包括其他文化）中众所周知，还有所记载的先知穆罕默德所遗留下来的圣训，具有非常有益的愈合作用。因为穆斯林渴望以自己的先知为榜样，对其每一次演讲、思想和行动都怀有极大兴趣，大家争论这样一个事实，凡是有穆斯林产品和服务上市并合理销售的地方都能取得成功[威尔森（Wilson）和刘（Liu），2010]。

尽管加入黑籽可以成为一个可能有利的营销角度，该产品却并没有定位成"穆斯林可乐"或作"穆斯林可乐"出售，因为矿泉水和其他天然成分的独特结合及其纯正的可乐味道使之愈加引起主流消费者的兴趣。

资料来源：威尔森·J. A. J（Wilson, J. A. J）和刘·J（Liu, J）.（2010），"Shaping the Halal into a brand?"《伊斯兰营销杂志》（*Journal of Islamic Marketing*），1（2），107-23页；扎姆扎姆公司的公开信息。

问题

1. 扎姆扎姆可乐公司在中东地区成功的主要原因是什么？

2. 如果艾哈迈德·汉达德·穆加达姆欲将扎姆扎姆可乐销往欧洲连锁超市，将如何在文化方面准备其销售人员？

3. 艾哈迈德·汉达德·穆加达姆会利用新咖啡连锁店和新能源饮料重复扎姆扎姆可乐的国际成功经验吗？

参加本书网站 www. pearsoned. co. uk/hollensen，查询更多练习和案例。

讨论问题

1. 解释为什么国外的谈判过程中可能因国而异。

2. 假如你是一位欧洲人，首次准备与一家日本公司谈判。如果谈判地点是其中之一时，你将如何为这一任务做准备工作：（1）在日本总部；（2）在其欧洲的一家子公司？

3. 外派人员应如何使用？外派人员在国外可能会遇到什么样的困难？我们将如何做才能尽量减少这些困难？

4. 比较和对比欧洲人和亚洲人的谈判风格。他们的相同点是什么？不同点又是什么？

5. 你对外国公司游说努力有什么看法？

6. 为什么一个全球营销人员处理受贿时竟如此困难？

参考文献

Andersen, P. H. (2003) "Relationship marketing in cross-cultural contexts", in Rugimbana, R. and Nwankwo, S. (eds), Cross-cultural Marketing. London: Thomson, pp. 209-225.

Anglemar, R. and Stern, L. W. (1978) "Development of a content analytical system for analysis of bargaining communication in marketing", Journal of Marketing Research, February, pp. 93-102

Bell, D. B., Giordano, R. and Putz, P. (2002) "Inter-firm sharing of process knowledge: exploring knowledge markets", Knowledge and Process Management, 9 (1), pp. 12-22.

Berrell, M., Gloet, M. and Wright, P. (2002) "Organizational learning in international joint ventures: implications for management development", Journal of Management Development, 21 (2), pp. 83-100

Bush, V. D. and Ingram, T. (2001) "Building and assessing cultural diversity skills: implications for sales training", Industrial Marketing Management, 30, pp. 65-76.

Choo, C. (1998) The Knowing Organization, New York: Oxford University Press.

Delia Cava, R. R. (1999) "Magic kingdoms, new colonies: theme parks are staking bigger claims in Europe", USA Today, 17 February.

Desouza, K. and Evaristo, R. (2003) "Global knowledge management strategies", European Management Journal, 21 (1), pp. 62-67.

Fisher, R. and William Ury, W. (1981) Getting to Yes: Negotiating Agreement Without Giving In, New York: Penguin Books.

Gesteland, R. R. (1996) Cross-cultural Business Behaviour, Copenhagen: Copenhagen Business School Press.

Govindarajan, V. and Gupta, A. K. (2001) "Building an effective global business team", MIT Sloan Management Review, Summer, pp. 63-71.

Griffith, D. A. (2002) "The role of communication competencies in international business relationship development", Journal of World Business, 37 (4), pp. 256-265.

Guy, B. S. and Patton, P. W. E. (1996) "Managing the effects of culture shock and sojourner adjustment on the expatriate industrial sales force", Industrial Marketing Management, 25, pp. 385-393.

Harris, P. R. and Moran, R. T. (1987) Managing Cultural Differences. Houston, TX: Gulf Publishing.

Harvey, M. G. and Griffith, D. A. (2002) "Developing effective intercultural relationships: the importance of communication strategies", Thunderbird International Business Review, 44 (4), pp. 455-476.

Hendon, D. W. , Hendon, R. A. and Herbig, P. (1999) Cross-cultural Negotiations, Westport, CT: Praeger.

Hofstede, G. (1983) "The cultural relativity of organizational practices and theories", Journal of International Business Studies, Fall, pp. 75-89.

Hooker, J. (2009) "Corruption from a cross-cultural perspective", Cross Cultural Management, 16 (3), pp. 251-267.

Huang, L. (2010) "Cross-cultural communication in business negotiations", International Journal of Economics and Finance, 2 (2), May, pp. 196-9.

Madsen, T. K. (1994) "A contingency approach to export performance research", Advances in International Marketing, 6, pp. 25-42.

Magnusson, P. and Boyle, B. A. (2009) "A contingency perspective on psychic distance in international channel relationships", Journal of Marketing Channels, 16, pp. 77-99.

Mayfield, M. (1997) "Time perspective of the cross cultural negotiation process", American Business Review, 15 (1), pp. 78-85.

McGinnis, M. A. (2005) "Lessons in cross-cultural negotiations", Supply Chain Management Review, April, pp. 9-10.

Nonaka，I. and Takeuchi，H.（1995）The Knowledge-Creating Company，New York：Oxford University Press.

Rowden，R. W.（2001）"Research note：how a small business enters the international market"，Thunderbird International Business Review，43（2），pp. 257-268.

Salacuse，J. W.（2010）"Teaching international business negotiation：reflections on three decades of experience"，International Negotiation，15，pp. 187-228.

Schein，E. H.（1985）Organizational Culture and Leadership，San Francisco，CA：Jossey-Bass.

Scott，J. , Gilliard，D. and Scott，R.（2002）"Eliminating bribery as a transnational marketing strategy"，International Journal of Commerce & Management，12（1），pp. 1-17.

Simintiras，A. C. and Reynolds，N.（2001）"Toward an understanding of the role of cross-cultural equivalence in international personal selling"，Journal of Marketing Management，pp. 829-851.

Simintiras，A. C. and Thomas，A. H.（1998）"Cross-cultural sales negotiations：a literature review and research propositions"，International Marketing Review，15（1），pp. 10-28.

Stewart，D.（2001）"Reinterpreting the learning organization"，The Learning Organization，8（4），pp. 141-52.

Tagliabue，J.（2000）"Lights，action in France for second Disney Park"，New York Times，13 February.

Wolf，J.（2002）"Multicultural workgroups"，Management International Review，42（1），pp. 3-4.

Zhang，M. Y. and Dodgson，M.（2007）"A roasted duck can still fly away：a case study of technology, nationality, culture and the rapid and early internationalization of the firm"，Journal of World Business，42，pp. 336-349.

第14章 实施并协调全球营销计划

目录

14.1 引言

14.2 全球营销活动的组织

14.3 全球客户管理（GAM）组织

14.4 管理全球营销计划

14.5 全球营销预算

14.6 开展全球营销计划的过程

14.7 总结

案例研究

14.1 亚马逊公司（Amazon. com. Inc.）——在线零售商挑战苹果 iPad 平板电脑市场

讨论问题

参考文献

学习目标

学完本章之后，你应该能做到以下几点：

- 研究各公司构建其国际组织结构的方法以及总部的作用
- 确定影响重组设计的变量
- 解释"全球客户管理"的困难和机遇
- 描述营销管理体系的关键因素
- 列举提高营销业绩需要采取的最重要的措施
- 解释如何建立全球营销预算
- 了解发展全球营销计划的步骤

14.1 引言

本章的主要目的是研究组织内部的关系，这是公司在最关键的业务领域努力优化其竞争反应的一部分。随着市场环境的变化，企业从单纯的国内企业发展到跨国公司，其组织结构、协调和管理系统也必须改变。

首先，本章将集中讨论现有主要组织结构的优点和缺点以及它们在不同的国际化阶段中的适切性；然后，本章将概述需要一个管理系统，用以监督公司的国际业务。

14.2 全球营销活动组织

全球性营销组织的结构方式是能够有效和高效地利用现有机会的一个重要决定因素。它还决定解决问题和应对挑战的能力。国际化经营的公司必须决定组织结构是根据职能、产品、地理区域建立，还是根据三者结合（一个矩阵）来建立。组织变化的演化特性如图 14.1 所示。下列几页将讨论不同的组织结构。

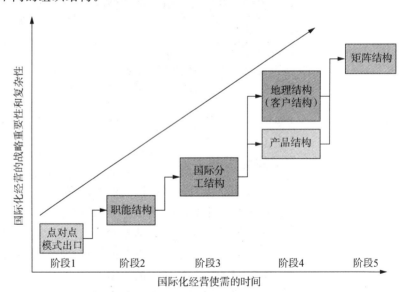

图 14.1 国际化经营的结构性演变

14.2.1 职能结构

所有方法中，职能结构（如图 14.2 所示）是最简单的。管理层主要关注的是公司的功能效率。

职能结构：在这里，最高管理层的下级分为职能部门，如研发、销售和市场、生产以及财务等。

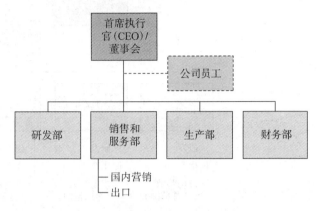

图 14.2 职能结构实例

许多公司由于收到国外询盘，从而开始其国际商务活动。因为刚刚开始国际业务，所以公司没有国际性专家，产品和市场通常也很少。在国际参与的早期阶段，国内市场营销部门可以负责全球营销活动，但随着国际参与的深入和强化，出口或国际部则可能成为组织结构的组成部分。出口部可以是销售和营销部门（如图 14.2 所示）的下属部门，或与其他职能部门齐名。其选择方法取决于公司出口业务在企业经营中的重要性。因为出口部门是使组织结构迈进国际化的真正的第一步，它应该是一个完全成熟的营销组织，而不仅仅是一个销售组织。功能性出口部设计特别适合于中小型企业以及更大的公司，因为它们生产标准化产品，处于国际业务发展的早期阶段，并具有较低的产品和地区差异。

国际分工结构（International divisional structure）：随着国际销售的增长，在一定程度上就出现了国际分工结构，与职能部门具有相同水平。

14.2.2 国际分工结构

随着国际销售的增长，在一定程度上就出现了国际分工结构。这种分工直接负责整个国际战略的发展和实施。国际分工结合国际经验、国外市场机遇的信息流以及国际活动的权威性。然而，制造业和其他相关功能仍为国内部门，以便充分利用规模经济的优势。

国际分工最适合于那些在环境敏感性方面显著不同的生产新产品的公司，其国际销售和利润与那些国内部门相比，仍然非常微不足道。

14.2.3 产品分工结构

典型的产品分工结构如图 14.3 所示。

一般情况下，产品结构更适合于具有更多国际商务和市场营销经验、多样化的产品线以及广泛的研发活动的公司。在产品具有全球标准化潜力的条件下，产品分工结构最为合适。这一方法的主要好处就是通过集中每条产品线制造设施来提高成本效率。这一点在下面这样的行业中非常关

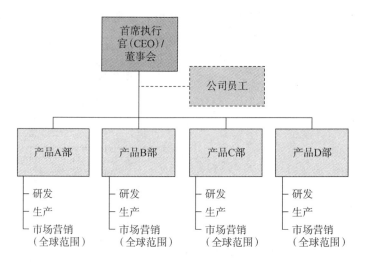

图 14.3 产品结构实例

产品分工结构（Product divisional structure）：最高管理层之下的一级分为产品部，如产品 A、产品 B、产品 C 和产品 D。

地理结构（Geographical structure）：最高管理层的下一级别被分为国际部，如欧洲部、北美部、亚太部和非洲/中东部。

键，即其竞争地位由世界市场份额确定，而世界市场份额又往往由制造业的合理化程度决定（规模经济的利用）。这种结构的主要缺点如下：

- 复制职能性资源——在每个产品部门都有研发部、生产部、市场营销部、销售团队管理部等。
- 未能充分利用国外的销售和分销设施（子公司）。在产品结构方面的一个趋势就是产品的营销从家乡就受到格外重视［市场营销（全球范围）］。因此，当地销售子公司设施需要更少。
- 在世界市场上，产品各部门倾向于各自完全地独立发展。例如，可以撤销全球产品事业部结构，而在同一个国家建立几家分公司，向不同的产品部门报告，在总部则不需要专人负责公司在这个国家的整体存在。

14.2.4 地理结构

如果全球市场上，产品接受的市场条件和经营条件差异很大，那么，地理结构将是一个选择。这种结构对于具有相同系列产品的公司特别有用（类似的技术和相同的终端用途市场），但同时，需要快速和有效的全球分销。一般情况下，世界被分为各个地区（部分），如图 14.4 所示。

许多食品、饮料、汽车和制药公司使用这种类型的结构。它的主要优点就是可以通过产品设计、定价、市场沟通和包装等方面的细小改动，很容易和快速地对一个地区或国家区域的环境和市场需求作出反应。因此，该结构鼓励适应性的全球营销方案。此外，在区域内可以实现规模经济。这种结构流行的另一个原因是创造区域自治的趋势。然而，这同样会使协调产品变化和将新产品的理念和营销技术从一国转移到另一国的任务复杂化。

因此，地理结构保证充分利用公司的区域专业知识，但却不是对产品和功能知识的最优分配。如果每个地区都需要自己的员工和产品功能专家，其结果就是重复设置和效率低下。如图14.4所示，地理结构可以包括区域管理中心（欧洲、北美等）和基于国家的子公司。

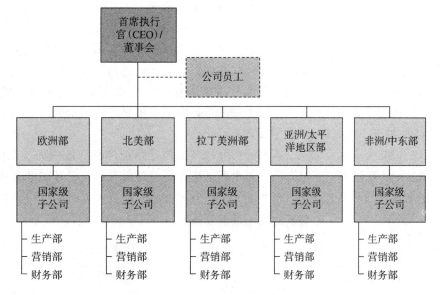

图14.4　地理结构实例

14.2.5　区域性管理中心

区域管理中心（RMCs）存在主要有两个方面的原因：

1. 当在一个特定区域的销售额非常可观时，需要一些专业人员集中在该区域，从而充分地发挥已经日益增长的市场潜力。

2. 区域内的均匀性和它们之间的异质性必须分别对待每个重要的区域。

14.2.6　基于国家的子公司

每个国家都有自己的组织单位，以代替区域中心，或使之与区域中心平行。基于国家的子公司的特点是其高度适应当地的条件。由于每个子公司开发自己独特的活动，具有自己的自主性，有时要将当地的子公司与区域管理中心结合。例如，利用欧洲各国的机会。

公司也可以使用客户结构来组织其经营，特别是当服务不同的客户群体时。例如，企业和政府。迎合这些不同的群体可能需要集中特定部门的专家。产品可以相同，但不同的顾客群体的购买过程可能会有所不同。政府采购的特点是投标，比起企业作为买家时，价格起着更重要的作用。关于地理结构的许多讨论也适用于客户结构。

14.2.7 矩阵结构

一方面，产品结构往往会为各国生产合理化提供更好的机会，从而获得生产成本效率。另一方面，地理结构更加适应当地市场的趋势和需求，并允许在整个地区更加协调。

一些跨国公司需要两种能力，因此，它们采用更复杂的结构：矩阵结构。国际矩阵结构由两个相互交叉的组织结构组成，结果具有双重报告关系。这两种结构可以是已经讨论的一般形式的组合。例如，矩阵结构可能包括产品部门与职能部门的互相交叉，或地理区域和全球分部的互相交叉。在很大程度上，两个互相交叉的结构的一个功能就是组织认为环境的两个主要方面是什么。

典型的国际矩阵结构是强调产品和地理的二维结构（图 14.5）。通常情况下，每个产品事业部都对自身遍布全球的业务责任，每个地理或区域部门负责其区域内海外业务。如果国家组织（子公司）参与其中，它们将负责国家一级的业务。

矩阵结构（Matrix structure）：最高管理层下一级别的包括两个互相交叉的组织结构（产品和地理区域），能够导致双重报告关系。

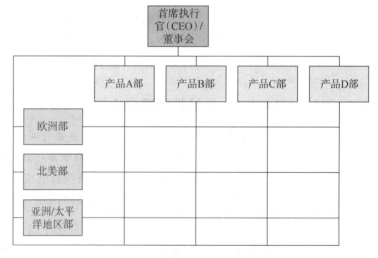

图 14.5　矩阵结构实例

因为产品和地理两个方面在子公司层面的重叠，所以，两者参与当地的决策和规划过程。假定区域和产品经理会捍卫不同的位置，但这将会导致紧张，并引起冲突。区域经理往往会偏爱响应当地的环境因素，而产品经理会保护有利于成本效率和全球竞争力的位置。矩阵结构有意制造双焦点来确保产品和地理区域之间关系的冲突是相同的，进而可以进行客观分析。

对于那些不仅产品多元化，而且地理分布广泛的公司，结构是非常有用的。将产品管理方法与以市场为导向的方法相结合可以满足市场和产品的需要。

14.2.8　国际经理人的未来作用

20 世纪 80 年代末，许多国际型公司采用跨国模式［巴特利特（Bart-lett）和戈沙尔（Ghoshal），1989］。它认为，企业应该充分利用自己的跨国能力，转移最佳实践以实现全球经济，并应对当地市场。这样，公司就可以避免职能重复（产品开发、制造和营销）。然而，它要求高级管理人员可以从三个方面进行思考、经营和沟通：职能、产品和地理位置。当然，很少有这样的"超级经理人"。

在奎尔奇（1992）的研究中，一位经理谈到改变管理角色时说："我处于当地适应性和全球标准化之间紧张关系的支点。我的老板告诉我要放眼全球，着眼地方。说起来容易做起来难。"

虽然对于国际经理人的理想轮廓没有统一的解决方案，但奎尔奇和布鲁姆（1996）预测到"跨国公司经理人的衰弱和国家经理人的回归"。他们研究了在不同国家管理者行为并得出的结论：在日益扩大的新兴市场里的机会必须由具有创业精神的国家管理者去掌握。跨国公司管理人更适合于稳定和饱和的市场，如西洲，在单一市场方面取得的进步。

14.3　全球客户管理组织

全球客户管理（GAM）可以理解为一种关系营销管理的方法，重点处理 B2B 市场上的重要全球客户（即客户）的需求。

全球客户管理可以被定义为全球供应商组织中的一种组织形式（一个人或一个团队），用来协调和管理世界范围的活动，主要由总部向一重要客户提供服务［哈维等（Harvey et al.），2002］。参见图 14.6。

对于雄心勃勃和增长为导向的小供应商企业，它们必须学会与大型跨国公司（全球客户）打交道的办法，因为这些大型企业拥有互补资源和能力，通过对全球客户（全球客户）的国际分销系统，在全球范围内推广一个创新产品。

换句话说，正如普朗山德姆（Prashantham）和伯金肖（Birkinshaw）（2008）指出，这些小供应商必须认真考虑学习该如何"与狼共舞"。

全球的账户就是对实现供应商的企业目标具有重要的战略意义的客户，追求全球范围内的综合和协调战略，要求提供全球一体化的产品和服务［威尔逊（Wilson）和米尔曼（Millman），2003］。

全球客户经理指在卖方公司中能够将卖方公司的能力和买方公司的需求两者结合起来的代表人物［郝林森（Hollensen）和武尔夫（Wulff），2010］。

全球客户管理（Global account management）：一种关系营销管理的方法，重点处理全球组织（世界范围内的驻外分公司）中重要全球客户（客户）的需求。

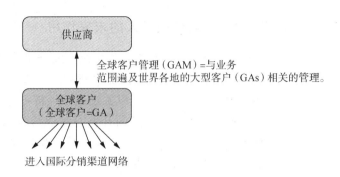

进入国际分销渠道网络

图 14.6　全球客户管理（GAM）

由于在大多数行业中发生的联合行为（并购［M&As］和全球战略联盟），将使全球客户管理策略在未来变得越来越重要［哈维等（Harvey *et al.*），2002；石等（Shi *et al.*），2004，2005］。这一发展意味着随着购买力的增加，大型跨国客户变得更多和更强大。以下将讨论供应商如何对待这方面的发展。

成功的全球客户管理往往需要了解产品和服务管理之间的逻辑关系。此外，如果战略层面的管理低下，即使出色的业务水平能力也是无用的，反之亦然——全球客户管理方法相结合的战略和业务水平的营销管理。

下列的出发点是希望施行全球客户管理的公司。随后，全球客户管理的发展可以按双重观点加以审视。

14.3.1　全球客户管理的实施

企业如果要对适当的全球客户实施成功实现全球客户管理，可以通过以下四个步骤进行［卡·加塞罗（Ojasalo），2001］：

1. 确定销售公司的全球客户；

2. 分析全球客户；

3. 为全球客户选择适当的策略；

4. 发展业务水平能力，与全球客户建立、发展和保持有利的持久关系。

14.3.2　明确销售公司的全球客户

需要回答以下这个问题：哪家现有的或潜在的客户在现在和未来对我们具有战略重要意义？

下列标准可用于确定具有重要战略意义的客户：

● 销售额；

● 建立关系的年限；

● 销售公司在客户采购中所占份额：按照在客户业务中所占份额所获得的长期收益来衡量新型关系营销模式是否取得成功，与大众营销不同，将按照市场份额增长计算盈利或损失，虽然这很可能是暂时的行为［帕帕斯（Peppers）和罗杰斯（Rogers），1995］；

* 客户对卖方的盈利能力；
* 使用战略资源：执行/管理承诺的程度。

在标准和客户被认定为全球客户的可能性之间（战略客户）存在一种积极的关系。

14.3.3 分析全球客户

包括如下分析活动：

* 全球客户的基本特点。包括评估内部和外部环境的相关经济活动方面。比如，它包括客户的内部价值链的投入、市场、供应商、产品和经济状况。
* 关系历史。这需要评估关系史的相关经济活动方面，包括销售额、利润、全球客户目标、购买行为（客户的决策过程）、信息交换、特殊需求、购买频率和投诉。在上述方面中，了解和评估关系价值有着特别重要的作用。从每一个全球客户（客户终身价值）获得的收入应超过在一定时间内建立和保持关系的成本。
* 对关系承诺的水平和发展。该账户当前和预期的承诺的关系非常重要，因为与账户的业务程度取决于这种关系。
* 双方目标一致性。目标一致性，或买卖双方之间的共性极大地影响着他们在战略和业务水平的合作。目标一致性，或买卖双方之间的共性极大地影响着他们在战略和业务水平的合作。如果某企业的目标只是建立某种伙伴关系，那么客户就有可能失去该客户长期的业务份额。
* 转换成本。当关系解体时，需要评估全球客户和销售公司的转换成本。转换成本是用另一个合作关系代替现有合作关系的费用。这些对双方而言可能非常不同，从而影响关系中的权力地位。转换成本也被称为交易成本，受到在关系中无可挽回的投资、适应性以及已开发的债券的影响。高转换成本可能会阻止一个关系的结束，即使全球客户累积的对销售公司的满意度可能不复存在或满意度较差。

14.3.4 为全球客户选择适当的战略

这在很大程度上取决于卖方和全球客户的权力地位。不同的客户间的权力结构具有显著的不同。因此，销售公司通常不能自由选择策略——如果希望保留客户，则往往是只有一个战略选择。

也许销售公司可能更愿意避免非常强大的客户。有时销售公司认识到今天缺乏吸引力客户，也许在未来变得很有吸引力。因此，对某些客户而言，战略目的可能仅仅维持关系，以便将来有用。

14.3.5　开发业务水平能力

指与下列相关的定制与能力开发。

产品/服务的开发和业绩

销售公司和全球客户之间在工业和高科技市场方面进行联合研发项目是很普遍的。此外，应用于适时生产和分销渠道的信息技术增加消费者市场定制服务的可能性。

合作开发的新产品不会自动地比内部开发的新产品更成功。然而，研发项目可能会带来其他种类的长远利益，如访问客户组织与学习。提高向全球客户提供服务的能力非常重要，因为即使核心产品是有形产品，往往是相关的服务将销售公司和其竞争对手区分开来，并提供竞争优势。

组织结构

销售公司满足全球客户需求的组织能力是可以开发的。例如，通过调整组织结构适应全球客户的国际和地方需要；通过增加销售公司和客户之间的接口数量，从而也增加了相互作用的人数。组织能力也可以通过组织团队发展，由具有必要能力和权威的人维护全球客户。

个人（人力资源）

可以通过选择合适的人作为全球客户经理、参加全球客户团队，并通过发展他们的技能来发展与个人相关的公司能力。全球客户经理的职责往往是复杂多变的，因此需要大量的技能和资格，在选择和培养全球客户经理时加以考虑。

我们常常发现，目前的全球客户管理人员可能会在与客户的接触中很好地保持与他们的关系，但却缺乏在客户关系中领导团队进行过渡的总体技能。因此，需要考虑商家和顾客之间所需要的总的接口进行评估。也许需要一种变化，即由1:1的依赖关系（全球客户经理和主要买家之间）到横跨不同项目、职能和国家的组织关系网络。

信息交换

销售公司和全球客户之间的信息交换在全球客户管理中尤为重要。一个重要的具体的关系任务就是搜索、过滤、判断和存储有关组织、策略、目标、潜能和合作关系和问题等信息。全球客户的信任是由销售公司经过长时间的努力通过其优异表现获得的，而技术方面可以通过IT进行发展。

公司和个人层面的利益

在 B2B 环境下，成功的长期全球客户管理总是要求公司具有向全球客户提供公司及个人层面利益的能力。公司利益是理性的，既可以是短期利益，也可以是长期利益，既是直接利益，也是间接利益，通常有助于全球客户的营业额、利润率、节约成本、组织效率和有效性及形象。个体利益可能是理性的，也许是情感的。从关系管理的关系来看，全球个人有权继续或终止关系。理性的个人利益对个人的职业、收入和轻松的工作关系很大。情感的个人利益包括友谊、爱心和自我提高。

14.3.6　全球客户管理的双重发展

图 14.7 中的米尔曼—威尔逊（Millman-Wilson）模式介绍和演示了典型的买方和卖方之间关系的二元数列，经历了五个阶段——全球客户管理前阶段、全球客户管理早期和全球客户管理中期阶段、全球客户管理合作关系阶段和全球客户管理协同合作阶段〔威尔逊（Wilson）和米尔曼（Millman），2003〕。

全球客户管理前阶段描述全球客户管理的准备阶段。一家采购公司被确定为具有关键客户的潜力，而销售公司则开始集中资源，赢得一些商业前景。在决定参与交易之前，卖方和买方发出信号（确凿的信息）和交换信息（相互作用）。需要开发网络联系，以便获得对客户的业务知识和开始评估关系发展的潜力。

全球客户管理早期：在这一阶段，销售公司关注的是一旦赢得客户，就要明确客户渗透的机会。这可能是最典型的销售关系，即经典的"领结"。需要适应的解决方案，重要的客户经理将集中精力了解更多关于他们的客户以及客户所竞争的市场。

采购公司仍将是检测其他销售公司的市场。在这一阶段，全球客户和他们的核心能力的详细情况、关系深度及创建特定关系的企业家价值的潜力都有局限性。越来越需要应用一些政治技巧，因为客户的潜力被明确，并要求全球客户经理确保供应商的资源配置，为满足客户的要求提供最佳的服务（威尔逊和米尔曼，2003）。销售公司必须集中精力在产品、服务和无形资产——采购公司需要获得认可，即提供产品是关系存续的主要原因——期望其取得成效。

全球客户管理中期阶段：该阶段是全球客户管理合作关系阶段中经典的"领结"型和"钻石"型之间的过渡阶段（参见图 14.8）。

在本阶段，销售公司与采购公司建立起信任关系。两个组织之间的接触在各层面都有增加，而且越来越重要。然而，购买公司依然感觉到替代供应资源的需要。这由其各自客户的选择愿望所驱动。虽然销售公司的产品仍然受周期性的市场测试，但人们认为产品可靠而且有价值。销售公司现在是"首选"供应商。

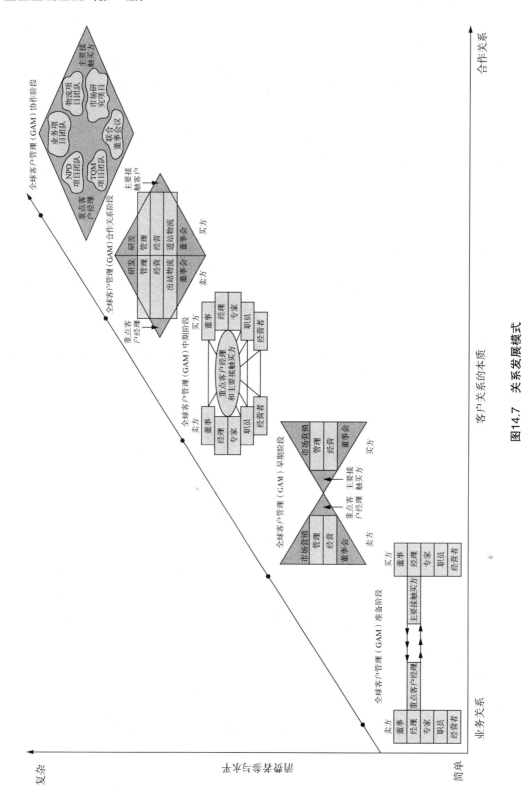

图14.7 关系发展模式

资料来源：根据米尔曼（Millman）和威尔逊（Wilson）（1995）；威尔逊和米尔曼（2003）。

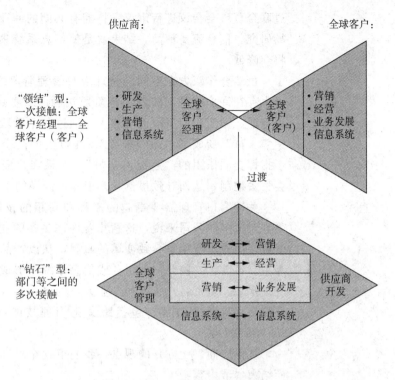

图 14.8　全球客户管理开发

全球客户管理合作关系：利益应该开始分流的阶段。当到达全球客户管理合作关系阶段时，销售公司被采购公司组织视为战略性外部资源。两家公司将共享敏感信息并联合解决问题。定价将是长期稳定的，但它将规定任何一方都要让对方获利。

如果全球客户管理早期阶段的"领结"阶段的一个大缺点是拒绝客户访问内部流程以及他们的市场，"钻石"关系的主要优势在于观察和理解"全球客户"的"开放"。

全球客户将检测所有供应商公司的创新成功，这样他们可以首先获得最新技术，并从中受益。采购公司希望能保证供应的连续性，并保证使用最好的材料。专业知识得以共享。采购公司也希望从持续改进中受益。在适当的地方可以实行联合促销。

全球客户管理协作阶段：这是关系发展模式的终极阶段。在合作关系阶段取得的经验（协调团队销售、辅导团队关于界面的作用）将是转向全球客户管理协作阶段的一个很好的起点。关系越密切，越了解客户，创造企业价值的潜力就会越大。

销售公司明白，对于客户的业务他们仍然没有主动权。然而，退出壁垒已经建立起来。采购公司相信，它们与销售公司的关系可以确保质量更好的产品并降低成本。成本计算系统变得透明。联合研究与开发即将发生。组织间的每一个层次和职能皆有相应的接口。最高管理层的承诺将通过联合董事会会议进行审议。将拥有共同的商业计划、联合战略、联合市场研究。信息流要精简，结果就是使信息系统集成规划、到位。交易成本将会降低。

虽然合作双方在不同的全球客户管理阶段之间的转换有明显的优势，但也存在许多陷阱。随着在各阶段接触的日益频繁，活动速度也会加快，说错话、做错事的风险也会加大。通过各个阶段，关键客户经理从"超级销售人员"变成了"超级教练"。在过去的两个阶段，关键客户经理变成了指挥交响乐团的"超级协调员"。如果客户经理不发生改变，就很可能会失去控制，从而导致虽然善意但却被误导的个人遵循他们各自的足迹。

关键客户管理需要卓越的流程和高超的技能来处理与战略客户的关系。对大多数公司来说，这意味着许许多多的变革。活动的花费方式需要变革，而成本费用是导致变革的原因，从以产品或地理为主转变为以客户为主。目前，一些公司的财务或信息系统不够成熟，不足以支持重点客户管理水平。负责客户关系的专业人员的培养方式也需要变革，从强调销售技能转移到管理技能，包括跨文化管理技能（麦当劳等（McDonald *et al.*），1997）。

从供应商（卖方）的观点，我们审视全球客户管理的优点和缺点，从而结束本节内容：

全球客户管理中供应商（卖方）的优势

- 可以使客户在全球只有一家供应商提供产品和服务，从而更好地满足客户的需要。
- 较小的供应商企业往往拥有跨国公司努力开发的显著的互补性资产，如专利技术。大多数大型的国公司积极寻求全球基础的新理念和创新。事实上，许多人认为他们这方面的能力就是竞争优势的主要来源。
- 为竞争对手制造障碍——假设转换成本很高，全球竞争对手（对供应商而言）要取代现有供应商非常困难。如果供应商成为首选供应商，客户将依赖供应商完成关系中的权力转移。
- 通过与客户的紧密关系，增加现有产品和服务的销售。

全球客户管理中供应商（卖方）的劣势
- 供应商将感受到来自全球客户的压力，以提高全球一致性——他们可能会迫使供应商开始全球客户管理，以保持其全球"首选"供应商的地位。
- 缺乏访问和注意力：小企业难以进入跨国公司主要决策者的视线，这一点在跨国公司之间的关系方面有很大不同，因为跨国公司的高管们是地位平等的伙伴关系。因此，较小的供应商存在资源不对称的问题。较小的供应商企业缺乏信誉、财力和潜在合作伙伴的人力资源，这与平衡的跨国公司间的关系状况形成直接的对比。事实上，在许多方面，小供应商企业和跨国公司是完全不同的组织，这使得沟通和知识转移非常困难。通常情况下，跨国公司在行业和员工角色之间、许多职能专家和所有活动显式过程之间皆有明确分离。小供应商企业全是通才，他们中许多人能够从事多职能部门的工作，通过特别网络和非正式的过程完成任务［普朗山德姆和伯金肖（Prashantham and Birkinshaw），2008］。

- 通常情况下，供应商在不同国家针对客户不同的子公司使用不同的价格。然而，全球客户可能会试图使用全球客户管理作为一种手段，在全球范围内降价，其理由是在客户子公司的全球网络的定价应体现权益/共性。然而，由伊普（Yip）和宾克（Bink）（2007）进行的研究所得出的结论是，供应商全球一致的服务表现比向全球客户降低价格更重要。因此，采用全球客户管理的供应商可以与他们的全球客户建立关系，而这种关系不是通过价格折扣表现的。

- 在全球范围内对所有贸易术语进行"规范"的压力，而不仅仅是价格。所以，在数量折扣、运输费用、管理费用、特别费等方面，全球客户越来越要求统一性。

- 由于主要竞争对手利用全球客户管理策略从而造成供应商全球客户的流失——供应商可能觉得有必要建立一个全球客户管理团队，以应对或对抗重点客户的战略。

- 最常见的是，全球客户管理策略与某种矩阵组织的使用有关。因此，在供应商组织中存在多个从不同角度作出同样决定的决策者（如全局与局部）。全球和地方存在各级并行结构可能会增加管理成本。此外，平行结构可能会放慢决策过程。

14.3.7　全球账户管理的组织结构

根据图 14.9，将有三个不同的组织模型。

1. 中央总部—总部（HQ-HQ）谈判模式

该模型显示标准化有问题产品的情况。客户总部将从世界各地不同的子公司收集相关要求。此后，客户将与供应商会晤，总部—总部谈判就会发生。在这种情况下，顾客通常表现出很强的购买力，因为供应商没有任何国际组织可以抵消这种购买力。对供应商来说，标准（高）质量是应邀参加与客户总部谈判的条件。随后，谈判将很快谈到"正确"价格的问题。供应商总是受到降价、削减制造产品包装成本（包括服务）的压力。

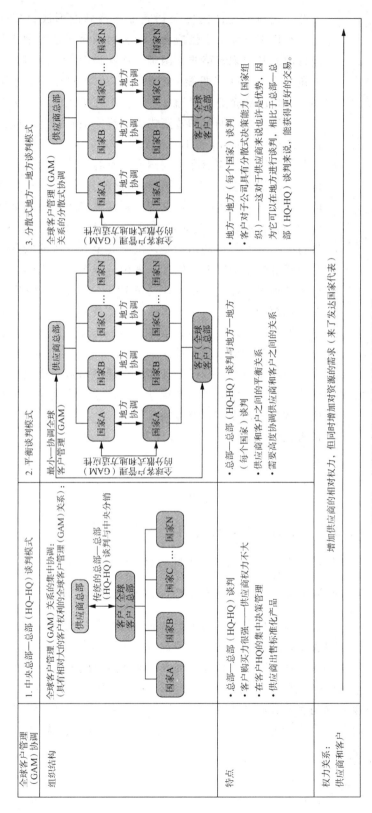

图14.9 全球客户管理（GAM）的组织结构

资料来源：各种萨奥—丹麦丹佛斯（Sauer-Danfoss）资料（2004）；Hollensen（2006）。

宜家家居是一个成功的客户范例，让家具供应商不断处于降低价格、提高生产效率的压力状态，以便降低成本。最近，宜家家居计划每年降低10％的配送仓库成本。为了实现这个目标，它每周都向其三大区域之一发布全球需求预测：北美、亚洲和 EMEA（欧洲、中东和非洲）。实现解决方案将平衡需求预测和库存水平，并通过宜家家居的订货系统进行补充〔思查朗格（Scheraga），2005〕。可以每周或每天将订单发送到宜家家居的供应商，这取决于他们与零售商的合作程度。宜家家居的供应商们被迫更加频繁地将家具运往宜家家居，更直接地运往其世界各地的商店。如果一家欧洲家具分供应商想成为宜家家居的全球供应商，它必须考虑在其他两个主要地区建立生产和装配工厂：北美和亚洲。

2. 平衡的谈判模式

在这种情况下，中央总部—总部谈判与以国家为基础一些分散的、局部的谈判相互补充。通常情况下，它发生的形式将是本地子公司和供应商的不同合作伙伴（如代理商）或子公司之间的谈判。总部对总部谈判将为下列地方谈判的结果设定可能的范围。在所涉及的国家中将允许一定程度的价格差异，取决于必要的产品对当地条件的适应程度。萨澳—丹麦丹佛斯（Sauer-Danfoss）（www.sauer-danfoss.com）是按照这一模式操作的分供应商的范例（见示例14.1）。

3. 分散式地方—地方谈判模式

根据这一模式，谈判只会发生在当地，部分是因为供应商经常出售需要高度适应不同市场（国家）系统解决方案。这意味着总部与谈判的过程无关。在客户的行业整合过程中可能造成这一结果。如果客户已经参与了一些并购，它会难以理解新合并的跨国公司中决策结构的整体情况。在这种情况下，客户往往将更重要的决策分散到国家子公司，因为它对整个跨国公司已经不再了解。它的确难以管理和协调在新合并公司中的决策过程。出于这个原因，高层管理者往往会将购买决定转移给当地国家子公司的决策者。

如果只与当地客户的国家组织进行谈判，将给供应商提供更好的局部优化机会。通过使用这一方法，供应商可以处于一个更好的谈判地位，使用这一方法，还可以在某些市场实现更好的（更高的）价格。然而，供应商可能会用较高的成本，来满足客户当地子公司的不同要求。同时，该模式要求供应商应该拥有子公司或合作伙伴（如代理）成熟的网络，他们熟悉供应商的产品解决方案，能够向不同国家的客户子公司提供适合当地的产品解决方案（见案例14.2）。

总之，因为世界各地大多数行业的整合，全球客户管理策略将在未来变得越来越重要。与大型全球性客户发展关系契约，即客户和供应商之间

全球营销精要（第2版）

建立长期的全球性关系合作，取得许多积极结果。然而，决定实施全球客户管理策略时还必须进行大量的学习，因为在实施过程中会伴随着高风险和高退出壁垒。

示例 14.1　萨澳—丹麦丹佛斯（Sauer-Danfoss）的全球客户管理

萨澳—丹麦丹佛斯（Sauer-Danfoss）是世界领先的开发、生产和销售液压动力传动系统的企业之一，液压动力传动系统主要用于移动工作车辆。萨澳—丹麦丹佛斯在全球拥有6 000多名员工，收入约21亿美元（2011），在欧洲、美洲和亚太地区拥有销售、制造和工程能力。萨澳—丹麦丹佛斯的主要全球客户（GA）有约翰·迪尔、凯斯纽荷兰、英格索兰、爱科集团和卡特彼勒（John Deere, Case New Holland, Ingersoll-Rand, Agco 和 Caterpillar）（见案例研究5.1：萨澳—丹麦丹佛斯）。

萨澳—丹麦丹佛斯的一个主要全球客户［原始设备制造商（OEM）客户］，凯斯纽荷兰［Case New Holland (CNH)］，是世界第一大农用拖拉机和联合设备制造商，世界上第三大建筑设备制造商。2011年的收入达到180亿美元。CNH的基地在美国，其经销商和分销商网络遍及160多个国家。凯斯纽荷兰的农产品的商标为凯斯IH（Case IH）、纽荷兰（New Holland）以及斯太尔（Steyr）。凯斯纽荷兰建筑设备使用的商标为凯斯（Case）、菲亚特艾利斯（FiatAllis）、菲亚特神钢（Fiat Kobelco）、神钢（Kobelco）、纽荷兰和O&K。

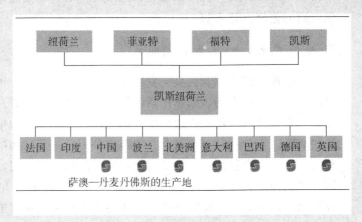

资料来源：各种萨澳—丹麦丹佛斯（Sauer-Danfoss）资料；郝林森（Hollensen）（2006）。

1999年合并之后，凯斯纽荷兰就成为原始设备制造商（OEM）客户整合的实例。这种整合的结果是不到十个最大的原始设备制造商（OEM）客户，其销售超过萨澳—丹麦丹佛斯中长期的销售潜力。毫无疑问的是，价格下跌的压力将在世界范围内持续下去。全球企业文化的发展趋势是客户的购买过程将更加专业化。这种发展需要一种新的方式用以构建萨澳—丹麦丹佛斯组织，而答案则是全球客户管理。如下图所示，萨澳—丹麦丹佛斯也通过在中国、波兰、北美、意大利、巴西、德国和英国建立当地生产地点和全球客户管理团队小组的方式满足了凯斯纽荷兰的世界生产单位的要求。在与凯斯纽荷兰的合作中，全球客户管理团队努力寻找更具成本效益的解决方案，而不是简单地降低价格。萨澳—丹麦丹佛斯（Sauer-Danfoss）跟随凯斯纽荷兰进入低成本制造国家，如印度和中国。所有凯斯纽荷兰全球生产单位中，存在更高程度的外包压力和增值包装的要求。萨澳—丹麦丹佛斯试图通过提供预组装套件包装，向凯斯纽荷兰提供更多系统解决方案，以满足上述要求。

示例 14.2 安科（AGRAMKOW）——工作模式 3

安科（AGRAMKOW）（www.agramkow.com）公司为一个按照这一模式工作的实例。安科（丹麦）的目标是要成为液体制冷剂灌装设备世界领先的开发商和供应商之一，液体制冷剂主要应用于冰箱和汽车空调。2004 年，它的总销售额约为 3 500 万美元，其中 95% 是由东道国（丹麦）以外的市场实现的。员工总人数是 150 人。安科的全球客户（GA）都是大型的跨国公司，如惠而浦（美国）、伊莱克斯（瑞典）、三星（韩国）、海尔（中国）、西门子（德国）和通用电气（美国）。

实际上，全球客户正是通过并购使数量越来越少，规模越来越大。比如，安科的过程液体填充系统装入冰箱制造商伊莱克斯总生产线，安科全球"只有"三到四个子公司，它没有采取拥有若干子公司以支持主要全球客户的地方生产单位（如萨澳—丹麦丹佛斯的案例），它将安科的价值观转让给分销商和代理，以期将它们变成符合安科国际化价值观的合作伙伴。安科管理已经实施这一合作伙伴关系战略，邀请所有潜在的合作伙伴共同参加研讨会以及在丹麦安科总部召开的会议。这些会议的目的就是要增加：

- 共同的团队精神和对安科共同价值观和目标的承诺——这可以通过一些普通的社会活动来实现（如体育活动）；
- 赢得当地 GA 业务的销售技能；
- 安装、集成、维护和维修安科的设备/解决方案的技术能力；
- 了解对安科产品性能和其他市场活动不断反馈的必要性（如竞争对手的活动）。

之后，个人合作伙伴和他们的组织（如中国合作伙伴）处于一个更好的位置，借以照顾客户定制的产品、服务和指向当地 GA 单位的客户关怀（如位于中国的当地伊莱克斯冰箱生产单位）。这也意味着安科增加了其对当地重要全球客户——Elctrolux 的相对权力。

尽管发展比较积极，但要将经销商和代理商转变为合作伙伴尚存在一些困难。那些经销安科的产品和服务但营业额很少的组织不情愿参与这一过程。

资料来源：（郝林森，2006）。

14.4 管理全球营销计划

最后阶段、也是国际市场规划中往往被忽视的阶段是管理过程。管理不仅仅对评价我们的业绩很重要，而且为开始下一个周期提供必要的时间用以反馈完成的规划。

图14.10说明了市场营销计划、营销预算和控制系统之间的联系。

建立全球营销计划后，其量化形式将出现在预算中。预算是营销管理系统设计的基础，可以为重新设计全球营销计划提供必要的反馈。营销预算应代表营销活动和预期结果的预测，应该能够准确地监测和管理。事实上，衡量绩效预算是主要的（普通的）管理评审过程，可能会导致图14.10中的反馈。

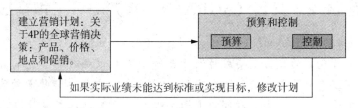

图14.10　公司预算与控制系统

营销预算的目的是把营销活动中所有收入和费用组合起来，形成一个综合性文件。这是一个管理工具，用来平衡哪些方面需要支出，能够支出多少，并帮助作出轻重缓急的选择。然后，将其用于监控实际运行。营销预算通常是最强大的工具，使用此工具可以充分考虑预期结果和可用手段之间的关系。它的起点应是已经在营销计划本身中制定的市场营销策略和计划。在实践中，战略和计划是并列运行并相互作用的。

然而，遗憾的是，企业中的人们往往把"管理"看作是负面的东西。如果人们担心管理过程将不仅用于判断他们的表现，还作为处罚依据，那么人们会害怕并斥责管理过程。

对全球营销的评价和管理可能代表许多企业的营销实践中最薄弱的地方之一。甚至在营销战略规划很可能强大的组织对其全球营销也存在比较差的管理和评价程序。出现这种情况的可能原因是：主要是没有一个关于市场营销的"标准"管理系统。

组织结构的功能就是提供一个可以实现目标的框架。然而，需要一套工具和流程以影响组织成员为实现目标而实施的行为和作出的业绩。关键的问题与组织结构的问题相同：理想的管理额是多少？一方面，总部需要信息以确保国际活动能够给整个组织带来最大化的利益；另一方面，管理不应被解释为法律规范。

全球性问题是确定如何建立一个能够提前拦截新出现问题的管理机制。这里需要考虑的是适用于评估过程、管理方式、反馈和纠正措施的各种标准。这些概念虽然对所有的企业都很重要，但在国际舞台上它们却是必不可少的。

管理系统的设计

在设计管理系统的过程中，管理层必须考虑建立和维护管理系统的成本以及交易时可获得的利益。任何管理系统都需要在管理结构和系统设计方面进行投资。

管理系统的设计可以分为两个依赖于管理目标的小组：

1. 输出管理（通常以财务措施为基础）；

2. 行为管理（通常以非财务措施为基础）。

输出管理可包括支出管理，其中涉及支出数据的定期监测、预算目标的比较，以及当任何一点变化都会带来危害时作出的削减或增加支出的决定。输出措施是在一定时间间隔内积累起来，通常从外国子公司转到总部，在总部根据与计划或预算的对比对其进行评价和批评。

行为管理需要对行为施加影响。这种影响是可以实现的，例如，通过向子公司人员提供销售手册或通过让新员工适应公司文化。行为控制通常需要一个广泛的社会化过程，而非正式人际互动则是这一过程的核心。大量的资源必须用于培训个人分享企业文化：即，"在公司的工作方式"。

建立共同愿景和价值观，日本松下集团的管理者在任职头几个月的时间内花费大量时间接受公司所谓的"文化和精神培训"。他们研究公司信条，即松下的"七种精神"以及创始人 Kanosuke Matsushita 的人生哲学。

然而，仍然存在使用输出（金融）标准的强大传统。固定输出标准可以使企业忽视无形的行为（非金融类）措施，虽然这些都是企业成功的真正驱动力。然而，在行为表现措施方面存在一个弱点。到目前为止，在发展从行为到输出标准的联系方面几乎没有取得成功。此外，对公司和经理们仍以财务指标（利润贡献）为判断标准。在建立明确的联系之前，行为准则很有可能继续受到一定程度的怀疑。

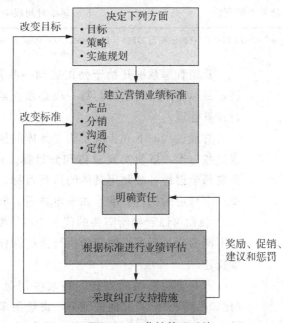

图 14.11 营销管理系统

现在，我们将开发一个主要基于输出管理的全球营销管理系统。营销管理是营销策划过程中的一个重要元素，因为它可以审查营销目标的实现程度。图 14.11 所示管理营销活动的框架。

表 14.1　提高营销业绩的措施

产品	分销
· 根据市场划分进行销售 · 每年的新产品引进 · 具有潜力的销售 · 销售增长率 · 市场份额 · 利润总额 · 产品缺陷 · 保修费用 · 总利润占比 · 投资回报	· 销售、费用、根据渠道类型的利润总额 · 经销该产品的商店的百分比 · 与渠道、中介型和具体中介的市场潜力有关的销售 · 按时交货的比例 · 渠道支出－销售的比率 · 渠道订货周期等 · 渠道物流活动引起的物流成本
定价	沟通
· 对竞争对手价格变化的反应时间 · 与竞争对手相关的价格 · 与销售额相关的价格变化 · 与销售额相关的折扣结构 · 与新合同有关的投标策略 · 与营销费用有关的融资结构 · 与渠道成员业绩有关的利润	· 根据媒体类型的广告效果（如认识水平） · 实际观众与目标观众的比例 · 每个触点的成本 · 与潜力相关的每个地区的销售 · 销售费用与销售额的比例 · 每个时间段新发展的客户 · 每个时间段失去的老客户

资料来源：改编自 Jobber. D (1995)《营销原则与实践》(*Principles and Practice of Marketing*)，McGraw-Hill 出版。

营销管理系统开始于公司启动一些营销活动（实施方案）。这可能是特定目标和策略的结果，每一项必须在给定的预算内实现。因此，必须实行预算管理。

管理过程的下一步就是建立具体的执行标准，每个区域的活动需要实现这些标准，以便实现总体和分目标。例如，为了实现指定的销售目标，需要每个销售区域制定具体的执行目标。相应地，每位地区销售人员都需要一个特定的执行标准，如来电数量、转换率，当然还有订单价值。从表 14.1 我们可以看到所需要的代表资料类型。根据目的和目标，不同的公司和不同的产品所采用的营销执行措施和标准也不相同，在营销计划中有详细描述。

下一步就是明确责任。在某些情况下，责任最终会落实到某人身上（比如品牌经理）；其他情况下，责任由多人分担（比如销售经理核销售人员）。考虑到这个问题很重要，因为纠正措施或支持行动需要集中在那些负责营销活动成功的人身上。

为确保活动成功，在营销管理设计及实施各阶段，应该咨询参与人员以及受管理过程影响的人员。重要的是，需要说服他们管理的目的旨在提高成功水平以及公司的水平。下属需要参与设定并同意其自己的执行标准，最好通过目标管理体系。

这些标准将用于评估营销业绩，而标准的制定则将依赖有效的信息系统。对所取得的成功和失败的程度也必须作出判断，并决定采取什么样的纠正或支持行动。这可以采取各种不同的形式：

- 个人糟糕的业绩导致营销失败后，他人可能会就以后态度和行动、培训和/或惩罚（比如批评、降薪、降职、终止聘用）。另外，对于取得成功的人则给予表扬、升职和/或加薪等奖励。
- 如果因为设定的营销目标和执行计划不现实而造成失败，管理层会降低目标或降低营销标准。如果人们认为营销之所以成功是因为目标和标准偏低，在下个阶段可能会将之提高。

许多公司认为只有当营销结果未能达到要求，或预算和费用超标时，才可以采取纠正行动。事实上，负向偏离（未达目标）和正向偏离（超额达标）都需要采取纠正行动。比如，未能将预算的营销费用全部用完，因为销售人员所花的费用意味着最初划拨的金额过多，需要重新评估，以及/或销售人员未能充分发挥自己是"主动性"。

还必须确定测评频率等问题（如每天、每周、每月还是每年）。更频繁和更详细的测评通常意味着成本更高。我们需要小心谨慎，以保证测评成本以及管理过程本身不会超过测评价值，也不能过度干涉被测评者的活动。

设计管理系统时，必须考虑环境的影响：

- 管理系统应该只测评企业管理的那些方面。如果测评的范围依据虽然与整个企业业绩相关，但不会产生任何影响（如价格管理）时，那么无论是奖励还是制裁都几乎没有任何意义。忽视个人执行能力的因素就会释放错误的信号，从而严重损害相关人员的积极性。
- 管理系统与地方法规和风俗习惯相和谐。然而，某些情况下，必须实施企业的行为管理以对抗地方风俗习惯，即使整个业务受到负面影响也在所不惜。比如，一家子公司的业务市场如果非法的便利支付司空见惯时，就会发生这样的情况。

前馈管理

公司的营销管理系统提供的信息中许多都是财务（利润）和非财务（客户满意度、市场份额）两方面所取得成绩的反馈。这样，管理过程具有自身补救功能。有人认为管理体系应该向前看、预防性的，管理过程应该与规划过程同时启动。这样的管理形式就被称为前馈管理（请参见图14.12）。

前馈管理
（Feedforward control）：监测可变因素而不是执行——可变因素可以在执行之前发生变化，这样，在感受到完全影响之前，各偏离即受到积极的管理。

前馈管理将持续评价计划、监测环境，以便检测要求修订目标和策略的变化。前馈管理监测的是营销中的变量而不是执行；变量是指执行自身变化之前可能会发生的变化，其结果就是偏离的影响尚未完全被人们感知前就得到了控制。这是一个积极主动的系统，因为它能预测环境的改变，而事后影响及操纵管理系统则是更具事后反应性，因为它们是在事件发生后才去处理。表14.2所示的是早期症状实例（早期执行指标）。

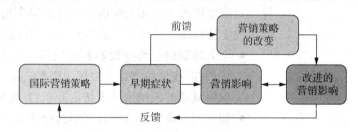

图14.12 全球营销策略的调整

资料来源：Samli, A. C. *et al*. (1993), p.421。

表14.2 一些重要的早期执行指标

早期执行指标	市场暗示
需求量突然下降	营销策略或执行情况出现问题
销售量急剧下跌或增长	产品获得认可或很快被拒绝
客户投诉	产品的缺陷未能妥善处理
竞争对手业务量明显下降	产品迅速获得认可或市场环境恶化
大量商品退货	基本产品设计问题
对备件的需求过多或报修过多	基本产品设计问题、标准低
时尚或款式突然改变	产品（或竞争对手的产品）对客户的生活方式产生深刻影响

前馈管理关注的是预后信息：它试图发现有可能会发生的问题。前馈管理的正式过程可以并入企业市场的总体管理计划，从而大大提高效率。使用前馈方法有助于确保规划和管理被看作同时发生的活动。

营销管理的关键领域

Kotler（1997）区分了四种营销管理类型，每一种类型包含不同的方法、不同的目的以及不同的责任分配，详情见表14.3。这里我们重点关注的是年度计划管理和利润管理，因为这是各资源有限的公司（如中小企业）关注最为明显的领域。

表 14.3　营销管理类型

管理类型	主要责任	管理目的	技术/方法实例
策略管理	高级管理层 中级管理人员	检查是否达到计划的结果	营销效率等级 营销审计
效率管理	行业和员工管理人员 营销管理人员	检查提高营销效率的方法	销售人员效率 广告效率 分销效率
年度计划管理	高级管理层 中级管理人员	检查是否达到计划的结果	销售分析 市场份额分析 营销花费与销售额比率 客户跟踪
利润管理（预算管理）	营销管理人员	检查公司的盈利和亏损领域	利润率（如根据产品、客户群体或交易渠道计算）

资料来源：Kotler，Philip，营销管理：分析、计划、实施和管理，第 9 版，© 1997。经美国新泽西州上萨德尔河培森教育集团许可后印刷及电子复印。

年度计划管理

　　年度计划管理的目的就是确定在过去的一年中营销活动所取得成功的程度。该项管理将集中检测和评估与销售目标相关的销售、市场份额分析和费用分析。

　　销售业绩是年度计划管理的重要因素。销售管理包括不同组织管理层面上的标准等级。这些标准等级互相联系，如图 14.13 所示。

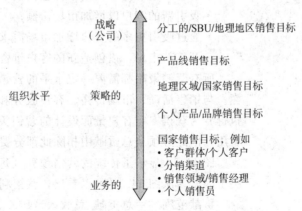

图 14.13　销售和管理的等级示意图

　　从图解可以看出，公司实现销售目标过程中的任何变量都是个体销售人员在销售运作中业绩变化。在每一个销售管理层面，都需要严谨这些变量，确定引起这些变化的其原因。总而言之，变量的发生可能是由于销售额和/或价格等因素一起作业的结果。

利润管理

除了前面讨论过的管理因素外，所有国际市场营销人员必须关注利润管理。预算期限通常为一年，因为预算是与公司的财务制度相联系的。在下一节，我们将进一步探讨如何制定全球营销预算、全球客户管理组织的起点以及以国家为基础的公司结构。

14.5 全球营销预算

全球营销计划的经典量化以预算的形式表现出来。因为预算是严格量化的结果，所以特别重要。它们应该能够预测活动及预期结果，应该能够进行准确的监测。的确，预算的执行情况就是主要的（经常的）管理审核过程。

预算还是一个组织过程，它包含了根据提议的营销策略和机会所作出的预测。然后利用该预测建立预算损益表（即利润率）。预算的一个重要方面就是决定将最近能够支配的资金分配到营销计划中所有提议的项目。

认识到客户是关注的主要单位，基于市场的业务就会将其注意力扩展到客户和国家/市场，而不仅仅是售出的单位产品。这是重要的战略区别，因为潜在客户数量有限，但是可以出售给客户的产品和服务却范围较广。业务量是指市场中任何一个时间点内的所占有的客户数量，而不是售出多少套产品。

影响客户量的全球营销策略包括以下各项内容：

- 吸引新的客户以增加市场份额；
- 通过吸引更多的客户增加市场需求；
- 开辟新市场，以创造新的客户量资源。

所有营销策略都需要一定水平的营销努力方可占有一定程度的市场份额。与销售活动、市场传播、客户服务和市场管理有关的支出费用都需要执行专为获得一定客户量而设计的营销策略。这类营销活动的费用是营销费用，因此必须从总贡献中扣除此部分费用，产生净营销贡献。

图 14.14 显示了传统的营销预算（每个国家或客户群体）及其潜在的决定因素。从图 14.14 可以看出，营销利润最重要的措施可以定义为：

贡献范围%＝总贡献/总收入×100

营销范围%＝总营销贡献/总收入×100

利润范围%＝净利润（税前）/总收入×100

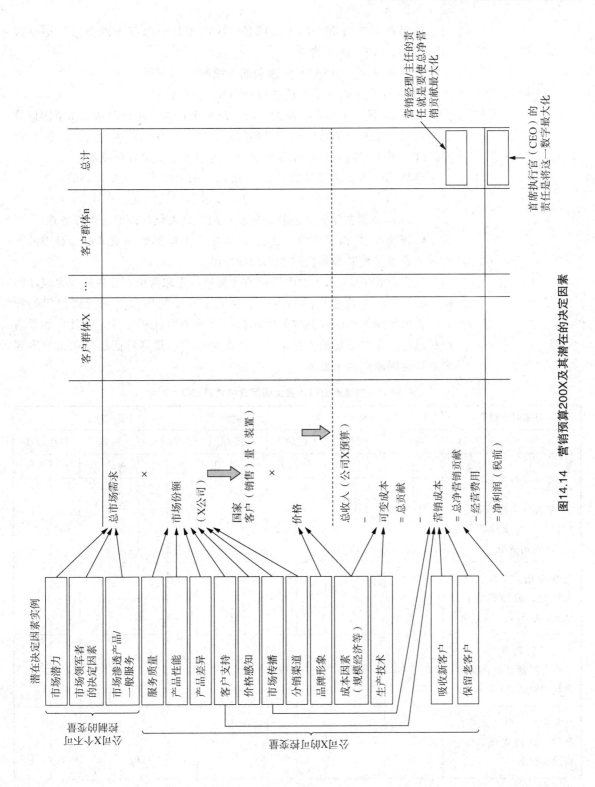

图14.14 营销预算200X及其潜在的决定因素

如果我们知道资产的大小信息（应收账款＋库存＋现金＋厂房＋设备），那么我们还能够明确：

资产收益率（ROA)%＝净利润（税前)/资产×100

ROA 相当于著名的价值估量；ROI＝投资收益。

表 14.4 显示了消费品制造商的全球营销预算。预算包括在东道国以及出口市场上受销售和营销职能（部门）管理和改变的营销变量。在表 14.4 中，唯一不受国际销售量和营销部门管理的变量就是可变成本。

全球营销预算系统（如表 14.4 所示）用于以下（主要）目的：

- 在国家/市场间分配营销资源，以求利润最大化。在表 14.4 中，全球营销部主任的责任就是使总贡献 2 最大化，以遍及世界各地。
- 评价国家/市场业绩。在表 14.4 中，出口部经理或国家部经理的责任就是使其国家内的本部门的贡献 2 最大化。

注意，除了表 14.4 中所列营销变量外，全球营销预算通常包含成品的库存成本。因为这些产品的生产规模通常根据销售和市场营销部门的投入，未出售商品的库存同样是国际营销经理或主任的责任。而且，如果新产品是进军某些市场的先决条件，那么全球营销预算可能还要包括特定客户或特定国家产品研发成本。

表 14.4　制造商出口消费品国际营销预算实例

国际营销预算	欧洲						美洲		亚太地区					
	英国		德国		法国		美国		日本		韩国		其他市场	
年＝	A	B	A	B	A	B	A	B	A	B	A	B	A	B
净销售 （毛销售－交易折扣、津贴等）÷可变成本＝贡献 1÷营销费用：														
销售费用（工资、代理人佣金、激励资金、差旅费、培训费、会议费）														
消费者营销费用（电视广告、广播、平面媒体、销售促销活动）														
交易营销费用（交易会、会展、店内促销、零售商活动捐助）														

续表

国际营销预算	欧洲						美洲		亚太地区					
	英国		德国		法国		美国		日本		韩国		其他市场	
年＝	A	B	A	B	A	B	A	B	A	B	A	B	A	B
总贡献 2（营销贡献）B ＝预算数字；A ＝ 实际费用。														

注：在短期（一年）的基础上，出口经理或区域经理负责实现每个国家实际数字的最大化以及尽量减少各个国家与地区间预算数字的偏差。国际营销经理/总监，负责实现世界总实际数字的最大化，并尽量避免其偏离预算数字。合作是必需的，全国经理和国际营销经理/总监，负责协调和分配总的营销资源实现最佳方式。有时某些库存成本和产品开发成本也可包括在总营销预算内（见正文）。

与预算相对的是，长期规划要跨越 2～10 年的时间，其内容在本质上要比预算更侧重定性和判断性。对于中小企业来说，较短的时间内（如两年）呈现定额，这是由对不同的国外环境的感知不确定性所导致。

14.6 开展全球营销计划的过程

全球营销计划的目的在于在全球市场创建可持续的竞争优势。一般而言，在发展全球营销计划时各公司都要经过某种心理过程。对中小企业来说，这一过程通常并不正式；对大型企业而言，这一过程往往会更加系统化。本书开始章节部分中的图 1.2 提供了发展全球营销计划的系统方法。

14.7 总结

实施全球营销计划需要恰当的组织结构。随着公司全球营销策略范围的变化，其组织结构必须随着其任务、技术和外部环境作出相应的改变。构建国际化组织有 5 种方法：职能结构、国际分部结构、产品结构、地理结构（客户结构）和矩阵结构。影响组织结构选择的因素有公司的国际化程度、公司国际化运营的战略重要性、公司国际业务的复杂性以及合格经理的可获得性。

管理就是确保全球营销活动按计划进行的过程，它包括监测执行营销活动的各方面以及必要时采取纠正措施。全球营销管理系统包括决定营销目标、设定执行标准、明确责任、根据标准对业绩进行评估以及采取纠正或支持措施。

在事后管理系统中，经理要等机会期限的最后时刻才会采取纠正措施。在前馈管理系统中，在计划期内就会采取纠正措施，其方法就是通过追踪早期执行指标，如果行动脱离控制时及时将其带回期望的目标。

管理最为明显的领域就是管理年度营销计划以及利润率管理。全球营销预算的目的主要就是在各国分配营销资源，使全球范围的总的营销贡献最大化。

案例研究 14.1

亚马逊网络公司（Amazon. com. Inc.）——在线零售商挑战苹果 iPad 平板电脑市场

2012 年春季的某天阳光明媚，亚马逊（Amazon）集团公司的首席执行官杰夫·贝佐斯（Jeff Bezos）与家人一起在西雅图一家美丽的公园里散步。2011 年 11 月 21 日亚马逊集团公司发行其平板电脑（Kindle Fire），对苹果的 iPad 在平板电脑市场的地位形成挑战，但苹果公司预计将很快就会作出反应。因此，杰夫·贝佐斯正在思考下一步将如何应对国际平板电脑市场。

亚马逊网络公司（Amazon. com. Inc.）是由杰夫·贝佐斯于 1994 年创立的一家上市公司。公司创建之初只是一家在线零售商，所售图书的范围远远超过最大的"实体企业"或目录书零售商。公司于 1997 年首次公开上市，追求缓慢的发展战略，将早期获得的利润用于建立具有永久竞争力企业这一长期发展战略中。公司的业务很快就从单纯的销售图书扩展到非常广泛的产品销售中，从电子消费品到厨房用具到玩具和游戏。公司追求长期利润的战略方法使之于 2000 年就创造利润，正值互联网公司泡沫破裂后".com"公司出现破产之际。今天，亚马逊网络（Amazon.com）公司仍然处于在线产品零售方面的行业领头羊地位。

2007 年，公司意识到业务方向越来越向媒体内容如音乐、电子图书、杂志、视频、数码和移动产品，而不是具体规格，因而公司推出 MP3 业务，其设计目的就是呈现苹果 iTunes 的一些特征。自 MP3 推出以后，公司的在线音乐业务就一直受到音乐公司的扶持，因为音乐公司非常渴望创建一家强大的竞争对手，以期能够对抗 iTunes 的几近垄断地位。自业务推出以来，亚马逊的 MP3 业务发展良好，目前已占世界数字音乐销售额的 12%。2007 年年末，公司推出"Kindle"项目，彻底颠覆了客户购物和读书的概念。电子图书阅读器并非市场首创，但它却很快就引起了消费者的兴趣。

亚马逊是比较早地进入电子图书和电子图书阅读器的公司。然而，最近，公司却正在面临更加残酷的竞争。比如，美国的巴恩斯—诺布尔书店（Barnes & Noble）于 2009 年推出了"Nook"电子图书阅读器业务，2010 年将价格降至 200 美元以下，促使 Amazon 和索尼公司不得不下调价格，后者于 2010 年在美国市场推出 3 个电子图书阅读器新版本。2011 年 9 月，亚马逊公司在电子图书阅读器市场再次降价，其 Kindle 版本售价仅有 79 美元。

苹果的 iPad 于 2010 年推出后广受媒体关注，它不仅可以用来阅读电子图书，还可以用来观看视频、聆听音乐。索尼和苹果版本皆使用触屏技术，而 Kindle 却没有使用这一技术。亚马逊拥有最大的电子图书市场之一，Kindle 软件在许多平台均可使用。互联网零售市场的强劲发展即将在美国市场展开，预计在 2010 年到 2015 年间，将扩展 1 010 亿。截至 2010 年，按价值估算，亚马逊占有将近 14％的市场份额，领先市场。然而，推出新版本的电子图书阅读器后，它正面临日益增加的竞争、来自传统实体零售商，如沃尔玛的侵蚀。2010 年，沃尔玛的市场份额从 2.1％增加到了 2.3％。

亚马逊的市场份额从 2007 年的 6.8％增加到 2010 年的 9.3％，一直占据全球互联网零售市场第一的位置。排名第二的是苹果公司，其通过 iTunes 出售的音乐销售额表现尤其抢眼。Amazon 之所以能够保持领先地位，关键的因素是及早转移策略以及很快地适应从实体产品向下载业务的转变。同时，该公司不断增加新的产品类别、消费者电子产品、电子图书、服装、鞋等。

Amazon.com 的国际营销策略

亚马逊在美国、加拿大、英国、法国、意大利、西班牙和中国等市场都是最强大的公司，因为在这些市场里亚马逊维护着该国特有的专用网站。亚马逊于 2004 年进军中国市场后，一直缓慢地进入国际市场。然而，它已经开始改正这一做法，其表现就是在欧洲投资仓储/分销，并开发预期网站。在高速增长的市场，如俄罗斯和巴西，亚马逊的市场份额微不足道。预计这两大市场的年增长在 10％～15％，呈现强劲增长的势头。亚马逊正面临多重挑战，向俄罗斯运输高价值的进口清关，运费超过每单位 160 美元。

2011 年 9 月 28 日，亚马逊集团首席执行官杰夫·贝佐斯介绍亚马逊新推出的平板电脑"Kindle Fire"以及 Kindle 电子阅读器的 3 个新版本。

资料来源：艾曼纽·杜南（Emmanuel Dunand）/AFP/盖蒂图片社（Getty Images）。

亚马逊关注中国市场已经有一段时间，从 2010 年到 2015 年间，亚马逊在中国市场的年增长将超过 20％。这意味着在预计的期限内，增长将达到 70 亿美元。中国的互联网零售市场正处于高增长、发展的早期阶段，市场上大多数互联网用户，对这一平台还很陌生。随着消费者越来越适应使用互联网，他们就会快速地开始网上购物。

亚马逊于 2004 年以 Joyo.com 的形式首次进入中国市场，从此以后，该公司努力发展其市场份额。Joyo.com 购物使公司赢得 8% 的市场份额，到 2010 年逐渐增长到 8.5%。虽然占据早期转移优势，并是最早发现中国市场潜力的国际零售商之一，该公司还是遭遇到了新的参与者，从而使亚马逊无法实现强势领先的地位。比如，360buy.com 虽然于 2006 年才进入市场，但到 2010 年已经取得 24% 市场份额的骄人成绩。

360buy.com 的产品组合与亚马逊相似。沃尔玛计划于 2011 年向 360buy.com 投资 5 亿美元，随着这一机会的实施，亚马逊（Amazon）在中国市场将会更加困难。360buy.com 拥有 1500 万用户，分布在中国 60 多个不同的城市。因为亚马逊和 360buy.com 提供的产品范围类似，亚马逊可以开始将注意力集中在初期的电子图书市场。这一市场是沃尔玛的劣势，因为它没有亚马逊所拥有的电子图书的广度。或者，亚马逊可以努力成为地方互联网零售商，进而巩固其自己的市场地位。虽然目前 Kindle 是亚马逊的主要利润来源，许多新的平板电脑于 2011—2012 年间涌向市场，似乎说明未来亚马逊的销售额大多数是由内容而非硬件创造的。因此，与各平板电脑制造商达成协议，确保亚马逊是图书、视频等内容的主要源泉，这将会使亚马逊公司处于遭人嫉妒的位置。

苹果公司推出 iPad 使竞争更加激烈

苹果公司于 2010 年推出 iPad 进入电子图书市场，对亚马逊公司的核心书籍特许权的发展前景和公司"Kindle"产品的未来造成威胁。Kindle 的初始售价为 79 美元，主要用来在灰白屏幕上阅读文字。iPad 的售价为 450 美元，但伴随着高价格的是更多的功能：彩色触摸屏、从苹果新 iBookstore 下载图书、上网、播放视频、玩游戏等等更多功能。

定价模式使出版商的宣传不到位

亚马逊的定价模式使它与出版商的关系一直很紧张。出版商们一直对亚马逊的电子图书定价 9.99 美元的政策表示担忧，不管出版商贴出什么样的价格标签。这样的价格使亚马逊在某些图书上受到损失。出版商们担心如果以 9.99 美元的价格持续下去，亚马逊将迫使出版商降低批发价格，从而侵蚀他们自己的利润。结果，因为亚马逊（Amazon）的定价模式，出版商们拒绝给予他们图书标题。比如，2010 年 1 月，Macmillan 宣布如果亚马逊的电子图书定价不能达到 15 美元，新书发布时将不再向亚马逊提供新书。作为回应，亚马逊封杀 Macmillan 出版的图书，无论是纸质图书还是数字图书，都拒绝直接销售。但现在因为 Macmillan 对其图书标题的垄断迫使亚马逊不得不向其要求让步。随后，来自其他出版商的压力也与日俱增。亚马逊与其出版商紧张的关系不仅影响公司的协商能力，同时还会影响其电子图书板块的整体收入。今天，这成为亚马逊业务的主要组成部分。

此外，iPad 的新代理定价模式给出版商提供一个机遇。苹果公司要求出版商将畅销电子图书的价格定在 14.99 美元。既然同样的电子图书通过 iPad 可以卖到 14.99 美元，书商们就对亚马逊的 9.99 美元的定价不以为然。6 大出版商中有 5 个因苹果公司的定价模式与其签约：企鹅（Penguin）、哈珀柯林斯（HarperCollins）、西蒙与舒斯特（Simon & Schuster）、麦克米伦（Macmillan）和阿歇特（Hachette）。很显然，苹果公司通过 iPad 进军电子图书市场正在改变竞争格局，也必将对亚马逊在电子图书市场的霸主地位产生不利影响。

平板电脑市场的斗争

关于平板个人电脑的全球趋势有望持续很长时间，因为平板电脑将智能手机和笔记本电脑的各项功能集于一身，迎合大众对既不复杂又高级产品的需求。由于苹果公司于2010年4月推出的iPad获得巨大成功，分析家们期望平板电脑的销售会出现跳跃式发展。技术研究公司Gartner Inc.预计到2011年将有5 500万平板电脑运往世界各地，大多数依然是iPad，但竞争对手还可以争夺剩余的1 000万到1 500万平板电脑的市场份额（见表1）。

iPad并非首款登陆市场的平板电脑。比如，联想及其他品牌早已推出功能类似平板屏幕的笔记本电脑。但是，圆滑的设计、致力于多媒体、价格又低至450美元，iPad才成为首个吸引消费者眼球（catch on with）的产品。现在，主要商家包括联想集团、摩托罗拉移动公司、东芝公司和黑莓（Blackberry）正在发布各自的平板电脑，人们期望这类产品最终将会腾飞，如表1所示。

表1　全球平板电脑市场及2015年前预测

全球销售总量	2010年百万台（市场份额）	2011年百万台（市场份额）	2012年百万台（市场份额）	2013年百万台（市场份额）	2014年百万台（市场份额）	2015年百万台（市场份额）
苹果公司	15（88%）	40（80%）	75（75%）	100（67%）	105（55%）	110（50%）
其他制造商（摩托罗拉、联想、东芝、黑莓、亚马逊）	2（12%）	10（20%）	25（25%）	50（33%）	85（45%）	110（50%）
总计	17（100%）	50（100%）	100（100%）	150（100%）	190（100%）	220（100%）

资料来源：根据加特纳（Gartner）和其他大众资源。

2011年，尽管平板电脑市场的竞争对手日益增多，苹果公司依然占有80%的市场份额。

媒体平板电脑典型的功能有：电子邮件、社交网络（Facebook等）、观看电视电影及打游戏。

亚马逊推出平板电脑

亚马逊推出其平板电脑与iPad竞争倍感压力，因为在北美及欧洲市场之外的其他市场Kindle并没有取得良好业绩。最后，令人非常期待的亚马逊"Kindle Fire"平板电脑于9月28日正式推出，7英寸的屏幕和售价仅为199美元，着实令人心动。大家的注意力集中在这是不是iPad的终结者。相对于iPad而言，Kindle Fire是非常具有吸引力的对比，因为其售价仅为199美元，而iPad则售价499美元。这300美元的差价体现在了iPad屏幕更大、内存更强、像素更高，以及话筒、GPS和蓝牙等特色功能。对于许多消费者而言，这是很划算的交易，能够使他们进入一个更具吸引力的价格点市场。

看来亚马逊平板电脑"Kindle Fire"（2011年9月推出）可以与Kindle并存。

研究表明，Kindle 的电子图书阅读器市场将继续增长，因为研究公司数据显示 40% 的当前 iPad 用户同时拥有电子图书阅读器，25% 的 iPad 用户表示第二年愿意购买电子图书阅读器。资料还显示，电子图书阅读器和平板电脑都是个人产品，在市场上没有冲突（2011年，作者对美国、丹麦和德国大学讲师进行的研究）。

新款亚马逊平板电脑（7 英寸版）由基地位于中国台湾的 Quanter 电脑公司制造。新款平板电脑配有 E-Ink 控股公司生产的彩色液晶触摸屏及 Kindle 显示屏，E-Ink 控股公司的基地也在中国台湾。该款平板电脑售价大约 250 美元。

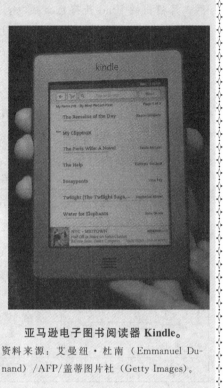

亚马逊最大的平板电脑（10.1 英寸版）预计将于 2012 年初推出，将由台湾制造商富士康公司制造。亚马逊内容广泛的优点可以使新的平板电脑与苹果的 iPad 和 iPad 2 相提并论。内容容量（电子书、音乐、视频、软件等）能与苹果的 iTunes 和 AppStore 的图书馆齐名。因此，新款亚马逊平板电脑也将进入亚马逊最新开启的 AppStore 及其新亚马逊云驱动器。随着其新平板电脑的推出，亚马逊（Amazon）开始了与 IT 行业中最艰难的竞争对手的竞争。

苹果公司（Apple Inc.）

亚马逊电子图书阅读器 Kindle。
资料来源：艾曼纽·杜南（Emmanuel Dunand）/AFP/盖蒂图片社（Getty Images）。

苹果设计、制造和销售一系列的个人电脑、移动通信和媒体设备以及便携式数码音乐播放器。该公司销售各种相关的软件、服务、外设、网络解决方案、第三方数字内容和应用。此外，该公司销售各种第三方的 Mac、iPhone、iPad 和 iPod 等兼容产品，包括应用软件、打印机、存储设备、扬声器、耳机、其他各种配件及外设。该公司通过其全球零售商店、网上商店、直销人员和第三方蜂窝网络运营商、批发商、零售商和增值分销商出售其产品。

该公司的业务主要根据地理位置来经营。它通过五个经营区域运营：美洲、欧洲、日本、亚太和零售。美洲区域包括北美和南美。欧洲区域包括欧洲国家以及中东和非洲。亚太区域包括澳大利亚和亚洲，但不包括日本。零售领域在 11 个国家包括美国经营苹果产品零售店。

与 2009 年相比，苹果公司的净销售额在 2010 增加了 223 亿美元或 52%（见表 2）。有几个因素对这些增长起到积极作用，包括以下内容。iPhone 及相关产品和服务的净销售额在 2010 年达到 252 亿美元，比 2009 年增长了 121 亿美元或 93%。iPhone 和相关的产品和服务的净销售额占去年苹果公司净销售总额的 39%。2010 年，iPone 单机销售总额为 4 000 万台，与 2009 年相比增加了 1 920 万台或增长了 93%。

表 2　财务状况：苹果公司与亚马逊（Amazon）的对比

	2010 年		2009 年		2008 年	
	苹果	亚马逊	苹果	亚马逊	苹果	亚马逊
净销售额（10亿美元）	65.2	34.2	42.9	24.5	24.6	19.2
净收入（10亿美元）	14.2	1.2	8.2	0.9	3.5	0.6

资料来源：根据苹果公司和亚马逊网站（Amazon.com）公司的财务报告。

2010 年，iPad 及相关产品和服务的净销售额是 50 亿美元，iPad 单位产品的销售额为 75 亿美元。2010 年 4 月在美国推出 iPad，同年其余时间在不同的国家推出 iPad。到 2010 年年底，苹果公司总共在 26 个国家销售 iPad。苹果公司通过其直接渠道、某些蜂窝网络载体分销渠道和某些第三国分销商销售 iPad。2010 年，iPad 及相关产品和服务的净销售额占苹果总净销售额的 8%，反映出在 iPad 发布之后的 5 个月间市场需求依然强劲。

2010 年春，亚马逊已经卷入了与苹果竞争电子图书市场的争论：除了硬件价格外，电子书定价引起亚马逊、苹果以及为电子阅读器和 iPad 创造内容的图书出版商之间的大争论。按照亚马逊的传统模式，该公司的电子图书只售价 9.99 美元，而图书出版商要求可变价格模式，这样他们可以将新书售价定为 15 美元，不很流行的书籍定价 6.99 美元。出版业担心如果电子图书太过流行势必会给纸质书籍的销售带来负面影响，而纸质书籍是出版商大部分利润的源泉。随着苹果 iPad 的投放市场，亚马逊在数字出版市场失去了其控制地位，被迫向出版商的要求让步。

2012 年 3 月，苹果 iPad 3 上市，iPad 的价格立即减少了大约 100 美元。

问题

假设您是一位国际营销专家，杰夫·贝佐斯要求您对亚马逊网站为其新款平板电脑的推出而做的全球营销策略进行分析。

1. 亚马逊凭借什么样的竞争优势来同苹果公司 iPad 的进行竞争？

2. 提出一项亚马逊国际营销策略，为在全球平板电脑市场取代 iPad 的领头羊地位寻找依据。

资料来源：根据亚马逊网站和各种互联网网站改编。

请登录本书网站 www. pearsoned. co. uk/hollensen，查阅更多练习和案例。

讨论问题

1. 本章认为一个公司的国际组织的发展可以分为不同的阶段。确定这些阶段并讨论它们对企业国际竞争力的关系。

2. 确定管理国际产品开发需要的适当的组织结构。讨论所建议结构的重要特色。

3. 影响组织结构的关键的内部/外部因素是什么？你还能想到其他因素吗？解释原因。

4. 探讨规范营销管理过程中的利弊。一个标准化过程对于一家追求全国市场策略或全球市场战略的公司更有益处吗？

5. 讨论在多大程度上组织结构的选择实质上是总部集权与地方自治之间的选择。

6. 讨论公司的国际组织如何影响其规划过程。

7. 讨论为什么公司需要全球营销管理。

8. 执行指标是什么意思？公司为什么会需要这样的指标？

9. 即使有，总部也很少评价公司经理和员工的绩效。为什么？

10. 确定在国际分部结构中固有的主要弱点。

11. 讨论采用矩阵组织结构所获得的好处。

参考文献

Bartlett, C. and Ghoshal, S. (1989) Managing Across Borders: The Transnational Solution, Boston, MA: Harvard University Press.

Harvey, M., Myers, M. B. and Novicevic, M. M. (2002) "The managerial issues associated with global account management", Thunderbird International Business Review, 44 (5), pp. 625-647.

Hollensen, S. (2006) "Global account management (GAM): two case studies illustrating the organizational set-up", The Marketing Management Journal 16 (1), pp. 244-250.

Hollensen, S. (2010) Marketing Management: A Relationship Approach, 2nd edn, Harlow: Financial Times/Prentice Hall.

Hollensen, S. and Wulff, V. (2010) "Global account management (GAM): creating company-wide and worldwide relationships to global customers", International Journal of Customer Relationship Marketing and Management. 1 (1), s. 28-47.

Jobber, D. (1995) Principles and Practice of Marketing, New York: McGraw-Hill.

Kotler, P. (1997) Marketing Management: Analysis, Planning, Implementation and Control, 9th edn, Englewood Cliffs, NJ: Prentice-Hall.

McDonald, M., Millman, T. and Rogers, B. (1997) "Key account management: theory, practice and challenges", Journal of Marketing Management, 13, pp. 737-757.

Millman, T. and Wilson, K. (1995) "From key account selling to key account management", Journal of Marketing Practice: Applied Marketing Science, 1, pp. 9-21.

Ojasalo, J. (2001) "Key account management at company and individual levels in B2B relationships", Journal of Business and Industrial Marketing, 16 (3), pp. 199-220.

Peppers, D. and Rogers, M. (1995) "A new marketing paradigm: share of customer, not market share", Harvard Business Review, July-August, pp. 105-113.

Prashantham, S. and Birkinshaw, J. (2008) "Dancing with gorillas: how small companies can partner effectively with MNCs", California Management Review, 51 (1), pp. 6-23.

Quelch, J. A. (1992) "The new country managers", McKinsey Quarterly, 4, pp. 155-165.

Quelch, J. A. and Bloom, H. (1996) "The return of the country manager", McKinsey Quarterly, 2, pp. 30-43.

Samli, A. C., Still, R. and Hill, J. S. (1993) International Marketing: Planning and Practice, London: Macmillan.

Scheraga, P. (2005) 'Balancing act at IKEA, Chain Store Age, 81 (6), pp. 45-6.

Shi, L. H., Zou, S. and Cavusgil, S. T. (2004) "A conceptual framework of global account management capabilities and firm performance", International Business Review, 13, pp. 539-553.

Shi, L. H., Zou, S., White, J. C., McNally, R. C. and Cavusgil, S. T. (2005) "Executive insights: global account management capability: insights from leading suppliers", Journal of International Marketing, 13 (2), pp. 93-113.

Wilson, K. and Millman, T. (2003) "The global account manager as political entrepreneur", Industrial Marketing Management, 32, pp. 151-158.

Yip, G. S. and Bink, A. J. M. (2007) "Managing global accounts", Harvard Business Review, September, pp. 103-111.

案例研究（V.1）

宝丽来（Polaroid）太阳镜：标志性品牌能在全球太阳镜市场卷土重来吗？

宝丽来（Polaroid）公司是一家国际消费电子产品和眼镜有限公司，由埃德温·H.兰德（Edwin H. Land）始创于1937年。该公司以其即时成像相机闻名遐迩，这款相机自1948年投放市场以来，一直是该公司的旗舰产品。直到2008年2月，公司决定停止生产，全力支持数码摄影产品。公司原有的主导市场是偏光太阳镜，那是Land读完大一离开哈佛大学后进行极化自主研究后的自然结果——后来他回到哈佛大学继续他的研究。宝丽来也是数码相机的早期制造商之一，于1996年生产了PDC-2000相机；然而，他们未能捕捉到比较大的市场份额。

2001年10月11日，宝丽来公司申请破产。几乎公司的所有资产（包括"宝丽来"名字本身）全部出售给银行的一个附属机构。它形成了一家新公司，公司名称为"宝丽来公司"。它于2007年停止生产宝丽来相机，于2009年停止出售宝丽来胶片，这些举措令一些用户非常惊愕。

2008年12月18日，重组后的宝丽来公司再次申请破产。破产申请是在其母公司皮特斯世界集团（Petters Group Worldwide）及母公司的创始人汤姆·皮特斯（Tom Petters）接受刑事调查后不久发生的。人们普遍认为，宝丽来公司的破产是由于高级管理层错误地预期数码相机会对胶卷业务产生影响引起的。

在宝丽来公司内部，眼镜部被视为与自己的利润中心因为有其自己的管理、结构、销售和市场营销。1998年，它成为自己的公司宝丽来眼镜公司（Polaroid Eyewear AG），总部设在瑞士苏黎世。

在第二次破产之前不久，宝丽来品牌当时的所有者皮特斯世界集团（Petters Group Worldwide），于2007年3月将宝丽来眼镜公司（Polaroid）Eyewear AG出售给专业眼镜公司舒达迈股份有限公司（Stylemark Inc.）。公司从宝丽来眼镜公司更名为舒达迈公司（StyleMark AG），总部仍然在瑞士苏黎世。舒达迈公司从属于舒达迈股份有限公司（Stylemark Inc.），拥有庞大的业务，是时尚、体育和儿童太阳镜的全球经销商。

舒达迈集团每年大约累计生产7 000万套产品，其中大约750万太阳镜（根据www.stylemark.net）是在宝丽来品牌下销售的。虽然这使得舒达迈集团成为世界最大的太阳镜制造商，但很显然只有一部分产品是在宝丽来品牌下出售的。

2011年，宝丽来眼镜业务产生大约6 300万美元的销售额，以及约875万美元的税息折旧及摊销前利润（EBITDA）。舒达迈公司从2007年3月直到2011年底就开始拥有宝丽来眼镜公司业务。2011年11月17日，Safilo Group宣布将从舒达迈公司以8 750万美元的价格收购了宝丽来眼镜业务。

本案例研究将主要探讨宝丽来品牌太阳镜业务。宝丽来太阳镜品牌的USP是宝丽来的优质偏光镜片。当阳光反射到像路面或水面一样的水平面时，往往将横向集中。这种现象称为眩光，会使那些不戴太阳镜的人们难以看清楚。偏光镜片可以挡住刺眼的眩光，确保人们拥有完美的视觉（见照片集1和2）。

宝丽来（Polaroid）太阳镜的营销策略

今天，宝丽来品牌太阳镜在 60 多个不同的市场出售。根据 GFK 消费者调查的 8 个国家（瑞士、法国、意大利、荷兰、瑞典、英国、俄罗斯和德国），在太阳镜市场中，宝丽来的品牌意识位居第四位（见图 1）。

今天，宝丽来太阳镜大多是通过光学贸易和百货商店销售。自 20 世纪 80 年代以来，宝丽来已经在欧洲大陆取得了可喜的销售业绩，到 20 世纪 90 年代中期，该品牌在东欧市场也被广泛使用。

2007 年英国的营销策略

这一成功的营销策略的基础是小预算大抱负。英国市场仍然是无可匹敌的，所以在 2007 年，公司判断时机成熟，决定把重点放在这一重要市场。同时，公司还需要加强完善市场上的已有品牌，尽管它们依然表现出强劲的势头。为了达到目标公司需要投入一个新市场理念：一个新的、全球性和完全统一的沟通活动——完全集中在高档偏光太阳镜品牌的 USP——打造品牌、结合新渠道策略振兴零售销售，确保品牌能够使所需要的意识快速回归，尽管预算非常有限，也需要这样做。如此一来，人们外出度假时，肯定会想到他们的太阳眼镜。在英国机场的销售是一个自然开始的地方。

照片集 1 左：不戴偏光太阳镜看到的路面　　　右：戴 Polaroid® 偏光太阳镜后看到的路面

照片集 2：Polaroid® 偏光太阳镜

资料来源：创意圈有限公司/宝丽来眼镜有限公司（Creative Circle GmbH/Polaroid Eyewear GmbH.）。

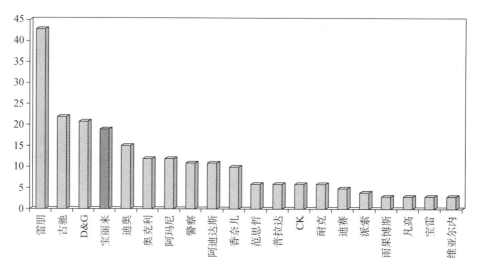

图1 欧洲对不同品牌太阳镜的品牌意识

资料来源：宝丽来眼镜（Polaroid Eyewear）授权许可。

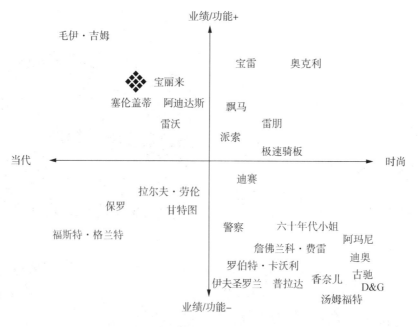

图2 宝丽来（Polaroid）品牌地位

资料来源：宝丽来眼镜（Polaroid Eyewear）。

宝丽来为机场零售制定了三项指导原则，建立重要的品牌意识——教育、演示和激励：

· 教育——2007年，它与机场零售商的销售人员一起分享了宝丽来偏光技术的秘密以及一些重要的风格技巧，从而拉开了沟通运动的序幕。

· 演示——作为培训的一部分，也给零售商提供镜片检测人员，向客户演示偏光技术的好处。看到非偏光和偏光镜片之间的差异有助于解释偏光镜片的好处。

•激励——当销售额开始滚滚而来时，销售最好的团队将按月和按季度获得奖励。为了直接接触消费者，一个优化的电子商务网站也由搜索引擎营销（SEM）运动开发和支持（请查阅 www.polaroidsunglasses.co.uk、polaroideyewear.com 和 Facebook 网站）。

宝丽来的这一方法现在仍然在起作用。拥有了灯箱销售终端海报和激励销售队伍，宝丽来仅用 9 个月的时间，在英国主要机场零售商中从默默无闻一举成为 10 强品牌。2009 年，宝丽来进入前 3 位。

为保持忠诚度和扩大客户基础，宝丽来发起了忠诚度运动，对新老客户实行折扣政策。宝丽来通过博客和论坛拉近与客户的距离，回答他们的问题，寻找影响者评价其偏光太阳镜。公司 Facebook 的追随者表现忠诚，而且数量不断增加。

在英国机场的营销活动也使得宝丽来能够将其分布在英国的分销扩大为经典的宝丽来太阳镜渠道。现在，客户可以在 Specsavers（英国光学零售商）和越来越多的独立公司和百货公司购买宝丽来偏光太阳镜，包括约翰·刘易斯。Stylemark AG 在欧洲各地使用其营销活动新概念，现在想进一步打入其他市场，如美国（宝丽来品牌以前的大市场）以及较新的地区，如南美和亚洲。

图 2 显示了宝丽来在与主要竞争品牌的比较中如何看待自己的品牌。

Laday Gaga 背书

2011 年 1 月，宝丽来签约 Lady Gaga 为创意总监几乎一年之后，在拉斯维加斯消费电子展宝丽来的展位上，这位流行歌手推出自己的劳动成果。该产品被称为"Hous Gaga 的灰色标签"，包括一副带有嵌入式相机和显示器的太阳镜、移动照片打印机和一个宝丽来相机。她在拥挤的人群和暴风雨似的闪烁光面前揭开了 GL20 太阳镜的面纱。

这款眼镜既可以拍摄照片，也可以录制视频，拍摄的照片和视频存储在嵌于一个耳机的内存中。可以取下耳机，并通过 USB 将其连接到打印机。图像也可以通过蓝牙进行传输。眼镜还在每只眼睛的前面装有屏幕，可以播放录制的图像。Lady Gaga 说该产品（仍然是一个原型）的灵感来自她在一次旅行中曾经使用过的一副眼镜。舒达迈公司利用这一背书和摄像机眼镜，运用宝丽来太阳镜品牌的创新产品和知名人士，重返商场和时尚媒体。

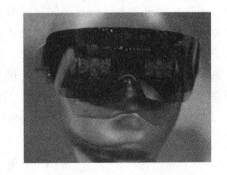

由 **Lady Gaga** 设计的宝丽来 **GL20** 相机眼镜。

资料来源：伊桑·米勒/盖蒂图片新闻（Ethan Miller/Getty Images News）。

"阳光下最好的"（Best under the sun）（BUTS）系列展销活动

2011 年春，宝丽来偏光太阳镜推出"阳光下最好的"（Best under the sun）系列展销活动。该系列包括 20 世纪 30 年代到 80 年代从太阳镜馆藏档案中遴选的畅销的和标志性的偏光太阳镜模型。这种特殊收藏的目的就是展现丰富的品牌文化，无论是在贸易方面还是消费者方面，使品牌与超级时尚迷和舆论领袖再次相关。宝丽来 Eyewear 围绕这一展销将整个营销活动整合起来，以加强品牌，回到时尚媒体。除了在公关方面的巨大推动，宝丽来（Polaroid）大多都是使用社会媒体工具，有效地宣传阳光下最好的（Best under the sun）系列活动，并联系（新）消

费者。这些活动包括像特别网页的制作工具
（www. polaroidsunglasses1937.com）、一个特
殊的 Facebook 页面［宝丽来阳光下最好的
（Best under the sun）系列］、病毒、互动的
YouTube 现场和网上互动设计大赛。

太阳镜全球市场

太阳镜用来保护眼睛免受有害的太阳紫外
线的伤害。根据流行趋势，配戴太阳镜也表现
人的一种风格。大多数用太阳镜镜片由彩色塑
料如聚碳酸酯（见表1中低端市场）制造而
成。但是，由知名品牌生产的高品质镜片是由
玻璃或三乙酸酯制成，一些具有偏光性（见
表1中高端产品）。全球眼镜市场主要由销售
处方镜架和太阳镜，可分为不同的部分和平均
零售价格，如表1所示。

太阳镜的大部分（80％～90％）都是在低
端市场出售。在全球太阳镜市场，北美是最大
的市场，但也是增长速度最慢的市场。北美之
后就是欧洲和亚太地区，亚太地区的增长速度

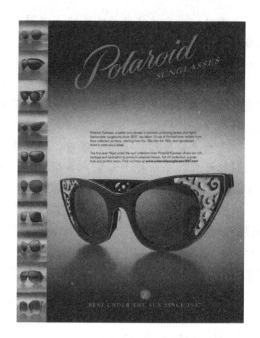

宝丽来阳光下最好的（Best under the sun）
——运动视觉。

资料来源：创意圈有限公司/宝丽来眼镜有限公司（Creative
Circle GmbH/Polaroid Eyewear GmbH）。

最快。主要眼镜制造商将目标对准像印度和中国这样的新兴市场。意大利公司如霞飞诺（Safilo）
集团和陆逊梯卡（Luxottica）集团［包括雷朋（Ray-Ban）品牌］，以及美国 Viva 国际集团都在
进军新兴的亚洲市场。

表1　太阳镜市场的划分

市场范围	市场划分	区域内的平均零售价
高端市场	奢侈品 优质品（时尚和设计师）	＞230 欧元 130～230 欧元
中端市场	普及	50～130 欧元
低端市场	大众 折扣	＜50 欧元 ＜20 欧元

资料来源：根据宝丽来眼镜以及公共资源。

全球太阳镜市场通常是由价格和功能划分的，两个主要的价格分区为优质和价值。与价值
分区相比，优质部分增长非常迅速。

因为许多消费者将佩戴太阳镜看作时尚，所以眼镜设计师的关注重点就放在明亮的、五颜
六色的、珠光宝气的太阳镜设计方面。不同环境的太阳镜具有不同的设计：办公室、休闲、聚
会或海滩。

全球总市场价值约为 60 亿美元，估计销售量为 3 亿副太阳镜。平均售价 20 美元，但就世界各地区而言，价格的变化很大。在远东新出现的太阳镜生产商使竞争日益加剧，高端市场的价格也降了下来。同时，不断增加的"盗版"设计师品牌在太阳镜价格下降的趋势中起到了重要作用。

"盗版"品牌的盛行意味着名牌太阳镜高昂的价格更加吸引"盗版"生产商开始制造这些昂贵的太阳镜。

全球市场的 3 亿副太阳镜中，偏光镜片约 7 000 万。然而，总太阳镜市场很稳定，市场上的偏光镜在过去的 5~10 年间增加了约 15%。预计，这一增长率在未来还会增加，因为人们已经认识到偏光太阳镜的较高价值。

意大利是世界头号生产太阳镜国

2010 年，意大利出口了 5 500 万副太阳镜。这些太阳镜的出口价值大约 20 亿美元。意大利太阳镜制造商最大的出口市场是美国。意大利主要的太阳镜制造商有陆逊梯卡（Luxottica）[拥有雷朋（Ray-Ban）品牌] 和霞飞诺（Safilo）。表 2 描述了一些太阳镜大市场，表明全球太阳镜市场是相当分散的。

太阳镜行业的一个关键特征是大的跨国公司（如陆逊梯卡和霞飞诺）都有自己的"看家"品牌，它们购买了发牌的权利，通过其公司出售著名设计师设计的品牌。例如，陆逊梯卡有自己的雷朋品牌，但它也有权全球经销杜嘉班纳（Dolce & Gabbana）和保罗拉夫劳伦（Polo Ralph Lauren）太阳镜。

分销趋势

全球的分销趋势一般是进行整合。早些时候，跨国公司（如陆逊梯卡）通过独立的国内零售公司进入太阳镜国际市场。这一情况正在发生变化，因为较大的商店接管了这些较小的光学零售连锁店。

英国市场实例

联合也表明英国眼镜市场的一般发展趋势，全球跨国公司以独立和国内公司为代价进入该市场。自 1997 年以来，远景快递（Vision Express）一直由法国母公司大视野（Grand Vision）所拥有，随着多朗德和艾奇逊（Dollond & Aitchison）输给布茨（Boots），目前英国只剩下一家独立的商业街眼镜商。然而，这恰好是市场领导者 Specsavers，这仍然由夫妻团队刚（Goug）和玛丽·帕金斯（Mary Perkins）直接控制，是他们于 1984 年创立了该公司。与 Specsavers、远景快递和布茨不同的是，大多数其他主要的制造商主要集中在眼镜设计，他们并不参与相关的配镜服务。这样，虽然他们没有商业街，但仍然是眼镜公司的主要供应商。最重要的是，这家集团由跨国公司如陆逊梯卡和霞飞诺组成。

品牌太阳镜的重要制造商

下面将讲述两个意大利眼镜公司陆逊梯卡和霞飞诺。

陆逊梯卡（意大利）

Luxottica Group S. P. A. 是全球领先的时尚、奢侈品、运动的设计、制造和销售商，以及性能眼镜公司，主要业务在太阳镜行业。Luxottica Group 于 1961 年由 Leonardo Del Vecchio 创立，基地位于意大利米兰，现在是一个垂直整合的企业，其处方眼镜架、太阳镜和镜片的制造，受到一个广泛的批发和零售分销网络支持，这一网络包括 6 350 个零售点，截止到 2010 年 12 月 31，主要在北美、亚太和中国。产品设计、开发和制造在意大利的六个生产厂家、两个在中国的全资工厂、和两个在美国的运动型太阳镜生产厂家进行。陆逊梯卡在印度还拥有一家小型工厂服务于当地市场。2010 年，产量达到约 5 700 万副。

国内品牌包括雷朋，一个世界上最知名的品牌、奥克利（Oakley）、凡高（Vogue）、派索（Persol）、奥利弗人民（Oliver Peoples）、阿内特（Arnette）以及瑞沃（REVO），和许可证的品牌包括 Bvlgari、Burberry、Chanel、杜嘉班纳（Dolce & Gabbana）、Donna Karen、保罗拉夫劳伦（Polo Ralph Lauren）、保罗·史密斯（Paul Smith）、普拉达（Prada）、斯特拉·麦卡特尼（Stella McCartney）、蒂芙尼（Tiffany）、汤丽柏琦（Tory Burch）、范思哲（Versace），以及从 2012 年开始的蔻驰（Coach）。该集团的批发销售网络，覆盖 130 个国家，跨越五大洲，拥有 18 个配送中心和超过 40 个商业子公司，在关键市场提供直接业务。该集团目前正在寻求进入新兴市场，探索新的销售渠道如百货商店、机场和火车站。直接批发业务由广泛的零售网络给予补充。

表 2　太阳镜主要市场的市场份额（2010 年）

		英国	德国（D）	意大利（I）	美国	中国	其他国家	市场总计
太阳镜总销售额（百万美元）		363	675	1270	1980	572	1140	6000
太阳镜公司	公司品牌	市场份额（%）	市场份额（%）	市场份额（%）	市场份额（%）	市场份额（%）	市场份额（%）	市场份额（%）
陆逊梯卡（Luxottica）（意大利）	雷朋（Ray-Ban）奥克利（Oakley）杜嘉班纳（Dolce & Gabbana）保罗拉夫劳伦（Polo Ralph Lauren）	18	7	28	7	16	15	12
Safilo（意大利）	古驰（Gucci）迪赛（Diesel）卡雷拉（Carrera）	—	2	20	1	11	5	5

续表

		英国	德国（D）	意大利（I）	美国	中国	其他国家	市场总计
其他太阳镜公司	宝丽来（Polaroid） Specsaver 阿迪达斯（Adidas） 福斯尔（Fossil） 埃斯普利特（Esprit） 迪赛（Diesel） 迪奥（Dior） 卡尔文·克莱恩（Calvin Klein） 警察（Police） UV3 宝雷（Bolle） 耐克（Nike） 保圣（Prosun） 海豚（Porpoise）	34	76	42	72	68	70	73
私人标签公司	不同的私人标签	48	155	10	20	5	10	10
总计		100	100	100	100	100	100	100

注：宝丽来（Polaroid）牌太阳镜分在"其他"类别——Euromonitor未发表任何关于宝丽来（Polaroid）市场份额的具体资料。

资料来源：根据Euromonitor.com和公共资源。

　　在太阳镜零售业务，陆逊梯卡集团在北美、亚太、南非、欧洲和中东经营大约2 480的零售点，主要通过Hut牌太阳镜。在北美，陆逊梯卡经营特许品牌销售点，在西尔斯光学（Sears Optical）和目标光学（Target Optical）品牌下有1 140多家店铺。2010年，它的总净销售额达到了创纪录的58亿欧元，净收入增加到4亿多欧元，拥有员工总数约62 000人，该公司在全球占有重要地位。

　　陆逊梯卡最著名的品牌——雷朋

　　创建于1937年，按照为美国空军飞行员创建的飞行模型，雷朋于1999年成为陆逊梯卡的品牌组合。不受时髦的概念影响，雷朋立即以绝对的质量和真实性眼镜闻名于世，现在比以往任何时候都更"现代"，全世界无数电影名流和潮流创造者都佩戴它们。多年来，雷朋已经成为一个时尚偶像，而不仅仅是一个品牌太阳镜。该品牌有一点儿复古，但它却因其先锋风格广受欢迎。

　　霞飞诺

　　霞飞诺集团公司（总部在意大利帕多瓦）是意大利第二大眼镜公司。它设计、生产和销售处方镜架、太阳镜、运动眼镜、护目镜、滑雪和自行车头盔。其主要产品由6个自有工厂制造，其中3个工厂在意大利，在斯洛文尼亚、中国和美国各一个，还有通过第三方生产的产品。产品通过30个直接商业分支机构和170多个独立的分销商销往全球130个国家。公司拥有38个主要品牌，其中 5 个是直接拥有（两个最重要的品牌是霞飞诺和卡雷拉）。其余的是从其他知名设计公司获得特许的品牌，如阿玛尼（Armani）、巴黎世家（Balenciaga）、亚历山大·麦昆（Alexander McQreen）、雨果博斯（BOSS）、宝缇嘉·韦尼塔（Bottega Veneta）、华伦天奴（Valentino）、迪奥（Dior）、香蕉共和国（Banana Republic）、安托里奥·阿玛尼（Empori Armani）及其他。霞飞诺的主要竞争对手是米兰的陆逊梯卡。

霞飞诺集团公司成立于 1934 年，在 Guglielmo Tabacchi 收购意大利第一个工业园区之后，在 Pieve di Cadore 生产镜片和镜架。在 20 世纪 30 年代，出口扩大到许多欧洲国家、北美、中东和南非。

2010 年，霞飞诺集团的净销售额达到 10.8 亿欧元。销售量主要分布为处方框架（38%）、太阳镜（54%）、体育和其他产品（8%）。霞飞诺集团公司的产品主要通过全球约 130 个国家的 80 000 个左右销售点出售给批发和零售客户。霞飞诺集团公司 2010 年的主要销售地区是美国（43%），其次是欧洲（41%）和亚洲和世界其他地区（16%）。

总体而言，霞飞诺集团公司的战略基于以下三大支柱：

● 提高品牌组合。霞飞诺集团公司将继续努力提高其授权和自有品牌组合。

● 加强分销网络，拓展新市场。霞飞诺集团公司希望继续加强在市场中的经营，利用其高增长潜力进军新市场的分销网络政策。

● 提高融资能力。霞飞诺集团公司致力于通过更高的运营盈利方式改善其融资能力，增加现金流的自留额。

霞飞诺集团公司的营销和传播活动包括致力于客户的活动和在销售点（零售商）的市场营销。

● 面向终端消费者的活动大约占霞飞诺广告和促销投入的 2/3。霞飞诺集团主要利用新闻（周刊和月刊杂志）、海报、赞助（特别是 Carrera 和史密斯运动护目镜）、与时尚记者的公关以及由时尚、体育和娱乐业名人所做的产品植入式广告。

● 市场营销活动（主要面向眼镜零售商）大约占广告和促销投入的 1/3，对于建立消费者信心非常重要。集团公司向销售点提供营销资料，比如宣传品牌和产品海报、横幅、显示、专业窗口显示和培训课程和小册子。在许可证关系中，霞飞诺（被许可方）与许可方协调宣传材料和活动。根据许可协议的规定，被许可人必须支付一定费用，因为它从该品牌前一年的销售广告和促销活动中受益。

如前面所述，从 2012 年开始，宝丽来眼镜业务目前由霞飞诺集团负责管理。关于与宝丽来眼镜的关系问题（2011 年 11 月），霞飞诺集团的首席执行官罗伯托·韦多瓦托（Roberto Vedovotto）做如下评论（霞飞诺，2011）：

我们非常高兴地宣布一个具有历史性意义但却拥有当代气息的品牌——宝丽来正在成为新霞飞诺一个组成部分，宝丽来在制造高品质偏光镜片方面处于领先地位，拥有遍及全球的世界级偏光太阳镜营销渠道。偏光眼镜市场的规模稳步增长，因为越来越多的消费者认识到无眩光视觉的好处和价值。我相信，像宝丽来这样的品牌将有助于我们强有力地推动这一重要技术的使用。更重要的是，我们正在进一步采取措施，向我们所定义的本集团巨大的发展机会——创立霞飞诺自己的品牌前进。

资料来源：霞飞诺（2011），"霞飞诺集团宣布收购宝丽来眼镜业务"，霞飞诺新闻发布会，11 月 17 日于帕多瓦；StyleMark 网站；Euromonitor 和 Datamonitor 资料。还要感谢宝丽来眼镜全球营销部主任杰里·德赖弗斯（Jerry Dreifuss）为本案例研究提供的承诺和卓越的贡献。

问题：

在以前的一些关键市场，如美国，宝丽来的形象仍未达到令人满意的水平，也未取得令人满意的市场份额。同时，其他地区（例如南美和亚洲）提供进一步的尚未被征服的市场潜力。

宝丽来眼镜的管理层不断考虑如何能够利用宝丽来品牌的高知名度进一步实现国际化扩张。

假设您是一位国际市场营销顾问，请对宝丽来利用其标志性宝丽来太阳镜品牌实现全球市场的东山再起的机会给予评估，您会被问及如下问题：

1. 在公司层面上，比较霞飞诺集团和陆逊梯卡集团的竞争策略和竞争优势——2012 年初，宝丽来眼镜业务成为霞飞诺集团一部分之前和之后的情况。

2. 宝丽来（Polaroid）新的营销策略在英国和其他市场表现很好。宝丽来品牌战略应该在新地区只是重复在英国的做法，还是应该在其他不同的国际市场采取不同的策略？

3. 美国是宝丽来太阳镜"出世"的地方，也是宝丽来偏光太阳镜曾经拥有大的市场份额的地方。在美国，宝丽来品牌需要重新定位和推出。重新启动和重新定位战略的关键要素应该是什么？

4. 准备一个国际营销计划，这个计划可以确保在未来几年内宝丽来太阳镜的国际扩张，同时包括南美和亚洲新兴市场的拓展。

案例研究（V.2）

索尼音乐娱乐：新的世界范围内的组织结构以及宾克（Pink）新专辑的营销策划和预算

2012 年 6 月一个阳光明媚的日子，索尼音乐娱乐营销执行副总裁大卫·斯科特（David Scott），从纽约登机飞往伦敦，除了其他事务以外，他要去见巨星宾克（Pink），商讨 2012 年秋季其新 CD 发布的营销活动的有关事宜。宾克是索尼音乐娱乐公司（SME）最畅销的艺术家，大卫期待亲自见到这位巨星。

执行副总裁对大卫来说是全新的工作，他利用这次横跨大西洋飞机旅行的机会对全球音乐行业进行更彻底的研究。

2008 年 8 月，国际媒体和娱乐公司索尼公司和贝塔斯曼集团（Bertelsmann AG）宣布，索尼公司已经同意收购贝塔斯曼集团在索尼贝塔斯曼音乐集团（BMG）中 50% 的股份。新的音乐公司被称为索尼音乐娱乐公司，成为美国索尼公司的全资子公司，总部设在纽约。SME 经营的音乐公司包括北部记录、哥伦比亚唱片、史诗唱片、RCA 唱片、LaFace 记录和松巴唱片（Upstate Records、Columbia Records、Epic Records、RCA Records、Laface Records and Zomba Records）。

抵达伦敦后，大卫赶紧去与宾克见面，在路上他思考索尼音乐娱乐公司的全球组织结构的问题。

2009 年春，索尼音乐娱乐公司为其唱片公司和企业员工引进一种新的组织策略，这一策略将使该公司把重点放在创造跨越地理边界的全球音乐超级巨星方面。该组织的精简消除了在欧洲、亚洲和拉丁美洲地区的区域集团，并在索尼音乐娱乐公司创建了 4 个新的战略集团：董事长办公室、唱片公司集团、领域管理和企业中心。所有集团的管理层将直接向首席执行官道格·莫里斯（Doug Morris）报告。

索尼音乐娱乐公司需要加强与艺术家的关系。公司的高层管理人员认为，这种结构将使其创意主管更接近艺术家，同时使管理者会更好地支持他们的创意主管。SME 想要建立一家全球唱片公司。唱片公司和创意主管应能与艺术家更紧密地合作，同时，依靠有效的全球营销能力。

大卫·斯科特向董事长办公室报告，将担任该公司最高级别的营销主管，监管 SME 艺术家的全球营销活动。向董事长办公室汇报的还有人力资源、战略和新技术，以及企业传播。

2012 年夏天，大卫的一个首要任务是为英国歌手宾克和她的新专辑创建全球市场营销计划，新专辑将在 2012 年秋季发布。因此，在大卫在伦敦会见宾克时，同意她的新专辑应该在英国首发，努力尽快获得排行榜榜首的位置。

首先，介绍全球音乐行业的关于最新的市场数据的一般情况。

2011 年的世界音乐行业

世界音乐行业的一个总的趋势是，自 2000 以来，录制音乐的销量下降明显，而现场音乐的重要性却增加了。

少数音乐公司（通过几百个分公司和 1 000 多个唱片公司进行经营）在发达经济国家所出售

的唱片占了大多数。音乐出版——生产和知识产权许可——更加集中。

2011年，全球音乐产业的估计为200亿美元。世界市场上近似的市场份额如表1所示。

2011—2012年的发展

当索尼收购贝塔斯曼音乐集团后，"5大"唱片公司在2004年变成"4"个，当2011年环球唱片（Universal）收购百代集团（EMI）后又变成了"3大"唱片公司（同样见表1）。百代集团是世界上最古老的音乐唱片公司，并且是传说中的艺术家，如甲壳虫乐队平克·弗洛伊德（Pink Floyd）的故乡。这一交易未能最终获得批准，环球唱片可能预期到在美国和欧洲反托拉斯法的困难。

这在音乐行业引起相当大的震动，因为它将使Universal在各音乐公司之间更加占有主导地位。一个唱片公司［如索尼音乐娱乐公司旗下的美国无线电公司（RCA）］通常与某位艺术家签订独家录音合同，以便使该艺术家的唱片成为唱片售价版税的回报。合同期限可长可短，而且可以指定具体唱片，也可以不定具体唱片。功成名就的艺术家往往能够重新谈判合同条款，以使合同更加有利于他们。

表1　全球的唱片产业

唱片公司	唱片音乐2011年的全球市场占有率（%）	唱片音乐2012年预计的全球市场占有率（%）
环球音乐集团（Universal Music Group）	27	35
索尼音乐娱乐（Sony Music Entertainment）	24	26
百代集团（EMI group）	10	—
华纳音乐（Warner Music）	14	15
其他独立品牌	25	24
共计	100	100

资料来源：www.ifpi.com, musiccandcpyright.files.wordpress.com, www.cmj.com 及其他公共资源。

在过去的100多年中，我们已经见证了音乐产业发展的三个基本阶段及其每个阶段的不同的标志性技术和发行组织。留声机上市之前，乐谱是当时传播流行音乐的主要工具，而整个产业也被音乐出版社垄断着。后来，随着唱片音乐（由"预录"节目带动的广播）的崛起，这些出版商被唱片公司而取代。

如今，该行业日益扩大，形成许多娱乐集团，将大范围的内容发行和重新包装活动连为一体：广播、电影、视频、预约和管理机构、视频、音乐授权和印刷出版。详细请见图1：唱片行业的价值链。

在唱片产业发展的早期，唱片厂牌对艺人的成功是尤为重要的。因此，对任何一位艺人或一支乐队来说，其首要目标就是要与唱片公司尽快签约。随着互联网的发展，厂牌的作用被日益弱化，因为艺人们可以通过网络电台、YouTube和其他服务网站来自由发行自己的作品，而成本极低或为零。

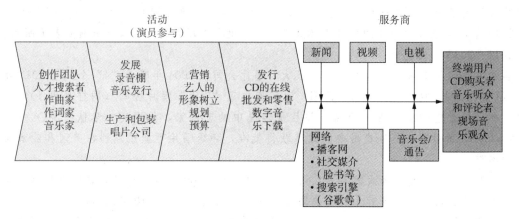

图1 唱片产业的价值链

数字音乐的商业模式

　　数字音乐行业推动着消费者选择的限制，扩展了其商业模式，将音乐带给了世界各地的消费者。2011年，数字频道创收占全球唱片公司收益的32%，超过了2010年的29%。现在，一些地区的市场一般以上的收益均来自数字频道，其中包括美国（52%）、韩国（53%）、中国（73%）。2011年，全球付费下载量约有36亿（包括单曲和专辑），与2010年相比，增加了17%。

　　自第一批网店在美国和欧洲出现后的10年中，音乐下载行业继续在全球范围内扩张，改善为消费者提供的服务。下载商店不仅占据了数字行业收益的一大部分，而且占据了世界范围内500项合法服务的绝大部分，为音乐库提供了2 000万张光碟。举个例子，2011年iTUNES（苹果影音商店）在新增的28个市场上开展业务，现在其营业范围已经遍及全球50多个国家，包括欧盟所有成员国在内。

　　2011年，"云"服务转向市场现实，借助这个新系统，消费者的管理和保存音乐的形式得到了改善。作为行业带头人，苹果于2011年11月推出了自己的iTunes Match服务。该服务为用户在多种自备设备上访问音乐库提供了机会（费用：每年25美元）。世界范围内，iTunes进驻的新市场都可以获得iTunes Match服务。

　　一些新的主要对手也随之而来。在美国，谷歌于2011年推出了一项新的适用于安卓平台的音乐服务——谷歌音乐。在这里，消费者可以购买单曲或专辑，之后这些单曲或专辑将被发送至"云"，然后消费者可以从这将购买的歌曲传输至各种各样的设备。

　　音乐的数字下载曾经一度被误认为是专辑的杀手。然而，近几年，在美国和英国数字音乐专辑销售的引领下，数字音乐专辑的销售额一直在平稳发展。消费者要求一个艺人的作品本身要在数字世界保持竞争力，尤其是价格竞争总是十分激烈，而且音乐保存在电脑或其他设备上已不再是问题。如今，唱片公司一边面对非法免费音乐问题。一边利用"自由下载"机会吸引粉丝。促销性的免费小样已十分普遍，但是不应该被未授权的共享文件扰乱。

　　现在，在线音乐订阅服务正在转变人们体验和购买单曲或专辑的方式。这也是一种快速扩大的商业模式。据统计，2011年订阅音乐服务的消费者与去年相比增加了将近65%，超过了

1 300万。尤其在斯堪的纳维亚，订阅服务十分成功。以瑞典为例，2011年订阅服务占数字收益的84％。订阅服务也开辟其他市场并在逐渐扩大。2011年12月，Rhapsody宣布美国首家流媒体音乐订阅服务拥有付费用户超过100万。数字服务取得经济规模的关键途径就是与电信/手机公司建立伙伴关系。这些公司掌握着业务足迹和资费结构，可使音乐服务接触广大受众。

如今，唱片公司越来越多地关注数字基础设施飞速发展的新兴市场，这里发展潜力巨大。例如，印度有超过4 000万的智能手机用户和1 400万宽带上网家庭。

360度商业伙伴

唱片产业的动荡改变了艺人、唱片公司、宣传者、音乐零售店和消费者之间的平衡。截止到2010年，大型连锁零售店如沃尔玛和百思买卖出的唱片已超过音乐专卖店，这也表明作为本行业的参与者，它已经停止了作用。唱片艺人现在凭借自己的现场表演和推销来赚取自己的主要收入，反过来这就使他们更加依赖诸如莱恩音乐（Live Nation）之类的音乐推广公司。该公司主导着宣传活动，拥有众多音乐会场。为了从艺人的各种收入流中获益，唱片公司越来越依赖"360度协议"——一种由罗比·威廉姆斯（Robbie Williams）和百代唱片于2007年开创的新型业务关系。360度协议使唱片公司增加了对艺人各种各样活动的资本投入，作为回报，唱片公司也从这些活动中获取一部分收益流。这种非传统的授权收入形式正在逐渐成为唱片公司主要的收益渠道。在英国，来自非传统权利和授权交易的收入已经达到整个音乐产业收入的18％。

来自法国音乐产业为的一个例子就是法国原创流行歌手克里斯托夫·美（Christophe Maé）和华纳音乐之间的协议。该协议该协议见证了双方共同受益于150万的专辑销量，75万张音乐会门票和各种各样的商业活动。

在线侵权

广泛的侵权行为是削弱数字音乐业务的最大因素。在那些愿意购买音乐消费者中，这种行为慢慢腐化了他们使用合法付费模式获取音乐的动机，并抑制了他们的消费。这一大批问题已经得到广泛认可，最新的形式和渠道也同样受到认可。据估计，全球范围内每个月都有28％的互联网用户访问非授权服务。在一些国家内，侵权率极高。对音乐产业而言，中国是一个具有巨大潜力的市场。然而，近些年，据估计它遭受了99％的数字侵权率。中国的互联网用户数量几乎是美国的2倍，但每个用户的注册数字音乐收益现如今只有美国的1％。

如下介绍的是一些关于艺人宾克的更多信息。

宾克（Pink）

资料来源：科瓦克·德詹瑟森/盖蒂图片社娱乐版（Kervork Djansezian/Getty Images Entertainment）。

Pink：最受欢迎的流行—摇滚艺人之一

宾克·艾丽卡·贝丝·摩尔（Pink Alecia Beth Moore）于1979年9月8日出生在宾夕法尼亚的多伊尔斯敦。迄今为止，她已在世界范围内卖出了3 100多万本专辑。她的歌曲以其个人叛逆的腔调和陈述式的第一人称为特色。她的艺名"Pink"是她儿童时代的绰号。那时她容易觉得尴尬，于是就变成粉红色。

宾克的事业成就包括 3 个格莱美奖、5 个最佳电影录影带大奖和 2 全英音乐奖。2011 年 6 月，宾克和她的丈夫凯里·哈特（Carey Hart）（一名职业越野摩托车手）迎来他们的第一个孩子维莱·塞奇·哈特（Willow Sage Hart）。

生下女儿维莱（Willow）四个月后，宾克重回工作岗位，与格温妮丝·帕特洛（Gwyneth Paltrow）和马克·拉夫洛（Mark Ruffalo）一起作为主演开始拍摄重喜剧《感谢分享》（*Thanks for sharing*），该剧于 2012 年上演。

宾克的音乐事业

2000 年，宾克通过 LaFace 唱片推出了自己首支单曲"你去那里"（There You Go）和首张主打 R&B 曲风的专辑，获得了商业成功。2001 年，宾克再次推出自己的第二张录音室专辑 Missundaztood，而在这张专辑中，她的曲风开始了标志性的转变，这也使她在世界范围内获得了成功。不能带我回家（Can't Take Me Home）这张 CD 在美国被评为双白金唱片，世界范围内售出 500 万张，很多歌曲打入 10 佳单曲排行榜。

在第二张专辑中，Pink 采用了大量的艺术性和创造性的尝试，把控自己音乐的走向。Pink 聘请到了自己少年时期最喜欢的乐队之一非金发四妞（4 Non Blondes）的前主唱琳达·佩里（Linda Perry）为自己的唱片把关。二人一起花了几个月的时间为这张唱片创作歌曲。最终 Pink 为这张唱片取名 Missundaztood，因为她感觉大众对自己有一个错误的印象和理解。该专辑于 2001 年 11 月发行。

专辑中由琳达（Linda）操刀制作的首支"单曲聚会开始"（Get the Party Started）获得了包括美国在内等多个国家的榜单前五的好成绩，并在澳大利亚成功夺冠。

宾克的第三张和第四张录音室专辑也不错，只是销量不出众。

游乐园（Funhouse）是宾克的第五张个人专辑，由 LaFace 唱片于 2008 年 10 月在全球发行。发行之际，该专辑就占据了澳大利亚、新西兰和英国专辑榜的第一名的位置。而在该专辑首次在德国、爱尔兰、法国和美国发行时，就获得了第二名的好成绩。直至此时，So What 这张专辑的主打单曲是宾克音乐生涯中最大的个人成功，问鼎了包括美国、英国、德国和澳大利亚在内的 11 国家的单曲排行榜的冠军。此外，还获得了其他多个多家榜单前五的好成绩。

到 2009 年底，公告牌（Billboard）杂志将宾克评选为本年代最佳流行歌曲艺人冠军和本年代最佳艺人第 13 名。

2009 年，宾克开始环球巡演。仅在 2009—2010 年度，就卖出 300 万张演唱会门票。

2010 年 10 月的第一周，宾克发行了选自她首张合辑"最伟大……到目前为止"（Greatest … So Far）的首支单曲。这支歌曲庆祝了宾克自 2000 年首次登台到现在的 10 年，也是对多年来一直支持和爱护她的歌迷朋友的回报。该单曲荣获公告牌（Billboard）百首热门歌曲榜第一名，成为宾克个人 10 佳金曲榜的第 10 首歌曲，也使宾克再次问鼎单曲榜冠军。2010 年 11 月 12 日，Pink 发行了她的首张歌曲合辑"最伟大……到目前为止"（Greatest … So Far!!!）。一个月后，她又推出了选自这张专辑的第二首单曲"Fuck 完美"（Fuck Perfect）。该单曲获得了公告牌百首热门歌曲榜的第二名，并在德国单曲排行榜夺冠。

宾克（Pink）第六张录音室专辑预计 2012 年秋天问世。

CD 的典型价值链

接下来展示的是价值链中各方参与者是如何划分 CD 的附加价值的：

卖给消费者的零售价（不包括增值税）　　　　　12 欧

买给零售商的价格　　　　　　　　　　　　　9 欧

唱片公司买给经销商的价格　　　　　　　　　6 欧

创造与培养

在音乐行业中，唱片公司将主动寻找那些具有商业价值的乐队和艺人并与他们签订长期的独家经纪合同。在这个发展中，成功的关键就是发觉有商业价值的人才，并与他们尽早签约。发现、培养和推销人才是极其昂贵的。近年来，新一波的电视真人秀比赛吸引了广大观众。从美国的凯莉·克莱克森（Kelly Clarkson）到英国的雷奥纳·刘易斯（Leonal Lewis），许多有才华的明星都是通过这种方式发迹的。但是这种真人秀节目只是发现人才的一种途径。他们帮助了唱片公司而不是取代了唱片公司为艺人所做的工作。

生产和包装

在整个音乐产业中，生产时相对廉价的环节。数字录音设备和 CD 的生产成本一直在迅速下降。然而，令消费者费解的是，为什么 CD 的销售价格要远远高于实际物理光盘的生产成本。接下来，我们将会详细说明一下歌曲创作和最后结果（专辑）推广及销售涉及的各种不同的活动与费用。

经销商

主要经销商手里掌握着一个全球的分支机构网络，他们可以操纵销售，营销和推销的过程。有时，经销商也会外包这种实物分销过程。

零售商

需要专辑和单曲时，零售商向批发商下单。在英国，大型连锁商店和音乐专卖店如主人之声（HMV）控制着大街上 CD 零售。

一举成名的成本

发行单曲为的就是进入围某些歌曲最佳排行榜。入围英国排行榜的金融危险并不是很大。在当前的大气候下，保住在英国 10 佳热门歌曲排行榜中的地位很有可能要花费至少 15 万欧元。此外，投入营销和推广中的资金开始持续增长，目的是让单曲受到电视和电台的青睐，最重要的是吸引主要零售商，进而在排行榜中保持最好成绩。

最大成本类别

当然，CD 最重要的组成部分是艺人在音乐发展方面所下的功夫。艺人将自己的大部分创造性精力都花在了词曲创作上或者与生产商和创作主管共同从伟大的作者这里寻找伟大的歌曲。这个任务将会耗费几周、几个月或者几年的时间。包含艺人的创作能力及其时间、精力的创作作品的过程是无价的。即使这个过程是无价的，但也必须得到补偿。艺人和作词家收取每张专辑的版税，但版税因合同各不同。另外，唱片公司要负责发现和签约新艺人的费用。

作为一名艺人或一个组合，一旦有歌曲要创作，他们就会进入录音棚，开始录制。而录音成本包括录音棚成本、音乐家、音响师、制片人以及其他所有这些费用都要包含在 CD 价格里。

专业录音棚的录制成本千差万别，但是对于一张流行乐或摇滚乐专辑而言，成本一般要超过10万欧元。投资包括维持一个专业录制团队的费用，其中包含制片人，音响师和录音乐师。

接下来便是营销和宣传成本，这也是当今音乐商业中最昂贵的一部分。这部分成本涉及与日俱增的视频剪辑成本，公共关系与巡演赞助的成本以及为增加歌曲视听率而进行的营销和宣传的成本。唱片公司向专辑的制作和推广投入资金，这也是他们对艺人投资的方式。如今，互联网为艺人获得粉丝提供了许多新方法，但是始终需要企业实体来操作，无论是唱片公司还是其他形式的公司，这样歌迷才能注意到新歌的发行。

在每张专辑发行的一年中，营销策略的制定与运作都是为了让专辑在众多同期进入市场作品中脱颖而出。CD盒和制成的宣传材料（海报、店内展览和音乐视频）必须进行美工设计。对于众多艺人而言，造价不菲的音乐会巡演对宣传他们的专辑是至关重要的。

在评估专辑中，另一个经常被忽略的因素就是所有专辑都是有利可图的。实际上，它们的绝大部分都未曾盈利。例如，在英国每年都有27 000张新专辑上市发行。但这些专辑中的多数连成本都收回不了。最后，只有不足10%的专辑是盈利的。实际上，只有这些专辑维持着市场的活力。

营销和宣传成本

每周，各种组织、电台和电视台都会编排单曲排行榜，这一直是都是英国音乐产业的基石。单曲是用作宣传专辑的一个3～4分钟的广告。单曲的销售额确保了排行榜的位置和电台播放率——这就是音乐公司为什么执着于此的原因。对于专辑来说，这些都是赔本赚吆喝的东西，事实上却真正创造了利润。

一般来说，宣传视频是最大的支出费用。一个主流艺人明星的该项费用约为5万欧元，有的是甚至高达100万欧元（然而，这只是特例）。视频是赢得歌迷的重要工具，可以借助诸如YouTube之类的视频网站、社交网站以及专业电视频道如MTV来播放。为宣传专辑而专业拍摄的三个连续的音乐视频大约花费15万欧元。数字技术和社交媒体，如Facebook，可以用来发展艺人与歌迷之间的关系。唱片公司在线展示发生在录音棚和后台的事情。

尤其是，艺术新人需要唱片公司的大力支持。巡演所需要的支持水平很大程度上取决于艺术家的性质。通常情况下，摇滚音乐比流行音乐更需要支持，需要援手或乐团的艺术家可以得到高达20万英镑的巡演支持。

总之，一张"典型的"英国前10专辑的基本成本如下：

	英镑
录音	10万
促销视频	15万
混音（原单曲）	1万
销售规划	2万
海报	1.5万
贴纸	1万
人力资源（新闻）	1万
报送电台等的促销复制品	1万
网站	2万

制造成本（20P 每张 CD）	1 万

可选：

新闻广告	1.5 万
广告牌	5 万
电视/电台/互联网广告	30 万
巡演支持	20 万

对于唱片公司来说，这些通常是唱片公司将内容（音乐）带给大众带来内容（音乐）的最大的预算项目。营销建立品牌标识，据此艺术家可以从各种渠道赚取利益，从直播巡演到商品。唱片公司往往与广播、新闻媒体、专业广告和公关公司合作，而这些公司也会从投资中获益。

资料来源：根据：国际唱片业协会（IFPI），www.ifpi.org；www.sonymusic.com；RIAA，"CD 的成本（The costs of a CD）"，http：//www.riaa.com/MD-US-7.cfm，2003；BMG 新闻发布会，纽约，2003 年 1 月 23 日；BBC 新闻，"欧盟（EU）支持索尼和贝塔斯曼音乐集团的合并（Sony and BMG merger backed by EU）"，2004 年 7 月 19 日；BBC 新闻，"索尼贝塔斯曼音乐集团交易重新审查（Sony BMG deal under new scrutiny）"，2006 年 7 月 13 日。

问题：

就在大卫·斯科特在伦敦会见 Pink 的几天之前，他仍然对索尼音乐娱乐的全球营销战略及他们最新专辑的推出有所怀疑。因此，他把你当作为一个好朋友和一个国际营销专家进行联系。他有下列问题需要问你：

1. 你如何看待对索尼音乐娱乐公司的组织结构从地理结构到艺术家驱动的组织的变革？

2. 你如何为宾克即将推出的单曲和专辑制定销售和营销预算？

3. 你如何控制你的预算？你要监控的关键数字是什么？

4. 如果公司的市场份额还不到 20％，你会建议索尼音乐娱乐采取什么样的营销组合会，以增加其在的英国市场份额？

5. 对收购作为一项可能的增长战略进行讨论。

6. 索尼音乐娱乐如何才能降低其音乐数字盗版水平？